Wolfgang von Unger

Blücher

Zweiter Band: Von 1812 bis 1819

Verlag
der
Wissenschaften

Wolfgang von Unger

Blücher

Zweiter Band: Von 1812 bis 1819

ISBN/EAN: 9783957003188

Auflage: 1

Erscheinungsjahr: 2015

Erscheinungsort: Norderstedt, Deutschland

© Verlag der Wissenschaften in Vero Verlag GmbH & Co. KG. Alle Rechte beim Verlag und bei den jeweiligen Lizenzgebern.

Webseite: http://www.vdw-verlag.de

Blücher

Von

W. v. Unger

Generalleutnant

Zweiter Band: Von 1812 bis 1819

Mit 12 Bildnissen und 29 Kartenskizzen

Berlin 1908
Ernst Siegfried Mittler und Sohn
Königliche Hofbuchhandlung
Kochstraße 68—71

als Chef feines Regiments.

Nach dem vermutlich von ihm selbst geschenkten Ölbild im Offizierkasino
des Husaren-Regiments Fürst Blücher von Wahlstatt (Pommerschen) Nr. 5.

Inhaltsverzeichnis.

Der Feldzug 1815.

Bildnisse.

Skizzen im Text.

Breslau 1812/13.

Wie man aus morscher Hütte in den tosenden Gewittersturm hinausschaut, so sah man im Frühjahr 1812 in Preußen mit atemloser Spannung den Menschenmassen nach, die Napoleon gegen Rußland heranwälzte. Es erschien als ein hoffnungsloses Beginnen, nach immer wiederholten Niederlagen dem bisher unbesiegten Feldherrn und einer dreifach überlegenen Heeresmacht widerstehen zu wollen.

Und doch gab es eine kleine Gemeinde, die dem Sturm trotzte und durch die schwarzen Wolken immer noch ein Stückchen blauen Himmels erspähte.

Eine halbe Stunde vor den Toren Breslaus lag in ausgedehntem Park das dem Fürsten Hohenlohe gehörende Schlößchen Scheitnig. Hier hauste in aufgezwungener Untätigkeit Blücher, und um ihn sammelte sich oft ein Kreis nicht verzagender Männer. Um den ungestümen Dränger loszuwerden und ihn aus dem Machtbereich der Franzosen zu entfernen, hatte ihm der König die Kunzendorfschen Güter des Kreuzstifts Neiße überwiesen und ihm gestattet, seinen Wohnsitz in Breslau zu nehmen. Bei der von Napoleon geforderten Kommandoenthebung hatte der König den General im geheimen versichert, daß er sich vorbehalte, ihn wieder in Tätigkeit zu setzen, sobald es die Umstände gestatten würden. Seine Getreuen gaben ihm auch ferner Kenntnis von der politischen Lage.

Scharnhorst war ebenfalls nach Schlesien gekommen. Der König hatte ihm die Aufsicht über die Festungen, Kriegsschulen und Kriegswerkstätten in dem von den Durchmärschen der Franzosen vertragsmäßig ausgeschlossenen Landesteil übertragen. Mit ihm kam sein Adjutant Clausewitz. Später traf auch Oberst v. Boyen, der Generaladjutant, ein, den der König gleichfalls aus seiner Umgebung entfernen mußte, um dem Mißtrauen Napoleons keine Nahrung zu geben. Andere, Soldaten und Nichtsoldaten, traten hinzu.

So sammelte sich in Breslau ein Kreis gleichgesinnter Männer, von dem Arndt eine begeisterte Schilderung entworfen hat. Mit besonderer Liebe verweilt er bei Blüchers Erscheinung und Wesen. Er nennt des Generals große Gestalt trotz seiner 70 Jahre herrlich, seine Glieder „voll, wie die eines Jünglings", seine Bewegungen schnell; auch bei fröhlichen Gelagen sei seine Haltung würdig geblieben; wenn er auch mit jedermann seine Scherze trieb, so habe sein Antlitz doch stets den Abglanz der schweren Zeit wiedergespiegelt, die auf ihm lastete. „Auf Stirn, Nase und in den Augen konnten Götter wohnen; neben Schönheit und Hoheit fand man dort auch tiefe Schwermut. Um Kinn und Mund aber trieben die gewöhnlichen Sterblichen ihr Wesen; hier saß immer die Husarenlist gesammelt und etwas wie von einem Marder, der auf seinen Fang lauscht ... Wie freundlich seine Augen auch zu lachen und zu winken verstanden, sie verdunkelten sich oft auch plötzlich zu einem fürchterlichen Ernst und Zorn." Auch Boyen fand an Blüchers „wenn auch oft derbem Witz, an der freien Bewegung seiner genialen Natur wirkliches Behagen"; er ging recht häufig nach Scheitnig hinaus, wo „täglich Spiel und eine den Freuden, die der Wein gibt, oft sehr ergebene Gesellschaft" anzutreffen war.

Natürlich fiel hier manch freies Wort. „Das Unglück des Vaterlandes hat seinen Gipfel erreicht", so gibt Clausewitz der Stimmung dieses Kreises Ausdruck; „denn seine Fürsten sind Sklaven, welche auf Geheiß ihres Herrn das Schwert gegen sich selbst führen... Zu fürchten haben wir jetzt eigentlich Nichts mehr, Alles zu hoffen." Graf Kalckreuth, der Gouverneur von Breslau, berichtete über landesverräterische Umtriebe, die in Scheitnig angesponnen würden. Doch Prinz August, der die Ausbildung der preußischen Artillerie von Breslau aus leitete, brachte durch kräftiges Dazwischentreten die boshaften Verdächtigungen zum Schweigen.

Allmählich aber wurde es einsam in Breslau. Gneisenau war mit geheimen Aufträgen über Wien, Petersburg, Stockholm nach England gegangen; Boyen suchte die Verbindungen mit dem Zaren zu unterhalten; Clausewitz, Oberst Graf Chasot, Scharnhorsts Schwiegersohn Dohna und andere traten in russischen Dienst; Kammerdirektor Gruner begab sich nach Prag, um von dort geheime Fäden über ganz Deutschland zu spinnen. Scharnhorst fand in seinen Studien und seiner, wenn auch beschränkten dienstlichen Tätigkeit Ablenkung; ohne des Staatskanzlers persönliche dringende Bitten wäre auch er nicht geblieben. Wie schwer Blücher dies untätige Harren wurde, ersieht man aus den Äußerungen, die er später oft über diese Zeit tat: es sei die schrecklichste seines Lebens gewesen; hier hätten ihn alle, besonders

Staatsbeamte, wie einen Geächteten gemieden, um nicht auch verdächtig zu scheinen; hier habe er in der größten Dürftigkeit gelebt,
habe kaum um einen Dreier L'hombre spielen können; aber die Hoffnung, es müßte bald anders werden, und daß namentlich er dem Napoleon noch recht derbe den Pelz ausklopfen würde, habe ihn aufrechterhalten.

Doch auch er hatte Stimmungen, in denen er am Wiedererstehen
des Vaterlandes zweifelte; er meinte, man werde ihn mit seinen
Forderungen an den Staat erst abfinden, wenn man nichts mehr
zu vergeben habe. Wie tief mußte es die treugesinnten Seelen verletzen, als sie vernahmen, wie hochfahrend und taktlos Napoleon Ende
Mai in Dresden mit den übrigen deutschen Fürsten auch König
Friedrich Wilhelm behandelte. Und wie mußten die spärlichen Nachrichten vom russischen Kriegsschauplatz die ungeduldigen Gemüter auf
die Folter spannen! Alles hing an der Frage, die man sich immer
wieder stellte: wird Alexander, wie er so oft beteuert, ausharren?

Den Gedanken, daß Napoleon an der Riesenhaftigkeit Rußlands
zugrunde gehen müsse, wenn man diese gehörig auszunutzen verstände,
hatte namentlich Scharnhorst schon vor Beginn des Krieges ausgesprochen. Aber unter dem Eindruck der ungünstigen Nachrichten,
die er über das russische Hauptquartier und das russische Heer
erhielt, zweifelte auch er zeitweise an einem für die Russen glücklichen
Ausgang. Als diese dann aber auf dem Rückzuge ihre feste Haltung
bewahrten, und die Stimmung in Rußland sich immer mehr dem
Widerstand bis zum Äußersten zuneigte, faßte man neue Hoffnung.
Preußens leitender Staatsmann, Hardenberg, knüpfte schon jetzt die
Fäden zu einem Einverständnis mit Österreich. Durch seine engen
Beziehungen zu Scharnhorst und Hardenberg war Blücher jedenfalls
im allgemeinen in ihre Anschauungen eingeweiht. Scharnhorst wohnte
wochenlang in Breslau, und Hardenberg kam gelegentlich der Anwesenheit des Königs dorthin.

Nun traf die Kunde ein vom Brande Moskaus und die Nachricht,
daß der Zar jede Friedensverhandlung zurückgewiesen habe, dann
Mitte November das Gerücht, Napoleon habe sich zur Umkehr entschlossen. Jetzt hielt's Blücher nicht länger: in bringenden Worten
bat er den König unter Hinweis auf das Schicksal des Königs von
Spanien, sich mit dem Kronprinzen dem französischen Machtbereich
zu entziehen und nach Breslau zu kommen: „Freude und Beruhigung
würde allen Treugesinnten dadurch zu Teil." Der König aber wies ihn
barsch ab: er lasse zwar seiner guten Absicht gern Gerechtigkeit widerfahren; Blücher vermöge aber von seinem Standpunkt aus die Lage

nicht vollständig zu beurteilen; er solle die Maßregeln, die der König zu ergreifen habe, lediglich seiner eigenen Beurteilung überlassen. Zu so kühnen Entscheidungen, wie sie Blüchers Rat nach sich ziehen mußte, vermochte sich König Friedrich Wilhelm nicht aufzuschwingen; hatte man auch in Berlin zuverlässige Nachrichten von dem hohen Grade der Auflösung der Großen Armee, so war doch in keiner Weise sicher, ob der Zar seine ebenfalls schwer geschädigten Russen zur Befreiung Deutschlands werde verwenden wollen und können; seine Haltung den Polen gegenüber blieb ungewiß. Schon einmal hatte der Zar sich auf Preußens Kosten mit Napoleon verständigt, und auch auf Österreichs Gesinnung konnte man kein volles Vertrauen setzen.

Schwer ist es, sich ein Bild von der Erregung zu machen, die die Gemüter ergriff, als nun jede Nachricht von der französischen Armee und ihrem Führer ausblieb, man diesen für tot, gefangen oder verschollen ausgab und dann die schreckliche Kunde von den Vorgängen an der Beresina, von des Kaisers Flucht und dem grausigen Ende des stolzen Heeres eintraf. Am 14. Dezember wußte man in Breslau, daß Napoleon durch Glogau gefahren sei. Aber von den Folgen dieses Zusammenbruchs konnte man sich doch noch keine zutreffende Vorstellung bilden. Obgleich Scharnhorst die tödliche Einwirkung der großen Kälte, die jetzt eintrat, richtig einschätzte, rechnete er Mitte Dezember doch nur mit der Möglichkeit, daß die Russen im Laufe des Winters bis an die Weichsel vorbringen könnten.

Als nun die entsetzlichen Gestalten der Überlebenden der Großen Armee eintrafen, kam über das ganze Volk der Glaube an ein Gottesgericht, das den Himmelstürmer ereilt habe. Nur eines Winkes von oben bedurfte es, und das Volk stand auf, um die Trümmer des geschlagenen Heeres zu vernichten. Aber der König verwarf solche Gedanken als seiner unwürdig; er zog es vor, scheinbar den treuen Verbündeten Napoleons zu spielen, bis er seiner heimlichen Bundesgenossen sicher war, und beschied sich, in seinen Absichten verkannt, von den übereifrigen Patrioten des Kleinmuts bezichtigt zu werden.

„Mich juckts in allen Fingern, den Säbel zu ergreifen," schrieb Blücher in einem drohenden, herrlichen Brief an Scharnhorst. „Wenn es jetzt nicht Seiner Majestät unsres Königs und aller übrigen deutschen Fürsten und der ganzen Nation Vornehmen ist, alles Schelmfranzosenzeug mitsammt dem Bonaparte und all seinem ganzen Anhang vom deutschen Boden wegzuvertilgen, so scheint mir, daß kein deutscher Mann mehr des deutschen Namens wert sei. Jetzt ist es wiederum die Zeit zu tun, was ich schon Anno Neun angeraten, nämlich die ganze Nation zu den Waffen anzurufen und wenn die Fürsten nicht wollen und sich dem entgegensetzen, sie sammt dem Bonaparte wegzujagen. Denn nicht nur Preußen allein, sondern das ganze deutsche Vaterland muß wiederum heraufgebracht und die Nation hergestellt werden."

Scharnhorst war gerade von Hardenberg über den Stand der Verhandlung mit Österreich unterrichtet und beauftragt worden, die Anerbietungen des Zaren einzuholen; so wird er Blücher über des Königs Gesinnung beruhigt haben. Inzwischen war die Nachricht von Yorcks Tat von Tauroggen eingetroffen; nur zum Schein verdammte sie der König; die Notwendigkeit sich zu wappnen drängte sich ihm gebieterisch auf; endlich gelang es Hardenberg, ihn zum Verlassen von Potsdam zu bestimmen; ohne die Maske des Verbündeten der Franzosen abzulegen, begab sich der Hof nach Breslau.

Wie 1809 und 1811 entbrannte von neuem ein heftiger Kampf der Parteien um den Einfluß auf den König, über dessen Absichten man, wie Boyen erzählt, täglich die widersprechendsten Meinungen hörte. Die französische Partei ließ sich von den gewaltigen Rüstungen und dem Kriegseifer Frankreichs, von der gänzlichen Auflösung des russischen Heeres, von Alexanders Treulosigkeit und Österreichs Lauheit berichten und sorgte dafür, daß dies alles möglichst vergrößert ausposaunt wurde; auch Leute, die Napoleon haßten, aber sein Genie für unüberwindbar hielten, schlossen sich dieser Richtung an. Dann kam die Masse der Unentschiedenen und solcher, die zwar die Befreiung wollten, aber nicht durch Männer wie Hardenberg und Scharnhorst und durch eine von ihnen herbeigeführte Volkserhebung, durch die sie altererbte Vorrechte bedroht sahen. Aber auch die entschiedenen Franzosenfeinde bildeten kein geschlossenes Lager. Die feurigen Patrioten drängten zum schleunigen Losschlagen, um unter Ausnutzung der Volksstimmung die zerstreuten französischen Heeresteile aufzureiben, die weitere Versorgung der von den Franzosen besetzten Festungen zu verhindern, mit den verfügbaren Truppen über die Elbe zu gehen, sich in Sachsen festzusetzen und durch Parteigänger in ganz Deutschland einen Aufstand zu entfachen. Es waren die ersten Berater des Königs, Hardenberg und Scharnhorst, die einem langsameren, aber sicheren Wege das Wort redeten. Sie wollten die Rüstungen aufs eifrigste betrieben sehen, aber Österreichs und Rußlands oder wenigstens Rußlands sicher sein, ehe man zu offenen Feindseligkeiten gegen Frankreich schritte.

Am 25. Januar 1813 war der König in der schlesischen Hauptstadt eingetroffen; am 28. genehmigte er Scharnhorsts Vorschläge für die nächsten Heeresverstärkungen. Am 3. Februar erhielt der König aus Wien die Aufforderung, Österreichs wegen mit dem Anschluß an Rußland nicht zu zögern; sogleich tat er den ersten Schritt zur Bewaffnung der Nation mit der Errichtung der Freiwilligen Jäger-Detachements; am 9. hob er die Befreiungen von der Dienstpflicht auf; am 12. erging der Mobilmachungsbefehl für alle noch nicht auf dem Feldfuß stehenden Truppen. Aber Wochen vergingen bis zum endgültigen Abschluß mit Rußland, mit dessen Verhandlung der pedantische Knesebeck betraut war. Blüchers Ungeduld stieg zum äußersten; laut mahnte er, die Franzosen nicht zu Atem kommen zu lassen; alles solle aufsitzen und „los auf die Franzosen wie das heilige Donnerwetter". Er getraute sich, die Feinde mit 30000 Mann aus Deutschland hinauszujagen; denn bei solchem Aufbruch werde sich das ganze Volk begeistert zur Vernichtung der Welschen erheben.

Endlich am 26. Februar fiel die Entscheidung. „Stein mein alter redlicher Freund ist da," schrieb Blücher; „die Sachen werden nun wohl vorwärts gehen." Wesentlich Steins Einfluß hatte den Zaren zum Ausharren im Widerstand und zur Fortsetzung der Verfolgung bestimmt; eben hatte er die Erhebung Ostpreußens gefördert, und jetzt leitete er die Verständigung zwischen Rußland und Preußen ein. Bei Blücher trafen die russischen Abgesandten mit Hardenberg und Scharnhorst zusammen. Mit dem Abschluß des Bündnisses wurde auch die Frage des Oberbefehls über die in Schlesien versammelten preußischen Truppen entschieden. Nach Oberst v. Boyens Zeugnis kostete es Scharnhorst viel Mühe, den König zu bestimmen, daß er Blücher das Kommando übertrug. Es ging die Rede, daß, als Boyen Bedenken gegen Blücher geäußert habe, der Alte sei doch zeitweise nicht richtig im Kopf gewesen, er habe geglaubt, etwas Lebendiges, einen jungen Elefanten im Leibe zu haben, da sei Scharnhorst aufgefahren: „Und wenn er tausend Elefanten im Leibe hätte, er muß die Armee führen." Wohl hätte Scharnhorst selbst für die Stelle in Frage kommen können, aber der selbstlose, scharfsichtige Mann wußte, welche Schwungkräfte Blücher der Heerführung zubrachte, ohne daß sein eigener Einfluß dabei Schaden leiden würde.

Die Entscheidung des Königs blieb bis zum letzten Augenblick in der Schwebe; wenige Tage vorher schrieb Blücher: „Noch hat mir kein Mensch was gesagt, indessen ist meine Bestimmung wohl festgestellt und ich werde Alles ruhig abwarten."

Was der Siebzigjährige mit dem Jünglingsherzen sich ersehnte, es war am 28. Februar in seinen Händen: „Ich habe beschlossen," schrieb ihm der König, „Ihnen ein Kommando über diejenigen Truppen zu übertragen, welche zuerst ins Feld rücken werden. Ich trage Ihnen daher auf, sich hierselbst auf das Schleunigste mobil zu machen. Der wichtige Auftrag, der Ihnen hierdurch zu Teil wird, wird Sie überzeugen, welches Vertrauen ich in Ihre Kriegserfahrenheit und in Ihren Patriotismus setze und ich bin versichert, daß Sie demselben ganz entsprechen und mir und dem Vaterlande dadurch Veranlassung geben werden, Ihnen unsre besondere Erkenntlichkeit zu bezeigen."

Blücher trat seine weltgeschichtliche Mission an.

Der Feldzug 1813.

Rüstung und Aufbruch.

Februar—März.

Für das „Anrufen der ganzen Nation zu den Waffen", wie Blücher es wollte, war König Friedrich Wilhelm nicht so schnell zu gewinnen. In dem Bündnisvertrag mit Rußland war zwar die Bedingung aufgenommen worden, daß Preußen seine Streitkräfte durch Aufstellung einer Landwehr vervielfältige. Aber einerseits wollte der König so lange als möglich Napoleon über den Zweck der Rüstung im ungewissen erhalten, anderseits erfüllte ihn immer noch das Mißtrauen in die Tatkraft seines Volkes.

Die Erhöhung des Friedensfußes der Armee und die Bildung eines Dutzends neuer Stämme konnte den Argwohn Frankreichs kaum erregen. Der Aufruf an die gebildete Jugend zum freiwilligen Eintritt unter der Bedingung der Ausrüstung und Verpflegung auf eigene Kosten wurde Napoleon gegenüber damit begründet, daß der durch die Kriegsleistungen erschöpfte Staat zur Vermehrung der Wehrkraft auf anderem Wege keine Mittel habe. Der Erfolg überstieg alle Erwartungen. Begeistert strömte jung und alt aus den gebildeten Ständen zu den Fahnen. „Es wird mir schwer, mich der Tränen zu enthalten, wenn ich all diesen Edelmut, diesen hohen deutschen Sinn gewahr werde", schrieb Gneisenau damals. Für Nichtpreußen wurden die Freikorps bestimmt, deren Bildung dem Major v. Lützow, später auch anderen gestattet wurde. Auch Blüchers zweiter Sohn, Gebhard, verließ den Pflug und trat wieder ins Heer.

Abgesehen von der eigenmächtigen Aufstellung der Landwehr durch die ostpreußischen Stände unter Steins und Yorcks Leitung, blieb die Vermehrung des Heeres zunächst hierbei stehen. Des Königs Bedenken gegen Neubildungen, ehe er über eine ausreichende Zahl von Offizieren verfügte, und Scharnhorsts Abwesenheit brachten diese Stockung hervor. Blücher empfand lebhaft die Nachteile des Zögerns. Als er am 5. März 1813 seinem Sohne Franz, der das braune

Husaren-Regiment erhalten hatte, den Zulauf zu Lützows Schar schilderte, fügte er unwillig hinzu: „Mir geht nur Alles zu langsam und sobald Scharnhorst zurück ist, werde ich mit Gewalt treiben." Auch um die Heeresbewegungen beginnen zu können, erwartete er Scharnhorsts Rückkehr aus dem russischen Hauptquartier mit Ungeduld: er „muß wohl die letzte Entscheidung mitbringen, und dann werden wir wandern".

Der König hatte seinen ersten militärischen Berater sogleich nach dem Abschluß mit Rußland zum Zaren nach Kalisch geschickt, wo die Masse des russischen Heeres haltgemacht hatte. Er sollte dort die Vereinbarungen treffen, die für die Leitung der verbündeten Heere erforderlich waren. Als Scharnhorst am 6. März in Breslau wieder eintraf, standen die Streitkräfte der Verbündeten noch über weite Landstrecken zerstreut.

Die russische Haupt-Armee unter Fürst Kutusow hatte bei Kalisch, ihr Avantgardenkorps Winzingerode bei Rawitsch haltgemacht. Durch die Einschließung der in französischen Händen befindlichen Weichsel-festungen und die nötige Besetzung Polens war diese Armee auf etwa 45000 Mann zusammengeschrumpft. Verstärkungen waren aus dem Innern Rußlands im Anmarsch. Die russischen Truppen des Generals Grafen Wittgenstein, etwa 20000 Mann, standen im Begriff nörd-lich von Küstrin über die Oder vorzurücken; vor ihren Vortruppen waren am 4. März die Franzosen unter dem Vizekönig von Italien aus Berlin auf die Elbe bei Wittenberg zurückgewichen; andere feindliche Heerteile waren im Rückmarsch von der mittleren Oder auf die Elbstrecke Dresden—Torgau; die französische Besatzung von Magdeburg wurde verstärkt; der nördlichste Flügel der Franzosen hielt noch Stralsund und Hamburg.

Hinter den Russen Wittgensteins war das preußische Korps York bis in die Neumark gefolgt; bei Pommersch-Stargard schlossen sich ihm Bülows und Borstells ost- und westpreußische und pommersche Truppen an; alle übrigen preußischen Kräfte waren in Schlesien versammelt. Im ganzen zählte die preußische Feldarmee jetzt gegen 60000 Mann. Man hatte sich in Kalisch geeinigt, daß das Korps York dem Grafen Wittgenstein, dafür das Winzingerodes dem General v. Blücher unter-stellt werden sollte; der so gebildete nördliche Heerteil Wittgensteins sollte über Berlin auf die Elbe in der Gegend von Magdeburg, der südliche Heerteil Blüchers auf Dresden vorgehen; der Rest der Haupt-Armee hatte mit einem Abstand von drei Tagemärschen jenen in breiter Front unter der Führung Kutusows zu folgen, dem gleichzeitig die Oberleitung zugesprochen war. Die preußische Politik rechnete darauf, bis Mitte März dem französischen Kaiser den Übertritt zu seinen Feinden verborgen halten zu können; so lange hatten die preußischen Heeresteile den russischen nur zu folgen, die durch schnellen Vor-marsch möglichst viel Land dem Feinde abgewinnen sollten. Das Korps Winzingerode (13000 Mann) setzte sich Anfang März langsam gegen die Oder oberhalb Glogau in Bewegung; so mußte Blücher seine Un-geduld noch zwei Wochen zügeln. Zum Glück überwand er schnell das ihn in diesen Tagen befallende Fieber, so daß er am 18. März seinen Truppen auf den Straßen nach Sachsen folgen konnte.

Er machte dem Korps bekannt, daß er „sich höchst geehrt und beglückt fühle, an die Spitze so ausgezeichnet guter Truppen gestellt zu sein; er versichere ihnen seine Achtung und wünsche Nichts sehn-licher, als daß sich bald Gelegenheit darbieten möge, ihnen davon Beweise zu geben. Er werde mit Strenge auf die Ausführung seiner

Befehle halten; er hoffe durch Gerechtigkeit in Lehren und Strafen den vortrefflichen Geist zu erhalten, in denen die verschiedenen Truppenteile wetteiferten; er werde sich bemühen, auf diese Weise das Vertrauen des Königs und der Armee zu rechtfertigen".

Scharnhorst hatte zwar wieder die Leitung des ganzen Kriegswesens übernommen, aber in der Reihe der Streiter mochte er nicht fehlen; war er doch auch die notwendige Ergänzung zu Blücher. Zunächst aber war er in Breslau unentbehrlich, um die für den großen Kampf notwendigen Vorbereitungen und die große Volksbewaffnung anzuordnen, die auf die Kriegserklärung an Frankreich folgen sollte. Am 20. März verkündeten die Zeitungen die bedeutsame Wendung aller Welt. Mit unbeschreiblichem Jubel wurde in ganz Preußen diese „Rückkehr zur Wahrheit" begrüßt. Unmittelbar daran schloß sich der „Aufruf an mein Volk", die Errichtung der Landwehr und die Stiftung des Eisernen Kreuzes. Es war ein herrlicher Augenblick für Scharnhorst, als er den König auf die ungeahnte Wirkung hinweisen konnte, die seine Worte in seinem treuen, in Begeisterung sich gegen den Druck der Fremdherrschaft erhebenden Volk hervorgerufen hatten. Nun durfte auch er dem Heere folgen.

Inzwischen hatte ihn Gneisenau bei Blücher vertreten. Gneisenau, kürzlich aus England zurückgekehrt, war zur Führung eines preußischen Korps in Aussicht genommen, das der späteren Armee des Kronprinzen von Schweden, Bernadotte, zugeteilt werden sollte; einstweilen war er als Generalquartiermeister Blüchers Stabe überwiesen. Gneisenaus Briefe aus diesen Tagen geben die Stimmung im Hauptquartier wieder. „Nie, mein edler Freund," schrieb er an Dörnberg, mit dem gemeinsam er so lange zum Kampfe geschürt hatte, „hat es einen glücklicheren Sterblichen gegeben. Ich befinde mich auf dem Marsch, um endlich gegen unsere Unterdrücker fechten zu dürfen." „Wir kommen mit den schönsten Truppen an. Wir bringen 7000 Mann der besten Reiterei. Jedesweden Herz ist hoch gestimmt. Mein munterer [wieder genesener] Feldherr ist neu begeistert. Scharnhorst... leitet uns. An der Spitze der Brigaden und Regimenter sind tüchtige Leute; der Soldat ist schlagfertig und erbittert." An anderer Stelle meint er: „Wir haben die moralische Überlegenheit und unsre Feinde haben das Zutrauen zu sich und ihren Führern verloren; auch haben diese in der letzten Zeit gezeigt, daß die Besonnenheit zugleich mit dem Glück sie verlassen könne."

Als Generalstabsoffiziere waren dem Korps ferner zugeteilt die Majore v. Grolman, v. Oppen und v. Rühle sowie eine Reihe von Hauptleuten und Leutnants; später trat Oberstleutnant v. Müffling hinzu. Als ersten Adjutanten hatte sich Blücher sofort seinen alten Gehülfen, Grafen Goltz, wieder ausgebeten, der inzwischen als Gesandter in München tätig gewesen war. Vielen schien es verlockend, den Krieg in Blüchers Stabe mitzumachen. „Du glaubst nicht, wie ich gemartert werde," schrieb Blücher seinem Sohn Franz, „Alles will mit mir gehen; ich habe aber Alle abgewiesen, denn sie würden mich auffressen." Um die Verbindung mit dem russischen Hauptquartier aufrechtzuerhalten, wurde der noch im russischen Dienst stehende Clausewitz Blüchers Stabe zugeteilt. Von ihm haben wir ein Zeugnis über die herrliche Stimmung in diesem Kreise edler, für dasselbe Ziel begeisterter Männer: „Blücher, Scharnhorst und Gneisenau behandeln mich mit ausgezeichneter Güte und Freundschaft; ich kann mir kein schöneres Verhältniß denken. Diese Einigkeit, dieses gegenseitige Vertrauen, diese wechselseitige Achtung und Freundschaft wird man lange vergebens suchen." Auch Gneisenau hat später geurteilt, das Hauptquartier sei sehr gut, „selbst genialisch" zusammengesetzt gewesen; weder Uneinigkeit noch Intrige habe es darin gegeben. Außer dem Prinzen August, der als Generalinspekteur der Artillerie vorstand, befanden sich der Kronprinz, damals 17jährig, Prinz Wilhelm, Bruder des Königs, Prinz Friedrich, Neffe des Königs, und Prinz Karl von Mecklenburg-Strelitz im Hauptquartier, um hier ihre Kriegesschule durchzumachen. Als Intendant stand Blücher wieder sein alter Gehülfe und Freund Ribbentrop zur Seite.

Das Blüchersche Korps bestand aus drei gemischten Brigaden: Röder, Klüx und Zieten; sie enthielten je 6 bis 9 Bataillone, 4 bis 8 Schwadronen und 3 Batterien. Dazu kam die „Reserve-Kavallerie", die in 2 Brigaden 20 Schwadronen und 2 Batterien zählte, sowie die „Reserve-Artillerie", die zunächst nur aus wenigen Geschützen, den Munitionskolonnen und 2 Pionier-Kompagnien bestand. Die Freiwilligen-Abteilungen waren namentlich bei der Garde sehr stark; im übrigen waren die Mannschaften vorwiegend Schlesier und Märker. Die fünf britten Bataillone waren erst soeben aus Krümpern und Rekruten gebildet; einigen von ihnen fehlte noch manches an ihrer vollständigen militärischen Bekleidung, sie seien aber „außerdem in sehr gutem Stande", rühmt Gneisenau. Die Pferde scheinen namentlich bei der Artillerie nicht allen Anforderungen genügt zu haben; Gneisenau wollte für die schlechtesten andere in Sachsen vom Lande nehmen. Das Korps zählte 25000 Streiter.

Der Aufmarsch westlich von der Elbe.
18. März bis 1. Mai.

Das Korps Blücher folgte den Russen in flottem Marsch über Liegnitz, Görlitz, Bautzen auf Dresden. Die 250 km wurden in 14 Tagen zurückgelegt. Eine Kavallerieabteilung ging vorauf, um für das Ausbessern der Straßen und für das Vorbereiten der Unterbringung und der Verpflegung zu sorgen. Beim Betreten des sächsischen Bodens erließ Blücher außer einem Tagesbefehl, der die Truppen zu gutem Einvernehmen mit den Einwohnern ermahnte, einen von Gneisenau aufgesetzten Aufruf an die Sachsen; in warmen Worten wurden sie zur Teilnahme am Werk der Befreiung aufgefordert. Den ehemals preußischen Kreis Kottbus nahm Blücher für den König wieder in Besitz. Die Militärverwaltung schrieb in Sachsen Lieferungen von Tuch und Schuhen aus.

Über diese Eigenmächtigkeiten gab es sowohl im russischen Hauptquartier als am preußischen Hofe Verstimmungen. Kutusow verbat sich geradezu, daß ferner ohne seine Genehmigung politische Bekanntmachungen erlassen würden, und auch der König erklärte Blüchers Vorgehen für unzweckmäßig. Gneisenau verwahrte sich zwar dem Staatskanzler gegenüber gegen solche Bevormundung; es war ihm aber recht unangenehm, daß er seinem alten General einen Verweis zugezogen hatte. Doch Blücher meinte kaltblütig: „Ich glaube nicht, daß man in Breslau mit meinem Verfahren hier in Sachsen zufrieden ist, d. h. beim Könige; es hat seine Ursachen. Aber ich mache mir Nichts daraus: das Ende krönt das Werk." Indessen wies er doch seine Frau an, ihm mitzuteilen, was man bei Hofe über seine Maßregeln sage.

Gewiß war Blüchers Auftreten in Sachsen nicht geeignet, dessen schwankenden König auf die Seite der Verbündeten zu ziehen; aber die Rücksichten, die man nun auf das Land nahm, erwiesen sich als durchaus verfehlt: man gewann es dadurch doch nicht, und Napoleon nahm später hundertfach, was die Verbündeten aus politischer Rücksicht nicht zu nehmen wagten. So war es ein unbewußtes Lob, wenn Scharnhorst dem Intendanten Ribbentrop vorwarf, er behandle die Sachsen im Geiste eines französischen Kommissars. Schon in Dresden zeigte es sich, was von diesem Lande zu erwarten war. Mit Komplimenten wurde Blücher beinahe erdrückt: „das scheine aber auch Alles," schrieb er ärgerlich seiner Frau, „was man gutwillig geben möchte."

Vor dem Korps Winzingerode war der Feind — Franzosen, Bayern und Sachsen — über die Elbe zurückgewichen. Die Russen fanden die Brücken in Dresden und bei Meißen zerstört. Ihr Übergang über den Strom am letzten Tage des März begegnete keinem Widerstand. Blücher konnte mit seiner vordersten Brigade in die Hauptstadt Sachsens einziehen. „Bald denke ich die Franzosen zu erreichen," schrieb er kampfesmutig.

Schon in den Verhandlungen, die Scharnhorst im Hauptquartier Kalisch gepflogen hatte, war mit dem Überschreiten der Elbe durch die Verbündeten gerechnet worden; man werde jenseits aber höchstwahrscheinlich schon bedeutende feindliche Kräfte gegen sich haben. Wittgenstein und Blücher, zusammen etwa 80000 Mann stark, sollten dann ihre gemeinschaftlichen Bewegungen vereinbaren. Blücher, obgleich der ältere General, hatte erklärt, er werde sich dann den Befehlen Wittgensteins unbedingt unterwerfen. Jetzt hatte das Hauptquartier beiden Heeresteilen den Befehl zum Überschreiten des Stromes gegeben, obgleich das russische Hauptkorps nicht gefolgt war, sondern noch immer bei Kalisch seine weitere Ergänzung abwartete; nur das Korps Miloradowitsch (14500 Mann) wurde am 1. April von Glogau auf Dresden in Marsch gesetzt. Wittgenstein und Blücher erhielten die Weisung, gemeinsam in die Linie Leipzig–Altenburg vorzugehen, um möglichst viel Land in Besitz zu nehmen und das Volk zum Aufstand zu ermutigen. Man nahm an, daß bei Leipzig und Erfurt etwa 60000 Franzosen ständen; wachse die Zahl des Feindes aber zu überlegener Stärke an, so sollten die beiden vorgeschobenen Heeresteile die Ankunft des sogenannten Hauptkorps abwarten. Blücher hatte bereits das Vorrücken seines Heeresteils an die Muldestrecke Grimma–Penig angeordnet, als Wittgenstein bat, daß Scharnhorst zu ihm nach Belzig hinüberkomme, um die weiteren Heeresbewegungen zu vereinbaren.

Der Vizekönig von Italien hatte die an der mittleren Elbe stehenden französischen Truppen, etwa 45000 Mann, bei Magdeburg zusammengezogen, während die Sachsen Torgau und Wittenberg besetzt hielten. Die Macht des Vizekönigs unterschätzte man bedeutend, und so wurde beschlossen, daß Wittgenstein, an ihm vorbeigehend, unterhalb Wittenberg die Elbe überschreiten solle, während Blücher auf Leipzig marschiere. Man setzte die größten Erwartungen auf das Zusammenwirken beider Heeresteile. Auch das Vertrauen auf die Führer hatte schnell zugenommen.

Der Marsch von Dresden an die Mulde bei der schönen Jahreszeit durch das herrliche Land, die Bewunderung, die das kriegerische

Aussehen der Truppen fand, stimmte ihre Zuversicht höher. Schillers echten Kriegergeist atmendes Reiterlied wurde in dieser Zeit zum Volkslied: „Und setzt ihr nicht das Leben ein, nie wird euch das Leben gewonnen sein." Und Blücher nährte diese Stimmung, so viel er konnte; auch er brannte vor Begierde, „sich mit seinem Gegner zu messen."

Aber schon zögerte Scharnhorst. Bereits liefen Gerüchte um, daß Napoleon Ende März in Gotha angekommen sei und 30- bis 40000 Mann heranführe. Scharnhorst nahm als wahrscheinlich an, der sich am oberen Main sammelnde Feind werde sich durch Franken gegen Dresden wenden, zumal er dort für seine Infanterie schützendes

Gelände gegen die überlegene Kavallerie der Verbündeten finde; der
Blüchersche Heeresteil dürfe sich deshalb von den Brücken, die bei
Dresden, Meißen und Mühlberg hergestellt oder neu gebaut wurden,
nicht abdrängen lassen, da die wichtigsten Übergangspunkte weiter
unterhalb in feindlichen Händen seien; kräftiges Vorgehen gegen den
Vizekönig, der doch nicht standhalten werde, sei daher unmöglich;
man müsse des Feindes Bewegungen abwarten. So blieb Blücher
an der Mulde.

Inzwischen war der Vizekönig zum Angriff gegen Wittgensteins
rechten Flügel geschritten, einer Entscheidung am 5. April bei Möckern
östlich von Magdeburg aber ausgewichen. Das hielt Wittgensteins
Heeresteil vom Elbübergang ab; auch von dieser Seite glaubte man die
Elbbrücken bedroht. Erst als der Vizekönig sich hinter der unteren
Saale aufstellte, kam Wittgenstein mit dem größten Teil seiner Truppen
auf das linke Elbufer herüber. Der sehr aufgebauschte Erfolg von
Möckern und die Kunde von Dörnbergs Sieg über eine französische
Division am 2. April bei Lüneburg setzten die Geister in lebhafte
Bewegung. Stein und die Generale Winkingerode und Wallmoden
forderten kräftiges Vorgehen. Auch Blücher ließ sich nur schwer fest-
halten.

„Noch sind wir auf dieser Seite [der Elbe]", so äußerte er sich in
diesen Tagen gegen seine Frau, „ohne sonderlichen Widerstand vorgerückt. Nun aber werden die entscheidenden Begebenheiten beginnen.
Die Franzosen haben sich bei Erfurt und Würzburg stark zusammengezogen und man erwartet nun, was sie beginnen werden. Bei Magdeburg haben sie schon eine Lektion bekommen. Am besten hat sie·aber
mein Freund Dörnberg bei Lüneburg mitgenommen. Westfalen ist
in voller Bewegung. Ich werde nun auch wieder vorrücken; bin aufgehalten, weil die Franzosen alle Brücken abgebrannt und ruinirt
haben." Wie er sich den weiteren Verlauf des Feldzugs dachte, geht
daraus hervor, daß er seine Frau aufforderte, ihm über Dresden auf
Leipzig und „auch bald nach Frankfurt am Main" zu folgen; im
Juni könne sie in ein Bad gehen und nachher einen Besuch in Münster
machen.

Aber Hardenberg mahnte zur Vorsicht. Metternich hatte zwar
wiederholt erklärt, selbst ein Unglück, das vor dem Auftreten der
österreichischen Armeen die Waffen der Verbündeten treffe, werde
Österreich in seinem Entschluß, sich gegen Napoleon zu wenden, nicht
irremachen; aber auch Scharnhorst fand, es sei der höchste Grundsatz der Klugheit, nicht unglücklich anzufangen. Erst als die rückwärtigen Heeresteile der Russen sich der Elbe näherten, kam er auf

Blücher.

Nach einer wohl 1812 angeblich nach dem Leben angefertigten Skizze;
das Eiserne Kreuz ist anscheinend später vom Lithographen nachgetragen.

den Angriff gegen den Vizekönig zurück. Jetzt erfuhr man endlich die weit überlegene Stärke der unter Ney vom Main auf Erfurt vorrückenden feindlichen Heeresmassen. Für Gneisenau war dies nur ein Antrieb, schnell zum Angriff auf den an der Saale stehenden Feind vorzubrechen; auch Scharnhorst erkannte die Richtigkeit dieser Anschauung, aber gleichzeitig stiegen ihm Bedenken auf, ob es nicht schon zu spät sei. Da man nun auch die Verwendung des russischen Hauptkorps auf dem linken Elbufer in Aussicht stellte, beschloß man, dessen Ankunft abzuwarten.

Blücher versuchte durch persönliche Einwirkung auf den im russischen Hauptquartier befindlichen Boyen die Beschleunigung des Elbübergangs herbeizuführen. „Ich bin sehr froh, euch so nah zu wissen," schrieb er ihm; „nur herüber über das Wasserchen! Ein Hauptschlag muß geschehen; der Vorteil ist auf unsrer Seite. Eine schöne und überlegene Kavallerie, vom besten Willen beseelt, verspricht uns viel Gutes ... Schon lange hatte ich gewünscht, der Feind wäre über die Saale in das offene Feld gekommen." Seiner Frau schrieb Blücher, sie werde sich gewundert haben, in den Zeitungen bis jetzt so wenig vom Blücherschen Korps gelesen zu haben; daran sei das Zurückbleiben der Russen schuld; aber auch da ihn ein „verdammtes Fieber recht geschoren" habe, hätte er „nicht so wie er wohl wollte, agiren können." Jetzt aber stehe er dem Marschall Ney auf fünf Meilen gegenüber, und „bald werden wir uns näher rücken ... Nächstens werden wir alle unsre Sachen in Münster reklamiren können."

Gleichzeitig konnte Blücher Erfreuliches von den Taten seines Sohnes Franz berichten. Husaren- und Kosakenabteilungen waren gegen die Verbindungen des Vizekönigs sowie gegen den Thüringer und den Frankenwald entsandt. Blücher hatte seine leichten Kavallerieabteilungen, wie er sich ausdrückte: „so instruirt, daß sie, wenn der Feind vorbringt, seine Avantgarde machen und, geht er zurück, so bilden sie seine Arriergarde; steht der Feind still, so müssen sie ihn alle Nacht alarmiren und er darf keinen Schritt tun, von dem sie nicht gleich unterrichtet sind und ich durch sie." Major v. Blücher befand sich seit dem 12. April mit 2 Schwadronen seines Regiments in der Gegend von Weimar. Am 18. fiel er mit 80 Husaren die Vorhut der vordersten dorthin rückenden französischen Division mit großem Geschick an. In den folgenden Tagen blieb er dicht vor und neben den feindlichen Kolonnenspitzen. Andere Reiteroffiziere überfielen verschiedene feindliche Abteilungen und brachten zahlreiche Gefangene und sogar 5 Kanonen ein; ein thüringisches Bataillon wurde zum Übertritt bewogen. Blücher konnte stolz berichten, daß sich seine

Leute vortrefflich schlügen. Auch mit Nachrichten war das Hauptquartier jetzt sehr gut bedient. Es wurde immer klarer, daß Kaiser Napoleon ein den Verbündeten an Zahl weit überlegenes Heer zusammengebracht habe; davon waren etwa 50000 Mann unter dem Vizekönig hinter der unteren Saale, 100- bis 110000 Mann unter Ney im Anmarsch auf Erfurt erkannt; man legte auf diese Zahlen aber wenig Wert. Bestimmt rechnete man auf die moralische Überlegenheit der Truppen. Man wußte jetzt auch, daß Kaiser Napoleon am 16. in Mainz angekommen sei.

Blüchers Hauptquartier befand sich nach einigem Hin= und Herziehen, das angeblich den Feind täuschen sollte, seit dem 15. in Altenburg. Hier vergingen vierzehn Tage in verhältnismäßiger Ruhe. Scharnhorst fand Muße, dem Kronprinzen Vorträge über die Kriegslage zu halten; Ribbentrop hielt einen solchen über Heeresverpflegung; Major v. Oppen gab vollständigen Unterricht über Generalstabsdienst. Die Truppen des Korps lagen in der Umgegend so, daß sie bereit waren, auf ihre Sammelplätze zu rücken, sobald die Lärmkanonen auf Schloß Altenburg das Zeichen dazu gaben. Das Korps Winzingerode dehnte sich bis Leipzig aus.

Einige Tage ließ Blüchers Gesundheit wieder zu wünschen übrig; am 15. noch besuchte er eine ihm zu Ehren veranstaltete Feier in der Altenburger Freimaurerloge. Dann packte ihn wieder ein „verdammtes" Fieber. Am 22. konnte er aber seiner Frau seine Genesung melden.

Als am 24. das Große Hauptquartier in Dresden einzog, begab sich auch Scharnhorst dorthin, um an den Beratungen über den weiteren Feldzugsplan teilzunehmen. Er erfuhr hier, daß für den totkranken Kutufow General Graf Wittgenstein das Oberkommando übernehmen solle; tatsächlich führte dies unter dem bestimmenden Einfluß des Generals v. Toll der Zar selbst.

Der König forderte Blücher auf, um die Einheit des Kommandos wenigstens vorn sicherzustellen, sein Anerbieten, sich Wittgensteins Befehl unterzuordnen, diesem nochmals auszusprechen. Blücher antwortete, den Grundsatz, alle persönlichen Rücksichten dem Interesse des Königs, dem Vaterlande und dem allgemeinen Wohl aufzuopfern, habe er schon laut ausgesprochen, als der König den Kampf beschlossen habe; seine Handlungen sollten beweisen, daß er diesem seinem heiligen Grundsatze treu bleibe. Er habe daher sofort Wittgenstein die Versicherung wiederholt, daß er sich seinen Anordnungen unterwerfe und sie pünktlich befolgen würde. Der Zar zeigte sich entschlossen, das soeben bei Dresden eintreffende russische Hauptkorps dem Korps Miloradowitsch über die

Elbe folgen zu lassen und dort bei sich bietender Gelegenheit eine
Schlacht anzunehmen.

„Der große Schlag ist im Nahen,“ schrieb Blücher am 29. April
seiner Frau. Er wußte den Feind längs der Saale von Saalfeld
bis über Halle hinunter sich gegenüber und vermutete ganz richtig,
daß Napoleon nur das Aufschließen seiner hintersten Truppen abwarte,
um über den Fluß herüber gegen die Verbündeten vorzubrechen. In
den letzten Apriltagen war er täglich darauf gefaßt. „Die meisten
Menschen“, schrieb Clausewitz, „sehen den Ereignissen in großer Ruhe
entgegen, wie dies einer männlichen Denkungsart ziemt;“ der Unterschied gegen 1806 mache sich sehr bemerkbar. Scharnhorst sah „getrost
in die Zukunft“. Die Führer rechneten durchaus damit, daß die Verbündeten in den ersten Schlachten unterliegen könnten, aber sie rüsteten
sich mit „Standhaftigkeit im Unglück“ und vertrauten fest darauf, daß
„im Laufe dieses Feldzugs uns sowohl die Überlegenheit als der Sieg
nicht entgehen kann“. Mit dem größten Vertrauen sah man auf das
Heer. „Wir haben täglich Gefechte, die auch gut ausfallen,“ berichtet
Blücher. Am 28. wurde Halle gegen einen weit überlegenen Feind
gehalten, am 29. wichen die Vortruppen in Weißenfels und bei Merseburg nur nach zähem Widerstand vor den vordringenden französischen
Kolonnen.

Am 30. April marschierte das Korps Blücher zur engeren Vereinigung mit dem Heeresteile Wittgensteins, der in und südlich von
Leipzig stand, nach Borna, wo rund um die Stadt Lager bezogen
wurden. Das Korps Winzingerode blieb vor der Front der Armee.
Das russische Hauptkorps ging links neben Blücher vor; das Korps
Miloradowitsch stand noch weiter links rückwärts und wurde am 1. Mai
nach Altenburg herangezogen, während Blücher nach Rötha, hinter
die beiden Korps Wittgensteins, das russische Hauptkorps an Blüchers
Stelle rückte; General Kleist hielt Leipzig besetzt, General Bülow
stand östlich von Halle. Die Verbündeten verfügten zur Schlacht über
85000 Mann (darunter 18000 Reiter ohne die Kosaken) und 550 Geschütze. Sie wußten sich dem Feinde an Zahl bedeutend unterlegen,
aber sie waren trotzdem entschlossen, seinem Angriff nicht nur nicht
auszuweichen, sondern ihm damit zuvorzukommen.

Die Nachrichten vom Feinde und die Gefechte der letzten Tage
ließen klar erkennen, daß der Feind in zwei Heersäulen von Merseburg
(Vizekönig Eugen) und von Weißenfels (Napoleon) her Leipzig zustrebte. Vom Zaren beeinflußt, entschloß sich Wittgenstein, am 2. Mai
über Pegau auf die Weißenfels—Leipziger Straße vorzustoßen, während
Kleist in Leipzig den Feind in der Front beschäftigen, Miloradowitsch

bei Zeitz dessen von Süden nachrückende Teile auf sich ziehen sollten.

Blücher nahm in diesen Tagen Veranlassung, den Truppen für ihre bewiesene gute Mannszucht den Einwohnern gegenüber zu danken. „Ein solches Betragen bezeichnet den wahren Krieger und geziemt uns, die wir für die edelsten Güter, für Vaterland und Freiheit kämpfen." „Das kriegslustige Aussehen und doch dabei anständige Benehmen der preußischen Truppen erregte bald ein allgemeines und wohlverdientes Aufsehen," erzählt Boyen. „Niemals habe ich Truppen gesehen, die ein größeres Vertrauen einflößten." Die freiere Stellung des Bauernstandes, der Einfluß der Freiwilligen aus den gebildeten Ständen und die bessere Behandlung des Soldaten kamen sichtlich zur Geltung. „Ohne irgend ein Zeichen des Stolzes und Übermuts war ein stilles Vertrauen auf sich und die Heiligkeit ihrer Sache sichtbar," so schildert Clausewitz die Stimmung des Heeres: „nie war eine Armee von einem besseren Geiste beseelt." Der Vorbeimarsch einer preußischen Brigade durch Borna am 1. Mai machte auf Boyen den Eindruck, als ob „6000 gebildete Ehrenmänner entschlossen zu einem Zweikampf auf Tod und Leben" gingen.

Die Wochen an der Mulde und Pleiße waren für die innere Festigkeit des Heeres von großem Nutzen gewesen. Es war Scharnhorsts Werk, daß mit den Exerzierkünsten von 1806 vollständig gebrochen war. „Die Friedensübungen waren von allen Spielereien frei gehalten und nur auf den Feldbienst gerichtet." Das Infanterie-Reglement von 1812 verwarf zwar die Anwendung der Linie zur Ausnutzung des Feuers nicht vollständig, aber es legte doch, der französischen Taktik entsprechend, den Hauptwert auf die Verbindung des Schützengefechts mit dem Stoß der Bataillonskolonnen. Aus dem für den Schützendienst besonders ausgebildeten dritten Gliede wurde bei jeder Kompagnie ein Schützenzug gebildet; beim Marsch und im Gefecht traten sie im Bataillon einheitlich geführt auf. Die Füsilier-Bataillone der Regimenter waren durch ausgesuchten Ersatz und ihre Ausbildung ebenfalls auf den Schützendienst besonders vorbereitet. Die Salve war neben dem Schützenfeuer beibehalten, doch wurde bei der auf kaum 100 Schritt noch leiblichen Treffleistung dem Feuergefecht überhaupt nur geringe, nur vorbereitende Wirkung beigemessen.

Auf die Güte der Reiterei vertraute man in besonderem Maße. Den jungen französischen Truppen gegenüber erschien sie im Gefecht auf der freien Ebene in Verbindung mit reitender Artillerie geradezu als die ausschlaggebende Waffe. Das wurde auch vom Gegner anerkannt; die französischen Divisionen gingen auf des Kaisers Befehl nach dem Überschreiten der Saale nur noch in entwickelter Form in Bataillonsmassen vor. Als die Infanterie des Korps Ney am 1. Mai bei Rippach die Angriffe der vorgeschobenen russischen Geschwader glücklich abwies, erntete sie Napoleons überschwengliches Lob.

Die leichte Artillerie blieb batterieweise auf die Brigaden verteilt; nach dem Reglement sollte sie in Halbbatterien auf den Brigadeflügeln auftreten. Schwere Batterien waren nur in geringer Zahl vorhanden; für die Schlacht erhielt das Blüchersche Korps einige schwere russische Batterien zugeteilt. Eine preußische Batterie bestand aus 6 Kanonen und 2 Haubitzen; die Vollkugel der Kanonen flog und rollte auf günstigem Boden etwa 2000 Meter weit; die zerspringende Granate der Haubitzen reichte bis etwa auf 1500 Meter; die viele kleine Kugeln streuende Kartätsche beider Geschützarten hatte auf Entfernungen unter 600 Metern mörderische Wirkung.

Auf das Zusammenwirken der drei Waffen im Gefecht legte das Reglement großen Wert. In der Regel sollten die beiden Füsilier-Bataillone der Brigade das erste Treffen bilden; zum Gefecht sollten sie zur Linie aufmarschieren und ihre Schützen entwickeln; als zweites Treffen folgten drei, als drittes zwei Bataillone in Kolonne nach der Mitte mit Entwicklungsabständen. Die Artillerie sollte wirken, wo sie Platz fand, die Brigadekavallerie sollte um die Flügel oder durch die Zwischenräume hindurch in den Kampf eingreifen. Das Selbständigmachen der Brigaden und die Friedensübungen in diesem Verbande hatten gute Früchte getragen. Mit festem Vertrauen aufeinander gingen Führer und Truppe in den Kampf.

Groß-Görschen.

2. Mai.

In Blüchers Hauptquartier hörte man schon gegen Mittag des 1. Mai von Westen herüberschallenden Kanonendonner, der mit jedem Augenblick an Heftigkeit zunahm. General Winzingerode stand zwischen Weißenfels und Lützen am Rippachabschnitt mit den Vortruppen Napoleons im Gefecht. Langsam wich er über den Floßgraben zurück, wo er dem Feinde den Einblick in das Gelände östlich der Elster verwehrte. Je mehr sich das Gefecht näherte, desto mehr wuchs die Spannung. Endlich nachmittags erhielt Blücher den Befehl zum Aufbruch nach Pegau; um 10 Uhr nachts begann das Korps den Vormarsch; um 2 Uhr schloß sich das Generalkommando der Kolonne an; erst morgens bei Pegau gingen die genaueren Befehle Wittgensteins ein. Der Übergang über die Elster und den Floßgraben verzögerte sich nun dadurch, daß die beiden Korps York und Berg ebenfalls auf die Pegauer Brücke angewiesen waren und die Kolonnen durcheinander gerieten; die letzte Staffel, das russische Hauptkorps, konnte erst nach 10 Uhr vormittags durch Pegau folgen.

Westlich vom Floßgraben mit der Front nach Nordwesten stellte

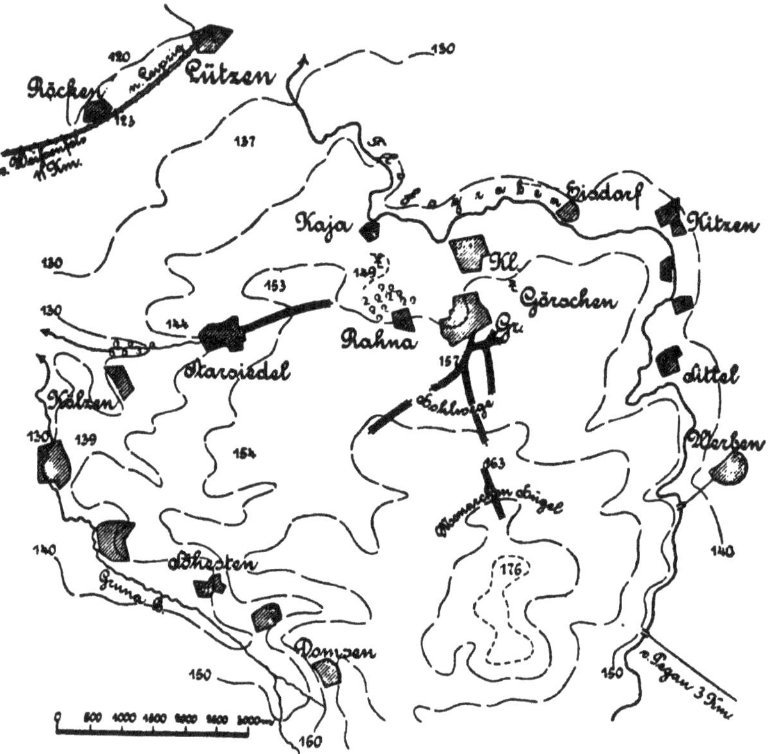

sich das Heer in Schlachtordnung gedeckt hinter einem breiten Hügel auf, dessen nördlicher Vorsprung in der Folge den Namen Monarchenhügel erhalten hat.

Von diesem Hügel aus übersieht man weithin die sich allmählich nach Nordwesten verflachende Landschaft zwischen Elster und Saale. Die große Straße Weißenfels—Leipzig zieht in der Entfernung von 10 Kilometer vorüber. Links senken sich die Hügel zu einer Bachniederung, in der sich Ortschaft an Ortschaft reiht; rechts beschränken die dichten Baumreihen am Floßgraben die Aussicht. Dieser in den Ost- und

Nordhang der Höhen 2 bis 3 Meter tief eingegrabene Wasserlauf bildet
mit seinen steilen Rändern für berittene Waffen ein starkes Hindernis
und beschränkt auch die Bewegung geschlossener Fußtruppen. Er umfließt das am Nordfuß der Höhen gelegene berühmte Dörferviereck
Groß- und Klein-Görschen, Rahna und Kaja. Das etwa einen Quadrat-
kilometer umfassende Gelände zwischen diesen vier Dörfern ist mit
Bäumen und Buschwerk durchsetzt und von Süden nicht einzusehen.
Von Kaja läuft eine leichte Bodenanschwellung nördlich an Starsiedel
vorbei nach Westen hinüber, die mit dem Floßgraben gemeinsam die
Nordgrenze der Wahlstatt des 2. Mai bildet. Südlich von Groß-
Görschen und östlich von Starsiedel ziehen sich lange und tiefe Hohlwege hin; im übrigen ist das Gelände außerhalb der Dörfer frei
und gangbar. Die Ortschaften waren in Fachwerk gebaut, ihre Gärten
von leichten Einfriedigungen umgeben. Bäume, Buschwerk und Feldflur
prangten im frischen Maiengrün.

Das Korps Blücher nahm die vorderste Linie der Schlachtordnung
ein; links dahinter stellte sich das Korps York, rechts die Infanterie
der russischen Korps Berg und Winzingerode auf; das noch im Marsch
befindliche Hauptkorps sollte die Reserve bilden. Links herausgezogen
standen die preußische Reservekavallerie und das russische leichte Kavalleriekorps unter General Winzingerode. Erst auf wiederholten Befehl hatte sich Blücher in die Abgabe der Reservekavallerie mit leb-
haftem Unwillen gefügt. Kosaken deckten die Front des Heeres.

Durch die Meldung von großen Staubwolken auf der Weißenfels—
Leipziger Straße wurden die Verbündeten in der Auffassung bestärkt,
daß die französische Armee im Marsch auf Leipzig begriffen sei und
daß der Vormarsch über Starsiedel sie überraschend in die Flanke,
vielleicht in den Rücken treffen werde. Da entdeckte man plötzlich, daß
unmittelbar vor der Front, halbrechts bei Groß-Görschen, feindliche
Infanteriemassen lagerten. Wittgenstein hielt sie für die Nachhut
und gab den Befehl, die Front dorthin zu nehmen; die umständliche
Halbrechtsschwenkung beanspruchte viel Zeit, und auch dann noch wurde
mit dem Angriff gewartet, um die Truppen ruhen und die Reserve
herankommen zu lassen; auch glaubte man wohl, später den Feind
immer mehr im Rücken zu fassen.

Gegen 12 Uhr hatte sich das erste Treffen der Verbündeten Groß-
Görschen auf Artillerieschußweite genähert. Wittgenstein ließ das vom
Feinde besetzte Dorf und die schwache französische Artillerie aus einer
Batterie von 20 Geschützen drei viertel Stunden lang beschießen und
dann eine Brigade zum Angriff vorgehen. Nach heißem Kampf, in
dem alle Teile der Brigade eingesetzt werden mußten, wurde das

Dorf genommen; aber jenseits des Orts stockte das Vorgehen; der ver=
stärkte Feind warf die Preußen in das Dorf zurück, wo sie sich nur
mit Mühe hielten. Blücher setzte nun auch eine zweite Brigade ein, und
zwar rechts an Groß-Görschen vorbei auf Klein-Görschen; unterstützt
durch ihre Artillerie drangen beide Brigaden siegreich vor und nahmen
sowohl Klein-Görschen als auch Rahna nach heftigem Kampfe; bei
der Verfolgung auf Kaja hieben die Neumärkischen Dragoner in die
feindliche Infanterie ein. Man hatte bisher mit einer Division des
Korps Ney zu tun gehabt. Inzwischen aber waren auch die anderen
drei Divisionen Neys hinter Kaja eingetroffen. Ney führte diese zum
Gegenstoß vor. Obgleich preußische Kavallerie wiederholt von der
Flanke eingriff, blieb die französische Infanterie im Vorgehen und
eroberte Klein-Görschen und Rahna zurück. Blücher ließ jetzt seine
Artillerie in Wirkung treten und dann seine dritte Brigade zum Sturm
vorgehen. Beide Dörfer werden wieder genommen, auch die jenseits
Rahna gelegene kleine Höhe wird in erbittertem Kampf gestürmt; ja
auch in Kaja setzt sich die Gardeinfanterie fest. Es ist 2 Uhr, die
Schlacht schien gewonnen.

Die preußische Reservekavallerie hatte sich gleich anfangs auf
Starsiedel vorbewegt, war dort aber vor starken feindlichen Massen
halten geblieben; auch die leichte russische Kavallerie war links davon
vorgerückt und hatte ihre Artillerie gegen feindliche in Tätigkeit gesetzt.
Das bei Starsiedel stehende französische Korps wagte diesen Massen
von Reitern gegenüber nur eine kurze Vorwärtsbewegung, ging aber
wieder zurück, als Wittgenstein das Korps Berg dorthin vorzog. Hier
blieben sich beide Teile, im ganzen untätig, nur kanonierend gegenüber
stehen. Die russischen Reserven wurden sogar angehalten, um sie aus=
ruhen zu lassen, ehe sie das Schlachtfeld erreichten.

Jetzt aber tritt ein mächtiger Umschwung ein. Mit frischen Kräften
gehen die Franzosen über Kaja vor, in dem sich die schwachen preu=
ßischen Abteilungen nicht zu halten vermögen, und wie von einer
gewaltigen Welle wird das Blüchersche Korps wieder bis Groß-Görschen
zurückgeworfen; auch ein Teil dieses Dorfes geht verloren; nur mit
Mühe behauptet sich Blücher in dieser Stellung. Wittgenstein wagt
nicht, die ihm noch zur Verfügung stehenden Korps einzusetzen, ehe
die russische Reserve eingetroffen ist. Nur wird links neben Blücher
eine größere Artillerielinie gebildet.

„Blücher", so erzählt ein Offizier seines Stabes, „hielt meist in
der größten Ruhe an mehr oder minder gefährlichen Stellen, uner=
müdlich seine Pfeife rauchend. War sie ausgeraucht, so streckte er
sie hinter sich und rief ‚Schmidt‘, worauf seine Ordonnanz ihm eine

frisch gestopfte reichte und der alte Herr gemütlich weiter rauchte. Eine Zeit lang hielten wir ganz nahe an einer russischen Batterie; eine Granate fiel dicht vor uns nieder. ‚Euer Exzellenz, eine Granate,‘ rief Alles. ‚I, so laßt doch den Deubel,‘ sagte Blücher ganz ruhig, sah zu bis sie krepirte und begab sich dann erst an eine andere Stelle.‘‘

Scharnhorst scheint sein gewöhnlicher Gleichmut verlassen zu haben; er war von vornherein nicht sehr siegesgewiß. Sein Adjutant Hüser erzählt, er habe Scharnhorst nie so feurig gesehen, als an diesem Tage. „Es schien ihm Nichts zu entgehen, er ordnete an, machte Blücher auf mancherlei aufmerksam und veranlaßte mehrere Veränderungen bei den Truppen.‘‘

Endlich gegen 4 Uhr treffen die russischen Reserven ein. Jetzt gibt Wittgenstein dem Korps York den Befehl, auf Klein-Görschen und Rahna vorzugehen. Yorks und Blüchers Truppen vereint werfen den Feind glücklich über jene beiden Dörfer zurück, aber an der Anhöhe jenseits Rahna bricht sich der Stoß. Lange schwankt der Kampf hin und her. Die beiderseitige Kavallerie greift ein, ohne Entscheidung zu bringen. Wie gegenüber der tapfere Ney, so wirft sich bei den Preußen Blücher mit seinem Stabe in den Kampf. „Da uns nicht vergönnt war‘‘, so berichtet Clausewitz, „auf die Führung des Gefechts einen bestimmten Einfluß zu üben, so blieb uns nichts übrig, als mit dem Säbel in der Faust zu wirken;‘‘ er war persönlich im Handgemenge mit feindlicher Infanterie. Blücher wurde sein Pferd unter dem Leibe erschossen; von mehreren Schüssen, die ihn trafen, drang ihm eine Flintenkugel in die Seite. Er schickte seinen Stab zu York, damit dieser den Oberbefehl übernehme, und ritt, nur von einer Ordonnanz begleitet, zu einem in Reserve stehenden Regiment. Dort ließ er die Wunde untersuchen; er glaubte, die Kugel sei ihm in den Leib gedrungen, „Ich muß gleich zusammenfallen.‘‘ Doch fand sich die Kugel nicht in der Wunde;*) die Ärzte erklärten sie für ungefährlich. Er ließ sich schnell verbinden, aufs Pferd heben und ritt ins Gefecht zurück.

Es war den Preußen endlich gelungen, die Anhöhe zwischen Rahna und Kaja in Besitz zu nehmen, in Kaja selbst konnten sie sich nur vorübergehend halten. Nun setzte gegen 5 Uhr Ney seine letzten Kräfte ein: wieder ging Klein-Görschen ganz, Rahna zum Teil verloren. Gleichzeitig machte sich die von Napoleon auf beide Flügel der Verbündeten angesetzte Umfassung geltend; ein neues feindliches Korps näherte sich von Südwesten, ein anderes von Norden her dem Schlacht-

---

*) Sie war auf die kurzen Rippen getroffen und durch die Bewegung herausgequetscht; abends fand sie sich im Stiefel.

seld. Ihnen sandte Wittgenstein Kavallerie entgegen, ließ Eisdorf zum Flankenschutz besetzen, und schickte 8 Bataillone des Korps Winzingerode zu Blüchers und Yorcks Unterstützung vor.

Mit dieser Hülfe werden die beiden heißumstrittenen Dörfer nochmals den Franzosen entrissen und diese auf Kaja und darüber hinaus geworfen. Begeistert begrüßt, erscheint hier König Friedrich Wilhelm bei seinen Truppen. Aber gegen 6 Uhr geht das Dorf wieder verloren. Nun tritt westlich von Kaja eine feindliche Batterie von 60 Feuerschlünden in Tätigkeit; nachdem sie eine halbe Stunde gewirkt hat, stürmt die junge Garde zum Entscheidungsstoß vor, während rechts und links die Franzosen auf der ganzen Linie ebenfalls vordringen. Trotz heldenmütigen Widerstandes wird die verbündete Infanterie geworfen, da ihre Artillerie sie nicht wirksam zu unterstützen vermag. Hier wurde auch Scharnhorst verwundet; er mußte den Kampfplatz verlassen. Rahna und Klein-Görschen gehen verloren, bald nach 7 Uhr auch Groß-Görschen; zwar wird es von den Preußen wiedergenommen und behauptet, aber die Kräfte der Truppen sind völlig erschöpft. Außerdem halten sich die Russen nur noch mit Mühe bei Eisdorf am Floßgraben. Mit dem Einbruch der Dunkelheit erlosch das Feuergefecht, nur noch einmal flackerte es eine Zeitlang wieder auf. Beim Schein der brennenden Dörfer wurden die Truppen auf dem Schlachtfeld gesammelt; das Korps Blücher Rahna gegenüber.

Um 9 Uhr rief Wittgenstein die höheren Führer zu sich, nachdem anscheinend die Monarchen das Schlachtfeld schon verlassen hatten. Angesichts der drohenden Umfassung beider Flügel durch frische feindliche Truppen, auf die Meldung, daß die russische Artillerie ihre Munition nicht zu ergänzen vermöge, und auf die Nachricht, daß Kleist aus Leipzig verdrängt und nach Wurzen zurückgegangen sei, stimmte Wittgenstein für den Rückzug. Blücher sprach eifrig dagegen: „All' das Blut sollte hier umsonst geflossen sein? Nie und nimmermehr gehe ich zurück, sondern noch in dieser Nacht werde ich die Franzosen zusammenhauen, daß sich diejenigen schämen sollen, die das Wort Rückzug ausgesprochen haben." Leider versagte sich die russische Kavallerie ohne Befehl des Kaisers dem Unternehmen; Blücher, von Gneisenau begleitet, führte nun etwa 10 preußische Schwadronen gegen die bei Rahna lagernden feindlichen Massen vor. „Die brennenden Dörfer erhellten den Horizont," so berichtet ein Augenzeuge aus der Umgebung Napoleons, „als plötzlich auf der rechten Flanke der französischen Armee eine Linie Kavallerie in dumpfem Gerassel heranrauschte und dicht bis an die Vierecke kam, hinter denen sich der Kaiser befand. Ich glaube, wenn sie noch 200 Schritt rasch vorging, so wurde Napoleon mit seinem ganzen Gefolge gefangen." In der allgemeinen Verwirrung feuerten die Franzosen auf Freund und Feind. Marschall Marmont rettete sich in ein Viereck, dessen rückgängige Bewegung er eine Strecke weit mitmachen mußte. An den großen feindlichen Massen aber strandete der Angriff; von heftigem Feuer verfolgt, kehrten die Schwadronen um; beim Rückzug verloren sie noch viele Leute, die in die Hohlwege stürzten. Inzwischen war der Rückzug bereits eingeleitet. Kaiser Alexander gab seine Zustimmung, und der König mußte sich dem Unvermeidlichen fügen. Das verbündete Heer ging zunächst über den Floßgraben zurück, ohne daß die Franzosen es gewahr wurden. Noch vor Tagesanbruch wurde der Rückzug über die Elster fortgesetzt.

Der König hatte nach seiner Rückkehr vom Schlachtfeld Siegesnachrichten nach Berlin geschickt. Er bezeichnete die Schlacht auch später noch als siegreich. „Die Sache hätte den eklatantesten Sieg gegeben, hätte Wittgenstein anders operirt," urteilte Scharnhorst. Daß die Schlacht unentschieden gewesen sei, daran hielt auch Gneisenau fest. „Die Schlacht ist so mörderisch gewesen, daß beide Teile erschöpft waren und beide Mangel an Munition hatten; der Feind hat ungleich mehr wie wir verloren,"*) schrieb Blücher am 4. Mai, und später: „die Franzosen mögen Wind machen so viel sie wollen, den 2. Mai werden sie schwerlich vergessen."

Über die Tapferkeit der Preußen herrschte nur eine Stimme; die Schande von Jena war ausgelöscht: „sie sind wieder die Preußen Friedrichs des Großen." Der König beauftragte am Morgen des 3. Mai den General Blücher, der Armee für die gestern bewiesene große Tapferkeit und Anstrengung seine ungeteilte Zufriedenheit und seinen Dank auszusprechen. Die Verluste der Verbündeten betrugen 11500 Mann, davon entfallen 8500 Mann auf die Preußen, die die Hauptarbeit getan hatten. Trotz der heftigen Dorfgefechte war die Zahl der Gefangenen ganz unbedeutend; die Verwundeten wurden meist zurückgeschafft, nur 2 zerschossene Geschütze blieben auf der Wahlstatt, sonst fiel kein Siegeszeichen in Feindeshand. Dagegen hatte Napoleon 22000 Mann verloren, darunter 800 Gefangene; besonders groß und schwerwiegend war der Verlust an Offizieren; 5 französische Geschütze führten die Verbündeten mit fort.

Es ist wahr: die Preußen hatten Groß-Görschen erobert und es gegen alle Angriffe der Franzosen behauptet. Trotzdem war die Schlacht eine Niederlage. Der Angriffsstoß der Verbündeten war an den überlegenen Massen, die Napoleon ins Feld geführt, und an

---

*) Tatsächlich fast das Doppelte.

der Art, wie sein bewunderungswürdiges Feldherrntalent sie verwendet hatte, abgeprallt. Blücher hatte bis zum letzten Augenblick an der Möglichkeit des Sieges festgehalten, und wer will sagen, was der Ausgang gewesen wäre, wenn die Verbündeten nach Blüchers Willen kräftigeren Gebrauch von ihrer überlegenen Kavallerie gemacht hätten. Aber auch wenn die Aussicht auf Erfolg nur gering war, der Entschluß zur Schlacht war doch durchaus gerechtfertigt; es galt der Welt zu beweisen, daß man sich nicht scheute, sich mit dem zu messen, vor dem bisher Europa gezittert hatte.

Gewiß hatten die Verbündeten manchen Fehler begangen; schließlich aber rang Masse gegen Masse und die Minderzahl mußte der großen Überzahl weichen. Um die Unterlegenheit auszugleichen, waren die heroischsten Anstrengungen gemacht. Die preußische Infanterie erwies sich selbst bedeutender Überlegenheit gegenüber als gefechtstüchtig; die Artillerie begleitete deren Angriff in aufopfernder Weise; die Kavallerie nutzte die Gelegenheiten, in kleinen Verbänden einzugreifen, in heldenmütiger Weise aus. Blüchers persönlicher Einfluß ist hier unverkennbar. Daß er auf die Fortnahme von Kaja so großen Wert legte, rechtfertigt sich wohl schon allein aus dem Umstande, daß sein großer Gegner dasselbe tat. Blüchers persönliche heldenhafte Haltung, seine ruhige Leitung und das todesverachtende Einsetzen seines Lebens wirkte kräftigend und begeisternd auf die Truppen. Allgemeine Bewunderung erregte es, daß der Siebzigjährige, von 2 Uhr morgens im Sattel tätig, von den Wechselfällen der Schlacht erregt, im Handgemenge selbst kämpfend, nicht unbedeutend verwundet, bis in die Dunkelheit hinein immer wieder die Truppen zu neuen Anstrengungen fortriß und dann, den Kleinmut des Oberfeldherrn bekämpfend, noch mit einem nächtlichen Kavallerieangriff den Erfolg an sich zu reißen versuchte; es war eine fast übermenschliche Leistung. In dem festen Entschluß, siegen zu wollen, zeigt sich schon in dieser ersten Schlacht der Befreiungskriege, obgleich er nur einen beschränkten Wirkungskreis hatte, Blüchers hohe Begabung als Schlachtenlenker. Er ist es, der in Groß-Görschen uns ein Vorbild geliefert hat, das sich mit vielen verwandten Zügen in dem Flankenstoß wiederfindet, der am 16. August 1870 auf den Feldern von Vionville geführt werden sollte.

Trotz des ungünstigen Ausgangs konnte Blücher mit Recht seiner Frau schreiben: „Satisfaktion habe ich genug, denn ich habe den Herrn Napoleon zweimal angegriffen und beide Mal geworfen." Und der Zar sandte ihm mit dem Georgskreuz die anerkennenden Worte: „Die Tapferkeit, die Sie in dem Treffen am 2. Mai gezeigt haben, die von

Ihnen an diesem schönen Tage geleisteten Dienste, Ihre Ergebenheit, Ihr Eifer und die glänzende Art, sich jederzeit da zu befinden, wo die Gefahr am größten ist, Ihre Beharrlichkeit, das Feld der Ehre, obgleich verwundet, nicht zu verlassen, mit einem Wort Ihr ganzes Betragen während der Schlacht hat mich mit Bewunderung und Dankbarkeit durchdrungen."

Der wichtigste Erfolg der Schlacht für die Verbündeten war, daß nicht nur in der preußischen Armee das gegenseitige Vertrauen zwischen Führern und Truppe gefestigt war, auch zwischen den beiden verbündeten Heeren begann sich eine feste, auf Achtung vor der Tapferkeit des andern gegründete Waffenbrüderschaft zu knüpfen; selbst das abfällige Urteil über die russische Schlachtleitung drängten die preußischen Führer um des gemeinsamen Zwecks willen zurück. Die Leistungen in der Schlacht von Groß-Görschen hatten das Selbstvertrauen der Verbündeten gehoben, ihr Ausgang aber hatte ihnen klargemacht, daß einem Napoleon gegenüber doch eine größere Anspannung der Kräfte nötig war. In unerwarteter Weise hatte die junge französische Mannschaft in der Hand des erfahrenen Schlachtenlenkers sich als brauchbares Werkzeug erwiesen und von neuem dargetan, welches Gewicht die Zahl in der Wagschale der Schlacht bedeutet. Daß unter diesen Verhältnissen das Zurückweichen erforderlich war, leuchtet ein: man mußte den Speer aus der Seite des Bären, der nicht töblich getroffen war, zurückziehen, um nicht gegen seine Pranken wehrlos zu sein.

Der Rückzug über die Elbe.
3. bis 19. Mai.

Am frühen Morgen des 3. Mai hatte das verbündete Heer unter dem Schutz der Nachhut die Elster bei Pegau und oberhalb überschritten; abends stand es hinter der Pleiße nordöstlich von Altenburg, Blücher bei Borna. Die Franzosen vermochten nur von weitem zu folgen; sie waren durch die Schlacht erschöpft und anfangs auf einen neuen Angriff gefaßt gewesen. So kam die Verfolgung erst spät und nur matt in Gang. Um die Preußen auf den nördlichen Flügel zu bekommen, kreuzten sich die Marschkolonnen der Verbündeten mehrfach; auch nötigte das Fuhrwerk zu Aufenthalten. Trotzdem gelang es Napoleon nicht, seinen Erfolg auszubeuten; umsonst suchte er nach Zeichen des Sieges, wie er sie zu finden gewohnt war. Geschlossen und selbstbewußt wich das geschlagene Heer von Abschnitt zu Abschnitt.

Am 4. Mai gingen die Verbündeten an die Zwickauer Mulde zurück; die beiden preußischen Korps schlugen unter Blüchers Befehl die Richtung auf Meißen, die Russen die auf Dresden ein.

An diesem Tage früh morgens ritt Blücher aus Borna zu den Truppen, die auf beiden Seiten der Straße bereit standen. „Bei seiner Annäherung", so erzählt ein Augenzeuge, „wurde befohlen: Gewehr auf! Blücher rief aus der Ferne: ‚O, laßen Sie das Gewehr abnehmen!' Also: Gewehr ab! Es herrschte allgemeine Stille. Blücher ritt heran und hielt mit gewaltig erhobener Stimme diese Anrede. ‚Guten Morjen, Kinder! Ditmal hat et jut jejangen! De Franzosen sind et jewahr jeworden, mit wem se ze dun hebben. Der König läßt sich bedanken bei Euch (bei diesen Worten nahm er die Feldmütze ab und schwenkte sie über seinem ehrwürdigen Haupte). Dat Pulver is alle. Darum jehen wir zurück bet hinder de Elbe. Da kommen mehr Kameraden und brengen uns wedder Pulver un Blei und denn jehen wir wedder druk up de Franzosen, dat se de Schwerenot kriejen! Wer nu seggt, dat wie reteriren, dat is en Hundsfott, en schlechter Kerl! Guten Morjen Kinder!' Diese Worte stärkten die Soldaten, belebten die Offiziere und stopften jedes Lästermaul. Mit einem allgemeinen Jubelgeschrei wurde der Held begrüßt und ihm folgte das Heer voll Herzensfreudigkeit im Rückzug über die Elbe."

Blüchers Nachhut wurde von den Franzosen über die Mulde zurückgedrängt. Am 6. Mai gingen die Preußen bei Meißen, am 7. die Masse der Russen bei Dresden über die Elbe zurück; am 8. folgte auch die russische Nachhut.

Hier bei Meißen wurde Blücher von seinem Schwager, dem Rittmeister v. Colomb, gebeten, ihn mit seiner Abteilung Freiwilliger Jäger des Brandenburgischen Husaren-Regiments in den Rücken der Franzosen streifen zu lassen; erst auf Gneisenaus Verwendung gab Blücher schweren Herzens die Erlaubnis mit den Worten: „Wenn er denn zum Teufel fahren will, so fahre er!" Die kühnen und erfolgreichen Taten Colombs im westlichen Sachsen und in Thüringen bereiteten dann Blücher große Genugtuung, zumal Colomb, glücklicher als Lützow, dem Zorn Napoleons zu entgehen wußte. Auch im Herbstfeldzug und 1814 war Colomb als Parteigänger tätig.

Scharnhorst war nach Dresden zurückgeschafft; trotz seiner Wunde hatte er die Rüstungen eifrig gefördert und fuhr nun mit einem Auftrag der Verbündeten nach Österreich, um deßen Anschluß zu beschleunigen und das gemeinsame Vorgehen zu besprechen. Bei der Armee trat Gneisenau in Scharnhorsts Stelle, und Gneisenaus Geschäfte als Generalquartiermeister übernahm der Oberstleutnant v. Müffling.

Von Meißen berichtete Gneiſenau an Hardenberg, der moraliſche
Zuſtand der Armee ſei gut. „Der Soldat glaubt nicht geſchlagen zu
ſein. Durch mangelhafte Verpflegung, herbeigeführt durch Unkunde
und Mangel an Einſicht, iſt ein Teil der Truppen etwas ermattet. Wir
wollen ſelbige wieder auffriſchen, ſo gut dies hier angeht." Gleich=
zeitig ſuchte Gneiſenau auch die Verſtärkung der Armee zu erwirken:
„Wenn Alles mit Anſtrengung an Wiederherſtellung und Vergrößerung
der Streitkräfte arbeitet, ſo bin ich keinen Augenblick zweifelhaft über
das Schickſal des Krieges." Er ſchlug vor, die Truppen vor den
Feſtungen durch Landwehr ablöſen zu laſſen, die entſendeten Heer=
teile heranzuziehen. Dann ſei er des Sieges ſicher. „Aber alle Streit=
kräfte der Nation müſſen in Anſpruch genommen und alle in einem
Moment, ſo weit dies angeht, angewendet werden."

Die Leitung der Heeresbewegungen ging nach Verſtändigung der
beiden Monarchen durch das ruſſiſche Hauptquartier vor ſich. Den
beiden preußiſchen Korps war befohlen worden, bei Meißen zunächſt auf
dem weſtlichen Stromufer ſtehen zu bleiben. Scharnhorſt machte den
König auf das Gefährliche dieſer Aufſtellung aufmerkſam. Friedrich
Wilhelm begab ſich ſofort nach Meißen, fand aber, daß Blücher ſelb=
ſtändig die Maſſe der Truppen auf das öſtliche Ufer hinübergenommen
hatte. Kleiſt ging bei Mühlberg über die Elbe, Bülow bei Deſſau.
Anfangs gedachte man die Richtung nach Norden, auf Berlin, zu
nehmen, um aus einer Flankenſtellung dem Feind, wie Wittgenſtein
ſich ausdrückt, mit aller Kraft auf den Hals gehen zu können. Für
den 9. Mai erhielt Blücher den Befehl zum Abmarſch in dieſer Richtung,
nach Großenhain. Gneiſenau war mit dieſem nach ſeiner Anſicht vor=
zeitigen Aufgeben der Stromverteidigung durchaus nicht einverſtanden.
Kaum war man in Großenhain angekommen, als eine dringende Auf=
forderung des Führers der ruſſiſchen Nachhut einging, ihn bei einem
Gegenſtoß auf die Spitze der bei Dresden im Übergehen begriffenen
Franzoſen zu unterſtützen; die große Entfernung machte dies aber un=
ausführbar. Doch wurde alles vorbereitet, um in einer ſich etwa nord=
öſtlich von Dresden entſpinnenden Schlacht eingreifen zu können. Durch
den Anſchluß der Sachſen an Napoleon und die Anſammlung ſtarker
feindlicher Kräfte bei Torgau wurde indes der Rückzug auf Berlin
untunlich; die Armee ſchlug wieder die Richtung nach Oſten, auf
Bautzen, ein.

Das Blücherſche Hauptquartier hatte von vornherein den Rück=
zug gegen die Oder für angemeſſener gehalten; das Heer müſſe ſo
ſtehen, daß es unter allen Umſtänden zuſammenkommen und nie
von der Bautzener Straße abgedrängt werden könne; denn von Glo=

gau abwärts sei keine Festung in preußischen Händen, um den Ufer=
wechsel zu schützen; werde die Armee von der Straße auf Breslau ab=
gedrängt, so werde das ihre Auflösung nach sich ziehen. Der König
wurde gebeten, seinen Einfluß auf die Heeresleitung in diesem Sinne
geltend zu machen.

Blücher hatte den Marsch „nur mit Mühe" im Wagen zurück=
legen können; seine Wunde hätte sich so übel gemacht, schrieb er seiner
Frau, daß er endlich unterlegen sei. Auch andere alte Übel stellten
sich wieder ein. Der König verlangte von ihm ausdrücklich, daß er
sich schone. Nachdem er einige Märsche gefahren war, erholte er
sich aber schnell; am 14. vermochte er wieder zu Pferde zu steigen.

Inzwischen waren die Monarchen zur Annahme einer zweiten
Schlacht geneigt; die Preußen wurden nach Bautzen herangezogen.
Gneisenau hatte das Vertrauen auf Wittgenstein und seinen Stab völlig
verloren. Er nannte sie „Leute, die nicht wissen, was sie wollen".
„Aus ihrer Feder erscheinen unzweckmäßige, unverständige, unausführ=
bare Befehle. Wir tun davon, was wir können oder mögen, aber es giebt
deren welche, die wir, um uns nicht selbst in Gefahr zu stürzen, befolgen
müssen;" hierher rechnete er das Verlassen der Elbe. Sonst war er
nicht gegen die Fortsetzung des Rückzuges, „denn eine Schlacht, wenn
sie nicht gewonnen wird, beschleunigt den Rückzug;" dieser müsse nur
mit Verstand und Ruhe erfolgen. „Man muß mit Ordnung zurück=
weichen und sich nach und nach durch die in Schlesien befindlichen
Streitkräfte verstärken." Er baute auf die dortigen Festungen; hier
im Gebirge müsse sich die preußische Armee halten, wenn die Russen
oberaufwärts oder nach Polen zurückweichen sollten. Er rechnete darauf,
daß dann auch Napoleon sein Heer teilen werde. Die Truppen und
Landwehren in der Mark sollten womöglich gegen die Flanke der
Franzosen vorgehen, sich äußerstenfalls nach Kolberg zurückziehen und
dort das Herankommen der ostpreußischen Landwehr abwarten. „Im
unglücklichsten Fall ist es ehrenvoller in den eigenen Provinzen unter=
zugehen, als mit einem unbedeutenden Überrest in fremden Ländern
flüchtig umherzuziehen." So äußerte er sich gegen den König und
gegen den Staatskanzler.

Am 12. Mai lagerte das Heer bei Bautzen, am folgenden Tage
bezog es die östlich der Spree ausgesuchte Schlachtstellung. Auch Gnei=
senau hatte sich jetzt, anscheinend durch die Stimmung des Heeres
veranlaßt, mit der Annahme einer Schlacht mehr befreundet. „Der
Soldat ist unzufrieden mit dem beständigen Rückzuge", schrieb er seiner
Frau, „und ich mag ihm dies nicht verdenken." Er hege keine großen
Erwartungen von dem Ausgang der Schlacht, aber er fuhr fort:

„Übrigens seid unbesorgt! Das Schicksal der Waffen ist gar manchmal sehr sonderbar; allein was ich gewahr werden kann vom Geist des Soldaten, ist gemacht um Hoffnungen einzuflößen. Er ist guten Mutes. Im Lager vor uns geht es munter zu. Musik und Gesänge erschallen und Alles ist wohlgemut, seitdem der Rückzug aufgehört hat." Er drang darauf, daß das von Thorn heranrückende russische Korps Barclay, 13- bis 14000 Mann, zur Schlacht herangezogen werde; wenn dies da stehe, wo „wir es verlangen", so könne die Schlacht entscheidend für den ganzen Krieg werden; andernfalls sei ihr Ausgang zweifelhaft. Wäre sie aber auch verloren, so dürfe man dennoch nicht verzweifeln. Dann müsse man die von ihm vorgeschlagenen Mittel ergreifen.

Hardenberg neigte aus politischen Gründen zur Annahme einer Schlacht; er hielt es für wünschenswert, der Welt zu zeigen, daß Preußen noch nicht überwunden sei. Er forderte Gneisenau insgeheim auf, sich über die Kampffähigkeit der Truppen zu äußern; Blücher sollte, um das Geheimnis zu wahren und da der Staatskanzler von seiner Kampfbegier überzeugt war, die Frage nicht vorgelegt werden. Gneisenau zog nur Clausewitz ins Vertrauen. Sie stimmten für die Schlacht; so wurde sie am 16. endgültig beschlossen. Gleichzeitig hatte Harden berg Blücher und Gneisenau in den Stand der Unterhandlungen mit Österreich eingeweiht; sie schienen dem Abschluß nahe.

Blüchers Zuversicht war die alte; sein Arzt und Schonung hätten ihm gut geholfen, schrieb er am 15. seiner Frau; „so habe ich mich so erholt, daß ich gestern und heute wieder zu Pferde bin und keine sonderliche Inkommobität mehr habe. 14 Tage bis 3 Wochen werden noch hingehen, bevor meine Wunde ganz heil ist; ich befinde mich aber übrigens sehr wohl. Wir stehen jetzt wieder mit dem Feinde im Gesicht und sehen einer zweiten Schlacht entgegen; ich denke, es soll Napoleon nicht besser wie bei der ersten gehen. Wir haben uns völlig wieder erholt und sind schlagfertig, unsre braven Leute voller Mut . . . Seid ohne Sorge! Gott steht der gerechten Sache bei und Ihr werdet gute Nachricht erhalten."

Bautzen.
20. und 21. Mai.

„Morgen höchst wahrscheinlich, vielleicht erst übermorgen wird wieder der Tag einer großen Schlacht sein," schrieb Clausewitz am 18. Mai. „Unsere Truppen sind voll Mut und haben wir einige, wiewohl nicht bedeutende Verstärkungen erhalten, sodaß wir nach dem, was der Feind in der Schlacht [Groß-Görschen] verloren und nach der Schlacht detachirt hat, hoffen dürfen, ihm gewachsen zu sein.“ So dachte man im Hauptquartier zu Kumschütz, einem kleinen Bauerndorf unweit der Bautzen—Görlitzer Straße, wo Blücher mit seinem Stabe anscheinend höchst dürftig untergebracht war.

Wenige Kilometer von Kumschütz ragt weithin sichtbar der weiße Turm von Hochkirch, in dessen Kirche Keiths Grabmal von des Großen Königs schwerer nächtlicher Niederlage und von seiner Größe im Unglück erzählt. Der Gedanke an die Helden von Hochkirch stärkte auch ihren Nachkommen den Sinn, furchtlos dem übermächtigen Feinde die Stirn zu bieten.

Der Feind, der von Dresden her Bautzen gegenüber erschienen war, verstärkte sich zusehends. Am 18. morgens schien er angreifen zu wollen, es kam aber nur zum Geschützkampf auf weite Entfernung. Nun aber liefen auch Meldungen über den Anmarsch eines Heeresteils unter Ney von Norden her ein. Gegen die feindliche Haupt-Armee westlich von Bautzen wurden nachmittags Erkundungen vorgetrieben, in der Nacht zum 19. aber die beiden Korps vom rechten Flügel, Barclay und Yorck, gegen Ney in Bewegung gesetzt; nach anfänglichem Erfolg wichen sie vor der Überzahl am 20. in die Stellung zurück, die inzwischen durch Napoleon von Bautzen her angegriffen war.

Über die Stellung sagt Gneisenau: „Lang und breit ward die Art, solche nehmen zu wollen, besprochen. Am Tage des feindlichen Angriffs wählte man grade die ungeschickteste.“

7 Kilometer südlich von Bautzen, am Drohmberg, tritt die Spree aus dem nördlichsten Teil des Lausitzer Waldgebirges. Auf dieser Strecke und noch bis 3 Kilometer jenseits der Stadt, bei Burk, durchströmt der Fluß in engem, felsigem Tale ein Bergland, das den Übergang des Lausitzer Gebirgszuges zu den waldreichen Ebenen der Niederlausitz bildet. Unterhalb Burk verbreitert sich das Spreetal; nach 2 Kilometern aber treten von links die Höhe von Nieder-Gurig, von rechts die Kreckwitzer Höhen noch einmal dicht an den Fluß heran: von da bis zur Mündung des Löbauer Wassers jenseits Klüx wird er von einem 7 Kilometer langen, meist über 1 Kilometer breiten, schwer zu überschreitenden Wiesen- und Teichstreifen begleitet.

Da die Stellung unmittelbar an der Spree zur Verteidigung nicht günstig ist, war dazu die Linie Drohmberg—Kreckwitzer Höhen gewählt, die südlich der Bautzen—Löbauer Straße von kräftig ansteigenden Bergen, nördlich der Straße bis Litten von flachwelligem Hügelland.

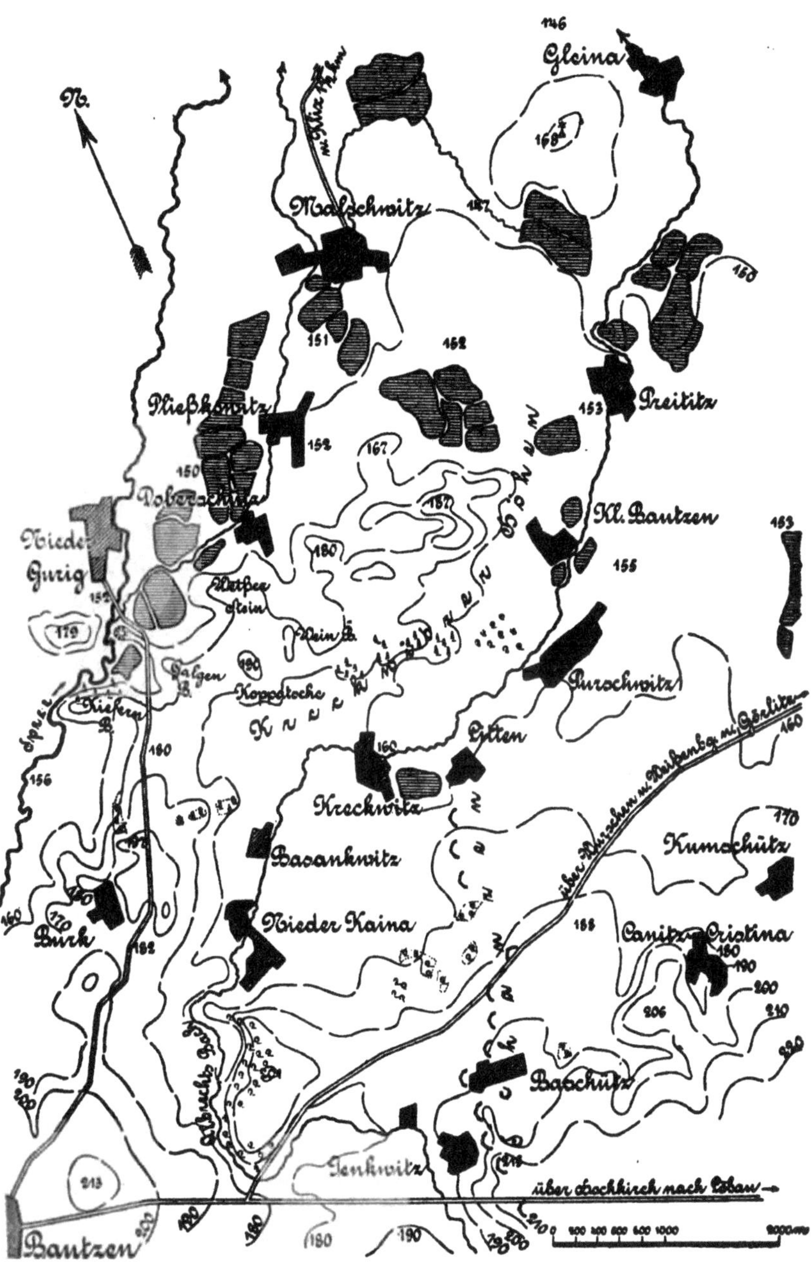
N.
Gleina
146
163
157
Malschwitz
151
152
160
Pließkowitz
153
Preititz
152
167
150
Doberschütz
157
Kl. Bautzen
Nieder
Gurig
155
153
152
Wetper
stein
179
160
Stein B.
Purschwitz
Salgen
180
Kappsloche
Jenkwitz
160
160
Kiefern
Spree
Lütten
180
Krechwitz
170
156
Kumschütz
Basankwitz
160
170
Nieder Kaina
158
Canitz Cristina
Burk
182
180
190
200
206
210
220
Baschütz
über Purschwitz u. Weißenberg n. Görlitz
190
200
213
Jenkwitz
über Hochkirch nach Löbau →
Bautzen
200
180
160
180
190
200
210
200 400 600 800 1000
2000m

weiter rechts von den niedrigen Kuppen der Kreckwitzer Höhen aus-
gefüllt wird. Der bergige Abschnitt mit seinen Felshängen, Wäldern
und Schluchten begünstigte das zähe Festhalten; einige Dörfer gewährten gute Stützpunkte, die durch Schanzen und Verhaue ergänzt
waren. Dieser Abschnitt sollte von russischen Korps unter General
Miloradowitsch verteidigt werden; zunächst aber war den Russen die
Verteidigung von Bautzen und der Höhen auf dem linken Spreeufer
südwestlich der Stadt übertragen.

Der ebene Abschnitt hat den zum Teil in tiefer Schlucht fließen-
den Albrechtsbach vor der Front, lehnte sich rechts und links an Dörfer,
die zur hartnäckigen Verteidigung eingerichtet waren, und gewann
außerdem in der Front große Stärke durch eine Reihe von Feldwerken,
zwischen denen hindurch das Gelände Gegenstöße, namentlich auch der
Kavallerie, begünstigte. Dieser mittlere Abschnitt genoß aber vor allem
den Vorteil, daß das Gelände vor der Front und das Vorspringen der
beiden überhöhenden Flügelabschnitte die Entwicklung gegen ihn außerordentlich erschwerten und daß eine Umfassung erst nach Wegnahme
eines der Nachbarabschnitte möglich war. Hier waren deshalb nur
wenig Truppen zur Besetzung verwendet, aber dahinter die Aufstellung von Reserven, links russische, rechts preußische, vorgesehen.

Die Kreckwitzer Höhen waren dem Korps Blücher überwiesen.
Da nur eine geringe Ackerkrume über dem felsigen Untergrund lag,
hatte man von Schanzarbeiten abgesehen; auch entsprach dem Geschmack der Führung eine bewegliche Verteidigung; hierzu war das
Gelände aber auch sehr geeignet. Mit der Front gegen die Spree
liegt auf einem Raum von 2 Kilometern Breite und 1½ Kilometer
Tiefe etwa ein Dutzend kleiner Kuppen von ziemlich gleicher
Höhe. Von den fünf in der vorderen Reihe gelegenen fallen
drei allmählich zu den in der Flußniederung gelegenen Dörfern Pließkowitz und Doberschütz ab; von den beiden linken recken sich drei Rücken
schräg links vorwärts zwischen die Spreewiesen und die Fischteiche vor:
der Weiße Stein, der Galgen- und der Kiefernberg. Der kürzeste
von ihnen, rechts der Weiße Stein, ist durch die Teiche und einen Spree-
arm gegen Angriffe von Nordwesten, von Nieder-Gurig her, am besten
geschützt. Die schmale Zunge, in die der Galgenberg ausläuft, wird
von dem dicht gegenüberliegenden Nieder-Guriger Berg völlig beherrscht; doch konnten die hier über die beiden Spreearme führenden
Brücken von weiter rückwärts unter umfassendes Kanonenfeuer genommen werden. Der noch weiter vorragende Kiefernberg war gegen
einen umfassenden Angriff nicht lange zu halten; das auf ihm
liegende Waldstück entzog dann den Spreelauf an seinem Fuß der

Einsicht und Einwirkung durch den Verteidiger. Immerhin aber mußte der Angreifer vom Kiefernberg aus noch eine breite freie Strecke bis zu der Westecke der eigentlichen Kreckwitzer Höhen, die Koppatsche, durchschreiten. Ähnlich lag es an der Nordecke der Verteidigungsfront, wo die von Weidenreihen und Buschwerk bestandenen Wiesen und das Dorf Pließkowitz die Annäherung bis an den Fuß der Höhen begünstigten. Nach Nordosten aber beherrschte man von diesen aus die Ebene weithin, aus der sich jenseits der Dörfer Malschwitz links und Preititz rechts der runde Hügel mit der Windmühle von Gleina erhebt. Von Malschwitz bis Preititz zog sich eine fast ununterbrochene Reihe ausgedehnter Teiche, die zwar zum Teil abgelassen, aber doch nicht ganz trocken waren; zwischen ihnen waren nur wenig Durchgänge. Zunächst war diese Flanke Blüchers durch das russische Korps Barclay geschützt, das am Morgen des 20. bei Gleina wieder einrückte. Eher drohte der Verteidigung Gefahr von der beherrschenden Höhe von Burk, knapp 2000 Meter südwestlich der Koppatsche; sie konnte in die Hauptstellung nicht hineingezogen werden; man hatte sie aber als Vorstellung mit dem aus preußischen und russischen Truppen gemischten, schwachen Korps Kleist besetzt. Einblick in die Kreckwitzer Höhen gewährt der Burker Berg, aber nur in sehr beschränktem Maße, da deren mit Waldstücken besetzte Kuppen die Truppenbewegungen dem Auge entziehen. Die vier Dörfer an dem die Kreckwitzer Höhen südlich im Bogen umfließenden Albrechtsbach: Kreckwitz, Litten, Purschwitz und Klein-Bautzen, waren schwach besetzt, Übergänge über den Bach an verschiedenen Stellen hergerichtet. Die zwischen 20 und 30 Meter Breite wechselnde Spree hat hier nur geringe Wassertiefe.

Zur Besetzung dieser sonst recht vorteilhaften Stellung reichten indes die Kräfte des Blücherschen Korps bei weitem nicht hin, obgleich es seit Groß-Görschen durch 5 Reserve-Bataillone verstärkt war. Es zählte 17000 Mann Infanterie, gegen 5000 Reiter und rund 90 Geschütze. Gneisenau aber hielt mindestens 40000 Mann für nötig, 80000 fänden Platz. Zwei Brigaden war die Front — Zieten rechts, Klüx links — zugewiesen; Brigade Röder stand als Reserve bei Klein-Bautzen, die Reservekavallerie Dolffs verdeckt an den bewaldeten Höhen. Von Teilen des Korps Kleist waren der Berg und das Dorf von Nieder-Gurig sowie die Stellung an der Brücke selbst besetzt.

Am 20. mittags liefen Meldungen von Bewegungen in den französischen Lagern ein. Bald schallte der Kanonendonner von Bautzen und aus den Bergen nach Kreckwitz herüber. Gegen 2 Uhr entwickelte sich Blüchers Stellung gegenüber, jenseits Nieder-Gurig, ein starkes französisches Korps. Bald zeigten sich drei Kolonnen im Vorgehen gegen Nieder-Gurig, starke Reserven folgten. Die preußischen Batterien eröffneten auf weite Entfernung das Feuer. Der Nieder-Guriger Berg wurde vom Feinde genommen und mit einer starken Batterie besetzt, die das preußische Feuer erwiderte. Im Dorf hielt sich ein preußisches Bataillon mehrere Stunden lang gegen große Übermacht.

Die Monarchen hatten etwa in der Mitte der Stellung nordöstlich von Baschütz die Entwicklung der Schlacht beobachtet; jetzt kamen sie für kurze Zeit zu Blücher herübergeritten. Wittgenstein, dem der Zar die Leitung tatsächlich ganz aus der Hand genommen hatte, scheint sich hier aber in Blüchers Anordnungen eingemischt zu haben, was dieser lebhaft zurückwies.

Um 5 Uhr wurde auch der linke Flügel des Korps Kleist in Burk und Nieder-Kaina von Bautzen her angegriffen. Aus dem eroberten Burk wurde der Feind wieder herausgeworfen; es gelang aber nicht, ihn weiter zurückzutreiben.

Unterdes war Nieder-Gurig verloren gegangen; der Feind drang hier mit Schützen über die Spree nach, wurde aber von zwei Bataillonen der Brigade Zieten daran verhindert, auf dem rechten Ufer Fuß zu fassen. Die Brückenstelle am Galgenberg hielt die preußische Artillerie von allen Seiten unter Feuer. „Der Feind rückte demnach mit zerstreuter Infanterie vor, etablirte auch eine Batterie diesseits der Spree, wurde aber durch überlegenes Feuer nach einigen Stunden, noch vor dem Sinken des Tages zum Schweigen gebracht und seine Tirailleure von den diesseitigen über die Spree zurückgeworfen," heißt es in dem Blücherschen Schlachtbericht. Am Kiefernberg griff auch russische und preußische Kavallerie erfolgreich ein.

Durch den Verlust von Nieder-Kaina sah sich General v. Kleist im Rücken bedroht. Die ihm auf Befehl der Monarchen von Blücher zugesandte Verstärkung fand ihn schon im Rückzuge; seine Kavallerie verhinderte den Versuch der Franzosen, ihn abzuschneiden.

„Da der General v. Kleist", heißt es im Schlachtbericht weiter, „mit dem Sinken des Tages die Höhen von Burk verließ, so mußte auch die Artillerie, welche das Debouchiren aus dem Spreetal verhinderte, zurückgezogen, und dem Feind überlassen werden, gegen das Blüchersche Zentrum vorzurücken. Das Korps blieb die Nacht in der Position liegen." Die in der Dunkelheit von den Franzosen gemachten Versuche, Doberschütz und Pließkowitz wegzunehmen, wurden von der preußischen Besatzung abgewiesen.

Während der Kampf vor der Front Blüchers erlosch, kam er links in den Bergen in der Dunkelheit noch einmal in Gang. Miloradowitsch hatte Bautzen, ohne sich in einen hartnäckigen Kampf einzulassen, gegen 4 Uhr geräumt; der französische Angriff war dann aber am Fuß der Höhenstellung zum Stehen gekommen; nur auf dem äußersten Flügel waren die Franzosen weiter in die Berge vorgedrungen. Auf Befehl des Zaren wurde hier noch im Dunkeln ein Gegenstoß gemacht, der die französische Umfassung zurückschlug.

Gefahrdrohender für die Verbündeten war das Gefecht, das in den Abendstunden sich rechts von Blücher um den Spreeübergang bei Klix entwickelte und bewies, daß Ney mit seinem Heeresteil in die morgen zu erwartende Fortsetzung der Schlacht eingreifen würde.

Gneisenau war mit der Führung der Schlacht auf der Seite der Verbündeten durchaus nicht einverstanden. Er tadelte lebhaft, daß Miloradowitsch, angeblich durch ein Mißverständnis, die Stadt Bautzen „ohne einen Schuß zu tun" verlassen habe; „nur allein durch Bautzen" hätte die Stellung mit einigem Vorteil behauptet werden können. Er soll am Nachmittag zum Angriff geraten haben. Es war der einzige Weg, auf dem ein Erfolg zu erringen gewesen wäre. Das Stillhalten brachte die Verbündeten in die Gefahr, völlig eingekesselt zu werden.

In der Nacht begab sich Gneisenau mit Müffling zum Befehlsempfang in das nahegelegene Hauptquartier Kaiser Alexanders; Gneisenau erbat sich Unterstützung durch Artillerie; auch wurde auf die von Klix her drohende Gefahr aufmerksam gemacht; aber Kaiser Alexander hielt das Korps Barclay für ausreichend, Ney abzuhalten, während Napoleons Angriff auf die starke Front scheitern werde. Daß Napoleon gerade jetzt einen Waffenstillstand vorschlug, ließ Zweifel entstehen, ob er am anderen Tag den Angriff erneuern werde und bestärkte den Zaren in der Siegessicherheit.

Auch im Heere hatte man den Eindruck, den Feind erfolgreich abgewiesen zu haben. „So brachten die Truppen", erzählt Clausewitz, „in dem wohltuenden Gefühl einer glücklichen Verteidigung die Nacht auf dem Schlachtfelde zu, und wenn es je etwas gab, was den siegreichen Erfolg eines Tages bewähren konnte, so war es eine bei den Truppen herrschende Ordnung und Ruhe, die man selten oder nie nach einem so blutigen Gefechte antrifft." Als Gneisenau bei Tagesanbruch des 21. Mai in das Biwak bei Kreckwitz zurückgekehrt war, schrieb er dem Staatskanzler: „Der Angriff hat wieder begonnen. Wir Preußen haben durch unsre Batterien dem Feinde das Debouchiren verwehrt. Alles steht im Gleichgewicht. Kommt die mir versprochene russische Artillerie noch an, so ist das Schicksal des Tages nicht zweifelhaft. Alle Truppen sind in bester Ordnung." Er war voll Vertrauen auf die Haltbarkeit der preußischen Stellung.

Die Sonne beleuchtete hell die Stellungen des Feindes; nur die Vorgänge in der Spreeniederung waren in dichten Nebel gehüllt. Aus den Bergen hallte bereits der Donner der Geschütze herüber, und auch vor Bautzen traten bald die beiderseitigen Artillerien auf weite Entfernungen (2000 Meter) in den Kampf. Blücher gegenüber machte der Feind am frühen Morgen einen neuen Versuch, Pließkowitz und Doberschütz zu erobern; er wurde „teils durch Kanonenfeuer, teils durch das Feuer der Bataillone in den Dörfern" zurückgewiesen. Um 8 Uhr trafen bei Blücher 48 russische Geschütze ein, zur Hälfte Zwölf-, zur Hälfte Sechspfünder. Die Zwölfpfünder wurden zum Teil gegen die Brücken bei Nieder-Gurig, zum Teil links bei Kreckwitz in Stellung gebracht, die Sechspfünder zunächst zur Verfügung behalten.

Während die Truppen seines Korps in ihre Stellungen wieder einrückten, ritt Blücher an sie heran und redete sie an; auf seine feurigen Worte antworteten sie mit Hurrarufen. Hinter Blücher, bei Purschwitz und Litten, standen die Korps Yorck und Kleist bereit.

Der Vormittag verging, ohne vor Blüchers Front zu ernsthaften Gefechten zu führen. Desto bedenklicher wurde die Lage rechts hinter ihm, wo das Korps Barclay um 8 Uhr auf dem Gleinaer Windmühlenberg und in Malschwitz von den weit überlegenen Kräften Neys angegriffen worden und gegen 9 Uhr auf Preititz zurückgewichen war. Noch schlimmer war, daß Barclay bald darauf in Preititz nur 2 schwache Bataillone zurückließ und selbst in östlicher Richtung abzog. Ney ließ eine Division auf Preititz vorgehen; um 11 Uhr war es in seinem Besitz, ebenso wie Malschwitz.

Blücher war von der Absicht Barclays, den Windmühlenberg aufzugeben, erst spät unterrichtet worden; er hatte die Nachricht ungläubig aufgenommen. Wahrscheinlich gebrauchte er hier das Wort, was er wohl mehrfach angewandt hat, wenn ihm ein aufgeregter Adjutant die Meldung brachte, daß der Feind bald in seinem Rücken stehen würde: „Nun, so sagen Sie Ihrem Kommandeur, daß ich mich außerordentlich über diese Nachricht freue, denn dann ist der Kerl auf dem rechten Wege, mir eine besondere Ehre zu erzeigen, zu welcher er nur von hinten kommen kann." Als Blücher aber Barclay zu seinem größten Erstaunen wirklich auf Preititz weichen sah, ließ er seine Artilleriereserve schleunigst auf den nach Preititz zu gelegenen Kuppen auffahren — allein noch vor ihrer Ankunft hatte der Feind es genommen. „Der General Blücher", heißt es in seinem Bericht, „schickte drei Bataillone seiner Reserve-Brigade ab, um es wieder zu nehmen, und als er die Nachricht erhielt, der Feind dränge sehr stark, so detachirte er die ganze Reserve-Brigade [Röder], mit dem gemessenen

Befehl, das Dorf wieder zu erobern, es koste was es wolle, es dann dem General Barclay zu übergeben und schnell wieder in der Position einzutreffen." Blücher begab sich selbst auf diesen Flügel, um hier den Ausgang des Gefechts zu beobachten. Etwa gleichzeitig hatte auch das Korps Kleist den Befehl erhalten, Preititz zurückzuerobern. Um 1 Uhr war das Dorf wieder in preußischem Besitz; die französische Division, die es hartnäckig verteidigt hatte, wich unter vernichtendem Verlust auf Neys Stellung am Windmühlenberg zurück. Blücher ließ Barclay nun auffordern, seine alte Stellung wiederzunehmen; aber vergeblich: Barclay war nicht mehr vorzubringen, obgleich Kleist sich ihm anbot, die Höhen von Gleina mit ihm vereint zurückzuerobern.

Allein jetzt begann vor Blüchers Front der Angriff des Feindes. Von den Preußen unbemerkt, hatte sich schon in der Nacht auf dem Kiefernberg eine ganze feindliche Brigade eingenistet; unter ihrem Schutz und durch den Berg verdeckt hatten die Franzosen den Bau einer Brücke angefangen, der um 1 Uhr beendet war. Hier ging nun ein ganzes Korps unter Soults Befehl über den Fluß und entwickelte sich zum Angriff auf die Kreckwitzer Höhen. Blücher suchte den Übergang durch einen Vorstoß der Brigade Klüx zu stören. „Sie trieb die feindliche Infanterie bis in das Defilee, wo diese, verstärkt durch eine in Bataillonskolonnen aufgestellte Reserve, unsre Infanterie zum Weichen nötigte."

Gleichzeitig hatte eine Division der Neyschen Heeresabteilung Pließkowitz genommen und ihre Artillerie gegen die rechte Flanke der Brigade Zieten in Tätigkeit gesetzt. Um diese Zeit setzte Soult nach ausgiebiger Artillerievorbereitung seine württembergische Division zum umfassenden Angriff gegen die linke Flanke der Brigade Klüx auf der Koppatsche in Bewegung. Die preußische und russische Artillerie, die sich verschossen hatten, mußten den Kampf aufgeben; auch gegen den Weißen Stein und Doberschütz entwickelten sich feindliche Kolonnen.

General v. Yorck suchte durch eine reitende Batterie von Kreckwitz her den Angriff der Württemberger der Länge nach zu fassen, es gelang ihm aber nur, einen Teil auf sich abzulenken. Trotz heldenhafter Tapferkeit mußte Klüx schließlich dem übermächtigen Stoß weichen. Ein Gegenstoß vom Weinberge her scheiterte an der Standhaftigkeit der Württemberger; die preußische Besatzung von Kreckwitz wies indes jeden Angriff zurück. Noch einmal ging die ganze Brigade Klüx zum Gegenstoß vor, der den Franzosen und Württembergern große Verluste zufügte, aber schließlich am Kartätschfeuer der vorgezogenen französischen Batterien scheiterte. Trotzdem gelang es der preußischen

Infanterie, auf dem Weinberg wieder Front zu machen und die Linie Doberschütz—Kreckwitz zu halten.

Um diese Zeit, gegen 3 Uhr, entwickelte sich unter Napoleons persönlicher Leitung eine gewaltige Artilleriemasse auf den Höhen von Burk, die ein vernichtendes Feuer auf Kreckwitz und die anschließenden preußischen Linien richtete. Unter dem Schutz dieses Feuers ging dann eine Garde-Division gegen Kreckwitz vor; dem Eingreifen des Zaren gelang es, durch Artilleriefeuer aus der Flanke diesen Stoß aufzuhalten. Inzwischen war bereits die Entscheidung auf dem entgegengesetzten Flügel Blüchers gefallen. Marschall Ney hatte drei Divisionen zum Angriff auf Preititz selbst vorgeführt, von denen Kleist das Dorf gegen 3 Uhr räumte und auf Wurschen zurückging.

Blücher hatte noch immer gehofft, mit Röders und Yorcks Hülfe das Gefecht wiederherzustellen; aber Röder war von Preititz erst spät abgerückt und durch Umwege und Mißverständnisse aufgehalten worden. Yorck hatte seinen Platz nicht aufgeben mögen, ehe ein Ersatz von links her an seine Stelle rückte. Nun wandte sich auch noch Ney gegen die Kreckwitzer Höhen.

„Blücher hielt mit Gneisenau und den Offizieren des Hauptquartiers da, wo das Kanonenfeuer am wirksamsten war und übersah ruhig, was wir nicht hindern konnten, daß wir allmählich umringt wurden," erzählt Müffling. Blücher hatte mehrfach seine Lage den Monarchen gemeldet und um Hülfe gebeten. „Nachdem wir alle Reserven bereits ins Gefecht gezogen hatten," berichtet Gneisenau, „wurden wir auf drei Seiten angegriffen. Wir schlugen uns in einem Viereck, zu dessen einziger offener Ecke wir hinaus mußten . . . Zwei Stunden schwebten wir in dieser Krisis. Die geforderte Hülfe kam nicht." Und als endlich die Monarchen Yorck gestatteten, Blücher zur Hülfe zu kommen, war es zu spät; der Adjutant, der Yorcks Herannahen meldete, fand Blücher bereits im Rückzuge. Als Neys Truppen zum Angriff ansetzten, hatte Blücher auf Gneisenaus Rat etwa gegen 4 Uhr „einen gut geordneten Rückzug der Gefahr vorgezogen, bei einem fortgesetzten Kampf mit solcher Überlegenheit gänzlich aufgelöst zu werden. Sämmtliche Truppen erhielten die Order, durch Klein-Purschwitz zu gehen, die Reserve-Brigade Röder aber durch Klein-Bautzen und diesen Ort so lange zu halten, bis das Korps sich jenseits Purschwitz formirt haben würde."

„Der Rückzugsbefehl wurde pünktlich ausgeführt," heißt es im Schlachtbericht weiter; „die reitende Artillerie der Arriere-Garde hielt den Feind in Respekt, jedoch glückte es einer Abteilung feindlicher Kavallerie, sich durch das Wiesen-Gebüsch gedeckt gegen Purschwitz heranzuschleichen und sie war im Begriff einige Kanonen zu nehmen, als das Neumärkische Dragoner- und erste Schlesische Husaren-Regiment es entdeckten, den Feind abschnitten und Alles niedermachten." —

Zum Glück für Blücher trat das bei Preititz stehende französische Korps sehr zaghaft auf, und vor der Front der russischen Mitte zögerte Napoleon immer noch mit einem entscheidenden Angriff, wohl um die erhoffte Neysche Umfassung desto wirksamer werden zu lassen. In dem eigentümlichen Höhengelände blieb Blüchers Rückzug längere Zeit von den Angreifern unbemerkt; links lenkte Yorcks kurzer Vorstoß von der Verfolgung ab. So platzten die von drei Seiten auf den Höhen eintreffenden Franzosen gegenseitig aufeinander; Blücher war ihnen entschlüpft; es dauerte einige Zeit, ehe die auf engem Raume zusammengeratenen und durcheinander gekommenen Feinde sich aus dem unübersichtlichen Gelände zur Verfolgung entwickeln konnten.

Um aber die Verteidigung hinter dem Bach in der Linie Klein-Bautzen—Purschwitz fortzuführen, dazu eignete sich das tiefliegende Gelände sehr schlecht; die Umfassung über Preititz mußte bald wirksam werden. Es war keine Aussicht, sich hier lange zu halten. Blücher war hierüber sehr herabgestimmt; östlich Purschwitz erwartete er die Befehle der Monarchen. „Es war ein wahrhaft wehmütiger Anblick," erzählt Reiche, damals Hauptmann im Generalstabe Yorcks, „als wir Blücher, vom Pferde abgestiegen, auf einem Steine in Niedergeschlagenheit sitzend fanden." Da nun der russische linke Flügel in den Bergen sogar glücklich gefochten und den Feind zurückgeworfen hatte, gab der Zar nur schweren Herzens seine Zustimmung zum Abbrechen der Schlacht. Es war durchaus ratsam, seine letzten Kräfte nicht der Zertrümmerung auszusetzen; desto eher konnte man hoffen, verstärkt an anderer Stelle den Kampf wieder aufzunehmen.

Unter dem Schutz der Mitte und der zahlreichen Kavallerie ging der Rückzug ordnungsmäßig nach Weißenberg und Löbau vonstatten. Die von den Bergen quer zur Verfolgungsrichtung herabziehenden, tief eingeschnittenen Schluchten und ein heftiges Gewitter hemmten das Nachdrängen der erschöpften Sieger. Ihre Verluste waren doppelt so groß als die der Verbündeten; es ist bezeichnend, daß beinahe 3000 Franzosen flüchtend an der Elbe aufgegriffen wurden. Trotz des Sieges von Groß-Görschen fehlte der Armee noch immer der innere Halt, der sich bei den Verbündeten noch nach zwei Niederlagen glänzend bewährte.

Bewundernd berichtete der britische General Stewart nach Haus: „Die Preußen zeigten wieder an diesem ereignißreichen Tage, wie auch in der Schlacht bei Lützen, was ihre Truppen fähig sind auszuführen, wenn sie angeführt werden von einem König, den sie lieben und wenn sie für ihr Land, ihre Freiheit und ihre Unabhängigkeit kämpfen.“ Clausewitz meinte, niemand habe Gelegenheit gehabt sich auszuzeichnen, da die Schlacht nicht ganz zum Ausbruch gekommen sei. Ein zerschossenes Geschütz hatten die Preußen auf dem Schlachtfeld stehen lassen müssen. König Friedrich Wilhelm war voll Anerkennung für seine Truppen. Die Verbündeten schoben sich gegenseitig die Schuld am Verlust der Schlacht zu; Gneisenau erklärte, Wittgenstein sei für den Oberbefehl ganz unfähig, und Blücher wird sich noch viel kräftiger geäußert haben.

Allerdings gab es auch im eigenen Lager Leute, die über das Verhalten am 21. den Stab brachen: es sei beim Blücherschen Korps kein bedeutender Offizier verwundet oder geblieben und das Korps sei doch gewichen; es läge hier klar an der Anführung; Blücher sei ein braver Mann, aber kein General. Wer aber das Gefecht in Blüchers Umgebung mitgemacht hatte, war empört über solche abfälligen Urteile, die auch der Zar getan haben sollte. Der König aber beruhigte die Gemüter und stärkte die Tapferen zu neuen Taten mit den schönen Worten: „Die Schlacht am 21. ist abgebrochen worden, weil überwiegende Gründe es erforderten, an diesem Tage keine Kräfte mehr zu opfern, die späterhin den Sieg erringen sollen. Ausdauer ist die Losung in diesem Kriege; nur durch sie wird die Vernichtung des Feindes möglich. Ich vertraue meinem braven Heere, daß es Ausdauer auch ferner in dem hohen Maße zeigen wird, als es Mut gezeigt hat und bürge ihm dann für den Ausgang.“

Haynau.

22. Mai bis 4. Juni.

Dem Zuge der großen Straßen entsprechend war der rechte Flügel der Verbündeten nach Weißenberg, der linke nach Löbau zurückgegangen; beide Straßen von dort auf Görlitz vereinigten sich bei Reichenbach. Dorthin drängte Napoleon nach, mit starker Kavallerie voraus. Einen Teil davon warf Katzler mit der Nachhutkavallerie bei Schöps zurück, als Blücher ihn durch die Reservekavallerie unterstützte. Ebenso warf die russische Kavallerie die Masse der nachfolgenden feindlichen bei Reichenbach zurück. Vor der Stellung der russischen Nachhut an der Landskrone bei Görlitz stellte Napoleon die Verfolgung ein. Er erkannte, daß sein Sieg ebensowenig wie bei

Groß=Görschen die Widerstandskraft der Verbündeten gebrochen hatte. „Keinen Nagel", wie er wütend äußerte, hatte er in der Verfolgung dem Feinde abzunehmen vermocht. Auf der anderen Seite hatte man das Bewußtsein der eigenen Stärke. Nur der Übermacht war man gewichen. „Wir gehen hinter Görlitz in eine neue Stellung," schrieb Gneisenau dem Staatskanzler; „die Armee ist zusammen und auf neue Ereignisse gefaßt."

Die preußischen Truppen gingen nördlich von Görlitz über die Neiße und nahmen dort Stellung am Flusse. Man hoffte, daß ihnen hier etwas Ruhe gegeben werden würde. Im Hauptquartier der Monarchen war aber beschlossen worden, den Rückzug längs des schlesischen Gebirges fortzusetzen, ja man hatte sich jetzt zu Waffenstillstandsverhandlungen bereit erklärt. Enttäuscht empfing man im Blücherschen Hauptquartier den Befehl, hinter den Queiß zurückzugehen. „Dieser abermalige Rückmarsch wird die gestern noch geschlossen gehenden Truppen, die so sehr ermüdet sind und zum Teil sich drei Tage lang geschlagen haben, sehr auseinanderbringen," schrieb Gneisenau und ermahnte Hardenberg zur Standhaftigkeit, selbst wenn die Russen Preußen verlassen sollten. „Verlieren wir in diesem Augenblick die Besinnung, so vertraut uns Österreich nicht und wir gehen dann durch Kleinmut zu Grunde." Der folgende Marsch, den die Armee in mehreren Kolonnen ausführte, blieb bei der nördlichen, nun General Barclay unterstellten Heeresabteilung, zu der die Preußen gehörten, ungestört. Die Franzosen waren nicht weit über die Neiße gefolgt. Am 24. lagerte die ganze nördliche Heeresabteilung hinter Bunzlau, nur einen Teil der Nachhut hatten die Franzosen zeitweise gedrängt; am 25. ging's bis hinter Haynau zurück; die Nachhut stand 10 Kilometer weiter westlich den Franzosen gegenüber. Die südliche Heeresabteilung unter Wittgenstein gelangte über Löwenberg bis Goldberg, wo sie am 26. stehen blieb.

Am 25. war Blücher aufgefordert worden, dem nachdrängenden Feinde Aufenthalt zu bereiten; an der Katzbach solle das Heer sich einen Tag behaupten, wenn dies ohne ernstes Gefecht möglich sei; die Nachhut solle von Bunzlau ab „nur Schritt vor Schritt und nur einer Übermacht" weichen. Barclay war zur Führung des Ganzen abberufen worden; Blücher hatte den Befehl über die nördliche Kolonne übernommen, deren Masse bei Liegnitz, ihre Nachhut bei Haynau stand. Sofort nutzte er seine Selbständigkeit zu einer glänzenden Waffentat aus.

Lange schon hatte er gewünscht, der Kavallerie Gelegenheit zum Handeln und dabei den Franzosen einen Denkzettel zu geben, wie er

das so oft in den Rheinfeldzügen getan hatte. Auch hoffte er dadurch
die üblen Wirkungen des Rückzugs, die er bei Lübeck so bitter kennen
gelernt hatte, zurückzudrängen. Als ihm am 26. früh Gneisenau vortrug,
was die Offiziere seines Generalstabes dazu vorschlugen, ging er leb=
haft darauf ein.

Die Straße von Haynau nach Liegnitz durchzieht einen Kilometer
östlich von Haynau die im Grund gelegenen Gehöfte von Michelsdorf
und führt dann am Nordhang eines weithin freien, zur Straße sanft ab=
fallenden Rückens entlang, auf dem in der Entfernung von 2000 Metern

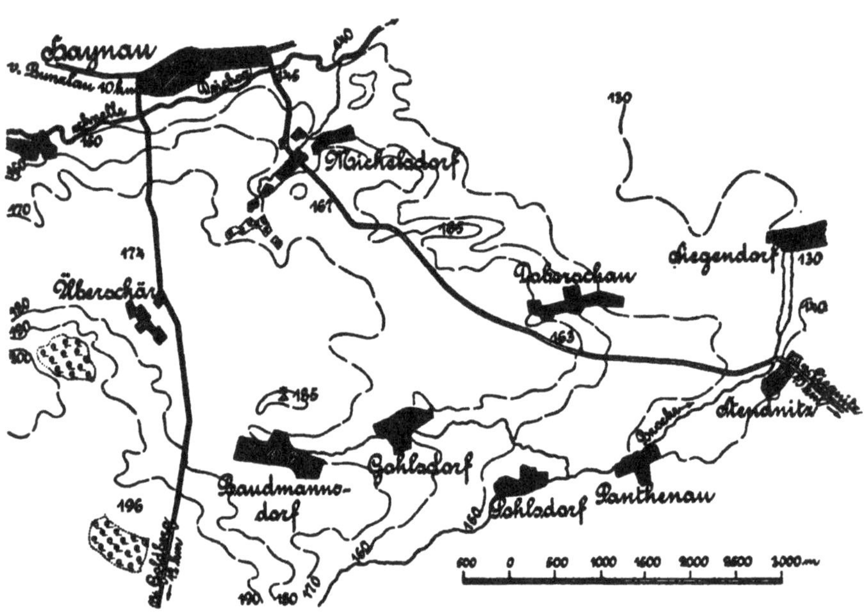

zwischen der Liegnitzer und der Goldberger Straße der Windmühlenberg
von Baudmannsdorf hervortritt. Hier an der Mühle stand, die Um=
gegend von Haynau beobachtend, der mit der Leitung des Unternehmens
beauftragte General v. Zieten, dahinter 2 Schwadronen und 1 reitende
Batterie, etwas weiter zurück Blücher mit seinem Stabe. Links an
der Goldberger Straße harrte Oberst v. Dolffs mit 22 Schwadronen
und 2 Batterien des Signals zum Vorbrechen gegen die Liegnitzer
Straße; hinter dem nächsten Bachabschnitt stand die Brigade Zietens
zur Aufnahme bereit. Rechts, wo die Liegnitzer Straße diesen Bach
überschreitet, hielt sich die Kavallerie=Brigade des Yorckschen Korps,
8 Schwadronen, bereit; dorthin hatte sich auch der russische Teil der

Nachhut von Haynau her zurückgezogen, während die preußische Nachhut unter Oberst v. Mutius westlich von Haynau den langsam
folgenden Feind erwartete. Mutius ging gegen Mittag dicht westlich
von Haynau auf das Südufer der Schnellen Deichsa zurück; dort wurde
er von der französischen Vorhut angegriffen. Man beschoß sich längere
Zeit auf weite Entfernung mit Geschütz, dann zog Mutius am Fuß der
Windmühlenhöhe vorbei längs der Liegnitzer Straße ab; neben der
russischen Nachhut machte er wieder Front.

Erst um 2 Uhr folgte der Feind aus Haynau heraus: sehr wenig
Reiterei, 7 Bataillone, 2 Batterien; in Michelsdorf machte die
Spitze halt; endlich gegen 5 Uhr trat die Kolonne wieder an und
entwickelte sich südlich der Straße gegen Mutius. Jetzt wurde Dolffs
vorgeholt und die Mühle angesteckt; daraufhin eilte alles auf Michelsdorf vorwärts. Es war die höchste Zeit, denn schon näherte sich von
Westen eine andere feindliche Kolonne den Höhen von Baudmannsdorf;
hiergegen ließ Dolffs eine Seitendeckung stehen; mit dem Rest brach er,
gleichzeitig mit der Kavallerie der Nachhut, in die französischen
Bataillone ein, die nur zum Teil noch Zeit fanden, Vierecke zu bilden;
zum Teil eilten sie in Auflösung auf das Dorf zurück. Kaum hatte
die preußische Artillerie Zeit gehabt, den Einbruch vorzubereiten. Ein
Bataillon wurde noch jenseits des Dorfes auseinandergesprengt.
Blücher eilte herbei. Da nun aber feindliche Infanteriemassen aus
Haynau vorkamen, ließ Zieten Appell blasen. Ein Teil der genommenen
Geschütze wurde zurückgeschafft, ein Teil wurde vernagelt zurückgelassen,
da es an Bespannung fehlte. Die Yorcksche Kavallerie und die Infanterie der Nachhut hatte in das schnell verlaufende Reitergefecht
nicht mehr eingreifen können. Der preußische Verlust, der hauptsächlich bei der Verfolgung im Dorf entstanden war, betrug 19 Offiziere,
darunter Oberst v. Dolffs tot, 207 Mann und 205 Pferde. Die Franzosen — es war jene Division, die die Kreckwitzer Höhen von Norden
her gestürmt hatte — gaben ihre Einbuße auf 1350 Mann und 5 Geschütze an. Der Feind rückte heute nicht wesentlich über Haynau vor.

Die Einzelheiten für die Anordnung des Überfalls bei Haynau
hatte Blücher den Offizieren seines Generalstabes überlassen; auch
übernahm er nicht selbst die Leitung. Aber Anlage und Ausführung
sind dennoch auf seine Rechnung zu setzen. Haynau war das vollendete
Gegenstück zu dem glänzenden Gefecht von Kirrweiler-Edesheim, wo
Blücher vor fast genau 19 Jahren der Division Desaix ebenfalls mit
einigen 20 Eskadrons und reitender Artillerie eine empfindliche Niederlage bereitet hatte (28. Mai 1794; s. Band I, S. 180f.); auch die
Bereitstellung von Infanterie als Rückhalt ist beiden Gefechten ge-

meinsam. Das wellige, mit hohem Korn bestandene Gelände hatte
damals die Überraschung noch mehr begünstigt, und die Verwirrung
der ungeschulten Truppen hatte länger angehalten. Aber diesmal
hatte ein siegreicher Verfolger zu seinem Schaden empfunden, wie
wenig die Kraft des Weichenden gebrochen war. Nicht nur die Reiterei,
sondern die ganze Armee schöpfte aus dem Gefecht neues Zutrauen.
Vor allem brachte es Blüchers Namen in aller Mund.

Von Liegnitz aus ging der Rückzug nicht weiter auf Breslau,
sondern am Gebirge entlang über Striegau, wo sich die beiden
Heeresabteilungen der Verbündeten am 27. vereinigten; am 31.
rückten sie in ein Lager südöstlich von Schweidnitz. Hier trat
eine neue Kriegsgliederung in Kraft. Alle preußischen Truppen wurden
in die Korps York und Kleist eingeteilt, über die Blücher den Oberbefehl erhielt; nur die preußischen Garden wurden dem Großfürsten
Konstantin mit unterstellt.

Schon lange hatten Blücher und Gneisenau mit Verdruß empfunden, daß sie von der russischen Heeresleitung ganz und gar abhängig seien: „Wir haben keinen Anteil daran. Man hört uns sogar
nicht. Wir sind blos ausführende Werkzeuge," schrieb Gneisenau.
Angeblich war die Heeresleitung entschlossen, bei Schweidnitz eine dritte
Schlacht anzunehmen. Als man nun aber gewahrte, daß Napoleon nur
mit Teilen auf Jauer gefolgt sei, mit anderen sich auf Breslau gewandt
hätte, trat der Widerstreit der Auffassungen im verbündeten Lager grell
hervor. Während die Russen sofort für ihre Verbindungen fürchteten
und den Abmarsch nach Polen verlangten, legte Gneisenau dar, daß
dies der geeignete Augenblick sei, zum Angriff überzugehen. In dem
Anschreiben, mit dem Blücher Gneisenaus Denkschrift hierüber dem
König vorlegte, wurde ausgeführt, der in der preußischen Armee über
den Rückzug herrschende Unmut werde sich noch mehr steigern, wenn
er sich den zurückgehenden Russen anschließe; der König möge sich
mit seinem Heer von ihnen trennen und die Anlehnung ans Gebirge behalten. Trotzdem nun am 1. Juni ein vorläufiger Waffenstillstand mit
Napoleon abgeschlossen war, setzten die Russen durch, daß der Rückmarsch zur Oder gemeinsam fortgeführt werde. Aller Gegenvorstellungen Gneisenaus ungeachtet wurde der Marsch über Strehlen auf
Brieg befohlen. Das brachte die preußischen Führer in die höchste Erregung. York ließ durch Knesebeck dem König dringend vorstellen,
die Pflicht gebiete, auch ohne die Russen das Land bis auf den letzten
Blutstropfen zu verteidigen, und Gneisenau beschwor den König feierlich, in einen Marsch weiter als bis Strehlen nicht zu willigen, da
die Armee sonst vom Gebirge abgedrängt und nach Polen geworfen

werden könne; Thron und Vaterland kämen dadurch in die höchste Gefahr.

Als nun das Gerücht entstand, Friedensverhandlungen seien im Gange, erhob Gneisenau beim Staatskanzler einbringlich Einspruch dagegen. „Wir sind, was den Stoff der Armee betrifft, nie in einer besseren Verfassung gewesen als jetzt," versicherte er. „Der Geist der Armee ist nicht gebrochen und an Kriegserfahrung hat jedes Mitglied derselben gewonnen. Die Russen können jetzt täglich Verstärkungen an sich ziehen und wir können etwas Ordnung in unsre Landwehrverfassung bringen. Wenn die Unterhandlungen etwas Anderes bezwecken, als einige Tage Zeitgewinn, so hat man Unrecht. Wir Preußen sind mit jeder Stunde schlagfertig. Selbst der Verlust einer Schlacht kann keine großen Resultate herbeiführen. Wir haben die Freiheit uns an unsere Festungen heranzuziehen, die Russen nach Polen. Nur muß man den Kopf nicht verlieren. Betrachten dagegen E. E. Napoleons Lage. Verliert er eine Schlacht, so rücken die Österreicher augenblicklich an die Elbe und seine ganze Armee wird aufgelöst. Nie ist er, ausgenommen sein letzter Feldzug in Rußland, in einer so gefährlichen Lage gewesen. Nur unsre Untätigkeit konnte ihn verleiten, sich in eine solche Gefahr zu wagen. Der Umstand, daß wir durch unsre bessere und zahlreichere Kavallerie es in unsrer Gewalt behalten, jede uns nachteilig sich wendende Schlacht abzubrechen, und zwar in jedem Moment derselben, ist wahrlich nicht genug beachtet ... Daß man, um die russischen Verstärkungen an sich zu ziehen und Österreich Zeit zu geben zu handeln, einige Tage Zeit zu gewinnen suche, dagegen will ich Nichts haben; aber jedes andere Objekt der Unterhandlung ist verderblich. Selbst die seitherige ungeschickte Art Krieg zu führen, so verdrießlich sie für uns ist, eben so unangenehm muß sie für den Feind sein, da sie ihn zu keinen großen Resultaten, nämlich zur Vernichtung unsrer Armee, führt und ihn täglich großen Gefahren preisgiebt, wenn Österreich sich nicht für ihn erklärt." „Wenn wir uns jetzt vor Napoleon fürchten," rief Clausewitz, „verdienen wir die Rute."

Zum Glück handelte es sich zunächst nur um den Waffenstillstand; am 4. war er zustande gekommen. Er sollte sieben Wochen dauern. Breslau und ein Landstrich von dort nach dem Gebirge hinüber wurden als neutral erklärt. Trotz aller guten Seiten, die Hardenberg der Waffenruhe nachrühmte, blieb Gneisenau dabei: „Dieser Waffenstillstand, der dem Feinde weit nötiger und nützlicher ist, als uns, wird in der Armee sehr übel aufgenommen werden. Ich bin sehr unmutig darüber, sowie über die Führung des Ganzen." Er ließ es sich nicht

nehmen, auch noch dem König eine wundervoll klare, packende Denkschrift hierüber vorzulegen.

Tatsächlich waren am 1. Juni die verbündeten Armeen dem Heere
Napoleons schon um 10000 Mann und 200 Geschütze überlegen.
Bei entschlossener Führung brauchten die Verbündeten eine Schlacht
nicht zu fürchten. Ob aber die Güte der Truppen die überlegenen
Feldherrneigenschaften Napoleons auszugleichen vermochte, steht da-
hin. Die russischen Generale glaubten nicht daran, weil sie nicht
an sich glaubten; Vertrauen auf ihre Truppen und auf sich selbst
hatten nur die Führer des preußischen Heeres. Diesen klaffenden
Zwiespalt im verbündeten Lager verdeckte der Waffenstillstand: die
Russen blieben in Schlesien mit den Preußen vereint.

Der Waffenstillstand.
5. Juni bis 18. August.

Blücher lag während des Waffenstillstandes in Strehlen. Seine
Wunde heilte nur langsam; als Mitte Juni Stein den alten Freund
besuchte, fand er „die Wunde im Begriff sich zu schließen, den General
sonst aber gesund; er spricht von Nichts als Schlachten und Kämpfen".

Blücher kannte nicht, was Clausewitz damals als „Pest der Hoff-
nungslosigkeit" verdammte; er hielt es mit Körner, der zum Vertrauen
auf den Höchsten, „den Gott der Freiheit", aufrief. Kampfesfreudig
schrieb Blücher gegen Ende des Monats Juni den Freunden in Pommern: „Mit Gottes Hülfe geht es in vier Wochen wieder los; wir
werden mit einer nochmal so großen Kraft wie zum ersten Kampf auftreten und es wird sehr gut gehen."

Um mehr Schwung in die Rüstungen zu bringen, hatte sich
Gneisenau deren Leitung in Schlesien selbst übertragen lassen. Vor
allem strengte er alle Kräfte an, um die schlesische Landwehr in schlag-
fertigen Zustand zu setzen. Blücher lobte seine Tätigkeit: „Landwehren
Sie man immer drauf! Ich höre viel Gutes davon." Als Stabschef
wurde Gneisenau durch General v. Rauch vertreten; doch Blücher
schärfte jenem ein: „Aber wenn die Fehde wieder beginnt, dann gesellen
Sie sich ja wieder zu mir! Es ist in aller Hinsicht notwendig, daß
wir zusammen sind." Für ihr prachtvolles gegenseitiges Verhältnis
spricht es, daß Blücher Gneisenau auch vornehmlich deshalb herbei-
sehnte, damit er jemand habe, dem er seinen Kummer vertrauen könne;

augenblicklich handelte es sich um eine Zurücksetzung seines ältesten Sohnes. Blücher wußte in der Umgebung des Königs immer noch ihm und der von ihm vertretenen Sache mißgünstig gesinnte Personen. „Mich sollen sie nicht dahin bringen," versicherte er, „daß ich früher abgehe, als bis ich sehe, ob wir wieder schlagen oder nicht, ob wir mit unseren Alliirten zusammenbleiben oder uns von ihnen losmachen."

Die Gefahr der Trennung von den Russen bestand nur noch für den Fall, daß Österreich mit Ablauf des Waffenstillstandes nicht in den Krieg eintreten sollte. Dann war allerdings vorauszusehen, daß die Russen nach Polen zurückweichen würden. Gneisenau war dafür eingetreten, daß dann die preußische Armee in Anlehnung an die Festungen Reiße, Glatz und Silberberg eine feste Stellung am Gebirge nähme und sich dort bis zum äußersten halte. Zunächst konnte man aber auf Österreichs Eingreifen hoffen; es hatte sich vor Napoleon schon zu sehr bloßgestellt; Rußland und Preußen gegenüber hatte es sich anheischig gemacht, seine Waffen mit den ihrigen zu vereinigen, wenn Napoleon auf seine Friedensvorschläge nicht eingehe; diese waren allerdings auch für die Verbündeten nicht annehmbar. Neuerdings erregte die Reise Metternichs zu Napoleon nach Dresden Mißtrauen. „Mit den Österreichern fange ich an ungläubig zu werden," schrieb Blücher in diesen Tagen. Und wirklich brachte Metternich die Verlängerung des Waffenstillstandes bis zum 16. August mit zurück und die Aufforderung zu einem Friedenskongreß. Mit großer Besorgnis mußte man den diplomatischen Verhandlungen entgegensehen. Stein z. B. glaubte sicher, Napoleon werde sich zu einem Vergleich mit den Verbündeten bequemen. Daß unter Österreichs Vermittlung Preußens Los nicht übermäßig günstig ausfallen würde, war vorauszusehen. „Um Gottes Willen keinen Frieden!", ließ Blücher dem Staatskanzler sagen.

Inzwischen hatte die gemeinsame Sache und Blücher persönlich einen schweren Schlag durch den Tod Scharnhorsts erlitten. Schon seit einigen Tagen lauteten die Nachrichten von seinem Befinden ungünstig; der Brand war in seine von ihm im Drang der Geschäfte und auf der Reise zu wenig berücksichtigte Wunde gekommen. „Lieber noch eine Schlacht verloren, nur nicht Scharnhorst!" rief Blücher. Und als er nun die Trauerkunde empfing, wiederholte er: „eine verlorene Schlacht wäre kein größerer Verlust für uns gewesen!" Allgemein gab sich die Trauer um den Verlust des außerordentlichen Mannes zu erkennen. Blücher ging lebhaft auf den Plan ein, dem Freunde ein großes, würdiges Denkmal zu setzen. Bei seinen glücklichen Erfolgen begleitete ihn stets die Erinnerung an Scharnhorsts

Verdienste um das Heer. Besonders feierlich und schön gab er diesem Gefühl Ausdruck durch die Worte, die er nach dem Gefecht von Wartenburg bei Tisch an die Offiziere seines Stabes richtete. Und nach Schluß des Krieges wurde das Dankgefühl gegen Scharnhorst in Blücher wieder besonders lebendig; ergreifend hat er damals den Freund in einer Rede gefeiert, die mit den Worten schloß: „Bist Du gegenwärtig, Geist meines Freundes, mein Scharnhorst; dann sei Du selber Zeuge, daß ich ohne Dich Nichts würde vollbracht haben."

Um so tiefer empfand Blücher, wie sehr er Gneisenaus bedürfe: „nun ist Gneisenau noch da; geht der auch ab, so folge ich lebendig oder tot!" Und ihm selbst schrieb er: „Nun mein Freund kommen Sie bald zu mir; da unser Freund tot ist, so wird es notwendig, daß wir Hand in Hand miteinander gehen; dann fürchte ich nicht, daß wir nicht jeder Kabale begegnen werden: wir wachen!" Im Rate des Königs hatten beide durch das Vertrauen, das Hardenberg namentlich auf Gneisenaus Einsicht setzte, und — was noch mehr bedeutete — beim Kaiser Alexander durch Stein wirksamen Einfluß.

Zu den in dieser Zeit im tiefsten Geheimnis in Reichenbach, Gitschin und Trachenberg stattfindenden Beratungen über den Feldzugsplan wurde aber weder Blücher noch Gneisenau zugezogen. Der Generaladjutant Knesebeck maßte sich jetzt den alleinigen Einfluß auf den König in diesen Dingen an. Ende Juli wurde zwar Gneisenau zum Generalquartiermeister (Chef des Generalstabes) der preußischen Armee ernannt; er erfuhr aber „nur gesprächsweise" etwas über die Absichten der verbündeten Monarchen; auch andere Dinge verletzten ihn; er bat deshalb den König, er möge ihm lieber eine Brigade geben und Knesebeck zum Generalstabschef machen. Aber Blücher legte beim Staatskanzler entschieden Verwahrung dagegen ein: „Knesebeck treffe mit ihm in der Meinung nicht überein"; auch General Krusemark, von dem die Rede war, lehnte er ab; der habe als Gesandter zu viel Pariser Luft eingesogen. Gneisenau fügte sich dann, als es klar wurde, daß er wieder bei Blücher Generalstabschef werden und dieser einen selbständig auftretenden Heeresteil führen würde. Daß dabei die preußische Armee getrennt werden sollte, war durchaus nicht nach Blüchers Sinn. „Kann es dahin gebracht werden," ließ er dem Staatskanzler sagen, „daß unsre Truppen für sich und so auch die Russen für sich agiren, so wollte ich wohl mit meinem Kopf für den guten Erfolg bürgen; aber in Gemeinschaft geht es nicht gut. Unsre Alliirten verlangen zu viel von uns; wir haben das Mögliche geleistet; aber die russischen Garden und so auch ihre schwere Kavallerie werden wie im Protzkasten aufbewahrt, während die unsrigen sich aufopfern." Gnei-

[se]nau wandte sich in dieser Sache unmittelbar an den König, ohne etwas zu erreichen.

Gegen Ende Juli besichtigte Blücher die beiden preußischen Armee-korps. Jetzt rückten auch die Landwehrtruppen, soweit sie für die Feldarmee bestimmt waren, bei ihren Korps ein. Von der schlesischen Landwehr traten 10 Infanterie-Regimenter (40 Bataillone) und 7 Kavallerie-Regimenter (28 Schwadronen) zu den Korps York und Kleist. Nach der Besichtigung eines Teils dieser Truppen schrieb Blücher sofort an Gneisenau, er sei über deren Zustand sehr erfreut, und fügte hinzu, Großfürst Konstantin, der Befehlshaber der russischen Garde, der der Besichtigung beiwohnte, habe sein Verwunderung über ihren guten Zustand und ihren anständigen Vorbeimarsch bezeugt.

Die zu Ende des Frühjahrsfeldzugs noch nicht 60000 Mann zählende Feldarmee war in den 9 Wochen des Waffenstillstandes zu 160000 Mann angewachsen; für ein Land von 5 Millionen Einwohnern eine Leistung einzig in ihrer Art! Rußland stellte gleichzeitig 180000, einschließlich 25000 Kosaken, die Österreicher in Böhmen 150000 Mann ins Feld. Da die Kosaken nicht als vollwertige Truppen gelten konnten, so stand Preußen dem großen Rußland schon der Größe seines Feldheeres nach durchaus ebenbürtig zur Seite. Im ganzen hatte Preußen über 250000 Mann unter den Waffen. Obenein brachte ein Heer, in dem sich für die Befreiung vom fremden Joch alle Kräfte des Volkes in begeisterter Hingebung regten, ein ganz besonderes Gewicht in die Wagschale. Preußen hatte sich aus der Stellung einer Hülfs-macht Rußlands aus eigener Kraft von neuem zur selbständigen Groß-macht erhoben.

Das russische Hauptquartier hatte Ende Juli mit dem früh-zeitigeren Bruch des Waffenstillstandes gerechnet; Blücher hatte am 23. Juli den Befehl, sich stündlich mit der Armee marschfertig zu halten. Er mochte der Einladung nach Grottkau zur Besichtigung der russischen Kavallerie durch den Kaiser kaum folgen, da er sich „nicht getraute, einen Tag abwesend zu sein". Er ist dann aber doch noch dort gewesen.

Schwer wurde die Zeit des Stillstandes im Heere empfunden. „Die Ungewißheit drückt wie Zentnerlast auf die Seele," schreibt ein Offizier aus Kleists Stabe; „sie macht die Zeit der Waffenruhe zur Ewigkeit." Auf die Nachricht vom Friedenskongreß entfuhren ihm die bitteren Worte: „ich bedaure die Fürsten, die in Schlaffheit und Erbärmlichkeit dahinleben und die die Völker in Elend und Knecht-schaft untergehen lassen". Und als endlich der Krieg wieder in Sicht war, ringt es sich von seiner Seele: „Ich bin herzlich froh, daß diese abscheuliche Waffenruhe ihrem Ende naht. Ich wäre vor Langeweile und Ungeduld gestorben, wenn ich noch vier Wochen so wie bisher hätte leben müssen." Besondere Empörung ergriff alle Herzen bei der Nachricht von der hinterlistigen Vernichtung des Lützowschen Freikorps, das nicht rechtzeitig den französischen Machtbereich verlassen hatte.

Blüchers Ungeduld wurde in den ersten Augusttagen durch den Zaren beschwichtigt, der ihm versicherte, der Waffenstillstand werde nicht von neuem verlängert werden.

Am 8. August fiel endgültig die Entscheidung, daß Blücher das Oberkommando über den ganzen in Schlesien bleibenden Heeresteil von einem preußischen und zwei russischen Korps erhalte. Das Korps Kleist nebst den preußischen Garden hatte bereits mit den übrigen russischen Truppen den Marsch nach Böhmen angetreten.

Angeblich war es Kaiser Alexander, dem Blücher das Oberkommando über die Schlesische Armee verdankte. Aber auch der König hatte nach den großen Leistungen des alten Helden bei Groß-Görschen, Bautzen und Haynau volles Vertrauen auf ihn. Neben ihm konnte auch nur Yorck in Frage kommen; dessen schroffe Art hätte aber sofort zu Reibungen mit den russischen Generalen geführt, während Blücher es vorzüglich verstand, selbst widerstrebende Naturen nach seinen Wünschen zu lenken; mit Yorck wäre kaum ein anderer fertig geworden.

Mit großer Freude wurde die Nachricht von dem am 21. Juni bei Vittoria von den Engländern und Spaniern unter Wellington erfochtenen Sieg begrüßt. „Wellington soll leben!", schrieb Blücher an Gneisenau. „So müssen wir die Franzosen auch kriegen! Wir können es auch, wenn wir die Kraft dran wenden." Und seiner Zuversicht selbst einem Feldherrn wie Napoleon gegenüber gab er damals durch das Wort Ausdruck: „Laßt ihn nur machen — er ist doch nur ein dummer Kerl." Es war das dieselbe Empfindung, die den Grafen Metternich in Dresden am Schluß seiner neunstündigen Besprechung mit Napoleon sagen ließ: „Sire, Sie sind verloren!" In dem Gefühl der eigenen Geisteskraft verkannte der Gewaltige die Unzulänglichkeit der ihm noch zu Gebot stehenden Machtmittel gegenüber den zum erstenmal mit vereinten Kräften und leidenschaftlich gesteigertem Haß auf ihn anstürmenden Mächten Europas.

Die Schlesische Armee.

Die Komödie der Prager Friedensverhandlungen hatte auch Kaiser Franz die Augen über Napoleons Absichten geöffnet; er ließ sich nun zum endgültigen Anschluß an die Verbündeten und zur Kriegserklärung an Frankreich bewegen. Am 16. August konnten demnach die Feindseligkeiten von neuem beginnen.

Am 10. August war Blücher zu General Barclay, dem bisherigen Oberkommandierenden, nach Reichenbach zur mündlichen Rücksprache „über verschiedene wichtige Gegenstände" entboten. Hier wurde ihm der Inhalt des bisher streng geheimgehaltenen Feldzugsplans der verbündeten Herrscher bekanntgegeben. Danach sollte die durch 125000 Russen und Preußen auf 250000 Mann verstärkte Böhmische oder Haupt-Armee unter Fürst Schwarzenberg auf dem linken Elbufer aus Böhmen nach Sachsen vorgehen. Die Nord-Armee, 125000 Mann bei Berlin, unter Bernadotte, dem Kronprinzen von Schweden, und die Schlesische Armee hatten mit der Haupt-Armee in der Weise zusammenzuwirken, daß jede vor einem Angriff Napoleons ausweichen, und wenn dieser sich gegen einen Nachbarn wende, in des Kaisers Rücken vordringen sollte. An Blüchers rechten Flügel sollte sich das Korps Bennigsen, 59000 Russen, von Warschau her heranziehen. Tauentzien schloß mit 18000 Mann Stettin und Küstrin ein; Wallmoden sicherte mit 24000 Mann gegen den bei Hamburg stehenden Davout. Blücher erhielt die besondere Anweisung, sich nie in eine Schlacht mit einem überlegenen Feinde einzulassen; beim Rückzug solle er mit der Mitte gegen Neiße, mit den Flügeln längs des Gebirges und längs der Oder ausweichen. Sollte der Feind dagegen seine Hauptmacht in Sachsen oder in der Mark verwenden, so müsse Blücher vorgehen; sein linker Flügel solle dann am Gebirge entlang die am Bober angelegten Verschanzungen umgehen, die Masse gegen Goldberg, der rechte Flügel, falls er zur Unterstützung der Mitte nicht nötig sei, über Bunzlau vordringen. Wende sich des Feindes Hauptkraft gegen die Nord-Armee, so werde die Böhmische Armee westlich, die Schlesische Armee östlich der Elbe vorgehen. Auf das Vorsenden von Streifkorps wurde hingewiesen. Das neutrale Gebiet möge Blücher besetzen, bevor es der Feind tue.

Blücher aber war nicht gesonnen, sich so binden zu lassen; er scheute sich nicht, auch einer Überzahl von Feinden die Stirn zu bieten; auch hatte er soeben die Erfahrung gemacht, daß es selbst im eigenen Lande und mit überlegener Kavallerie unmöglich sei, das Zahlenverhältnis vor dem Zusammentreffen sicher zu erkennen. So tatendurstig er war, er erklärte sofort, er müsse ein so schwieriges Kommando ablehnen, bei dem er so streng an die Defensive gebunden sei; die Künste eines Fabius seien ihm von jeher fremd gewesen; ein anderer würde sich da besser herausziehen; er verstehe nichts anderes als draufloszugehen, soll er gesagt haben. Barclay und sein Generalstabschef legten ihm aber dar, daß die Weisung so nicht aufzufassen sei: bei günstiger Gelegenheit könne er sehr wohl zum Angriff übergehen. Blücher verlangte nun einen entsprechenden Zusatz oder doch wenigstens eine Meldung an die Monarchen, daß er das Kommando nur unter dieser Voraussetzung übernehme; seien sie damit nicht einverstanden, so möchten sie ihm eine andere Stellung geben. Damit war die Sache erledigt. Blücher hatte sich durch seine Einsprache von den Fesseln freigemacht und sich, wenn ihm ein Unglück zustieß, gegen den Vorwurf gesichert, seinen Auftrag überschritten zu haben. So gern er sich von Männern, denen er sein Vertrauen schenkte, beeinflussen ließ, es fiel ihm nicht ein, sich am Gängelband der Strategen des Großen Hauptquartiers führen zu lassen. Er zeigte hier gleich beim ersten Schritt auf seiner Feldherrnlaufbahn, daß er volle Freiheit des Handelns beanspruchte, daß er nicht Weisungen, sondern Vertrauen verlangte.

Die Schlesische Armee bestand Mitte August aus 76000 Mann Infanterie, 24000 Reitern, worunter 10000 Kosaken, und 340 Geschützen, im ganzen rund 105000 Mann. Ein starkes Drittel davon machte das preußische Korps Yorck aus. Von seinen 45 Bataillonen waren 24 Landwehr-Bataillone, von den 44 Schwadronen 20 Landwehr-Schwadronen. Jede der 4 gemischten Brigaden (Steinmetz, Prinz Karl von Mecklenburg, Horn und Hünerbein) bestand aus 10 bis 12½ Bataillonen, 4 Schwadronen und 1 Batterie von 8 Sechspfündern. Die Reservekavallerie unter Oberst v. Jürgaß war etwa wie eine heutige Kavallerie-Division (3 Brigaden, 2 Batterien) gegliedert; von den 7 Regimentern waren 4 Landwehr-Regimenter. Über 56 Geschütze verschiedenen Kalibers verfügte das Generalkommando unmittelbar.

Die russischen Truppen waren in 5 Infanteriekorps, 2 Reiterkorps (je 1 Kavallerie- und 1 Kosaken-Division) und 1 Reiter-Division gegliedert. Hiervon bildeten 1 Infanteriekorps, 1 Reiterkorps (8500 Reiter, darunter 4700 Kosaken) und 60 Geschütze das selbständige Korps Sacken. Der Rest stand unter dem Befehl des Generals Grafen Langeron; 1 Infanteriekorps mit 1 Reiter-Division (4000 Reiter, darunter 1000 Kosaken) und 36 Geschützen war indes unter dem General Grafen Pahlen abgezweigt, so daß Langeron nur 3 Infanteriekorps,

1 Reiterkorps (6800 Reiter, darunter 4800 Koſaken) und 139 Geſchütze unter ſeinem unmittelbaren Befehl hatte.

Eine gemiſchte preußiſche Brigade und ein ruſſiſches Infanterie= korps bildeten etwa gleichartige Heereskörper, nur fehlte bei den Ruſſen die regelmäßige Zuteilung von Reiterei; im übrigen entſprachen ſie etwa einer franzöſiſchen Diviſion. Sie hatten je 7= bis 9000 Streiter zu Fuß; die preußiſchen Brigaden außerdem etwa 600 Reiter; während die preußiſche Brigade nur über 8 Geſchütze verfügte, hatten die In= fanteriekorps Langerons 2 bis 3 Batterien zu 12 Geſchützen, außer= dem war noch eine Reſerve von 55 Geſchützen vorhanden.

Um ſie mit dem Gegner und mit heutigen Verhältniſſen in Ver= gleich zu ſtellen, kann man ſagen, daß die Schleſiſche Armee aus 9 ſchwachen Infanterie=Diviſionen zu 7500 bis 9500 Streitern, 4 Ka= vallerie=Diviſionen zu 2= bis 4000, 2 Koſaken=Diviſionen zu 4000 und 1 Koſaken=Brigade zu 1000 Pferden beſtand und in 2 Armeekorps und 2 abgezweigte Diviſionen mit zugeteilter Kavallerie gegliedert war.

Die großen Lücken, die der Frühjahrsfeldzug in die preußiſchen Truppen geriſſen hatte, waren während des Waffenſtillſtandes aus= gefüllt worden. Von den Ergänzungsmannſchaften eines branden= burgiſchen Regiments rühmt einer der Offiziere: „Die jungen hübſchen Burſchen erſetzten zum großen Teil ihre nächſten Verwandten und ſie ſind ſtolz darauf, an die Stelle derer zu treten, die fürs Vaterland blu= teten.“ Die neunwöchige Ruhezeit war gründlich benutzt worden, um die Mannſchaft in den Waffen zu ſchulen. In der Ausbildung blieb aber nach wie vor, ſelbſt im Yorckſchen Korps, der Unterſchied zwiſchen der Linien= und der leichten Infanterie, zwiſchen Musketier= und Füſilierdienſt beſtehen.

Im Offizierkorps herrſchte ein herrlicher Geiſt. „Die ſo ereigniß= volle Zeit der beiden letzten Feldzüge (1812 und Frühjahr 1813), wo wir ſo manches Leid und ſo manche Freude miteinander geteilt haben, wo ſo mancher liebe Kamerad an unſrer Seite gefallen war, alles dies hatte uns, die wir noch übrig waren, freundſchaftlich und brüder= lich vereint. Es war wirklich ein feſtes, unzerreißbares Band; wir lebten in der ſchönſten Eintracht; jeder bemühte ſich, dem andern Freude zu machen und wenn je einer fehlte, ſo trauerte das Ganze. Niemals entſtanden Uneinigkeiten oder Streitereien unter den Offi= zieren, die nicht ſofort beigelegt werden konnten. Das Verhältniß zu unſern Vorgeſetzten war ein durchaus kameradſchaftliches.“ So ſchildert ein junger Offizier ein Offizierkorps jener Tage. Hoffnungs= voll „auf den guten Ausgang unſerer gerechten Sache“, ſchreibt er ſeiner Mutter: „Du ſollteſt den Geiſt ſehen, der die ganze Armee beseelt: bereit sind wir mit unserm Könige lieber unterzugehen, lieber zu sterben, als jene Zeiten noch einmal zu erleben, die uns Preußen so erniedrigte."

Einen kräftigen Sauerteig bildeten die freiwilligen Jäger, deren ernste Begeisterung und siegessichere Stimmung auf den Schwingen der herrlichen Körnerschen Kriegslieder alle Teile des Heeres durchdrang und veredelte.

In jede der vier preußischen Brigaden waren ein oder zwei Landwehr-Regimenter eingeteilt worden. Durch die nahe Berührung mit der Linie sollte ihre Ausbildung gefördert, ihr Ehrgeiz angestachelt werden. Die Ausrüstung der Landwehr war zunächst sehr dürftig. Die blauen Jacken wurden den Leuten viel zu knapp, nachdem sie einmal durchnäßt waren; die leinenen Hosen gaben wenig Schutz; Mäntel waren nicht vorhanden, Tornister ebensowenig, Kochgeschirre nur spärlich; die Schuhe erwiesen sich bald als schlecht, so daß ein großer Teil der Leute barfuß ging. Auch an Schußwaffen fehlte es noch so, daß das erste Glied meist mit Piken bewaffnet werden mußte, bis erbeutete Gewehre an deren Stelle traten. So konnten Schießen und Schützendienst natürlich nur ungenügend geübt werden; das Exerzieren war indes so weit gediehen, daß die Truppen ein ganz militärisches Ansehen gewannen. Die Manneszucht der Landwehr gab hie und da zu Klagen Veranlassung. Das Recht, ihre Offiziere selbst zu wählen, hatte nicht immer gute Früchte gebracht. Der beste Wille konnte nicht so schnell eine Truppe schaffen, wo auch der Offizier häufig nicht mehr militärische Kenntnisse hatte als der Mann.

Durch die bessere Ausstattung mit erfahrenen Offizieren war die Landwehrreiterei besser daran als das Fußvolk. Fanden sich damals zwar noch mehr Reitpferde und im Reiten geübte Leute als heutzutage, so mußten doch auch viele schlechte und unrittige Gäule eingestellt werden; gegen die Linienkaballerie stachen die Landwehr-Regimenter natürlich gewaltig ab; einigermaßen ersetzte die Lanze, was ihnen an Kraft im Zusammenstoß fehlte.

Die Artillerie litt zwar auch unter der Beschaffenheit der Pferde, noch mehr aber unter dem Mangel an brauchbarem Fuhrwerk; vielfach stellten Leiterwagen die Munitionsfahrzeuge dar. Die Ergänzung des Schießbedarfs wurde dadurch erschwert, daß jede Batterie einen Haubitz-Zug hatte.

Für die russischen Truppen hatte der Waffenstillstand nicht hingereicht, um sie auf den vollen Stand zu bringen; vielfach bestanden die Regimenter nur aus einem Bataillon, das auch selten über 500 Köpfe stark war. Der russische Soldat wird als tapfer, gehorsam und genügſam geſchildert, als gut gekleidet und bewaffnet; die weiten Anmärſche und das lange Kriegsleben hatten ihn abgehärtet und unerſchrocken gemacht. Beſonders gut imſtande war die ruſſiſche Kavallerie, wenn auch ebenſowenig vollzählig. Die Koſaken, zu denen auch Baſchkiren und Kalmücken gehörten, waren zum geſchloſſenen Angriff nicht fähig, auch im Meldedienſt nicht immer zuverläſſig, aber durch ihr Herumſchwärmen vor der Front, in den Flanken und im Rücken des Feindes zur Verſchleierung ſehr geeignet und für Nachzügler und Verſprengte fürchterlich. Die ruſſiſche Artillerie leiſtete recht Gutes. Troß, Verpflegung und Verwundetenpflege waren dagegen in ſehr ſchlechter Ordnung.

Eine Anweiſung für die höheren Truppenführer hatte König Friedrich Wilhelm für die preußiſche Armee herausgegeben. Sie zeigt deutlich, wieviel man von Napoleon gelernt hatte. Als Ziel in der Gefechtsführung wird das Erlangen des Übergewichts auf einem Punkt hingeſtellt. Nicht mehr ſolle die Kavallerie die Schlacht beginnen, auch nicht alles auf einmal eingeſetzt werden; erſt nach langer Vorbereitung ſoll der Hauptangriff erfolgen, den zahlreiche Artillerie mit konzentriſcher Wirkung zu unterſtützen habe. Vor allem dürfe man nicht mit zu künſtlichen Diſpoſitionen oder gar ohne alle Diſpoſition ins Gefecht treten.

Hatten die Verbündeten durch die Miſchung der Armeen aus Truppen verſchiedener Völker ihre Einigkeit hervorheben und fördern wollen, ſo zeigte ſich bald, daß Blüchers und Gneiſenaus Einſpruch dagegen begründeter war, als ſie ſelbſt es wohl vorhergeſehen hatten.

Der älteſte ruſſiſche General, Graf Langeron, war eine Blücher ganz und gar entgegengeſetzte Natur. Den feingebildeten, vornehmen Franzoſen ſtieß Blüchers rauhe Außenſeite ab. Seine erprobte Kriegserfahrenheit beugte ſich ſchwer dem preußiſchen „Haudegen“. Er hielt ſich für berufen, Blücher bei den vorſichtigeren Anweiſungen der Barclayſchen Inſtruktionen feſtzuhalten. Der ihm von Blücher beigegebene preußiſche Offizier hatte einen ſchweren Stand, Blüchers Anſichten zur Geltung zu bringen. In ſeinen Berichten und auch Blücher gegenüber geſtand Langeron indes ſeine Mißgriffe ſo offen ein, daß man davon ſympathiſch berührt wird und die Annahme böſen Willens durchaus abweiſen muß, wie das auch ſchon Blücher ſelbſt tat, der meinte, Langeron verlöre leicht den Kopf und habe kein militäriſches Urteil.

Den anderen ruſſiſchen Unterführer, den Balten Sacken, kannte Blücher bisher gar nicht; er galt für einen unbequemen Untergebenen. Jung, tätig und kühn, ſchloß er ſich bald mit Begeiſterung an den alten Helden an. Blücher lobte ihn als „zuverlässig im höchsten Grade, fest und entschlossen im Gefecht, klug und vorsichtig in Beurteilung seines Feindes".

Alte Beziehungen verknüpften Blücher mit Yorck. Seit den Tagen von Waren und Lübeck schätzte Blücher Yorcks hohen soldatischen Wert und gab dem in seinen Berichten an den König warmen Ausdruck. Hatte Yorck den Reformen Scharnhorsts feindlich gegenübergestanden, so war doch sein Verhältnis zu Blücher dadurch nicht getrübt; sie blieben trotz gelegentlicher harter Zusammenstöße in freundschaftlichen Beziehungen. Yorcks selbstbewußte, schroffe Art war aber durch seine Leistungen im Feldzug in Rußland und durch den übertriebenen Ruhm, den ihm der Vertrag von Tauroggen als Vaterlandsbefreier eingetragen hatte, nur noch gesteigert. Der galligen Kritik, die Yorck schon an Blüchers Mißerfolgen bei Auerstedt und an den Maßnahmen Blüchers und Scharnhorsts beim Rückzug auf Lübeck geübt hatte, ließ er bald die Zügel schießen.

Einen Teil seines bisherigen Stabes nahm Blücher in das neue Verhältnis mit hinüber, vor allem seinen ersten Adjutanten, Oberst Graf Golz. Mit Blüchers Eigentümlichkeiten gründlich vertraut, fand er hier als Leiter der Kanzlei einen wichtigen und umfassenden Wirkungskreis; außer den persönlichen Angelegenheiten seines Generals und des Stabes fielen ihm auch diplomatische Sendungen zu, namentlich zum Kronprinzen von Schweden, zu dem er seit dessen Kommandoführung in Hannover 1804/5 freundschaftliche alte Beziehungen hatte. Im Französischen diente er Blücher als gewandter Dolmetscher. Blücher zog ihn zu den Vorträgen über die Heeresbewegungen zu. Auch Gneisenau schätzte ihn sehr; er verschaffte ihm im Dezember die vorzugsweise Beförderung zum General. Nach der Einsetzung der Bourbonen wurde Golz preußischer Gesandter am französischen Hofe. Diese wichtige diplomatische Stellung füllte er mit großem Geschick bis zu seinem schon 1822 erfolgten Tode aus. Klarer, scharfer Blick, ruhige, kalte und besonnene Überlegung werden an ihm gerühmt.

Müffling erhielt die Generalquartiermeister-Stelle. Er war schon 1805 in Baireuth als Generalstabsoffizier zu Blücher in Beziehung getreten und hatte als solcher 1806 den Rückzug nach Lübeck mitgemacht. Dann hatte er am Weimarer Hofe gelebt und war kurz vor Groß-Görschen in Blüchers Stabe als Kommandant des Hauptquartiers angestellt worden. Gneisenau hielt anfangs große Stücke auf ihn; sein nüchternes, gründlich wägendes Wesen bildete eine gute Ergänzung zu Gneisenaus Genialität. Trotz vielfach abweichender Anschauungen fügte er sich doch willig Gneisenaus Weisungen und übernahm treu und unermüdlich die Ausarbeitung der Befehle. Auch durch seine Sicherheit im Französischen machte er sich Gneisenau wertvoll, der sich darin nicht ganz geläufig auszudrücken vermochte. Mafflings freundschaftliche Beziehungen zum Generaladjutanten Knesebeck nutzte er meist zum allgemeinen Besten aus. Mit dem Generaladjutanten auf gutem Fuß zu stehen, war zur Förderung der großen Sache ein Gebot der Klugheit, dem sich auch Scharnhorst untergeordnet hatte. Es war das jetzt um so notwendiger, als Hardenberg sich nicht immer in der Umgebung des Königs befand und mit der militärischen Lage nicht genau vertraut war. Es gelang dann auch Blücher sowohl wie Gneisenau, mit der Zeit äußerlich ein gutes Verhältnis mit Knesebeck herzustellen, da auch dieser das Förderliche innigen Einvernehmens einsah. Das Verhältnis zwischen Gneisenau und Müffling verschlechterte sich erst nach den Unglückstagen von Etoges, wo Müffling völlig zusammenbrach. Unter der zunehmenden Spannung litt dann die Armeeführung sichtlich. Müffling blieb aber bis zum Kriegsschluß in seiner Stellung und wurde dann Chef beim General Grafen Kleist in den Rheinlanden. 1815 trat er als preußischer Bevollmächtigter zu Wellington über, wurde dann zum Gouverneur von Paris, später zum Stabschef Zietens bei den Besetzungskorps ernannt. 1821 wurde er Chef des Großen Generalstabes, 1827 Kommandierender General, 1838 Gouverneur von Berlin, und erhielt 1847 bei seiner Verabschiedung die Generalfeldmarschallswürde. Obgleich Müffling der Sohn von Blüchers geschätztem Waffengefährten in den Rheinfeldzügen war, entstand kein warmes Verhältnis zwischen ihnen. Es hieß, Blücher habe ihm nie vergeben, daß er ihn bei der Kapitulation von Ratkau nicht besser beraten habe. Daß sich Müffling hinter Blüchers Rücken gelegentlich über seinen General lustig machte und ihn wohl gar in Sprechweise und Bewegungen nachahmte, blieb diesem wohl nicht verborgen.

Augenblicklich krank war der Major v. Rühle vom Generalstabe; er war unter Scharnhorst bei der Aufstellung der Landwehr tätig gewesen; der vielseitig gebildete Offizier galt für etwas schulmeisterlich und phantastisch zugleich, hatte sich aber im Frühjahrsfeldzug als sehr brauchbar erwiesen. In den ersten Septembertagen trat er seinen Dienst wieder an, fiel aber für den Feldzug 1814 wieder aus. Nach den Kriegen ist er noch lange im Generalstabe tätig gewesen und leitete zuletzt das Militärbildungswesen.

Das Nachrichtenwesen hatte Major v. Oppen unter sich, eine liebenswürdige, sangesfrohe Natur und ein im Sattel und in der Kanzlei tüchtiger Generalstabsoffizier, dessen Kriegserfahrenheit sich in Spanien im Kampf gegen die Franzosen erweitert hatte. Er ist bei Etoges geblieben.

Ribbentrop leitete wieder das Verpflegungsfach. Seine Tüchtigkeit bewährte sich in allen drei Feldzügen auf das glänzendste. Nach dem Frieden blieb er lange Jahre an leitender Stelle im Kriegsministerium und ist als Chef der Oberrechenkammer gestorben.

Gneisenau brachte als seinen Adjutanten den Landwehrhauptmann, eigentlich Justizrat v. Stosch mit. Sehr beklagte er das Ausscheiden von Clausewitz und Grolman; Clausewitz trat in die von den Russen gebildete deutsche Legion, Grolman als Generalstabschef zum Korps Kleist über.

Von den jüngeren Offizieren zeichnete sich der Leutnant v. Gerlach aus durch sein fröhliches Gottvertrauen und unverwüstliche Laune, die oft über schwierige Augenblicke hinweghalf; er ist der spätere Generaladjutant König Friedrich Wilhelms IV.

Eine hervorragend gediegene Persönlichkeit war der Leutnant v. Scharnhorst; in Mut und Besonnenheit, Klugheit und Liebenswürdigkeit war er der echte Sohn seines edlen Vaters; auch er hatte in Spanien gekämpft; wissenschaftlich und militärisch gründlich gebildet, leistete er namentlich durch seine geographischen Kenntnisse und seine bewundernswerte Findigkeit unschätzbare Dienste.

Für den Rittmeister Grafen Moltke, der Ende August bei einem Ritt nach Böhmen im Hochwasser der Elbe ertrank, trat Graf Nostitz ein; er hat seinem Feldherrn bis an dessen Tod treu zur Seite gestanden. Nostitz wurde später als Militärbevollmächtigter in Rußland und als Gesandter in Hannover verwandt. Der König ehrte seine Verdienste durch die Verleihung der Chefstelle bei den Blücherhusaren.

Auf Gneisenaus Bitte war General v. Rauch, der ihn vertreten hatte, als Ingenieur-General im Hauptquartier geblieben; Blücher gestattete ihm aber neben Gneisenau keinen Einfluß mehr auf seine Entschließungen.

Ganz schlagend kam Blüchers Widerwillen gegen jeden unberufenen Ratgeber dem russischen Obersten du Theyl gegenüber zum Ausdruck. Dieser ehemals holländische Offizier hatte zu Blücher Beziehungen aus der Münsterschen Zeit; Kaiser Alexander hatte ihn als Nachrichtenoffizier Blücher beigegeben, der ihn auch auf das freundschaftlichste aufnahm. Als Theyl aber einmal gegen eine von Gneisenau beantragte und von Blücher beschlossene Bewegung zudringliche Einwendungen erhob, erklärte ihm dieser in einer keinen

Zweifel zulassenden Weise: zu seinem Ratgeber sei Theyl nicht bestellt; er verbitte sich jede Einmischung.

Dazu kam natürlich eine ganze Zahl von preußischen und russischen Ordonnanzoffizieren. In den ersten Tagen des Feldzuges schreibt Blücher: „Mein Hauptquartier ist nun von Russen überschwemmt und so auch von solchen Leuten, die der König in großer Anzahl an mein Hauptquartier attachirt; mein Tisch ist täglich 40 Personen stark." Da war der Bergrat v. Raumer, der seiner Kenntnisse des Schlesischen Gebirges wegen von der Landwehr ins Hauptquartier des Königs berufen war und nun zu Blücher übertrat; dann der Kammergerichtsrat Eichhorn, der sich 1809 Schill angeschlossen, sich 1813 in Berlin um die Aufstellung der Landwehr verdient gemacht hatte und nun auf seines Freundes Gneisenau Wunsch bei diesem angestellt wurde; dazu kamen Professor Steffens, der Lützower Häckel, Jahn und andere, die, von Vaterlandsliebe beseelt, als freiwillige Jäger oder durch die Landwehr das Kriegshandwerk ergriffen hatten und sich im Hauptquartier sowohl als geschäftskundige Beamte und hingebende Gehülfen in der Schreibstube als auch brauchbar im Feuer erwiesen.

Einer dieser Männer stellt das Blüchersche Hauptquartier in Gegensatz zu dem Napoleons. „Hier regierte die Freudigkeit des Gewissens und die Zuversicht des Sieges; seit der Schlacht an der Katzbach tauchte nur selten ein Zweifel, eine Besorgniß auf. An Entbehrungen und Anstrengungen fehlte es nicht, aber wir hatten nur so viele, als der Krieg eben mit sich brachte. Die Generäle teilten Böses und Gutes mit uns." „Nur das Notwendige ward befohlen; konnte aber — wie natürlich — nicht immer Grund und Absicht der Aufträge mitgeteilt werden, so war doch jeder überzeugt, daß er im Dienste der tüchtigsten, zuverlässigsten Männer gewiß das Rechte tue. So kam es, daß unter uns, trotz aller Strapazen, ein fröhlicher Sinn herrschte, jedoch gewiß nicht Leichtsinn. Es ward im Lager viel gesungen, vor Allem Schillers Reiterlied; wie wir denn sehr oft an Wallensteins Lager erinnert wurden."

In ruhigen Zeiten hielten sowohl Blücher als Gneisenau ihren „Tisch", zu dem die Offiziere ihrer Umgebung geladen waren; während der Bewegungen des Heeres, wenn der Stab zusammen untergebracht war, wurde auch gemeinschaftlich gegessen, wenn dies nach den Verhältnissen überhaupt möglich war. Bei Blücher herrschte ein fröhlicher, ungebundener Ton. „Natürlichkeit und ein mäßiger Cynismus", wie Raumer sich ausdrückt, „waren in damaliger Zeit unter Männern mehr noch als heute die Regel." Bei Gneisenau waren bei Tisch

Dienstgespräche verpönt, sonst aber gab sich ein jeder einer freien Unterhaltung hin, die oft durch die Männer der Wissenschaft einen gelehrten Anstrich erhielt. Blücher stand solchen Gesprächsstoffen durchaus nicht feindlich gegenüber; hatte er doch zu allen Zeiten Verkehr und Freundschaft mit gebildeten Männern aller Stände gesucht und gepflegt.

Alles kam darauf an, wie sich das Verhältnis zwischen dem Feldherrn und seinem Stabschef gestaltete. Gneisenau hatte bereits das 52. Lebensjahr überschritten; aber seine von der Natur mit körperlichen und geistigen Gaben reich ausgestattete Persönlichkeit hatte noch nichts von ihrem Zauber verloren. Sein gewinnendes Äußere, seine unverwüstliche Frische, sein liebenswürdiges, geistreiches Wesen, sein reiner Charakter, seine glänzende Beredsamkeit, sein feuriger Optimismus, seine aufopferungsvolle Vaterlandsliebe ließen sein Selbstbewußtsein und sein sicheres Auftreten berechtigt erscheinen. Aus den kümmerlichen Verhältnissen seiner Jugend, der Ungebundenheit seiner Studentenzeit, den Enttäuschungen seiner militärischen Wanderjahre, aus dem Zusammenbruch von 1806 war sein glühender Ehrgeiz geläutert hervorgegangen. War die erstrebte Aufnahme in den Generalstab Friedrich des Großen fehlgeschlagen, so hatte er aus seinen eifrigen Studien bei seiner glänzenden Verteidigung Kolbergs reichen Lohn gezogen; bei der Arbeit zur Wiedergenesung des preußischen Heerwesens hatten sich seine Arbeitskraft, seine vorurteilsfreie Einsicht, die Lauterkeit seines Charakters hervorragend bewährt; er war der Vertraute Scharnhorsts und Hardenbergs geworden; durch seine politischen Anknüpfungen in Österreich, Rußland, Schweden und England hatte er dem Staate die wichtigsten Dienste geleistet. Blüchers gute Beziehungen zu Gneisenau aus dessen Kolberger Zeit hatten sich in den Jahren der Fremdherrschaft immer freundschaftlicher gestaltet und sich während des Frühjahrsfeldzuges im gemeinsamen Zusammenwirken bewährt; mit dem Wachsen ihrer Aufgaben wuchsen die beiden Helden immer inniger zusammen.

Es liegt in der Natur der Dinge, daß nur ausnahmsweise aus den Akten oder aus den Zeugnissen der den Verhältnissen nahe stehenden Persönlichkeiten ein Bild zu gewinnen ist, in welcher Weise und in welchem Verhältnis der Feldherr und sein Ratgeber an den einzelnen Entschlüssen beteiligt gewesen sind, zumal Gneisenau außer seinen Briefen keine Aufzeichnungen hinterlassen hat. Die Berichte an den König, die Kundgebungen und die wichtigeren Befehle an die Truppen lassen meist Gneisenaus Hand erkennen; damit steht indes nicht fest, daß ihr Inhalt aus seinem Kopfe ganz allein herstamme. Die Ent-

Blücher in der Zeit der Befreiungskriege.

Nachbildung einer Lithographie nach einer Zeichnung von Dähling.

scheidungen über die großen Fragen hat Gneisenau jedenfalls vorher mit seinem Feldherrn besprochen, ehe sie zu Papier gebracht wurden. Stets ließ Gneisenau des Feldherrn Persönlichkeit hervortreten; es hieß nicht nur in Blüchers Befehlen: „ich befehle", sondern auch in den Operationsvorschlägen „nach meiner [Blüchers] Ansicht", in den Berichten: „ich [Blücher] gab meinem Generalquartiermeister. [Gneisenau] den Befehl . . ." usw. Raumer bestätigt das Wort Arndts, daß Gneisenau seinem General mit voller Anerkennung und Hingebung gedient habe. „Dies Dienen wird jeder bezeugen, der Gelegenheit hatte, Gneisenau in seinem Verhältnis zu Blücher zu sehen; es äußerte sich bei jeder Gelegenheit. So z. B. gab er nie einen Auftrag im eigenen Namen, sondern sagte: ‚Seine Exzellenz der Feldmarschall befehlen‘ usw." Gewöhnlich besprach Gneisenau mit Müffling die Geschäfte allein, hörte seine Ansicht, urteilte jedoch selbst und folgte in wesentlichen Dingen seiner eigenen Überzeugung; Müffling arbeitete dann die Verfügungen aus. Darauf hielt dieser seinen Vortrag über die Heeresbewegungen bei Blücher in Gneisenaus Gegenwart; Müffling hütete sich nach seiner Angabe dabei peinlich selbst vor dem Schein, als könne er jemals auf das entfernteste in die Verhältnisse des Kommandierenden Generals zu seinem Chef des Generalstabes eingreifen. Der Vortrag bei Blücher geschah eingehend, unter Zugrundelegen der Karte, „auf der die Generalstabsoffiziere die Stellungen des Feindes zeigten," wie gelegentlich besonders bezeugt wird. Die fertigen Befehle und Schreiben unterzeichnete Blücher selbst, selten Gneisenau in seinem Auftrage. Müffling klagt darüber, daß es bei Blücher und Gneisenau Sitte gewesen sei, „auf offenem Felde auch Alles offen in Gegenwart aller Offiziere des Hauptquartiers zu verhandeln". Er habe sich viel Mühe gegeben, das abzustellen, es aber nie durchsetzen können, „weil Blücher und Gneisenau einen zu großen Wert darauf legten, ihre Umgebungen durch gute Einfälle in Heiterkeit zu versetzen, welche nach Gneisenaus Ansicht sich weiter verbreiten müßte, wenn die Offiziere während des Gefechts nach allen Richtungen versendet würden." Gneisenau habe die „Trübsals-Spritzen", wie Blücher sie zu nennen pflegte, bessern und die Talente unsers Feldherrn auch auf diesem Zweig benutzt wissen wollen. Der Einfluß Gneisenaus auf Blücher war zweifellos groß und steigerte sich mit der Zeit immer mehr. Gneisenau hatte, wie Müffling bezeugt, die „besondere Neigung für Alles was gewagt oder auf Mut gegründet war", und mit daraus entspringenden Vorschlägen konnte er bei Blücher immer auf Zustimmung rechnen. Von einem willenlosen Sich-lenken-lassen kann aber bei Blücher keine Rede sein. In Blüchers Briefen an seine Frau und an seine Freunde haben wir das vollgültige Zeugnis, daß er nicht allein die Aufgabe seiner Armee mit voller Klarheit erfaßte, sondern auch den Gang des Krieges im großen mit Sicherheit überschaute.

Vorgehen bis zum Bober und erster Rückschlag.
14. bis 25. August.

Schon vor Ablauf des Waffenstillstandes waren die Korps der Schlesischen Armee gegen die Grenze des neutralen Gebiets vorgeschoben worden; diese folgte etwa der Straße, die von Breslau in südwestlicher Richtung über die Pässe zwischen Riesen- und Waldenburger Gebirge nach der Hauptstadt Böhmens führt. Die Masse des Heeres, die Korps York und Langeron, lag nördlich und westlich von Schweidnitz, das rechte Flügelkorps, Sacken, vor den Toren Breslaus östlich der Oder, die linke Seitendeckung Langerons, das Korps Pahlen, im Gebirge bei Landeshut. Nach einem kurzen Besuch am 12. Mai in Breslau beim Staatskanzler begaben sich Blücher und Gneisenau in die Mitte der kampfbereiten Truppen nach Schweidnitz.

In Schlesien wußte man sich gegenüber die Korps Ney, Marmont, Lauriston und Macdonald, 130000 Mann, 14 Divisionen zu 8- bis 9000 Mann, und das 10000 Pferde starke Kavalleriekorps Sebastiani. Ihre vorderen Truppen standen an der Westgrenze des neutralen Streifens längs der Katzbach von Liegnitz bis Goldberg hinauf und am oberen Bober bei Löwenberg. Der Kriegsplan der Verbündeten ging davon aus, Napoleon werde sich sogleich auf Österreich werfen, sei es östlich oder westlich der Elbe. Man nahm daher an, daß er einen Teil der in Schlesien stehenden Kräfte zu sich nach der Elbe heranziehen werde. Um ihm dann wirksam in den Rücken zu fallen, war es dringend geboten, daß die Schlesische Armee schnell gegen die sächsische Grenze vorging. Man vermutete aber auch sehr richtig, daß den Franzosen an der schleunigen Besetzung und Ausnutzung des bisher freien Strichs zwischen den Heeren sehr gelegen sein würde. Blücher war darauf hingewiesen, ihnen darin womöglich zuvorzukommen. Es war ihm deshalb eine willkommene Nachricht, daß kleine feindliche Abteilungen vorzeitig ins neutrale Gebiet vorgingen, Vorräte und Vieh wegnahmen und dadurch den Waffenstillstand verletzten. Er entschloß sich sofort, nun seinerseits die Frist nicht abzuwarten, sondern schon am 14. August die Grenze zu überschreiten; gefaßt mußte er darauf sein, daß der Gegner ein gleiches tun und daß es dabei zum Zuſammenſtoß kommen werde. Blücher wies die Korps an, dem Kampf nicht auszuweichen und nur vor Übermacht zurückzugehen.

Während Blücher ſein Hauptquartier dem Vormarſch der Armee entſprechend wählte, eilte Gneiſenau am 15. zu den Vortruppen nach Jauer vor. Man fand den Feind noch an der Katzbach, erfuhr dann aber, daß Liegnitz geräumt werde. Gneiſenau ſandte nun Befehlsentwürfe für den Weitermarſch mit eingehender Begründung zurück; danach wurden die Korps im Vorgehen nach den Bergen zu zuſammengeſchoben, um den Feind mit vorgenommenem linken Flügel hinter der Katzbach angreifen zu können. Der zu den Verbün-

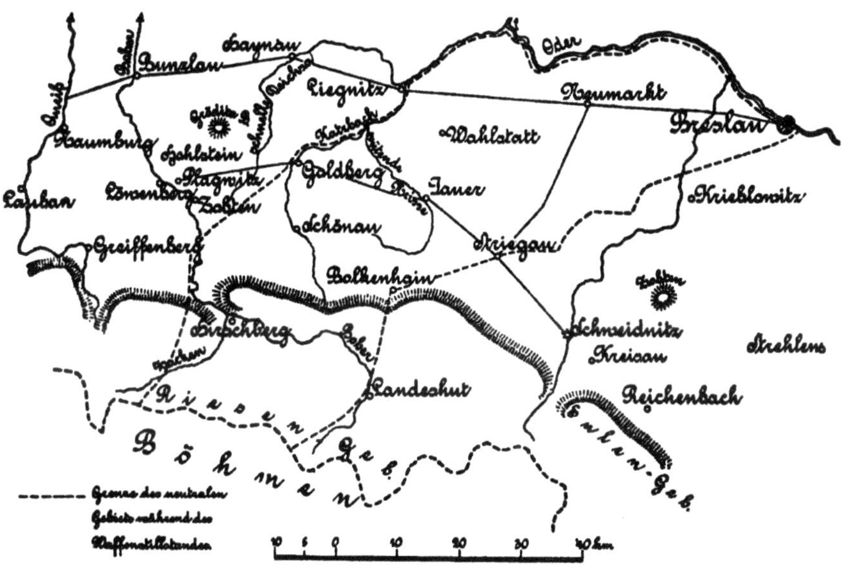

deten übertretende franzöſiſche General Jomini brachte die Nachricht, daß Napoleon ſich nicht nach Böhmen, ſondern zuerſt gegen die Nord-Armee wenden wolle. Blücher teilte am 16. früh dem Staatskanzler mit, er erfahre, daß die feindliche Hauptmacht über Torgau auf Magdeburg gehe und Truppen aus Liegnitz abmarſchierten: „noch heute rücke ich mit der Armee an die Katzbach und morgen werde ich, wenn der Feind ſich rückwärts bewegt, ſelbigen nicht faul auf die Haut rücken. Den Kronprinzen von Schweden habe ich avertirt, daß es wohl auf ihn gemünzt ſei... Da ich nun mein eigener Herr bin, ſo ſoll der König erfahren, daß ich die Hände nicht in den Schoß lege, und eine Übereilung werde ich auch nicht begehen.‟

So schnell, wie Blücher es sich wünschte, ging der Vormarsch der Armee aber nicht vonstatten. Die Befehle für den 16. kamen erst so spät an die Truppen, daß die Märsche zum Teil bis weit in die Nacht hinein dauerten und der schon zurückgebliebene rechte Flügel (Sacken) sein Ziel nicht einmal erreichte. Blücher eilte nach Jauer voraus; die ersten Truppen Yorcks trafen dort erst in der Dunkelheit ein; nur die Vortruppen gelangten bis an die Katzbach. Um den rechten Flügel heranzuziehen, mußte man sich damit begnügen, am 17. Sacken nach Wahlstatt in der Linie der übrigen Korps: Jauer (Yorck)—Bolkenhain (Langeron)—Landeshut (Pahlen) vorzunehmen. Streifkorps wurden in die Flanke und den Rücken des Gegners entsandt. Gneisenau unternahm mit Yorcks Vorhut persönlich eine Erkundung gegen den noch an der Katzbach stehenden Feind. Sacken erhielt dafür, daß er sein eigenmächtiges Zurückbleiben nicht wenigstens gemeldet hatte, eine Zurechtweisung; aber die verlorene Zeit ließ sich nicht wieder einbringen; die Verschiebung des Angriffs auf den 18. gab den Franzosen den Abzug frei.

Die Reibungen in der Armee, die zum Teil aus Verzögerungen in der Befehlsgebung entsprangen, brachten die Schlesische Armee um einen ersten Erfolg; sie hätte sonst sehr gut am frühen Morgen des 17. über die Katzbach vorbrechen und die noch zerstreuten Divisionen der beiden vorderen französischen Korps, die ohne Übereinstimmung handelten, überraschend mit Überlegenheit anfallen können. So kam es, daß, ehe die Verbündeten am 18. den Marsch antraten, die Franzosen die Katzbachlinie räumten; nur die Vorhut Sackens konnte bei Haynau der Nachhut Neys noch Verluste zufügen. Yorcks und Langerons Vortruppen gerieten durcheinander. Yorcks Hauptkolonnen marschierten zum Teil wieder bis spät in die Nacht hinein, obgleich das Korps nicht viel über 15 Kilometer vorrückte, von Jauer nach Goldberg. Langerons Masse gelangte nach Schönau. Ihm und Pahlen gegenüber hatten die Franzosen sich gegen den Bober vorbewegt.

Pahlen blieb deshalb am 19. stehen, Langeron aber setzte trotz seiner Besorgnis für die linke Flanke an diesem Tage den Marsch in der Richtung auf Löwenberg fort; südöstlich der Stadt, am Bober, kam es zu heftigen Gefechten mit den Franzosen, so daß Langeron am Ostufer bei Zobten halten blieb. Bei diesen Kämpfen war den Franzosen eine Anzahl Kanonen abgenommen worden. Vom Yorckschen Korps war die Vorhut früh gegen Löwenberg vorgegangen; östlich der Stadt stieß auch sie auf den standhaltenden Feind. Auch hier wurde heftig gekämpft. Blücher, der die Vorhut begleitet hatte, kam mit seinem Stabe in heftiges Artilleriefeuer und geriet durch eine vorprellende feindliche Kavallerieabteilung in große Gefahr. Aber er und Gneisenau sahen die Ergebnisse des Tages als sehr günstig an. „In diesem Augenblick habe ich die Franzosen derbe ausgehauen," schrieb Blücher seiner Frau; sie hätten 2000 Mann und 6 Kanonen verloren. Gegen Abend trafen die beiden Hauptkolonnen des Yorckschen Korps beim Gröbitzberg nordöstlich von Löwenberg auf das vereinzelt zurückgebliebene Korps Ney nebst dem Reiterkorps Sebastiani. Blücher beschloß sogleich, den Feind am andern Morgen mit dem Korps Langeron von Süden, Yorck von Osten und Sacken von Norden anzugreifen. Das Korps Sacken hatte den Feind auf der Straße Haynau—Bunzlau zurückgedrängt und stand so bereits beinahe dicht in Neys Rücken. Aber der Feind entzog sich durch einen Nachtmarsch auf Bunzlau dem beabsichtigten Schlage, zu dem es aber auch nicht gekommen wäre, da Langeron sowohl wie Sacken, durch die Gefechte des vorhergegangenen Tages mit dem ihnen gegenüberstehenden Feind in ihrer Einsicht benommen, sich versagten. Blücher war darüber sehr aufgebracht und meinte, wenn seine Befehle genau befolgt wären, so würde ein Korps von 18000 Franzosen vernichtet worden sein. Er und Gneisenau rechneten jetzt darauf, daß Schlesien binnen wenigen Tagen gänzlich vom Feinde geräumt sein werde. Schon wurden Anordnungen für die Einrichtung der rückwärtigen Verbindungen getroffen. Mit Genugtuung gab man bekannt, daß die Truppen durch die Märsche und Gefechte gegen den Feind, der nach den Meldungen aus Sachsen auf sechs Korps verstärkt worden sei, zwar sehr angestrengt, aber vom besten Geiste beseelt seien. Am 20. morgens schrieb Blücher voll bester Zuversicht: „Gestern habe ich mit sechs französischen Korps sechs Stunden geschlagen und alle haben weichen müssen. Die gegen mich kommandierenden Generale waren Ney, Macdonald, Marmont, Bertrand, Lauriston, Reynier, Sebastiani und Mortier. Ich marschiere sogleich ab, um dem Feind zu folgen."

An diesem Tage erreichte die Schlesische Armee mit allen Teilen das rechte Bober-Ufer, links Pahlen bei Hirschberg, rechts Sacken vor Bunzlau, Langeron und Yorck in der Gegend von Löwenberg, den französischen Massen dicht gegenüber; das Abbrennen eines Teils der Bober-Brücken und das Abfahren von Kolonnen ließen auf die Fortsetzung des Rückmarsches der Franzosen schließen. Blücher erkundete am 20. nachmittags persönlich die feindliche Stellung. Yorck wurde etwas nach Norden geschoben, wo der Übergang über den Bober günstiger schien, um am folgenden Tage, wenn der Feind den Rückmarsch fortsetze, mit allen Korps gleichzeitig den Fluß überschreiten zu können; die Wiederherstellung einer Brücke unterhalb Löwenberg wurde betrieben. Die Stärke des Feindes mahnte indes, behutsam zu sein; Blücher berichtete dem König, als er ihm die Vorgänge meldete, daß er nach seiner Instruktion „nur mit Vorsicht" folgen werde.*)

Nun traf eine Weisung vom Großen Hauptquartier aus Böhmen ein, das Korps Pahlen in die Gegend von Trautenau abzusenden, um dort ein österreichisches Korps abzulösen, das zur Haupt-Armee herangezogen werden sollte. Gleichzeitig forderte der Kronprinz von Schweden Blücher zu kräftigem Vorgehen auf, da er glaube, daß Napoleon sich gegen ihn wende. Kundschafternachrichten sagten aber, daß sich französische Massen von Görlitz auf Bunzlau bewegten; Gefangene gaben an, daß sie zur Jungen Garde gehörten. Man vermutete danach sich jetzt sechs feindlichen Korps gegenüber, mußte also auf stärkeren Widerstand gefaßt sein. Die Schwächung der eigenen Kräfte in diesem Augenblick war natürlich gar nicht in Blüchers Sinn; er lehnte deshalb die Absendung des Korps Pahlen als untunlich ab.

In der Nacht und am andern Morgen gingen denn auch Meldungen ein, die das Verhalten des Gegners in ganz anderm Licht erscheinen ließen. Starke Kräfte standen noch in und unterhalb Löwenberg sowie bei Bunzlau. Schon war das Gerücht herübergedrungen, Napoleon sei in Löwenberg eingetroffen. Man mußte sich auf einen Angriff gefaßt machen. Blücher war nicht gesonnen, davor ohne weiteres zurückzugehen. Die Stellung Yorcks und Langerons Löwenberg gegenüber war außerordentlich stark, so daß er glaubte, es auf jeden Angriff in der Front ankommen lassen zu können; nur einer Umfassung durch sehr überlegene Kräfte wollte er weichen. Als am Morgen die Anwesenheit des Kaisers an den herüberschallenden Begrüßungsrufen der französischen Truppen erkannt wurde, begab sich Blücher auf die Höhen des rechten Bober-Ufers.

Hier, vom Luftenberg nordöstlich Löwenberg, übersah er das 90 Meter unter ihm liegende, 800 bis 1000 Meter breite Wiesental, das der Bober durchströmt, und die kleine Stadt, die sich in die etwas niedrigeren Höhen des andern Talrandes einzwängt. Weiter oberhalb begleitet der ebenso hohe Steinberg das östliche Flußufer bis zu der von Löwenberg ostwärts nach Goldberg führenden Straße. Diese durchzieht den schmalen Paß zwischen beiden Bergen; ihn sperrt das Westende des Dorfes Plagwitz, das dann langgestreckt den Nordfuß des Steinberges begleitet. Der zwischen 40 und 80 Meter Breite wechselnde

---

Fluß war an mehreren Stellen durchwatbar. 5 Kilometer südlich (bei Zobten) stand das Korps Langeron, 2000 Meter nördlich das Korps York bereit, dessen Vortruppen den Luftenberg, den Paß und das Dorf festhielten, während Langeron beauftragt wurde, den Steinberg zu besetzen.

Da bis Mittag alles ruhig blieb, begab sich Blücher in sein Hauptquartier Hohlstein zurück. Dort aber erhielt er bald die Meldung, daß bei Bunzlau der Feind mit Massen vorgehe, und nun begann dieser

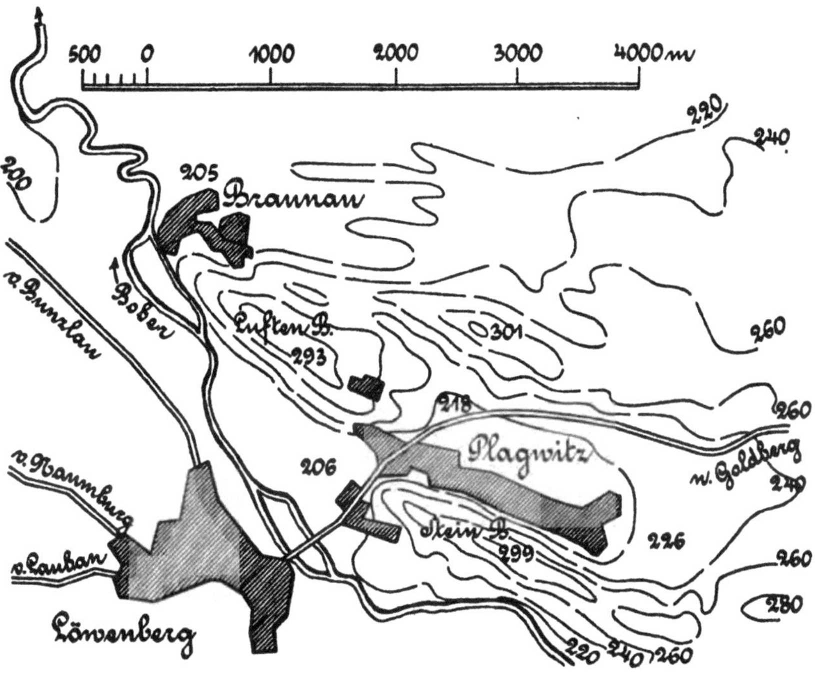

auch bei Löwenberg den Angriff. Blücher entschloß sich, angeblich erst auf Gneisenaus bringendes Anraten, dem Schlage auszuweichen und heute in der Richtung auf Goldberg bis an die Schnelle Deichsa zurückzugehen. Als die Befehle hierzu ausgegeben waren, ritt Blücher auf das Gefechtsfeld. Aber inzwischen hatten die Franzosen den von den Russen nur schwach besetzten Steinberg und auch Plagwitz erstürmt. Um weitere Fortschritte zu verhindern, schickte Blücher eine Brigade des Yorckschen Korps der Nachhut zur Hülfe, und als dann auch russische Verstärkungen von Südosten her eintrafen, gelang es nach heftigem Kampf, den Feind festzuhalten. Da die Korpsmassen genügenden Vorsprung gewonnen hatten, ließ Blücher die Nachhuttruppen folgen; das anfangs heftige Nachdrängen hörte bald auf.

Das Korps Sacken hatte sich vor Bunzlau gleichfalls gegen einen weit überlegenen Feind bis nachmittags gehalten und war dann hinter die Schnelle Deichsa südwestlich Haynau zurückgegangen. Westlich dieses Flusses stand nur noch das Korps York am Gröbitzberg und südlich davon die Nachhut Langerons. Im Laufe der Nacht zog sich jedoch auch York mit der Masse hinter die Schnelle Deichsa zurück. Die Gefechte hatten der Schlesischen Armee über 2000 Mann gekostet.

Um der Armee die Gründe seines Verhaltens darzulegen und ihr Selbstvertrauen zu erhalten, machte Blücher ihr abends bekannt: „Der Feind will uns zu einer entscheidenden Schlacht nötigen, aber unser Vorteil erheischt, daß wir solche jetzt vermeiden. Wir gehen daher zurück und tun ihm sicherlich dadurch sehr wehe, indem er Zeit verliert und die vereinigten russischen, österreichischen und preußischen Armeen Zeit gewinnen, aus Böhmen und über die Elbe in seinen Rücken hervorzubrechen, sowie auch der Kronprinz von Schweden mittlerweile von der Mark aus ihn in seinem Rücken angreifen wird. Die meinem Kommando anvertraute verbündete Armee sehe daher diesen Rückzug nicht als einen abgenötigten, sondern als einen freiwilligen an, der darauf berechnet ist, ihn in sein Verderben zu führen. Mit wahrem Vergnügen habe ich gesehen und erfahren, daß die Landwehrtruppen, welche heute im Gefecht gewesen waren, sich brav geschlagen und den alten Linientruppen gleichgestellt haben. Ich werde dies rühmliche Betragen Sr. Majestät dem König anzuzeigen nicht verfehlen."

Blüchers Absicht, nur vor überlegenen Kräften langsam zu weichen, durchkreuzte am 22. der General Graf Langeron, der gegen den Befehl bis hinter Goldberg zurückwich, als seine Nachhut gegen Mittag angegriffen wurde. Infolgedessen mußten auch York und Sacken bis an die Katzbach zurückgenommen werden. Langeron erhielt Befehl, sofort nach Goldberg umzukehren, das mittlerweile von preußischen Truppen besetzt wurde. Die Franzosen folgten zum Glück erst spät. Mit ihrem südlichen Flügel kam es am 23. bei Goldberg zu lebhaften Gefechten, die Blücher bewogen, auch die dort stehenden Truppen weiter zurückzunehmen.

Bei dieser Gelegenheit erzählt Langeron: „Blücher, der sich während des Kampfes zu mir begeben hatte und stets bei der Nachhut blieb, war voll des Lobes über die Tapferkeit und gute Ordnung meiner Truppen, über den Mut, die Kaltblütigkeit und guten Anordnungen der Generale; er rief fortwährend: ‚O, wie schön!' und klatschte in die Hände. Bei der zweiten Rückzugsbewegung vergaß er ſich völlig, blieb unbeweglich halten und ſagte immerzu: „O, wie ſchön!‟ Ich mußte ihn aus ſeiner Bewunderung aufwecken und aufmerkſam machen, daß wenn er noch fünf Minuten vor der vorderſten Linie ſtehen bliebe, er mit ſeiner Begeiſterung beim Feinde angelangt ſein würde. Dieſer Vorfall kennzeichnet vortrefflich die Tapferkeit und die Liebe zum Waffenhandwerk, die Blücher in ſo hohem Grade auszeichneten.‟

Trotz dieſer Gefechte blieben Stärke und Abſichten des Feindes unaufgeklärt. Blücher meldete dem König, es ſeien von fünf franzöſiſchen Korps Gefangene gemacht worden; „faſt alle ſagen aus, daß der franzöſiſche Kaiſer bei der Armee ſei, jedoch bin ich darüber noch ganz ungewiß. . . . Es iſt möglich, daß der Feind um mich zu täuſchen, von jedem Armeekorps einen Teil zurückgelaſſen hat.‟ Nach den gezeigten Truppen und nach der geringen Lebhaftigkeit der Angriffe glaubte er nicht, daß ihm fünf Korps folgten; vor ſeiner jetzigen guten Stellung aber werde ſich der Feind entwickeln müſſen.

Die Schleſiſche Armee hatte in den letzten zehn Tagen durch die faſt ununterbrochenen Märſche auf ſchlechten, aufgeweichten Wegen, unter der meiſt ſehr knappen Nachtruhe auf feuchten Lagerplätzen bei ſchlechtem Wetter, mangelhafter Bekleidung und unzureichender Verpflegung mehr noch als durch die blutigen Gefechte gelitten. Auf den wiederholten Nachtmärſchen hatte ſich mancher unzuverläſſige oberſchleſiſche Landwehrmann von der Truppe entfernt; andere waren liegen geblieben, nachdem ſie Schuhe und Füße durchgelaufen hatten; Anſtrengungen und Entbehrungen forderten manches Opfer. Die Landwehren waren ſtark zuſammengeſchmolzen, aber auch die Verluſte der Linientruppen waren bedeutend. Am ſchlimmſten war, daß durch das erfolgloſe Hin- und Hermarſchiren, das unaufhörliche Kehrt-, Front- und wieder Kehrtmachen das Vertrauen zu der Führung gebrochen war. Die ruſſiſchen Generale waren von Mißmut zu offenem Ungehorſam übergegangen. Die Erbitterung Yorcks war bis zum äußerſten geſtiegen.

Auch Blücher ſelbſt fühlte lebhaft die Gefahren des fortwährenden Zurückweichens; die ſchlechten Erfahrungen beim Rückzug auf Lübeck ſtanden ihm lebhaft warnend vor der Seele. Schon ſtets geneigt, es auf einen Kampf ſelbſt gegen die Übermacht unter Napoleon ankommen zu laſſen, erklärte er angeſichts des günſtigen Geländes an der Katzbach und Wütenden Neiße, er ſei des Zurückgehens müde, hier werde er eine Schlacht ſchlagen. Aus den am 24. morgens eingehenden Meldungen ging hervor, daß immer noch ſechs franzöſiſche Korps nachfolgten. Man hatte keine Nachricht, daß Napoleon ſich gegen eine der andern Armeen gewendet habe, und konnte ſich auch nicht vorstellen, daß er nach so schwachen Erfolgen von der Schlesischen Armee ablassen werde. Obenein stellte sich heraus, daß York, wohl infolge eines Mißverständnisses, nachts hinter Jauer zurückgegangen sei; auch Langeron wollte den Rückzug weiter fortsetzen. Gneisenau, wütend über Yorcks anscheinende Eigenmächtigkeit, legte die Notwendigkeit dar, die Armeekorps hinter Jauer wieder auf gleiche Höhe zu bringen. Es heißt, Blücher sei nur sehr widerstrebend darauf eingegangen; ja, er soll erwogen haben, ob er nicht Oberst Katzler an Gneisenaus Stelle zu seinem Generalstabschef machen solle. In diesen Zusammenhang gehört jedenfalls das Wort, das Gneisenau in diesen Tagen dem Freunde Clausewitz schrieb: „Wie schwierig meine Lage ist, können Sie sich denken. Blücher will immer vorwärts und hält mich für zu behutsam; Langeron und York zerren mich wieder zurück und halten mich für einen verwegenen Unbesonnenen."

Da traf die Meldung ein, die bis Liegnitz vorgedrungene feindliche Kolonne, das Korps Ney, habe kehrtgemacht und gehe auf Haynau zurück. Für den 25. wurde deshalb befohlen, daß die ganze Reiterei zur Erkundung gegen und über die Katzbach hinaus vorgehe und die Armee sich zum Vormarsch bereithalte. Nun ging auch noch die Nachricht ein, daß der Kaiser Napoleon nach Sachsen zurückgekehrt und das Korps Marmont mitgenommen habe. Sofort wurde der Übergang zum Angriff beschlossen.

„Das Blatt hat sich wieder gewendet," schrieb Blücher seiner Frau am 25., „der Kaiser Napoleon hat mit seiner ganzen Macht mich drei Tage angegriffen und Alles versucht, mich zur Schlacht zu bringen; ich habe alle seine Projekte glücklich vereitelt. Gestern Abend ist er umgekehrt; ich folge ihm sogleich und hoffe, daß nun Schlesien gerettet ist. Berlin habe ich sichergestellt, indem ich den Kaiser von Frankreich hierhergezogen und sieben Tage aufgehalten, wodurch die große Armee durch Böhmen in Sachsen eingedrungen. Der Kronprinz von Schweden ist von Berlin abmarschiert, um gleichfalls in Sachsen einzubringen. Beide großen Armeen gehen dem Feind in den Rücken, während ich ihm nun auf dem Fuß nachgehe und angreife, wo ich ihn finde. In Berlin segnet man uns. Ich bin gesund und sehr erfreut, daß ich dem großen Mann eine Nase angedreht habe; er soll wütend sein, daß er mich nicht zur Schlacht hat bringen können. Es hat auf beiden Teilen Menschen gekostet; der Feind hat dreimal so viel wie wir verloren. Wir haben bereits 1500 Mann gefangen gemacht, der Feind von uns nicht hundert."

Um 10 Uhr ließ er die Armee den Vormarsch in drei Kolonnen antreten, rechts Sacken nördlich an Jauer vorbei, in der Mitte York

durch diese Stadt, links davon Langeron. Schon steckte man der Verfolgung Ziele bis über den Bober hinaus und ermahnte die Korps,
das möglichste zu leisten. Das Hauptquartier war aber kaum bis Jauer
gelangt, als die Nachricht einging, daß der Feind noch in bedeutender
Stärke bei Goldberg stehe und daß die gestern auf Haynau abmarschier-
ten Truppen in mehreren starken Kolonnen wieder auf Liegnitz zurück-
kehrten; infolgedessen wurden die Massen bei Jauer, die Vortruppen
an der Katzbach angehalten. Die Armee stand so bereit, entweder den
von Goldberg oder den von Liegnitz oder dazwischen vorgehenden Feind
mit überlegenen Kräften anzufallen, wobei die starken Abschnitte der
Katzbach und der Wütenden Neiße zum eigenen Vorteil ausgenützt
werden konnten.

Ehe man aber mit dem Feind zusammentraf, war noch der
heftigste Widerstand im eigenen Lager zu brechen. Yorck hatte bereits
tags zuvor um einen Ruhetag gebeten, war aber schroff abgewiesen
worden. Jetzt erschien er persönlich bei Blücher und stellte ihm in
Gegenwart anderer hoher Offiziere in seiner ihm eigentümlichen schroffen Art vor, daß die Truppen gefechtsunfähig würden, wenn es bei
diesem Hin-und-Her bleibe. Blücher führte ihn in ein Nebenzimmer;
Gneisenau setzte die Beweggründe für die Befehle des Oberkommandos
auseinander. Als Yorck sich nicht beruhigte, wies ihn Blücher heftig
ab. Yorck reichte darauf dem König ein Abschiedsgesuch ein, in dem
er dem Oberkommando Übereilungen und Widersprüche in den Befehlen,
Hereintappen bei falschen Nachrichten und bei jeder Scheinbewegung
des Feindes, sowie Unkenntnis in den Grundsätzen der Heerführung
vorwarf; die fortwährenden Märsche und Rückmärsche hätten sein
Korps in einen Zustand versetzt, der bei einem kräftigen Angriff des
Feindes Ereignisse wie die von 1806 erwarten ließe. Glücklicherweise
sollte schon der folgende Tag beweisen, daß er zu schwarz gesehen hatte.

<hr>

Die Schlacht an der Katzbach.

26. August.

Als am Vormittag des 26. keine Meldungen über Vorbe-
wegungen des Feindes eingingen, gelangte das Hauptquartier zu
der Auffassung, daß die Franzosen nördlich der Katzbach stehengeblieben
seien. Blücher entschloß sich daher, sie dort noch heute anzugreifen;
indem der linke Flügel die bei Goldberg stehenden Teile festhalte,

sollte der Angriff hauptsächlich gegen das Korps bei Liegnitz gerichtet werden. Schon rechnete man mit dem Rückzug des Feindes; die Kavallerie wurde auf eine kühne Verfolgung hingewiesen. Kaum waren die Befehle ausgegeben, als von den Vorposten lebhafter Kanonendonner herüberschallte; Blücher begab sich mit seinem Stabe auf die Höhe bei Brechelshof.

Das Tal der von Jauer nach Nordwesten strömenden Wütenden Neiße trifft bei Nieder-Krayn rechtwinklig auf das Katzbach-Tal zwischen Goldberg und Liegnitz, etwa 10 Kilometer von diesen beiden Orten. In einem Abstand von 4 Kilometern begleitet das linke Ufer der Wütenden Neiße ein waldbedeckter Bergzug, der nach Goldberg zu ausläuft. Von ihm gehen zahlreiche Bäche, zum Teil tief eingeschnitten, zur Neiße und Katzbach und bilden in dem bergigen Gelände vortreffliche Abschnitte; so namentlich der Plinzbach zwischen Seichau und Hennersdorf und der durch dieses Dorf strömende, bei Schlaup in die Neiße mündende kleine Bach mit der südöstlich davon das Tal sperrenden Kette kleiner Bergkuppen. Die Bergreihe zwängt die Neiße in eine enge Schlucht, an deren Ausgang am östlichen Talrand das Gut Brechelshof liegt. Von da ab bis zur Mündung der Neiße in die Katzbach bei Dohnau stürzt die Hochfläche des rechten Flußufers in engen, steilen, bewachsenen Schluchten 30 bis 60 Meter tief ins Tal hinunter; oben ist die Hochfläche in einer Breite von 2 Kilometern fast völlig frei und nur leicht gewellt; nach Norden und Osten dacht sie sich allmählich ab; hier bilden sich mehrere Bachgründe, an deren Ursprung eine Reihe großer Dörfer liegt.

Die Vorhut des Yorckschen Korps unter Katzler hielt noch den steilen Talrand zur Wütenden Neiße, mußte ihn aber um Mittag vor starken feindlichen Kolonnen räumen, die auch von Dohnau her die Hochfläche erstiegen, und ging langsam längs des Randes zurück. Ein starker Regen strömte den ganzen Tag über vom Himmel, so daß die Gewehre bald zu versagen begannen. Die französischen Schützen konnten die preußischen Truppen bald nur noch mit Schimpfworten verfolgen. „Gegen Abend ging kein Gewehr mehr los." Als nun französische Artillerie eingriff, geriet ein Teil der preußischen Landwehr in bedenkliche Auflösung, doch traf rechtzeitig die Reservekavallerie zu ihrer Aufnahme ein. Dahinter hatte sich inzwischen um 2 Uhr das Korps Yorck nordwestlich von Brechelshof verdeckt aufgestellt; rechts davon befand sich das Korps Sacken im Anmarsch.

Da der starke Regen jede Übersicht hinderte, ritt Gneisenau mit Müffling zur Erkundung vor; sie erkannten den Aufmarsch feindlicher Kavallerie und Infanterie auf der Hochfläche. Auf die Meldung

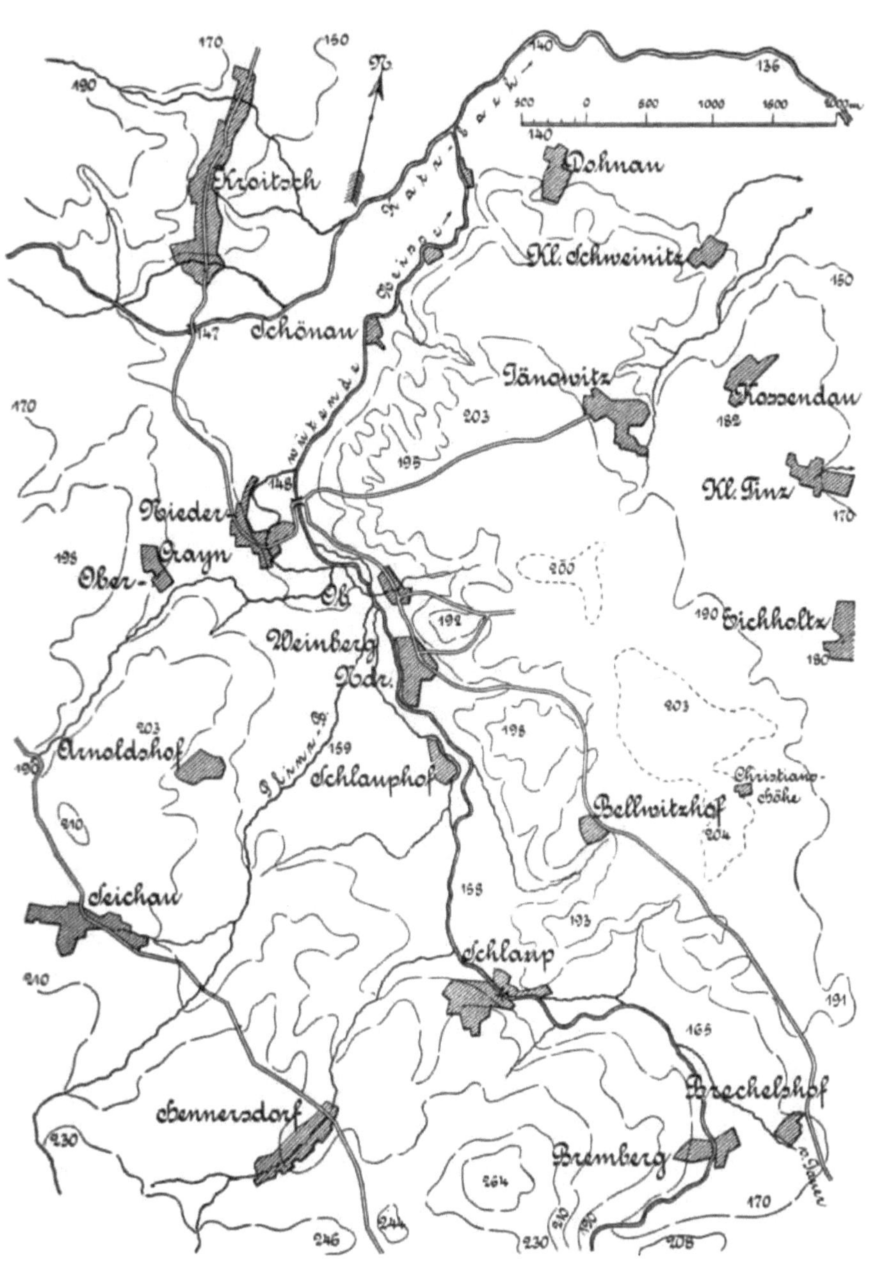
170
150
190
140
136
Kroitsch
Dohnau
Kl. Schweinitz
150
Schönau
147
Tännowitz
203
Kossendau
182
195
Kl. Tinz
148
170
Nieder-
Crayn
200
195
Ober-
Ob
192
190 Eichholtz
180
Weinberg
Mdr.
203
195
203
Arnoldshof
190
159
Schlauphof
Christians-
höhe
204
210
Bellwitzhof
210
Seichau
168
193
210
Schlaup
165
191
Prechelshof
Hennersdorf
165
230
Bremberg
170
264
246
244
230
205

davon gab Blücher an York und Sacken den Befehl zum Angriff. Die preußische und die russische Artillerie entwickelten sich auf den flachen Höhen zwischen Eichholz und Bellwitzhof und traten in den Kampf mit den gegenüber auffahrenden französischen Batterien. Hinter der Artillerie stellte sich die Infanterie in Gefechtsgliederung auf. Blücher ritt von Bataillon zu Bataillon und redete ihnen zu, sich nicht lange mit dem Versuch zu schießen aufzuhalten, sondern dem Feinde gleich mit der blanken Waffe zu Leibe zu gehen.

Als erste trat auf dem linken Flügel die Brigade Hünerbein, brandenburgische Linie und schlesische Landwehr, zum Angriff an. Am Rande der Hochfläche entlang, links an der Artillerielinie vorbei, traf sie auf mehrere französische Bataillone und eine Batterie, die sie nach Blüchers Rat mit Bajonett und Kolben den Abhang hinunterwarf. Inzwischen waren auch die Brigaden Horn und Prinz Karl von Mecklenburg gemeinschaftlich mit den Bataillonen der Vorhut und mit der Reservekavallerie durch die Artillerielinie vorgegangen. Die vorbrechende Kavallerie warf sich zum Teil links auf eine gerade die Hochfläche erreichende Batterie und deren Bedeckung; die flüchtenden Fahrzeuge stürzten in der Schlucht so durcheinander, daß dieser Zugang völlig verstopft wurde; zum Teil überritten die Schwadronen die gegenüberstehende feindliche Artillerielinie, wurden dann aber von feindlicher Reiterei bis hinter die eigene Infanterie zurückgeworfen, so daß diese und die Artillerie in Gefahr geriet. Nun ging das zweite Treffen mit klingendem Spiel und schlagenden Trommlern vor; ihm schlossen sich frische Kavallerie-Regimenter an; die feindliche Reiterei wurde teilweise den steilen Talrand hinuntergeworfen.

Auch die russische Kavallerie griff jetzt in diesen Kampf ein; ihr schloß sich die preußische Reservekavallerie wieder an; beide stürzten sich auf die französische Reiterei, als diese aus ihrer Artillerielinie vorbrach; nach langem hin und her wogenden Kampf wurden die Franzosen auf ihre Artillerie und Infanterie zurückgeworfen. Vor einer gerade auf dem Gefechtsfeld eintreffenden frischen französischen Division mußten die aufgelösten verbündeten Reiter zurückweichen; aber was sie nicht vermocht hatten, erreichte der Angriff der Infanterie, Brandenburger, Ostpreußen und Schlesier, die jetzt York heranführte: in wildem Durcheinander stürzte der Feind, Reiter und Geschütz, Fußvolk und Fuhrwerk, in die Bergschluchten zurück und die steilen Hänge hinunter ins Tal der Wütenden Neiße. Diese wie die Katzbach waren durch die Regenmassen zu wilden Strömen angeschwollen; nur auf den wenigen Brücken waren sie noch zu überschreiten. Die Verwirrung erreichte ihren Höhepunkt, als preußische Batterien vom Talrand hinunter in die flüchtigen Massen hineinfeuerten; viele versuchten schwimmend das andere Ufer zu erreichen, fanden aber in den Wellen den Tod.

Weiter rechts, in der Richtung auf Dohnau, war die Infanterie Sackens vorgegangen und hatte dort den Talrand besetzt. Zwei feindliche Divisionen, die hier die Katzbach soeben überschritten hatten, wagten nicht mehr anzugreifen, sondern gingen in der Dunkelheit über den Fluß zurück. Auf der Hochfläche rechts der Neiße war der Sieg vollständig.

Schlechter hatte es längere Zeit auf der anderen Seite des Flusses gestanden. Langeron hatte wenig Neigung, sein Korps dem feindlichen Angriff auszusetzen und fürchtete die Umgehung seiner linken Flanke; einen Teil seiner schweren Artillerie schickte er schon vorher zurück. Seine Vorhut am Plinzbach zog sich bald auf die Hauptstellung auf den Kuppen östlich und südlich von Hennersdorf zurück; hier wurden die Russen stark bedrängt. Als nun Blücher die preußische Grenadier-Brigade Steinmetz über die Neiße hinüber in die Flanke der Franzosen vorstoßen ließ, ermannte sich auch Langeron zum Gegenangriff, der ihn wieder in den Besitz der Hauptstellung brachte; über Hennersdorf hinaus konnte er aber nicht mehr vorbringen.

Es waren etwa gleich starke feindliche Kräfte unter dem Marschall Macdonald, denen Blücher diese entscheidende Niederlage bereitet hatte. Bei geringer eigener Einbuße war ein glänzender Sieg errungen. „Heute war der Tag, den ich so sehnlich gewünscht habe," schrieb Blücher noch am Abend an seine Frau; „wir haben den Feind völlig geschlagen, viele Kanonen erobert und Gefangene gemacht." Wie hatte Blücher zur Schlacht gedrängt, wie hatte er seinen Entschluß gegen Yorcks Einspruch durchgesetzt! „Wir mußten diesen Sieg erzwingen.. die gerechte Sache siegte trotz aller Mißgünstigen," betonte auch Gneisenau.

In ungewöhnlichem Maße half dem Kühnen das Glück. Der Feind kam ihm in ein Gelände entgegen, wie er es sich gewünscht hatte, „um den Kerls einmal ordentlich eins auszuwischen". Selbst das verfrühte Zurückweichen schlug zum Vorteil aus; es machte die Franzosen desto unvorsichtiger im Vorgehen auf der Hochfläche. Wie stach ihr Verhalten ab von dem vorsichtigen Verfahren Napoleons beim Fußfassen auf dem Landgrafenberg bei Jena! Dazu kam der schwere Regen, der die Aufklärung verhinderte, die Künste der französischen Schützentaktik zunichte machte, und die entfesselte Wut der germanischen und slawischen Streiter im Kampf Mann gegen Mann zur Geltung brachte. „Die Schlacht hatte ganz das Ansehen einer antiken," berichtet Gneisenau. „Das Feuer während derselben schwieg gegen Ende des Tages ganz, bis wir durch den durchweichten Boden wieder Geschütz herbeirufen konnten. Nur das Geschrei der Streitenden erfüllte die Luft; die blanke Waffe entschied." Sein und seines erkundenden Stabes Verdienst, nicht Glück allein war es, daß Blücher grade im richtigen Augenblick den Befehl zum Antreten gab und nun mit „blitzendem Vergeltungsschwert" die Hochfläche reinfegte. Unbestritten ist, „wieviel Blücher durch seine zweckmäßigen Anordnungen und durch Aufmunterung der Truppen an den schwierigsten Punkten und in den entscheidendsten Augenblicken zum glücklichen Gelingen der Schlacht gewirkt" hat. Den Anteil des Glücks gab auch Blücher zu. „Die Schlacht hätten wir gewonnen," soll er abends zu Gneisenau gesagt haben, „das kann uns Niemand abstreiten; nun soll mich man verlangen, wie wir es anfangen werden, es den Leuten begreiflich zu machen, wie wir Alles so klug angestellt haben." Gneisenaus Verdienste hob er in seinem Bericht an den König hervor.

Yorck hatte anfangs alles verloren gegeben: „brüllend schimpfte er gegen diejenigen, die sich Lorbeern erwerben wollten". Dann aber hatte er doch an der Spitze seiner Infanterie den Ausschlag im Kampfe gegeben, und Gneisenau suchte ihn durch einen Glückwunsch zur gewonnenen Schlacht zu begütigen. Der aber antwortete: „Ja, die habe ich Euch gewonnen; aber wo bleibt die Verpflegung? Die armen Soldaten sterben Hungers." Gneisenau wies ihn auf die vorhandenen Vorräte: „Wenn also die Soldaten hier verhungern, so ist es Ihre Schuld." Seitdem sprach er grundsätzlich nicht mehr mit ihm. Aber er schätzte ihn trotzdem, ebenso wie Blücher, der erklärte: „Yorck ist ein giftiger Kerl, er tut Nichts als räsonniren; aber wenn es los geht, so beißt er an wie Keiner."

Den Hauptanteil am Siege erkannte Blücher aber dem General v. Sacken zu: „er hat sich auf eine bewunderungswürdige Art betragen." Den Befehl zum Angriff hatte er mit einem „Hurra" erwiedert. Sowohl durch seine Anordnungen für die Artillerie als durch sein selbsttätiges Eingreifen mit der Kavallerie und Infanterie bewies er großes Geschick. Blücher hatte gegen ihn und seine Russen die Aufmerksamkeit, ihm nach der Schlacht zu schreiben, daß er ihm zu Ehren den Sieg die Schlacht an der Katzbach genannt habe, weil die unter seinem Befehl stehenden „braven russischen Truppen in unausgesetztem Kampfe bis an dieses Wasser vorgegangen" seien.

Die Tapferkeit der preußischen Truppen erkannte Blücher nicht minder an: „Preußen und Russen wetteiferten miteinander und keiner wollte dem andern den Vorzug einräumen." Besonders rühmenswert war die Probe, die das meist aus ganz jungen Soldaten bestehende Fuß-

voll beſtanden hatte. „Dieſe Schlacht iſt der Triumph unſerer neu=
geſchaffenen Infanterie," rühmte Gneiſenau. Im tiefſten Gewühl der
Schlacht habe er keinen Mann zurückbleiben ſehen. Wiederholt ſchil=
derte er begeiſtert die Heldentaten einzelner Truppenteile, beſonders
der Landwehr, die die feindliche Kavallerie ohne feuern zu können
abſchlug und Artillerie mit dem Bajonett nahm: „Das iſt das Höchſte,
was alte verſuchte Soldaten tun können, um ſo bewunderungswürdiger
iſt dies für eine ganz neu geſchaffene Infanterie."

Über Langeron war Blücher ſehr ungehalten; Gneiſenau warf ihm
„Ungeſchicklichkeit und Unentſchloſſenheit" vor; nur „dadurch, daß
wir dem gegen ihn vorgedrungenen Feind in den Rücken gingen,
retteten wir ihn." Ihn zu beſeitigen, gelang ihnen indes nicht. Aber
dieſer Sieg brachte der oberſten Führung das Vertrauen wieder, das
ſchon ganz zu ſchwinden drohte. Sacken erkannte begeiſtert an, daß
Einigkeit die Stärke ausmache, der man den Sieg verdanke. Durch
dieſen Erfolg war all das in den letzten Tagen erduldete Ungemach,
die Unbegreiflichkeiten des Hin= und Herziehens glänzend gerecht=
fertigt. „Nie iſt vielleicht ein Sieg mit ſo wenig Blut erkauft worden,"
berichtete Blücher dem König. Das Feuergewehr hatte bei der Ent=
ſcheidung kaum mitgeſprochen. Auch die Einbuße des Gegners an
Menſchen war während der Schlacht nicht bedeutend, da nur wenig
Truppen zum Kampf gekommen waren. Erſt das Bewußtſein, gegen
die angeſchwollenen Gewäſſer getrieben zu werden, hatte in der fran=
zöſiſchen Armee den vollen Eindruck einer verlorenen Schlacht hervor=
gerufen. Die Panik, die die auf der Hochfläche geſchlagenen Truppen
ergriff, pflanzte ſich auf die rückwärtigen Teile fort; beim Abſtieg
die ſteilen Hänge hinunter, vor den wenigen Brücken, wo ſich alles
ſtaute, geriet „Alles in die Unordnung des Schreckens", wie Gnei=
ſenau es ſchildert. Die Tapferkeit der jungen franzöſiſchen Soldaten
ſchlug beim Rückzug in Kopfloſigkeit um; durch den Marſch in dem
Unwetter erſchöpft, das Gewehr nur noch als blanke Waffe brauchbar,
ſahen ſie ſich vor die Wahl geſtellt, in den Wogen reißender Flüſſe
oder durch die Piken der Landwehrreiter und Koſaken umzukommen.
Wahrlich, Blücher hatte Grund, den Regenſtrom dieſes Tages als
ſeinen lieben „Verbündeten von der Katzbach" zu preiſen.

Wie mächtig aber auch der Himmel ſein Werk unterſtützte, wie
wirkſam es von treuen und von widerwilligen Gehülfen, von Opfer=
mut und Kampfeswut der Truppen gefördert wurde, der Sieg blieb
doch an erſter Stelle die Tat des Feldherrn ſelbſt. Mit vollem Recht
hat deshalb der König, als er des Helden Namen mit ſeinen Taten
verknüpfen wollte, feinſinnig das Wort Wahlſtatt gewählt und dabei

vor allem an diesen Sieg gedacht, der auf denselben Feldern erfochten
wurde, wo sich ein halbes Jahrtausend zuvor die Wogen eines anderen
Knechtschaft drohenden Völkersturms brachen.

Drei Tage vor der Schlacht an der Katzbach hatten auch Bülow und
Tauenzien bei Groß-Beeren den Marschall Oudinot, der Berlin er-
obern sollte, kräftig abgewiesen; da der Sieg aber nicht ausgenutzt
wurde, blieb er ohne wesentliche Folgen auf den Gang des Feldzugs.
Welchen Eindruck die Katzbachschlacht hervorrief, davon zeugt besonders
beredt der schöne Brief, den eine edle Frau an Gneisenau schrieb:
„Welch' neues Leben hat dieser schöne Tag über uns alle verbreitet!
Es ist der erste entscheidend folgenreiche Sieg auf deutschem
Boden. Jahre von Schmach und Leiden sind verwischt und in neuem
Glanze stehen wir da, der großen Vorfahren nicht mehr unwürdig!...
Ich kann es Ihnen nicht beschreiben, wie sehr es meine Freude erhöht,
daß Ihnen, grade Ihnen und unserm braven alten Blücher dies
schöne Loos zuteil ward. Sie sind desselben so würdig und werden
es so tief empfinden, und es scheint eine besondere unaussprechlich
erfreuliche Gerechtigkeit des Schicksals, grade denen dies Glück zu ver-
leihen, die so treu und unermüdlich alle ihre Kräfte der guten Sache
gewidmet und so viel dafür gekämpft, geduldet und gelitten haben."
Sie gedenkt wehmütig Scharnhorsts, der, wenn er aus einer besseren
Welt herabsehe, gewiß sich neidlos dessen freuen würde, „daß seine
treuesten Freunde der schöne Siegeskranz schmückt."

Verfolgung und zweiter Rückschlag.
27. August bis 6. September.

„Beim Rückzug des Feindes erwarte ich, daß die Kavallerie mit
Kühnheit verfährt. Der Feind muß erfahren, daß er im Rückzuge nicht
unbeschadet aus unsern Händen kommen kann," hatte schon am Schluß
des Schlachtbefehls gestanden. Stammen diese herrlichen Worte nicht
unmittelbar aus Blüchers Munde, so doch aus seinem Herzen; man
wird unwillkürlich an die Verfolgung bei Kaiserslautern im September 1794 erinnert, wo sich Blücher aus eigenem Antrieb mit seinen
Roten und den bairischen Reitern aufmachte in der Absicht: „dem
im Rückzug begriffenen Feind noch einen fühlbaren Abbruch zu tun"
(s. Band I, S. 213). Und jetzt hatte er, obgleich „müde und matt", noch
am Abend der Schlacht seiner Frau geschrieben: „Morgen denke ich noch
viele Gefangene zu machen, da ich den Feind mit meiner ganzen Kaval-

lerie verfolge." Auch dem am andern Tage aufgesetzten Überblick über den Verlauf der letzten Wochen fügte er hinzu: „Wir sind im Verfolgen des Feindes und ich darf mir noch große Vorteile versprechen." „Nur meinem eisernen Willen", schrieb er später, „habe ich den schönen Sieg bei der Katzbach zu danken. Nach der Schlacht wollte Alles Ruhe haben; ich dagegen befahl, daß von Menschen und Pferden die letzte Kraft angewendet werden sollte und der Feind rastlos verfolgt werden sollte. Die Verfolgung rechtfertigte meinen Entschluß."

Um 9½ Uhr abends war in Brechelshof der Verfolgungsbefehl ausgegeben worden: „Um den erfochtenen Sieg zu benutzen," hieß es darin, solle Yorck um 2 Uhr nachts eine Infanterie-Brigade oberhalb der Neiße-Mündung über die Katzbach gehen lassen; ihr sollte der größere Teil der Reservekavallerie mit reitender Artillerie folgen; beide sollten sich rücksichtslos mit der blanken Waffe auf den Feind stürzen und bis zur Schnellen Deichsa vordringen. Sackens Kavallerie sollte, nötigenfalls durch Infanterie unterstützt, unterhalb der Neiße-Mündung über die Katzbach gehen und die Haynauer Straße gewinnen. Langeron hatte seine Vorhut über Goldberg vorzutreiben und dort angemessen zu unterstützen; dem Korps Pahlen, jetzt unter General Grafen Saint-Priest, sollte er befehlen, in Eilmärschen über den Bober gegen Greiffenberg vorzudringen. „Der Rest der Truppen hält sich in Bereitschaft, dem Feinde morgen, sobald abgekocht sein wird, nachzurücken."

„Von unserer Kavallerie konnte nur wenig gesammelt werden," klagt Gneisenau. „Sie setzte nicht nach, weil sie ihr Handwerk nicht mehr versteht ... die Befehlshaber konnten zum Teil nicht gefunden werden, andere hatten nicht Lust." In dem später an den König erstatteten Bericht gab er doch zu, daß die Dunkelheit und die Verstopfung aller Wegengen durch Kanonen und Pulverwagen die Ausführung der Befehle verhindert habe. Als gegen 6 Uhr morgens der Weg freigemacht war, brach Katzler mit 3 Kavallerie-Regimentern zur Verfolgung auf, ihm nach die Brigade Horn. Es war eine schreckliche Nacht gewesen. Ununterbrochen strömte der Regen auf die meist im Freien lagernden Truppen herab; kein Feuer wollte brennen; die schlecht gekleideten Landwehren litten so, daß manches Bataillon am anderen Morgen nur noch mit der Hälfte seiner Leute dienstfähig war. Man mußte den Truppen einige Zeit zur Erholung und Ordnung der Verbände gönnen. Aber in den ersten Nachmittagsstunden gab Blücher der Reservekavallerie, dann auch dem Rest des Korps Yorck den Befehl zum Aufbruch; es genüge, wenn Yorck heute noch eine Stunde Weges jenseits der Katzbach zurücklege.

Die Katzbach war unterdes so angeschwollen und über die Ufer getreten, daß nur Katzler und Horn noch das andere Ufer erreichten. Trotz wiederholten Befehls, er solle den Fluß überschreiten, wo er nur könne, kam York nicht mehr hinüber. Auch Sacken drang nur mit der Vorhut durch Liegnitz dem Feinde nach. Langerons Vorhut dagegen erreichte abends die Schnelle Deichsa, seine Masse Goldberg; zahlreiche Gefangene fielen ihm in die Hände.

Blücher war über die geringe Tätigkeit der preußischen Kavallerie höchst ungehalten; wiederholt wies er am folgenden Tage York an, ihren Anführern zur strengsten Pflicht zu machen, aus eigenem Antrieb schnell, kräftig und verwegen zu handeln: „Es ist nicht genug zu siegen, man muß auch den Sieg zu benutzen wissen. Gehen wir dem Feind nicht auf den Leib, so steht er natürlich wieder und wir müssen durch eine neue Schlacht erreichen, was wir aus dieser erhalten können, wenn wir mit Energie verfahren.“ Anstatt dessen gehe die Kavallerie mit einer Behutsamkeit zu Werke, als ob sie nicht einen geschlagenen, sondern einen siegreichen Feind vor sich habe. Der Tadel war hart und traf auch in seiner Allgemeinheit nicht zu. So hatten die 2. Leibhusaren selbständig die Verfolgung aufgenommen; um sich Bahn zu brechen, stürmten sie ein Dorf mit dem Säbel in der Faust.

Die Kavallerie war durch die Anstrengungen und Entbehrungen der letzten 14 Tage furchtbar heruntergekommen. Katzler hatte am Morgen des Schlachttages gemeldet, die Mannschaft seiner drei Regimenter habe „in fünf Tagen weder geschlafen noch gegessen“; wenn nicht wichtige Unternehmungen vor seien, bitte er, Leuten und Pferden Erholung zu gewähren. Anstatt dessen hatten sie kämpfen müssen und in der Regennacht war an Ruhe auch nicht zu denken gewesen. „Obgleich ich mich in hohem Grade unwohl befinde,“ schreibt am 27. morgens Oberst Katzler an York, „so ist die Veranlassung, dem Feinde nach allen Kräften zu schaden, doch zu schön, als daß ich zurückbleiben könnte.“ Freiwillig übernimmt er die Führung der Vorhutkavallerie. Und am 28. früh meldet er, seine ermüdeten Pferde könnten den fliehenden Feind nicht mehr einholen; er sei aber mit den Kosaken vorgeritten, „um dieser Hasenhetze beizuwohnen.“ Als endlich die brandenburgischen Husaren herankommen, schickt er sie vorwärts, aber klagt, „inzwischen werden uns die Kosaken auf ihren besseren Pferden wohl die Butter vom Brode nehmen.“ Und als er abends seinen Regimentern eine Stunde zum Füttern gönnt, reitet er mit den hundert frischesten Pferden noch vor, um den Feind nicht aus den Augen zu lassen. Katzler war von Blücher im „Jagdmachen“

auf den Feind erzogen. Er mochte sich entsinnen, wie Blücher bei Kaiserslautern die Rede der kaiserlichen Reiter, ihre Pferde könnten nicht mehr fort, nicht hatte gelten lassen: an einem solchen Tage müßten die Kräfte von Menschen und Pferden aufgeboten werden (s. Band I, S. 214). In diesem Zusammenhange wird niemand zweifelhaft sein, von wem das klassische Wort ausgegangen ist, das Blücher in diesen Tagen an York richtete: „An die Klagen der Kavallerie muß man sich nicht kehren, denn wenn man so große Zwecke als die Vernichtung einer ganzen feindlichen Armee erreichen kann, kann der Staat wohl einige Hundert Pferde verlieren, die aus Müdigkeit fallen."

Trotzdem die Masse der Schlesischen Armee nur langsam zu folgen vermochte, gerieten auch die nicht geschlagenen Teile der Franzosen in immer größere Verwirrung, als sie den Bober bei Löwenberg unüberschreitbar fanden; alles drängte nun auf Bunzlau.

Schon am 26. war der Befehl zum Aufruf des Landsturms auf den Flanken und im Rücken des Feindes erlassen worden; Blücher und Gneisenau drängten darauf, damit Ernst zu machen.

Am 29. gelang es dem General Langeron, eine in den Bergen vor Saint-Priest zurückweichende französische Division, die bei Hirschberg nicht über den Bober hatte kommen können, bei Löwenberg zu stellen und gänzlich zu zersprengen. Gneisenau konnte am Abend dieses Tages schreiben: „Etwa 80 Kanonen, 300 Munitionswagen, Feldschmieden usw., 11- bis 12000 Gefangene sind die Trophäen, die wir dem Feinde entrissen haben. Die angeschwollenen Gewässer hielten unser Nachsetzen auf; dennoch folgten wir so gut wir konnten. Der Soldat ging bis an die Brust durchs Wasser; er versank im Schlamm; viele sind barfuß und deren Zahl nimmt zu. Es fehlt in der ausgezehrten Gegend an Lebensmitteln, und der grundlosen Wege wegen können die Lebensmittelwagen nicht folgen; auch fehlt es in den verlassenen Dörfern an Fuhrwerk. Dennoch trägt der Soldat das Ungemach ohne Murren, selbst mit Heiterkeit. Die Wirkungen des Schreckens des Feindes sind auf den Wegen von der Katzbach nach dem Bober allenthalben sichtbar: Leichname in Schlamm gefahren, umgestürzte Fahrzeuge, Haufen von Gefangenen. Ich hoffe, daß wir die Armee Macdonalds gänzlich aufreiben werden . . . Es lebe der König! Sein Thron ist nun gegründet und wir werden unsern Kindern die National-Unabhängigkeit hinterlassen. Nun gehe ich gern schlafen."

Mit York kam es noch zu scharfen Auseinandersetzungen, da er nur zögernd vorging und am 29. einen Ruhetag gemacht hatte; die vor Bunzlau sich stauenden französischen Massen entkamen infolgedessen glücklich über den Fluß. York hatte keine Weisung erhalten, wo er über den Bober gehen sollte, und deshalb gewartet, was die Nachbarn täten. Das entsprach natürlich nicht der Absicht des Oberkommandos, „dem Feind ununterbrochen zu folgen und zu schaden;" es stellte den Grundsatz auf, daß die Korpsführer „nicht allein nach der allgemeinen Vorschrift zu handeln, sondern alles, was einschlägt, selbst zu beobachten" hätten. Das Verbindunghalten zwischen den drei Korps sei ihre Sache; fehle es an Brücken, so müsse man sie bauen, und wenn man Häuser deshalb niederreißen müsse. Bei der Verfolgung eines fliehenden Feindes dürfe man nicht warten, bis man geschlossene Brigaden zusammen habe. „Was zurückbleibt, bleibt zurück und muß nachgeführt werden." Obgleich Blücher mit dem guten Willen und mit der Art zufrieden sei, wie die Truppen alle Anstrengungen ertragen hätten, könne er doch keineswegs finden, daß die Anstrengung aufs höchste getrieben worden sei und nicht noch mehr hätte geschehen können. Die Kavallerie müsse rücksichtslos gebraucht werden. „Eine Vernachlässigung in Benutzung des Sieges hat zur unmittelbaren Folge, daß eine neue Schlacht geliefert werden muß, wo mit einer einzigen die Sache abgetan werden konnte."

Zu Yorcks Entschuldigung muß man aber anführen, daß er erstens die Lage nicht so übersah wie das Oberkommando, und daß zweitens die Verfassung der Truppen sehr böse war. Die Landwehr versagte zum Teil vollständig; aber auch die preußische Linie litt stark unter den schlechten Wegen und dem Hunger. Man benutzte wohl die Mäntel und Schuhe der gefallenen und gefangenen Franzosen, aber das reichte nicht hin, den Abgang zu ersetzen.

Nachdem Yorck und Sacken am 30. den Übergang von Bunzlau in heftigen Gefechten freigemacht, und sie wie Langeron und Saint-Priest den Feind am 31. bis an den Queis verfolgt hatten, gewährte Blücher der Masse der Armee am 1. September einen Ruhetag. Ein Armeebefehl aus Gneisenaus Feder sprach der Leistung der Truppen warmes Lob aus. „Schlesien ist nun frei," schrieb Blücher seiner Frau indem er ihr den Armeebefehl übersandte; „gestern habe ich die letzten Franzosen über die Grenze nach Sachsen gejagt. Die Früchte unsres Sieges ersiehst Du aus der Einlage (103 Kanonen, 250 Munitionswagen, 18000 Gefangene, 2 Adler und andere Trophäen). Heute Abend um 6 Uhr ist allgemeiner Gottesdienst und Morgen früh werden die Brücken über den Queis, die der Feind abgebrannt und gesprengt hat, hergestellt sein und ich folge dem Feind." Er hatte sich noch am Tage vorher „recht krank" gefühlt; aber man spürt aus seinen Worten, wie ungern er den Ruhetag bewilligt hatte. Mochte Langeron immerhin über den „Eilwagen" spotten!

Daß es nun Zeit sei, die Verfolgung mit größerer Vorsicht zu führen, daran wurde man durch das Gerücht von der Niederlage der Böhmischen Armee am 26. und 27. August bei Dresden gemahnt. Man ließ deshalb am 1. September nur die leichte Kavallerie, der gemischte Vortruppen folgten, dem vom Queis auf Görlitz abziehenden Gegner nachrücken, die Korps erst am nächsten Tage nebeneinander den Fluß überschreiten.

An diesem Tage morgens traf Mitteilung von der Schlacht von Dresden zugleich mit der Aufforderung Schwarzenbergs ein, mit

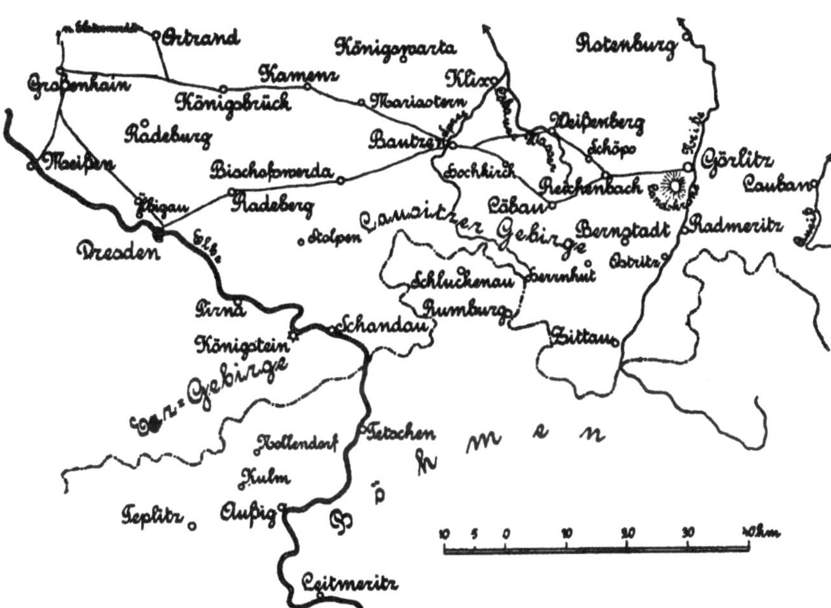

50000 Mann nach Böhmen abzumarschieren. Unter dem Vorwande, daß er dazu keinen Befehl des Kaisers und des Königs habe, lehnte Blücher das Ansinnen ab und marschierte am 3. September mit der Armee auf Görlitz weiter, wo sie jenseits der Neiße am Fuße der Landskrone Stellung nahm. Die Vortruppen waren unter einheitlichen Befehl gestellt; General Wassiltschikow hielt mit ihnen vor Hochkirch der französischen Nachhut gegenüber. Trotz der Nachricht, die Böhmische Armee habe nach dem Siege von Kulm wieder Front gemacht, da ihr Napoleon über das Erzgebirge nicht folge, wankte das Oberkommando in seinem Entschluß nicht; die Armee setzte sich am 4. morgens in breiter Front nach Westen in Bewegung.

Blücher schrieb seiner Frau: „Ich bin noch immer im Verfolgen des Feindes begriffen; in zwei Tagen denke ich vor Dresden zu sein. Unsre große Armee in Böhmen hat auch einen Sieg erfochten und Alles geht gut. Herr Napoleon wird nun wohl zu Paaren getrieben werden.“ Er rechnete darauf, bald seiner Frau in Dresden ein gutes Quartier und alle Gemächlichkeit besorgen zu können, und dankte Gott, der seine Wünsche erhört und sein Vertrauen gerechtfertigt habe. Wieder sei er zwei Tage nicht wohl gewesen, befinde sich nun aber besser.

Da stießen unerwartet in der Gegend von Hochkirch die Vortruppen auf vorgehenden Feind: Napoleon war mit seinen Garden herbeigeeilt und hatte die Bober-Armee wieder vorgeführt. Aber auch diesmal gelang es grade noch rechtzeitig, dem Stoße zu entgehen. Von der Landskrone aus konnte Blücher mit dem Fernglase die Bewegungen des Feindes weithin beobachten. So wich die Armee am 5. über die Görlitzer Neiße zurück, ohne vom Feinde gefaßt zu werden.

„Seit gestern liegt der Kaiser Napoleon mir wieder mit seiner ganzen Kraft auf dem Halse,“ schrieb Blücher an diesem Tage an Knesebeck. „So lange er hier Alles zusammen hat, soll er mich nicht zur Schlacht bringen; springt er ab und geht nach Böhmen, so soll er einen treuen Begleiter an mir finden und die Letzten sollen die Hunde beißen . . . Den Kronprinzen von Schweden habe ich zu Allem willig gemacht und ihn um schleuniges Vorrücken gebeten. Bennigsen hat einen Teil seines Avantkorps über die Oder gebracht. Indessen brauche ich diese Unterstützung so schleunig nicht; mit der ganzen Macht unsres Gegners schlage ich nicht, und teilt er seine Kräfte, so halte ich mich für stark genug, einen Teil zu vernichten. Es ist 6 Uhr früh und noch ist der Feind ruhig.“

Nach zwei Märschen stand die Armee wieder hinter dem Queis, das Hauptquartier in Lauban. Von dort schrieb Blücher an seine Frau: „Das Blatt hat sich hier wieder gewandt; der Kaiser Napoleon, aufgebracht über die Vernichtung der Armee, so er gegen mich aufgestellt, ist selbst mit seiner Haupt-Armee wider mich marschirt und zwei Tage hindurch wendete er Alles an, um mich zu einer Schlacht zu bringen, da er zweimal so stark ist, wie ich. Alle seine Manöver sind vergebens; ich weiche ihm aus, bis er wieder zurückgehen muß; dann aber will ich ihn warm halten!“ Hoffnungsvoll fügte er hinzu: „es werden mit Gottes Hülfe frohe Tage kommen!“

Vor der Elbe.
7. bis 25. September.

Blücher hatte sich in der Vermutung, daß Napoleon bald umkehren müsse, nicht geirrt; schon am 6. September kam die Kunde, die Masse der feindlichen Armee sei nicht über die Neiße gefolgt. Abends meldete Sacken, eine an die Straße Reichenbach—Bautzen vorgedrungene Streife habe die Rückkehr Napoleons nach Bautzen in Erfahrung gebracht. Am 7. wurde auch der Rückmarsch der Garde in der Richtung auf Dresden bekannt. Blücher wäre am liebsten sofort wieder vorgegangen. Langeron aber hatte seine Artillerie bereits bis Löwenberg zurückgeschickt, und daher mußte zu Blüchers Verdruß ihr Wiedervorziehen abgewartet werden. So erhielt die Armee am 7. einen Ruhetag. Am 8. aber ging es wieder gegen Görlitz vor.

Der Feind stand in starker Stellung hinter der Neiße; der Frontangriff erschien zu schwierig. Deshalb holte die Armee mit den Hauptkräften am 9. südlich aus, um ihm in Flanke und Rücken zu gehen. Der Feind bemerkte diese Bewegung rechtzeitig und zog sich auf Bautzen zurück, ohne daß ihm etwas anzuhaben war. Blücher war recht ungehalten, daß ihm „die Gelegenheit entgangen sei, dem Feinde einen empfindlichen Schlag beizubringen"; er drängte desto mehr vorwärts; aber Gneisenau und Müffling bewiesen ihm, daß das keinen Nutzen habe. „Wenn der Feind von hier gegen und über die Elbe gedrückt wird, so möchte er die gegen die Böhmische Armee stehenden Kräfte verstärken; vorteilhafter wäre es, wenn man erreichte, daß Napoleon nochmals der Bober-Armee zur Hülfe eilte, um unterdes Dresden zu nehmen oder dem Feind seine Kommunikationen mit dem Rhein zu hemmen; ... eine Offensive gegen die Subsistenz und eine Defensive gegen die Streitkräfte des Feindes werde am sichersten zu einem günstigen Resultat führen"; so wurde dem König gemeldet; man werde bis zum Eingang von Befehlen „fortfahren, dem Feinde durch den kleinen Krieg zu schaden". Das war natürlich nicht nach Blüchers Sinn; sein Gefühl sagte ihm, daß Napoleon wohl schwerlich in eine so plump gestellte Falle gehen werde; er drängte vorwärts, so daß Gneisenau klagte: „Meine Stellung hier ist sehr schwierig. Der Oberfeldherr zieht mich immer vorwärts; mit Mühe erwehre ich mich seiner Angriffsplane." Gneisenau stand vor einer Aufgabe, für die ihm eine schnelle Lösung fehlte; Blücher hatte wenigstens das Bewußtsein, daß sie durch Untätigkeit keinesfalls zu lösen sei. „Was nun weiter werden wird, muß die Zeit lehren," schrieb er seiner Frau.

Vom Kronprinzen von Schweden traf am 10. die Nachricht ein, daß er Ney am 6. bei Dennewitz geschlagen habe; er habe nun 10000 Mann nach Luckau entsandt und könne noch 10000 folgen lassen; er sei bereit, Napoleon in die linke Flanke zu fallen oder, falls dieser sich vor der Schlesischen Armee zurückziehe, selbst über die Elbe zu gehen. Blücher forderte ihn zu gemeinschaftlichem Vorgehen auf und empfahl ihm den Elb=Übergang.

Am 11. September sollten zunächst nur die Vortruppen vorgehen; als aber von verschiedenen Seiten Nachrichten vom Vorrücken Napoleons gegen die Böhmische Armee einliefen, ließ Blücher nachmittags auch die Hauptkräfte, zu denen die österreichische Division Bubna trat, in westlicher Richtung bis in die Linie Bautzen—Schluckenau folgen. Die Armee sollte sodann rechts schwenken und den Feind in nördlicher Richtung von Dresden abdrängen. Die Korps hatten Befehl, den Feind anzugreifen, wo sie ihn fänden. Das Hauptquartier ging nach Herrnhut, wo es Blücher bei den Brüdern außerordentlich wohlgefiel.

Am Abend des 11. lief ein Schreiben des Kaisers Alexander mit einer Denkschrift des russischen Generalstabschefs ein, wodurch Blücher aufgefordert wurde, über Pirna oder besser über Leitmeritz an die Böhmische Armee heranzurücken, die dann westlich ausholend nach Sachsen vorgehen werde. Blücher meldete darauf, er habe heute leider den Feind nicht fassen können, da er auf Dresden abzurücken scheine; aber er rechne darauf, ihn in den folgenden Tagen zu fassen, und so möge der Kaiser ihm erlauben, den Feind gegen die Elbe zu drängen. So wurde die Bewegung am 12. in nordwestlicher Richtung fortgesetzt. Als die Meldungen dann auf das Vorgehen starker Kräfte von der Elbe her schließen ließen, blieb die Armee am 13. im allgemeinen stehen. Nun aber erhielt Blücher vom Kaiser Alexander einen förmlichen Befehl, über Leitmeritz heranzukommen.

Was man von dort hörte, verlockte wenig. „Wir kommen, wie immer, nicht aus dem Kriegsrate heraus," schrieb Knesebeck, „Schwarzenberg ist ein verständiger Mann, hat aber nicht die Meinung der Monarchen und den Glauben für sich; daher ewige Kontroversen; die russischen Generale gehorchen nicht; der Kaiser befiehlt zuweilen mit; Toll, Jomini und Diebitsch pfuschen auch mit drein; so kommen widersprechende Befehle auf Befehle und Niemand weiß, wer Koch oder Kellner ist. Ihre Taten werden uns auf irgend eine Weise in

Bewegung bringen." So war Blücher sogleich entschlossen, den Befehl nicht auszuführen. „Um des allgemeinen Wohl und Besten willen", schrieb er persönlich an Knesebeck, „bewahren Sie mich vor einer Vereinigung mit der Großen Armee! Was soll eine solche ungeheure Masse auf einem gleichsam ausgezehrten Terrain? Hier will ich wirksam sein und kann ich nützlich werden. Weiche ich von meinem dem Kronprinzen mitgeteilten Operationsplan ab, so kriecht er, statt daß er nun mit starkem Schritt vorwärts geht. Sollte Napoleon nach Böhmen hineingehen wollen, so muß man ihn in Böhmen vernichten. Ich glaube aber, daß er die Elbe verläßt, wenn man gut manövrirt."

Gneisenau setzte gleichzeitig eine dementsprechende Denkschrift auf — ein Meisterwerk, das Blücher mit schlauem Schmunzeln unterschrieben haben wird. Nachdem der Zar inzwischen die Kunde vom Siege von Dennewitz und die Nachrichten Blüchers vom 11. erhalten habe, hieß es darin, werde er ihm gewiß eine andere Richtung anweisen. Die Schlesische Armee sei außerdem von Kamenz bis Schandau ausgedehnt (was nur für die Aufklärungsabteilungen zutraf); ihre Munitions- und Lebensmittelnachschübe seien noch jenseits der Neiße; so könne sie nicht vor acht Tagen bei Leitmeritz sein. Er legte dem Kaiser nahe, auch ohne Verstärkung durch ihn nach Sachsen vorzugehen und wies darauf hin, daß der Kronprinz von Schweden, dem er seine Pläne mitgeteilt hätte, nichts mehr tun werde, wenn die Schlesische Armee sich von ihm entferne. Wenn der siegreiche Kronprinz zwischen Wittenberg und Magdeburg über die Elbe ginge, so würde Napoleon sehr wahrscheinlich seine Stellung bei Dresden verlassen, um sich jenem entgegenzustellen. In diesem Fall würde die Schlesische Armee versuchen, ohne Verzug zwischen Dresden und Torgau über die Elbe zu gehen, um sich mit der Haupt-Armee zu verbinden, welche ohne Zweifel ihre Macht in die Ebenen von Altenburg und Leipzig führen würde.

Blücher und Gneisenau wußten nicht, daß der Zar dem Kronprinzen, der nur unter dieser Bedingung über die Elbe zu gehen wagte, die Unterstellung Blüchers unter ihn zugesagt hatte. Aber auch wenn sie es geahnt hätten, so konnten sie doch darauf rechnen, daß sie den Kronprinzen und seine kleinere Armee mit ihren vorwärtsstrebenden Generalen eher vorwärtsreißen würden als das vielköpfige Hauptquartier und die große österreichisch-russische Armee.

Den Vorstellungen Blüchers und Gneisenaus, die durch den mündlichen Vortrag des Majors v. Rühle unterstützt wurden, gelang es

denn auch, daß jener Plan endgültig fallen gelassen wurde. Anstatt
deſſen wurde die ruſſiſche Reſerve-Armee, die teilweis ſchon die Oder
überſchritten hatte, nun nach Böhmen gezogen.

Am 14. September waren die Korps der Schleſiſchen Armee abwartend ſtehen geblieben, als aber am 15. die Nachrichten aus Böhmen
und von den Vortruppen einen Angriff des Feindes immer wahrſchein-
licher machten, wurde an dieſem Tage die Armee mit ihrer Maſſe bei
Bautzen verſammelt. Sicherungen blieben vor Biſchofswerda der Bober-
Armee gegenüber, auch nach Kamenz wurden ſolche vorgeſchoben, da
die Verſammlung eines ſtarken feindlichen Korps bei Großenhain
gemeldet war. Blücher ſchrieb noch vor dem Aufbruch an ſeine Frau,
die ſich anſcheinend über die ſchleppende Kriegsführung nicht ſehr
hoffnungsfreudig geäußert hatte: „weg mit den Grillen, es wird Alles
gut werden, denn der Himmel zeigt ſich uns ſo heiter; noch heute marſchire ich nach Bautzen und in wenigen Tagen vor Dresden oder
ich gehe über die Elbe zwiſchen Torgau und Dresden,“ und zum Schluß
wiederholt er: „ſei vergnügt, es wird Alles gut werden! Napoleon
iſt in der Tinte.“

Es trat hier bei Bautzen nun eine achttägige Pauſe ein, in der
ſich die Gegner abwartend gegenüberſtanden, jeder Teil jeden Augenblick auf den Angriff des andern gefaßt. Blücher ſuchte ſich der Mitwirkung des Generals Grafen Tauentzien, deſſen Korps den nächſten
Flügel der Nord-Armee bildete, zum Vorgehen auf den bei Großenhain ſtehenden Feind zu vergewiſſern. Einſtweilen hatte die
Schleſiſche Armee die Beſtimmung, den Marſch der ruſſiſchen Reſerve-
Armee nach Böhmen hinein zu decken. Das naſſe Wetter wurde
außerdem allen Bewegungen ſehr hinderlich. So entſchuldigte ſich
Blücher am 20. ſeiner Frau gegenüber: „Noch ſtehe ich hier vor Dresden, hoffe aber, daß der Feind bald von genanntem Ort zurückweichen
wird. Der beſtändige Regen erſchwert uns Alles, ſonſt wären wir
ſchon weiter.“

In dieſer Zeit des Stillſtehens ließ Blücher den Feind durch
nächtliche Angriffe beunruhigen. Ein Überfall glückte dicht vor den
Toren von Dresden. Napoleon mußte längs der Elbe Blockhäuſer
errichten, um ſich die Zufuhren auf dem Strome zu ſichern. Die
Aufſtellung bei Großenhain diente nur der Sicherung dieſer Waſſer-
ſtraße. Blüchers Ärger und Ungeduld über den Stillſtand geht aus
einem Schreiben an ſeinen Freund Bonin aus dieſen Tagen hervor:
„ich ſtehe mit der Naſe wieder vor Dresden und denke bald hinein
zu kommen. Der franzöſiſche Kaiſer ſteht mit ſeiner Hauptforce bei
Pirna. Mir gegenüber ſteht der König von Neapel in Großenhain;

ich denke ihn in einigen Tagen bei den Ohren zu kriegen." Seine Zuversicht spricht sich in der Versicherung aus: „Die Sachen gehen nun gut; vor Winter sind wir sicher am Rhein und dann wird Friede." Schon rechnete er auf „eine beträchtliche Herrschaft als Ehrengabe".

Die Befehle, den General Sacken gemeinsam mit Tauentzien gegen Großenhain vorgehen zu lassen, waren bereits ausgefertigt, als sich der Feind von dort auf Meißen zurückzog; nun plante Blücher einen umfassenden Angriff auf den ihm an der Dresdener Straße gegenüberstehenden Feind. Da, am 22., kam ihm der Gegner zuvor. Aus der Heftigkeit der Angriffe schloß man sofort auf die Gegenwart Napoleons; in der Umgegend von Bischofswerda kam es am 22. und 23. zu heftigen Gefechten, durch die die preußisch-russischen Vortruppen in der Richtung auf Bautzen zurückgedrängt wurden; Blücher stellte die Armee zum Abmarsch bereit. Am 24. überzeugte er sich persönlich bei der Vorhut, daß der Feind im Angriff innehielt. Sobald Blücher Napoleons Abreise nach Dresden erfuhr, gab er die Befehle zum Gegenstoß, der indes nur bis in die alten Stellungen geführt wurde; weiter getraute man sich nicht zu gehen: „hier sind wir in einen Umkreis gekommen, den wir ungestraft nicht überschreiten dürfen," meinte Gneisenau, „was jenseits der Elbe vorm Feind steht, dient zur Reserve denen, die uns hier gegenüberstehen. Über Bischofswerda hinaus dürfen wir also keinen Angriff machen." Wieder drohte der allgemeine Stillstand einzutreten. „Wenn unsre Große Armee nicht bald operirt," schrieb Blücher unwillig an den Generaladjutanten, „so werde auch ich hier gelähmt und der Winter wird kommen, bevor wir mit einer halben Million bewaffneter Menschen etwas Bedeutendes bewirkt haben."

Die Pause bei Bautzen war übrigens für die Schlesische Armee sehr nützlich gewesen. An den König wurde berichtet, es habe der Schlesischen Armee zwar bisher nicht an Brot, Fleisch und Branntwein gemangelt, doch fange an das Futter zu fehlen; man müsse dazu meilenweit aus dem Lager aussenden. Sehr schlimm war der Geldmangel, namentlich für die Offiziere. Gneisenau drängte den Staatskanzler, Abhülfe zu schaffen. Es empöre den Offizier, der seit dem Juli keinen Sold erhalten habe, sich auf Anforderung ohne Bezahlung die Stiefel besohlen, die Kleider flicken lassen zu müssen. Nach den wohl etwas zu düsteren Schilderungen Mifflings wären schwere Unordnungen eingerissen; er spricht von „Indisziplin unsrer Armee"; die Kosaken seien fast alle hinter der Armee geblieben, auch ein Teil der Landwehren und sogar die Kavallerie marodire, plündre und stehle. Die Zufuhren aus Schlesien hätten daher ganz aufgehört. Nur die strengste Erfüllung der kriegsrechtlichen Vorschriften könne helfen; dazu aber könnten sich die Generale, namentlich Blücher, nicht entschließen. Nur wenn man einige Zeit still liege, sei Hoffnung zum Besseren. Die Ergänzung des Schuhzeugs sei höchst nötig gewesen; bei einigen Bataillonen hätte nur die halbe Mannschaft noch Schuhe gehabt. — Daß die Zufuhr aus Schlesien stockte, erklärte sich schon aus dem Marsch der russischen Reserve-Armee hinter der Schlesischen entlang.

Der anders geartete Oppen, der die Armee-Polizei handhabte, schrieb dagegen beinahe gleichzeitig: „Die Ordnung ist durch mobile Kolonnen hergestellt, ein herrlicher Geist in der Armee, das Einvernehmen mit den Alliirten vortrefflich." Die Leistungen und Taten der nächsten Wochen zeigten, daß Oppen recht hatte.

Blücher war in dieser Zeit sehr aufgebracht über die Zurücksetzung in der Beförderung, die sein Sohn Franz nach seiner Ansicht erfahre. „Aber er ist mein Sohn," schrieb er an Knesebeck, „und so darf ich Nichts sagen. So lange der Kampf dauert, kann der König mich wieder zum Rittmeister machen und ihn zum Korporal und wir werden doch siegen. Ist die Fehde vorbei, dann werde ich sprechen." Nun wurde Franz bei einem kühnen Angriff mit seinem Regiment im Erzgebirge schwer verwundet und geriet in Gefangenschaft; es war dem besorgten Vater eine große Genugtuung, als er erfuhr, daß Napoleon sehr artig mit seinem Sohne gesprochen und ihm einen Arzt geschickt hätte. Aber gegen Knesebeck schüttete er nochmals seinen Ärger über seines Sohnes Zurücksetzung aus: „Das alte Sprüchwort wird bei ihm in Erfüllung gehen: Die Zitrone ist ausgedrückt, die Schale wirft man weg. Er muß sich damit trösten, daß er beim Feinde gut behandelt wird und daß der Name Blücher doch da nicht der Gegenstand ist, den man zum Vorwurf in der Kränkung macht. Ich bleibe meinem Vorsatz getreu: so lange der Kampf dauert, werde ich den letzten Hauch aufbieten, nicht aus Absicht auf Belohnung, nein, wenns morgen Friede wird, will ich Dienst und Staat gleichsam mit einem weißen Stab*) verlassen. Das über Alles lohnende Bewußtsein, meine Pflicht treu erfüllt zu haben, ruht in meinem Busen und ist ja mehr, als ein Sterblicher mir geben kann." Zum Schluß schreibt er: „Läßt die Vorsehung mich am Leben, so soll nach vollendetem Kriege Deutschland von mir in den Stand gesetzt werden, über Alles, was noch jetzt verborgen ist, richtig urteilen zu können; denn es ist bei mir kein Federstrich verloren gegangen." Diese Wendung deutet darauf hin, daß Blücher damals die Absicht hatte, wieder, wie nach den Rheinfeldzügen, ein „Campagne-Journal" herauszugeben.

*) Ein Stab, von dem die Rinde abgeschält ist, gilt als Zeichen des Bettlers.

Wartenburg.
26. September bis 3. Oktober.

Allgemein herrschten Unwille und Besorgnisse über das Still-stehen der Heere in einer Zeit, wo die Welt in höchster Spannung von ihnen die Entscheidung über ihr Geschick erwartete. Sollten all die Opfer und Anstrengungen vergebens gemacht sein, weil die Feldherren zauderten aus Furcht vor dem Genie Napoleons? „Wenn man jetzt Nichts tun kann, wann meint man denn etwas zu tun?" fragte Clause-witz und verglich die Heere mit dem Hühnerhunde Münchhausens, den dieser nach einem Jahr noch vor dem Volk Hühner stehend fand, Hund und Hühner als Gerippe. „Wer wird der Jäger sein, der den erlösenden Schuß tut?" fragte er. Bald kam ihm aus Blüchers Haupt-quartier die ersehnte Antwort.

Am 26. September schrieb ihm Gneisenau: „Wir wollen die Szene eröffnen und die Hauptrolle übernehmen, da die Andern es nicht wollen ... Bei der Großen Armee entwirft man stets neue Pläne und kommt nie zur Ausführung; und nach zwei Siegen treibt sich der Kronprinz von Schweden zwischen der Nuthe und Elbe herum." Er entwickelt nun den Plan, auf dem linken Elbufer an der Elster-Mündung ein verschanztes Lager anzulegen, mit Tauentzien, womöglich auch mit Bülow vereint die Elbe zu überschreiten, vor der Übermacht in jenes Lager zurückzuweichen und dort eine Entscheidungsschlacht anzunehmen.

Als Gneisenau diesen Plan entwarf, hatte er sofort Blüchers Zu-stimmung erhalten. Wie geistesfrisch er sich Gneisenaus kühnen Ge-danken zu eigen machte, geht aus der Art hervor, mit der er den lebhaften Widerspruch in seiner Umgebung zum Schweigen brachte. General v. Rauch reichte eine Denkschrift über die Gefahren ein, in die dadurch Schlesien gerate; der russische Bevollmächtigte verlangte gar, daß über diese von allen Grundsätzen des Feldzugsplans ab-weichende Bewegung die Ansicht aller Generale der Armee gehört werde. Blücher wies beide schroff zurück: „Kriegsrat halte ich nicht!" „Gneisenau, Müffling und mein Golz sind diejenigen, mit denen ich in Allem übereinstimme," schrieb er später an Knesebeck; „aber ich habe mit den andern Sicherheitskommissaren auch Teufels-arbeit und nur mit meinem eisernen Willen, so wie ich mich einmal entschlossen habe, muß ich durchdringen."

Die Gefahr des Unternehmens war Blücher nicht verborgen. Zu-nächst mußte der Elbübergang angesichts des Feindes gelingen. Und war die Armee glücklich hinüber, so sah sie sich auf dem andern Ufer

großer Überlegenheit gegenüber. Daß der Kronprinz zur Mitwirkung zu bringen ſei, glaubte man nicht. Tauenzien war geneigt,
auch gegen ſeines Oberfeldherrn Befehl, Blücher zu folgen. Bülow
hatte mit dem Kronprinzen bereits heftige Auseinanderſetzungen gehabt; er war empört, mit der ausſichtsloſen Belagerung von Wittenberg beauftragt zu ſein, und ſah darin nur einen Vorwand des Kronprinzen, nichts zu tun. Gneiſenau reizte ihn mit der Ausſicht, zum
ſelbſtändigen Kommando einer Armee zu gelangen, wenn ſie gemein-
ſchaftlich einen Sieg auf dem linken Elbufer erfochten hätten. Auch
Winzingerode, der ebenfalls unter dem Kronprinzen ſtand, hoffte
er zu gewinnen. Aber auch ohne der Mitwirkung Tauenziens und
Bülows ſicher zu ſein, waren Blücher und Gneiſenau entſchloſſen,
ſofort zu handeln. Gneiſenau legte die Vorteile ſeines Plans dem
Generaladjutanten dar, während gleichzeitig eine Meldung über den
Rechtsabmarſch an den König abging. „Weder Ihr General,“ ſchrieb
Gneiſenau an Bülows Stabschef Boyen, „noch der meinige, noch Sie,
noch ich ſcheuen eine große Verantwortlichkeit . . . Wenn man ſeinem
Herrn einen wichtigen Dienſt leiſten kann, muß man den Mut haben,
etwas auf ſich zu nehmen . . . Überdies rechtfertigt ein Sieg Alles.“

Am 26. September trat die Schleſiſche Armee den Marſch von
Bautzen auf Elſterwerda an (ſ. Skizze S. 87). Eine gemiſchte Ab-
teilung des Korps Langeron blieb zum Schutz der Verbindungen mit
Schleſien bei Bautzen zurück. Die Korps marſchierten auf einer Straße,
durch Seitendeckungen nach der Elbe zu geſichert. Man mußte auf
Flankenſtöße von Meißen her oder aus Torgau heraus gefaßt ſein.
Aber der Marſch verlief ungeſtört, da Napoleon ſich gleichzeitig zum
Aufgeben des rechten Elbufers entſchloſſen hatte. Bei Meißen wurden,
um den Feind zu täuſchen, Vorbereitungen zum Übergang getroffen.

Auf dem Marſche nach Elſterwerda erfuhr man durch Tauenzien,
daß der Kronprinz die an der Elſter-Mündung bereits geſchlagene
Brücke wieder habe abbrechen laſſen, als eine feindliche Abteilung
gegen den Brückenkopf vorgegangen ſei. Deſto mehr ſchien es geraten,
die Aufmerkſamkeit des Feindes von dort abzulenken und an anderer
Stelle über den Strom zu gehen. Tauenzien hatte hier vorgearbeitet;
er hatte mit ſeinen Vortruppen Mühlberg beſetzt (ſ. Skizze S. 103)
und ſchlug vor, dort, wo noch ein alter Brückenkopf vorhanden ſei,
überzuſetzen, ehe die Franzoſen in größerer Zahl gegenüber eingetroffen
wären. Trotzdem Tauenzien grade jetzt einen Befehl des Kronprinzen
bekam, nach Norden abzurücken, und ſich dem nicht zu entziehen wagte,
hielt man am Uferwechſel bei Mühlberg feſt. Die Korps ſchloſſen in
ſich auf, die Brückenboote wurden herangezogen.

Jetzt traf auch eine Weisung des Kaisers Alexander ein, die mitteilte, daß die Böhmische Armee endlich westlich ausholend in Sachsen einrücken werde; Blücher solle die Elbe überschreiten, sobald Napoleon sich zum Vormarsch nach Böhmen oder ins westliche Sachsen anschicke. Nur wenn Blücher sicher sei, daß der Kronprinz inzwischen ebenfalls die Elbe überschritten habe, möge er sich diesem in der Richtung auf Leipzig anschließen, andernfalls aber solle er sich gegen Dresden wenden und Napoleon in den Rücken fallen. Er wird auf die Gefahren des Elbüberganges hingewiesen. Am besten sei es, wenn Blücher abwarte, bis die Reserve-Armee Bennigsens nach Pirna vorgedrungen sei, um dann unter ihrem Schutze dort überzugehen. „Fahren Sie fort,“ hieß es zum Schluß, „wie Sie dies bisher so gut getan haben, den Feind keinen Augenblick aus den Augen zu verlieren und kombiniren Sie auch ferner Ihre Operationen mit denen der Hauptarmee, damit Napoleon niemals Zeit erhält, seine gesammelte Kraft auf einen Punkt zu werfen.“

In dem feierlichen Augenblick, wo man sich anschickte, Napoleon gegenüberzutreten, fühlten die Monarchen den ganzen Wert der Führer der Schlesischen Armee. Sie ahnten nicht, daß diese schon auf eigene Verantwortung gehandelt hatten und nicht gesonnen waren, auf die in Aussicht gestellten Taten der Böhmischen Armee zu warten.

Während der Elbübergang bei Mühlberg noch vorbereitet wurde, kam vom Kronprinzen die ganz überraschende Nachricht, daß er zum Zusammenwirken mit Blücher durchaus geneigt sei. Wenn die Schlesische Armee die Elbe überschreite, werde auch er es tun, und zwar innerhalb drei oder vier Tagen; ja, er erklärte, von seinem ihm von den Monarchen zugestandenen Recht, über alle in seiner Nähe befindlichen Korps das Kommando zu führen, Blücher gegenüber keinen Gebrauch machen zu wollen: sie würden als gute Kameraden nebeneinander fechten. Was aber noch wichtiger war als diese Versprechungen, Tauentzien sowohl wie Bülow sagten unbedingt ihre Mitwirkung auch für den Fall zu, daß der Kronprinz sein Wort zurückzöge. Nun schien es besser, sich noch auf dem rechten Ufer dem Kronprinzen so weit zu nähern, daß man gleich nach dem Übergang unmittelbar zusammenwirken konnte. Auch war es ratsam, erst den Platz für das verschanzte Lager, auf das die Operationen aufgebaut werden sollten, in Besitz zu nehmen. Man entschloß sich deshalb, in Eilmärschen an die Elster-Mündung zu rücken und nun doch dort den Strom zu überschreiten.

Gneisenau hatte noch eine größere Genugtuung: auch von den Monarchen lief jetzt die Zustimmung zu dem genialen Plan ein, der

alles vom Alp der Untätigkeit befreite. Blücher schrieb sogleich persönlich an Knesebeck: „Es freut mich ungemein, aus dem Brief, den
Sie an Gneisenau geschrieben, zu ersehen, daß man mit unserm Entschluß bei Elster überzugehen, einverstanden ist. Wenn ich gleich
den Übergang bei Mühlberg grade auch nicht für gefährlich halte, so
komme ich mit Tauentzien, den ich schon gesprochen, durch den erstgenannten Übergang nahe zusammen und der Kronprinz wird dadurch
zufrieden gestellt. Sind wir einmal hinüber, so will ich der Katze die
Schelle schon anhängen*) und Seine Hoheit werden wohl mit daran
gehen müssen."

Noch vor dem Aufbruch wurden die Hoffnungen auf das Gelingen
des Plans durch ein Schreiben des Kronprinzen an Blücher gesteigert,
in dem es hieß: „Wenn Ihre Dispositionen mit meinen Wünschen
übereinstimmen könnten, so würden wir zusammen eine Masse von
120000 Mann bilden, die sich rasch auf Leipzig bewegen und hierselbst
eine Schlacht gegen den größeren Teil der Streitkräfte des Kaisers
Napoleon wagen könnte."

Ein Zwischenfall zeigt, wie wenig sich Gneisenau die Schwierigkeiten und Gefahren des Stromüberganges verhehlte. Aus einem Befehl
des Kronprinzen an Tauentzien schien hervorzugehen, der Feind habe
irgendwo die Elbe überschritten; es war von einem Rückzug des Korps
Bülow die Rede. „Uns", schreibt Gneisenau an Boyen, „schien eine
solche Lage höchst erwünscht. Wir machten uns gefaßt, dem Feind in
Flanke und Rücken zu gehen, als Ihr Brief, mein verehrter Freund,
an mich gelangte und unsern schönen Traum, den Feind am rechten
Elbufer zu finden, vernichtete. Wir müssen uns nun schon dazu bereiten,
den Feind am jenseitigen Ufer aufzusuchen."

Mit dem zweiten Marsch traf die Armee an der unteren Elster
ein; sie hatte von Bautzen dorthin in sieben Tagen etwa 150 Kilometer zurückgelegt und ging nun unverweilt an die Ausführung des
Überganges. Dem Kronprinzen teilte Blücher mit, daß er am 3. Oktober die Elbe überschreiten, am 4. den Marschall Ney bei Kemberg
angreifen werde.

Der an der Elster-Mündung nach Nordosten ausholende Elbbogen
umfließt eine Halbinsel, die damals schon von dem dicht am linken
Ufer liegenden Dorfe Bleddin ab den Überschwemmungen ausgesetzt
war. Der alte Strombeich führte von Bleddin in Windungen von
Süden nach Norden zu den Sandhügeln, die der untere Teil des
Strombogens bespült. Auf den südlichsten dieser Hügel erheben sich

---

*) „Hängt der Katz die Schelle an den Schwanz!" alte Redensart für Vorwärtsbringen.

Dorf und Schloß Wartenburg. Die Halbinsel war von mehreren alten Wasserarmen durchzogen, über die nur schmale Zugänge nach den beiden Dörfern führten. Buschwerk und Wald, von sumpfigen Wiesen durchsetzt, bedeckten einen großen Teil der Halbinsel.

Auf der äußersten Spitze des Strombogens, bei dem Dorfe Elster, wurden in der Nacht zwei Brücken geschlagen. Der Bau verlief ungestört. Bei Tagesanbruch gingen die ersten Truppen vom Korps York hinüber. Blücher stellte sich an die Brücke und ließ die Truppen an sich vorbeiziehen. Über den Wipfeln der Bäume sahen sie den Rauch aus den Essen von Wartenburg emporsteigen. „Jungens seht," rief

Blücher den Leuten zu, „da backen sich die verfluchten Franzosen Weiß-
brod zum Frühstück; das wollen wir ihnen wegnehmen derweil es
noch warm ist." Wohl jedem war angesichts des breiten Stromes die
Bedeutung des Tages klar: jetzt endlich rückte man Napoleon wirklich
auf den Leib.

Inzwischen hatte sich herausgestellt, daß das Dorf Wartenburg
sehr stark vom Feinde besetzt und durch den Elbdeich und den vor-
liegenden alten Stromarm außerordentlich verteidigungsfähig sei; die
Versuche, es links zu umgehen, scheiterten teils am ungangbaren
Gelände, teils an der Stärke des vor Bleddin aufgestellten Feindes.
Erst nach mehrstündigem Gefecht wurde der Gegner dort durch die
Brigade Mecklenburg vertrieben. Die Ostpreußen vergalten hier den
Württembergern das Leid, das sie bei Bautzen den Westpreußen zugefügt hatten. Die von Yorck zum Angriff auf Wartenburg selbst an-
gesetzten Truppen hatten ungeheure Verluste durch das feindliche Feuer
und kamen nicht vorwärts. Schon hieß es, der Feind erhalte Verstärkungen. Als nun die Russen bei Elster eintrafen, ließ Blücher sie
über die Brücken vorgehen, um sich zum Eingreifen bereitzuhalten;
auch sie sprach er durch einen Dolmetscher mit kräftigen Worten an,
indem Goltz sein Deutsch den russischen Führern in Französisch und
diese weiter den Leuten ins Russische übertrugen. Jetzt konnte Yorck
seine letzte Brigade einsetzen, und als auf Blüchers Befehl die Brigade
Mecklenburg von Bleddin her die starke feindliche Stellung in der
Flanke faßte, gelang gegen 4 Uhr der heldenmütige Sturm in der
Front. Neben den Linientruppen zeichneten sich hier auch die schlesischen Landwehrleute aus. Blücher konnte von ihnen sagen: „Meine
Landwehr hat Merveille getan."

Es war das ganze Korps Bertrand gewesen, das hier gefochten
hatte, Franzosen, Italiener und Württemberger; Yorck hatte überlegene Kräfte aus einer festungsartigen Stellung geworfen. Diesmal hatten die Preußen die Arbeit ganz allein vollbracht. Hätte Blücher
vorher geahnt, mit einem wie starken Gegner er es zu tun hatte, so
hätte er wohl mehr Kräfte zur Umfassung verwendet und auch die
Mitwirkung der Russen nicht verschmäht. So hatte das Korps Yorck
einen Verlust von 1600 Mann. Der Verlust des Feindes an Toten und
Verwundeten war sehr viel geringer; doch fielen den Preußen 1000 Gefangene und ein Dutzend Geschütze in die Hände.

Die Korps Yorck und Langeron lagerten bei Wartenburg, Sacken
war noch auf dem rechten Elbufer zurück. Die russische Reservekavallerie
verfolgte den Feind bis Kemberg. Blücher aber erhob sich bei dem
Abendessen im Schlosse zu Wartenburg und sprach mit bewegter

Stimme: „Wir haben, Gott Lob! heute einen guten Schritt zur Befreiung des Vaterlandes getan; aber der das Beste dazu getan hat, ist nicht mehr unter uns. Ich bin nur wie ein Handwerker, der die aufgegebene Arbeit geleistet hat; aber wer alles so zubereitet hat, daß wir hier alle zusammen zum Erfolge mit einander wirken konnten, das ist" — und dabei zog er Leutnant v. Scharnhorst zu sich — „Ihr Vater. Blicke herab, verklärter Geist unsres Scharnhorsts, und vernimm es, wie wir alle in die Hand Deines Sohnes geloben, Dir nachzueifern in Wort und Tat, bis wir das deutsche Vaterland von den Feinden und Unterdrückern befreit und den preußischen Namen wieder zu Ehren gebracht haben."

Noch in der Nacht schrieb Blücher, trotzdem er „sehr müde" war, seiner Frau: „Heute bin ich bei Elster über die Elbe gegangen und habe die Franzosen derbe geschlagen; 14 Kanonen, 60 Munitionswagen und viele Gefangene sind in meine Hände gefallen; morgen verfolge ich den Feind." Etwas ausführlicher schrieb er am folgenden Tage an Freund Bonin: „Gestern ist mir das wichtigste Unternehmen, was nur statthaben kann, wenn man so brave Truppen führt, gelungen. Der Kronprinz von Schweden, General v. Bülow und Tauentzien standen seit acht Tagen an der Elbe. Ich brach von Dresden [Bautzen] auf, marschirte die Elbe hinunter bis Elster, schlug im Angesicht einer feindlichen Armee unter dem Schutz meiner Batterien zwei Brücken über die Elbe, passirte den Fluß und griff den Feind in seiner Verschanzung an und nach einem Gefecht von vier Stunden, das mörderisch war, hatte ich einen völligen Sieg erfochten. Es sind keine anderen Truppen als meine Preußen zum Gefecht gekommen. Mein Verlust ist nicht unbeträchtlich. 16 Kanonen und 70 Munitionswagen und viele Gefangene sind in meinen Händen. Der Feind flieht auf Dessau und ich verfolge ihn."

Die Tat von Wartenburg zeigt in besonders ausgesprochener Weise das Zusammenwirken der drei besten Männer der Schlesischen Armee: der Gedanke gehört Gneisenau, der Entschluß Blücher, die Tat aber hauptsächlich York. Man weiß nicht, ob man die Kühnheit des Entschlusses oder die Tatkraft bei der Ausführung mehr bewundern soll. Vor wenigen Tagen hatte Marschall Ney mit seiner ganzen Armee hier bereit gestanden, um den Kronprinzen von Schweden den Übergang zu verleiden; der hatte denn auch die geschlagene Brücke schleunigst wieder abbrechen lassen. Doch war die Aufmerksamkeit der Franzosen auf diese Stelle gelenkt, und am 2. Oktober stand wieder ein ganzes Korps in der ungewöhnlich starken Stellung, die gegen jeden Angriff gesichert schien. „Mein Korps genügt, um dem Feinde die

Luft zu nehmen, hier überzugehen," hatte Marschall Bertrand seinem Kaiser versichert. Indessen glückte der Brückenschlag an der sehr geschickt gewählten Stelle, und der Übergang wurde nicht gestört. Aber die ganze Zähigkeit und die Tatkraft eines Vork und der unübertreffliche Opfermut seines Korps gehörte dazu, um den gegen die Gewalt des Stromes gebauten Deich seinen tapferen und an Zahl überlegenen Verteidigern zu entreißen.

Der König verknüpfte später diese Tat mit dem Namen des Mannes, der hier mit seinem Korps der Schlesischen Armee die Bahn brach, die sie auf die Gefilde von Leipzig führte. Blücher rühmte mit Recht die Tapferkeit der Truppe, indem er feierlich des Schöpfers der preußischen Wehrkraft gedachte. Aber auch der Feldherr selbst hat sein Teil an der Tat gehabt; die entscheidenden Befehle zur Umfassung gingen von ihm aus. Die unmittelbare Ausnutzung des Sieges verbot die Vorsicht; erst mußte der Fuß fest stehen, den man auf das linke Elbufer gesetzt hatte, ehe man weitere Schritte wagen durfte. Mit klarem Blick aber erkannte Blücher, daß die weiteren Folgen noch die der Katzbachschlacht überstiegen: „Die Trophäen sind bei weitem nicht so bedeutend als an der Katzbach, aber die Folgen des Sieges müssen groß sein, denn nun geht Alles über die Elbe und die große Armee kann aus Böhmen vordringen ... Der große Mann soll in Leipzig sein und ich werde ihm in einigen Tagen aufwarten."

Blücher und Bernadotte.

4. bis 14. Oktober.

Bis zum letzten Augenblick war man im Hauptquartier der Schlesischen Armee zweifelhaft, ob der Kronprinz seine Versprechungen wahr machen würde; doch rechnete man schon damit, daß er wohl das Korps Bülow als eine Reserve für Blücher nicht zu versagen vermöge; mußte der Kronprinz doch darauf gefaßt sein, daß Bülow sonst aus eigenem Entschluß vorging. „Wir sind alle sehr glücklich über den guten Willen Ihres Generals," schrieb Gneisenau am 3. morgens an Boyen. In der Nacht vom 3. zum 4. kam von Bülow die Mitteilung, der Kronprinz werde mit der ganzen Nord=Armee die Elbe überschreiten.

Am 4. morgens wurde der Bau von drei geschlossenen Werken auf den Sandbergen nordwestlich von Wartenburg und von einer großen

Batterie dicht westlich vom Ort angeordnet. Innerhalb einer Woche
sollten sie fertiggestellt sein.

Die Armee wurde am 4. und 5. in breiter Front in südwestlicher
und südlicher Richtung vorgeschoben. Die Franzosen wichen an und
über die Mulde zurück; südlich an Wittenberg vorbei suchten die Vortruppen des preußischen rechten Flügels Verbindung mit den Spitzen
der Kronprinzlichen Armee. Der Gewalt der durch die Schlesische

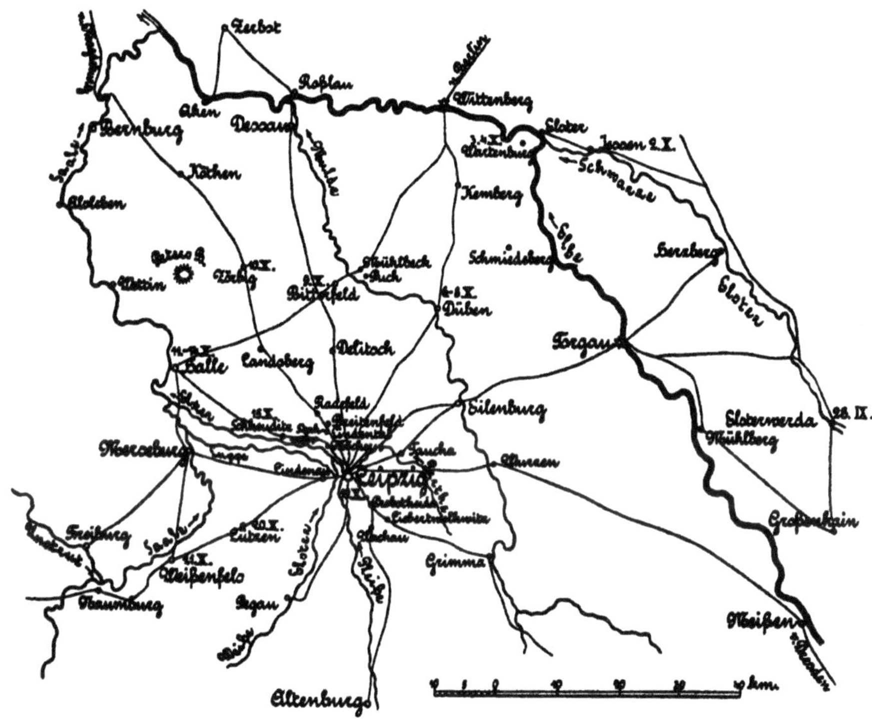

Armee geschaffenen Lage konnte sich nun auch der Kronprinz nicht
entziehen; was man als erste Folge der eigenen kühnen Tat erhofft
hatte, trat wirklich ein: am Tage nach Wartenburg, am 4. Oktober,
begann auch die Nord-Armee in der Gegend von Dessau die Elbe
zu überschreiten, wo sie seit langem an der Mulde-Mündung einen
festen Brückenkopf angelegt hatte. Den Schweden und Russen folgte am
5. das Korps Bülow. Die beiden Armeen standen danach beiderseits
der unteren Mulde, mit dem linken Flügel an die Elbe gelehnt, die
Front nach Süden, gegen Leipzig gerichtet. Es galt nun, sich über

die weiteren Maßregeln zu verständigen, denn dem Kronprinzen die Oberleitung zu überlassen, schien nach seinem bisherigen Verhalten unmöglich.

Mit vollem Recht war man gegen den Kronprinzen wegen seiner zögernden Kriegführung im höchsten Grade mißtrauisch. Wohl wurde das Mißtrauen oft sehr übertrieben, so wenn Blücher, als am 2. Oktober Verzögerungen beim Anfahren der Brückenhölzer eingetreten waren, sofort dem Kronprinzen die Schuld beigemessen hatte. Gneisenau nannte ihn einen schwachen Charakter, auf den mehrere Intriganten Einfluß übten; ihn beseele nicht der rücksichtslose Drang, Napoleon niederzuwerfen; denn stürze das französische System, so werde der schwedische Adel den Sohn der Revolution nicht auf dem schwedischen Thron dulden. Zweifellos hatte Gneisenau recht, wenn er die Feldherrnbegabung Bernadottes sehr gering einschätzte.

Gneisenau hatte schon am 5. eine Denkschrift aufgesetzt, die als Grundlage für das weitere Verhalten der beiden Armeen gelten sollte; in ihr war Leipzig als nächster Zielpunkt angesehen, wie dies die Weisung des Zaren vom 25. September, wenn auch unter anders gedachter Lage, vorsah. Der Kronprinz schlug nun selbst eine Zusammenkunft mit Blücher vor, um schnell zu klaren Vereinbarungen zu kommen; er drückte zugleich aus, wie sehr er sich darauf freue, ihre alte Bekanntschaft zu erneuern. Blücher und Gneisenau hofften gleichfalls auf diesem Wege weiter zu kommen, und Gneisenau setzte nun für den Obersten Müffling, der Blücher begleiten sollte, eine Anweisung für die zu machenden Vorschläge auf. Gneisenau selbst blieb den Verhandlungen fern, sei es aus Abneigung gegen den gewandten Welschen, dem man jede Treulosigkeit zutraute, oder um — wie er selbst andeutet — in der gespannten Lage sich nicht aus dem Hauptquartier zu entfernen. Der Kronprinz, so erzählt Müffling, fiel beim Zusammentreffen mit Blücher am 7. Oktober abends seinem „cher frère d'armes" mit der Bonhomie eines alten Soldaten um den Hals. Bernadotte hatte sich früher schon in Bayreuth und Hannover gegen den alten Helden artig und achtungsvoll erwiesen; darauf hatte sich Blücher berufen, als er vor ihm auf Lübeck zurückweichen mußte. Jetzt ging der Kronprinz auf alle Vorschläge zum Marsch auf Leipzig ein, Blücher dabei immer freundlich zunickend. Was er dann sagte, klang allerdings ganz anders, aber alle Einsprüche Müfflings übergehend, wandte er sich immer wieder zu Blücher mit den Worten: nous sommes d'accord und verabschiedete sich unter den herzlichsten Umarmungen. Blüchers Mißtrauen war überwunden, wenn er auch wohl weit entfernt war, dem durch Gewandtheit

Hochgestiegenen sein Zutrauen zu schenken; machte er doch sonst kein Hehl daraus, wie sehr er „alle solche Kerls", die ihres Vorteils wegen die Partei wechselten, „von ganzem Herzen verachte."

Als Blücher in der Nacht ins Hauptquartier zurückkehrte, begab sich Gneisenau zum Vortrag zu ihm und gab darauf die Befehle aus, „um den Feind in der Gegend von Leipzig aufzusuchen." Die Schlesische Armee rückte am 8. an die Mulde von Eilenburg bis Bitterfeld abwärts, die Mitte nach Düben. Die Nord-Armee rührte sich nicht. Von der Böhmischen Armee war nur bekannt, daß sie in den letzten Tagen des September aus Böhmen nach Sachsen aufgebrochen sei.

Da ging im Hauptquartier Düben von einer Offizierstreife die Meldung ein, Napoleon habe gestern Dresden verlassen und sei über Meißen bis Wurzen an der Mulde, 30 Kilometer südlich von Düben, gekommen; der Offizier hatte den Marsch von Truppen bei Meißen persönlich aus unmittelbarer Nähe beobachtet, das Gefolge des Kaisers gesehen und das „vive l'empereur" gehört. Auch auf Torgau war der Feind von Meißen her vorgerückt.

Blücher und Gneisenau waren entschlossen, vor einem überlegenen Stoße Napoleons auf Wartenburg auszuweichen, wo sie in dem verschanzten Lager, das Gneisenau für „ungemein fest" erklärte, eine Verteidigungsschlacht annehmen wollten. Es erschien aber doch nötig, erst des Kronprinzen Meinung einzuholen. Major v. Rühle wurde zu ihm geschickt; anscheinend sollte er sich vergewissern, daß der Kronprinz mit seiner Armee in der Schlacht bei Wartenburg die Rolle des Angriffsflügels übernehmen werde, wie ihm das für einen solchen Fall vorgeschlagen war und womit er sich auch im allgemeinen einverstanden erklärt hatte. Zum mindesten rechnete man auf Bülows Mithülfe. „Mit Ihnen zusammen", schrieb Gneisenau an Boyen, „kann der Sieg nicht fehlen. Wir würden Ihnen dann unsre ganze Kavallerie übergeben und Sie die Offensivrolle übernehmen lassen, nämlich Sie einige Meilen vom Schlachtfeld aufzustellen und weiter im Gefecht in des Feindes Flanke und Rücken zu erscheinen, wenn dies Ihr General genehmigt."

Rühle fand den Kronprinzen aber durchaus nicht geneigt, eine Schlacht gegen Napoleon zu bestehen. Auch in seinen Verschanzungen an der Mulde-Mündung erklärte er nicht bleiben zu können. Man könne keinen andern Zweck verfolgen, als die Streitkräfte Napoleons festzuhalten, um der Böhmischen Armee die Zeit zum Vorbringen gegen seinen Rücken und seine Seiten zu verschaffen; er war deshalb für den Rückzug über die Elbe. Rühle erklärte aber ganz bestimmt, Blücher werde unter keinen Umständen ohne Schlacht über die Elbe zurückweichen. Nun stellte der Kronprinz zur Wahl, mit beiden Armeen entweder gleich auf das rechte Elbufer zurückzugehen, oder auf das linke Saale-Ufer überzutreten. „Wir wären dann in der Lage, zu wählen, ob wir [dem Feind] das Überschreiten der Saale verbieten, oder uns zum Elbübergang bei Ferchland [45 Kilometer unterhalb Magdeburg] wenden wollen". Mit diesem Doppelvorschlag kehrte Rühle zurück.

Im Blücherschen Hauptquartier erkannte man sofort die großen Vorteile, die der Rückzug nach der Saale gegenüber dem nach der Elbe bot. Auf der Stelle wurden die Befehle zum Abmarsch dorthin erteilt. Das Lager von Wartenburg wurde geräumt, die Elbbrücken aufgenommen. Es war ein Entschluß von der allergrößten Bedeutung; er trug, wie Gneisenau hervorhebt, den Stempel des Ungewöhnlichen: indem die Armee sich gegen die Verbindungen des Feindes wandte, gab sie die eigenen preis. In der Tat sah die Schlesische Armee ihren jenseits der Elbe stehenden Troß erst am Rhein wieder! Schwerer noch wog, daß dadurch Napoleon die Straße auf Berlin freigelassen wurde. Dafür aber, so stellte Gneisenau dem Großen Hauptquartier vor, bekomme man die fruchtbaren Gegenden zwischen Saale und Harz hinter sich, umspinne den Feind und nehme die Verbindung mit der Böhmischen Armee auf.

Die Armee marschierte am 9. muldeabwärts. Es war aber auch die allerhöchste Zeit gewesen; Sacken entkam nur auf Umwegen dem nachdrängenden Feinde. Das Hauptquartier hatte Sacken eigentlich in Düben abwarten wollen. Blücher aber ritt voraus, um auf dem Marsch mit seinen Windhunden Hasen zu hetzen. Kaum hatte er Düben verlassen, als die Spitze einer feindlichen Kolonne einrückte; Gneisenau wäre beinahe noch gefangen genommen worden. Nachts lagerten die drei Korps auf dem westlichen Mulde-Ufer unterhalb Bitterfeld, unmittelbar neben ihnen das Korps Bülow der Kronprinzlichen Armee.

Auf den Vorschlag Blüchers, mit der Nord-Armee bei Halle die Saale zu überschreiten und so sich wieder rechts neben die Schlesische Armee zu setzen, ging der Kronprinz nicht ein; er verlangte vielmehr, daß zu seinem Schutz Blücher am 10. bei Zörbig, halbwegs zwischen Mulde und Saale, stehen bleibe, während die Nord-Armee sich nördlich neben die Schlesische setzte und Brücken über die untere Saale bei Alsleben und Bernburg schlage. Der Kronprinz zeigte damit deutlich, daß ihm an der Annäherung an die Böhmische Armee weniger gelegen sei, als an der gesicherten Verbindung mit seinen Elbbrücken. Wohl schon mißgestimmt hierüber, kamen Blücher und Gneisenau zu einer Besprechung mit dem Kronprinzen, zu der dieser eingeladen hatte.

Hier trat deutlich zutage, daß der Kronprinz jede Berührung mit dem Feinde zu vermeiden wünschte.

Der Unwille und das Mißtrauen steigerten sich, als man am andern Tage die Brücken bei Wettin, für deren Bau der Kronprinz seine Hülfe versprochen hatte, nicht vorfand. Infolgedessen wandte sich die Armee links und nahm in Halle den Uferwechsel vor. Anfangs war der Kronprinz mit dem Marsch auf Halle ganz einverstanden, als er aber Nachrichten erhielt, nach denen Napoleon möglicherweise auf ihn losmarschiere, sah er sich von der Schlesischen Armee treulos im Stich gelassen; er sandte den englischen Bevollmächtigten in seinem Hauptquartier, General Stewart, zu Blücher mit Klagen über die Gefährlichkeit seiner Lage. Als nun Gerüchte auftauchten, Napoleon wolle über Wittenberg auf Berlin, Magdeburg oder gar auf Stralsund vorgehen, verlor der Kronprinz vollends den Kopf und beschloß, auf das andere Elbufer zurückzukehren; er forderte Blücher auf, ihm dahin zu folgen und berief sich dabei auf eine Zusage des Zaren, daß Blücher ihm in solchem Fall zu gehorchen habe.

Blücher war wütend und gab seinem Zorn laut Ausdruck. Es wurde dem Kronprinzen „trocken und ernst" geantwortet: durch seinen Abmarsch verliere die Schlesische Armee die Verbindung nach der Elbe; es bleibe ihr also nur übrig, sich der Böhmischen Armee anzuschließen; man habe dorthin geschickt, um Befehle einzuholen. Diese deutliche Absage und die Nachricht von der Rückkehr Napoleons auf Leipzig stimmten den Kronprinzen um; er ließ sich den Entschluß abringen, sich am 15. mit der Schlesischen Armee zu vereinigen. Diese aber hatte inzwischen vom Fürsten Schwarzenberg die Weisung erhalten, auf Leipzig vorzugehen.

Im Blücherschen Hauptquartier in Halle konnte man mit Recht jubeln; die Schlesische Armee hatte den Kronprinzen aufs andere Elbufer mit fortgerissen, jetzt mußte er wohl oder übel weiter; man hatte „dem Staat einen wichtigen Dienst geleistet." „Die Sachen stehen vortrefflich," rief Gneisenau. „Wenn nicht große Fehler gemacht werden, und man vor den kleinen, die man begeht, nicht erschrickt, so siegt die gute Sache sicherlich. Unsre Schlesische Armee unter Blücher erwirbt sich große Verdienste durch die Schnelligkeit und Kühnheit ihrer Märsche, durch ihre Anstrengungen und durch die Tapferkeit, womit sie sich schlägt." Die große Schlußentscheidung stand unmittelbar bevor.

Eine Gefahr aber hatte das Wagnis, die Verbindungen preiszugeben, heraufbeschworen: die Wagenzüge mit dem Schießbedarf der Armee waren am anderen Ufer der Elbe geblieben; es war noch ein

Glück, daß sie dem Feinde nicht in die Hände gefallen waren. Nur General v. Rauch, dem Blücher ihre Führung übertragen hatte, gelangte nach Halle. Blücher machte ihm darüber lebhafte Vorwürfe; Rauch entschuldigte sich mit den Befehlen des Kronprinzen von Schweden; da fuhr ihn Blücher an: „Wenn es mir in der nächsten Bataille an Pulver fehlt, lasse ich Kriegsgericht über Sie halten.“ Zum Glück ließ sich bald der Verbrauch aus den Vorräten des Feindes ersetzen.

Möckern.

15. und 16. Oktober.

Die Böhmische Armee hatte sich langsam über Chemnitz auf Altenburg vorbewegt und am 14. Oktober den Weitermarsch auf Leipzig angetreten; an diesem Tage war es zu dem großen Kavalleriegefecht von Liebertwolkwitz gekommen. Am 16. schritten die Verbündeten zum Angriff auf die Stellung, die Napoleon am östlichen Pleiße-Ufer und auf den flachen Höhen 7 Kilometer südöstlich der Stadt genommen hatte. Blücher war durch seinen Anmarsch von Nordwesten her ein ganz abgetrenntes Angriffsfeld zugewiesen.

Im Frühjahr hatten die Verbündeten den Entscheidungskampf mit Napoleon auf den weiten Flächen südwestlich von Leipzig zwischen Elster und Saale gesucht, dort, wo König Gustav Adolf siegend gefallen war. Jetzt stellte sich ihnen der bisher Unbezwingbare auf den weiten Gefilden am anderen Ufer der Elster, und Blücher fiel der Teil des Schlachtfeldes zu, auf dem der heldenhafte Schwedenkönig seinen ersten großen Sieg auf deutschem Boden erfochten hatte.

Die breite Niederung, die Elster und Pleiße in nördlicher Richtung durchströmen, biegt an den Mauern der großen Handelsstadt allmählich nach Westen, um sich in der Richtung auf Merseburg und Halle mit dem Saale-Tal zu vereinigen. Während die Pleiße den Fuß der alten Wälle auf der Westseite der Stadt bespült, begrenzte damals die von rechts der Pleiße zufließende Parthe die unbedeutende Hallische Vorstadt gegen Norden. Da der Lauf der Parthe sich von Nordosten auf die Stadt richtet, so erhält der Geländeabschnitt nördlich von Leipzig zwischen der Parthe und dem zunächst nach Nordwesten gehenden Elsterbogen die Gestalt eines breiten Trichters, in dem die großen Straßen von Halle, Magdeburg, Dessau, Wittenberg und Torgau zusammenlaufen. Diese Straßen ziehen in sanften Steigungen über die flachen Höhen, deren meist kaum erkennbare Kuppen sich nicht mehr als

20 bis 30 Meter über die Elster-Niederung und über die Parthe-
Wiesen erheben; nach den Fluß- und Bachläufen hin zeigen sich
deutlichere Hänge, die hie und da von sanften Mulden unterbrochen sind.

Die Dörfer dieses nördlichen Teiles des Schlachtfeldes liegen
meist in den Senkungen des Bodens, so daß ihre Dächer und Obst-
gärten die Umschau wenig hindern. Außer dem Tannenwald nördlich
von Lindental befanden sich auf den Höhen nur unbedeutende Ge-

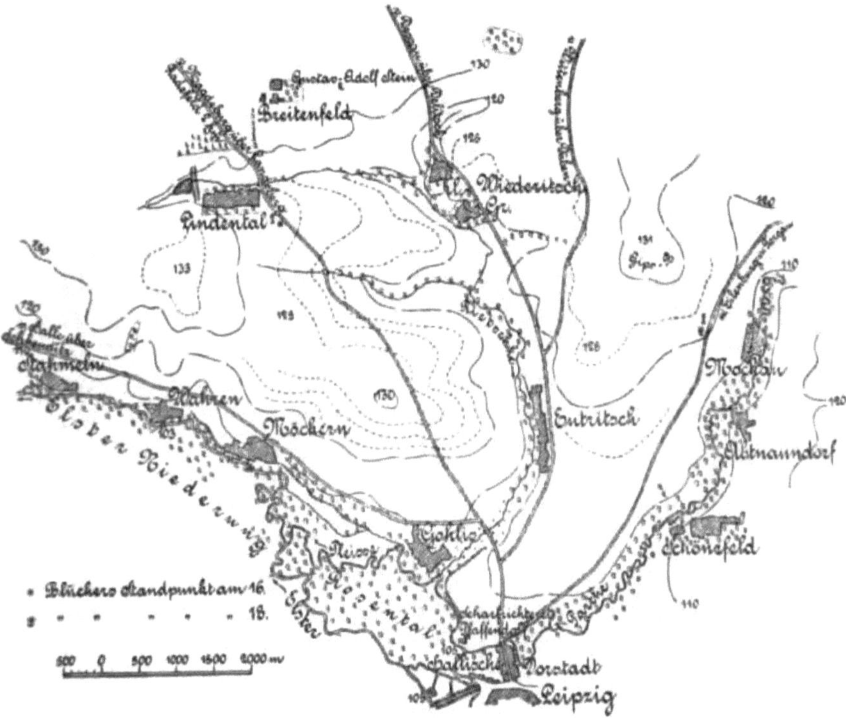

hölze. Die Straßen waren nur in der Nähe der Stadt von Baumreihen begleitet. Dagegen waren die Gräben in den Geländefalten,
die Bachläufe, das Wiesental der unteren Rietschke und die Niederung
der Elster großenteils mit Buschwerk und Bäumen dicht bestanden.
Die abgeernteten Felder waren kahl und gewährten weiten Überblick. Von den Höhen bei Lindental sieht man zwischen den
Türmen Leipzigs durch und weiter links nach Südwesten hin zu den
flachen Wellen jenseits der Parthe hinüber und bis zu den fernen
etwas höheren Hügeln von Probstheiba, Wachau und Liebertwolkwitz hin.

Durch den andauernden Regen der letzten Wochen war der lehmige Boden sehr aufgeweicht, tiefgelegene Äcker und Wiesen hinderten die Bewegung geschlossener Truppenkörper. Die Niederungen der Elster, Pleiße und Parthe waren nach dem nassen Sommer und Herbst nur auf den Wegen zu durchschreiten; die Flüsse selbst bildeten durch ihre Tiefe Hindernisse, die an den meisten Stellen nicht ohne Vorbereitungen zu überwinden waren.

Für die allgemeine Lage war es von Bedeutung, daß die von Leipzig nach Westen laufenden Straßen erst auf dem Westufer der Elster-Niederung bei Lindenau nach Merseburg und Weißenfels auseinandergehen; bis Lindenau führt nur ein einziger 2 Kilometer langer Damm durch das sumpfige, von Flußarmen und Gräben durchschnittene Bruch. Und dieser Damm setzt grade am Nordende der Stadt an, zunächst durch Häuserreihen, dann aber nur durch die Unzugänglichkeit der Auen einigermaßen geschützt.

Nicht nur um sich den Zumutungen des furchtsamen Führers der Nord-Armee zu entwinden, sondern um „zum Vorrücken und gemeinschaftlichen Angriff einzuladen" und in der klaren Erkenntnis der Notwendigkeit einheitlichen Oberbefehls hatte Blücher seinen ersten Adjutanten, Graf Goltz, am 13. Oktober zum Kaiser Alexander geschickt. Die Verbindung mit Fürst Schwarzenberg wurde schon an diesem Tage dadurch hergestellt, daß dieser seine Befehle für den 14. Blücher zur Kenntnis sandte. Blücher ersah daraus, daß die verbündeten Monarchen eine „engere Einschließung" der französischen Armee bei Leipzig anstrebten. Wenn der Schwarzenbergsche Befehl auch ein langsames, vorsichtiges Verhalten betonte und mit dem Aufhören der Verpflegung beim Feinde rechnete, so war doch von keinem Ausweichen mehr die Rede: „Die Vorteile unsrer gegenwärtigen Stellung erlauben es uns, an die Vernichtung der feindlichen Armee zu denken."

Am 15. früh gingen dann bei Blücher Schwarzenbergs Befehle für den 15. und 16. ein. Sie waren so gefaßt, daß sie auch der Schlesischen Armee, wie Blücher es erbeten hatte, Weisungen gaben. Während die Masse der Böhmischen Armee sich zu beiden Seiten der Pleiße von Süden gegen Leipzig vorschob, war ein Korps mit zahlreicher Kavallerie links auf das westliche Elster-Ufer geschickt worden, um der Schlesischen Armee die Hand zu reichen. Rechts sollte die russische Reserve-Armee auf der Straße von Dresden her einrücken. Blüchers Verhalten sollte von dem der Nord-Armee abhängig bleiben; man wollte ihn nicht allein einem Stoße Napoleons aussetzen. Wenn Bernadotte seinen Plan, die Elbe zu überschreiten, wirklich ausgeführt habe, sollte Blücher mit den Hauptkräften über Merseburg von Westen auf Leipzig vorrücken; stehe aber das Eingreifen des Kronprinzen in Aussicht, dann wurde Blücher der Vormarsch von Halle nördlich von der Elster zugewiesen.

So marschierte denn die Schlesische Armee am 15. mittags von Halle in zwei Kolonnen nach der Gegend von Schkeuditz, nur Saint-Priest ging von Merseburg südlich der Elster in der Richtung auf Leipzig vor. Ohne Sorge war man im Hauptquartier keineswegs. Man wußte starke Massen des Feindes im Marsch auf der Wittenberger Straße auf Leipzig. Wandte sich Napoleon am 16. gegen Blücher, so war auf das Eingreifen des auf halbem Wege zwischen Köthen und Halle stehen gebliebenen Kronprinzen nicht zu rechnen. Um wenigstens alle eigenen Kräfte zu vereinigen, erwirkte Blücher sich vom Kaiser Alexander die Erlaubnis, das Korps Saint-Priest wieder heranzuziehen. Blücher entschloß sich, zunächst mit seiner gesamten Kavallerie gegen die Parthe erkundend vorzureiten, die Infanterie aber vorläufig stehen zu lassen; von 10 Uhr ab sollte sie sich marsch-bereit halten.

In der Dämmerung des nebligen, kalten Herbstmorgens setzte sich Blücher in Schkeuditz an die Spitze der Reiterei und ging mit ihr auf der großen Straße gegen Leipzig vor. Von den gestern ent-sandten Streifen war die Anwesenheit starker feindlicher Massen bei Düben festgestellt; in der Nacht hatten sie ein Lager französischer Truppen an der Straße Düben—Leipzig gefunden und waren in der Linie Radefeld—Stahmeln auf feindliche Posten gestoßen. Vor Stah-meln, das sich noch als besetzt erwies, machte Blücher halt, um das Ergebnis der Erkundungen zu erwarten. Die Führer der Yorckschen Kavallerie, Katzler und Jürgaß, ritten selbst vor. Im Nebel erkannten sie, daß der Feind mit starken Kräften Wahren und den von da nach Lindental hinüberziehenden Höhenrücken und das dortige Wäld-chen anscheinend stark besetzt hielt.

Die auf der Magdeburger Straße vorgehende Kavallerie Langerons unter Korff war noch früher, bei Radefeld, auf den Feind getroffen. Die Front des Feindes war also gerade nach Westen gerichtet; auf Verstärkung seines nördlichen Flügels von Düben her mußte man gefaßt sein. Ein Vorstoß von dort gegen Blüchers linke Flanke hätte durch die Nord-Armee pariert werden können. Aber gerade jetzt brachte General Stewart die Nachricht vom Kronprinzen, daß dieser heute mit der Spitze nur bis Landsberg, 17 Kilometer von Breitenfeld, marschieren werde; erst für den folgenden Tag stellte er Unterstützung in Aussicht.

Als jetzt der Wind Nebel und Wolken zerteilte, erkannte man

deutlich die Absicht des Feindes, auf dem besetzten Höhenzug das Gefecht anzunehmen; auf den Kuppen waren Schanzen aufgeworfen, lange Geschützreihen krönten die Rücken. Bald schallte von Süden und Südosten Kanonendonner herüber, der von Stunde zu Stunde zunahm; die Böhmische Armee trat zu beiden Seiten der Elster und Pleiße in den Kampf. Auf die Gefahr hin, es mit überlegenen Kräften des Feindes zu tun zu haben, beschloß Blücher auch ohne den Kronprinzen von Schweden zum Angriff zu schreiten. „Um 9 Uhr morgens", so erzählt Langeron, „kündete uns ein mächtiger Rauch auf einer unendlichen Linie plötzlich die Hauptschlacht zwischen Napoleon und unserer Großen Armee an. Ich bemerkte es zuerst und machte Blücher darauf aufmerksam, der sofort rief: ‚Marsch, vorwärts! Gehen Sie auf Leipzig vor und greifen Sie den Feind überall an, wo Sie ihn finden.‘" Um gegen einen Stoß von links, von Düben her, gewappnet zu sein, wurde die Armee mehr nach der Magdeburger Straße hinüber- geschoben. Nur die Yorcksche Vorhut sollte die Halle—Leipziger Straße einhalten, Yorcks Hauptmasse auf Lindental, Langeron über Rade- feld vorgehen, diesem Sacken als Reserve folgen; hierher sollte auch Saint-Priest nachgezogen werden. Blücher begab sich mit seinem Stabe zum linken Flügel, wo die Gefechtsführung voraussichtlich sein Eingreifen am meisten fordern würde. Blücher veranlaßte den General Stewart, persönlich den Kronprinzen von der Lage zu unterrichten und zum schleunigen Aufbruch zu bewegen.

Um die Mittagsstunde entwickelten sich Yorck und Langeron gegen die französische Stellung bei Lindental—Breitenfeld. Vor dem überwältigenden Artilleriefeuer der Verbündeten gab der Feind bald die Ortschaften, das dazwischenliegende Wäldchen und dann auch den nach Wahren streichenden Rücken auf; er zog sich auf die kleinen Kuppen bei und östlich von Klein- und Groß-Wieberitsch und auf die weiter rechts zwischen diesen Orten und Möckern liegende, den Raum zwischen Rietschke und Elster-Tal füllende Höhe zurück. Der geschickt und schnell geführte Angriff hatte es zu einer kräftigen Verteidigung der französischen Stellung nicht kommen lassen. Nun aber sah man lange Geschützlinien entwickelt vor sich und dabei Infanteriemassen versammelt. Der Kampf gegen die Hauptkräfte des Feindes stand erst bevor.

Diese Rückwärtsschwenkung des Feindes auf Leipzig zu kam dem Blücherschen Oberkommando durchaus unerwartet. Um den Kampf fortzuführen, mußte eine Halbrechtsschwenkung ausgeführt werden; da- bei wuchs die Gefährdung des linken Flügels durch etwa noch von der Mulde her eintreffende Kolonnen. Aber drüben am Horizont auf den

Blücher als Feldmarschall.

Nach der Originalzeichnung von L. Wolf in der Königlichen
Nationalgalerie zu Berlin, anscheinend aus den Jahren 1813/14.

Höhen bei Liebertwolkwitz und Wachau, am Talrand der Pleiße und weiter rechts bei Lindenau tobte der Kampf in der Ausdehnung von 20 Kilometern mit einer Heftigkeit, die der Steigerung kaum fähig war; es war kein Zweifel, der Angriff mußte fortgesetzt werden. Gegen 2 Uhr gab Blücher die Befehle dazu. Während York gegen die Höhe bei Möckern abschwenkte, erhielt Langeron den Feind bei Wiederitsch zum Ziel. Die Masse der russischen Kavallerie wurde zum Schutz der linken Flanke verwendet; Sacken blieb hinter dem linken Flügel zur Verfügung.

Blücher beobachtete den Kampf von der Mühlen-Höhe an der Magdeburger Straße bei Lindental aus. Für Blücher und Gneisenau war es eine große Genugtuung, daß es zum allgemeinen Kampf gegen Napoleon gekommen war. Gneisenaus Antlitz strahlte vor Freude, berichtet sein Adjutant: „mit jeder günstigen Meldung wurde sein Auge glänzender, sein Wesen lebendiger und feuriger." Rechts das Korps York brachte zunächst seine Artillerie gegen die französische in Stellung und schritt dann mit dem rechten Flügel zum Sturm auf Möckern. Lange wogte der Kampf um das Dorf hin und her; auch die gegen die Höhen vorgehenden Brigaden wurden nach überaus blutigem Kampf abgewiesen. Erst das von York befohlene allgemeine Vorbrechen der gesamten Kavallerie brachte den Feind zum Weichen.

Auch links beim Korps Langeron war der Kampf mit wechselndem Erfolge geführt worden. Als Wiederitsch zum zweiten Male genommen war, erschien von links rückwärts her eine starke feindliche Kolonne auf der Dübener Straße; glücklicherweise bestand sie aber größtenteils aus Fuhrwerk; die dabei befindliche französische Division verhielt sich ziemlich untätig. So nahm mit Hülfe eines Teils des endlich herangekommenen Korps Saint-Priest auch hier der Kampf glücklichen Fortgang.

Gegen 5 Uhr war zu übersehen, daß von Osten her keine Gefahr mehr drohe; sofort sandte Blücher das Korps Sacken zu Yorks Unterstützung nach; es konnte aber nicht mehr in den Kampf eingreifen; der Feind war schon über den Rietschke-Grund zurückgeworfen. Zur Verfolgung darüber hinaus reichten die Kräfte Sackens nicht aus, und die am Kampf beteiligten Truppen waren völlig erschöpft. Das Korps Saint-Priest rückte aber noch in der Nacht bis Eutritsch heran. Die Massen lagerten auf dem eroberten Boden. Dunkelheit senkte sich jetzt über das gewaltige Schlachtfeld. Aus Möckern und drüben in der Ferne aus vielen Dörfern schlugen die Flammen zum Himmel empor. Kalt und feucht waren die Nachtlager, doch aus den preußischen erklang feierlich das „Nun danket alle Gott!" über die blutgetränkten Gefilde.

Blücher hatte dem Entscheidungskampf bei Möckern beigewohnt; dann ritt er nach Lindental zurück. „Er ließ mit seinem Küchenwagen die Verwundeten vom Schlachtfeld zurückfahren, gab Hemden und Betttücher zu Verbandstücken, bestimmte die Häuser oder Dörfer zur Aufnahme der Verwundeten", erzählt Blüchers Leibarzt Dr. Bieske, „und blieb selbst auf freiem Felde beim Wachtfeuer, bis endlich noch eine halbverfallene leere Schmiede für ihn aufgefunden wurde, um darin einige Stunden auszuruhen." Sein Stab mußte trotz der rauhen Witterung im Freien lagern.

An die Monarchen wurde Graf Goltz mit der Siegesnachricht und einem erbeuteten Adler abgesandt; an das Schreiben von Berichten war nicht zu denken. Auch zum Kronprinzen von Schweden ging ein Offizier ab. Der Schlachtbericht an den König wurde erst später nachgeholt. Die Frage, wie es bei der Haupt-Armee stehen möge und was der morgige Tag bringen werde, beschäftigte alle Gemüter. Die eigenen Verluste übersah man noch nicht; daß sie aber sehr groß waren, war zweifellos. Dennoch war die Stimmung durch den eigenen Sieg so gehoben, daß Gneisenau schon am 16. erklärte, die Befreiung Deutschlands sei dadurch entschieden.

Begreiflicherweise überschätzte man den eigenen Erfolg bedeutend. Das „beste französische Armeekorps", wie Gneisenau meinte, das in diesem Feldzug bisher nur siegreich gefochten hatte und meist aus alten, erprobten Truppen bestand, war mit etwa gleich starken Kräften, unter denen sich viele Landwehren befanden, entscheidend geschlagen worden. Außerdem glaubte man noch zwei feindliche Korps, einen Teil der französischen Garde und ein polnisches Korps gegen sich gehabt zu haben. Mit Begeisterung gedachte man besonders der Taten des preußischen Korps. Yorck hatte nach und nach alle Kräfte eingesetzt; die gemeinsame aufopfernde Anstrengung aller Waffen hatte den Sieg herbeigeführt. „Die Tapferkeit der Truppen unterstützte aufs herrlichste unsre Anordnungen," schrieb Gneisenau später seiner Frau. „Unsre Landwehr-Bataillone taten herrlich. Wenn eine feindliche Kugel zehn bis fünfzehn Mann niederriß, riefen sie: ‚Es lebe der König!' und schlossen sich wieder in den Lücken über die Getödteten zusammen." In dem Bericht an den König heißt es: „Jeder Einzelne hat tief gefühlt, daß in diesem verhängnißvollen Kampfe der Sieg errungen werden müsse ... eine jede Brigade hat Batterien gestürmt und genommen; alle Waffengattungen haben gewetteifert und der Unterschied zwischen alten Soldaten und junger Landwehr hatte gänzlich aufgehört."

Als Blücher mit seinem Stabe am folgenden Tage über das

Schlachtfeld ritt und die Pferde in Schlangenlinien sich durch die zahllosen Leichen preußischer Soldaten und Landwehrmänner den Weg
suchten, sagte Gneisenau ernst zu seinem Adjutanten: „Der Sieg
ist durch deutsches Blut teuer, sehr teuer erkauft;" es war das einzige
Mal, daß man ihn gerührt sah. Die Verluste waren ungeheuer. Yorks
Infanterie war von 16000 auf 9000 Mann zusammengeschmolzen;
der Verlust an Offizieren war sehr groß. Auch die Russen hatten
stark gelitten. Noch größer aber waren die Verluste beim Feinde; man
hatte ihm 4 Fahnen und Adler, einige 50 Geschütze und 2- bis 3000
Gefangene abgenommen. Das Korps Marmont, das Yorck gegenüber
gefochten hatte, meldete, es habe mehr als die Hälfte seiner Stärke
eingebüßt; es befand sich in völliger Auflösung.

    Gewiß hätten die Erfolge noch größer sein können, wenn Blücher
seine Reserven früher ins Gefecht gebracht hätte. Yorck hätte dann
seinen Angriff einheitlicher ansetzen können und nicht soviel Kräfte in
dem Dorfkampf sich aufreiben zu lassen brauchen. Auch bei Langeron wäre das Gefecht dann voraussichtlich schneller vorwärts gegangen. Die Bedrohung der linken Flanke durch den von Düben erwarteten Feind und durch das über Eilenburg heranrückende feindliche
Korps hatte Sacken und Saint-Priest sowie einen großen Teil der
Reiterei zu lange dem Kampfe ferngehalten. Das Fernbleiben der
Nord-Armee führte hier zu begreiflicher Vorsicht. Besondere Veranlassung, sich starke Reserven aufzusparen, gab der Gedanke, daß
Napoleon sich von der Haupt-Armee ab auf Blücher werfen könne,
sobald er seine einzige Verbindung nach Westen durch Leipzig ernstlich
bedroht sah. Vor allem aber hielt man damals für wahrscheinlicher,
daß Napoleon, wenn er den Kampf aufgäbe, sich nach der Elbe zu
Bahn schaffen würde, wo er aus den Festungen starke Kräfte an sich
ziehen, die Verbindungen der Verbündeten unterbrechen und sich
schließlich doch noch nach Westen durchzuschlagen vermöchte. Wir
wissen, daß Napoleon tatsächlich ein solches Unternehmen plante, als
Blücher und Bernadotte vor ihm über die Saale zurückgewichen waren.
Zweifellos hätte er, wenn sich seine Tatkraft am 16. Oktober abends
auf der alten Höhe befunden hätte, am 17., anstatt zu verhandeln,
Blücher überrennen können. Bernadotte wäre dem Stoße ohne Frage
ausgewichen, der Vereinigung mit Davout bei Magdeburg stand dann
nichts im Wege. Durch solche Gedanken erklärt sich die vorsichtige
Haltung des Blücherschen Hauptquartiers am 16.; um so mehr aber
müssen wir sein kühnes Auftreten am 17. bewundern.

Leipzig.

17. bis 19. Oktober.

Ohne Kenntnis von der Lage bei der Haupt-Armee und ohne auf wesentliche Unterstützung durch die Nord-Armee rechnen zu können, beschloß Blücher am 17. Oktober den Angriff fortzusetzen. Sacken erhielt Befehl, auf Gohlis, Langeron östlich der Rietschke über Eutritsch vorzugehen; beide Dörfer waren vom Feinde stark besetzt. York, der sein gelichtetes Korps in zwei Brigaden zusammenstellte, sollte als Rückhalt folgen.

Der Feind verteidigte den Zugang zu Leipzig auf der Linie Gohlis—Schönefeld aufs hartnäckigste. Sacken gelang es erst nach langem Kampfe, Gohlis zu erobern, und Langerons Vorschreiten gegen die Höhe südlich Eutritsch wurde durch französische Artillerie vom anderen Parthe-Ufer her in die Flanke gefaßt. Blücher griff hier selbst ein. Er ließ die feindliche Geschützlinie niederkämpfen und befahl der russischen leichten Kavallerie, die feindliche Reiterei wegzufegen; in wilder Flucht jagte diese teils über die Parthe, teils auf Leipzig zurück. Die Franzosen gaben nun das nördliche Ufer der Parthe und Pleiße auf, bis auf zwei Vorwerke rechts und links der Hallischen Vorstadt. Jenseits aber richtete sich der Feind zu hartnäckiger Verteidigung ein. Blüchers Angriff hatte in dem Winkel zwischen den Flußläufen keine Aussicht auf Erfolg. Wenn man nun meint, es sei das Natürlichste gewesen, sich rechts durch die Flußniederung gegen die nahe einzige Rückzugsstraße Napoleons zu wenden, so vergißt man, daß das Oberkommando vor Lindenau ein österreichisches Korps von 20000 Mann wußte, und daher den Abzug der französischen Armee viel eher nach Wittenberg zu für ausführbar halten mußte. Vor allem aber galt es, erst einmal den Hauptmassen auf der Ostseite von Leipzig eine entscheidende Niederlage beizubringen. So faßten die Führer der Schlesischen Armee den viel kühneren Entschluß, mit dem Korps Langeron die Parthe weiter oberhalb zu überschreiten und gemeinsam mit der bei Taucha eingetroffenen leichten Kavallerie der Nord-Armee in das Herz der feindlichen Macht vorzustoßen.

Schon waren die Bewegungen angetreten, als von der Haupt-Armee die Nachricht einging, daß sie den Angriff auf den Nachmittag verschoben habe. Dort war der gestrige Tag nicht so günstig verlaufen. Napoleon hatte fast auf der ganzen Linie Gelände gewonnen. Aber durch das Eintreffen namhafter Verstärkungen am 17. abends von Dresden her konnten die Verbündeten hoffen, das Gleichgewicht wiederherzustellen und den Ring um Napoleon vollends zu schließen, wenn nun auch der Kronprinz von Schweden endlich neben Blücher einrückte. So erwartete die Haupt-Armee am 17. den Angriff des Feindes. Als dieser ausblieb, wurde der eigene Angriff auf den Nachmittag verschoben und endlich beschlossen, erst am 18. die Schlacht von neuem aufzunehmen. Infolgedessen verhielt sich auch die Schlesische Armee den Rest des Tages über ruhig. Blücher nahm sein Hauptquartier in Wiederitsch. Nachmittags rückte die Nord-Armee bei Breitenfeld hinter die Schlesische. Von neuem begannen die Reibungen mit dem Kronprinzen.

Schon am Nachmittag kam von ihm ein Schreiben, das nach Glückwünschen zu den gestrigen und heutigen Erfolgen mündliche Verständigung über den morgigen Angriff begehrte. Aus den unklaren Wendungen glaubte man des Kronprinzen frühere Forderung heraus lesen zu müssen, sich rechts von Blücher einzuschieben, um bei einem Durchbruch Napoleons nach der Elbe keine Gefahr zu laufen. Blücher lehnte es ab, die bei Leipzig mit dem Feinde gewonnene Fühlung durch einen Zeit und Kräfte beanspruchenden Marsch aufzugeben und forderte den Kronprinzen auf, links neben ihm die Parthe zu überschreiten. Im Einverständnis mit Prinz Wilhelm von Preußen wurde mit General Bülow verabredet, daß dieser nötigenfalls gegen des Kronprinzen Befehl mit Blücher gemeinsam vorgehen werde. Auch General Winzingerode ließ sich bereitfinden, mit seinem russischen Korps dann nach eigenem Ermessen zu handeln. Zur persönlichen Verhandlung mit dem Kronprinzen ließ sich Blücher erst nach wiederholter Einladung bereden.

In aller Frühe des 18. begab sich Blücher mit dem Prinzen Wilhelm nach Breitenfeld zum Kronprinzen hinüber. Inzwischen war von dem Hauptquartier der Monarchen die Aufforderung zur Mitwirkung beider Armeen bei dem für heute befohlenen Angriff eingelaufen. Nach langem Unterhandeln versprach der Kronprinz schließlich, über Taucha vorzurücken, wenn ihm Blücher wenigstens einen Teil seiner Truppen, 30000 Mann, unterstelle. Blücher soll schlagfertig und in boshaftem Ton geantwortet haben: „Ich werde es mir zur Ehre rechnen, das Korps Langeron Eurer Königlichen Hoheit selbst zuzuführen." Selbstlos erkaufte er hierdurch die Mitwirkung der Nord-Armee. Das Verdienstvolle dieses Nachgebens wurde dadurch nicht gemindert, daß er im geheimen der Einwirkung sowohl auf das abgegebene als auch auf zwei Korps der Nord-Armee selbst sicher sein konnte. Ins rechte Licht gestellt wird die Tat Blüchers aber erst durch den Umstand, daß damals allgemein noch an die Absicht Napoleons geglaubt wurde, nach der Elbe hin durchzubrechen. Um die

Nord-Armee aufs Schlachtfeld zu bringen, begab sich Blücher eines großen Teils seiner Kräfte und damit des Einflusses auf die Entscheidung. In einer schriftlichen Vereinbarung wurde als Ergebnis der Verhandlungen festgesetzt, daß Blücher mit den ihm verbliebenen Truppen die Stellung vor Leipzig zunächst festhalten und dann zum Sturm auf die Stadt vorgehen solle; wende sich Napoleon gegen die beiden Armeen, so sollten diese sich gemeinschaftlich nach beiderseitiger Verabredung so lange schlagen, bis die Haupt-Armee ihnen zu Hülfe komme. Blücher war inzwischen auf das Schlachtfeld vorausgeeilt.

Gneisenau, der die Beteiligung an der Redeschlacht wieder vermieden hatte, schrieb unterdes zuversichtlich und stolz an seine Frau: „Wenn nicht große Fehler begangen werden, sind wir Sieger. Durch die Schritte, die unsre Armee getan hat, durch ihre kühnen Bewegungen, durch die Schlachten und Gefechte, die sie gewonnen und durch die Ratschläge, die von unserm Hauptquartier ausgegangen sind, hat selbige zur vorteilhaften Wendung des Krieges so ungemein viel beigetragen. Die Siege der anderen Armeen sind ohne Folge geblieben und nur die unsrigen haben auf den Gang der Begebenheiten gewirkt." Im ganzen genommen unterschreibt auch heute noch die Geschichtsforschung diesen Anspruch des Helden.

Am Abend und in der Nacht waren wieder starke Regengüsse niedergegangen; am Morgen des 18. brach die Oktobersonne durch und beschien das unabsehbare Schlachtfeld. Am Hange des Gipsberges zur Parthe bei Mockau, wo man die drüben allmählich ansteigende Ebene überblickt, hielt Blücher. Hier war auch das Korps Langeron bereitgestellt. Die feindliche Armee konnte man bald vollständig übersehen; allmählich traten auch die verbündeten Armeen in den Gesichtskreis.

„Hier genossen wir ein erstaunliches Schauspiel," erzählt ein Offizier des Stabes. „Auf dem langen Höhenzug erblickten wir in der Ferne die Schwarzenbergsche Armee, welche heranrückte. Die Kolonnen nahmen den ganzen Höhenzug ein, am entferntesten südöstlichsten Horizont auftauchend. Ruhig bewegten sich alle Waffengattungen neben- und nacheinander. Hier und da sah man die Waffen in der Morgensonne glänzen. Die Entfernung war groß genug, um das ganze Heer wie eine Erscheinung im Traume vorüberschweben zu lassen, um den ganzen endlosen Zug zu überblicken, bis er im entferntesten Westen untertauchte. Immer kamen neue Scharen im Osten zum Vorschein, immer verschwanden die Vordersten im fernen Westen, während der Zug sich ununterbrochen fortbewegte. Man konnte glauben ein auswanderndes Volk zu erblicken. So mochten zur Zeit der Völkerwanderung die germanischen Stämme erschienen sein, als sie die deutschen Gauen überschwemmten. Der Anblick ergriff uns alle mit großer Gewalt."

So zweifellos siegreich, wie die Schlacht in der Erinnerung erscheinen mochte, ging sie aber in der Tat nicht vonstatten. Der Kanonendonner bei der Haupt-Armee wurde immer heftiger, und neue feindliche Kolonnen zogen von Leipzig nach Süden ins Gefecht. Blücher besorgte, Napoleon könne sich mit Übermacht auf Schwarzenberg werfen und dadurch die Entscheidung zu seinen Gunsten wenden, während die Schlesische Armee untätig zusehe und die Nord-Armee noch fern sei. Über das Zaudern des Kronprinzen erging er sich in starken Ausdrücken und gab Langeron den Befehl, gegen den Befehl des Kronprinzen, ohne dessen andere Korps abzuwarten, über die Parthe vorzurücken. Unter dem Schutze der Artillerie wurde der Übergang glücklich ausgeführt; die Infanterie mußte, ehe Stege hergestellt waren, zum Teil bis an den Gürtel durchs Wasser waten, zum Teil setzte sie auf den Kruppen der Kosakenpferde hinüber. Dem Kronprinzen ließ Blücher melden, das Korps Langeron werde in der Gegend von Abt-Naundorf, also auf dem anderen Ufer, seine Befehle erwarten. Er schickte aber einen seiner Generalstabsoffiziere mit Langeron vor, mit dem Befehl, diesen nötigenfalls in Blüchers Namen zum kräftigen Vorgehen aufzufordern. Um 11 Uhr stand Langeron auf dem jenseitigen Ufer östlich von Mockau zum Angriff auf die Franzosen bereit, die auf Schönefeld zurückgewichen waren. Durch den Umweg über Taucha und durch Marschstockungen aufgehalten, erschienen die vordersten Truppen der Nord-Armee erst gegen 2 Uhr links neben Langeron; es war das Korps Bülow. Der Rest der Armee folgte noch später, so daß hier erst gegen 4 Uhr nachmittags der Ring um die französische Armee geschlossen wurde. Aber auch von den vorhandenen Kräften setzte der Kronprinz nur das Korps Langeron und Teile vom Korps Bülow ein; von seinem russischen und dem schwedischen Korps trat nur die Artillerie in den Kampf.

Der Blücher verbliebene Teil der Schlesischen Armee war unterdes nicht untätig gewesen. Schon um 9 Uhr morgens hatte Sacken den Befehl erhalten, durch das Rosental und in der Front gegen die Hallische Vorstadt vorzudringen. Trotz großer Tapferkeit und immer wiederholter Versuche gelang es den Russen nicht, vorwärts zu kommen, sie mußten sogar Yorcks Hülfe in Anspruch nehmen, um sich in Gohlis zu halten. Blücher griff in den Kampf Langerons um Schönefeld auf dem anderen Flußufer gelegentlich durch Weisungen ein; die beiden sächsischen Husaren-Regimenter, die zu den Verbündeten übergegangen waren, schickte er hinter die fechtenden Truppen. Im ganzen aber blieb das Blüchersche Hauptquartier zur Rolle des Zuschauers verurteilt. „Das Schauspiel war einzig, eine halbe Million Streiter auf einem kleinen Raum sich bekämpfen zu sehen," schrieb Gneisenau darüber.

Gegen Abend erhielt Blücher vom Großen Hauptquartier die Nachricht, daß der Feind auf Merseburg und Weißenfels abzumarschieren scheine, Blücher möge ihm mit den entbehrlichen Truppen an der Saale zuvorzukommen suchen. Blücher zögerte nicht, dem Korps York einen Nachtmarsch zuzumuten, um baldigst Halle und Merseburg zu erreichen und dem Feinde so viel Abbruch als möglich zu tun; 2 Kosaken-Regimenter und die sächsische Husaren-Brigade wurden ihm zugeteilt. Die Nacht und die Erschöpfung der Truppen machten dem gewaltigen Ringen ein Ende. Es war nicht gelungen, den Widerstand des französischen Heeres völlig zu brechen; mit großer Zähigkeit behaupteten sich die Korps im Süden und Osten von Leipzig. Die Rückzugslinie durch die Stadt wurde festgehalten und die Straße zur Saale sogar in siegreichem Kampfe freigemacht. Den Verbündeten stand noch ein heißes Gefecht bevor, um namhaften Teilen des Feindes den Abmarsch zu verwehren. In der Nacht vom 18. auf den 19. tönte ununterbrochen das Rasseln der Fuhrwerke in den Straßen Leipzigs zu den Blücherschen Vorposten herüber. Der gegenüberstehende Feind verließ aber seine Stellung nicht.

Blücher hatte dem Korps Langeron befohlen, am Morgen auf das nördliche Parthe-Ufer zurückzukehren; seine und Sackens Kavallerie erhielten nun Befehl, über Schkeuditz gegen die Rückzugsstraße des Feindes vorzugehen. Langerons Infanterie sollte mit der Infanterie Sackens gemeinsam Leipzig stürmen; als sich aber Langerons Eintreffen immer mehr hinzögerte, befahl Blücher gegen 11 Uhr Sacken, allein zum Angriff gegen die Hallische Vorstadt zu schreiten. Nach heißem Kampf räumten die Franzosen die auf dem nördlichen Ufer vorgeschobenen Gebäude. Nun wurde der Sturm auf die Vorstadt selbst begonnen, der aber trotz des Eingreifens der Truppen Langerons immer wieder unter großen Verlusten scheiterte. Blüchers Gebot, die Stadt nur mit Kugeln, nicht mit Granaten zu beschießen, mag zu diesen Mißerfolgen beigetragen haben. Erst als die Verteidiger um die Mittagsstunde durch die in die Stadt eingedrungenen Truppen Bülows im Rücken bedroht wurden, räumten sie das Werk, das die Parthe-Brücke deckte, und nun drängten die russischen Schützen durch das Tor in die Vorstadt nach. Blücher setzte sich an die Spitze der russischen Truppen, die nun in die Straßen folgten und sich in heftigem Kampf, durch des Feldherrn lauten Zuruf: „Vorwärts! Vorwärts!" angefeuert, bis in die innere Stadt vorarbeiteten.

Etwa um diese Zeit wurde der Schlachtlärm und das Geschrei der Stürmenden durch einen gewaltigen Knall übertönt und unterbrochen, der von Westen, der Rückzugsstraße der Franzosen, herüberschallte. Eine Abteilung des Sackenschen Korps war in das Rosental eingedrungen und hatte sich plötzlich dem Steindamm gegenübergesehen, auf dem, nahe der Elster-Brücke, die Massen des Feindes sich gen Westen wälzten. Als sie dahinein ihr Feuer eröffneten, sprengte ein französischer Pionier die Brücke in die Luft. Die furchtbare Wirkung zog die Umgebung weithin in Mitleidenschaft. Den Fliehenden war der einzige Ausweg abgeschnitten. Viele stürzten sich in den Fluß, fanden aber meist den Tod in den Wellen.

Im Innern der Stadt tobte indes der Kampf überall weiter. Hierher waren Blücher schon die ersten Truppen der Nord-Armee und der Haupt-Armee zuvorgekommen; alles drängte nach dem Holzmarkt, wohin die Straßen von allen Seiten zusammenlaufen. Die Franzosen gaben allmählich jeden Widerstand auf. Die auf dem Holzmarkt stehende sächsische und badische Infanterie stellte geschlossen den Kampf ein. Blücher war hierher geritten. Er wurde von dem „tobenden Hurrahgeschrei der siegenden Truppen und dem Freudengeschrei der Einwohner empfangen". Als er nun erfuhr, daß die Elster-Brücke gesprengt sei, gab er seinen Truppen Befehl zum Abmarsch nach Schkeuditz, das noch am Abend erreicht werden sollte; am andern Morgen sollte der Marsch in der Richtung auf Lützen fortgesetzt werden.

Nach einiger Zeit traf auf dem Markt der Kronprinz von Schweden, dann auch der Zar und König Friedrich Wilhelm ein; später kam auch Kaiser Franz in die Stadt. Über die Begegnung mit den Monarchen schrieb Blücher seiner Frau: „Der Kaiser von Rußland hat mich in Leipzig auf öffentlichem Markt geküßt und den Befreier Deutschlands genannt; auch der Kaiser von Österreich überhäufte mich mit Lob und mein König dankte mir mit Tränen in den Augen." „Die Zurufe, womit sie alle [die Monarchen und Heerführer] empfangen wurden, überbieten alle Beschreibung," sagt der englische Oberst in Blüchers Stabe, „und es war keiner von ihnen, dessen Erscheinung so enthusiastische Gefühle von Freude und Dankbarkeit hervorrief, als der greise Krieger, dessen glänzende und heldenmütige Errungenschaften so überwiegend zu dem Erfolge des Tages beigetragen hatten." Lange Kolonnen von Kriegsgefangenen wurden Blücher vorgeführt, an ihrer Spitze die Generale Lauriston, Reynier und Bertrand*).

Blücher nahm mit seinem Stabe in einem Gasthof der Stadt

---

*) Brigade-General, nicht der Marschall.

Quartier. Boyen, der zufällig dorthin geriet, erzählt, wie der greise Feldherr auch noch für ihn, den halb Verschmachteten, gesorgt habe. Dann wird auch Blüchers kräftige Natur ihr Recht gefordert haben. „Gestern konnte ich nicht schreiben," berichtete er tags darauf seiner Frau; „ich war zu müde; aber mein Freund Gneisenau hat an Dich geschrieben und gesagt, daß ich gesund bin." „Alle Anstalten sind getroffen," hatte Gneisenau nach Haus geschrieben, „um den Feind aufs Lebhafteste zu verfolgen. Den Rest seiner Armee wollen wir vernichten. — So weit habe ich es endlich gebracht," fügte er stolz hinzu. „Vieles habe ich zu dieser Wendung der Angelegenheiten beigetragen. Ich genieße jetzt die Belohnung für langjährige Sorgen und Mühen."

Blücher bezeichnete die Schlacht als „die größte, die je auf der Erde stattgefunden hat: 600000 Mann kämpften miteinander . . . 170 Kanonen wurden erobert und gegen 40000 Mann sind gefangen... Die zwei großen und schönen Tage sind verlebt! Am 18. und 19. fiel der große Koloß wie die Eiche vom Sturm".

Die Verfolgung.

20. Oktober bis 16. November.

Obgleich von den Anstrengungen und seelischen Erregungen der letzten Tage körperlich so mitgenommen, daß er, wie er selbst schreibt, am ganzen Leibe zitterte, gab Blücher seinem Zorn über Napoleons Entkommen kräftig Ausdruck: „Er, der große Tyrann hat sich gerettet; aber seine Knappen sind in unsern Händen," schrieb er noch am 20. Oktober aus Leipzig kurz vor dem Aufbruch. „Ich marschire diesen Augenblick wieder ab, um den Feind bei Merseburg wieder zu fassen, wohin er marschirt ist; meine Expedition geht durch Thüringen, die große Armee auf Würzburg."

Zunächst ritt Blücher nach Lützen, wohin seine Kosaken bereits vorgedrungen waren, von der russischen Kavallerie unter dem tätigen Wasiltschikow gefolgt, und wo dann auch die Infanterie der Korps Sacken und Langeron von Schkeuditz her anlangte. Napoleon war am Morgen durch Lützen auf Weißenfels weitergeeilt. Blücher gab die Hoffnung noch nicht auf, den Kaiser doch noch zu fangen. „Napoleon hat sich gerettet, aber er ist noch nicht durch. In diesem Augenblick bringt meine Kavallerie wieder 2000 Gefangene; die ganze feindliche Armee ist verloren," schrieb er seiner Frau im Anschluß an die ersten eigenhändigen Nachrichten über die Schlacht. „Ich gehe mit meiner Armee durch Thüringen nach Westfalen und meine Truppen sollen bald in Münster sein."

Yorck war frühmorgens von Halle aus an der Spitze der Kavallerie seiner Infanterie voraufgeeilt, hatte Merseburg frei gefunden, war aber auf dem Roßbacher Schlachtfeld auf starke feindliche Kolonnen gestoßen, die auf Freiburg marschierten. Da seine sehr angestrengte Infanterie nicht wesentlich über Merseburg hinauskam, konnte er dem Feinde heute nichts mehr anhaben. Am 21. Oktober aber störte er die Hauptkolonne des Feindes bei dem schwierigen Übergang über die Unstrut in Freiburg, der unter Napoleons eigener Leitung geschah, vermochte indes den Abzug der Franzosen nicht zu hindern.

Blücher traf am 21. mit den beiden russischen Korps gegen Mittag in Weißenfels ein; ein Teil der französischen Garde unter Oudinot hielt die Brücke und das andere Ufer noch besetzt. Blücher ließ unter dem Schutze des starken Nebels auf der Höhe am Schloß eine Batterie auffahren. Grade jetzt zerteilte sich der Nebel; aber das Feuer auf die überraschten Franzosen konnte nicht verhindern, daß sie vor ihrem schleunigen Abzug die Saale-Brücke hinter sich abbrannten. Sofort begann der Bau eines neuen Übergangs, den die Korps abends noch überschritten.

Hier in Weißenfels erhielt Blücher aus der Hand des Prinzen Wilhelm den Lohn seines Königs für Leipzig; der König schrieb ihm eigenhändig: „Durch wiederholte Siege mehren Sie Ihre Verdienste um den Staat schneller, als ich mit den Beweisen meiner Dankbarkeit Ihnen zu folgen vermag. Empfangen Sie einen neuen Beweis derselben durch die Ernennung zum Generalfeldmarschall und bekleiden Sie diese Würde noch recht lange zur Freude des Vaterlandes als Vorbild für die Armee, die Sie so oft zu Ruhm und Sieg geführt haben."

Am 22. eilte Blücher nach Freiburg, wo Yorck noch vor der zerstörten Brücke hielt. Er trieb zu kräftigen Maßregeln, um die Verfolgung fortsetzen zu können; trotz aller Befehle gelang es aber erst am 23. früh, hier und weiter flußaufwärts die drei Korps über die Unstrut zu bringen. Jetzt aber kannte der Alte keine Schonung mehr; in Gewaltmärschen hetzte er die Truppen vorwärts. Er meldete dem Kaiser Alexander: „Nach allen mir zugekommenen Nachrichten hat der Kaiser Napoleon noch 300 Geschütze, aber die Pferde sind sehr abgemagert, und geben wir dem Feinde nicht Zeit, sich in Erfurt aufzuhalten, so hoffe ich, werden wir davon noch den größten Teil erlangen."

Schwarzenberg, der mit dem Frontmachen der Franzosen bei

Erfurt rechnete, forderte am 24. Blücher auf, die Richtung auf Langensalza einzuschlagen, um so die feindliche Stellung bei Erfurt zu umgehen und, im Falle Napoleon eine Schlacht annehmen würde, durch gleichzeitige Angriffe in Rücken und Flanke dem feindlichen Heere den gänzlichen Untergang bereiten zu können. Aber auf den durch fortwährenden Regen aufgeweichten Wegen in dem thüringischen Lehmboden kamen die Truppen nur unter den größten Anstrengungen vorwärts. Blücher und Gneisenau hofften bei Eisenach „einen Teil der französischen Armee aufzureiben". Als am 26. die vorausgesandte

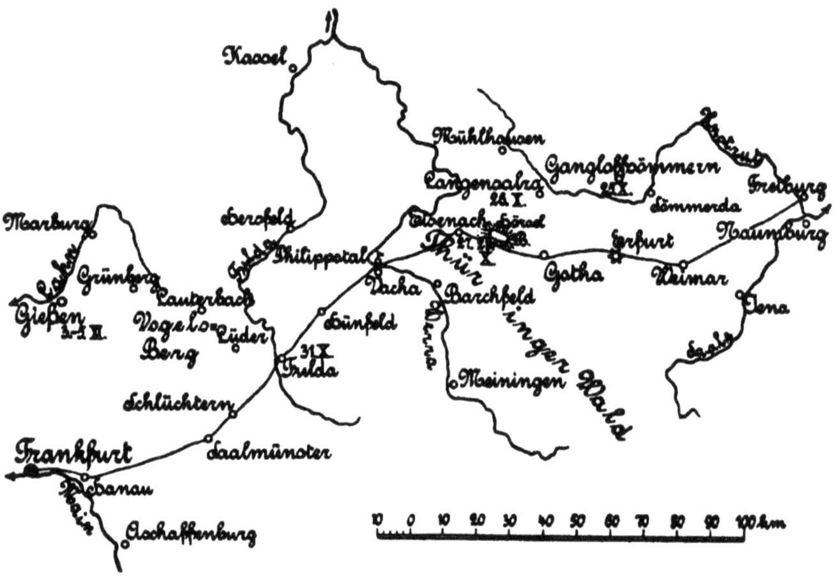

Kavallerie den Paß zwischen dem Thüringer Wald und dem Hörsel- berge östlich von Eisenach erreichte, war Napoleon mit den Garde- Divisionen Mortiers und Oudinots noch im Anmarsch von Gotha her. Durch Kartätschfeuer konnte man dem Feind noch einige Verluste zufügen; größere Erfolge waren gegen den in Ordnung marschierenden und durch Seitendeckungen geschützten Gegner nicht zu erringen. Auch der später diesseits Eisenach eintreffenden preußischen Infanterie gelang es nicht mehr, den Feind abzuschneiden. Blücher war wütend. Zu Langeron sagte er angeblich: „Mein General, ich habe Ihnen oft gesagt, daß Ihre Kavallerie schlecht sei; ich kann Ihnen dasselbe von der meinigen sagen, ja, sie ist noch schlechter." Selbst die Tat- kraft Blüchers vermochte aus den Führern und den völlig erschöpften

Leuten keine größeren Leistungen mehr herauszuholen. Durch diese Bewegungen der Blücherschen Armee war indes das noch hinter den Garden marschierende Korps Bertrand von der Hauptstraße ab in den Thüringer Wald abgedrängt worden; man hoffte es am folgenden Tage zu fangen. Yorck wurde dazu über Eisenach in südlicher Richtung in Marsch gesetzt.

Im Schlosse zu Eisenach feierten an diesem Tage Blücher und sein Stab Gneisenaus Geburtstag als „den glücklichsten, den er je erlebt" habe.

Leider wurde die Hoffnung, das Korps Bertrand abzufangen, nicht erfüllt. Yorck gewährte seinen erschöpften und hungrigen Leuten bei Eisenach eine längere Ruhepause zum Abkochen; mittlerweile erreichte Bertrand vor ihm auf der Südseite des Gebirges die Werra und damit den Anschluß an die Armee. Gneisenau aber urteilte: „Der General Yorck, unwillig über die steten Märsche, statt sich in Bewegung zu setzen, verlor seine Zeit in Verwünschungen und Deklamationen gegen uns im Blücherschen Hauptquartier. Unterdessen marschierte Bertrand quer über die Straße, die Yorck marschieren sollte, und entging. . . . Yorck kam dadurch um die Ehre, ein Armeekorps, das nur noch zwei Kanonen hatte, vor sich kapitulieren zu lassen."

Nach dem Zusammenschließen der verschiedenen Kolonnen der Haupt-Armee bei Weimar hatte die Nachricht vom weiteren Zurückweichen Napoleons den Fürsten Schwarzenberg veranlaßt, unter Einschließung von Erfurt den Vormarsch der Haupt-Armee in breiterer Front in drei Hauptkolonnen fortsetzen zu lassen; die linke und mittlere Kolonne überschritten den Thüringer Wald, die rechte folgte Blücher über Eisenach. Dieser erreichte am 29. mit seiner Mitte bei Vacha die Werra. „Den Kaiser Napoleon jage ich täglich vor mir her," schrieb er; „zu recht ernsthaften Gefechten wird's auf dieser Seite des Rheins wohl nicht mehr kommen und in Zeit von sieben Tagen bin ich in Frankfurt oder Koblenz, je nachdem sich mein Gegner wenden wird. . . . Heute rücken meine Truppen [Saint-Priest] in Kassel ein."

Durch das Abbiegen Yorcks nach der oberen Werra war für die Schlesische Armee eine Verzögerung eingetreten; der Abstand vom Feinde hatte sich vergrößert. Da eine österreichisch-bayrische Armee unter dem General Wrede den Main hinunter gegen die Fulda-Frankfurter Straße vorging, lag es nahe zu glauben, daß Napoleon seinen Rückmarsch statt auf Mainz über Gießen auf Koblenz nehmen werde. Die Schlesische Armee richtete ihre Märsche so ein, daß sie leicht beiden Möglichkeiten gerecht werden konnte. Den Kosaken, die sich an die feindliche Nachhut gehängt hatten, schärfte Blücher ein, genaue und schnelle Nachrichten über etwaige Änderungen der Marschrichtung des Feindes zu schicken.

Während die Haupt-Armee am 30. kaum die Werra überschritt, folgte Blücher mit seiner linken Kolonne, York, der Spur des Feindes auf Fulda. Es trat jetzt Frostwetter ein, sodaß die Leute stark unter der Kälte litten. „Längs der Heerstraße und in den verlassenen Lagerplätzen lagen Leichen und Ermattete, die mit dem Tode rangen. Der Feldmarschall ließ sie in Häuser tragen, ließ ihnen Bouillon und Zwieback in Wein getaucht reichen . . . Der Feldmarschall befindet sich wohl," heißt es weiter; „er sitzt täglich zu Pferde und sein ganzer Generalstab begleitet ihn, obgleich es eine Kälte von zwei Grad und die Heerstraßen sehr rauh sind."

Nun erschien Schwarzenbergs Generalstabschef Oberst Langenau in Blüchers Hauptquartier und verlangte, daß die Schlesische Armee die Richtung rechts durch das Vogelsgebirge auf Gießen einschlage, um der Haupt-Armee Platz zu machen. Widerstrebend gaben Blücher und Gneisenau nach. Blücher verlangte von Schwarzenberg die recht baldige Mitteilung eines Operationsplanes, nach dem jede Armee eine bestimmte Richtung bekomme. Mit dem größten Teil der Armee traf das Hauptquartier am 3. November bei Gießen ein, aber die Artillerie war bei dem „miserablen Wetter" und „bei den über alle Begriffe schlechten Gebirgswegen von Fulda nach Gießen" noch zurück. Inzwischen war die Nachricht von Napoleons Durchbruch bei Hanau am 30. und 31. und von seinem Rückzug nach Mainz eingelaufen.

So sehr Blücher über die Vertreibung der Franzosen frohlockte, so war er doch voll Ingrimm, daß die Verfolgung keine größeren Ergebnisse gehabt hatte. An Freund Bonin sprach er sich offen hierüber aus. „Das große und vorgesetzte Unternehmen ist ausgeführt: die Franzosen sind über den Rhein! Es hat ein großes Versehen stattgefunden, sonst wäre der große Napoleon mit dem Rest seiner ungeheuren Armee vernichtet worden. Bei Hanau hat er sich durchgeschlagen; obgleich der bayrische General Wrede Alles getan, um ihn nicht durchzulassen, so war er doch zu schwach, um ihn gänzlich aufzureiben. Ich folgte dem französischen Kaiser beständig auf der Chaussee und kam täglich in das Quartier, was er verließ. Hätte man mich auf diesem Wege gelassen, so war ich am Feinde und griff ihn im Rücken an, wie er sich mit Wrede engagirte. Aber, Gott weiß warum, genug ich erhielt Order, von Philippstal meine Direktion auf Gießen zu nehmen, und die Haupt-Armee wollte mit ihrer Avantgarde dem Feind folgen. Diese Avantgarde war aber zwei Märsche

hinter mir und kam zu spät um Wrede beizustehen; und so entkam der
wirklich eingefangene Kaiser. Er hat indessen auf dem Rückzug das
Mögliche eingebüßt. Ich habe noch 5000 Gefangene gemacht und
18 Kanonen genommen; seine Munitionswagen hat er, da die Anspannung erlag, großenteils in die Luft gesprengt. Mehr denn tausend
auf den Wegen vor Mattigkeit Gestorbene haben wir gefunden und
Pferde ohne Zahl. Von seiner ganzen Armee hat der große Mann
höchstens 40000 Bewaffnete über den Rhein gebracht." „Wenn nicht
große Fehler begangen wären, so wäre er selbst", sagt Blücher von
Napoleon in einem anderen Briefe, „mit Allem verloren gewesen. So
bald wird er nach Deutschland nicht zurückkehren, denn das, was er
gerettet, ist im traurigsten Stande." Er betont dabei die großen Verluste an Artillerie.

Blücher hielt auch später daran fest, daß er von Fulda aus
Napoleon noch bei Hanau hätte fassen können; so sprach er sich in
einem Dankschreiben an einen Verwandten aus: „Es ist wahr, wir
haben Vieles geleistet, aber bei weitem nicht das, was wir leisten
konnten. Napoleon konnte und mußte nicht durchkommen, und Gott
verzeihe es denjenigen, die es versäumt und verfaulenzt haben; aber
der Teufel treibt immer sein Spiel und Mißgunst ist nicht müßig.
Hätte man mich nach der Schlacht von Leipzig auf dem Wege, den
ich zur Verfolgung eingeschlagen, gelassen, so wäre es anders gekommen." Bitterer noch äußerte sich wiederholt Gneisenau. Er
meinte, wenn die Monarchen und Generale nicht in Weimar eine
kostbare Zeit mit Festen verloren hätten, statt den Truppen Befehle
zum Vorrücken zu geben, und wenn York bei Eisenach nicht gezögert
hätte, so wäre von der französischen Armee nichts entkommen. „Nun
müssen wir die Entkommenen aufs Neue bekämpfen," ruft er aus.
„Wir wollen indessen wohl damit zu Stande kommen." An Hardenberg
schrieb Gneisenau: „Seitdem wir unsern Feind verfolgen ist abermals nicht Alles geschehen, was hätte geschehen müssen, um ihn
vollends zu vertilgen. Die Menschen verstehen wohl, einen Sieg
durch Tapferkeit zu erfechten, aber nicht, ihn zu benutzen. Man liebt
es nur gar zu sehr, auf seinen Lorbeern auszuruhen."

Er und Blücher gedachten das nicht zu tun. Vor einigen Tagen
hatte Blücher allerdings in seinen Briefen an seine Frau davon
gesprochen, mit ihr den Winter in Frankfurt zuzubringen. Inzwischen
hatte ihm Gneisenau seine Gedanken über die Fortsetzung des Krieges
vorgetragen. „Wenn für die kriegführenden Armeen der einfachste
Feldzugsplan gewählt wird, wo nämlich zwei Armeen am Ober- und
Mittelrhein, eine dritte am Niederrhein und eine vierte in Holland

einbringt, so führt die Schlesische Armee ihre jetzige Stellung über
den Niederrhein in der Richtung auf Maastricht" (s. Skizze S. 152/3).
Die französischen Festungen seien schlecht ausgerüstet; sie mit Besatzungen versehen und zugleich Feldarmeen aufstellen, sei für Frankreich unmöglich. Man müsse deshalb möglichst viel Festungen bedrohen; bei Maastricht schneide man die holländischen Plätze von
denen des alten Frankreichs ab; wahrscheinlich würde der Feind jene
preisgeben, um diese zu schützen. „Auf diese Weise dürfte die Eroberung von Holland nicht schwer und wir im Stande sein, uns am
Niederrhein bald eine solide Operationsbasis zu bilden," hieß es in
der Eingabe, die des Königs Genehmigung beantragte.

Wie sehr Blücher hierin mit Gneisenau übereinstimmte, sehen
wir aus dem, was er weiter an Bonin schreibt. „Du wirst fragen,
nun seid Ihr am Rhein; was wollt Ihr nun machen? Und ich
sage Dir: wir wollen hinübergehen, wir wollen Brabant und Holland
erobern und ihn so zu Paaren treiben, daß er Frieden machen muß.
Dies ist mein Vorschlag, den ich höheren Orts eingesandt habe. Die
französische Armee reicht nicht zu, die vielen Festungen gehörig zu
sichern; also kann er*) mit keiner bedeutenden Macht im Felde gegen
uns auftreten. Das Mißvergnügen der Nation ist rege und Napoleon
seine Herrschaft wird sich endigen. Das ist mein Glaubensbekenntniß.
Den ersten Brief, den Du von mir erhältst, wird von jener Seite
des Stroms, in dem wir die Sklaverei abwaschen, geschrieben sein."

In einer anderen Darlegung seines Plans weist Gneisenau die
Einwendung ab, daß die Schlesische Armee zu schwach zu solchem
Unternehmen geworden sei. Wohl seien dem Yorckschen Korps von
39000 Mann nicht mehr als 10- bis 11000 Mann übrig; aber
Preußen und Russen würden bald Ersatzmannschaften erhalten. 20-
bis 30000 Mann hoffe er aus den befreiten preußischen Provinzen
auszuheben; der Kurfürst von Hessen werde seine Truppen am liebsten
Blücher unterstellen. „Das Alles wird ein furchtbares Heer aus-
machen, welches wohl die Eroberung von Holland unternehmen kann.
Selbst mit dem, was uns jetzt bleibt, werden wir einen Versuch
unternehmen, wäre es auch nur, um den Feind zur Zerstreuung
seiner Kräfte zu nötigen ... Ich liebe das Eisen zu schmieden, solange
es heiß ist, und dem besiegten Feinde keine Ruhe zu lassen."

Auch Blücher sah in der Schwächung der Armee keinen Grund,
mit den Bewegungen einzuhalten. Er vertraute auf den Geist seiner
Leute: „Auch wir haben Menschen verloren," schrieb er am 4. No-

---

*) Natürlich Napoleon.

vember, „nicht gegen den Feind — ermattet sind sie zurückgeblieben; sie werden aber wieder nachkommen. Vierzehn Tage habe ich ohne Rasttag in den abscheulichsten Wegen marschiert. Heute ist der erste Ruhetag. Unsern Leuten mangelt es besonders an Schuhen, Stiefeln und Hosen. Aber ihr guter Wille, sowohl bei den Russen als Preußen, ist unerschütterlich. Wenn ich des Morgens herauskomme, so empfangen sie mich mit Jubel." Nach einem Rasttag in Gießen gedachte er weiter zu marschieren: „Übermorgen gehe ich nach Wetzlar und rücke dann an den Rhein, gehe auch wohl hinüber." Er ließ sich dann aber zu einer Verlängerung der Pause herbei; an den König wurde berichtet, da jetzt kein Feind mehr in Sicht, die Armee seit dem 26. September unaufhörlich im Marsch und kein Nachschub herangekommen sei, wäre es unumgänglich notwendig, den Truppen einige Tage Ruhe zu geben.

In der Tat befanden sich die Truppen, namentlich das Korps York, in erschreckend abgerissenem Zustande. Ein großer Teil der Infanterie ging barfuß, ein anderer hatte nur leinene Hosen. Seit der Elbe hatte die Truppe das Gepäck nicht gesehen. Die Pferde waren ganz heruntergekommen; der Beschlag bedurfte dringend der Nachhülfe. Von den Geschützen hatte nur noch die Hälfte fortgeschafft werden können; auch sie war schadhaft an Achsen und Rädern. Es fehlte an Schießvorrat.

Blücher und Gneisenau hofften für alles jenseits des Rheins Ersatz zu finden. Bei Köln sollte der Strom überschritten und mit Teilen der Nord-Armee gemeinsam Holland vom französischen Joche befreit werden. Dem König schlugen sie die Befestigung Kölns und die Besetzung Triers vor; dann „sehe ich nicht ein," hieß es in dem Bericht, „was mich verhindern könnte, einen Teil der Niederlande zu überschwemmen und dadurch die Eroberung von Holland zu erleichtern, welche nach meiner unmaßgeblichen Ansicht nebst der Eroberung von Italien jetzt die Hauptoperationen sind." Knesebeck, der Generaladjutant, wurde durch Oberst Müffling im Sinne Gneisenaus bearbeitet, die Eroberung Hollands werde zu einem dauerhaften Frieden führen. „Bleiben wir diesseits stehen und lassen uns von Unterhandlungen hinhalten, so prophezeie ich eine blutige Kampagne pro 1814."

Während Gneisenau nun zu den Beratungen über die Fortführung des Krieges ins Große Hauptquartier nach Frankfurt abging, führte Blücher die Schlesische Armee in nordwestlicher Richtung weiter; am 15. sollte der Rhein überschritten werden, am 25. rechnete man in Brüssel zu sein. Am 11. November schrieb Blücher aus Altenkirchen (f. Skizze S. 152/3), nur noch 20 Kilometer vom Rhein entfernt, seiner Frau: „Nun bin ich am Rhein und beschäftige mich damit, diesen stolzen Strom zu passiren; den ersten Brief, den ich Dir schreibe, will ich vom jenseitigen Ufer datiren! Was sagst Du nun, Du Ungläubige?! Ich hoffe Dir noch aus Paris zu schreiben und schöne Sachen zu schicken." Er unterbrach den Brief, um sich zu Pferd zu setzen. Jetzt aber erhielt er von Gneisenau aus Frankfurt die Nachricht, daß dessen Pläne nicht angenommen oder doch abgeändert seien. Die Schlesische Armee wurde nach dem Main herangerufen.

Am 12. November schlug Blücher die Richtung auf Mainz ein; nur das Korps Saint-Priest wurde auf Düsseldorf geschickt, um dort die Franzosen zu vertreiben und dann Ehrenbreitstein zu besetzen. Am 16. gelangte das Blüchersche Hauptquartier nach Höchst am Main, 9 Kilometer unterhalb Frankfurts. Das Korps Langeron kam in die Gegend von Frankfurt, York in die von Wiesbaden, Sacken nach Darmstadt; sie lösten dort die Truppen der Haupt-Armee, die sich rheinaufwärts bewegte, in der Absperrung der Festung Mainz auf dem rechten Rhein-Ufer ab.

Rückblick.

Acht Monate waren seit dem Aufbruch aus Breslau verflossen. Welch gewaltiges Werk lag hinter Blücher! Welche Hoffnungen und Enttäuschungen hatte er durchlebt, aber auch welche Erfolge und welche Anerkennungen hatte er geerntet! Wie schwer waren die trüben Wintertage mit ihrem Grimm über die politische Knechtschaft, mit ihrem Streit wider Französlinge, mit ihrer Vereinsamung, ihrer wirtschaftlichen Not und ihrer schrecklichen Untätigkeit zu ertragen gewesen! Und als Mitte Dezember der Himmel sich mit neuer Hoffnung erhellte, waren noch zwei Monate in bangem Zweifel an der Gesinnung des Königs, mit Brüten über eigenmächtige Erhebung dahingegangen.

Endlich Ende Februar sah sich Blücher durch des Königs Vertrauen an die Spitze eines Armeekorps, der Hälfte des preußischen Heeres, gestellt, das an der Seite der Russen den Kampf gegen die Fremdherrschaft führen sollte. Drei Wochen später zog er ins Feld mit Truppen, deren heilige Kampfbegier kaum der Begeisterung der Kreuzfahrer nachstand. Jubelnd ging's durch das frühlingsgrüne Sachsen über die Elbe zur Mulde. Widerwillig fügten sich dort die freiheitsdürstende Jugend und ihr alter feuriger Führer dem Weisheits-

spruch der Strategen, daß sich die Kraft der an der Moskwa erfochtenen
Siege an der Elbe erschöpft habe. Alles, was mit großem Auf-
wand von Geist zur Rechtfertigung des vierwöchigen Stillstandes vor-
gebracht wurde, konnte Blücher nicht in der Überzeugung irremachen,
daß der Ausgang besser geworden wäre, wenn er seiner natürlichen
Anschauung gefolgt und frisch drauflosgegangen wäre. Als Scharnhorst diese Erkenntnis kam, war es zu spät. Nun konnte der russische
Oberbefehlshaber nicht anders handeln, als das Herankommen der
Verstärkungen abzuwarten, um mit ganzer Macht Napoleons Marsch-
säulen anzufallen.

Bei Groß-Görschen am 2. Mai war es Blücher vergönnt,
mit seinem Korps den Reigen zu eröffnen und dann, indem er die
Führung aller Preußen übernahm, in gewaltigem, hin und her wogen-
dem Kampf mit dem „Brabsten der Braven" im fränkischen Heer um
die Siegespalme zu ringen. Er zeigte hier als leuchtendes Vorbild,
ebenso wie sein großer Gegner es beim Beginn seiner Feldherrnlaufbahn getan, wie ein Führer das Vertrauen und die Hingebung seiner
Truppen gewinnt, indem er sich in den entscheidendsten Augenblicken
mit ihnen rücksichtslos in den Kampf stürzt. Durch sein Beispiel und
seine Leitung gab er dem Ansturm eine Wucht, der die jungen französischen Truppen erst durch Einsetzen einer Überzahl und unter dem
persönlichen Einfluß ihres schlachtengewaltigen Kaisers ebenbürtig zu
begegnen vermochten.

Schwer ließ Blücher sich überzeugen, daß der Sieg nicht zu erringen war; er vermochte nicht zu übersehen, daß der Flankenstoß
nur Aussicht auf Erfolg haben könnte, wenn er schon am ersten Tage
durchschlagende Wirkung hatte; am zweiten Tage war gegen eine solche
Übermacht, wie sie Napoleon heranführte, keine Aussicht des Gelingens
mehr. Aber Blüchers Betätigung des ungebrochenen Willens zum
Siegen ließ auch beim Feind das Bewußtsein des Erfolges nicht auf-
kommen und ermöglichte dem verbündeten Heer den ungestörten Abzug.
Sein Einfluß auf die Schlachtführung ging so schon über den Rahmen
seiner Stellung hinaus. Nächst der Tapferkeit der Truppen verdankten
es ihm die Verbündeten, daß Heer und Volk die Schlacht trotz des
Zurückgehens für einen Sieg hielten. Wie während des Gefechts,
so zeigte sich auch nach der Schlacht Blüchers Meisterschaft in der Er-
weckung und Stärkung echt kriegerischen Geistes. Schnell war Ordnung und Haltung wiederhergestellt; erhobenen Hauptes wurde der
Rückzug fortgesetzt, der nachdrängende Feind blutig abgewiesen.

Seit der Schlacht waren beide preußischen Korps Blüchers Befehl
unterstellt. Die Sorge des verwundeten Scharnhorst, ob die Preußen

beim Übergang über die Elbe auch mit der nötigen Vorsicht verführen, erwies sich als unnötig. Sein Amt lag bei Gneisenau von vornherein in den besten Händen. Da die Monarchen die Oberleitung ausübten, blieb zu selbständigen Entschlüssen wenig Gelegenheit. So unzufrieden die preußischen Führer mit der russischen Befehlsgebung waren, wurden sie doch in dem Streben nach engem Anschluß an die Russen nicht einen Augenblick irre.

Weil Napoleon nur langsam folgte, konnte 14 Tage nach Groß-Görschen der Entschluß zur Annahme einer zweiten Schlacht gefaßt werden. Wohl gaben politische Verhältnisse den Anstoß dazu, aber die Stimmung des Heeres kam dem entgegen. Da Napoleon seine Streit-kräfte geteilt, die Verbündeten sich aber verstärkt hatten, hofften diese jetzt dem Feinde gewachsen zu sein. Nachdem bei Görschen der Angriffsstoß mißlungen, versuchten sie es nun bei Bautzen am 20. und 21. Mai mit einer Verteidigungsschlacht.

Wieder war Blücher der wichtigste Posten anvertraut. Seine Verteidigung der Krecwitzer Höhen war von kühnem, offensivem Sinn getragen. Die Verwendung der Artillerie erfolgte in ausgiebiger und geschickter Weise. Das Einsetzen seiner Reserve, um der Umgehung zu wehren, zeugt von richtigem Blick für die Lage im großen, entzog ihm selbst aber die Kräfte zur nachhaltigen Behauptung seiner Stellung, während die Schlachtleitung zu spät für seine Unterstützung sorgte. Aber wieder hatte Blüchers zäher Kampf den Gegner an der Ausnutzung seiner vorteilhaften Lage verhindert und den ruhigen Abzug des Heeres gewährleistet. Daß sie nicht entscheidend geschlagen wurden, verdankten die Verbündeten nur Blücher.

Die Masse der Kavallerie war wiederum nicht in die Wagschale der Schlacht geworfen worden. Aber Blücher sorgte wenige Tage darauf, am 26. Mai bei Haynau, dafür, daß auch diese Waffe Gelegen-heit fand, den Feind ihre Tüchtigkeit fühlen zu lassen. Die Wirkung dieses Reiterüberfalls reichte weit über das Gefechtsfeld hinaus. Er verwischte den Eindruck der Niederlage, die Schäden des Rückzugs, und während Napoleon hier in der Richtung auf Breslau nachstieß, griff bei den Verbündeten der Gedanke Platz, sich noch ein drittes Mal mit dem Franzmann zu messen. Wie stark Napoleons Siegessicherheit durch Görschen, Bautzen und Haynau erschüttert war, zeigt sein Ein-gehen auf die Bedingungen des Waffenstillstandes, der ihm Zurückgehen zumutete. Blücher aber meinte selbstbewußt: „Hätte ich freie Hände gehabt und nicht unter dem Befehl eines russischen Generals gestanden, der der Sache nicht gewachsen war, unsre Angelegenheiten ständen sicher besser." —

Nach den Friedensbefürchtungen der zehnwöchigen Waffenruhe sah sich Blücher Mitte August zur Führung eines Heeres von hunderttausend Mann berufen. Die ihm gestellte Aufgabe war nicht nach seinem Geschmack; aber grade er war der richtige Mann, sie zu lösen. Gleich sein erster Schritt, das Einbrechen in das freie Gebiet vor Ablauf des Waffenstillstandes, war ein glücklicher, aus frischer Verantwortungsfreudigkeit quellender Anfang. Ney wich eilig zurück, und Napoleon mußte seine Absicht, erst auf Berlin zu gehen, aufgeben. Allerlei Reibungen in der neuen, in ganz neuer Art geleiteten Heeresmaschine hinderten die gründliche Ausnutzung der Vorteile.

Da, am 21. August bei Löwenberg, trifft Napoleon mit Verstärkungen ein. Ingrimmigen Herzens fügt sich Blücher der übermächtigen Gewalt und weicht „wie ein verwundeter Löwe" zurück, bei jeder günstigen Gelegenheit dem Gegner die Zähne weisend. Das Heer leidet schwer unter den Mühsalen des fünftägigen Rückmarsches, unter der Unbill der Witterung und unter dem seelischen Druck dieses ersten Rückschlages. Das Verhalten des Feindes führt zu schnell wechselnder Anschauung über die Lage; Befehle und Gegenbefehle lassen die Untergebenen auf Unsicherheit der Führung schließen; die Unterführer werden unbotmäßig; Langeron weicht voreilig zurück, Yorck murrt laut über den rücksichtslosen Kräfteverbrauch. Wie hoch steht Blücher über ihnen! Klar durchschaut er, welche empfindlichen Nachteile er mit seinem zähen Weichen dem Gegner zufügte; sein Brief vom 25. an seine Frau gibt beredt davon Zeugnis. Er hatte noch keine Kunde vom Sieg von Groß-Beeren, als er schrieb: „Berlin habe ich sichergestellt." Und wie hoch hebt ihn über die Strategen der Böhmischen Armee, die zaudernd vor Dresden stehen, sein Entschluß, dem dorthin eilenden Napoleon auf dem Fuße zu folgen und ihn anzugreifen, wo er ihn finde, mit seinem vorausschauenden sichern Blick: „Schlesien ist nun gerettet." Er hatte wahrhaftig „dem großen Mann eine Nase gedreht". Wie ein Wetterstrahl fährt er auf die Marschkolonnen Marschall Macdonalds. Die Geschicklichkeit der Führung, die Kampfeswut der Truppen und die Hülfe des Himmels machen am 26. August aus dem überraschenden Rückstoß den glänzenden Sieg an der Katzbach; Wassersgewalt verleiht ihm eine wunderbare Tragweite.

Die der Schlacht an der Katzbach voraufgehenden Heeresbewegungen in Korpskolonnen auf getrennten Straßen mit wechselndem Zusammenschieben je nach der Aussicht auf Kampf sind das Urbild moderner Strategie; sind sie jedenfalls auf Gneisenaus Konto zu setzen, so zeigt sich Blücher in der Schlacht selbst und bei der Verfolgung recht in seinem ureignen Element. Gewiß gab Gneisenau gleichgerichtete Gesinnung dem Verfolgungs- und Vernichtungsgedanken den entsprechenden Ausdruck, aber die Taten rollten nur da nach dem Willen der Führung, wo Blüchers bester Schüler, Katzler, ins Rad griff.

So groß die Ergebnisse der Verfolgung bis zum Bober waren, Blücher und Gneisenau waren damit nicht zufrieden. Schon der Befehl vom 26. morgens war auf die Vernichtung des Feindes angelegt; das Abschneiden des Rückzuges spielte auch in dem abends ausgegebenen Verfolgungsbefehl die erste Rolle. Da der Gegner durch das Anschwellen des Bober auf den alleinigen Übergang bei Bunzlau angewiesen und auch hier der Verkehr nach dem westlichen Ufer zeitweise ganz unterbrochen war, hätte sich für eine mit Artillerie ausgestattete Kavalleriemasse eine äußerst lohnende Aufgabe gefunden.

Blüchers Sieg und Vorstoß nach Sachsen hinein gab die Möglichkeit, im befreiten Schlesien das Rüstungswerk von neuem aufzunehmen; vor allem aber durchkreuzte er Napoleons Pläne dadurch aufs empfindlichste. Anstatt nun durch einen Zug auf Berlin die Scharte von Groß-Beeren wieder auswetzen zu können, war der Kaiser genötigt, sich zunächst gegen Blücher zu wenden. Und es erging ihm wie bei seinem vorigen Versuch: Blücher hielt nicht stand, und während der Kaiser dessen inne wurde, erlitt Ney bei Dennewitz nochmals eine häßliche Niederlage; Schwarzenberg aber überschritt von neuem das Erzgebirge. Diesmal war Blücher nur bis an den Queis, die Grenze Schlesiens, zurückgewichen; er war weniger gedrängt und war schneller die Umkehr des Kaisers innegeworden; nach fünf Tagen stand er wieder an der Landskrone.

Blücher hätte jetzt gern die Vernichtung der Bober-Armee durch kräftigen Angriff vollendet, aber Gneisenau riet zum Manövrieren. Den Feind von der Straße auf Dresden abzudrängen, gelang indes nicht; ihn in seiner starken Stellung bei Stolpen anzugreifen, in der er jeden Augenblick von Napoleon von Dresden her verstärkt werden konnte, wagte man nicht. Inzwischen kam der Ruf nach Böhmen zum Anschluß an die Haupt-Armee. Eigentlich ließ sich dagegen nichts Stichhaltiges einwenden; aber den Widerwillen dagegen, nach der Pfeife von Langenau, Toll und Knesebeck zu tanzen, konnten Blücher und Gneisenau nicht überwinden. Anstatt den Marsch nach Böhmen anzutreten, wickelte sich die Schlesische Armee aus den bösen Bergen der Oberlausitz und stellte sich abwartend bei Bautzen bereit.

Da, nach achttägigem, peinlichem Warten geschah, was Gneisenau sich erwünscht hatte: Napoleon wendete sich zum dritten Male gegen Blücher. Aber dieser dritte Stoß war noch schwächer als der letzte bei Görlitz; er nahm nur die Federkraft der Vorhut in Anspruch; es war eigentlich mehr eine gewaltsame Erkundung und die Einleitung des Entschlusses, das östliche Elbufer zu räumen. Als sich die Schlesische Armee zum Nachstoß anschickte, war Napoleon samt der Bober-Armee über die Elbe in Sicherheit. Sicherlich wäre es richtiger gewesen, wenn Gneisenau sich in dieser Zeit den Angriffsplänen seines Oberfeldherrn williger hingegeben hätte.

Nun aber beginnt der Zeitabschnitt, wo beide in Kühnheit wetteifern. Der geschickte und schnelle Flankenmarsch elbabwärts und der Stromübergang bei Wartenburg am 3. Oktober gehören zu ihren schönsten Taten. Gerechtfertigt wurde der geniale Zug aber erst, wenn es gelang, den schwedischen Kronprinzen zum gemeinsamen Vorgehen zu bringen. Daß dies saure Stück Arbeit einigermaßen glückte, ist, unterstützt von Lord Stewart, wesentlich Blüchers eigenes Verdienst. Er bewies hier in seinen persönlichen Zusammenkünften großes diplomatisches Geschick neben festem Auftreten. Schließlich aber entlud sich seine Wut über den welschen Zauberer in dem herrlichen Ausbruch: „Wenn der Hund von Zigeuner nicht sofort erscheint, so muß ihn das heilige Kreuz-Granaten-Bomben-Donnerwetter klein schlagen!"

Daneben verdankte man dem arg Verdächtigten doch einen Rat, der für den glücklichen Ausgang des großen Ringens von unschätzbarer Bedeutung geworden ist: das Zurückweichen über die Mulde und an die Saale anstatt in das Lager von Wartenburg an der Elbe. Der Luftstoß, den Napoleon nun in den Winkel zwischen Elbe und Mulde hinein machte, wurde für ihn verhängnisvoll. Man muß aber auch hervorheben, mit welcher Vorurteilslosigkeit und Schnelligkeit Blücher und Gneisenau die Vorzüge des Bernadotteschen Vorschlages erfaßten und ihre eigenen Pläne fallen ließen. Es war allerdings die höchste Zeit; auf ein Haar wäre ihnen Napoleon noch in die abmarschierenden Kolonnen gefahren.

Die wirkungsvollste Kühnheit aber erwiesen Blücher und Gneisenau durch ihr Vorgehen auf Leipzig, ohne den Kronprinzen abzuwarten. Dieser Entschluß war es, der Schwarzenberg zwang, sich aus dem System des Ausweichens zum Entschluß zur Schlacht zu ermannen; durch diesen Anstoß kam endlich die Lawine ins Rollen, die Deutschlands Zwingherrn und seine Knechte hinwegfegte. Musterhaft Kühnheit und Vorsicht verbindend, ging Blücher am 16. früh selbst zunächst nur mit Kavallerie von Norden gegen Leipzig vor. Blücher persönlich war es, der sofort den Befehl zum Angriff gab, als er den Kampf auf der Südseite gegen Schwarzenberg entbrennen sah. Obgleich selbst in der linken Flanke stark bedroht, zögerte er nicht, sich auf Marmont zu werfen. Dieser wurde dadurch von dem befohlenen Abmarsch nach Süden abgehalten, wo Napoleon zwar siegreich vorbrang, aber nun doch nicht Überlegenheit genug zu entwickeln vermochte, um entscheidend zu siegen. Durch Blücher und die ihm folgende Nord-Armee im Rücken bedroht, entschloß er sich zum Rückzug.

Die Schlesische Armee gab sonach auch bei Leipzig den Ausschlag. Der Kampf am 18. war für das französische Heer nur noch ein Rückzugsgefecht. In dem Bericht, in dem Lord Stewart seiner Regierung den Sieg vom 16. meldete, fühlte er sich bewogen, bei Erwähnung der „mit Begeisterung und Heldenmut geführten Operationen" der Schlesischen Armee besonders der „hervorragenden und ausgezeichneten Verdienste des Generals Gneisenau" zu gedenken. Blüchers persönliches Verdienst aber pries der ihm beigegebene wortkarge, durchaus nicht zu Übertreibungen neigende englische Oberst Lowe mit den an Gneisenau gerichteten Worten: „Ihn in den denkwürdigen Tagen von Leipzig begleitet zu haben, Zeuge gewesen zu sein von der Art, wie er den Erfolg jedes Tages so ruhmvoll durch seine Befehle und Anordnungen besiegelte, hat mich mit einem Gefühl von Verehrung und Dankbarkeit gegen ihn als Europas größten Befreier erfüllt." Die entscheidende Tätigkeit Blüchers erkannte aber nicht nur die Schlesische Armee an. Kaiser Alexander gab der allgemeinen Stimmung Ausdruck, als er Blücher auf dem Markte zu Leipzig den Befreier Deutschlands nannte.

Noch aber war nicht alles getan. Ohne Rast ging es weiter, um in der Verfolgung den Rest des feindlichen Heeres zu vernichten. Das in der Leidenszeit erzeugte leidenschaftliche Gift, das in Gneisenau gärte und ihn in diesen Tagen sagen ließ: „Das höchste Glück des Lebens ist Befriedigung der Rache an einem übermütigen Feinde," quoll auch in Blüchers Seele und hieß ihn seine Truppen rücksichtslos vorwärtshetzen. Außer sich war er, als ihm am 26. Oktober bei Eisenach der vielgewandte Fuchs entschlüpfte, als Yorck die feindliche Nachhut nicht abfing und es Napoleon sogar, wie an der Beresina, glänzend gelang, sich mitten durch die Bayern seinen Weg zu bahnen. Er war bereit, mit seinen gelichteten Truppen sogleich an die Eroberung der Niederlande zu gehen und hatte seine Blicke schon auf Paris gerichtet, als ihn die „Federfuchser" vor Mainz festhielten.

Blücher war sich lebhaft bewußt, was er der Tapferkeit der Truppen verdankte, namentlich das Yorcksche Korps hatte durch heldenhafte Aufopferung im Gefecht und auf dem Marsch fast Übermenschliches geleistet. Preußen und Russen waren jubelnd seinem „Vorwärts!" gefolgt. Aber selbst die glänzendsten Siege hatten das Wider-

streben nicht zu überwinden vermocht, auf daß der Feldherr und sein
erster Gehülfe immer wieder bei dem bedeutendsten ihrer Unterführer,
dem alten Yorck, stießen. Das war um so gefährlicher, als diese gewaltige Persönlichkeit ihre ganze Umgebung mit in ihr Fahrwasser
zog. Auch mit Langeron stand man nicht zum besten. Mit Recht
fürchtete Gneisenau, daß aus diesen inneren Reibungen Unheil erwachsen müsse, falls einmal das Glück die Fahnen der Schlesischen
Armee verlassen sollte. Blüchers Art war es nicht, sich hierüber
schwarzen Gedanken hinzugeben. Er blieb mit Yorck äußerlich in freund-
schaftlichstem Verhältnis. Unbefangen forderte er den alten Isegrimm
auf, mit ihm als sein Gegenüber einen Reigen zu tanzen.

Reichen Lohn brachten dem Feldmarschall seine Erfolge. Mit
Orden und Ehrungen wurde er überhäuft. Das befreite Deutschland
jauchzte ihm entgegen. Besondere Begeisterung für ihn bildete sich
in England; der Prinzregent sandte ihm Zeichen seiner Bewunderung; überall wurde sein Bild verlangt, und bald war eine Ver-
vielfältigung in aller Händen. Am rührendsten wohl kam der Stolz
auf des Helden Taten bei seinen braven Pommern daheim zum Ausdruck: „Jeder Pommer glaubt Dir anzugehören,“ schrieb ihm Freund
Bonin von dort, „die Stargardter rechnen sich zu Deiner Familie.“

Jedem andern hätte diese Fülle des Ruhms den Sinn umnebelt;
und wenn Blücher sich auch des Wertes seiner Taten bewußt blieb
und gern von ihnen sprach, eingebildet zu werden und auf seinen
Lorbeeren zu ruhen, lag nicht in seiner Art. Ihm wurde Frankfurt nicht
zum Capua. Mit dem alten Kriegsfeuer drängte der greise Held
nach Frankreich hinein.

———

Vor Mainz.

17. November bis zum Jahresschluß.

„In diesem Augenblick erhalte ich meine Bestimmung,“ hatte
Blücher noch aus Altenkirchen seiner Frau geschrieben. „Ich werde
mit meiner Armee, die über 100000 Mann werden soll, in und bei
Frankfurt und über den Mittelrhein operiren. Ich kriege eine schwere
Nuß aufzuknacken; aber es soll wohl gehen. Auch über dem Rhein soll
man sagen, die Preußen sind doch brave Leute, sie haben Geist und
Mut. Unsre Alliirten räumen uns den Vorzug ein und sagen, braver
kann man nicht sein.“ Aber bald sollte er schwer enttäuscht werden.
Die Schlesische Armee mußte zunächst die Truppen der Haupt-Armee
vor Mainz ablösen. Gneisenau hatte zwar Einspruch dagegen er-

hoben, daß dem Feldmarschall Blücher ein Beobachtungsposten übertragen werde, es hatte aber nichts geholfen. Er hatte gleich richtig vermutet, daß das Große Hauptquartier noch lange in Frankfurt bleiben werde, und es deshalb mit Vorbedacht so eingerichtet, daß das Blüchersche Hauptquartier nicht nach Frankfurt selbst, sondern nach Höchst kam, wo es den Treibereien in der Umgebung der Fürsten ferner und der eingeschlossenen Festung näher war. Doch begab sich Blücher der Armee vorauf in die alte Kaiserstadt, um über die weiteren Heeresbewegungen Rücksprache zu nehmen.

„Ich bin vom Kaiser von Österreich, von Rußland, vom König von Baiern und meinem Herrn mit Güte und Gnade überhäuft worden," schreibt er in diesen Tagen seiner Frau. Besonders lobte er den Zaren: „Alexander ist klüger wie alle seine Generale, dazu der edelste aller Menschen. Er sagte zu mir, gut wäre es, Blücher, Sie wären 20 Jahr jünger, aber Ihre gute Gesundheit wird wohl aushalten." Ebensowenig ließen ihn die Schmeicheleien hoher schöner Frauen kalt, deren eine, die Schwester des Zaren, ihn den deutschen Suwarow nannte. Auch den geselligen Freuden bei Tafel und in der „Komödie" war er gewogen. Die Frankfurter empfingen ihn „mit Jubel", sie überhäuften ihn „mit Freundschaft", wie er seiner Frau schreibt. Manche alte Beziehung aus der Zeit der Rheinfeldzüge knüpfte er von neuem an. Gern trank er „im Kreise guter Freunde ein gut Glas Rheinwein". Auch er wußte die Annehmlichkeiten des Lebens zu schätzen. Der Himmel wisse, wie er sich Tag und Nacht im Kote habe umhersuhlen müssen und zu nichts habe kommen können, so entschuldigt er sich in den ersten Tagen in Höchst einmal bei einem Bekannten, daß er ihm für seine Glückwünsche noch nicht gedankt habe. Er ließ es sich auch gern gefallen, daß man seinen 72. Geburtstag wiederholt in Wiesbaden und in Frankfurt glänzend feierte, wobei er in jugendlicher Frische eine Quadrille tanzte.

Aber das politische Treiben ekelte ihn an, und klar erkannte er die Gefahren des verweichlichenden Lebens: „das Müßigliegen hier ist mir zuwider . . . die schöne Zeit wird verträumt." So unangenehm es ihm war, an eine Festung gekettet zu sein, er war doch mit ganzer Seele dabei: „Ich habe jetzt mit der verdammten Festung Mainz viel zu tun; . . . von dieser Seite habe ich die Einschließung bereits so bewerkstelligt, daß meine Vedetten im Kanonenschuß der Festung stehen; . . . wenn wir, wie ich treibe und hoffe, den Rhein passiren, so wird es auch von der anderen Seite geschehen." Ihn drängte es weiter.

Bereits Ende November hatte er seiner Frau geschrieben: „Unsre Truppen haben den größten Teil von Holland schon erobert; Amster dam und Rotterdam sind in unsern Händen, Bülow und Oppen [Führer von Bülows Vorhut] sind da. . . . Wir stehen hier noch am Rhein, um uns zu erholen, werden aber auch bald über den Rhein gehen und dann denke ich bald in Brüssel zu sein und Brabant zu okkupiren. Du siehst also, daß Herr Napoleon in die Enge getrieben wird und wenn er nicht durch dumme Streiche, die wir machen, gerettet wird, so muß er Frieden machen." Und an Bonin klagte er: „Gott weiß, was sie sich gedacht haben, meine Armee hier gegen Mainz aufzustellen. Ich so wenig als die Armee, die ich befehlige, schicken sich zu einem Blockade- oder Observationskorps. Aber der Alles verderbende Neid mischt sich mit ins Spiel. Indessen werde ich mich losarbeiten. Übern Rhein! oder zur Ruhe! das ist mein Entschluß. Holland ist bereits zum größten Teil erobert, und daß es mit Brabant nicht derselbe Fall ist, haben die bei uns und allerorten viel geltenden Sicherheitskommissare bewirkt. — Der Kaiser von Rußland ist ein vortrefflicher Monarch; er will stets das Gute und urteilt immer am besten. Aber es ist nun in Frankfurt ein ganzes Heer von Monarchen und Fürsten, und diese Versammlung verdirbt Alles. Der Krieg wird nicht mehr mit Energie geführt und ich fürchte, daß wir Vieles verträumen werden. Hätte man meiner Vorstellung Gehör gegeben, so wäre ich heute in Brüssel . . . In Brabant und in Holland wäre es Zeit gewesen uns zu erholen; da war an Allem Überfluß. Alles, was wir bedurften, konnten wir requiriren und unsre braven Leute vor dem Winter warm kleiden. Hier ist der Mangel so groß, daß meine eigenen Pferde in zwei Tagen kein Futter bekommen. Dazu nimmt die Sterblichkeit sehr zu. . . . Es ist ausgemacht gewiß, daß wenn wir Alle ohne Aufenthalt über den Rhein zogen, Napoleon nun schon Friedensvorschläge hätte machen müssen, da so wie in Holland alle Festungen unversehen waren und fallen mußten. Aber wir haben ihm Zeit gelassen und er wird im Frühjahr wieder bedeutend erscheinen, wenn wir nicht mit Kraft und ohne Verzug vorwärts dringen." Hierin waren auch Schwarzenberg und sein Stabschef, Radetzky, mit ihm einig.

Er hatte sich so lebhaft hierüber gegen Knesebeck ausgesprochen, daß dieser gestand, nur von Scharnhorst habe er sich ähnlich harte Sachen ruhig sagen lassen; aber er konnte „dennoch Nichts gegen dessen verkehrte Pläne ausrichten", beklagt Gneisenau. Noch ärger wetterte Blücher gegen die Diplomaten; „er sprach von Schuften, von Galgen verdienen, von: ihm das und jenes tun können". Auch Gneisenau vermutete verräterische Einflüsse. „Die Diplomatie", klagte er, „fesselt jetzt die Kriegsoperationen; man will erst fragen und hören, während man handeln und dann gebieten sollte. Einen vorteilhaften Frieden, meinen sie, werde man ihm ablisten, die Pyrenäen, Alpen und den Rhein zur Grenze; und das nennen sie einen vorteilhaften Frieden!"

Kaiser Franz wäre ein solcher Friede am liebsten gewesen, der den Mann seiner Tochter auf dem französischen Thron erhielt. Er gab sich der Hoffnung hin, Napoleon werde die kriegsmüde Stimmung des französischen Volkes berücksichtigen, und vermied es deshalb, dieses durch Betreten linksrheinischen Bodens zu reizen. König Friedrich Wilhelm sah in dem Vorgehen über den Rhein eine Gefahr, die das Unglück von 1792 wieder heraufführen werde; jedenfalls sollte die Armee sich erst am Rhein den Winter über erholen. Schließlich aber kam es auf die Meinung des Zaren an, und auf ihn übte Stein bald genügenden Einfluß, um ihn zu überzeugen, daß der Friede erst auf französischem Boden, wahrscheinlich in Paris, erzwungen werden müsse. So wurde denn in den ersten Dezembertagen das Vorgehen nach Frankreich hinein endgültig beschlossen. Mitte des Monats verließen die Kaiser und Könige Frankfurt, um sich rheinaufwärts dem Heerzuge der Haupt-Armee anzuschließen.

Daß dies Vorgehen zum Sturz des Thrannen führe, war das begeistert erstrebte Ziel von Stein, Blücher und Gneisenau; Arndt wirkte in ihrem Sinne auf die öffentliche Meinung. Erst dann ließ sich der Wunsch aller rechten Deutschen erfüllen, die linksrheinischen Germanen dem Vaterlande wiederzugewinnen. Davor traten alle anderen politischen Ziele zurück. Es war Steins Amt, zu diesem letzten Kampf die Kräfte auch der kleinen Rheinbundstaaten heranzuziehen; gelegentlich rief er auch Blüchers Mitwirkung hierbei an. Doch schon konnte dieser froh verkünden: „. . . Am 1. Jan. mit Tagesanbruch passire ich mit der ganzen Armee den Rhein; zuvor aber will ich mit meinen Waffenbrüdern in diesem stolzen Strome alle Knechtschaft abwaschen und als freie Deutsche wollen wir das Gebiet der großen Nation betreten."

Der Feldzug 1814.

Der Feldzugsplan.

Das Vorgehen der Verbündeten auf Paris war 1792 in den unwegsamen Argonnen und den ärmlichen Ebenen der Champagne gescheitert. Hunger zwang die Heere zur Umkehr. Das Massenaufgebot des französischen Volkes hatte dann alle Angriffe zurückgewiesen und durch seine ungeheure Kraftentfaltung ganz Europa bedroht. Die Sorge, daß dergleichen sich wieder ereignen könnte, beherrschte viele Gemüter. Wer konnte sagen, wessen die lebhafte, kriegerische Nation fähig war, wenn sie argwöhnte, daß die Verbündeten ihr die Zustände des alten Königtums wieder auferlegen und dabei Frankreich zu einer Macht zweiten Ranges herabdrücken wollten. Wohl waren an den deutschen Grenzen vielfach Zeichen von Abscheu vor dem Despotismus und der Menschenschlächterei Napoleons zu bemerken. Wie es im Innern des Landes in den breiten Schichten des französischen Volkes aussah, darüber ließ sich nach den Erfahrungen der Revolutionskriege keine Rechnung aufstellen; der Gewalt der Regierung gegenüber hatte sich bisher nirgends merkbarer Widerstand geregt. Ein Mißerfolg der Verbündeten konnte ihren nur noch sehr schwachen Zusammenhalt sprengen und Napoleon wieder zum Herrn des Tages machen.

Es war bekannt, daß Napoleon nur mit einigen 60000 Mann nach Frankreich zurückgekehrt war. Schon im Oktober 1813 hatte er die Aushebung von 280000 Mann anordnen lassen; es hatte sich dabei aber ein so gewaltiger Ausfall ergeben, daß er Mitte November noch 300000 Mann gefordert hatte. Die Neuausgehobenen waren natürlich großenteils zunächst nicht im Felde verwendbar. Außerdem waren in den östlichen Grenzkreisen noch Nationalgarden zur Besetzung der Festungen herangezogen worden. Die Aufstellung eines neuen Feldheeres mußte bei dem Mangel an Offizieren und Unter-

offizieren unendliche Schwierigkeiten machen: Vor allem fehlte es
an Waffen, namentlich an Geschützen und an kriegstüchtigen Pferden.
Unter den Truppen an der Ostgrenze räumte im Dezember der Typhus
ganz gewaltig auf. Daß von der spanischen und italienischen Armee
und aus Holland keine Kräfte zurückgezogen seien, war den Verbündeten
bekannt. Immerhin trauten sie dem Kaiser nach seinen fabelhaften
Leistungen im vorigen Frühjahr zu, daß er in einigen Monaten
ein Feldheer von 200- bis 300000 Mann wieder aufgebracht haben
würde. Und was er mit seinem überragenden Genie selbst gegen große
Überlegenheit und mit zusammengerafften Truppen vermochte, hatte
seine glänzende Feldherrnlaufbahn gezeigt.

So war der Wunsch, ohne viel Blutvergießen zum Frieden zu
gelangen, allgemein. Daß die Ruhe Europas nur durch Napoleons
Sturz zu sichern und hierzu die Zertrümmerung seiner Heeresmacht
die Vorbedingung war, diese Erkenntnis blieb vielen verschlossen; in
der starken Schwächung Frankreichs erblickte sogar mancher Deutsche
gradezu eine Gefahr.

Einer der Feldherrn, die Frankreich bezwingen sollten, hoffte
selbst auf dessen Thron berufen zu werden. England verfolgte eigen-
nützige Ziele in den Niederlanden, Österreich in Italien. Den österreichischen Politikern lag deshalb besonders an dem Besetzen der
Schweiz und der Rhone-Linie; daß die maßgebenden militärischen
Sachverständigen nach derselben Richtung wiesen, gab den Ausschlag.
Ihrer Anschauung lag der zweifellos richtige Gedanke zugrunde, daß
Napoleon seine militärischen Machtmittel am schnellsten etwa an der
oberen Seine zu vereinigen vermochte und dort in der Flanke des
Vormarsches vom Mittelrhein auf Paris gestanden haben würde. Vor
allem aber sah die Kriegstheorie jener Zeit, die sich in einem über-
triebenen Berücksichtigen der Bodenverhältnisse gefiel, in der Hoch-
fläche, der die bei Paris sich vereinigenden Flüsse — Marne, Aube,
Seine — entspringen, den Schlüssel zu Frankreich (s. Skizze S. 152/3).
Von dem Besitz dieser Stellung allein schon erwarteten sie einen gewaltigen Druck auf die Nachgiebigkeit des Gegners.

Zur gerechten Beurteilung der damaligen Anschauungen über
Kriegführen muß man sich die großen Schwierigkeiten klarmachen,
die der Boden und der Raum der Leitung und Ausführung aller
Heeresbewegungen noch vor hundert Jahren entgegensetzten. An der
Stelle des heutigen engmaschigen Netzes von Kunststraßen gab es
nur wenige große Straßenzüge, die Paris mit den wichtigsten Grenz-
punkten verbanden. Wo heute zu jeder Jahreszeit die schwersten
Fahrzeuge verkehren können, blieb damals oft leichtes Geschütz stecken.

Bergzüge und Flußlinien hatten dadurch erhöhte Bedeutung; jede Umgehung war mit großem Zeitverlust verbunden. Die wenigen leichten Brücken waren schnell zerstört; die Truppenkörper waren mangelhaft mit Übersetz-Gerät ausgestattet, das Heranbringen der vorhandenen oder hergerichteten Hülfsmittel war oft schwierig. Das Herbeischaffen und Mitführen von Verpflegung und Schießbedarf hatte mit denselben Hindernissen zu kämpfen. Die wenigen guten Straßen waren obenein von zahlreichen Festungen gesperrt; ihre Bezwingung war um so zeitraubender, je schwieriger es war, schweres Geschütz zur Stelle zu schaffen. Die besten Nachschublinien bildeten die Wasserstraßen. So entbehrt die der Hochfläche von Langres beigelegte Wichtigkeit durchaus nicht jeder Begründung. Damals wurde aber zum Beispiel übersehen, daß grade in jener Gegend das Beschaffen von Lebensmitteln besondere Schwierigkeiten hatte. Zum Unglück trat der einflußreiche General v. Knesebeck auf die Seite der österreichischen Strategen, und der Zar ließ sich in ihr Fahrwasser ziehen.

So entstand der Feldzugsplan für 1814. Während die Nord-Armee Holland eroberte, sollte die Haupt-Armee über den oberen Rhein die Hochfläche von Langres gewinnen. Dort sollte die Haupt-Armee Anschluß an die mittlerweile aus Italien in Südfrankreich eingedrungene Armee nehmen und dem von Südwesten heranrückenden Wellington die Hand bieten, um mit ihnen gemeinsam auf Paris vorzugehen. Wellington stand allerdings schon bei Bayonne, aber die italienische Armee war noch östlich von der Etsch und die Alpenpässe waren verschneit; auf baldiges Vorgehen gegen Paris war also auf diesem Wege nicht zu rechnen.

In der Denkschrift über den Feldzugsplan hieß es dann: „Die Blüchersche Armee überschreitet gleichfalls den Rhein und hat die Aufgabe, die französische Armee zu beschäftigen und gegen sie zu manövriren, bis die Böhmische Armee die Verbindungslinien des Feindes erreicht haben wird. Blücher wird von einem Korps der Großen Armee unterstützt werden, das diese zur Beobachtung von Kehl und Breisach entsendet; es wird ihm unterstellt, wenn die große Armee ins Innere Frankreichs vorgeht.“ Die Blüchersche Armee sollte als „Beobachtungskorps des Oberrheins“ der Haupt-Armee den rechten Flügel und die Verbindungen decken.

Als Gneisenau lebhaft Einspruch dagegen erhob, daß seinem General eine beobachtende Rolle zuerteilt werde, ließ sich der Zar herbei, ihm unter Umständen angriffsweises Verfahren zuzugestehen. Dieser Freiheit wurden durch die Zusammensetzung und durch die Nebenaufgaben der Schlesischen Armee aber gleich wieder die Flügel gebunden. Blücher waren anfangs 120000 Mann versprochen worden. Aber die hessischen, badischen und württembergischen Truppen mußten erst neu gebildet werden; das Korps Kleist stand noch vor Erfurt, und von den endlich zur Stelle befindlichen 82000 Mann mußte die Einschließung von Mainz, Toul, Metz, Diedenhofen und Luxemburg bestritten werden. Gneisenau empfand lebhaft die der Schlesischen Armee „angelegten Fesseln".

Auf diese Weise war von vornherein an tatkräftige Kriegführung nicht zu denken. Obenein stellte Fürst Schwarzenberg seinem Plan die Grundsätze voran, die im vorigen Feldzug eingehalten seien und sich angeblich so sehr bewährt hätten. Da standen zwar die großen Worte: man wolle sich durch Festungen nicht aufhalten lassen, sondern wie bei Leipzig das Hauptquartier des Feindes zum Versammlungspunkt der Armeen nehmen. Aber als oberster Grundsatz war doch hingestellt: mit der Hauptmacht gegen die Flanken und Operationslinien des Feindes zu wirken und eine Schlacht gegen seine Masse zu vermeiden. Schwarzenberg übersah wohl absichtlich, daß diese Grundsätze niemals nach Leipzig geführt hätten, und vergaß, daß inzwischen Napoleons damaliges Heer fast vernichtet war; man ist versucht anzunehmen, die damaligen Feldherrn hätten sich vor Gespenstern gefürchtet.

Mildernde Umstände sind Schwarzenberg und seinen Ratgebern indes zuzuerkennen, wenn man gewahr wird, daß selbst Gneisenau von solchem Gespenstersehen nicht völlig frei war. Auch er stellte sich anfangs nicht die Vernichtung der feindlichen Streitmacht, die Einnahme der feindlichen Hauptstadt als nächste Aufgaben; er wollte zuerst die Haupt-Armee „am Mittelrhein operiren", die Schlesische Armee die „Richtung auf Maastricht und Antwerpen" nehmen, „die Nord-Armee sich der Yssel bemächtigen", eine vierte Armee „aus der Schweiz durch die Franche-Comté bringen" lassen. Bei solcher Zersplitterung der Kräfte hätte Napoleon zweifellos leichteres Spiel gehabt, als dem wirklich ausgeführten Plan des Zaren gegenüber, von dem Clausewitz anerkennt, daß er sich in seinem Hauptcharakter wenig von seinem eigenen Plan unterscheide.

Tatsächlich ist Clausewitz der einzige, von dem wir einen vorurteilsfreien Vorschlag zur Führung des Feldzugs aus jenen Tagen haben. Er allein verlangte von vornherein den Marsch unmittelbar in Napoleons Fußtapfen auf Paris. Gneisenau erklärte zwar, ganz mit ihm einverstanden zu sein, aber er bewegte sich doch in Gedanken an Festungs-Bedrohungen und Kommunikations-Sicherungen, wobei er allerdings hinzufügt, daß „es gleichfalls in meiner Berechnung lag, bei günstigen Umständen bis nach Paris zu bringen". Daß diese günstigen Umstände schon vorlagen, hatte ihm Clausewitz grade auseinandergesetzt.

Später hatte dann Gneisenau einen zweiten Plan aufgestellt, durch den er die Hauptkräfte der Verbündeten geschlossen auf Metz in Bewegung setzen wollte, wo er mit 175000 Mann anzukommen gedachte. Dort sollten die im Anmarsch begriffenen Ergänzungstruppen, 42000 Mann, abgewartet werden. Als erste Reserve würden sich bald weitere 100000 Mann nähern; allmählich könne eine zweite Reserve von 120000 Mann nachrücken. Falls die Verbündeten bis zum Eintreffen dieser letzten Verstärkungen noch nicht imstande gewesen sein sollten, den Frieden vorzuschreiben, „so setzen uns dann unsre großen Truppenmassen in den Stand, die Hauptstadt zu bedrohen und durch Abschneiden der Zufuhr zu unterwerfen."

Er hat dann anscheinend über das Zusammenwirken beider Armeen mit Radetzky nähere Verabredungen getroffen, die offenbar auf ein geschlossenes Vorgehen auf die feindliche Landeshauptstadt abzielten. Sehr festes Vertrauen hatte er auf solche Zusagen aber nicht. „Alle Nachrichten lauten übereinstimmend, daß in Frankreich wenige Truppen und schlecht bewaffnet und nicht vom besten Willen beseelt zusammen sind," schrieb er Ende Dezember. „Ist dies wirklich der Fall und begehen wir nicht sehr große Fehler, so mögen wir auf Paris losgehen. Aber ich sehe oft durch Unentschlossenheit und Trägheit die vielversprechendsten Entschlüsse scheitern und will daher nicht voreilig in meinen Vorhersagungen, sondern sein mißtrauisch sein." Erst als die Schwerter wieder aneinanderklangen und im Zusammenwirken mit seinem zuversichtlichen Feldmarschall überkam auch ihn wieder die alte Kühnheit, und bald drängte auch er mit wahrer Leidenschaft nach Paris.

Wie Volk und Heer, so hatte auch Blücher von vornherein Paris als das Ziel aller Anstrengungen angesehen. Bereits Mitte November hatte er sich im Geist in die Hauptstadt Frankreichs einziehen sehen, allerdings auf dem Umwege über Brabant. Als er sich jetzt von Hardenberg verabschiedete, antwortete er auf die Frage: „Wo werden wir uns wiedersehen?" mit seinem fröhlichsten Lachen: „Im Palais Royal," dem Sammelplatz der Pariser Lebewelt. Blücher erwartete nur schwachen Widerstand in Frankreich zu finden. Noch Mitte Januar äußerte er gegen den General Rüchel: „Der Krieg kann nicht mehr von Dauer sein und ich glaube selbst, daß der Friede näher ist, als man denkt." Doch das hielt ihn nicht von kräftigem Auftreten ab. Wie im Vorjahr war er fest entschlossen, über die Festsetzungen des Feldzugsplans

hinweg zu tun, was ihm für das Gelingen des großen Werks
nötig schien. Er fühlte sich durch keine irdische Macht gebunden.
„Mein Glück ist," schrieb er an Rüchel, „daß ich nicht eingeschränkt
bin und ganz nach meinem Sinn handeln kann." Aber er gedachte
bei diesem stolzen Wort auch seines Ratgebers: „dazu habe ich an
Gneisenau einen guten Gehülfen." Als er Stein in den letzten
Dezembertagen um „seinen Segen" für den Einmarsch in Frankreich
bat, fügte er hinzu: „Vorwärts soll es gehen, dafür stehe ich Ihnen."

Der Rhein-Übergang.
1. bis 3. Januar.

Als in den ersten Dezembertagen 1813 der Entschluß, den Krieg
nach Frankreich hinein fortzuführen, der Welt durch eine Erklärung
der Verbündeten an das französische Volk verkündet worden war, hatte
Fürst Schwarzenberg am 9. Dezember Frankfurt mit dem Entschluß
verlassen, den Einmarsch in die Schweiz, den der Zar mißbilligte,
auf seine eigene Verantwortung zu nehmen und sofort in Frankreich einzubringen. Das Blüchersche Hauptquartier rechnete darauf,
daß die Haupt-Armee in der Woche vor Weihnachten den Rhein
überschreiten werde. Dann wollte es auch selbst dem unerträglichen
Zustand des Wartens ein Ende machen. Auch die Verpflegung der
anwachsenden Armee bereitete immer größere Schwierigkeiten; zunächst
aber stellte die Natur unüberwindliche Hindernisse entgegen: „Der
Rhein geht so stark mit Grundeis, daß ich keine Brücken schlagen kann,"
hatte Blücher schon Mitte Dezember erklärt; „indessen muß der Strom
in Kurzem stehen oder es gelinder Wetter werden; in jedem Fall gehe
ich hinüber, schließe Mainz auch von jener Seite ein, lasse ein
Korps Truppen vor der Festung und ich gehe weiter, denke bald
in Brabant zu sein ... In Zeit von 10 Tagen werde ich hier
100000 Mann wirkliche Kombattanten zusammenhaben und damit
läßt sich dann schon was machen. Freilich werde ich wohl ein nicht
unbedeutendes Korps vor Mainz lassen müssen." Einige Tage später
kündete er seiner Frau seinen baldigen Aufbruch an; seine Armee
werde bald 120000 Mann zählen. „Mit so viel Menschen kann man
nicht lange auf einem Fleck stehn, ohne in Not zu geraten. Unsre
Truppen werden in Bälde ganz Holland in Besitz haben, und ich denke
denn auch bald in Brabant zu sein und Flandern zu besetzen. Zu
großen Schlachten glaube ich nicht, daß es mehr kommt. Die vielen

Festungen geniren uns sehr." „Die Schwierigkeiten der Erhaltung
der Armee dauern fort", äußerte er dem Fürsten Schwarzenberg
gegenüber, „und wünsche ich nichts mehr, als daß die Operationen
der Großen Armee bald so weit vorgeschritten sind, daß auch die
Schlesische anfangen kann." Das Schreiben kreuzte sich mit einem
solchen Schwarzenbergs, in dem er mitteilte, daß nach seinen Nachrichten der Feind an der ganzen Ostgrenze zum Gebrauch im freien
Felde wahrscheinlich nicht mehr als 50000 Mann bereit habe; er
trieb deshalb seinerseits Blücher zum Rhein-Übergang. Sofort beschloß Blücher, nicht länger zu zögern; eigenhändig benachrichtigte
er die Korpsführer, daß die Armee den Rhein mit Tagesanbruch des
1. Januar überschreiten werde.

Blücher sah es als seine Aufgabe an, durch das Überschreiten
des Rheins den Feind daran zu hindern, sich mit Überlegenheit auf
eine der anderen nach Frankreich vorrückenden Kolonnen, namentlich
auf das schwache Korps Bülow in den Niederlanden zu werfen.
„Um aber Napoleon seine Kräfte zu teilen, entschloß ich mich den
1. Januar an drei Stellen . . . den Rhein zu passiren und gleich
mit viel Menschen vorzubringen," schrieb er später an Rüchel. Außer
der Besatzung von Mainz wußte man sich stromab bis Koblenz
4000 Mann gegenüber und ebensoviel stromauf bis Speyer; außerdem
sollten sich 16000 Mann in der Nähe befinden, die für Mainz
bestimmt seien. Der Übergang sollte in breiter Front vom Korps
Sacken an der Neckar-Mündung bei Mannheim, von der Koblenz
gegenüberstehenden russischen Division Saint-Priest dort an der Lahn-
Mündung, vom Rest des Langeronschen Korps, soweit es nicht vor
Kastel stehen blieb, und von York bei Kaub halbwegs zwischen
Koblenz und Mainz erfolgen. Strenge Geheimhaltung wurde überall
zur Pflicht gemacht. Blücher verlegte sein Hauptquartier am 29. Dezember rückwärts nach Frankfurt, um den Glauben zu erwecken, es
würden Winterquartiere bezogen: „da er nun doch einmal den Winter
auf der Bärenhaut liegen müsse, so solle es in Frankfurt geschehen."
Am 30. aber brach er in den Taunus nach Langenschwalbach auf;
von dort aus erinnerte er seine Soldaten sowohl an ihre bisherigen
Siege als an strenge Mannszucht auch im Feindeslande.

Bei Einbruch der Silvesternacht ritt Blücher in das Städtchen
Kaub hinunter. Aus der Mitte der dunklen Wogen und der im
Sternenlicht glitzernden Eisschollen ragte mit beschneiten Dächern
die vieltürmige Pfalz. Diese Stelle, wo die Felsinsel Schutz und Halt
für den Brückenbau gewährt, hatte Gneisenau zum Übergang ersehen.
In der Pfalz hatten sich preußische Jäger eingenistet, die auch ober-

halb an den engsten Stellen bereit lagen, die Straße am anderen Ufer mit ihren Büchsen zu beherrschen. Hier bei Kaub fließt der 400 Meter breite Strom zwischen 250 Meter hohen Bergen, deren Felswände kaum den Platz für schmale Talstraßen lassen. Die unteren Hänge sind auf der Ostseite mit Weingärten besetzt, auf der Westseite bewaldet. Die freien Höhen über Kaub gestatten gute Artillerie-

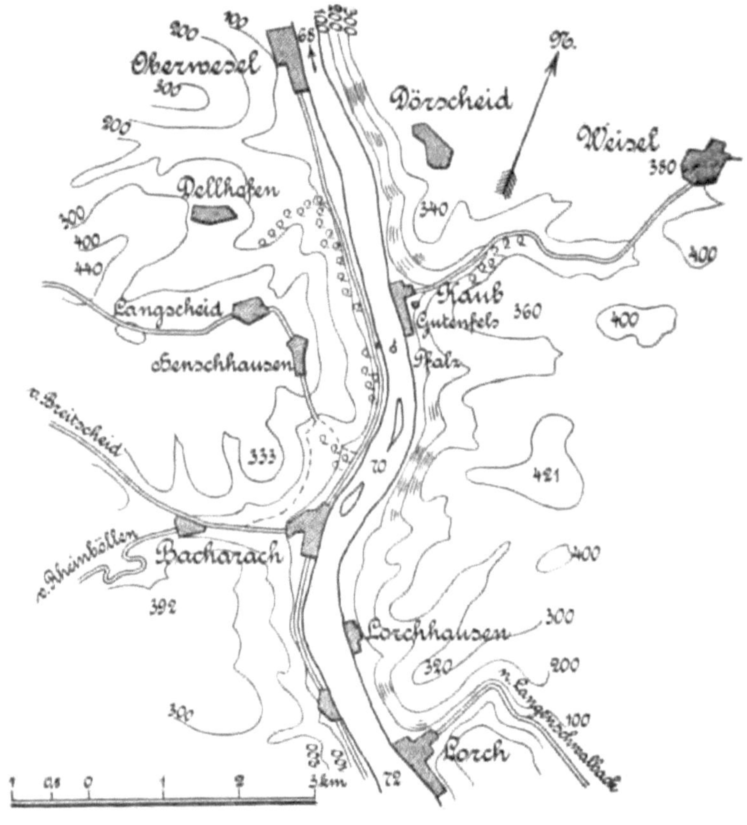

wirkung nach beiden Seiten ins Tal und auf die gegenüberliegende Hochfläche. In der Nacht wurden hier zwei Batterien Zwölfpfünder in Stellung gebracht.

Um Mitternacht stand Yorcks Vorhut bereit. Auf dem anderen Ufer gewahrte man nichts als das Licht im Fährhäuschen. Endlich um ½3 Uhr waren die bei Lorch und Lorchhausen ins Wasser gelassenen Kähne zur Abfahrt bereit. Zunächst wurden 200 Mann hinübergesetzt; sie landeten unter lautem Hurra und vertrieben den schwachen feindlichen Posten am anderen Ufer. Gleichzeitig begann der Brückenbau mit russischen Leinwandkähnen; Strom und Eisgang waren aber so hinderlich, daß um 9 Uhr erst der Teil bis zur Insel fertig wurde. Inzwischen war die Masse der Vorhut-Infanterie in Kähnen ans andere Ufer übergesetzt, hatte die von rechts und links herbeieilenden kleinen französischen Abteilungen zurückgeworfen, den Talrand erklettert und Bacharach und Oberwesel besetzt. Jetzt ging General v. Katzler mit 2 Schwadronen und 2 Geschützen von der Insel aus auf Flößen hinüber, um weiterhin aufzuklären.

Blücher gedachte seines letzten Rhein-Übergangs vor 19 Jahren und seines damaligen Waffengefährten L'Estocq; dem 75jährigen Sieger von Eylau, der jetzt das Gouvernement zwischen Oder und Elbe führte, schrieb er: „Ich habe Gottlob am feierlichen Neujahrstage abermals den Rhein passirt, hier dicht bei Kaub. Bis diesen Augenblick sind 4000 Mann Infanterie mit Kähnen übergesetzt; die Brücke wird gegen Mittag fertig; alsbann folge ich mit dem ganzen Armee-Korps."

Das Korps York hatte sich mit der Masse bei Weisel versammelt; es war anfangs darauf gerechnet, daß das Korps von 10 Uhr ab die Brücke würde überschreiten können. Der zweite Teil des Baues ging aber noch langsamer vorwärts, und als nachmittags nur noch ein kurzes Stück fehlte, gaben die Anker nach; das russische Brückengerät war solch starkem Strom nicht gewachsen; der abgetriebene Teil mußte ganz von neuem gebaut werden. Es wurde deshalb mit dem Übersetzen der Infanterie in Kähnen fortgefahren. Hurrarufen und Feldmusik hallten über den herrlichen Strom.

Im Laufe des Tages kam von Koblenz die Meldung, daß die Division Saint-Priest die Stadt in der Morgenfrühe unter geringem Verlust überrumpelt, eine Anzahl Gefangene gemacht und einige Kanonen erobert habe. Das Übersetzen der Masse der Division ging aber bei dem zunehmenden Eisgang nur langsam vonstatten.

Die Brücke bei Kaub wurde endlich am 2. Januar morgens fertig; da aber Geschütze und Fahrzeuge weite Abstände halten mußten, dauerte der Übergang des Korps York bis in die Nacht hinein. Erst am 3. folgten Langerons Truppen. Blücher hatte sich nach Bacharach begeben; von hier schrieb er am 3. seiner Frau: „Der Neujahrsmorgen war für mich erfreulich, da ich den stolzen Rhein passirte. Die Ufer ertönten von Freudengeschrei und meine braven Truppen empfingen mich mit Jubel ... Der Lärm von meinen braven Kameraden ist so groß, daß ich mich verbergen muß, damit Alles zur Ruhe kommt. Die jenseitigen deutschen Bewohner empfangen uns mit Freudentränen."

Auch Sacken hatte seinen Stromübergang unter den Augen König Friedrich Wilhelms glücklich bewerkstelligt; doch hatte ein der Neckar-Mündung gegenüberliegendes Werk erstürmt werden müssen, wobei die Russen 200 Mann verloren, aber auch 6 Kanonen erbeuteten und mehrere hundert Gefangene machten.

Blücher betrachtete den vollzogenen Übergang mit Recht als ein wichtiges Ereignis. Stolz berichtete er in die Heimat: „der ganze Übergang kostete mich 300 Mann. ... So lange der Rhein Rhein heißt, hat noch keine Armee von 80000 Mann ihn wohlfeiler passirt als die meinige, denn ich habe noch 13 Kanonen dabei erobert und 2000 Gefangene gemacht; hatte dabei das Unglück, daß meine Brücke beim Übergehen durch den Strom zerrissen wurde; aber, wem das Glück wohl will, so muß Alles zum Besten gedeihen."

Das schwierige und angesichts des Feindes gefährliche Unternehmen war durch geschickte Anordnungen überraschend und erfolgreich durchgeführt. Das neue Jahr begann für Blücher glückverheißend. Die Tat, vor der die Große Armee zurückgeschreckt war, brachte ihm neues Vertrauen bei Volk und Heer. Nun sollte er Mainz völlig einschließen; dadurch ließ er sich aber nicht einen Tag aufhalten: „für meine Person gehe ich mit der Armee gleich vorwärts." „Es soll den Franzosen schwer werden," schrieb Blücher an Hardenberg, „mich in meinem Zuge aufzuhalten; ich werde mich anstrengen, daß ich einhole, was die Große Armee und die holländische voraushaben und so in der Gegend von Metz erwarte ich, was Bedeutendes vom Feinde."

<hr>

Zur Haupt-Armee an die Aube.
4. bis 28. Januar.

Blücher hatte darauf gerechnet, daß seine Armee Ende Dezember auf 100- bis 120000 Mann verstärkt werden würde. Die beiden russischen Korps waren wieder auf 60000 Mann ergänzt worden; Yorks Korps erreichte am 1. Januar die Stärke von 21500 Mann. Außerdem sollten dem Feldmarschall das preußische Korps Kleist, das bisher Erfurt eingeschlossen hatte, sowie das 4. und 5. deutsche Korps unter den Prinzen von Hessen und von Koburg unterstellt werden. Blücher erließ denn auch an sie einen schwungvollen Begrüßungsbefehl. Von den beiden Bundeskorps erwartete er gleich nicht viel; er meinte: „mit den Fürsten werde ich meine Not haben." Aber Kleist konnte erst Anfang Januar von Erfurt mit einem Teil seiner Truppen folgen; erst gegen Mitte Februar stieß er mit 8000 Mann zur Armee. Die beiden anderen Korps kamen dem Feldheer nur dadurch zugute, daß sie dessen Truppen Ende Januar und Anfang Februar vor Mainz und den Mosel-Festungen ablösten. Auch das Aufbieten des Landsturms auf dem rechten Rhein-Ufer scheint keine großen Ergebnisse geliefert zu haben. Da nun das Korps Langeron zur Einschließung von Mainz zurückblieb, standen Blücher zum Vormarsch gegen die Saar nur gegen 50000 Mann zur Verfügung.

Schwarzenberg hatte ihm mitgeteilt, daß er am 20. Januar die ganze Haupt-Armee auf den Höhen von Langres versammelt haben werde. Der Feind ziehe eine Armee zwischen Straßburg und Metz zusammen; das Korps Wittgenstein, das bei Rastatt über den Rhein gegangen war, sei zu schwach, um den Feind daran zu hindern, daß er „weder auf dem linken Rhein-Ufer gegen Hüningen in meine rechte Flanke noch durch einen Übergang bei Kehl auf dem rechten Rhein-Ufer in meinen Rücken zu detachiren im stande sei". Schwarzenberg forderte Blücher deshalb zu einer Bewegung gegen Metz und Nancy auf; er werde die Bewegungen der Haupt-Armee entsprechend regeln, „um jenen Grundsätzen getreu zu bleiben, die uns schon in Sachsen so fruchtbare Erfolge gebracht haben, und fortwährend dahin abzielen müssen, daß derjenige von uns, gegen welchen die Hauptmacht des Feindes sich direkt wendet, derselben ausweichend, dem Nachbar Gelegenheit giebt, durch eine Bewegung in die Flanken des Feindes um so empfindlicher auf selben und entscheidender zu Gunsten unsrer gemeinschaftlichen Operationen zu wirken."

Bei solcher zaghaften Auffassung der Lage hatte Blücher allen weitergehenden Plänen auf Brabant und Flandern entsagt und sich entschlossen, gleich nach dem Übergange näher an die Haupt-Armee heranzugehen. Er teilte Schwarzenberg mit, er werde seinen Vormarsch zunächst gegen Metz richten; bis dahin werde er wahrscheinlich keinen großen Widerstand finden. Der Fürst drückte ihm darauf lebhaft sein Einverständnis aus.

Der gewaltigen umfassenden Bewegung der Verbündeten vom Genfer See bis zur Rhein-Mündung hatten die längs des Stroms verteilten schwachen französischen Truppen keinen ernsten Widerstand entgegensetzen können. Doch mußte man darauf gefaßt sein, daß nun gegen eine oder die andere übergegangene Kolonne Gegenstöße erfolgen würden. Blücher hatte deshalb zunächst das Zusammenschließen seiner auf 100 Kilometer auseinandergezogenen und durch eine große feindliche Festung getrennten Korps südwestlich von Mainz angeordnet. Während Langeron die Einschließung der Festung vollendete, sollte Yorck durch den Hunsrück nach Kreuznach, Sacken rheinabwärts auf Alzey rücken; so näherten sich die beiden für den Feldkrieg zur Verfügung stehenden Teile am 4. Januar einander auf 20 Kilometer. Zum Schutz der rückwärtigen Verbindungen sollte ein Brückenkopf vor der bei Mannheim zu schlagenden Schiffbrücke angelegt, außerdem aber eine Brücke bei Oppenheim oberhalb Mainz hergestellt werden, über die die Hauptverbindung der Armee mit Frankfurt zu gehen hatte. Bei Kaub mußte eine Fähre genügen. „Nachdem die Rhein-Übergänge auf diese Art gesichert sind, so werden die Korps von Sacken und von Yorck gegen die Saar operiren;" das Nähere würden die Umstände ergeben. Nun war nur vor dem Korps Sacken eine stärkere Abteilung unter Marschall Marmont nach Westen gewichen. Sacken hatte Kavallerie ihr gegenüber gelassen, war selbst aber zur Vereinigung mit Blücher abgerückt; am 4. stand er in Kirchheimbolanden und südlich.

Im Hauptquartier zu Kreuznach faßte man nun den Plan, gegen Marmont etwas zu unternehmen. „Er soll," schrieb Gneisenau, „wofern er sich nicht in den ersten Tagen über die Vogesen fortbegiebt, uns nicht entgehen oder sich nach Landau retten müssen." Als dann die Nachricht einlief, daß Marmont auf Kaiserslautern zurückgewichen sei, hoffte Gneisenau, Marmont noch am jenseitigen Abhang des Gebirges zu treffen. Sacken erhielt den Befehl, ihn in der Front festzuhalten, Yorck sollte ihn durch Vorgehen längs der Glan abschneiden. Da aber erst am 6. der Vormarsch beginnen konnte, rechnete Gneisenau schon mit Marmonts Entweichen: „flieht er oder sind wir mit ihm fertig, so gehen wir gegen Metz, um der dort sich sammelnden Armee eine Schlacht anzubieten." Er rechnete dabei auf die Mitwirkung Wittgensteins und Wredes.

Wittgenstein, der Führer der Verbündeten bei Groß-Görschen und Bautzen, war mit der Einschließung von Straßburg und der Sicherung der Rheinstrecke Mannheim—Breisach beauftragt; er konnte wohl 15000 Mann erübrigen, um sie Blücher anzuschließen.

Die Marschlinie des starken Korps Wrede, das die rechte Flügelkolonne der Haupt-Armee bildete, lief über die mittleren Vogesen an die obere Mosel. Wrede war sehr geneigt, Blüchers kräftiges Vorgehen zu unterstützen. Gneisenau rechnete darauf, daß er dazu mit 45000 Mann verfügbar sein werde. „Dieses zusammen mit dem, was wir erübrigen können," schrieb er an Clausewitz, „bildet eine Armee, die hinreichend ist, eine Schlacht derjenigen Armee anzubieten, die der französische Kaiser bei Metz zu versammeln im Stande sein möchte." Sollte die Schlacht sich ungünstig wenden, so würde die überlegene Kavallerie ermöglichen, sie abzubrechen, und dies der österreichischen Armee Zeit geben, heranzukommen. „Wir wagen also sehr wenig um Viel, ja Alles zu gewinnen; denn bei einem erfochtenen Siege dürften wir wohl bis nach Paris marschieren können ohne viel Hindernisse zu finden."

Marmont entkam ohne Verlust, da die Bewegungen der Schlesischen Armee in dem gebirgigen Lande bei dem schlechten Wetter nur langsam sein konnten. Dies schleunige Zurückweichen und Nachrichten aus Frankreich, die von großer Bestürzung und Verwirrung, Schwierigkeit der Heeresbildung und Mangel an Gewehren berichteten, bestärkten die hoffnungsvollen Anschauungen in Blüchers Hauptquartier. „Ich denke in Kurzem mitten in Frankreich zu sein," schrieb er seiner Frau, der er immer wieder einen baldigen Frieden in Aussicht stellte. Die weiteren Absichten des Blücherschen Hauptquartiers waren, die Kräfte des Feindes dadurch zu teilen, „daß wir versuchen, ihn zu nötigen, in alle Festungen Saarlouis, Metz, Diedenhofen, Luxemburg Garnisonen zu werfen." Das sollte aber nicht davon abhalten, am 20. zur gemeinsamen Operation mit der bei Langres eintreffenden Haupt-Armee bereit zu sein. Der Marsch wurde deshalb in breiterer Front gegen die Saarstrecke Merzig, Saarlouis, Saarbrücken, Saargemünd fortgesetzt.

„Blücher genoß jetzt der vollkommensten Gesundheit," schreibt Graf Schwerin, des Königs Nachrichtenoffizier beim Feldmarschall; „mit einer Jugendkraft, die seine Umgebung in Erstaunen setzte, unterzog er sich allen Strapazen des Feldzugs, die ihn kaum zu berühren schienen ... Auf dem Marsch kam er nicht vom Pferde ... Die Gegenden, durch die der Marsch ging, waren ihm aus der Rheinkampagne sehr wohl bekannt — tausend lebhafte Erinnerungen würzten noch die Freude, die er überhaupt an diesem Kriege hatte und gaben oft Veranlassung, die Treue und Klarheit seines Gedächtnisses zu bewundern." Nach dem Marsch legte er sich einige Zeit nieder und erschien dann in der lebendigsten Stimmung zum gemeinsamen Essen. „Es war überhaupt ein sehr munteres Leben im Blücherschen Hauptquartier. Der alte Feldmarschall war von der glücklichsten Laune und teilte sie mit seiner Umgebung. Über jene war gewiß nicht zu klagen, eher über einen zu freien Ton. Vorzüglich gehörten die Tischreden zu den kräftigsten. Während man nun lieber das Gesagte nicht gehört hätte und es am wenigsten wiederholen konnte," verlangte der für Blücher begeisterte englische Oberst Lowe von Schwerin eine treue Übersetzung und brachte damit den Dolmetscher in nicht geringe Verlegenheit.

An der Saar setzte der mit Eis treibende Fluß stärkeren Widerstand als der Feind dem Vorgehen entgegen; erst am 11. konnte er überschritten werden. Jenseits wurden die Hauptkräfte der beiden Korps bei Sankt Avolb—Falkenberg zusammengezogen, um gegen ein Frontmachen des Feindes bei Metz gewappnet zu sein. Man wußte sich Marmont bei Metz, Victor und Ney bei Nancy gegenüber. „Unsre ferneren Schritte wollen wir nach denen des Feindes und nach den Fortschritten der Schwarzenbergschen Armee abmessen," schreibt Gneisenau. „Wir denken, daß es gut sei, dreiste Bewegungen zu machen selbst auf die Gefahr hin, einige Rückschritte machen zu müssen." Vom Fürsten Schwarzenberg wurden Nachrichten und Weisungen erbeten.

Blücher schrieb damals in die Heimat: „Ich bin heute [nur] noch 8 Stunden von Metz entfernt, gedenke übermorgen auch vor dieser Feste zu erscheinen. Nun hat Napoleon die Nation aufgerufen; Alles von 20 bis 60 Jahren soll die Waffen ergreifen, aber ich glaube, es fehlt selbst schon an Waffen. Wir werden freilich noch einen Kampf bestehen müssen; gelingt dieser, so muß der Friede erfolgen, und ich hoffe, er soll gelingen. — Die Sterblichkeit ist hier sehr groß und die Nation Alles müde. Mangel haben wir nicht und unsre Menschen sind in der besten Stimmung. Machen wir nicht dumme Streiche, so ist alles Gute zu erwarten. — Ich weiß von den andern Armeen nicht viel und treibe mein Wesen für mich. In Holland scheint es auch gut zu gehen und die Große Armee ist durch die Schweiz vorgedrungen. Ich denke bald mir mit ihr die Hand zu bieten. — Bald erwarte ich eine Verstärkung, 12000 Hessen unter dem Kurprinzen und General Dörnberg; so auch unter dem Herzog von Koburg 12000 Mann; ... aber es geht auch täglich viel ab, denn wir kriegen viele Kranke und das Transportiren der Gefangenen und Deserteure raubt mir viel Menschen.... Meine Russen deren ich 50000 bei mir habe, beweisen mir ein Zutrauen ohnegleichen und haben mir den Namen des deutschen Suwarow gegeben. Die Bravur unsrer Truppen ist außerordentlich und unsre Landwehren geben den alten Truppen Nichts nach."

Als nun Nachrichten vom Abmarsch des Feindes von Metz auf Verdun einliefen, entschloß sich Blücher, Yorck einige Tage vor den Mosel-Festungen zu lassen, mit dem Korps Sacken aber auf Nancy weiterzugehen und dem Feinde mit der Armee zu folgen, sobald das schon von Mainz herankommende Infanteriekorps Olsufiew vom Korps

Langeron eingetroffen und York durch Kleist abgelöst sei. „Die Reise
geht also auf Paris;" schrieb Blücher an Rüchel, „sobald ich meine
Truppen alle an mich gezogen habe, werde ich folgen . . . Kommt die
Große Armee so weit vor, daß eine Vereinigung unter uns stattfinden
kann, so glaube ich, daß wir vollkommen stark genug sind, um einen
so entscheidenden Schlag zu machen, wodurch Alles entschieden wird.
Napoleon kann auch nun eine starke Armee gegen uns aufstellen, aber
es sind koncertirte [zu Soldaten gepreßte] und mutlose Menschen,
schlecht bewaffnet und bekleidet; unsre sind von Allem das Gegenteil,
von Mut und dem besten Willen beseelt; meine 50000 Russen, die
ich bei mir habe, folgen mir bis ans Ende der Welt und die Bravur
meiner eigenen Truppen ist nicht zu übertreffen. Das Übelste ist, daß
es mir an Offizieren fehlt; ich habe deren zu viel verloren."

Blüchers und Gneisenaus Stimmung war wieder leidenschaftlich auf Kampf und Sieg gerichtet. An seine Frau schrieb der Feldmarschall: „Hier bin ich nun in Frankreich herein und bald wird
es nun wieder ans Schlagen gehen; noch eine derbe Schlacht, die wir
gewinnen müssen und werden, dann wird der Friede erfolgen." Er
riet seiner Frau, die vorgeschlagene Reise nach Frankfurt aufzugeben,
„es sei denn, daß Du mich in Paris besuchen willst." Aber so
kampfesmutig der alte Held war, so sehr sehnte er sich nach dem
Frieden: „Sind wir glücklich und erfolgt der Friede, so sage ich auf
der Stelle adio Herrendienst; ich habe es satt, so viel Leiden der
Menschen zu sehen, denn der Krieg hat eine mörderische Gestalt
angenommen."

Grade in diesen Tagen aber trat die Gefahr eines verfrühten
Friedensschlusses mehr in den Vordergrund. Napoleon drängte zu
Verhandlungen. „Ich zittre vor Furcht," schrieb Gneisenau an
Stein, „daß man sich von Friedensanerbietungen des Kaisers
Napoleon täuschen lassen und uns in unserm Siegeslauf aufhalten wird. Nur in Paris können wir einen Frieden vorschreiben,
wie ihn die Ruhe der Völker bedarf." In immer neuen leidenschaftlichen Auseinandersetzungen beschwor er Stein, Hardenberg, Knesebeck
und Radetzky, die Heere weiter auf Paris rücken zu lassen. Bei Stein
stachelte er den Haß gegen die Unterdrücker an; von ihm und Hardenberg forderte er, der Völkerrache zu ihrem Recht zu verhelfen. „Willkommen bald in Paris, wenn wir den Mut haben, dorthin zu gehen
und den Verstand, es auf die rechte Weise zu tun," rief er ihnen zu.
Knesebeck stellte er vor, die Schlacht, die noch geliefert werden müsse,
werde weder hartnäckig noch gefährlich sein. „Die Zusammensetzung
der feindlichen Truppen ist zu schlecht. Das ganze System unsrer

Feinde ist wurmstichig." Gegen Radetzky versicherte er: „als treue
Waffengefährten sind wir bereit zu Allem, was der Herr Fürst
wünschen wird, mitzuwirken." Beide bat er, alle Truppen vom Rhein
her zu einer „Völkerwanderung" auf Paris in Bewegung zu setzen.
14 Märsche seien es noch bis dorthin; „in 18 Tagen etwa ist Marsch
und Schlacht vollendet und Sieg und Friede erfochten." Er rechnete
ihnen vor, daß genügende Munition vorhanden sei.

Den Systematikern der alten Schule suchte er das Vorgehen
dadurch schmackhaft zu machen, daß er ihnen auseinandersetzte, an
der Stelle, wo unterhalb der Yonne-Mündung der Kanal von der
Seine zur Loire abzweige, könne man Paris auf unblutigem Wege
zur Unterwerfung bringen, da dort die Ernährung der Hauptstadt zu
unterbinden sei. Blücher gab seinen Empfindungen Hardenberg gegenüber mit den Worten Ausdruck: „In wenigen Monaten muß es
Frieden sein oder ich pflanze mein Kriegspanier auf Napoleons
Thron und er marschirt nach Korsika."

Diese Ausbrüche der Leidenschaft, die das Empfinden des deutschen Volkes ausbrückten, kamen im richtigen Augenblick an die
leitende Stelle, wo Kaiser Franz dem Fürsten Schwarzenberg grade
befohlen hatte, sich jeder Angriffsbewegung zu enthalten, um die
Friedensunterhandlungen nicht zu stören.

Blücher setzte unterdes seine Bewegung fort; am 17. zog er
mit Sacken in die Hauptstadt Lothringens ein, von den Einwohnern
feierlich als Friedensboten bewillkommnet. Die Ansprache des Stadt-
oberhaupts erwiderte der Feldmarschall mit einer von Gneisenau
entworfenen Rede, die mit den Worten schloß: „Möchte ich für Euch
namentlich, brave Lotharinger, die alte gute Zeit zurückrufen können,
womit die sanfte Regierung Eurer Herzöge Euch einst beglückte!"
Die Rede wurde als Flugblatt in französischer Übersetzung verbreitet.
Verschiedentlich begann Blücher seine Reden an französische Ab-
ordnungen in deren Sprache, und wenn er dann nicht weiter konnte,
wandte er sich wohl an Graf Goltz: „Na, Goltz, sagen Sie ihnen
das Übrige." In Nancy hob er die drückendsten Abgaben auf und
jagte, wie er sich ausdrückte, alle Douaniers, Employés und Gendarmen
zum Teufel. Blücher hatte seine Freude an der Schönheit und den
Annehmlichkeiten der Stadt, in der er das preußische Krönungsfest
feierte. „Gern hätte ich hier geruht, aber die Umstände lassen es
nicht zu. ... Morgen marschire ich auf Toul und so immer weiter
nach Paris. Wenn Alles geht, wie es gehn soll und muß, so wird
in kurzer Zeit der Frieden vollzogen; der Kaiser Napoleon ist nun
mürbe und kann nicht länger widerstehn ... Die Schlesische Armee

ist wieder sehr glücklich in ihren Operationen und wird wahrscheinlich die erste sein, die die Türme von Paris sieht."

So schnell ging es nun nicht vorwärts. Die Hoffnungen des alten Helden sollten sich erst nach monatelangem, schwerem Ringen erfüllen. Einer schnellen Kriegführung traten in Frankreich noch ganz besondere Hemmnisse entgegen.

Für die Entschließungen der Führer, für die Ausgabe und das Verständnis der Befehle, für die Schnelligkeit und Gründlichkeit der Erkundungen war z. B. der Mangel an Karten und deren Ungenauigkeit ein großes Erschwernis. Dazu kamen die Sprachschwierigkeiten mit den Einwohnern und zwischen Preußen und Russen. „Man empfängt uns allerorten gut," schrieb Blücher seiner Frau; „nur schade, daß unsre Leute ebenso wie die Russen nicht mit den Einwohnern sprechen können, wodurch denn manches Mißverständnis unter ihnen entsteht." Der anfängliche gute Wille der Landbevölkerung ging unter dem Druck des Krieges bald in Feindseligkeit über. Unter allen diesen Verhältnissen hatte ganz besonders die Verbindung zwischen den Hauptquartieren zu leiden; es kam vor, daß eine Mitteilung Schwarzenbergs fünf Tage gebrauchte, bis sie in Blüchers Händen war. Da nun ein Oberbefehl eigentlich fehlte und man durch Höflichkeit das Einvernehmen zu erhalten strebte, liefen vielfach Unklarheiten unter, die zu gegenseitigen Überraschungen führten. Auf das Schwarzenbergsche Hauptquartier übte die Politik einen Druck aus, der zu plötzlich wechselnden Entschließungen zwang. Obenein mußte der ganz verschiedene Charakter der Feldherren und ihrer Berater, die Verschiedenheit der Kriegsschulung, die Verschiedenheit in der Auffassung der Leistungen Frankreichs und der Gewalt Napoleons zu durchaus verschiedenen Anschauungen über die Ziele führen, die zu erreichen waren; an bösen Willen und Unfähigkeit braucht man zur Erklärung der Reibungen gar nicht erst zu glauben.

Jetzt hemmte auch die Ungunst des Wetters die Heeresbewegungen. Der Angriff auf Toul konnte infolge der Überschwemmungen, die der beständige Regen veranlaßt hatte, erst am 20. ausgeführt werden, gelang dann aber auch. Dadurch wurden kriegsgefangene Spanier befreit, denen gleich der Schutz der Verbindungen übertragen wurde. Auch fand sich ein reichlicher Vorrat von Ladungen vor, die für das russische Feldgeschütz brauchbar waren. Die Kavallerie vermochte nicht über die angeschwollene Maas vorzudringen, da der Feind alle Übergangspunkte besetzt hatte. Auch war an Stelle von Wittgenstein, der jetzt erst von Zabern aufbrach, nur dessen Kavallerie unter Graf Pahlen herangekommen. Wrede dagegen war zwar mit

30000 Mann am 20. bei Neufchateau an der Maas eingetroffen, wurde aber durch einen Befehl Schwarzenbergs veranlaßt, näher an die Haupt-Armee heranzurücken.

Das Blüchersche Hauptquartier folgte am 22. nach dem Eintreffen Olsufiews dem Korps Sacken, dem es an diesem Tage gelungen war, die Maas zu überschreiten. Der Feind war überall auf Chalons ausgewichen. Man berechnete, daß er dort 40000 Mann versammelt haben könnte und redete dem Fürsten Schwarzenberg zu, zwischen Seine und Yonne bis in die Höhe von Troyes vorzurücken, wo sich das Korps Wrede anschließen könne, während die Schlesische Armee am 30. mit 40000 Mann in die Linie Vitry—Arcis a. d. Aube einrücken werde. Da von Blüchers Kavallerie noch namhafte Teile vor den lothringischen Festungen standen, suchte er sich die Hülfe Pahlens zu sichern für den Fall, daß er mit der Armee von Chalons ins Gefecht kommen sollte.

Schwarzenberg gab zu Blüchers Absichten seine vollkommene Zustimmung; er werde selbst auf Troyes marschieren, nur behalte er sich noch den Zeitpunkt seines Eintreffens vor; früher werde Blüchers Eintreffen bei Arcis „nicht von erwünschten Folgen sein". Blücher setzte trotzdem mit dem Korps Sacken den Marsch von der Maas in zwei Kolonnen an die Marne fort; aus Ligny am Ornain mußte der rechte Flügel am 23. den Feind erst herauswerfen. Am 25. stieß dieselbe Kolonne in Saint Dizier auf Widerstand, war dann aber in westlicher Richtung weitermarschiert, während die andere Kolonne mit dem Anfang am 26. die Aube bei Brienne erreichte und ihre Vortruppen am folgenden Tage flußabwärts auf Arcis vorschob. Der Feind machte an diesem Tage einen Vorstoß auf Saint Dizier und vertrieb dort Blüchers Seitendeckung unter General Lanskoy, die die Verbindung mit Yorck aufrechterhalten sollte. Dieser war inzwischen von Metz aufgebrochen, um an Blüchers rechten Flügel heranzurücken.

Da Yorck über kein anderes Belagerungsgeschütz als ein paar schwere Haubitzen verfügte, waren seine Versuche gegen die lothringischen Festungen und Luxemburg fehlgeschlagen; so war dadurch nur seine Vorbewegung verzögert worden; zu hoch gespannte Erwartungen waren getäuscht, und die Verstimmung zwischen Yorck und Gneisenau fand neue Nahrung.

Inzwischen hatte Gneisenau ein Schreiben Knesebecks erhalten, in dem er erklärte, er halte jedes weitere Vorrücken über die Hochfläche von Langres hinaus für sehr gefährlich, ehe nicht Napoleons Sammelplatz erkannt wäre; es sei deshalb geraten, mit ihm in Unterhandlungen zu treten, die 10 bis 14 Tage dauern sollten. In der Zeit seien Stärke und Stellung des Feindes zu erforschen und danach die Operationen zu richten.

Gneisenau setzte sofort eine eingehende Widerlegung auf. Er „halte es außer der Macht Napoleons, eine Offensive zu unternehmen"; nach sorgfältigen Berechnungen und zuverlässigen Nachrichten könne der Kaiser alles in allem nicht mehr als 80000 Mann elender Truppen zusammenbringen. Bei der in der Bevölkerung herrschenden Stimmung dürfe er mit seinen Truppen die Hauptstadt nicht verlassen oder müsse doch so in der Nähe bleiben, daß er das Volk in Schrecken halte. Eine Unternehmung Napoleons in den Rücken der Verbündeten trenne ihn von seinen Hülfsquellen. „Unter solchen Umständen scheint es mir daher geraten, von den gewöhnlichen Kriegsregeln abzuweichen und den Invasionskrieg zu führen. Er sei kräftig, kurz und entscheidend! Mit 180000 Mann können wir auf Paris gehen und Alles niederwerfen, was sich uns entgegenstellen möchte. In drei Wochen haben wir dann den Frieden vorgeschrieben ... Der Geist der französischen Nation ist gebrochen, ihr Verteidigungssystem ist erschöpft. Die Nation sehnt sich nach einer besseren Regierung; die alten Soldaten sind verschwunden; eine ganze Generation ist vertilgt; die neuen Soldaten haben nicht Mut noch Zutrauen, die unsrigen haben das Gefühl des Sieges. Die Vorsehung hat uns die Mittel gegeben, die geeinigten Völker an einem Ungeheuer zu rächen. Tun wir es nicht, so sind wir solcher Wohltaten nicht wert." Dann machte er noch auf die Vorteile aufmerksam, die Napoleon aus dem Zeitgewinn während einer Unterhandlung ziehen werde; wenigstens müßte er eine Waffenruhe mit der Übergabe der Festungen Mainz, Straßburg, Metz und Luxemburg erkaufen.

In einem zweiten Schreiben schwächte Knesebeck seine entschiedene Stellungnahme ab; er zeigte sich geneigt, seine Ansicht zu ändern, wenn Napoleons Macht wirklich nur aus den Truppen der Marschälle Mortier, Marmont, Macdonald und Victor nebst einigen 50000 Rekruten bestände oder wenn sich eine Partei den Verbündeten anböte. Jedenfalls müßten die beiden Armeen sich in unmittelbarer Verbindung halten; er stimme deshalb dem Vormarsch Blüchers mehr links auf Joinville ganz zu.

Auch General Müffling bearbeitete Knesebeck in Gneisenaus Sinne. Er glaubte allerdings, daß die französische Armee trotz aller Zersetzung sich schlagen werde und „wenn wir es ungeschickt anfangen", sogar gut schlagen werde. „Wenn Ihr bedenklich seid, das Ganze zu engagiren, laßt den Feldmarschall die Avant-Garde machen und angreifen." Blücher, dem man zur Sicherheit noch Wrede unterstellen möge, solle die feindliche Armee bei Chalons, Schwarzenberg Paris als Ziel erhalten. Der Infanterie der Schlesischen Armee solle nicht leicht etwas widerstehen; die Artillerie sei gut; die Kavallerie sei, wie in der ganzen Armee, die schlechteste Waffe. Eine Schlacht bei Chalons habe bessere Aussichten, als Leipzig gehabt habe; „unsre Leute sind zehnmal besser und die Franzosen zehnmal schlechter ... Das französische Reich ist in unsern Händen."

Gneisenau erhielt kurz vor dem Aufbruch nach Brienne, am 27., ein Schreiben Steins aus Langres, das auf kräftigeren Wind schließen ließ: „Die Briefe Euer Hochwohlgeboren lege ich jedesmal dem Kaiser vor, der einzig kräftig edel dasteht und die Ratschläge der Erbärmlichkeit und Schwäche von sich weist. Das Reich des Tyrannen wird untergehn und die Sache des Rechts und der Freiheit wird siegen." In seiner auf den Kaiser von Rußland berechneten Antwort widerlegte Gneisenau nochmals Knesebecks Anschauungen eingehend und ließ dabei seinen Gefühlen freieren Lauf: „Von Moskau gekommen, um wenige Märsche von Paris sich von einem verruchten Verräter täuschen zu lassen?" Von den Franzosen sagt er: „Die herrschende Furcht ist, wir möchten Frieden schließen und ihnen den Tyrannen lassen ... Mit dem Besitz der Hauptstadt lähmen wir alle Nerven der Regierung und gebieten den Frieden ... Raum mögen wir wiedergewinnen, verlorene Zeit nie wieder. Daher zur Schlacht, ehe sich der Feind besinnt!" Er vertrat hier die Meinung, daß Napoleon sich unmittelbar vor Paris aufstellen werde. Auch für den Feldmarschall setzte Gneisenau ein Schreiben an Schwarzenberg auf, das ihn gegen Knesebecks Zaghaftigkeit feien sollte; ebenso ging an den König ein entsprechender Bericht Blüchers ab.

Wie Blücher aus voller Seele mit Gneisenau eines Sinns war, geht deutlich aus einem Brief vom 28. Januar aus Brienne an Vincke hervor. „Denken Sie, mein Freund," heißt es darin, „wie hoffnungsvoll sich Alles so schleunig verändert hat! Werden unsre verbündeten Herren den Stimmen ihrer gut deutsch gesinnten Diener Gehör geben, so ist die Tyrannei vom deutschen Vaterlande verscheucht und eine freie schöne Zukunft lacht uns entgegen. Doch bin ich nicht ohne Furcht, daß man den Tyrannen aus Rücksichten, die nicht statt haben müssen, zu wohlfeil loslassen wird ... Napoleon will negoziiren, aber wir Gutgesinnten wollen schlagen; der edle Alexander auch. Aber die Diplomaten haben hundert andre Projekte. Soll die Sache gut für die Menschheit werden, so müssen wir nach Paris. Dort können unsre Monarchen einen guten Frieden schließen, ich darf sagen diktiren. Der Tyrann hat alle Hauptstädte besucht, geplündert und bestohlen;

wir wollen uns deſſen nicht ſchuldig machen, aber unſre Ehre fordert das Vergeltungsrecht, ihn in ſeinem Neſte zu beſuchen.“ Und an ſeine Frau ſchrieb er am ſelben Tage: „Napoleon verlangt den Frieden, aber es ſind ſo manche Dinge, die zu berichtigen ſind und wir können und müſſen um Gotteswillen die Waffen nicht eine Stunde aus den Händen laſſen bis er uns die Hauptfeſtungen zur Sicherheit über= geben.“

Wie wenig Schwarzenberg die Triebfedern und die kühne Hand= lungsweiſe der beiden leidenſchaftlichen Preußen verſtand, zeigen die wegwerfenden Worte, die er in dieſen Tagen über ſie an ſeine Gemahlin ſchrieb: „Blücher und mehr noch Gneiſenau treiben mit einer ſo wahr= haft kindiſchen Wut nach Paris, daß ſie alle Regeln des Krieges mit Füßen treten. Ohne die Hauptſtraße von Chalons nach Nancy mit einem bedeutenden Korps zu decken, laufen ſie wie toll bis Brienne; ohne ſich um ihren Rücken und Flanken zu kümmern, machen ſie nur Entwürfe zu Parties fines im Palais Royal; das iſt doch armſelig in dieſem ſo wichtigen Momente.“

Inzwiſchen hatte Schwarzenberg durch ſeinen Stabschef die Be= wegung Blüchers zu verlangſamen geſucht, ihm im allgemeinen aber ſein Einverſtändnis mit den Abſichten Blüchers erklärt. Bei Troyes würden 120000 Mann verſammelt werden; vor dem 2. Februar aber könnten die erſten, vor dem 6. nicht die letzten Abteilungen bei Troyes eintreffen, „und ich ſoll Ihnen nochmals zu bedenken geben,“ ſchrieb Radetzky an Gneiſenau, „ob es nicht gut wäre, wenn die Blücherſche Armee ihrerſeits ihr Eintreffen bei Vitry bis zu dieſem Tage ver= ſchöbe.“ Dies Schreiben traf ihn aber wahrſcheinlich erſt in Brienne oder auf dem Marſch dorthin. Hier fand ſich auch ein von Schwarzenberg abgeſandter höherer Offizier bei Blücher ein, der ihn zum Einſtellen ſeiner Vorbewegung veranlaſſen ſollte.

Von neuem wandte ſich Gneiſenau an Stein. „Wenn meine Ideen im Schwarzenbergſchen Hauptquartier nicht Eingang finden, ſo bitte ich Euer Exzellenz, Seiner Majeſtät dem Kaiſer zu raten, mit den Ruſſen und Preußen allein die Unternehmung zu machen.“ Er be= rechnete, daß die Schleſiſche Armee in wenigen Tagen 80000 Mann zur Stelle haben werde; Wittgenſtein ſei dicht heran; mit den ruſſiſch= preußiſchen Garden ſei man dann ſtark genug, alles über den Haufen zu werfen.

Beinahe gleichzeitig hatte Kaiſer Alexander dieſen Gedanken in die Wagſchale der Beratungen geworfen. Als am 27. Metternich geltend machte, ehe über die politiſchen Forderungen keine Einigkeit herrſche, würden die öſterreichiſchen Truppen keinen Schritt vorrücken, hatte der

Zar erklärt, dann wolle er allein mit seinen Russen vormarschieren und Feldmarschall Blücher würde ebenfalls folgen. Da hatte Metternich eingelenkt, und sofort wurde ein Plan zum allgemeinen Vorrücken in drei Kolonnen aufgestellt: Blücher sollte auf Chalons, Schwarzenberg auf Troyes und Paris vorgehen.

In der Tat verlegte Schwarzenberg schon am 28. sein Hauptquartier vorwärts nach Chaumont und schob am 29. den rechten Flügel so vor, daß an diesem Tage die Haupt-Armee in der Linie Joinville (Wittgenstein und Wrede = 60000 Mann)—Bar a. d. Aube (Würtemberg und Ghulay = 25000 Mann)—Bar a. d. Seine (Colloredo, 15000 Mann), die Reserven (60000 Mann) bei Chaumont standen. Blücher stand also mit Sacken und Olsufiew am 29. bei Brienne wie eine Vorhut vor der Front des Heeres, während das Korps York am Ornain bei Bar le Duc—Ligny anlangte und vor dem rechten Flügel des Haupttheeres vorbei der Vorhut zustrebte.

Schwarzenberg war außer sich, daß Blücher durch sein schnelles Vorgehen ihm seine rechte Flanke ohne Deckung gelassen habe; das nenne er saumäßig operieren. Wirklich kam den vorwärtsstrebenden Führern der Schlesischen Armee ihr kühnes Handeln beinahe teuer zu stehen; denn während sie ihre Gedanken und Wünsche auf Paris richteten, spürten sie plötzlich fast im Rücken die Tatze des Löwen, den sie erst vor den Toren der Hauptstadt anzutreffen meinten.

———

Brienne.

29. bis 31. Januar.

„Wir sind nun wieder nahe am Feinde und eine Hauptschlacht muß Alles entscheiden. Ich bin mit meiner Armee völlig dazu vorbereitet," schrieb Blücher am 28. Januar aus Brienne seiner Frau; „gewinnen wir sie, wie nicht zu bezweifeln ist, so sind wir in acht Tagen vor Paris. ... Ich muß schließen, da mir gemeldet wird, daß der Kaiser Napoleon in Vitry nicht weit von mir angekommen ist. Also geht's zu Pferde! Meine Leute sind voller Verlangen, dem Thrannen zu begegnen ... Nächstens sollst Du interessante Nachrichten von mir haben." In dem Vorstoß des Feindes am gestrigen Tage auf Saint Dizier hatte man nur eine Erkundung gesehen, die feststellen solle, ob der Vormarsch auf Chalons oder Paris gerichtet sei; mit so schlechten Truppen könne der Feind den rückwärtigen Verbindungen nichts anhaben; gehe er dennoch dahin vor, so könne nichts

Wünschenswerteres geschehen: „dann erhalten wir Paris ohne Schwertschlag," berichtete man an Schwarzenberg. Zur Vorsicht aber wurde doch Sacken angewiesen, nicht weiter vorzugehen, sondern bei Lesmont gesammelt bereitzustehen; mit dem Infanteriekorps Olsufiew blieb Blücher in Brienne. Die vorn befindliche Sackensche Kavallerie klärte Aube abwärts gegen Arcis, rechts gegen Chalons und links gegen Troyes auf. Vor Arcis und Troyes stieß sie auf den Feind.

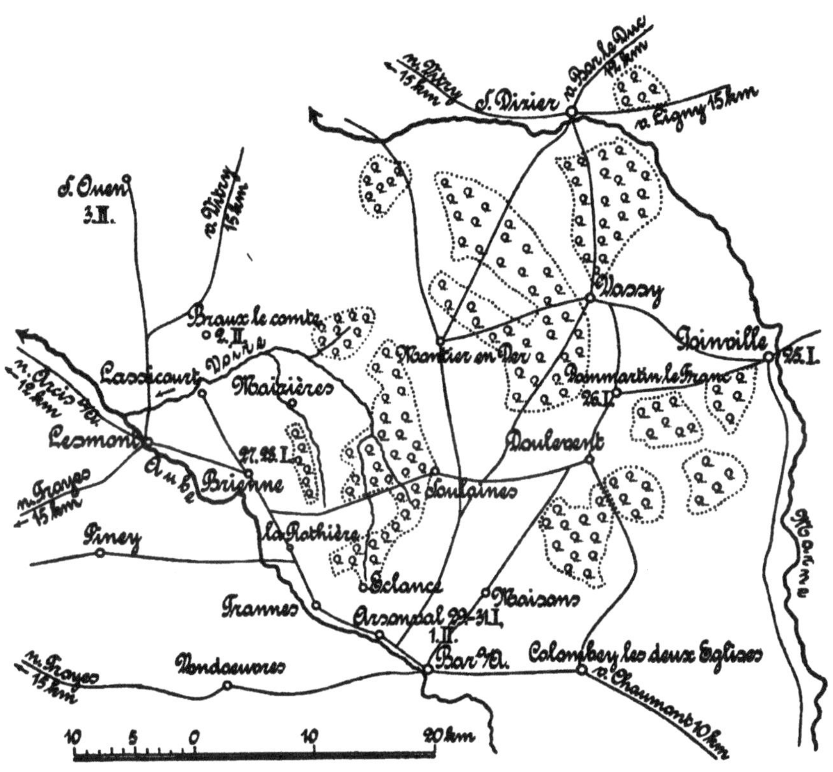

Merkwürdigerweise war in der Gegend von Troyes das Gerücht verbreitet, Napoleon sei auf der entgegengesetzten Flanke Sackens in Vitry eingetroffen. Am Vormittag des 28. schon gab Sacken diese Meldung an Blücher weiter. Nun war die aus Saint Dizier vertriebene rechte Seitendeckung unter General Lanskoy in südlicher Richtung ausgewichen; Blüchers rechte Flanke war dadurch augenblicklich ganz von Kavallerie entblößt, und grade hier, zwischen Brienne und Saint Dizier, befindet sich ein unübersichtliches, ausgedehntes Waldgelände.

Zum Glück ließ sich dieser Mangel im letzten Augenblick einigermaßen gutmachen. Ein Kosaken-Streifkorps unter Fürst Scherbatow, das auf Arcis a. d. Aube vorgehen wollte, wurde angehalten und nach Maizieres nordöstlich von Brienne geschoben. Außerdem war die Vorhut des Korps Wittgenstein, 3 Bataillone, 11 Schwadronen, 3 Kosaken-Regimenter, unter General Grafen Pahlen ihrem Korps weit voraus, in der Gegend von Brienne eingetroffen. Diese Truppen wurden nach Lassicourt nördlich von Brienne geschickt, wo sie am 29. früh eintrafen. So glaubte Blücher gegen jede Überraschung gesichert zu sein, zumal da am 28. unmittelbar hinter ihm, bei Dienville, die Vortruppen der Württemberger eingetroffen waren; ihr Führer, der Kronprinz, kam persönlich zu Blücher nach Brienne und versprach sich nördlich von Bar a. d. Aube zu seiner Unterstützung bereitzuhalten.

General Lanskoy meldete nachmittags, die Franzosen seien in zwei Kolonnen marneaufwärts auf Joinville und auf Vassy im Vormarsch; er schätzte sie auf 25- bis 30000 Mann. Danach marschierte der Feind in der Richtung auf Chaumont grade in den halbkreisförmigen Bogen hinein, der von den Verbündeten zwischen Ornain (York), oberer Marne (Wittgenstein—Wrede) und Aube (Württemberg—Sacken) gebildet wurde. Blücher bat Schwarzenberg deshalb, seinem rechten Flügel sowie York und Kleist den Befehl zum schleunigen Vorrücken zu geben: „so kann dieser Marsch dem Feinde, wenn derselbe sich nicht morgen wieder nach Saint Dizier zurückzieht, teuer zu stehen kommen." Blücher selbst beschloß, bei Brienne—Lesmont vorläufig stehen zu bleiben.

In der Nacht kamen Meldungen, daß der Feind Dommartin südlich Vassy und Montier en Der besetzt habe. Danach blieb es immer noch zweifelhaft, ob der Feind weiter nach Süden marschieren oder sich auf Blücher wenden werde; Gneisenau machte die Württemberger auf die notwendige Sicherung ihrer rechten Flanke aufmerksam, hielt es aber auch für möglich, daß „wir bei Tagesanbruch angegriffen werden".

Am 29. morgens meldete die Kavallerie, daß eine feindliche Kolonne gegen Maizières im Vorrücken sei. Blücher befahl nun Sacken, nach Brienne zurückzukehren. Gegen Mittag brachten die Kosaken einen französischen Oberstleutnant ins Hauptquartier, dem sie wichtige Schriftstücke abgenommen hatten. Bei näherem Zusehen stellten diese sich als Befehle Napoleons heraus, die Berthier am 27. abends aus Saint Dizier für Marschall Mortier in Troyes und für den in Nogent a. d. Seine kommandierenden General aufgesetzt hatte. Aus ihnen

ging hervor, daß Napoleons Vorhut am 27. abends in Vassy „in
der Marschrichtung auf den Rücken des Feindes" gewesen sei und
daß er Joinville und Bar le Duc besetzen wolle.   „Suchen Sie",
hieß es wörtlich, „mit unserm rechten Flügel baldigst Verbindung
zu gewinnen, damit, wenn eine Schlacht stattfindet, Sie mit uns

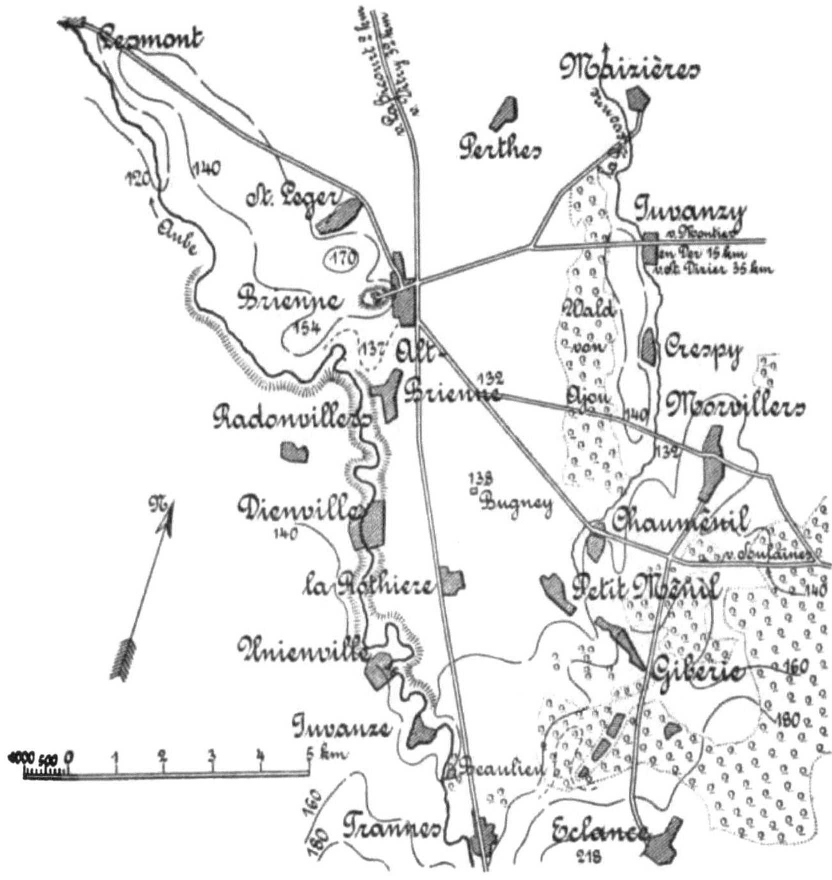

vereint sind. Vitry ist der Drehpunkt für alle Bewegungen." Das
deutete ebenfalls auf den Vormarsch der Hauptkräfte Napoleons marneaufwärts, auf Chaumont zu; man freute sich darüber: das müsse
„seinen Untergang beschleunigen".

    Blücher stand mit seinem Stabe auf dem Brienner Schloßhof, wo
Fernrohre aufgestellt waren, da sich von dort über das Städtchen hinweg

die ganze Gegend nach Norden und Osten übersehen läßt. Das Schloß liegt auf einem langgestreckten, mit Weingärten besetzten Hügel am Westrand der Stadt, in der der junge Bonaparte seine erste militärische Erziehung genossen hatte. Westlich nach Lesmont zu schließen sich höhere Wein- und Waldberge an, die die Aube im Bogen umströmt; der Fluß ist außerhalb der Brücken nicht ohne Vorbereitungen zu durchschreiten. Nach Norden, beiderseits der Straße nach Vitry, überblickt man weithin die Ebene, während im Osten 3 Kilometer von der Stadt die Wipfel des langgedehnten Waldes von Ajou die Fernsicht nach den in die Waldungen von Montier en Der eingestreuten Ortschaften behindern. Nach Süden hebt sich zwischen den Wäldern und dem Fluß die Ebene ganz allmählich zu den Höhen von Trannes, aus denen 10 Kilometer südlich von Brienne die Aube und die von Bar kommende Straße heraustreten. Von Trannes auf Brienne und Maizières zu ziehen sich zwei Reihen Dörfer, die eine längs der Aube, die andere an dem Brevonne-Bach entlang, der den Wald von Ajou östlich begleitet. In der dazwischenliegenden Ebene, am Fuß der Höhen von Trannes, liegt nur das Dorf La Rothière, das von der großen Straße durchschnitten wird. Die Wälder sind in dieser Gegend meist dicht verwachsen. Bei dem weichen Wetter waren „die Wege ziemlich schlecht geworden und außer den Chausseen mit Geschütz schwer fortzukommen". Die Kürze der Tage legte der Gefechtsführung merklich Fesseln an.

Die russischen leichten Truppen hielten Maizières und Lassicourt bis gegen Mittag fest; als sie dann von Übermacht bedrängt wurden, sah man vom Schloßberg aus sie langsam in der Richtung auf Brienne zurückweichen. Jetzt zeigte sich eine feindliche Reitermasse am Wald von Ajou; sie hielt sich aber in der Entfernung und entwickelte nur etwas Artillerie gegen Graf Pahlen, der seine Regimenter nördlich von Brienne zusammenzog, um Sackens Flanke zu decken. Inzwischen war im Osten auch General Lanskoy zurückgedrängt worden; eine Zeitlang hielt er sich in den Dörfern am Brevonne-Bach, bald aber sah man auch ihn vom Südende des Ajou-Waldes auf Brienne zurückweichen, gefolgt von feindlicher Reiterei, die sich der anderen Reitermasse anschloß. Zwischen 2 und 3 Uhr nachmittags ging die feindliche Kavallerie geschlossen gegen Pahlen vor; dieser wich auf die Infanterie zurück, an deren Feuer der Angriff scheiterte. Bei einem Gegenstoß gelang es sogar, einige feindliche Geschütze zu erobern.

Mittlerweile näherte sich das Korps Sacken von Lesmont her, vom Feinde ungestört, solange ein Waldstreifen es der Sicht entzog. Die Stadt Brienne war vom Infanteriekorps Olsufiew und von

Pahlens Jägern besetzt. Jetzt sah man auch feindliche Infanterie sich von Maizières her gegen Brienne entwickeln; dahinter fuhr eine starke Geschützlinie auf, die Sackens Marschkolonne und die Stadt zu beschießen begann. Blücher erkannte durch sein Fernrohr drüben den Stab des verhaßten Korsen. Auch weiter rechts aus dem Nordteil des Ajou-Waldes gingen starke Kolonnen gegen Brienne vor. Zwischen 3 und 4 Uhr stieg der Feldmarschall zu Pferde und ritt zu den Truppen. Der Feind drang auf seinem südlichen Flügel unaufhaltsam gegen die Stadt vor und kam sogar in sie hinein, wurde aber durch einen Gegenangriff zurückgeworfen. Sacken hatte unterdes Brienne durchschritten und sich südlich des Orts aufgestellt. Blücher ließ nun die ganze russische Reiterei sich dort sammeln und unterstellte sie dem Grafen Pahlen.

Es begann schon zu dämmern, als Napoleon auf der ganzen Front mit vorgenommenem rechten Flügel von neuem angriff. Jetzt ließ Blücher seine ganze Kavallerie gegen die von Reiterei entblößte feindliche linke Flanke los, diesem Ansturm konnten die jungen Truppen nicht widerstehen, sie fluteten nach dem Walde und auf Maizières zurück. Die Dunkelheit verhinderte die weitere Ausnutzung des Erfolges. Das Gefecht erlosch; Blücher begab sich ins Schloß zurück.

Die Stadt brannte an mehreren Stellen, der Feuerschein erhellte den Schloßberg. Da drangen von der Seite von Lesmont her französische Infanterie- und Kavallerieabteilungen in die Stadt und aus den Weinbergen gegen das Schloß vor; Blücher und sein Stab verließen dieses grade noch rechtzeitig. Es gelang zwar, den Feind aus der Stadt wieder zu vertreiben, aber das Schloß blieb in seinen Händen, trotzdem Blücher dessen Wiedereroberung anordnete. Er wollte nicht zugeben, daß der „Kerl" sich in sein Bett schlafen lege. Das wurde durch das zähe Festhalten der Stadt und durch die von Blücher selbst geleiteten Gegenstöße auch erreicht. Aber er sah sich doch genötigt, anderswo ein Unterkommen zu suchen.

„Übertriebene Nachrichten von der Stärke des über Soulaines und Montier en Der anrückenden Feindes" und „weil wir während des Gefechts einen aufgefangenen Brief des Marschalls Berthier erhielten, der uns den Plan des Feindes in unsre rechte Flanke und Rücken zu gehen, verriet", waren nach Gneisenaus späteren Angaben die Gründe, weshalb der Abmarsch beschlossen wurde. Er schätzte den Gegner auf 50000 Mann, während man selbst nur über etwa 30000 verfügte. Jedenfalls mußte man darauf gefaßt sein, am andern Morgen mit Überlegenheit angegriffen und von der Haupt-Armee getrennt zu werden, während die Württemberger bei Bar a. d. Aube durch einen gleichzeitigen Angriff gefesselt wurden. Es war deshalb geraten, noch in der Nacht bei Trannes den Anschluß an die Württemberger zu gewinnen.

Tatsächlich hatte Napoleon 40000 Mann ins Gefecht gebracht; 9000 standen unter Marmont noch bei Vassy. Napoleons gewaltige Persönlichkeit übte schließlich doch selbst auf Männer vom Schlage eines Blücher und eines Gneisenau ihren Einfluß; sein kühner Angriffsstoß ließ sie auf weit mehr Kräfte schließen, als er zur Stelle hatte. Von Schwarzenberg konnten sie keinesfalls Maßnahmen erwarten, die Blücher aus seiner gefährlichen Lage, vom Heere abgetrennt, mit verwandter Front und mit einem Fluß im Rücken, befreien würden; hatte er sich doch soeben alle Mühe gegeben, Blücher zurückzuholen. — Der Angriff Napoleons war abgewiesen, eine Anzahl Geschütze erobert. So konnte man sich den Sieg zuschreiben. Aber das Gefecht war nur angenommen, weil man die Absichten des Gegners verkannt hatte; die Klugheit gebot, sich keiner Niederlage auszusetzen.

Nach Mitternacht trat die Infanterie den Abmarsch an. Die Kavallerie blieb vor Brienne stehen. Der Abzug der Truppen geschah in vollkommener Ordnung. Im russischen Hauptquartier tadelte man indes, daß unversorgte Verwundete und versprengte Mannschaften den Eindruck einer Niederlage gemacht hätten; auch soll der zurückgehende Troß ein sehr ungünstiges Bild abgegeben haben. Der Feind bemerkte den Abzug zunächst nicht; auch nach Tagesanbruch verhüllte ein dichter Nebel die Bewegungen. Vor der französischen Kavallerie wich dann die russische auf La Rothière zurück.

Die Höhe zwischen Trannes und Eclance (s. Skizze S. 165) überragt die Ebene von La Rothière—Brienne in anfänglich allmählichem, dann steilem Aufstieg um etwas 80 Meter. Die beiden Dörfer geben rechts und links gute Stützpunkte; die Aube schützt die linke Flanke. Aber das Schußfeld ist durch vorliegende Gehölze und den großen Wald sehr beschränkt. Das sehr dichte Holz war obenein von Teichreihen und nassen Wiesenstreifen durchzogen, das Vorbringen von Artillerie gegen diese Stellung deshalb außerordentlich schwierig. Für Blüchers Truppen schien die 5 Kilometer breite Stellung etwas ausgedehnt. Schon am 30. morgens aber schickte der Kronprinz von Württemberg eine gemischte Abteilung, die er in seiner weiter rechts liegenden, nach Nordosten gerichteten Stellung glaubte entbehren zu können.

Schwarzenberg teilte mit, daß die beiden Korps Württemberg und Gyulay bis auf weiteres bei Bar zu Blüchers Unterstützung bleiben sollten, daß Korps Colloredo dort am 31. eintreffen werde; die russischen Garden und Reserven setze er auf Colombey in Marsch; sie könnten dort aber erst am 31. vollständig versammelt sein; die Korps Wrede und Wittgenstein wolle er bei Joinville und Vassy bereitstellen, York und Kleist zu schnellerem Vormarsch veranlassen. Danach konnte Blücher einen feindlichen Angriff mit Ruhe erwarten. Er lehnte nun auch die von Graf Pahlen angebotene weitere Unterstützung dankend ab: er wolle einen so ausgezeichneten General nicht länger seinem Korps entziehen. Zeitweise hoffte er auch schon auf das Vordringen Wittgensteins und Yorcks in Napoleons linke Flanke und wies die Kavallerie an, dann beim Rückzug des Feindes kräftig einzugreifen. Nachmittags aber erkannte Blücher von der Höhe von Trannes, daß der Feind an keinen Abzug dachte; eine Kavalleriemasse kam näher an die Stellung heran, Kolonnen aller Waffen gingen auf La Rothière vor, Infanterie schob sich in den unmittelbar vorliegenden Wald.

Blücher hatte bereits Geschützstellungen auswählen und die Dörfer stark besetzen lassen. Das Korps Sacken stand zur Verteidigung bereit, hundert Geschütze waren in Stellung gegangen; das Infanteriekorps Olsufiew war als Rückhalt aufgestellt; rechts in den Waldungen und links, jenseits der Aube, sicherte die Kavallerie. Offenbar beabsichtigte der Gegner heute keinen ernstlichen Angriff mehr. Nachts rückte noch eine Kolonne des Feindes über Montier an dessen östlichen Flügel heran.

Aber auch am 31. morgens sah Blücher vergeblich einem Angriff entgegen; er traf Maßregeln zur Beobachtung auf Troyes und zum Schutz der linken Flanke. Der Kronprinz von Württemberg verpflichtete sich, die rechte Flanke durch Festhalten seiner Stellung zu schützen. Als nun Verschiebungen beim Feinde auf dessen Absicht, am 1. Februar gegen Blücher zum Angriff zu schreiten, schließen ließen, stellte dieser dem Kronprinzen vor, durch die Bewegungen der rechten Flügelkorps sei ein Angriff des Feindes auf ihn, den Kronprinzen, ausgeschlossen; auch ein Angriff in der Front werde durch jene Bewegungen zwar immer unwahrscheinlicher, er müsse aber doch darauf gefaßt sein. Nun leide seine sonst vortreffliche Stellung daran, daß sie für ihn zu weitläufig sei; außerdem seien seine 100 Geschütze in dem aufgeweichten lehmigen Boden so gut wie unbewegbar. Der Feind leide zwar auch unter diesem Umstand, aber Blücher sei zu schwach an Infanterie; könne der Kronprinz sich mit der seinigen unmittelbar seinem rechten Flügel anschließen, so sähe er einer Schlacht mit der größten Ruhe und Zuversicht entgegen, Kanonen und Kavallerie brauche er nicht mitzubringen. Sollte aber der Feind in der Nacht abmarschieren, so werde der Vorschlag ebenfalls Schwarzenbergs Absichten nicht widersprechen. Sofort sagte der Kronprinz zu. In der Tat hatte auch Schwarzenberg bereits diese Bewegung vorgesehen. Alles drängte ihn vorwärts, da schon der knappen Verpflegung wegen Stehenbleiben nicht möglich schien. Schwarzenberg hatte sich durch den Zaren sogar bestimmen lassen, Blücher für den 1. Februar mit einem Gegenstoß zu betrauen. Kaiser Alexander und König Friedrich Wilhelm kamen selbst, um dem Kampfe beizuwohnen.

La Rothière.

1. Februar.

Als am 1. Februar mittags Blücher sich bei den Monarchen auf der Höhe von Trannes meldete, sagte König Friedrich Wilhelm, auf Brienne anspielend, zu ihm: „Na, Sie haben einen unangenehmen Besuch gehabt?" Gneisenau hörte aus dieser Frage einen etwas höhnischen Ton heraus, der jedenfalls russischen absprechenden Urteilen entspringe. Blücher aber mußte es dem Zaren hoch anrechnen, daß er ihm die Kräfte verschafft hatte, um heute bei Napoleon den Gegenbesuch zu machen.

Schwarzenberg hatte das österreichische Korps Gyulay (12 000 Mann) und die Württemberger (14 000 Mann) an Blüchers Befehle gewiesen, damit er den Feind aus Brienne vertreibe. Das russische Grenadierkorps (10 000 Mann) und zwei russische Kürassier-Divisionen (4000 Pferde) sollten hinter Blücher die Stellung von Trannes besetzen; der Rest der Garden (24 000 Mann) wurde noch weiter rückwärts in zwei Gruppen nördlich von Bar bereitgestellt, so daß sie nötigenfalls in den Kampf noch eingreifen konnten. Diese 38 000 Mann standen aber zunächst nicht unter Blüchers Kommando. Auf die Mitwirkung der Korps Colloredo, Wrede und Wittgenstein verzichtete Schwarzenberg anfangs absichtlich. Colloredo (15 000 Mann) wurde nur bis an die Straße Bar a. d. Aube—Troyes vorgezogen; Wrede (26 000 Mann) bei Doulevant und Wittgenstein (12 000 Mann) bei Vassy standen auf einige 20 Kilometer in der Flanke des Feindes; Wittgenstein sollte mit Yorck über Saint Dizier auf Vitry vorgehen, Wrede nach Montier marschieren, um die dort vermuteten feindlichen Kräfte zu „verdrängen". Die Vernichtung Napoleons lag nicht in den Wünschen der österreichischen Staatskunst; Schwarzenberg sprach es aus, daß er einen baldigen Frieden eher von einer eigenen Niederlage als von einem Siege erwarte. Ja, Metternich hat sich nicht geschämt, nach Brienne zu schreiben: „Ich bin etwas traurig, daß es für Blücher nicht eine kleine Niederlage gegeben hat." Mit dem Vorgehen auf La Rothière war Kaiser Franz ganz und gar nicht einverstanden.

So hatte Blücher zur eigenen Verfügung nur 53000 Mann, eine Truppenzahl, die nach seiner Schätzung den Kräften Napoleons nur um wenig überlegen war. Trotzdem schwankte Blücher nicht einen Augenblick. Als am 31. Januar abends Schwarzenbergs „Disposition" eingegangen war, hatte er ihm sofort geantwortet, er werde sie auf das pünktlichste befolgen. Es war zunächst das Vertrauen auf die eigene Kraft, die Blücher den Entschluß zum Angriff mit größter Freude begrüßen ließ; er begnügte sich mit dem Gebotenen, so nahe es liegen mochte, weitere Wünsche auf Ergänzung der Anordnungen Schwarzenbergs auszusprechen. Daneben vertrauten er und Gneisenau wohl auch der Einsicht des Zaren, daß dieser seine Reserven rechtzeitig zu gebrauchen wissen oder sie Blücher überlassen werde. Die Korps Gyulay und Württemberg hatten sogleich Befehl erhalten, am 1. Februar mittags bei Trannes und Eclance einzutreffen.

Um 7 Uhr morgens begab sich Blücher nach der Höhe über Trannes. In der Nacht hatte gelinder Frost eingesetzt; über dem aufgeweichten Boden hatte sich eine leichte Kruste gebildet. Die eingehenden Meldungen ließen auf keine Veränderung bei dem vor der Front stehenden Feinde schließen; den Waldrand hielt der Gegner besetzt, im Walde jenseits Eclance fielen einzelne Schüsse. Frühzeitig löste die Vorhut der Württemberger Olsufiew bei Eclance ab; den Anmarsch ihrer Masse verzögerten die schlechten Wege. Links hinter dem Korps Sacken nahmen die Österreicher Aufstellung. Die russische Kavallerie hielt vor der Front. Die fünf preußischen Schwadronen, als die einzigen Preußen, die Blücher zur Verfügung standen, beobachteten auf dem rechten Flügel.

Gegen Mittag trafen die Monarchen und Schwarzenberg auf der Höhe ein. Gneisenau hielt dem Zaren Vortrag über die getroffenen Anordnungen und über die Absichten. Ihm wurde nun auch mitgeteilt, daß Wredes Mitwirkung zu erwarten sei. In richtiger Würdigung der Lage hatte dieser selbständig den Entschluß gefaßt, über Soulaines sich dem Angriff auf Brienne anzuschließen; Schwarzenberg hatte diesen Entschluß gebilligt. Die 26000 Bayern in so entscheidender Richtung eingesetzt, verbürgten den Erfolg. Auch wurden die 14000 russischen Grenadiere und Küraffiere jetzt Blüchers Befehl unterstellt. Abgesehen von dem Rest der Garden, war damit auf beinahe doppelte Überlegenheit über Napoleon zu rechnen. Gneisenau gab jetzt den Angriffsbefehl aus. Danach sollte Sacken in erster Linie in zwei Kolonnen an und rechts vor der Straße auf La Rothière vorgehen, in zweiter Linie links Gyulay, rechts Olsufiew folgen; der Kronprinz von Württemberg erhielt die Richtung durch den Wald auf La Giberie; die russischen Grenadiere und Kürassiere wurden zunächst bis nördlich von Trannes vorgezogen. Inzwischen hatte der Kronprinz von Württemberg Blüchers Befehl schon vorgegriffen und durch seine Vorhut den vorliegenden Wald vom Feinde säubern lassen. Das allgemeine Vorgehen zögerte Blücher aber noch in dem Gedanken hin, dem Grafen Wrede Zeit zum Herankommen zu geben.

Gegen 1 Uhr aber erteilte Blücher den Befehl zum Antreten. Er begab sich auf einen weiter vorgelegenen Vorsprung der Höhe, etwa 2000 Meter vor den Monarchen. Der Boden war immer noch so weich, daß die Bespannung der Geschütze vermehrt und ein Teil von diesen zunächst in der Stellung zurückgelassen werden mußte. Unter dem Schutze der Kosaken ging nun die russische Artillerie im Galopp über ihre Infanterie hinaus vor und fuhr im feindlichen Geschützfeuer auf wirksame Schußweite vor La Rothière auf. Sofort brach eine französische Kavalleriemasse dagegen vor; durch sumpfiges Gelände aufgehalten, scheiterte aber ihr wiederholter Angriff am Kartätschfeuer der Russen. Diese zogen nun auch die zurückgebliebenen Geschütze nach. Ihr Feuer mußte indes bei dem jetzt einsetzenden dichten Schneefall zeitweise ganz schweigen.

Unterdes hatte sich auch die russische Infanterie gegen La Rothière und östlich davon entwickelt. Die mit Musik und Gesang vorgehenden Russen dringen, durch den dichten Schneefall am Schießen verhindert, mit der blanken Waffe in Rothière ein; ein Teil der französischen Besatzung weicht. Da bricht die französische Kavallerie von neuem durch ihre Artillerielinie vor, aber die russischen Husaren und Dragoner wehren den Stoß ab und verfolgen den Feind bis weit in die feindliche Aufstellung hinein. Währenddessen gelingt es der Infanterie, die französischen Batterien bei Rothière zu nehmen, im Ort selbst aber wogt der Kampf noch hin und her.

Es war 4 Uhr geworden. Die dicht fallenden Flocken verwehrten jede Übersicht, und auch der Kanonendonner, der sonst die schnellste Kunde von einem Flügel zum andern trägt, wurde gedämpft durch die Schneemassen, die in der Luft wirbelten. Die Leitung der Schlacht war dadurch für den Feldherrn fast ausschließlich auf die Verwendung der eigenen Reserven beschränkt. Aber grade hierin begegnete er besonderen Schwierigkeiten.

General Toll, der Generaladjutant des Zaren, erschien bei Blücher und stellte ihm vor, „ein Blick aufs Gelände genüge, um sich zu überzeugen, daß alle Anstrengungen gegen den linken Flügel des Feindes gerichtet sein müßten." Blücher wies ihn zurück, ebenso Gneisenau. Beim Zaren erreichte er dann, daß dieser einfach das Abrücken der Kürassier-Divisionen und der Hälfte des Grenadierkorps nach dem rechten Flügel anordnete. So blieb nur eine Grenadier-Division zu Blüchers Verfügung; sie wurde nach La Rothière vorgezogen. Hierher hatte sich Blücher begeben, um sich persönlich vom Stand des Gefechts zu überzeugen; er war grade eingetroffen, als es den Russen nach hartnäckigem Ringen gelang, den Ort vom Feinde zu säubern. Die Versuche, weiter vorzugehen, scheiterten an dem wiederholten wirksamen Eingreifen der feindlichen Kavallerie, und nun traten frische französische Garbetruppen ins Gefecht, die bis mitten in den Ort einbrangen, mit ihnen auch feindliche Reiterei. Olsufiew warf die Eindringlinge zurück, aber das Kartätschfeuer französischer Artillerie verhinderte, über den Ort hinaus vorzukommen.

Ein zweiter Vorstoß der französischen Garde gelangte wieder bis in das Dorf hinein. Inzwischen aber hatte Blücher eine österreichische Brigade herangezogen, und nun traf auch die russische Grenadier-Division ein. Unter des Feldmarschalls ermunterndem Zuruf ging beim Dunkelwerden das brennende Dorf endgültig in den Besitz der Verbündeten über. Jetzt brach auch die russische Kavallerie wieder vor, aber das Feuer der feindlichen Artillerie und der Schneesturm ließen es zu keinem entscheidenden Eingreifen kommen. Halbwegs nach Brienne stockte die Verfolgung, obgleich gleichzeitig auch auf dem rechten Flügel die Entscheidung gefallen war. Der Kampf dauerte hie und da bis in die Nacht hinein fort.

Die Württemberger hatten sich nur nach und nach aus dem überaus schwierigen Wald- und Sumpfgelände entwickeln können und waren in Giberie und Petit Menil auf zähen Widerstand gestoßen, den erst das Eingreifen Wredes bei Chaumenil und Morvillers gebrochen hatte. Auf dem andern Flügel war dagegen das Vorgehen der Österreicher auf beiden Ufern der Aube schon bei Dienville zum Stehen gekommen.

Dem Feldmarschall wurde der wohlverdiente Dank der Monarchen zuteil: „Blücher," so erzählt er selbst, sagte Kaiser Alexander zu ihm, „heute haben Sie die Krone auf alle Ihre Siege gesetzt. Die Menschen werden Sie segnen." Blücher berichtet von der großen Erbitterung, mit der die Russen den Kampf geführt hätten; er selbst sei bis zum Hinsinken ermattet gewesen, aber nach fünf Stunden Schlaf befinde er sich wieder wohl; 60 Kanonen und 3000 Gefangene seien in seine Hände gefallen.

Der Feind hatte schon in der Nacht den Rückzug angetreten; vor Brienne kam es am 2. Februar jedoch noch zum Gefecht mit seiner Nachhut. Die Monarchen und Feldherren ritten aufs Schloß hinauf, wo in Champagner auf Blüchers Wohl getrunken wurde. Blüchers „weitblickendem Urteil und seiner sicheren Führung ließ man bei der ganzen verbündeten Armee Gerechtigkeit widerfahren", berichtete der englische Militärbevollmächtigte. Daß der Feldmarschall den Entschluß, auf Rothière den Hauptstoß zu führen, gegen Tolls Ansichten durchgeführt hatte, galt allgemein als ausschlaggebend. Auch Gneisenau hielt daran fest, daß, wenn alle Reserven auf den rechten Flügel geschoben worden wären, bei Rothière selbst eine Niederlage durch Napoleons Hauptmacht unvermeidlich war. Rechts waren die Reserven, durch die schlechten Engwege aufgehalten, zum Teil zu spät, zum Teil überhaupt nicht eingetroffen. Ohne ernstlichen Frontangriff ließ sich der Feind keinesfalls so lange festhalten, bis die sonst sehr aussichtsreiche Umfassung wirksam geworden wäre. So kam Napoleon, schon im Begriff, sich der Umklammerung zu entziehen, ohne bedeutenden Verlust an Menschen davon; der große Verlust an Geschützen war dagegen für ihn besonders empfindlich.

Blücher überschätzte die Folgen des Sieges stark: „Der große Schlag ist geschehen," jubelte er; „Gestern habe ich den Kaiser Napoleon aufs Haupt geschlagen … Wir dürfen einem baldigen Frieden entgegensehen, denn er kann uns nicht mehr die Stirne bieten … Für mich war es der glücklichste Tag, den ich erlebt habe, weil an selbigem gleichsam Alles entschieden ward. Behält Napoleon die Krone, so muß er sie als ein Geschenk aus den Händen unsrer Monarchen betrachten; ich zweifle aber daß er sie behält — in acht Tagen sind wir vor Paris … Wie ich mich heute bei Anbruch des Tages den Truppen zeigte, wurde ich mit einem Hurrah empfangen, das Tränen aus meinen Augen preßte … Indessen mußte ich meinen Gegner früh 10 Uhr noch einmal angreifen, um ihn völlig zu vertreiben; … jetzt ist er im völligen Rückzug auf Paris; wir folgen ihm auf dem Fuß … Meinem treuen Gehülfen Gneisenau habe ich viel zu danken." Dieser sah schon jetzt schärfer die Unvollkommenheit des Erfolgs: „Wir haben die vorletzten Kräfte des Feindes zerstört; die letzten sollen auch bald vernichtet sein." Aber später gestand Gneisenau noch: „Wir machten aus Unkenntniß der wahren Lage des Feindes nicht den gehörigen Gebrauch von unsrer Kavallerie." Teils

die geschickten Maßregeln Napoleons, teils das fürchterliche Schnee-
treiben, teils die lauen und ungeeigneten Anordnungen der Heeresleitung ließen es zu keiner rechten Verfolgung kommen. Napoleon
aber war weit entfernt, seine Sache verloren zu geben; grade jetzt begann für ihn eine Zeit glänzender Erfolge.

Erste Trennung von der Haupt-Armee: von der Aube an die Marne.
2. bis 12. Februar.

Am 2. Februar vormittags hielten die Fürsten und Heerführer
im Schloß Brienne Kriegsrat über die weiteren Heeresbewegungen.
Es sollen dort Stimmen laut geworden sein, um der dringenden Not
abzuhelfen sei es nötig, sich erst einmal wieder seinen Vorratsplätzen
zu nähern. Zum Glück wurde aber an Schwarzenbergs Plan, in
breiter Front auf Paris weiterzumarschieren, festgehalten. Die Große
Armee sollte sich dazu auf Troyes wenden und dann auf beiden Ufern
der Seine vordringen, Blücher zunächst seine abgezweigten und
nachrückenden Heeresteile bei Chalons vereinigen und dann längs
der Marne gegen Paris vorgehen. Allen erfahrenen Offizieren sei
diese Anordnung höchst zweckmäßig und der Sache angemessen erschienen, sagt Müffling, da dabei die Verpflegungsverhältnisse richtig
berücksichtigt seien.

Auch Gneisenau war mit den Abmachungen einverstanden. Er
sah ihr Wesen darin, daß Blücher „den linken Flügel des Feindes
stets umgehen, die Große Armee die großen Massen des Feindes
verfolgen und Alles seine Richtung auf Paris nehmen sollte.“ Das
Korps Wittgenstein und das Kosakenkorps des Generals Seslawin
sollten die Verbindung zwischen beiden Armeen halten. Die Trennung
der beiden Heeresteile bestand also zunächst nur in einer Ausdehnung
auf den Landstrich zwischen Marne und Seine zu einer Frontbreite
von anfänglich 75 Kilometern (Chalons—Troyes), die sich im Vorrücken auf Paris, dem Lauf der Flüsse entsprechend, noch verengen
mußte. Unmittelbar nach der siegreichen Schlacht schien diese Ausdehnung für 180000 Mann ungefährlich; schon ein Drittel war der
Zahl nach allem gewachsen, was Napoleon entgegenzustellen vermochte. *)

*) 1870 waren die Armeen der beiden Kronprinzen am 24. August in ähnlicher
Lage mit 223000 Mann auf 90 Kilometer ausgedehnt der halb so starken Armee Mac
Mahons gegenüber; der Telegraph und die Leitung durch ein gemeinsames Oberkommando
verringerten allerdings dabei die Schwierigkeiten des Zusammenziehens bedeutend.

Blücher marschierte nun zunächst in nördlicher Richtung und bog dann nach Westen ab, um sich am 4. rechts neben die Große Armee auf die Straße zu setzen, die von Vitry über Sezanne nach Paris führt. Unterdes hatte York den Marschall Macdonald auf Chalons zurückgeworfen; der Wunsch, diesen hier abzufangen, führte Blücher am 5. zu einer Bewegung dorthin; zwar wurde noch das Ende eines Zuges von Geschützen und Pulverwagen gefaßt, aber Macdonald

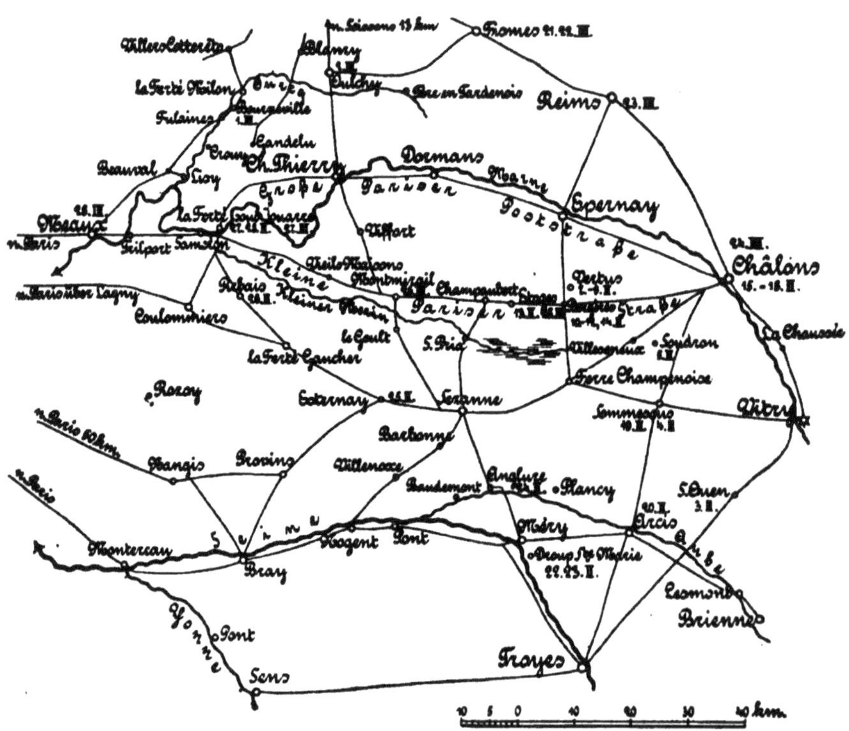

war bereits im Abmarsch auf Epernay. Nun wurde York aufgetragen, ihm weiter längs der Marne auf der „Großen Pariser Straße" zu folgen, während Sacken und Olsufiew auf der Straße von Chalons über Montmirail auf Paris, der sogenannten Kleinen Pariser Straße, weitergeschickt wurden, um Macdonalds Abmarsch zu Napoleon zu verhindern.

In diesen Tagen schrieb Blücher seiner Frau: „Daß ich den Kaiser Napoleon geschlagen, habe ich Dir ... geschrieben; seit dieser Zeit zieht sich der Feind gegen Paris zurück; doch habe ich ihm am

5. wieder drei Kanonen und 82 Pulverwagen abgenommen. Wir haben nun noch 15 Meilen*) bis Paris; in acht Tagen sind wir sicher vor dieser Hauptstadt ... Es wird drauf ankommen, ob Napoleon noch eine Schlacht liefern wird; ich glaube es nicht."

Jetzt teilte Schwarzenberg mit, daß er die Hauptkräfte Napoleons bei Troyes südlich umgehen werde; auch erfuhr man, daß Schwarzenberg das Korps Wittgenstein, das als Mittelglied zwischen beiden Armeen hatte dienen sollen, über die Aube auf Troyes herangeholt, mit dem Aufrechterhalten der Verbindung ein halbes Kosaken-Regiment unter Oberst Wlassow bei Arcis beauftragt habe.

In dem Bestreben, Macdonald nicht aus den Fingern zu lassen, aber doch die beiden am 7. Februar an der Marne bei Chalons und Vitry eintreffenden Korps Kleist (8000 Mann) und Kapzewitsch (7000 Mann) näher heranzubekommen, ließ Blücher die vorderen Heeresteile zunächst nur kurze Märsche machen. Als er aber am 8. Februar erfuhr, daß Macdonald mit 3000 Mann und 100 Kanonen über Chateau Thierry nach Westen zurückweiche, befahl er dem vorn befindlichen Sacken, am folgenden Tage den Marschall bei La Ferté „abzuschneiden, ihm sein Geschütz wegzunehmen und zu schlagen." So war am 9. Februar abends die Masse der Schlesischen Armee auf der Kleinen Pariser Straße, von La Ferté bis Vertus, auf 75 Kilometer auseinandergezogen, vorn Sacken, in der Mitte bei Champaubert Olsufiew, hinten Kleist und Kapzewitsch, während das Korps York 20 Kilometer rechts hinausgeschoben vor Chateau Thierry stand.

Blücher war am 8. nachmittags mit dem Hauptquartier in Etoges eingetroffen; es lag dort zwar allein, aber dicht davor stand das Infanteriekorps Olsufiew; Sicherungen schienen unnötig. Blücher hatte sich abends mit seinem Stabe im Schloß zu Tisch gesetzt, als atemlos ein russischer Offizier hereinstürzte und meldete, einer der von den Russen belegten Orte, es war Baye südlich von Champaubert, sei von feindlicher Kavallerie überfallen worden. Aus seinen aufgeregten, nur halbverständlichen Worten schloß man, der Feind folge ihm auf dem Fuße, und warf sich zu Pferde. Da das Korps Olsufiew über keine Kavallerie verfügte, schickte Blücher den berittenen Teil der Stabswache zur Aufklärung und zur Sicherung der linken Flanke vor.

Bei Sezanne hatte eine Kosakenabteilung Sackens unter General Karpow gestanden; sie hatte am 7. in der Gegend jenseits Villenoxe

---

*) In der Luftlinie stimmt es.

eine feindliche Eskadron gemeldet. Da nun ausdrücklich befohlen war: „die Kavallerie bleibt gegen Sezanne stehen und streift gegen die Aube und Seine", so war es natürlich, daß die Nachricht jenes Überfalls je „nach der verschiedenen Individualität der Personen in der Umgebung Blüchers allen möglichen Stoff lieferte, sich das Geschehene durch die widersprechendsten Hypothesen und Raisonnements zu erklären." Jedenfalls war anzunehmen, Karpow sei aus Sezanne vertrieben worden; es wurde deshalb sofort zu Sacken nach Montmirail geschickt, um hierüber aufgeklärt zu werden; je nach dem Tatbestand möge er den Auftrag auf La Ferté sous Jouarre ausführen oder unterlassen. Um das Hauptquartier weiterer nächtlicher Beunruhigung zu entziehen, ritt es nach Vertus zurück, wo am 9. das Korps Kleist einrückte.

Sacken meldete nun, daß Karpow bei seinem Weitermarsch von Sezanne dort einen Posten zurückgelassen habe, dieser sei aber verdrängt worden. Feindliche Kavallerie und Infanterie habe Sezanne und Umgegend besetzt; es solle dies das Korps Marmont sein, das angeblich auf Paris zurückgehe. Hierzu stimmte die am 9. vormittags von Wittgenstein eingehende Meldung des Kosakenobersten Wlassow, daß er am 8. starke feindliche Abteilungen im Marsch von Villenoxe auf Sezanne wahrgenommen habe, während die vom 7. stammenden letzten Nachrichten aus dem Großen Hauptquartier in Bar sur Seine sowie die bisherigen Meldungen von Wittgenstein und Pahlen nur vom Zurückgehen des Feindes von Troyes und Mery auf Nogent gesprochen hatten; die Haupt-Armee verfolge den Feind dorthin; Kosaken seien im Vorgehen auf dem nördlichen Seine-Ufer ebenfalls gegen Nogent und hätten Befehl, stets mit Blücher Verbindung zu halten.

Danach nahm man an, es könne sich hier nur um ein vereinzeltes Korps handeln. Es lag nahe, zu vermuten, Marmont habe den Auftrag, Macdonald die Hand zu reichen; man konnte sich eine offensive Bewegung des Feindes von dieser Seite „nicht gut denken". Dieses Korps finde sich in beiden Flanken bedroht und werde „entweder von selbst zum Rückzug genötigt werden oder bei längerem Zaudern ganz abgeschnitten zu werden, Gefahr laufen". Auch Sacken faßte es so auf; er ließ melden, er trage kein Bedenken, am 9. auf La Ferté abzumarschieren. Um aber auf alle Fälle das Zusammenwirken von Sacken und York zu sichern, erhielt dieser nun Befehl, dem Marschall Macdonald nicht auf das andere Marne-Ufer zu folgen, sondern am 10. zu Sacken heran an die Kleine Pariser Straße nach Montmirail und westlich davon zu marschieren. Die Ausdehnung auf die nördliche

Seite der Marne war auch deshalb nicht erwünscht, weil grade jetzt die hinteren Teile der Armee nach Süden geschoben werden mußten.

Blücher hatte schon früher erklärt, er sei jeden Augenblick bereit, gegen die Seine zu rücken, wenn Schwarzenberg es wünsche. Schwarzenberg forderte nun Blücher auf, das Korps Kleist links an Wittgenstein heranzuschieben und ihm die Richtung auf Nogent zu geben. Der Zar unterstützte diesen Wunsch; Blücher habe anscheinend ja doch nur Macdonald gegenüber; dafür überweise er ihm das von Norden aus den Niederlanden heranrückende Korps Wintzingerode. Blücher hielt es für geraten, Kleist, der nur 8000 Mann zählte, noch durch Kapzewitsch und Olsufiew auf 18000 Mann zu verstärken und ließ noch am 9. nachmittags die Vorhut Kleists unter General v. Zieten den Marsch über Ferre Champenoise hinaus fortsetzen; am 10. sollten Kleist und Kapzewitsch Sezanne, die Vorhut Barbonne erreichen. Olsufiew sollte sich zunächst nur bei Champaubert marschbereit halten, um dann als letzter dem Korps Kleist zu folgen. Das Hauptquartier sollte am anderen Tage wieder nach Etoges vorgelegt werden. Inzwischen hatte Sacken gemeldet, der Feind ziehe von Sezanne nach Westen auf La Ferté Gaucher ab, doch sei Sezanne noch mit Infanterie besetzt gewesen. Nach den Meldungen des Führers der berittenen Stabswache war die südlich Champaubert aufgetretene feindliche Kavallerieabteilung auf Sezanne zurückgegangen; feindliche Reiterposten bei Saint Prix seien vor ihm geflohen.

Da, am 10. Februar in den Morgenstunden, gingen Nachrichten ein, die die Lage in ein ganz anderes Licht setzten. Wittgenstein teilte vom 9. nachmittags aus Merz a. b. Seine mit, daß Napoleon tags vorher in Villenoxe gewesen sei; der Ort sei stark besetzt gefunden, Bewegung auf Sezanne beobachtet worden. Dazu stimmte eine Meldung Zietens von heute früh 2 Uhr: seine Streifreiter hätten Sezanne noch vom Feinde besetzt gefunden und ihn nach den Wachtfeuern auf einige tausend Mann geschätzt; ein Gefangener aber hätte behauptet, es seien 10000 Reiter und 1200 Grenadiere dort. Die Gefahr der Lage wurde sofort klar, wenn auch nicht in ihrem vollen Umfange. Wohl ließ dies erkennen, daß die Große Armee Napoleon nicht folge, die Blüchersche Armee also auf ihre eigenen Kräfte allein angewiesen sei; man nahm aber mit gutem Grund an, daß York in der Bewegung nach Montmirail begriffen sei und Sacken bereit stehe, dorthin zurückzukehren. Kleist und Kapzewitsch, die allerdings den Marsch auf Ferre Champenoise schon angetreten hatten, ließen sich bald zurückholen. Von dort drohte anscheinend kein Angriff, da die Kleistschen Vortruppen dicht bei Sezanne unbehelligt geblieben waren.

Auch Olsufiew bei Champaubert schien nicht gefährdet, da bisher bei Saint Priz alles ruhig war; das waldige Gelände bei Etoges gewährleistete ihm schlimmstenfalls sicheren Rückzug. Dagegen rechnete man mit der Möglichkeit, daß der Feind sich in der Richtung auf Montmirail auf Sacken werfen werde, um Macdonald Luft zu machen.

Gneisenau ist damals dafür eingetreten, die Armee auf das nördliche Ufer der Marne hinüberzunehmen und sie dort zu vereinigen. „Man stellte mir die Dispositionen aus dem großen Hauptquartier und dann das Aufgeben unsrer Kommunikationsstraße entgegen. Ich war schwach und gab nach." So wurde die Vereinigung auf dem südlichen Marne=Ufer befohlen. Schon um 9 Uhr morgens wurden dazu die Befehle an Yorck, dann auch an Sacken zur Vereinigung der Armee bei Vertus aufgesetzt. Yorck solle sofort nach Montmirail marschieren, falls dies etwa noch nicht geschehen sei. Gelänge es dem Feinde, ihn und Sacken von Blücher zu trennen, so sollten sie sich zusammen aufs rechte Marne=Ufer zurückziehen. Obgleich nun noch bestimmtere Nachrichten einliefen, Napoleon habe am 8. in Villenoxe und schon am 9. in Sezanne eintreffen sollen, wurde Sacken doch noch angewiesen, sich mit Yorck gemeinsam einen Weg zu Blücher zu bahnen, „im Fall der Feind sich zwischen uns werfen sollte."

General Zieten berichtete nach Gefangenenaussagen, Napoleon sei am Abend vorher gegen 6 Uhr in Sezanne wirklich eingetroffen, die dortigen Truppen seien von Troyes, zum Teil aber auch aus Paris gekommen. General v. Kleist ergänzte diese Meldung nachmittags dahin, daß Napoleon bei Sezanne 30- bis höchstens 35000 Mann bei sich habe; der größte Teil bestehe aus Kaiserlichen Garden. Andere Nachrichten gaben den Feind auf 35- bis 40000 Mann an. Nun wurde Sacken befohlen, sogleich nach Montmirail zurückzukehren, Yorck aber aufgegeben, durch einen Nachtmarsch Etoges zu erreichen.

Noch trug man sich mit der Hoffnung, die schlechten Wege, auf denen der Feind sein Geschütz nicht würde fortbringen können und wo er durch Nachzügler große Hindernisse in seinem Marsch finden werde, würden den Angriff gegen die Schlesische Armee so verzögern, daß eine Bewegung von Wittgenstein gegen den Rücken Napoleons diesen vielleicht zwingen werde, seinen Vorsatz aufzugeben; „wenigstens würden dessen Bewegungen sofort langsamer werden." Wittgenstein wurde deshalb zu solchem Rückenstoß aufgefordert. Vielleicht sollte von Ferre Champenoise aus durch Kleist eine solche Wirkung hervorgerufen werden; vielleicht war es auch nur die Hoffnung, dort nähere Nachrichten über den Feind und von der Großen Armee zu erhalten, weshalb Blücher sich am Nachmittag mit seinem Stabe nach dem 15 Kilometer entfernten Ferre Champenoise begab. Aber schon auf dem Wege dahin kam die Nachricht, Olsufiew sei bei Champaubert angegriffen, sein Korps völlig zersprengt worden. Indem Blücher hiervon, zunächst in vorsichtiger Weise, dem Großen Hauptquartier Mitteilung machte, meldete er, der Feind dringe in bedeutender Stärke gegen die Kleine Pariser Straße vor und scheine die Absicht zu haben, die Schlesische Armee zu durchbrechen. Unter diesen Umständen sei es geboten, die Korps Kleist und Kapzewitsch in die Gegend von Vertus zurückzunehmen; die Haupt-Armee möge versuchen, durch Bewegungen in des Feindes Rücken die Zeit zur Vereinigung der getrennten Korps zu verschaffen. An die nächsten Nachbarn, Wittgenstein und Wrede, gingen ebensolche Ersuchen. Blücher begab sich nun nach Bergeres bei Vertus zurück, wo sich eine vorteilhafte Verteidigungsstellung an der Kleinen Pariser Straße befand. Im Laufe der Nacht trafen dort die Korps Kapzewitsch und Kleist ein.

So wartete man am 11. die Entwickelung der Dinge ab; die gegen Etoges vorgeschickte Kavallerie stieß auf feindliche Posten; doch vermochte sie bei ihrer Schwäche keinen Einblick zu gewinnen. Man war darauf gefaßt, daß der Feind sich hierher wenden würde; sollte er mit Überlegenheit angreifen, so wollte man nach Norden auf Epernay ausweichen; sich auf Chalons in die Ebene drängen zu lassen, schien bei der zahlreichen Reiterei des Gegners, der man nur zwei Linien- und ein Landwehr-Kavallerie-Regiment entgegenzustellen hatte, gefährlich. Die Bagagen wurden für alle Fälle hinter die Marne zurückgeschickt.

Der Gegner bei Etoges verhielt sich aber wider Erwarten still. Man schloß daraus, daß Napoleon sich auf Montmirail gewandt habe, und als man nun erfuhr, daß York bei Chateau Thierry geblieben sei, wurde ihm und Sacken befohlen, sich auf das nördliche Marne-Ufer zurückzuziehen. Mittags aber schon erschallte aus Westen Geschützfeuer, anscheinend in großer Entfernung. Es war zu hoffen, daß Sacken und York sich doch vereint hätten; „wir glaubten selbige dem Feinde gewachsen, waren jedoch nicht ohne Besorgnisse," erzählte später Gneisenau. Blücher brannte vor Ungeduld, den gegenüberstehenden Feind anzugreifen. Gneisenau aber wandte ein, daß die Korps bei ihrer Schwäche an Kavallerie im Vormarsch leicht von Sezanne her überraschend in Flanke und Rücken gefaßt werden könnten und zum Eingreifen ins Gefecht doch zu spät kommen würden. Diese Erwägung hielt Blücher auch am folgenden Tage noch bei Bergeres fest; wieder ertönte Kanonendonner, aber mehr aus Nordwesten; nach

Yorcks Meldungen schien es, daß er und Sacken im Begriff seien, sich über die Marne in Sicherheit zu bringen. Wie es aber dort im einzelnen stand, blieb höchst ungewiß, und als am 13. zwei weitere Kavallerie-Regimenter Kleists mit vier Batterien eintrafen, wurde der Vormarsch befohlen; es sollte doch etwas geschehen, um Yorck und Sacken den Übergang über den Fluß zu erleichtern.

———

Etoges.

13. bis 17. Februar.

Am 13. Februar vormittags trat General v. Zieten mit der Vorhut, 5 Bataillone, 12 Schwadronen und 1 Batterie, auf Etoges an. Ihm folgten als Rückhalt zunächst einige russische Bataillone, dann die Masse beider Korps in gekoppelter Marschkolonne, rechts die Preußen, links die Russen, zum Schluß die Reservekavallerie. Eine kleine Abteilung bildete die rechte Seitendeckung. Die beiden Korps zählten etwa 16000 Mann Infanterie, zur Hälfte Preußen, zur Hälfte Russen, 1500 Reiter und 48 Geschütze. Die Reste Olsufiews, 1800 Mann unter General Udom, sollten als Rückendeckung folgen. Nach kurzem Artilleriegefecht räumte der Feind die Stellung bei Etoges. Zieten folgte bis westlich von Champaubert, wo der Feind ihn in einer vorteilhaften Stellung erwartete. Wohl da keine Nachricht von Yorck und Sacken eingelaufen und kein Gefechtslärm zu hören war, wurde haltgemacht.

Bei Blücher in Etoges lieferten die Vorposten einen Franzosen ein, der sich als ein eifriger Gegner Napoleons ausgab und versicherte, dieser sei mit seinen Garden nach La Ferté sous Jouarre abmarschiert. Man schenkte dem angeblichen Grafen so viel Vertrauen, daß Blücher seine Angaben dem Großen Hauptquartier berichtete und darauf rechnete, morgen bei Montmirail die Armee wieder vereinigen zu können. Das Unwetter schien vorüber; erleichtert und siegesgewiß schrieb Blücher seiner Frau: „Ich habe drei saure Tage gehabt; Napoleon hat mich dreimal in den drei Tagen mit seiner ganzen Macht und allen seinen Garden angegriffen, aber er hat seinen Zweck nicht erreicht und heute ist er auf dem Rückzug nach Paris. Morgen folge ich ihm. Dann vereinigt sich unsre Armee und vor Paris wird durch eine Hauptschlacht Alles entschieden werden. Fürchte nur nicht, daß wir geschlagen werden; ohne daß unerhörte Fehler vorgehn, ist das nicht möglich.“

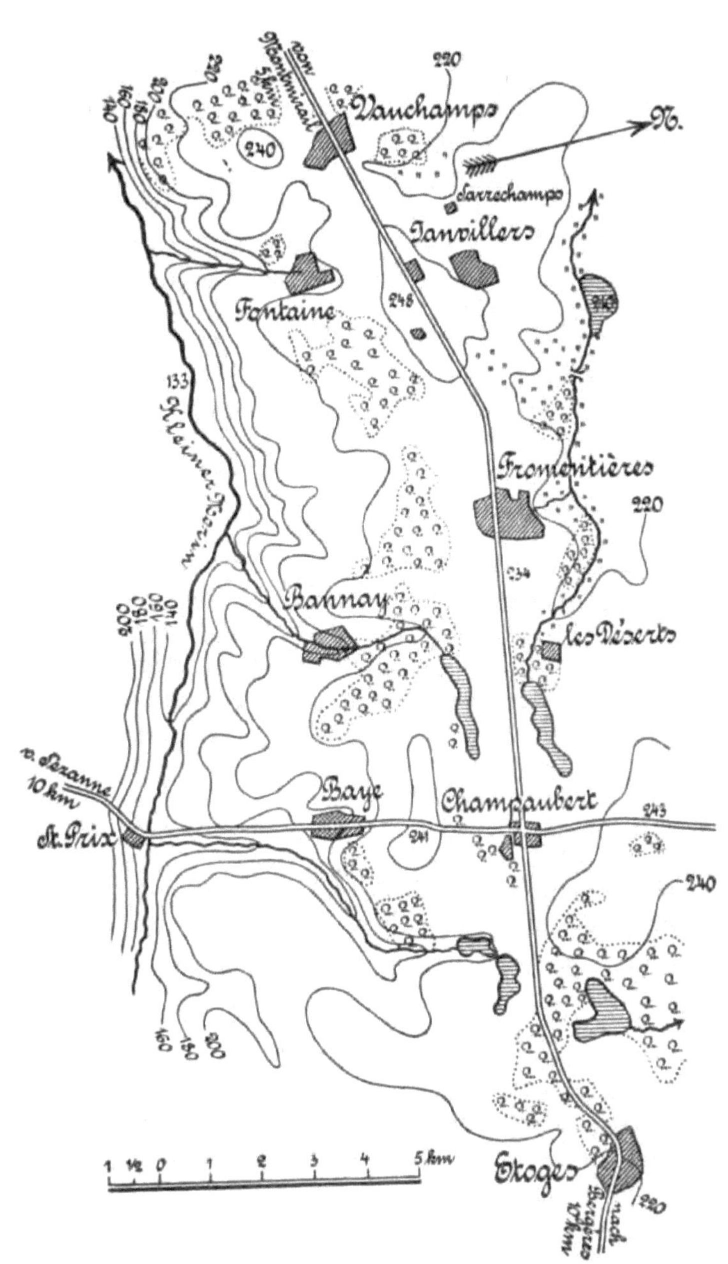
Montmirail
5 km
von
Vauchamps
220
Janvillers
Sarrechamps
N.
Fontaine
248
133
Kleiner Morin
Fromentières
220
234
Bannay
les Déserts
v. Sézanne
10 km
Baye
Champaubert
243
St. Prix
241
240
240
1 ½ 0 1 2 3 4 5 km
Etoges
nach Epernay 17 km
220

Diese zuversichtliche Anschauung der Lage fand am anderen Morgen weitere Stützen, als Zieten meldete, der Feind habe in der Nacht seine Stellung geräumt. Blücher hatte sich für die Nacht nach Champaubert begeben, wo die Masse seiner Truppen lagerte. Zieten war schon früh morgens aufgebrochen, um gegen Montmirail vorzufühlen; gegen 10 Uhr ließ Blücher die Korps in derselben Anordnung wie gestern folgen. Zietens ungestörtes Vorbringen schien zu bestätigen, daß Napoleon sich mit seinen Hauptkräften gegen die an der Seine vorgehende Haupt-Armee gewandt habe. Gegen Mittag aber rief lebhaftes Geschützfeuer Blücher nach vorn. Er fand die Vorhut in ein heftiges Gefecht verwickelt. Zieten war bei Vauchamp, 5 Kilometer vor Montmirail, auf Widerstand gestoßen. Da das Gelände vor ihm unübersichtlich war, hatte er das Herankommen Blüchers abwarten wollen. Dieser war noch einige Kilometer entfernt, als Zieten sich vom Feinde lebhaft angegriffen sah; seine Infanterie, die jetzigen Regimenter Friedrich Wilhelm II. und Keith, wurde aus Vauchamp geworfen, von starker feindlicher Kavallerie überritten und beinahe völlig vernichtet.

Grade jetzt erschien Blücher mit seinem Stabe auf dem Kampfplatz. Die vorzügliche Haltung der schwachen, noch geschlossenen Abteilungen der Vorhut und der russischen Rückhalt-Bataillone sowie das Eingreifen des braunen Husaren-Regiments unter Blüchers Sohn Franz ermöglichte der Vorhut das Zurückgehen auf die Hauptkräfte. Diese waren unterdes gegen 2 Uhr in der Höhe von Janvillers aufmarschiert, da sich nördlich von der Straße eine große Reitermasse zeigte. Bald warf sich diese auf die Reservekavallerie, die bei der Infanterie Schutz suchen mußte. Den Eindruck, daß hier Napoleon zur Stelle sei, bestätigte ein gefangener französischer Offizier, der auch erzählte, daß York und Sacken gestern über die Marne zurückgewichen seien. Damit war der Grund für das Vorgehen weggefallen. Gneisenau riet, den Rückzug ungesäumt anzutreten.

Die Kleine Pariser Straße führt zwischen Montmirail und Etoges ziemlich eben auf einem flachen Rücken entlang, der nach Süden steil in das tiefeingeschnittene Tal des Kleinen Morin abfällt; Teiche, Schluchten und dichte Waldungen behindern hier die Bewegung von Truppen. Auf der Nordseite dagegen wird die Straße zwischen Janvillers und Champaubert von einer Bachniederung begleitet, deren Teiche, Wiesen und Waldstücke die Straße auch hier gegen überraschenden Anfall schützen. Bei Champaubert aber, bis zum Wald von Etoges hin, hört auf eine Strecke von 2 Kilometern dieser Schutz auf.

In Champaubert stand General Udom mit 1800 Mann und einigen Geschützen; er wurde angewiesen, sich in eine Aufnahmestellung am Walde zu begeben. So war es möglich, die Artillerie, von der zu besorgen war, sie könnte in dem sehr tiefen, lehmigen Boden stecken bleiben, auf der Straße unter Bedeckung einiger Kompagnien nach Etoges vorauf in Sicherheit zu bringen. Nun erhielt die Brigade des Prinzen August, die jetzigen Regimenter Kronprinz und Winterfeldt, Befehl zum Rückmarsch; ihnen folgte nördlich der Straße die Brigade Pirch, die jetzigen Regimenter König Wilhelm und Courbière, südlich der Straße das Korps Kapzewitsch, dahinter der Rest von Zietens Vorhut mit den ostpreußischen Kürassieren unter Wrangel und einem Landwehrreiter-Regiment auf den Flügeln. Die übrige Kavallerie unter Oberst Graf Haße, die schlesischen Kürassiere, die braunen Husaren und ein Landwehr-Regiment, deckten die nördliche Flanke gegen die von dort drohende Reitermasse. Die feindliche Infanterie folgte nur langsam; desto mehr drängte der von der Südseite der Straße her eingreifende andere Teil der französischen Reiterei. Durch sie wurde ein abgezweigtes Bataillon abgeschnitten; in einem einzeln liegenden Gehöft von Artillerie beschossen, gab der Rest nach tapferer Gegenwehr gegen zwei französische Bataillone den Widerstand erst auf, als alle Patronen verschossen waren.

Da der südliche Teil der feindlichen Kavallerie fortgesetzt einzuhauen versuchte, mußten sich die Bataillone die ganze Strecke in Vierecken bewegen und sich durch treffenweises Durchziehen gegenseitig unterstützen und ablösen. Die beiden Reiter-Regimenter der Nachhut zogen sich vor dem überlegenen Gegner jedesmal zwischen die Vierecke zurück und brachen zum Nachhauen vor, wenn der Sturm abgewiesen war. Allmählich blieben zwischen der Infanterie ganze Schwärme von Reitern, feindliche und eigene, die sich hier miteinander herumbalgten. Blücher kam hier wiederholt in solches Gedränge, daß die Stabsordonnanzen ihn heraushauen mußten. Die Befehlsgebung wurde dadurch zeitweise ganz aufgehoben. Natürlich ging so der Rückmarsch nur sehr langsam vonstatten, namentlich bei den Russen, bei denen sich Blücher befand. Er lobte ihre Ruhe, mit der sie alle Reiteranfälle abwiesen.

Die augenblicklich weniger bedrohten Preußen gelangten schneller vorwärts; als sie in die Enge zwischen den beiden Teichen westlich von Champaubert kamen, ließ Blücher sie deshalb auf die Russen warten. Er begab sich hier zu den Preußen. Er war „verzweifelt grimmig", erzählt einer seiner Begleiter. „Blücher, von der Niederlage seiner beiden detachirten Korps unterrichtet, wurde tief ergriffen durch die Gefahr, welche den unter seiner persönlichen Führung stehenden Truppen drohte," so schildert Graf Nostitz seine Stimmung; „die Früchte eines so mühsamen und glorreichen Feldzuges schienen ihm vernichtet und verdunkelt die in so vielen Schlachten erworbenen Lorbeern." Den Leutnant v. Gerlach, der es sonst stets verstand, seine Laune herzustellen, fuhr er an: „Herr, jetzt ist's nicht Zeit Witze zu reißen." Bei dem letzten preußischen Bataillon, das grade gegen feindliche Kavallerie Viereck bildete, blieb er halten; die Leute wurden unruhig, einzelne fingen an zu feuern; trotzdem blieb Blücher vor dem Bataillon halten. Graf Nostitz konnte ihn nur mit Mühe bewegen, seinen gefährlichen Platz zu verlassen; ihn an der quer über der Schulter hängenden Hetzpeitsche fassend, zog er ihn mit sich fort. Das Bataillon wurde gleich darauf von der feindlichen Kavallerie wiederholt angegriffen und nach zähem Widerstande zersprengt.

Es war die höchste Zeit, den Marsch fortzusetzen. Schon fuhr bei Fromentieres französische Artillerie auf und feuerte in die dicken Kolonnen hinein. Nun marschierte auch auf der Höhe 243 nördlich von Champaubert französische Kavallerie auf, deren ausholende Bewegung nördlich von der Bachniederung schon lange beobachtet worden war. Zum Glück war sie durch die schlechten Wege sehr aufgehalten worden und hatte ihre Artillerie zurücklassen müssen. Zunächst warf sich ihr Graf Hake mit seinen drei Regimentern entgegen; aber diese mußten vor dem übermächtigen Stoß weichen und fluteten am Waldsaum von Etoges zurück. Hier hatten sich die mit der Artillerie voraufgeschickten preußischen Schützen-Kompagnien aufgestellt; die Russen, die dort eigentlich stehen sollten, waren irrtümlicherweise nach Etoges abgerückt. Das Feuer der Schützen und eines Geschützes hinderte die Verfolgung der feindlichen Reiter, aber nun richtete sich deren Stoß gegen die Infanteriekolonnen, die jetzt, gegen 5 Uhr, die Höhe von Champaubert erreicht hatten.

An dem ruhigen Feuer der Vierecke scheiterten alle Angriffe. Mit Musik, schlagenden Trommlern und Gesang wird der Marsch fortgesetzt; die wiederholten feindlichen Angriffe haben keinen besseren Erfolg. Da stellt sich eine mächtige Mauer von Reitern quer über die Straße dem Marsch der preußischen Bataillone entgegen. Aber auch das entmutigt Führer und Truppe nicht; nach kurzem Zaudern setzen sich die Bataillone auf Blüchers Zuruf in der Form eines großen Vierecks wieder in Bewegung. Die beiden Geschütze feuern mit Kartätschen. General Kleist und der Brigadekommandeur Prinz August führen die Bataillone nach einer Salve aus nächster Nähe, den

Feldmarschall an ihrer Spitze, mit Hurra gegen den Feind. Solchem Heldenmut hält dieser nicht stand — er gibt den Weg frei, und glücklich erreichen die Preußen den Waldrand. Hier aber schlägt ihnen Feuer entgegen; abgesessene französische Reiter müssen erst vertrieben werden. Nun wird Front gemacht, um die hinteren Abteilungen aufzunehmen.

Dieser Durchbruch hatte noch manches Opfer gekostet. Aus Blüchers Umgebung fiel Oberstleutnant v. Oppen; Rittmeister v. Blücher, ein Neffe des Feldmarschalls, wurde schwer verwundet. Am Straßeneingang ließ Blücher die von Prinz Augusts Brigade aufgenommenen Truppen an sich vorüberziehen. Das Herstellen der Marschkolonne in der jetzt hereinbrechenden Dunkelheit und das Erhalten der Ordnung erforderten Tatkraft und Ruhe zugleich. Der Rückzug konnte im Walde vom Feinde unbehelligt fortgesetzt werden; durch Feuerbrände wurde den Truppen der Weg bezeichnet.

In Etoges übernahm eine Abteilung des Korps Kapzewitsch die Nachhut. Diese ließ es aber an Aufmerksamkeit fehlen und wurde von feindlicher Infanterie, die auf Schleichwegen nachgedrungen war, überfallen; sie büßte eine große Zahl Gefangener ein. Die Masse der Truppen ruhte einige Stunden bei Bergeres. Noch im Dunkeln wurde wieder aufgebrochen und die Ebene bis Chalons glücklich durchschritten; der Feind hatte die Verfolgung eingestellt. Im Schutz der Marne konnte sich die Armee sammeln, ordnen und verstärken. Am 16. rückten, ebenfalls stark gelichtet, die Korps York und Sacken von Reims her in Chalons ein.

Die Blüchersche Armee war wieder vereinigt; aber schweres Lehrgeld hatte sie zahlen müssen; sie war um 14000 Mann und 47 Geschütze geschwächt! Manche Truppenteile hatten die Hälfte ihres Bestandes verloren. Sie stand wieder grade so weit von Paris wie vor 14 Tagen nach der Schlacht von La Rothière; auf halbem Wege dorthin hatte sich Napoleon mit raubtierartigem Geschick auf sie gestürzt und ihr die Weichen aufgerissen. Aber wenn er wähnte, wie er tönend verkündete, er habe die Schlesische Armee vernichtet, so befand er sich in schwerem Irrtum.

Wohl hatte selbst Blücher in den schlimmsten Augenblicken das Ende mit Schrecken für unabwendbar gehalten und sich gewünscht, es nicht zu überleben. Auch in seiner Umgebung war mancher unter der Wucht des Mißgeschicks zusammengebrochen; aber, noch den Feind auf den Fersen, hatte doch Blüchers trotzige Mannhaftigkeit den Sieg davongetragen. Schon gleich nach dem Gefecht fand man ihn in der Bauernstube zu Bergeres seine Pfeife rauchend und mit Gneisenau beratschlagend; da kommt ein Offizier aus dem Großen Hauptquartier; Blücher liest die überbrachten Schriftstücke; der Bote muß berichten, wie es dort steht, was dort zur Entlastung der Schlesischen Armee geschehen sei. Kein Vorwurf wird erhoben, daß Schwarzenberg, ohne ein Wort zu sagen, die Anordnungen zur Verbindung beider Armeen geändert, Napoleons Abmarsch nicht früher bemerkt hat, ihm nicht, wie verabredet, in den Eisen geblieben ist; keine Klage über den schweren Rückschlag, der die Folge davon war, oder über die empfindlichen Verluste wird laut, keine höhnische Frage, was für Opfer die Haupt-Armee inzwischen für den gemeinsamen Zweck gebracht habe, keine Anklage über Ungehorsam oder Ungeschick der Unterführer. Der Mißerfolg wird einfach zugegeben, aber versichert, daß die Armee in wenigen Tagen geschlossen und verstärkt auf dem Plan wieder erscheinen werde.

Der Tag von Etoges ist ein Ruhmestag der preußischen und russischen Infanterie. Hatte Blücher so oft dargetan, daß Fußvolk in offenem Gelände einem kühnen und guten Reitersturm rettungslos verfallen war, hier hat er erfahren, daß an dem Feuer einer Truppe, die in der Hand ihrer Führer bleibt, auch die heftigsten Kavallerieangriffe scheitern. Es war das eine Tat, die Führer und Truppe mit neuem gegenseitigen Vertrauen und der Schwungkraft zu neuen Taten erfüllte. Niemand hat die Helden von Etoges beredter gepriesen als der schweigsame Engländer in Blüchers Stabe, der Oberst Lowe, der spätere Wächter des gefesselten Titanen auf Sankt Helena. „Die Begebenheiten dieses Tages", so erzählt Graf Nostitz, „hatten auf ihn einen magischen Zauber ausgeübt; in seinen Augen glänzte Freude, sein Mund war gesprächig geworden. Ein solches Schauspiel, meinte er, habe er nie gesehen, auch niemals Truppen, welche mit solcher Standhaftigkeit sich geschlagen; er war unerschöpflich im Erzählen aller der einzelnen merkwürdigen Szenen, welche er gesehen und geriet in wahres Entzücken, so oft er des Augenblicks erwähnte, wo der Feldmarschall an der Spitze des Bataillons sich durch die feindliche Kavallerie einen Weg gebahnt. Alle bis dahin erfochtenen Siege zusammen machten seiner Ansicht nach der Armee nicht so viel Ehre als die heut erlittene Niederlage." Und an seine Regierung berichtete der Oberst: „Mir fehlen die Worte um meine Bewunderung über die Unerschrockenheit und die Mannszucht dieser Truppen auszudrücken. Das Beispiel des Feldmarschalls Blücher selbst, der überall und in den gefährlichsten Lagen zur Stelle war, von General Kleist und Kapzewitsch, von General Gneisenau, der die Bewegungen an der Straße leitete, von General Zieten und Prinz August von Preußen, der stets an der Spitze seiner Brigade, sie zu den heldenhaftesten Taten anfeuerte, flößten dem Soldaten eine Unerschrockenheit ein, die selbst den Feind mit Bewunderung und Erstaunen ergriff."

In Chalons war reichliche Verpflegung für Mann und Pferd aufgehäuft. Schutzzeug und Munition wurden ergänzt, die beschädigte Ausrüstung ausgebessert, die Pferde frisch beschlagen, die Verbände neu geordnet. Grade rechtzeitig trafen einige Verstärkungen ein: die Freikorps Lützows und Colombs sowie die letzten Teile der Korps York und Kleist, die vor den Mosel-Festungen abgelöst worden waren, außerdem Ersatzmannschaften, Geschütze und Vorratskolonnen. Trotzdem schrumpfte das Korps Kleist aus 31 Bataillonen zu 13, das Korps York aus 37 zu 16 Bataillonen zusammen; die Landwehrkavallerie war arg zusammengeschmolzen. Doch auch frische russische Truppen kamen heran; am 18. traf von Mainz her ein weiterer Teil des Korps Langeron in Vitry, das Korps Winzingerode aus den Niederlanden in Reims ein.

Ebenso schnell gelang es Blücher, die Gemüter neu zu beleben: „In dem festen Vertrauen, mit welchem der Feldmarschall dem Gelingen des neu zu beginnenden Feldzugs entgegenging, stärkten sich die Schwachen, und die blos aus dem Bedürfniß des Widerspruchs gebildete Opposition so mancher höherer Offiziere verstummte, sobald der keine Einwendungen duldende Entschluß des Generals ausgesprochen war."

Bei York bedurfte es indes doch noch besonderer Einwirkung. Im Hauptquartier sah man es so an, daß Yorks an Ungehorsam streifendes Verhalten, sein zögerndes Eingehen auf Blüchers Befehle die Niederlage Sackens und damit die eigene verschuldet hätten. Nach Yorks Ansicht gehörte dagegen Sacken vor ein Kriegsgericht. Nun wurde dieser wegen seiner „Unerschrockenheit" noch belobt! York zeigte sich entschlossen, das Kommando niederzulegen. Er stellte Blücher vor, die beiden preußischen Korps seien so schwach geworden, daß es besser sei, sie in eins zu vereinigen; er werde dabei gern gegen Kleist zurücktreten. Blücher, der des grimmen Helden große Seiten zu schätzen wußte, eröffnete ihm darauf in einem von Gneisenau aufgesetzten Schreiben, er könne auf diesen Vorschlag nicht eingehen, weil er unverantwortlich handeln würde, wenn er es zugäbe, daß der Armee und der großen Sache grade jetzt einer der ausgezeichnetsten Befehlshaber entzogen würde. Seine Entfernung von der Armee würde auf diese und den Feind nachteiligen Eindruck machen, der auch in der Zusammenschmelzung zweier Armeekorps den Beweis großer Schwäche finden möchte; er hoffe, daß York an der Spitze des braven

I. Armeekorps ferner noch die wichtigsten Dienste leisten werde. Und York blieb.

Wichtiger fast noch war es, den Eindruck der Niederlage auch bei den Monarchen, bei den Feldherren und Diplomaten im Großen Hauptquartier zu verwischen. Am 16. sandte Blücher Berichte an den Zaren und an den König ab. „Es ist dem Kaiser Napoleon nicht gelungen,“ hieß es darin, „in drei blutigen Gefechten, in welchen er seine alte Garde gegen die Schlesische Armee geführt hat, ihr entscheidende Schläge beizubringen. Ich kann das Betragen der russischen und preußischen Truppen nicht genug rühmen. Die Art, wie sie alle Angriffe einer sehr starken und kühnen Kavallerie abgeschlagen haben, gereicht ihnen zur größten Ehre.“ Blücher richtete persönlich noch ein besonderes Schreiben an Hardenberg: „Meine drei Korps von York, Sacken und Kleist haben alle drei mit Napoleon geschlagen; es sind viel Menschen geblieben; aber ich habe meinen Zweck erreicht und den Feind mit seiner ganzen Macht fünf Tage hier festgehalten. Hat die Große Armee diese Zeit, wo ihr nichts Bedeutendes entgegenstand, nicht benützt, so ist es zu beklagen. Die Stunde hat nun geschlagen; eine Hauptschlacht muß so bald als möglich geschehen. Stehen wir und zaudern, so zehren wir Alles auf und bringen das Volk zur Verzweiflung und Alles steht in Masse wider uns auf. Der gute Ausgang kann nicht zweifelhaft sein, aber der gute Augenblick darf nicht versäumt werden. So lange war der Kaiser Napoleon mir an Kavallerie überlegen; aber nun, da ich morgen und übermorgen die vier Korps York, Sacken, Kleist und Winzingerode vereinige, so hat die Sache eine andre Gestalt und ich marschire den 19. grade auf meinen Gegner los; hält er, so schlage ich ihn, das können Sie sicher glauben. Aber die große Armee muß nun vorwärts oder die Sache kann Nachteil haben. — Wirken Sie doch nach aller Ihrer Kraft dahin, daß wir die Sache entscheiden! Die Nation ist zu Allem gewonnen, wenn wir den Kaiser schlagen, und er gewinnt sie, wenn wir zaudern.“ Gneisenau schrieb dem Staatskanzler folgenden Tags in ähnlichem Sinn; später gestand er: „wir suchten zu tun, als ob wir nicht geschlagen wären.“

Wie herrlich sich Blücher beherrschte, geht daraus hervor, daß man selbst in seiner Umgebung nichts mehr von Niedergeschlagenheit bemerkte: „Der alte Blücher, immer heiter und guter Dinge, als wenn Nichts vor wäre, verlegte sein Diner im Palais Royal, zu dem er schon so lange alle guten Freunde einlud, auf einige Tage später und war bei dem Allen von der Unbefangenheit eines Volontärs, der die Kampagne nur für seinen Arm und Degen mitmacht.“ Und in der Tat, die Merkmale des Geschlagenseins waren in kurzer Frist beseitigt. Ein österreichischer Offizier berichtete über die Korps York und Sacken schon aus Reims, sie seien wieder in völliger Ordnung; „nur eines Ruhetags haben sie in Reims bedurft, um wieder ganz schlagfertig und zur neuen Offensive bereit zu sein."

Trotzdem empfing König Friedrich Wilhelm Gneisenau später mit den bitteren Worten: „Es sind ja schöne Geschichten bei Ihnen vorgegangen;" er mußte das schweigend hinnehmen; aber mit Recht hat er später gesagt: „Die Welt hat stets nur von den Unfällen der Schlesischen Armee gesprochen, die solche mit Standhaftigkeit ertragen hat, aber nur wenig von denen der Großen Armee, die sehr mutlos dadurch geworden war. Wir vereinigten schnell unsre Korps und ergriffen vier Tage nach unsern Unfällen, am 19. wieder die Offensive, um der Großen Armee zu Hülfe zu eilen, die uns nicht zu Hülfe gekommen war." Hardenberg gab wohl den Anschauungen im Großen Hauptquartier Ausdruck, als er an Gneisenau schrieb: „Sie haben doch wohl unstreitig nach der Schlacht von Brienne Ihren Feind zu gering geschätzt und daher nicht ganz vorsichtig verfahren; aber", fügte er tröstend hinzu, „der Rückzug von Fromentieres und die Schnelligkeit Ihrer Wiedervereinigung und Ihres Vormarsches nach Mery sind bewunderungswürdig und nur seltene Beispiele der Art hat die Geschichte aufzuweisen."

Geht man davon aus, daß Napoleon mit seinen 30000 Mann Blücher mit seinen 57000 Mann nicht hätte schlagen können, wenn dessen Armee versammelt gewesen wäre, so muß man den Keim der Unglückstage von Etoges in der Verzettelung der Armee vor den lothringischen Festungen erkennen. Blücher hatte sich alle Mühe gegeben, dem entgegenzuwirken. Er hätte am 10. Februar 57000 Mann an der Kleinen Pariser Straße versammelt haben können; doch da ließ er sich verleiten, durch York und Sacken Jagd auf Macdonald zu machen. Das schlimmste war, daß infolgedessen auch die Aufklärung versagte. Obgleich das Eis die Gefahr durch dumpfes Krachen anzeigte, drängte man die Besorgnis zurück und blieb bei dem einmal gefaßten Entschluß; hierdurch und durch gleichzeitiges Eingehen auf die Wünsche des Großen Hauptquartiers entfernte man grade im entscheidenden Augenblick auf beiden Seiten jede Hülfe von der Einbruchsstelle, über die man mit etwas mehr Glück ungefährdet hinübergeglitten sein würde.

Die augenfälligste Ursache der Niederlagen an der Kleinen Pariser Straße aber ist die mangelhafte Aufklärung. Natürlich läßt sich jetzt leicht sagen: auf den Punkt Sezanne mußte mehr Wert gelegt werden;

ſobald Sackens Fühler dort vertrieben waren, mußte das Ober=
kommando ſelbſt für das Ausflicken dieſer zerriſſenen Maſche des
Spinnengewebes ſorgen. Der Ritt eines Generalſtabsoffiziers dorthin
würde wohl ſchon genügt haben. Als nun aber des Feindes Nähe
erkannt war, überſah man unter den verſchiedenen Möglichkeiten des
gegneriſchen Handelns grade den für die Armee gefährlichſten Fall,
die Entwicklung Napoleons über Saint Prix. Es iſt ſehr wahrſchein=
lich, daß, wenn Blücher am 8. abends nach dem Lärm in Etoges an=
ſtatt in der erſten Beſtürzung nach Vertus zurückzugehen, das, was
Graf Noſtitz für das Naheliegendſte erklärt, am 9. nach Champaubert
vorgeritten wäre, das Oberkommando durch den Augenſchein auf die
richtige Fährte gekommen ſein würde; hinten in Vertus wurde es
dann durch die Weiſungen aus dem Großen Hauptquartiet vollends
davon abgelenkt. Hätte man auch nur einen mit der nötigen Macht=
vollkommenheit ausgeſtatteten Offizier zu Olſufiew vorgeſandt, ſo wäre
deſſen durchaus unnötiges Zuſammenbrechen abgewendet worden.

Aber trotz alledem war die Zerſprengung der Blücherſchen Armee
noch nicht unabwendbar. Jetzt waren es entſchieden Halbheiten des
Entſchluſſes, die dem Unglück zum Ausreifen verhalfen. Noch ſchwankte
man zwiſchen Verſammeln und Ausweichen, während im feſten Drauf=
gehen von allen Seiten jetzt allein noch Heil zu ſuchen war. Das
Zurückholen von Kleiſt nach Bergeres am 10. war der Anfang, das
Abwarten dort am 11. und 12. die Weiterführung des Verhängniſſes,
das, wie Gneiſenau richtig ausführt, durch die Uneinigkeit von Sacken
und Yorck, durch andere Unfälle und durch die Nichtbefolgung der
Diſpoſitionen ſeine Höhe erreichte. Stürzten ſich Blücher über Saint
Prix oder über Etoges, Sacken und Yorck von Montmirail her mit
ihren zuſammen 53000 Mann von zwei Seiten auf die 30000 Mann
Napoleons, ſo konnte eine Niederlage jedenfalls keinen ſchlimmeren als
den tatſächlichen Ausgang nehmen; aber es winkte auch ein gewaltiger
Erfolg. Wir wiſſen, daß Blücher zu dem Angriff drängte, aber
man muß geſtehen, es war der gewaltige Eindruck, den die überraſchende
Kühnheit des großen Korſen auch auf ihn machte, daß er ſeine Rat=
geber nicht mit ſich fortriß.

Aus Graf Schwerins Aufzeichnungen, die durch Gneiſenaus und
Noſtitz' Äußerungen beſtätigt werden, geht hervor, daß in dieſer Zeit
„der Not und des Zweifels" zwiſchen Gneiſenau und Müffling eine
Spannung entſtand, in der „einer dem andern ſeine Meinung und die
Folgen des von ihm angegebenen Plans vorwarf — wo guter Rat auch
bei dem Klügſten teuer war, und der alte Blücher, alle Konfuſion der
Gelehrſamkeit verwünſchend, alle Berechnungen der Taktik mit ſeinem

Blücher mit Paris im Hintergrunde.
Angeblich nach dem Leben gemalt und gestochen von J. E. Bock,
vermutlich aus dem Jahr 1814.

bekannten Motto unterbrach: Daraus werde ein Anderer klug —
ich weiß nur eine Disposition: Frisch drauf, daß sie die Köpfe unten
und die Füße oben bekommen — alles Andre sind Narrensposten!"

Einen Umstand dürfen wir Neueren, die wir an die großartige
Vervollkommnung des Nachrichtenwesens gewöhnt sind, nicht außer
Betracht lassen: die sehr schlechte Verbindung zwischen den verschiedenen
Kommandostellen. Es ist auffallend, daß in diesem Punkt die Helden
der Befreiungskriege von ihrem großen Gegner noch nichts gelernt
hatten. Grade von Bergeres zu Sacken und Dorck hinüber lief die
Linie der Türme, von denen man sich durch Zeichen über weite Landstrecken hin zu verständigen vermochte! Obenein haben höchstwahrscheinlich Blücher und Gneisenau in diesen entscheidenden Tagen ganz
harmlos einen Spion Napoleons ins Vertrauen gezogen.

Um gerecht zu sein, muß man aber hervorheben, daß der
Schachzug Napoleons über Sézanne nach Champaubert und die
folgenden gegen Sacken, Dorck und Blücher eine der großartigsten
Leistungen des gewaltigen Kriegsmeisters war, bei der ihn Kühnheit,
Tatkraft, Feldherrnblick und Glück noch einmal auf die alte
Höhe hoben. Hätte nicht Blücher dieser Betätigung des Genies
seine unbeugsame Charakterstärke entgegenzusetzen gehabt, so wären
die Verbündeten wohl kaum je bis Paris gekommen. Das erkennt man recht aus den Worten Schwarzenbergs aus diesen Tagen:
„Meinen alten Blücher zieht es schon wieder mit solcher Macht gegen
das Palais Royal, daß er schon wieder anfängt, wie unsinnig vorzu-
rennen." Er hatte nicht das mindeste Verständnis für die Kriegführung
Blüchers. Leider übte dessen Mißgeschick nicht nur auf Schwarzenberg,
sondern in der Folge auch auf die Leitung der Blücherschen Armee
einen sichtlich hemmenden Einfluß aus.

<hr>

Nochmals zur Haupt-Armee an die Seine.
18. bis 23. Februar.
(Skizze S. 176.)

Seitdem Napoleon am 5. Februar vor der Haupt-Armee von
Troyes auf die mittlere Seine zurückgegangen war, hatte sich Schwarzenberg langsam in der Richtung auf Paris vorbewegt. Die Nachricht,
daß der Kaiser sich gegen Blücher gewandt habe, führte nur zur Entsendung des Generals Diebitsch mit der russischen leichten Garde-
kavallerie-Division, einer Grenadier-Brigade und 6 Geschützen am 12.

in der Richtung auf Montmirail; am 14. sah er vom Südufer des
Kleinen Morin der Niederlage Blüchers zu.

Am 16. näherte sich die Spitze der lang auseinander gezogenen
Haupt-Armee auf 50 Kilometer Paris. Napoleon hatte sich hierdurch
veranlaßt gesehen, von Blücher abzulassen. Nun war mit Sicherheit
anzunehmen, daß er sich gegen die Haupt-Armee wenden werde.

Blücher war anfangs entschlossen, „grade auf seinen Gegner los-
zumarschiren", und, wie Gneisenau es nannte, „wieder eine selbständige
Offensive zu beginnen"; die große Armee sei stark genug, um alles
niederzutreten, was sich ihr entgegensetzen möchte, sofern man nur Entschlossenheit genug habe, dies zu tun. Sie überlegten nun, ob es
besser sei, zwischen Marne und Seine oder auf dem nördlichen Marne-
Ufer vorzugehen; für diese Richtung sprach die leichtere Verpflegung
in dem noch nicht verwüsteten Lande. Sie hatten aber doch soeben die
Nachteile der Trennung zu deutlich erfahren; angesichts des eiligen
Zurückweichens der Haupt-Armee entschloß sich Blücher schon am 18.,
an jene heranzumarschieren und schob noch an diesem Tage die beiden
preußischen Korps auf der Straße nach Arcis a. d. Aube vor. Am 19.
früh traf denn auch die Aufforderung Schwarzenbergs ein, am 21.
sich bei Arcis der Haupt-Armee anzuschließen, die an diesem
Tage hinter Troyes zum Wiedervorgehen bereit sein werde. Die Unfälle Blüchers hatten auf Schwarzenberg so gewirkt, als ob sie ihn selbst
betroffen hätten; obenein setzte er im Zurückgehen noch zwei seiner
Korps empfindlichen Niederlagen aus. Blüchers Herankommen war
dringend geboten; leicht konnte sonst der Rückzug bis zum Rhein fort-
gehen.

Schon einen Tag früher, als Schwarzenberg verlangte, stand
die Blüchersche Armee mit 56000 Mann und 300 Geschützen vorwärts
von Arcis und rückte am 21. noch an die Seine bei Méry vor, um dort
das rechte Flügelkorps der Haupt-Armee, Wittgenstein, abzulösen.
Führer und Truppen waren in gehobenster Stimmung, sahen sie doch
der Entscheidungsschlacht entgegen, in der sie gesonnen waren, „Alles
wieder gut zu machen."

Die Vorhut Sackens nahm am 22. früh Aufstellung auf dem
westlichen Seine-Ufer; die Masse der Armee lagerte auf dem östlichen
Ufer. Blücher überzeugte sich von der zweckmäßigen Anordnung der
Vorposten, ließ aber das linke Ufer räumen, als der Gegner mit
Überlegenheit anrückte. Als nun in der Stadt Feuer ausbrach, drangen
in der Verwirrung feindliche Schützen so unvermutet über den Fluß
und durch die Stadt vor, daß Blücher mit seinem Stabe in ihr Feuer
geriet und selbst durch eine Kugel getroffen wurde, aber mit einer

Quetschung des Schienbeins davonkam. Der Gegner wurde nun über die Brücke zurückgetrieben; dort blieben beide Teile sich dicht gegenüber und suchten die Zerstörung der Brücke zu vervollständigen. Mittags sah man drüben die Kolonnen der französischen Armee auf Troyes vorrücken.

Die Gegend von Mery gehört zu den ödesten der Champagne; über die kahlen Flächen wehte in mächtigen Staubwolken ein kalter Ostwind. Die wenigen Dörfer vermochten die großen Truppenmassen nicht aufzunehmen. Holz für die Lagerfeuer war nicht vorhanden und Verpflegung auch nicht. Nun wurden die nächstgelegenen Ortschaften den Truppen zugewiesen. Günstigenfalls bekam jede Brigade ein Dorf; die Häuser darin wurden auf die Bataillone und Kompagnien verteilt. Die Leute wurden kompagnieweise nach dem angewiesenen Ort hingeführt, um Wasser und Lebensmittel, Lagerstroh und Holz zu holen, d. h. Eßwaren und Vieh aller Art fortzunehmen, die Strohdächer abzudecken und schließlich alles Holzwerk, Sparren, Balken, Fensterläden und Gerät ins Lager zu schleppen.

„Dies war das Ideal der Ordnung. Wie selten konnte danach verfahren werden!" erzählt ein Offizier aus Yorcks Stabe. Oft sei die ganze Armee auf einen Ort angewiesen gewesen; oft sei man erst in der Nacht ins Lager gerückt, und dann habe sich jeder geholfen, so gut er konnte. Schlimm erging es dann den im Dorf liegenden Offizieren der Stäbe, wenn sie kein Posten schützte. Da wurde ihnen wohl das Dach über dem Kopfe abgetragen, wobei sie Gefahr liefen, von herabfallenden Balken erschlagen zu werden. Dem englischen Oberst Lowe begegnete es, daß, als er grade Blüchers Stab zum Tee eingeladen hatte, er sein hübsches Bauernhaus nicht wiederfinden konnte, da es mittlerweile in einen öden, viereckigen Kasten, ohne Dach, ohne Türen, ohne Fenster, verwandelt worden war.

Natürlich stellte sich bald der größte Mangel an Lebensmitteln ein, und was sich vorfand, war oft ungenießbar. Regellose Plünderung griff immer mehr um sich. Es kam vor, daß Offiziere, die ihr Haus davor bewahren wollten, von den Soldaten bedroht wurden. Ja, selbst das Haus des Feldmarschalls blieb nicht verschont, so daß er einst selbst die Türe bewachen mußte, bis die Posten aufgezogen waren. Er war über die Zügellosigkeit der Leute sehr aufgebracht und schritt wohl persönlich dagegen ein.

„Wie es in den Gegenden aussah, welche während mehrerer Monate der Tummelplatz der Armee gewesen waren, wird man sich hiernach leicht vorstellen können. Dörfer, ja Städte, z. B. Mery, verschwanden. Einwohner, außer alten Weibern, Greisen und kleinen

Kindern, waren nirgends mehr zu sehen, und nur mit großer Mühe
waren Boten zu bekommen. Die Bauern flüchteten mit ihren Weibern
und Kindern und mit dem, was sie noch hatten, in Städte, Wälder
und in die großen Kreidehöhlen, die in der dortigen Gegend gewöhnlich und sehr groß und geräumig sind." Von den Einwohnern ver-
lassene Dörfer gerieten nach dem Abzug der Truppen durch die nicht
gelöschten Feuer sehr leicht in Brand und wurden ein Raub der Flammen. Am Lagerfeuer fand der Soldat aber auch meist keine Erholung;
entweder wehte ihm der Wind die Flammen zu, so daß er versengte,
oder von ihm fort, so daß kein Erwärmen möglich war.

In solcher Gegend länger stehen zu bleiben, war unmöglich. Obenein schwand die Hoffnung auf eine Schlacht. Blücher hatte das andere
Seine-Ufer aufgegeben, um nicht von Napoleons Übermacht vereinzelt
gefaßt zu werden. Das war für Schwarzenberg genügend, um den Angriff fallen zu lassen. Und schon kamen Anzeichen, die auf die Fortsetzung des Rückzugs schließen ließen. In ihn mit verwickelt zu werden,
war für Blücher ein unerträglicher Gedanke. In der Armee äußerte
sich eine über den beabsichtigten Rückzug empörte Stimmung.

Da brachte Oberst v. Grolman, Kleists Generalstabschef, Blücher
darauf, durch selbständiges Vorgehen auf Paris einen Umschwung
hervorzurufen. Dann werde Napoleon von der Haupt-Armee ablassen
und sich gegen ihn wenden. Vereinige Blücher sich dann mit Winzingerode, der bei Reims stand, und mit Bülow, der sich im Anmarsch auf
Laon befand, so sei er zu einer Entscheidungsschlacht allein stark
genug. Blücher ging „mit Enthusiasmus" auf diesen Plan ein, und
Gneisenau stimmte ihm zu. Gneisenau, durch die tadelnden Worte
des Königs über die Unfälle bei Etoges gekränkt, überließ es Grolman, seinen Gedanken im Großen Hauptquartier zur Annahme zu
verhelfen, falls Schwarzenberg nicht doch noch zu einer Schlacht zu
bewegen sei. Blücher erklärte sich dabei bereit, diese allein zu schlagen,
wenn nur die Haupt-Armee zu seiner Unterstützung zur Hand bleibe.

Am 23. vormittags kam Grolman zurück. Für eine Schlacht war
Schwarzenberg nicht zu haben gewesen, aber dem Abmarsch Blüchers
hatte er in der Hoffnung, dadurch leichter aus Napoleons Klauen
zu entschlüpfen, zugestimmt, und die Monarchen hatten ihre Einwil-
ligung gegeben. „Die Freude hierüber war unbeschreiblich, nicht bloß
bei dem Feldmarschall und seiner Umgebung, sondern allgemein in
der ganzen Armee." Blücher setzte sich, „ohne ein Wort zu sagen", sogleich hin und bedankte sich bei den Monarchen: „daß Sie mir die
Offensive zu beginnen erlaubt haben; ich darf mir alles Gute davon
versprechen, wenn Eure Majestäten die bestimmten Befehle geben, daß

die Generale v. Wintzingerode und v. Bülow meiner Aufforderung
genügen müssen. In dieser Verbindung werde ich auf Paris vordringen
und scheue so wenig den Kaiser Napoleon wie seine Marschälle, wenn sie
mir entgegentreten." Zugleich machte er auf die unvermeidlichen nachteiligen Folgen aufmerksam, die eine rückgängige Bewegung der Haupt-
Armee haben müsse. Das verbündete Heer werde mutlos werden und
in Gegenden kommen, wo Mangel herrsche, die Einwohner würden
durch den Verlust ihrer letzten Habe zur Verzweiflung gebracht werden,
Napoleon werde das französische Volk wieder für sich gewinnen, die
Volksbewaffnung allgemein werden. Von diesem Brief steht zweifellos
fest, daß er ganz aus Blüchers Eingebung hervorging; angeblich
weigerte sich Gneisenau, ihn zurechtzustutzen und meinte, er würde
durch Änderung nur verunstaltet werden. Blücher machte dann selbst
zwei Reinschriften, eine für den Kaiser Alexander und eine für den König.

Neuer Schwung beseelte Führer und Heer: Auf nach Paris!

Zweite Trennung von der Haupt-Armee und Vereinigung mit den Verstärkungen an der Aisne.

24. Februar bis 3. März.

(Skizze S. 176.)

Schon in der Nacht zum 24. Februar wurde der Abmarsch nach
Norden angetreten. Die Armee ging auf drei Schiffbrücken über die
Aube; am 24. lagerte sie auf dem nördlichen Ufer bei Anglure. Um
das Geheimnis des Abmarsches zu wahren, hatte man die Einwohner
von Méry versammelt und nicht eher entlassen, als bis die Franzosen
durch die Stadt vordrangen. Der Übergang durch überschwemmte
Wiesen und über den angeschwollenen Fluß dicht am Feinde war eine
glänzende Leistung. Der Gegner, der abends die ganze Blüchersche
Armee vor sich gesehen hatte, war erstaunt, daß sie am andern Morgen
spurlos verschwunden war. Dieses unbemerkte Loslösen war ein schöner
Anfang des gewagten Unternehmens.

Schwarzenberg hatte nicht erwartet, daß Blücher so schnell den
Abmarsch nach Norden antreten werde. Ihm war es schon am Abend
des 24. leid, Blücher losgelassen zu haben, weil er befürchtete, daß
dies den Abschluß eines Waffenstillstandes verhindern werde. Die Aufforderung, „sich mit ihm in Verbindung zu setzen," die er nun mündlich
an Blücher unter der Annahme ausrichten ließ, dieser stehe bei Arcis,
hatte keinen Erfolg, obgleich er dabei „ein allgemeines Treffen" auf

der Hochfläche von Colombey in Aussicht stellte. Blücher ging nicht auf den Leim. Wohl war in seiner Umgebung der Abmarsch über die Aube nicht ohne Widerspruch geblieben, aber Gneisenau trat für die Durchführung des einmal gefaßten Entschlusses ein. Sie ließen die, wie sie vorgaben, unter andern Voraussetzungen ergangene Aufforderung an sich abgleiten, berichteten die Einzelheiten des Abmarsches und die Absichten für morgen; sodann werde die Armee ihre Bewegung „längs der Marne fortsetzen um eine Jalousie auf Paris zu geben".*) Gleichzeitig meldete Blücher dem König, er habe alles eingeleitet, um dessen Absichten zu erreichen; so schmeichelhaft ihm des Königs und des Kaisers Vertrauen sei, so entgehe ihm doch das Schwierige seiner Lage nicht, wenn Napoleon, wie zu vermuten sei, sich schnell gegen ihn wende und die Haupt-Armee alsdann nicht auch augenblicklich wieder vorrücke. Die Eroberung von Paris könne ihm, wie es scheine, in diesem Augenblick nicht verwehrt werden; er könne sie am 2. oder 3. März ausführen, wenn dies den Krieg entscheide. Allein dies sei wohl nicht anzunehmen, da er Paris gleich wieder werde verlassen müssen, um die Armee zu einer Schlacht zusammenzuziehen.

So wurde am 25. der Vormarsch der Blücherschen Armee auf Sezanne fortgesetzt, wo man den Marschall Marmont mit etwa 8000 Mann sich gegenüber wußte. Blücher hoffte ihn dort zu fassen und trieb vorwärts: „Frisch, Grenadiere!" rief er den Leuten zu, „nun geht's nach Paris!" Marmont aber zog es vor, in westlicher Richtung auszuweichen. Die auf beiden Flügeln umfassend angesetzte Kavallerie vermochte ihm zu Blüchers großem Ärger nichts mehr anzuhaben. Blücher selbst eilte mit zwei Bataillonen dem Feinde nach. Um die Reiterei zu beschämen, belobte und beschenkte er diese Bataillone öffentlich, während er den Kavallerieführern persönlich scharf seine Mißbilligung aussprach. Die Armee folgte noch eine Strecke über Sezanne hinaus.

In der Nacht nun kamen ein Königlicher Befehl und zwei Schreiben Schwarzenbergs, die die Rückberufung zur Haupt-Armee in zweifelloser Form wiederholten. Blücher antwortete, es müsse ein Mißverständnis vorliegen oder eine Depesche verloren gegangen sein, er habe genau nach der durch Grolmans Vermittlung erfolgten Verabredung gehandelt. Jetzt könne er gar nicht mehr umkehren, ohne sich in die größten Gefahren zu stürzen. Er werde am 27. über die Marne gehen, am 1. März werde ein Teil seiner Armee vor Paris erscheinen können. Komme dann die Nord-Armee heran, so werde er, während diese auf Paris gehe, sich wieder nach der oberen Seine in Bewegung setzen.

*) Alter Kunstausdruck für bedrohen.

Die Armee sollte erst die Marne hinter sich bringen, ehe sie die grade Straße auf Paris einschlüge; es wurde deshalb die Richtung auf die Flußstrecke La Ferté sous Jouarre—Meaux gewählt. Hier konnte man hoffen, Marmont doch noch zu fassen; vielleicht gelang es auch, Mortier, der auf dem nördlichen Marne-Ufer stand, von Paris abzuschneiden. Freilich näherte sich die Armee dabei den beiden Verstärkungskorps nicht. Hierzu hätte sie die schlechten Querwege auf Epernay oder Chateau Thierry nehmen müssen. In der Richtung auf Meaux konnte dagegen die gute große Straße, die über Lagny auf Paris führt, ausgenutzt werden, und schnelles Vorwärtskommen war wichtig, sowohl um Vorteile über die beiden Marschälle zu gewinnen, als auch um Napoleon nicht sofort auf den Hacken zu haben. Allerdings, wenn die Marschälle ihm den Übergang über die Marne verwehrten, so konnte Blücher durch den dicht auffolgenden Kaiser in sehr üble Lage gebracht werden. Den Ausschlag gab der Wunsch, durch das Vorgehen auf der großen Straße nach Paris, Napoleon um die Hauptstadt besorgt zu machen, und ihn dadurch zum Loslassen von der Haupt-Armee zu bestimmen. Man durfte ihm indes nicht die Möglichkeit lassen, sich zwischen die Blüchersche Armee und deren Verstärkungen einzuschieben.

Eine leise Besorgnis entsprang der Möglichkeit, daß Napoleon überhaupt nicht folge, sondern die Haupt-Armee bis an den Rhein jage. So lange der Kaiser machtvoll im Felde stand, war der Besitz der Hauptstadt nicht entscheidend. Sehr gespannt war man daher auf Nachrichten über Napoleons Verhalten. Am 26. ging der Marsch in zwei Kolonnen auf La Ferté sous Jouarre (Preußen) und Meaux (Russen), General Korff blieb mit einer russischen Kavallerieabteilung als Rückendeckung am Rande der Brie bei Sezanne stehen.

Am 27. und 28. Februar gingen beide Kolonnen der Blücherschen Armee bei La Ferté über die Marne; Marmont, dem sich hier Mortier mit etwa 5000 Mann angeschlossen hatte, war nach Meaux ausgewichen. War es auch nicht gelungen, Marmont und Mortier eine Niederlage beizubringen oder sie von Paris abzuschneiden, so hatten sie doch das Überschreiten der Marne nicht aufhalten können. Blücher stand nur noch 50 Kilometer von Paris. Die Vereinigung mit Winzingerode, der bei Reims stand, und mit Bülow, der von Laon heranrückte, war gesichert, und, durch die Marne gedeckt, konnte er mit Ruhe die weiteren Bewegungen einleiten. „Den Ausgang der Sache kann man freilich nicht voraussehen, deren Hauptzweck Bedrohung der Hauptstadt ist," schrieb Graf Schwerin. „Gelingt das Unternehmen, so wird es große Epoche machen, schlägt es fehl, so wird es hart getabelt werden; ich halte mich daher auch an den Wahlspruch des Feldmarschalls: ‚Das Glück ist stets dem Kühnsten hold.‘ Wollte er sich auch diesmal bewähren, so können wir viel von diesem Schritte erwarten. Auf jeden Fall gehen indes die militärischen Operationen nicht so schnell, als die Berliner erwarten, die nur die Distanzen berechnen, um sie dann mit Extrapost zurückzulegen.“ Auch er fühlte es als eine Wohltat, von der Haupt-Armee unabhängig zu sein: „Wir führen unsern eigenen Krieg und treiben unser Wesen ganz für uns.“

Die Befehle des Königs und des Kaisers von Rußland, die Blüchers Abmarsch von der Haupt-Armee eigentlich erst rechtfertigten, erreichten den Feldmarschall am 28. Februar mittags im Hauptquartier zu La Ferté sous Jouarre. Sie teilten ihm mit, daß es nicht zum Waffenstillstand gekommen sei, und führten aus: „Es ist jetzt beschlossen worden, daß die Armee des Fürsten Schwarzenberg für die Fortsetzung des Feldzuges die Rolle übernehmen wird, welche der Schlesischen Armee beim Anfange der Operationen nach Ablauf des Waffenstillstandes in diesem Sommer vorgeschrieben war. Demgemäß wird sie jetzt ihre rückgängige Bewegung noch fortsetzen. Der Ausgang dieses Feldzuges liegt von nun an zunächst in Ihrer Hand. Ich und mit mir die verbündeten Monarchen“, hieß es in der Order des Königs, „rechnen mit Zuversicht darauf, daß Sie durch eine ebenso kräftige als vorsichtige Leitung Ihrer Operationen das in Sie gesetzte Vertrauen rechtfertigen und bei der Entschlußkraft, die Ihnen eigen ist, es nie aus den Augen verlieren werden, daß von der Sicherheit Ihrer Erfolge das Wohl aller Staaten abhängig wird.“ Der Kronprinz von Schweden solle ihm in den Niederlanden eine sichere Basis bereiten. Die Blüchersche Armee habe zum Angriff vorzugehen. Winzingerode und Bülow sowie der Herzog von Weimar in Belgien ständen bis auf weiteres ganz unter seinem Oberbefehl.

In dem Schreiben des Kaisers Alexander war noch besonders hervorgehoben, Blücher habe „eine sehr energische Offensive gegen den linken Flügel der französischen Armee und ihre Verbindungen zu ergreifen“. Sobald er sich mit Bülow, Winzingerode und Weimar vereint habe, sollen seine Bewegungen beginnen, „von denen man sich nur ein glückliches Ergebniß verspricht, wenn sie auf Klugheit gegründet und grundsätzlich gegen die feindliche Armee gerichtet sein werden.“ Schwarzenberg versicherte gleichzeitig, er werde jeden Augenblick bereit sein einzugreifen, wenn der Feind seine Kräfte teilweise gegen Blücher wende.

Blücher antwortete sofort, er wolle mit Bülow gemeinsam gerade auf Paris vorrücken, Winzingerode aber zunächst bei Reims stehen laſſen. Wenn Kaiſer Napoleon gegen ihn vorrücke, werde er aber alle ſeine Kräfte vereinigen und ihm eine Schlacht bieten, in der er 100000 Mann vereinigen könne. Dementſprechend ergingen die Befehle an Bülow und Winßingerode. Das ſchwache Korps Weimar, das vor den flandriſchen Feſtungen ſtand, ſollte ſich dort zunächſt nur zum Vormarſch bereithalten. Graf Langeron war mit dem Reſt ſeines Korps im Anmarſch auf Epernay.

In Vitry hatte Blücher eine preußiſch-ruſſiſche Abteilung unter General Grafen Saint-Prieſt zur Verbindung mit der Haupt-Armee und zur Beobachtung der Aube-Linie aufgeſtellt. Bei Vertus ſtand das Streifkorps Tettenborns, in Chalons das Streifkorps Colombs. Dieſes hatte bereits gemeldet, daß Arcis a. d. Aube ſchon in der Nacht zum 26. vom Feinde beſeßt ſei; Korff hatte das Eintreffen feindlicher Kräfte in Villenoye bemerkt, war aber am 27. in Sezanne noch nicht angegriffen worden.

Die Maſſe der Armee ſtand am 28. in dem Winkel zwiſchen Marne und Ourcq, nur Kaßler und Zieten, die Vorhutführer der beiden preußiſchen Korps, waren über den Ourcq vorgegangen; das Korps Kleiſt folgte ihnen dahin. Vor Marmont und Mortier wichen die Preußen hier jedoch nach Norden zurück. Jeßt aber, am 28. Februar ſpät, ging die „höchſt erfreuliche" Nachricht ein, daß Bonaparte im Anmarſch ſei. Korff meldete, daß er vor dem Feinde aus Sezanne zurückgewichen ſei und daß zwei ſtarke Kolonnen von Sezanne und von Villenoye auf La Fertś Gaucher marſchierten, wo ſie abends 10 Uhr eintreffen könnten. Schneller, als Blücher erwartet, hatte Napoleon ſich gegen ihn aufgemacht.

Der erſte Zweck, die Kräfte des Feindes von Schwarzenberg abzuziehen, war erreicht; „es blieb nun noch der zweite, den Feind zu ſchlagen." Näher noch als vor drei Wochen hatte Blücher einen ſchwachen Feind im Weſten in Reichweite, während der ſtärkere Teil von Süden heranrückte. Gegen dieſen war er aber diesmal durch einen ſchwer überſchreitbaren Flußlauf geſchüßt. Obgleich Blücher ſich bei einer Bewegung über den Ourcq von Winßingerode entfernte, beſchloß er doch zunächſt „ſo im Vorbeigehen" einen Schlag gegen die jenſeits vorgedrungenen beiden Marſchälle zu führen; Kleiſts ungerechtfertigtes Zurückweichen erſchwerte dies.

Das Übergehen über den Ourcq, das am 1. März bei Liſy und Crouy verſucht wurde, fand angeſichts des Feindes ſo viel Schwierigkeiten, daß Blücher ſich veranlaßt ſah, auf dieſe Unternehmung zu verzichten und im Marſch am Ourcq aufwärts zu bleiben. Wenigſtens wollte er die Marſchälle nicht über den Fluß laſſen, um Napoleon, wenn dieser vereinzelt vormarschiere, anzugreifen, auch wenn noch nicht alle Kräfte zusammen seien. Bei La Fertö Milon wurde am 2. die weitere Klärung über Napoleons Verhalten abgewartet. Tettenborn meldete, er sei vorgestern früh von Napoleon aus Ferre Champenoise vertrieben worden und auf Vertus zurückgewichen. Gleichzeitig wurde gemeldet, daß starke feindliche Abteilungen bei La Fertö sous Jouarre und östlich davon die letzte Nacht zugebracht hätten. Eine andere Meldung sagte, Napoleon sei von Montmirail auf Chateau Thierry marschiert. Am 2. vormittags wurde starke Bewegung von Lizy auf dem westlichen Ourcq-Ufer aufwärts beobachtet; eine Erkundung des Korps Kleist stieß dort auf starken Widerstand.

So blieb durchaus ungewiß, ob Napoleon über Meaux, La Fertö sous Jouarre oder Chateau Thierry vorgehe. War er im Marsch über Chateau Thierry, so war die Verbindung mit Winzingerode bedroht, über dessen Bewegungen von Reims her nur Ungenaues bekannt war. Es wurde deshalb noch am Abend des 2. März der Marsch auf Oulchy angetreten. Die Gegend erwies sich für die Bewegung eines Heeres mit seinem zahlreichen Fuhrpark als sehr schwierig. Kälte, Mangel, feindlich gesinntes Landvolk erhöhten das Unangenehme der Lage; obenein stellten Hin- und Herziehen, Nacht- und Doppelmärsche das Vertrauen der Truppe, der man noch soeben vom Einzug in Paris gesprochen hatte, auf eine harte Probe. Der Mangel brauchbarer Karten erschwerte die Befehlsgebung ungemein.

Wie es selbst um die Sicherheit der Fahrzeuge des Hauptquartiers bestellt war, erhellt aus einem Zwiegespräch Blüchers und Gneisenaus, das aus dieser Zeit erzählt wurde und auch auf das Verhältnis zwischen den beiden großen Männern ein bezeichnendes Licht wirft. „Nun Gneisenau, wo ist wohl mein Champagner-Wagen?" — „Ja, das weiß ich nicht, Exzellenz." — „Ihr habt ihn doch wohl auf recht sicheren Wegen gehen lassen?" — „Jetzt giebt es gar keinen sicheren Weg, sie können uns Alles hinterm Rücken wegnehmen." — „Den Tausend auch, wenn ihn nun die Franzosen kriegten!" — „Ich wollte, sie hätten ihn schon, dann wären wir die Not um ihn einmal los." — „Ja, Ihr sagt das wohl so, aber das wäre doch ein ganz verzweifelter Umstand."

Die Marschälle nützten Blüchers Lage sehr kühn und geschickt aus, indem sie seine Nachhut fortgesetzt bedrängten; bei der Nähe Napoleons konnte Blücher sie sich nicht durch einen Gegenstoß vom Halse schaffen. Es rächte sich hier, daß er den Marsch auf Paris der Vereinigung vorgezogen hatte. Um die eigene Versammlung zu sichern, mußte er auch dem Gegner die seinige freigeben.

Bülow und Winzingerode hatten sich unterdes zu einer Unternehmung gegen Soissons vereinigt; so konnte am 3. die Armee bei Oulchy—Soissons als versammelt gelten; sie zählte rund 100 000 Mann. Blücher war entschlossen, „eine große Schlacht zu liefern".

Am Vormittag des 3. kam nun die bestimmte Meldung, daß Napoleon mit 30 000 Mann am 2. bei La Ferté sous Jouarre gelagert habe; die dortige Brücke sei von ihm wiederhergestellt. Danach konnte er heute vereint mit den Marschällen Marmont und Mortier, die man auf gegen 20 000 Mann schätzte, unmittelbar vor Blüchers Front stehen; blindlings zu trauen war diesen Stärkeangaben indes nicht, weil die Marschälle Nachschub aus Paris erhalten hatten und Napoleon in mehreren Kolonnen marschiert sein mochte, von denen nur eine gemeldet war. Man mußte darauf gefaßt sein, daß seine Armee 60- bis 70 000 Mann stark, vielleicht noch stärker sei.

Eine Schlacht südlich der Aisne anzunehmen, schien Blücher nicht ratsam. Der günstige Augenblick, die beiden feindlichen Gruppen getrennt zu schlagen, war vorüber. Die veraltete, aber doch sturmfreie Festung Soissons hoffte Bülow allerdings noch durch Verhandlung zu bekommen. Zunächst aber blieb sie unbequem, namentlich wenn die Schlacht ungünstig ausfallen sollte. Auch war es erwünscht, der Haupt-Armee Zeit zum Vordringen zu lassen, damit im Fall der Niederlage die Verfolgung bald eine Grenze finde. Obenein war die Gegend sehr ausgezehrt; die Armee konnte nicht lange in enger Versammlung stehen bleiben. Dagegen hatte das Korps Bülow in Laon Vorräte aufgehäuft, die sich aus dem reichen Hinterland leicht ergänzen ließen. Aus diesen Gründen wurde der Gedanke, in der günstigen Stellung bei Fismes die Schlacht anzunehmen, aufgegeben und nachmittags der Marsch zur Aisne angetreten. Unterwegs kam die Kunde von der Übergabe der Festung, und so konnte der eingeleitete Brückenschlag unterbleiben. Soissons wurde mit 10 000 Mann unter General Rudzewitsch besetzt, die Armee lagerte unter Ausnutzung der Ortschaften in enger Versammlung beiderseits der Straße Soissons—Laon zwischen Aisne und Lette.

Die wiederholten Nachtmärsche bei schlechtem Wetter und noch schlechteren Wegen hatten die Truppen sehr angestrengt. Zu den ermüdeten, schlecht genährten Leuten in abgerissener Kleidung bildeten die neuankommenden Truppen Bülows und Winzingerodes einen scharfen Gegensatz. Auf Bülow machte der Zustand der Blücherschen Armee einen sehr schlechten Eindruck: „Die Armee ist beinahe verhungert, alle Disziplin und Ordnung aufgelöst und ich gestehe zu unsrer Schande, daß sie so etwas einer Räuberbande ähnlich sieht."

Auch in den eigenen Reihen herrschte über diesen Zustand Unmut, der wohl durch die „rotbäckigen, schmucken Jünglinge" des Bülowschen Korps noch besonders erregt wurde. Namentlich Yorck und seine Umgebung sahen mit Empörung auf die Truppe, „welche im kläglichsten Zustand von der Welt, in Lumpen gehüllt, sich nur mühsam ernährend von dem Raube verbrannter Dörfer" daherziehe. Da sie den Zusammenhang der Operationen nicht durchschauten, schoben sie alles der Heeresleitung in die Schuhe. „Niemand wußte mehr, woran er war, und nur das Ungefähr leitete in diesen Tagen die Bewegungen der Armee," so urteilte man in Yorcks Stabe.

Aber Blücher und Gneisenau sahen die Dinge anders; sie erinnerten sich voller Zuversicht des Wortes Friedrichs des Großen: „Meine Leute sehen aus wie die Grasteufel, aber sie beißen." Daß mit dem Zurückgehen hinter Soissons an Blüchers Entschluß, den Kampf mit Napoleon aufzunehmen, nichts geändert sei, verkündete den beiden neuen Unterfeldherren sein offenes Wort: „Ich habe von Napoleon tüchtige Schmiere bekommen; aber ich will sie ihm reichlich zurückgeben."

Craonne.

4. bis 8. März.

Auf der Linie Reims—Laon steigt aus der Ebene der Champagne der Ostrand der nördlichen Brie plötzlich über 100 Meter steil empor. Doch ist hier die Hochfläche durch die einst von den Argonnen kommenden Wassermassen so ausgewaschen, daß davon nur das Gerippe stehen geblieben ist. Dieses Gepräge trägt ganz besonders der Teil zwischen Aisne und Lette, auf dessen Ostspitze der Flecken Craonne liegt. Der steile Nordrand zum Lette-Tal hin ist ziemlich grablinig, meist mit Wald bestanden, oben oft felsig; von der Hochfläche selbst ist eigentlich nur ein schmaler Grat übrig geblieben, der meist nur 800 Meter breit ist; von etwa 3 zu 3 Kilometern entsendet der Hauptrücken ähnlich gestaltete Nebenrücken senkrecht nach Süden zur Aisne. Dadurch entstehen etwas größere Flächen, die durch engere Stellen miteinander zusammenhängen. Die steilen Hänge dieser Querrippen sind mit Dörfern, Wald und Reben dicht besetzt, während Mühlbäche mit nassen Wiesen die Talsohlen durchziehen. Besonders sumpfig ist das nur gering geneigte Lette-Tal; darin entlang führte nur ein Weg auf der Nordseite des Flüßchens. Oben auf dem Längsrücken zieht die sogenannte Damenstraße entlang;

gleichlaufend mit ihr führt dann nur noch ein Weg längs des Nord=
ufers der Aisne. Diese ist hier 10 bis 20 Meter breit und meist min=
destens mannstief. Zwischen Soissons und Berry au bac gab die Karte
keine Brücken an, nur Furten, die zurzeit aber nicht gangbar waren,
da der Fluß hochangeschwollen war.

Man begreift, daß Bohen, der sich als Bülows Generalstabschef
hier mit der Gegend bekannt gemacht hatte, diese als für die ver=
bündeten Truppen zu gebirgig, nicht zu einer Schlacht empfahl. Gnei=
senau aber fand sie merkwürdigerweise „unsern Waffen günstig: große
weite buschlose Ebene, wo unsre Artillerie und Kavallerie gut wirken

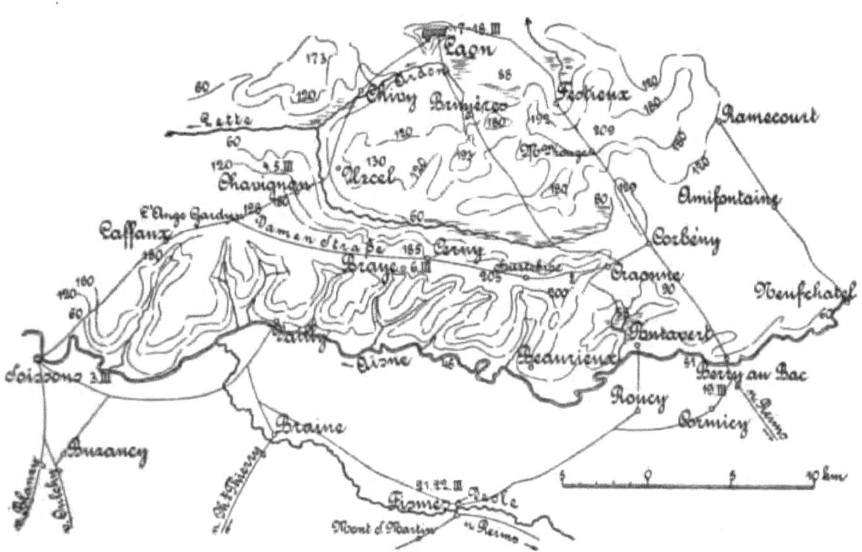

können." Der Augenschein auf dem breiteren Westteil der Hochfläche
und die schlechte Karte täuschten ihn jedenfalls; auf dieser war die
obere Fläche durchschnittlich doppelt so breit dargestellt, als sie in
Wirklichkeit ist. Die Größe der Wälder gibt die alte Karte viel zu gering,
die der Dörfer gar nicht an, und die Abhänge sind meist nur
durch ganz kurze Striche angedeutet, sodaß die freien Flächen viel
ausgedehnter erscheinen.

Im Laufe des 4. und 5. März erwies es sich, daß der Feind
mit den Hauptkräften nach Osten, auf Fismes, abgebogen sei. Ein Teil
machte vergebliche Sturmversuche auf Soissons, schien dann aber auch
an der Aisne aufwärts zu ziehen. Man schloß daraus auf einen Über=
gang Napoleons zwischen Vailly und Berry au bac und machte sich

bereit, auf ihn loszugehen. Dazu wurden die sechs Korps am 6. morgens in einer Ausdehnung von 15 Kilometern längs der Damenstraße aufgestellt, Front nach Südosten, der rechte Flügel an Soissons angelehnt, der linke bei Cerny. Das am weitesten nach Osten stehende Korps Winkingerode hatte schon am 5. auf die Meldung von der Besetzung von Berry au bac Infanterie auf die Spitze des Rückens über Craonne entsandt. Da der Feind durch sein Vorgehen dort die Verbindung mit Laon bedrohte, folgte Winkingerode mit der Masse seines Korps noch in der Nacht in diese vorgeschobene Stellung.

Während die übrigen Korps auf ihre Plätze rückten, nahm Blücher am 6. früh bei dem nun den linken Flügel der Armee bildenden Korps Sacken auf der Höhe über Braye Aufstellung. Winkingerode hatte inzwischen den äußersten Bergvorsprung und die am Hang liegenden Ortschaften besetzt; er sah von oben starke Kolonnen über Berry au bac auf der Straße nach Corbeny ziehen. Die feindlichen Truppen in der Gegend von Soissons folgten großenteils nach nochmaligem vergeblichen Angriff auf die Stadt den Hauptmassen nach. Da gab Blücher um 2 Uhr nachmittags den Befehl zum allgemeinen Vormarsch auf Craonne; Infanterie und Kavallerie sollten in massigen Kolonnen rechts und links der Straße marschieren. Man mußte die vorderen Heeresteile Napoleons treffen, ehe das Ende heran sein konnte. Blücher selbst eilte zu Winkingerode vor. Dort aber waren französische Vortruppen von Osten vorgedrungen und hatten Craonne erobert. Auch von dem Wald auf der Nordseite hatte der Feind Besitz ergriffen und war gegen die Enge von Hurtebise vorgegangen. Bis zum Abend wurde um deren Besitz gekämpft, schließlich zogen sich die Franzosen in den Wald zurück.

Der Befehl zum Vormarsch war in dem Gedanken erteilt worden, daß Winkingerode sich noch bei Corbeny auf die Straße Reims— Laon setzen könne; gegen die Flanke eines Feindes, der sich hiergegen entwickelt haben würde, sollte ein überraschender Stoß geführt werden. Vorn angekommen, fand man die Verhältnisse aber durchaus anders. Winkingerodes Korps sperrte den eigenen Truppen den Abstieg von der Höhe und war vom Feinde schon im Norden umfaßt. Außerdem mußte man sich überzeugen, daß das Gelände um Craonne für die Entwicklung der Armee sehr wenig geeignet war, zumal der Feind bereits die Höhen nördlich von der Lette besetzt hielt. Weder der Kavallerie noch der Artillerie bot sich ein günstiges Feld der Tätigkeit. Hier aber hätte es gegolten, den Franzosen mit der Infanterie ein Gelände zu entreißen, in dem diese sich mit der feindlichen in keiner Weise messen konnte. Auch die Anordnung der Korps hintereinander war der Entwicklung in dieser Richtung durchaus ungünstig.

Trotzdem gaben Blücher und Gneisenau den Plan nicht auf, Napoleon hier „den Garaus zu machen". Sie dachten sich als Wahrscheinlichstes, daß Napoleon morgen den Angriff erneuern werde. Das vorderste Korps, Winzingerode (18000 Mann Infanterie), sollte ihn annehmen. Es konnte sich, sobald Umgehungsbewegungen im Tal bemerkbar wurden, von einer Erweiterung der Hochfläche zur anderen zurückziehen; 9 Kilometer weiter rückwärts hatten Sacken und Langeron (20000 Mann Infanterie) zur Unterstützung oder Aufnahme bereitzustehen. Eine Reitermasse von 10000 Pferden unter der Führung des Generals v. Winzingerode sollte noch in der Nacht die Straße Laon—Corbeny gewinnen und von da dem Feind in den Rücken gehen. Die preußischen Korps (35000 Mann Infanterie) standen dann noch zur Verfügung, um von Norden her einzugreifen.

Daß sich Gneisenau von diesem Manöver die Vernichtung Napoleons versprach, geht aus wiederholten Äußerungen hervor. Er baute wohl darauf, daß auf der schmalen Hochfläche keine Übermacht auszunutzen sei, so daß man Napoleon dort in einer Art Falle gefangen haben würde. Sein Ausweichen über die brückenlose Aisne schien unmöglich, da Soissons besetzt war und die Ebene vor Berryaubac durch die Kavallerie beherrscht wurde. Für den Fall, daß Napoleon auf Laon weitergehe, sorgte man dadurch vor, daß das Korps Bülow schon abends dorthin geschickt wurde. Die Korps Kleist und York blieben zunächst hinter den Russen auf der Hochfläche. Blücher brachte die Nacht in einem ausgeplünderten Hause des Dorfes Brahe auf einem Stuhl sitzend zu.

Am andern Morgen ritt Blücher nach vorn. General Graf Woronzow, der an Winzingerodes Stelle hier über dessen Korps das Kommando führte, hatte seine Truppen westlich der Enge von Hurtebise auf der Verbreiterung der Hochfläche aufgestellt, die sich mit einem Arm bis zur Aisne hin erstreckt. Nach vorn und zur Lette hin wurde die Stellung von kaum ersteigbaren Felskanten geschützt, sie schien in der Tat außerordentlich stark. Die Franzosen standen dicht gegenüber; in die Bewegungen der rückwärtigen Teile des Feindes war kein Einblick zu gewinnen, da der vorliegende Höhenrücken und Wald dies verwehrten.

Blücher gab jetzt den Befehl zum Abmarsch des Korps York auf der Straße nach Laon. Das Korps Kleist wurde zwischen die von Soissons und von Reims auf Laon führenden beiden Straßen geschoben. Blücher wollte nun den Einfluß abwarten, den das Erscheinen

der Reitermasse Winzingerodes bei Corbeny beim Feinde hervorrufen
würde. Da erfuhr er, daß Winzingerode noch im Aufbruch begriffen sei. Auf dem Sammelplatz der von drei Korps abgegebenen
Reiter hatten sich die einzelnen Teile erst spät in der Nacht ein-
gefunden; man fütterte und erkundigte sich nach Wegen, da die Karte
nicht einen einzigen angab. So begann der Abmarsch von der Hochfläche erst nach 8 Uhr morgens. Blücher wird dies aber erst zwischen
9 und 10 Uhr erfahren haben, als der Feind seinen Angriff mit dem
Auffahren einer großen Artillerielinie auf der vorliegenden Höhe
begann. Blücher war empört; er übergab den Befehl auf der Hochfläche dem General Sacken und eilte der Kavallerie nach.

Nördlich von Braye traf er gegen 11 Uhr auf ihre Spur, den
schmalen felsigen Weg ging sie steil hinab zum Lette-Tal; dort fand
er das Ende der Kolonne noch im Durchreiten des Flüßchens
begriffen. Blücher eilte, an ihre Spitze vorzukommen. Zunächst stieß er
auf den Anfang des Korps Kleist, das die Lette weiter westlich überschritten hatte und nun auf das Freimachen des Weges durch die
Reiterei wartete; es erhielt die Anweisung, seinen Marsch bis Festieux
an der Reimser Straße fortzusetzen, um später der Kavallerie auf
Corbeny zu folgen. Aber der Marsch der Reiterei ging nur sehr
langsam vorwärts. Die aufgeweichten Wege waren in der Nacht holprig
gefroren; die Hänge waren mit Glatteis bedeckt; das Fortschaffen der
50 Geschütze bereitete in dem bergigen Gelände große Schwierigkeiten
und an gleichmäßiges Traben der gegen 20 Kilometer langen Kolonne
war auf solchen Wegen überhaupt nicht zu denken. Selbst Blücher
gebrauchte drei Stunden, um die 10 Kilometer von der Lette bis
Bruyeres zurückzulegen, wo er endlich um 2 Uhr Winzingerode ein-
holte. Das 15 Kilometer entfernte Corbeny war wohl heute noch zu erreichen, aber eine vorteilhafte Einwirkung auf das Gefecht mit den
ermatteten Pferden war nicht mehr zu erwarten.

Blücher gab deshalb das Unternehmen auf. Er sandte an Sacken
den Befehl, das Gefecht abzubrechen und nach Laon abzumarschieren.
Winzingerode sollte sich bei Festieux an Kleist anschließen. Gleichzeitig wurde die Besatzung von Soissons angewiesen, den Platz zu
räumen, der allein keine ausreichende Widerstandskraft und keine
Vorräte zu langer Verteidigung besaß; auch mochte man 5000 Mann
bei der bevorstehenden Entscheidungsschlacht nicht missen.

„Hätte Winzingerode seine Schuldigkeit getan, so war das
Schicksal von Frankreich entschieden," schrieb Gneisenau an Hardenberg.
Mit Graf Nostitz aber muß man annehmen, daß er sich übertriebenen
Erwartungen über den Erfolg des Winzingerodeschen Unternehmens

hingegeben hatte. Blücher griff jetzt auf den Plan zurück, den Gneisenau bereits in Reserve hatte. Bonyen hatte von vornherein in erster
Linie die Stellung bei Laon als Schlachtstellung empfohlen; besonders
hatte er zu ihr geraten, wenn die Armee an der Aisne in eine ungünstige Lage kommen sollte. Für die Fechtweise und für die Zusammensetzung der Armee sei sie hervorragend geeignet. Mit 10000
Mann besetzt, sei die Stadt auf ihrem Bergkegel für einige Zeit un-
angreifbar, und der übrige Teil der Armee habe Gelegenheit, sich in
dem hier freieren Gelände nach Belieben zu bewegen.

Blücher begab sich nun nach Laon. Im Laufe des Abends und
der Nacht trafen auch die russischen Korps ein. General Graf
Woronzow hatte eine glänzende Verteidigung gegen Napoleon geführt
und schließlich „ohne ein Rad zu verlieren" auf Befehl die Stellung
geräumt; seine Einbuße an Menschen aber war bedeutend. Napoleon
hatte etwa gleiche Verluste erlitten und kein Siegeszeichen, kaum einige
Gefangene aufzuweisen. Er war bis an die Straße Soissons—Laon gefolgt. Am 8. März hielt die russische Nachhut Napoleon an günstigen
Abschnitten lange Zeit auf, so daß die Armee volle Muße hatte, sich
zur Schlacht bereitzustellen.

Laon.

9. und 10. März.

Der 100 Meter hohe Felsen, auf dem Laon liegt, hat annähernd
den Grundriß eines gleichseitigen Dreiecks von 2 Kilometern Seiten-
länge, dessen eine Spitze nach Süden gerichtet ist. Auf dieser Spitze
standen außerhalb der Ringmauern neben einer verfallenen Abtei
einige Windmühlen. Hier nahm Blücher am 9. März morgens Aufstellung.

„Es ist in der Tat schwer, einen Fleck zu finden, der mehr für
einen Feldherrn, der eine Schlacht zu leiten hat, gemacht gewesen
wäre, als eben dieser, auf dem sich der Feldmarschall mit seinem
Hauptquartier buchstäblich gelagert hatte," erzählt Graf Brandenburg.
„Man konnte von dort das ganze Schlachtfeld, oder besser gesagt,
die beiden Teile, in die sich das Schlachtfeld teilte, übersehn." Namentlich war dies mit dem westlichen Teil, an der Straße nach Soissons,
der Fall: „Alles, was auf jener Seite der Schlacht vorging, geschah
gleichsam zu den Füßen des Feldmarschalls und konnte bis ins
Einzelne von dort oben gesehen werden." Die Abhänge auf der

Südseite sind mit Wein bepflanzt; gemauerte Absätze machen sie für
Truppen fast unersteigbar.

Im Südwesten liegen auf 2 Kilometer gegenüber Berge, die von
Dörfern, Weingärten und Wald bedeckt sind; an ihrem Fuß entlang
fließt ein Bach, an dem das Dorf Clacy liegt. Den Zwischenraum
zwischen diesem Bach und der Stadt füllt hügeliges Ackerland,
das mit Waldstücken und Gehöften reich durchsetzt ist. Am Fuß des
Stadtberges liegt westlich von der Südspitze die Vorstadt Semilly,
östlich die Vorstadt Ardon am gleichnamigen Bach, der sich in Chivy
mit dem Bach von Clacy vereinigt und dann durch ein sumpfiges

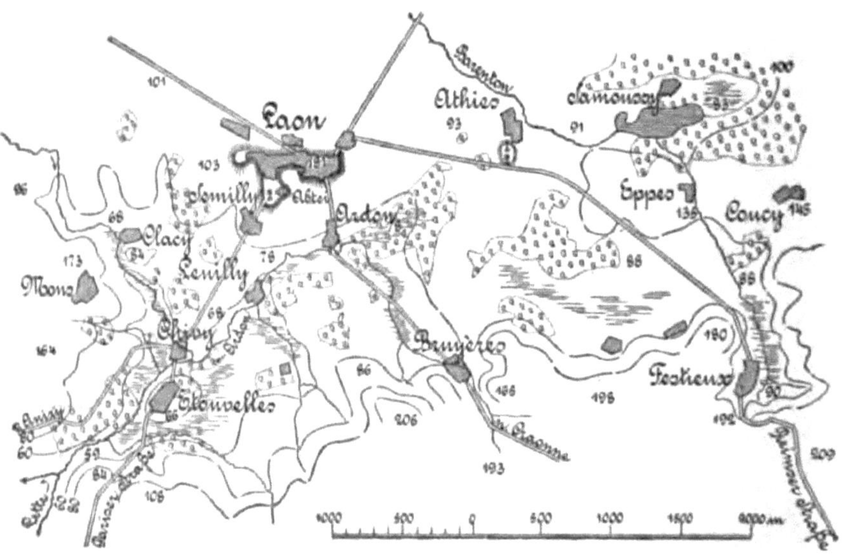

und waldiges Tal der Lette zuströmt; aus diesem Tal kommt die
große Straße von Paris über Soissons.

Im Osten tritt die Straße von Reims über Berry au bac und
Corbeny bei Festieux aus einem ähnlichen sumpfigen, von waldigen
Höhen begrenzten Tal und führt dann auf die Ostspitze von Laon
los. Das Dreieck zwischen diesen beiden großen Straßen und dem
4 Kilometer von Laon entfernten Rand der Hochfläche ist Sumpf-
und Wiesenland, in dem sich nur an wenigen höheren Stellen Wohn-
stätten und Ackerflächen finden, vielfach ist es aber mit Gehölzen und
Waldungen bedeckt. Längs der Reimser Straße erstreckt sich ein freierer
Ackerstreifen mit den Dörfern Eppes und Athies, der im Norden
aber wieder von einem Bachlauf und von Waldungen begrenzt ist.

Auf der Nordseite von Laon sind flache Höhen und die dortigen Vorstädte der verdeckten Aufstellung, freie Flächen der Verschiebung von Truppen von einem Flügel zum anderen sehr günstig. Hier standen mit der Front nach Süden vier Korps der Blücherschen Armee, auf dem östlichen Flügel Yorck und Kleist, grade hinter der Stadt Langeron und Sacken; den westlichen Flügel bildete Winzingerode nördlich von Clacy; Bülow besetzte die Stadt, die Berghänge und die beiden südlichen Vorstädte.

Vom Feinde war bekannt, daß er zum Teil Sacken an die Pariser Straße gefolgt war, zum Teil noch an der Reimser Straße hielt. Ein von den Kosaken aufgegriffener Kanzleibeamter Berthiers, ein geborener Deutscher, behauptete, daß Napoleon mit 71000 Mann gegenüberstehe; er beabsichtige, mit den Hauptkräften den westlichen Flügel anzugreifen. Die vorzüglichen Meldungen der leichten Kavallerie hatten die anmarschierenden Feinde zwar auf höchstens 50000 geschätzt, nach den Aussagen gefangener Offiziere mochten es 60000 sein; aber was an Verstärkungen von der spanischen Armee und aus der Nationalgarde dazugekommen war, blieb ungewiß und konnte in dem unübersichtlichen Gelände auch unmöglich festgestellt werden. Man schenkte den ins einzelne gehenden Angaben des gefangenen Landsmanns Glauben.

Selbst hatte man rund 100000 Mann, darunter über 25000 Reiter zur Stelle. Die Überlegenheit an Infanterie hielt man daher gar nicht für sehr bedeutend; dagegen war auf vorzügliche Wirkung der zahlreichen Artillerie aus überhöhenden Stellungen zu rechnen. Kam der Gegner aus dem ihm günstigen bedeckten Gelände bis an den freieren Fuß des Berges vor, so konnte ein wuchtiger Gegenstoß ihm entscheidende Schläge zufügen.

Das Hauptquartier sah deshalb der Schlacht „mit Ruhe entgegen, da sie uns sehr nötig ist, dem Feinde aber leicht verderblich werden kann". Aber schon machte sich das Übel geltend, das auf den Erfolg dieser Tage einen so betrübenden Schatten werfen sollte: Blücher wurde krank; Schwager Colomb fand ihn schon am 8. „fiebernd und anscheinend recht unwohl, doch in Beziehung auf die bevorstehende Schlacht recht aufgelegt".

In der Nacht zum 9. wurden die russischen Vorposten in Etouvelles während eines starken Schneetreibens von den Franzosen überfallen und daraus vertrieben; auch Chivy mußten sie gegen Morgen aufgeben. Nun brach starke französische Kavallerie gegen Laon vor; im dichten Nebel gelangte sie bis an die preußischen Posten, die sie aber durch Kartätschfeuer aus den zur Bestreichung der Straßen aufgestellten Batterien abwiesen.

Blücher benachrichtigte die Generale über seine Absichten: „Wenn der Feind gegen die Position vorrückt, welche wir einnehmen, so werde ich die Offensive ergreifen. Jeder der Herrn Korpskommandeure wird sich eine Reserve bilden. Wenn zur Offensive übergegangen wird, so werden die Batterien vorgezogen und damit die Schlacht eröffnet." Gleichzeitig machte er darauf aufmerksam, daß bei dem herrschenden Nebel die Truppe zusammengehalten und die Front durch Infanterie bewacht werden müsse. Bald kam auch die französische Infanterie zum Angriff auf die Südseite von Laon vor, die Vorstadt Ardon fiel in ihre Hände, gegen Semilly machte sie Fortschritte.

Als sich in den ersten Vormittagsstunden der Nebel lichtete, wurde die Entwicklung starker feindlicher Massen an der großen Straße gegen Semilly und östlich davon am Ardonbach sichtbar. Gegen das in seiner linken Flanke stehende Korps Winzingerode hatte der Feind sich nur schwach entwickelt. Es erhielt deshalb gegen 11 Uhr den Befehl zum Angriff; die Kavallerie unter Wassiltschikow sollte den Feind in den Rücken fassen, Bülow gleichzeitig gegen die Front vorstoßen. Winzingerode verwandte aber nur einen Teil seines Korps und wurde deshalb nach anfänglichen Erfolgen wieder auf Clacy zurückgeworfen. Auch Bülows Vorstoß entbehrte der Nachhaltigkeit. Ardon wurde zwar wiedergewonnen, aber auch wieder verloren, ja, durch den sich wieder senkenden Nebel begünstigt, drangen französische Abteilungen auf den Berg von Laon bis an die Abtei und an das Stadttor hinter Semilly. Als es aber wieder lichter wurde, vertrieb man die Eindringlinge; auch Ardon wurde nachmittags wiedererobert. Gleichzeitig aber ging Clacy durch den Angriff des jetzt hier in größerer Stärke auftretenden Feindes verloren.

Mit diesem allgemeinen Besitzstand dauerte auf diesem Flügel der Kampf bis in die Dunkelheit fort. Wassiltschikows Kavallerie hatte in dem bedeckten und durchschnittenen Gelände keinen entscheidenden Einfluß üben können und wurde nachmittags zu ihrem Korps zurückgerufen. Da hier der Feind seine Kräfte nur so zögernd einsetzte, erwartete nämlich das Hauptquartier den entscheidenden Angriff auf dem anderen Flügel.

Schon vormittags hatte Oberst v. Blücher gemeldet, daß eine starke feindliche Kolonne auf Festieux anrücke. Nachmittags kam eine zweite Meldung von starken feindlichen Kräften auf der Reimser Straße. Die freiere Gegend dort gab für den Gegenstoß bessere Aussichten als das waldige Gelände im Westen, wo er bald erlahmen

und an dem ſtarken Abſchnitt von Chivy eine Grenze finden
mußte.

Es war naheliegend, daß Napoleon wie bei Craonne, ſo auch hier
den öſtlichen, für die Verbündeten empfindlicheren Flügel angreifen
werde. Sacken und Langeron erhielten Befehl, hinter die Korps York
und Kleiſt zu rücken. Sobald ſie einträfen, ſollte York, der über die
beiden preußiſchen Korps den Oberbefehl erhielt, „grade auf den
Feind fallen". Auch die Reſervekavallerie Bülows wurde zum Eingreifen dort bereitgeſtellt.

Unterdes hatte ſich die preußiſche Vorhut unter Oberſt v. Blücher
auf die Stellung Yorcks zurückgezogen, wo die vereinigte Reſervekavallerie der beiden preußiſchen Korps unter General Zieten ſie
aufnahm, als in den erſten Nachmittagsſtunden ſich franzöſiſche Infanterie rechts und links von der Reimſer Straße, Kavallerie weiter
öſtlich entwickelte. Eine heftige Kanonade leitete etwa um 4 Uhr
den Angriff auf Athies ein; York nahm aber die beiden dort ſtehenden
Bataillone zurück. Der Feind folgte nicht über Athies hinaus; ſeine
Artillerie blieb auf weite Entfernung von der preußiſchen und wurde
größtenteils wieder zurückgenommen. Bei Beginn der Dämmerung
lagerten ſich die Maſſen des Feindes ſüdöſtlich von Athies an der
Straße, unter dem Schuß ihrer dies Dorf feſthaltenden Vortruppen.
Zieten hielt nordöſtlich Athies in des Feindes rechter Flanke, feindliche Kavallerie dicht gegenüber.

Blücher hatte einige Stunden des Tages zu Pferde zugebracht,
meiſt aber und bis zum Abend ſich auf dem Bergvorſprung bei der
Abtei aufgehalten. „Die Generale ſaßen in dieſer ſeltſamen Schlacht
auf Stühlen," berichtet ein Offizier aus Blüchers Stabe; „zu Blücher
und Gneiſenau geſellten ſich Bülow und Boyen. Eine Kanonenkugel
flog durch das Holzwerk der Mühle; die herumfliegenden Splitter
verwundeten mehrere Herren in Blüchers Umgebung."

Schon ehe es zu dunkeln begann, hatte Blücher ſeinen Befehl
wiederholt, daß York zum Angriff übergehen ſolle; beſonders habe er
von ſeiner Kavallerie des Feindes rechten Flügel umgehen zu laſſen.
Blücher ſaß mit ſeinem Stabe beim Abendeſſen, als die erſten Nachrichten über den glänzenden Erfolg von Yorcks Nachtangriff einliefen.

York hatte die beiden Korps nebeneinander in 3 Kilometern
Frontbreite gegen Athies und beiderſeits der großen Straße um
6½ Uhr antreten laſſen, nachdem es ganz dunkel geworden war.
Zieten ſollte dem Feinde mit der Kavallerie in den Rücken fallen.
Es lag eine dünne Schneedecke, der Himmel war ſternklar. Die
brennenden Lunten bei der feindlichen Artillerie auf dem Mühlenhügel

von Athies, dahinter hie und da ein Lagerfeuer und das brennende Athies gaben die Richtung an; besonders aber erleichterten die Lichter und Feuer auf dem Berge von Laon das Zurechtfinden. Es war befohlen, nicht zu schießen, nur mit dem Bajonett zu kämpfen.

Die Überraschung glückte vollkommen; Athies wurde im ersten Ansturm genommen. Nun begannen bei allen Bataillonen die Trommler den Sturmmarsch zu schlagen, die Flügelhörner ertönten und ein fortgesetztes Hurra aus 20000 Kehlen erscholl zum Himmel. Die feindliche Artillerie bei den Windmühlen wurde erobert; auf beiden Flügeln griffen die leichten Reiter-Regimenter unter Katzler und Blücher erfolgreich ein. Es gelang den Franzosen nur ganz vorübergehend, sich zum Widerstand zu setzen. Die Reservekavallerie Zietens wirkte zunächst durch Geschützfeuer von der Flanke über den Barentonbach herüber mit, dann faßte sie den Feind in den Rücken und drängte bis Festieux nach. Hier jedoch fand die Kavallerie stärkeren Widerstand, der einem Teil des Feindes den Abzug in das Berggelände ermöglichte. Schließlich gelang es Zieten und dem Obersten Blücher, bis nahe an Corbeny nachzustoßen. Erst gegen 11 Uhr endete hier die Verfolgung.

Russische Reiterabteilungen gingen teils über Bruyeres, teils östlich um die Berge herum vor und gelangten so an die Rückzugsstraße des Feindes. Die Infanterie des Korps Kleist war bis Festieux gefolgt, York hatte die seinige schon früher angehalten.

Gleich als der Erfolg des Angriffs sicher schien, hatte York Meldung darüber ins Hauptquartier geschickt; das „Entzücken bei der Nachricht unsres Sieges war unbeschreiblich", berichtet der Überbringer; er wußte zunächst nur von der Eroberung von acht Kanonen. Blücher schickte die „ungeheuersten Glückwünsche" an York, der vorläufig angewiesen wurde, sich morgen zum Vormarsch gegen Festieux bereitzuhalten. Blücher war dann zu Bett gegangen, nahm indes selbst noch die zweite Meldung Yorks entgegen, die gegen Mitternacht einlief und erst den ganzen Umfang des Erfolges erkennen ließ; der Feind sei in völliger Flucht, bereits 40 Kanonen und einige tausend Gefangene seien in den Händen der Preußen.

„Auf meine Ehre," sagte Blücher zu dem Adjutanten Yorks, „Ihr alten Yorkschen seid ehrliche, brave Kerls; wenn man sich auch auf Euch nicht mehr verlassen könnte, so fiele der Himmel ein." Er nahm an, daß hier Napoleon selbst mit seinen Hauptkräften geschlagen sei. Um Mitternacht unterschrieb Blücher die Befehle für den folgenden Tag; in dem Anschreiben an York hieß es: „Euer Exzellenz haben aufs Neue bewiesen, was Einsicht mit Ent-

schlossenheit verbunden vermag. Ich wünsche Hochdenselben Glück zu
dem brillanten Resultat dieses Tages und vermag in beiliegender Disposition nur das zu verfolgen, was Euer Exzellenz so schön begonnen haben." Das Vorgehen mit der ganzen Armee war angeordnet.

Am anderen Morgen schrieb Blücher an seine Frau: „Schon
war ich nah an Paris, als der Kaiser Napoleon seine ganze Kraft
gegen mich wandte. Ich ging einige Märsche zurück. Gestern aber
griff mich der Wüterich morgens um 5 Uhr an. Das Gefecht dauerte
den ganzen Tag. Ich behauptete meine Stellung. Wie es dunkel
war, hörte Alles auf. Nun aber ließ ich den Feind angreifen und
in der Zeit von einer halben Stunde war er völlig geschlagen. Vierzig
Kanonen, einige Tausend Gefangene, sehr viele Munition sind in
meine Hände gekommen. Napoleon ist eilig nach Paris zurückgegangen; meine Truppen sind noch im Verfolgen." Der Feind habe
große Verluste erlitten, da er die Stellung mit Gewalt habe erzwingen
wollen; die eigenen Verluste seien dagegen verhältnismäßig gering.

Auch an seinen Freund Bonin berichtete er in ähnlichen Worten
über den Sieg. Besonders ist dabei gesagt: „Napoleon eilt nach
Paris; ich werde ihm folgen. Es ist wohl mehr als wahrscheinlich,
daß wir nun einen baldigen guten Frieden erhalten." Von der Großen
Armee habe er keine Nachricht: „sie wird nun auch wohl auf Paris
losgehn." Und Gneisenau mußte dem Staatskanzler ausrichten: „Der
Feldmarschall läßt Euer Exzellenz sagen, nun würden Sie wohl
mit ihm zufrieden sein."

Auch Gneisenau sah die Lage sehr rosig an. „Es ist mir außer
allem Zweifel," sagte er in dem Schreiben an Hardenberg, „daß wir
Napoleon vom Thron stürzen könnten, wenn wir wollen. Unsre
Armee ist mit den detachirten Korps über 130000 Mann stark. Wir
allein könnten dem Krieg ein Ende machen." Trotzdem redete er
nicht ab, mit Napoleon Frieden zu schließen; alle Eroberungen aber,
selbst Elsaß und Lothringen, müsse man ihm dabei abnehmen, „worein
Napoleon bei unserm jetzigen Vorrücken gewiß willigen wird."

* * *

Zweiter Tag.

Der um Mitternacht ausgegebene Befehl ordnete an, daß die
vier Korps des linken Flügels um 7 Uhr, also beim Hellwerden, dem
Feinde folgen sollten, um im Vormarsch rechtsschwenkend auf den
rechten, östlichen Flügel des noch südwestlich von Laon stehenden
Teils der französischen Armee zu drücken und so diesen möglichst

noch diesseits Soissons von der Pariser Straße abzuschneiden. Die beiden Korps des rechten Flügels, Winzingerode und Bülow, sollten nur vorgehen, wenn der Feind vor ihnen abzöge. Aber weder vor Winzingerode noch vor Bülow war von Zurückweichen etwas zu bemerken. Bei Clacy entbrannte schon frühmorgens das Gefecht, und als Bülows Truppen vom Berg in die Ebene vorzubringen suchten, stießen sie auf starken Widerstand.

Man erkannte gegen 9 Uhr die Aufstellung der feindlichen Heeresteile vor der ganzen Front von Clacy bis Ardon. Der Angriff der Russen auf Clacy wurde abgewiesen. Die Gefangenen, darunter ein Offizier, sagten übereinstimmend aus, daß Napoleon hier für heute einen allgemeinen Angriff befohlen habe. So verlor, bei Tage betrachtet, der nächtliche Sieg Yorcks die Bedeutung, die man ihm im ersten Jubel zugesprochen hatte. Offenbar war die Annahme, daß Napoleon seine Hauptkräfte an der Reimser Straße einsetzte, vollkommen irrig. Daß er dort überhaupt ein starkes Korps vorgeschickt haben sollte, schien nicht mehr wahrscheinlich. Somit konnte er nach den Angaben jenes Kanzleibeamten immer noch etwa 60000 Mann zum Angriff verfügbar haben, und wenn Bülows und Winzingerodes 40000 nicht standhielten, würde der Sieg von gestern zu einer Niederlage heute geführt haben. Es wäre nicht das erstemal gewesen, daß Bonaparte dergleichen gegen kriegserprobtere Truppen geglückt war.

Diese Verhältnisse bestimmten Gneisenau vorzuschlagen, daß Sacken und Langeron bei Laon stehen blieben, „bis sich die Absicht des Feindes entwickelt habe"; Kleist und Yorck aber sollten bei Corbeny halten und zunächst nur mit der leichten Kavallerie die Verfolgung fortsetzen. Um 10 Uhr wurde ein solcher Befehl ausgefertigt. Das Korps Sacken war noch auf seinem Lagerplatz mit Abkochen beschäftigt, Langeron befand sich bereits in der Bewegung auf Bruyeres. In der Tat wurde der Angriff der Franzosen bald allgemein; besonders heftig richteten sich ihre Stöße auf die beiden Flügel bei Ardon und Clacy. Napoleons Gegenwart bei Clacy wurde erkannt. Hier setzte er überlegene Artillerie ein und brach mit Kavalleriemassen vor, aber die Russen widerstanden allen Stürmen. Die Preußen verhinderten das Vorbringen des Feindes über Ardon gegen Laon und machten einen glücklichen Gegenstoß über Semilly, aber zum Gegenangriff mit Massen in das der feindlichen Fechtart so günstige Gelände hinein, fühlte man sich nicht stark genug.

„Der französische Kaiser", so erklärte Gneisenau am 12. dem Staatskanzler das Verhalten der Heeresleitung, „war unserm Zentrum und dem rechten Flügel gegenüber mit 71000 Mann in einer der feſteſten Stellungen geblieben, in Bereitſchaft uns anzugreifen, wenn wir zur Verfolgung des feindlichen rechten Flügels zu viele Truppen detachirt hätten, oder diejenigen anzugreifen, die wir auf dem Plateau zwiſchen der Aisne und Lette in ſeine Flanke hätten ſchicken mögen. Das Terrain war von ihm meiſterhaft benutzt. Er zeigte uns nur 20- bis 30000 Mann, der Reſt war zwiſchen Chavignon und Chivy verborgen. Als wir dies argwohnten, ließen wir ſogleich die vier Korps von York, Kleiſt, Sacken und Langeron wieder umkehren." Graf Noſtitz erzählt, Gneiſenau habe, um dem gefürchteten Angriff Napoleons deſto ſicherer begegnen zu können, ſich für die Rückberufung der Korps „auf das Beſtimmteſte" gegen den Feldmarſchall ausgeſprochen und auch die Genehmigung dazu erhalten: „eine Maßregel, welche faſt allgemein bekämpft und getadelt, aber dennoch durch die Beharrlichkeit des Generals Gneiſenau durchgeſetzt ward."

So erging denn nachmittags der Befehl zum Umkehren an York und Kleiſt mit der Begründung: „Übereinſtimmende Nachrichten ſagen aus, daß der franzöſiſche Kaiſer unſerm rechten Flügel gegenüberſteht. Es würde gefährlich ſein, wenn er noch einen Angriff (ein erſter hat ſchon ſtattgefunden) gegen uns unternehmen ſollte, von unſern Korps getrennt zu werden." Nur die Kavallerie ſolle in der Verfolgung bleiben.

Blüchers Stab hatte morgens ſeinen Standpunkt wieder bei der Abtei genommen. Beim Feldmarſchall hatte ſich aber eine ſo heftige Augenentzündung entwickelt, daß er die Beobachtung des Gefechts aufgeben und das Zimmer hüten mußte. Er führte jedoch den Oberbefehl weiter, zeichnete die Befehlsentwürfe und unterſchrieb die Befehle wenigſtens in einer Ausfertigung.

York hatte bereits lebhafte Vorſtellungen gegen den Haltbefehl erhoben; wenigſtens die beiden preußiſchen Korps, von Sacken unterſtützt, möge Blücher gegen Napoleons Rücken vorgehen laſſen. Gneiſenau ſchlug es ab; die Partie ſei ſo ſchon gewonnen, es ſei falſch, um noch etwas mehr zu gewinnen, alles aufs Spiel zu ſetzen. Selbſt Grolman, deſſen Rat Gneiſenau ſo hoch ſchätzte, erreichte nichts, bei Blücher wurde er nicht vorgelaſſen. York kehrte nach Athies, Kleiſt bis Feſtieux zurück. Im Rückmarſch der entſendeten Korps ſah Gneiſenau den Grund, weshalb Napoleon nun nicht mehr mit größeren Maſſen angriff; „ebenſowenig ließen wir uns verlocken, gegen ſeine feſte Stellung mit Maſſen vorzugehen. Ein heftiges Tirailleurfeuer und Kanonenfeuer dauerte den ganzen Tag. Um 6 Uhr Abends ließ der Feind etwa 3000 Tirailleurs, von Infanterie-Maſſen unterſtützt, gegen unſer Fels-Plateau vorrücken. Bald ward Alles zurückgeworfen. In der Nacht trat der Feind seinen Rückzug mit Hinterlassung einer großen Menge Verwundeter an." Dies wurde indes erst sehr spät erkannt. „Man glaubte noch für die Nacht besorgt sein zu müssen." Erst gegen Mitternacht wurde beobachtet, daß sich die Lagerfeuer beim Feinde verminderten.

So war denn, wie Müffling an Knesebeck schrieb, „die große Expedition vom 24. Februar bis 10. März glücklich geendigt. Das Glück ist uns hold gewesen und die Armee ist durch die letzten Waffentaten fest verbunden. Sie wird noch zehn Schlachten liefern, wenn es sein muß, und ich glaube sagen zu können, sie wird sie gewinnen... Wir sind jetzt sehr vorsichtig."

Napoleon hatte den Angriff am 10. angeordnet, ehe er Kenntnis von der Niederlage seines rechten Flügels hatte. Den ersten Nachrichten davon hatte er keinen Glauben geschenkt, erst als er nachmittags Gewißheit erlangte und die Aussichtslosigkeit seiner Angriffe erkannte, hatte er den Rückzugsbefehl gegeben. Durch seine geschickten Anordnungen gelang es ihm, den Feind noch bis in die Nacht hinein darüber zu täuschen.

Die Frage, ob Blücher, wenn er gesund gewesen wäre, den Abwehrsieg am 10. März in eine entscheidende Niederlage Napoleons verwandelt haben würde, ist allezeit sehr lebhaft erörtert worden. Graf Nostitz bejaht sie sehr entschieden: „Wenn der Feldmarschall gesund gewesen wäre, so bin ich überzeugt, er würde nicht einen Augenblick verloren und den Versuch gewagt haben, die in dem Nachtgefecht errungenen Vorteile zu einer vollständigen Niederlage des Feindes zu benutzen; leider aber war er völlig außer Stand, an dem Schicksal dieses Tages einen tätigen Anteil zu nehmen und so ruhte Alles auf dem Entschluß des Generals Gneisenau, dem die Verantwortung zu groß schien, in einem Augenblick, wo, wie er sich ausdrückte, die Partie 11 zu 1 stand, noch etwas Gewagtes zu unternehmen.... Dieser General war ebenfalls von der Überzeugung durchdrungen, daß die fortgesetzte Flankenbewegung der Korps von York und Kleist und das Gelingen eines kräftigen Frontangriffs durch die noch zu Gebote stehenden Streitkräfte große Resultate herbeiführen müßten, er würde auch weder den Plan noch dessen Ausführung für zu gewagt gehalten haben, hätte der Feldmarschall auf dem Schlachtfeld erscheinen und selbst Befehle erteilen können; dennoch aber wollte er unter den obwaltenden Verhältnissen die Vertretung eines möglichen Echecs nicht übernehmen."

Ein anderer Adjutant Blüchers, Brünneck, führt aus, Blüchers Erkrankung sei allerdings eine der Ursachen für das Stillstehen bei

Laon gewesen, aber nicht die einzige. Hinzugekommen sei das Mißtrauen gegen Schwarzenbergs Kriegführung, die Erinnerung an die
Unglücksfälle im Februar, das Überschätzen der feindlichen Heeresstärke, der Umstand, daß Soissons sich wieder in französischen Händen
befunden habe, und das dortige ungünstige Gelände.

Beziehen sich diese Äußerungen auch zum Teil auf das Stehenbleiben in den folgenden Tagen, so gewinnt doch durch sie die Angabe
von Gneisenaus Adjutanten Stosch an Bedeutung, wonach zur Erklärung des Zurücknehmens der vorgegangenen Korps „mir Gneisenau
damals erzählte, daß Blücher, der sonst immer gern auf alle seine
Vorschläge einging, ihn bei dieser Gelegenheit sehr ernstlich dafür
verantwortlich gemacht habe, die Korps von jetzt an immer konzentrirt
zu halten und alle und jede Detachirung zu vermeiden, um nicht eine
Wiederholung der Februar-Ereignisse zu erleben".

Man muß zugeben, daß die Entsendung zweier oder dreier Korps
in den Rücken Napoleons, bei der Trennung des Schlachtfeldes durch
das ungangbare Gelände am Ardonbach sehr gewagt war; dadurch
wäre dem Meister in der Kunst, durch kühnes Zugreifen eine schon
halb verlorene Sache wiederherzustellen, hierzu die beste Gelegenheit gegeben worden. Yorcks Größe lag im derben Anfassen, für eine so heikle
Aufgabe war weder er noch Langeron geeignet. Überhaupt war die
Gegend südlich von Laon kein für den Gegenangriff sehr geeignetes
Schlachtfeld. In gesunden Tagen aber würde trotzdem Blücher zweifellos wie an der Katzbach und bei La Rothière die Führung des Gegenstoßes persönlich in die Hand genommen haben, und dann würde
Gneisenau ihm bei diesem Streich auf den Lebensnerv des Gegners
wohl kaum in den Arm gefallen sein. Wenn die Unterführer auch
daran gewöhnt waren, daß Gneisenaus Rat bei Blücher den Ausschlag gab, auf dem Gefechtsfeld konnte der Chef den Feldmarschall
nicht ersetzen, wie er das später selbst laut bekannt hat. Unter diesen
Umständen folgten beide dem bringenden Verlangen der Monarchen,
nichts aufs Spiel zu setzen.

Stillstand und Schwanken.

11. bis 23. März.

Als man am 11. März morgens den Abzug Napoleons vor
Augen sah, war die Lage doch ganz anders, als sie 32 Stunden
vorher den über den vermeintlichen großen Sieg Begeisterten erschienen war. Yorck mochte wohl ein kleines Korps zersprengt haben,

aber von Napoleons Flucht auf Paris war keine Rede mehr. Zwar hatte auch seine Hauptmacht bei den vergeblichen Angriffen starke Verluste erlitten, aber sie hatte bis zuletzt ungebrochene Offensivkraft gezeigt und war aus freien Stücken zurückgegangen. Das Nachstoßen in das den Franzosen vorteilhaftere Gelände an der Aisne wurde durch den Fluß und durch das befestigte Soissons sehr behindert.

Zunächst sollten die leichten Truppen die Verfolgung aufnehmen und feststellen, auf welchen Straßen und wie weit der Rückzug stattfinde. Schon um 9 Uhr wurde klar, daß der Gegner den Lette-Abschnitt aufgegeben habe und über Chavignon auf Soissons zurückgehe. Dies zusammengehalten mit dem schon gestern beobachteten Marsch des feindlichen rechten Flügels von Berry auf Fismes, ließ als gewiß annehmen, daß Napoleon sich jedenfalls hinter die Aisne zurückziehe. Der Feind hatte dabei schon so viel Vorsprung gewonnen und fand an der Aisne und an Soissons so günstigen Schutz, daß von „sich ihm in die Eisen legen" nicht mehr die Rede sein konnte. Der günstige Augenblick für die Verfolgung war verpaßt. Gleichzeitig hängten sich auch andere Schwergewichte an die Tatkraft der Heeresleitung.

Yorck brachte am 11. morgens die Notwendigkeit zur Sprache, den Truppen Ruhe zu gewähren. Langeron beschwerte sich, er habe in vier Tagen für sein ganzes Korps nur 3250 Pfund Brot erhalten. Jetzt sei er ohne alle Lebensmittel; die Intendantur könne nichts herbeischaffen, die Ortschaften seien schon bei seiner Ankunft völlig ausgeplündert gewesen.

Bohen hatte Gneisenau schon seit einigen Tagen mit seinen Verpflegungssorgen in den Ohren gelegen. Der gänzliche Mangel gesicherter Verpflegung habe die Kräfte des größten Teils der Armee außerordentlich erschöpft, und dabei seien die Bande der Disziplin auf wirklich besorgniserregende Art aufgelöst worden. „Wollte man diese Truppen ohne für ihre Verpflegung gesorgt, die Disziplin wieder etwas hergestellt zu haben, in ein verheertes Land vorführen, so würde man sie nicht allein einer unabsehbaren Not, die mit der Auflösung der ganzen Armee enden könnte, aussetzen, sondern man würde auch mehrere Beispiele aus den vorhergegangenen Kriegen auffinden können, wo sonst sehr brave Truppen ohne Verpflegung und Disziplin, trotz der Anstrengung der Offiziere, sich feig schlugen."

Die Heeresleitung gab dem allgemeinen Verlangen nach Ruhe nach. An Yorck ließ Gneisenau schon am 11. morgens ausrichten, heute werde sein Korps in seiner Stellung bleiben, falls nicht ein ganz besonders wichtiger Anlaß zum Marsch einträte. Wirklich folgte die

Armee am 11. dem geschlagenen Feinde nicht. Man stand und überlegte. Müffling machte drei Vorschläge zur Fortführung der Operationen, rechts längs der Oise über Compiegne, gradeaus über Soissons oder links über Berry an die Marne und daran abwärts auf Paris. Blücher und Gneisenau neigten anscheinend zum Einschlagen des erstgenannten Weges, denn Graf Schwerin berichtete dem König: „Der Plan des Herrn Feldmarschalls scheint übrigens dahin zu gehen, seine Direktion jetzt auf Compiegne zu nehmen, da diese Straße wohl eher als jede andere noch die nötigsten Subsistenzmittel — an denen es in hiesiger Gegend zu fehlen anfängt — darreichen möchte." Bülow in Verbindung mit Langeron sei dazu bestimmt, Compiegne zu nehmen.

Als man aber inne wurde, daß Napoleon bei Soissons und Fismes stehen geblieben sei, wurde beschlossen, zunächst dem Nahrungsmangel durch Auseinanderziehen abzuhelfen. Die Armeekorps wurden über den Raum nördlich der Aisne, östlich bis über die Reimser Straße, westlich bis über die Oise hinüber verteilt. Es wurde ihnen dabei erklärt, die Absicht dieser Aufstellung sei nicht sowohl militärisch als vielmehr, den so sehr ermüdeten Truppen Ruhe zu verschaffen und soviel als möglich für ihre Verpflegung zu sorgen. Sobald der Feind wieder zum Angriff vorgehen sollte, hatten sich die Korps wieder in der Stellung von Laon zu sammeln.

Dieses Ausbreiten konnte um so gefahrloser geschehen, als der von den Kosaken festgenommene Präfekt des Aisne-Kreises angab, Napoleon habe in der Tat nur 40- bis 50000 Mann bei sich gehabt, sei also nicht mehr halb so stark als die Blüchersche Armee. Diese Erkenntnis ließ das Zurückweichen vor ihm auf Laon und die Schlachtführung am 10. in ganz anderem Lichte erscheinen. „Seine Attacke am 7. war unverschämt," schrieb Müffling an Knesebeck, „die am 10. gehört zu den unverschämtesten." Am 7. und am 10. hätte ein einheitlich geführter Angriffsstoß Napoleon vernichten müssen, seine Kühnheit hätte ihm am 7. einen Sieg verliehen, am 10. ihn vor einer schweren Niederlage gerettet.

Gneisenau fühlte die Notwendigkeit, sich dem König gegenüber über das Stehenbleiben zu rechtfertigen. Er legte daher dem Staatskanzler dar, daß die Armee, seit sie nach den Unglückstagen von Etoges wieder zum Angriff übergegangen sei, fast alle Tage geschlagen und stets marschiert habe. „Wir hatten, als wir über die Aube gegangen waren und Napoleon uns folgte, den Feind auf allen Seiten. Von Lizy am Ourcq an schlug sich die Armee alle Tage. Bei Soissons bestand das Korps Langeron in Verteidigung dieses

Ortes einen sehr heftigen Angriff, bei Braye auf dem Plateau zwischen Aisne und Lette die Korps von Sacken und von Winzingerode eines der heftigsten und glorreichsten Gefechte gegen die französische Armee; am 9. schlug sich hier abermals die ganze Armee und York und Kleist erfochten ihren glorreichen Sieg. Am 10. schlug sich abermals das Zentrum und der rechte Flügel. Seit dem 21. Januar haben fast die Gefechte nicht aufgehört; seit dem 29. Dezember ist die Armee fast in steter Bewegung gewesen. Die Nachwelt wird den Anstrengungen dieser Armee, die sich selbst durch Unfälle nicht hat herabstimmen lassen, Gerechtigkeit wiederfahren lassen. — Die ausgezehrte Gegend, worin wir uns nun herumtreiben, hat den Dienst der Lebensmittel etwas in Unordnung gebracht. Wir leiden Mangel an Schuhen und Kleidung. Einige Tage Ruhe sind uns nötig."

Müffling schrieb in gleichem Sinne an Knesebeck: „... Der Friede ist der allgemeine Wunsch aller höheren Offiziere, weil das Elend, der Mangel und die Unmöglichkeit der Abhülfe zu evident sind." Diese Erläuterung des vorsichtigen Verhaltens schien um so notwendiger, je wahrscheinlicher es wurde, daß Napoleon sich jetzt gegen die Große Armee wendete. Gneisenau half sich mit der Betrachtung darüber hinweg, daß dann seine Truppen „nicht anders als ermüdet, ausgehungert und niedergeschlagen" dort ankommen würden und es der Haupt-Armee leicht sein müsse, „ihn ebenso zu schlagen, als wir es getan". Müffling setzte einer genau gleichen Erwägung, die er an Knesebeck richtete, hinzu: „allein Ihr müßt das Kühnste von ihm erwarten".

Gneisenau hielt es für wahrscheinlicher, daß Napoleon sich gegen Meaux wenden würde, von wo er die Bewegungen der beiden verbündeten Armeen beobachten und zugleich Paris schützen könne. Er versprach indes, die Operationen der Haupt-Armee, „soweit es Kräfte und Vorsicht erlauben", zu unterstützen und gab die Bewegungen der Armee für ein Vorrücken an die Aisne und über die Oise hinüber aus. Tatsächlich erhielt Bülow den Auftrag, sich des festen Schlosses von Compiegne zu bemächtigen.

Aus Gneisenaus Schreiben an Hardenberg geht klar hervor, daß die recht haben, die einen wichtigen Grund des abwartenden Verhaltens der Blücherschen Armee in der Auffassung sehen, diese habe nun reichlich ihr Teil getan, die Haupt-Armee könne endlich auch etwas Entscheidendes tun. Zweifellos hat Boyens Einfluß auf Gneisenau sehr dazu mitgewirkt, daß „Blücher sich hier so unähnlich wurde", wie Clausewitz sich ausdrückt. Boyen betonte neben den Verpflegungsrücksichten die Notwendigkeit, daß Preußen beim

Friedensſchluß noch über ſtarke Kräfte und nicht über ein durch Gefechte und Mangel geſchwächtes Heer zu verfügen habe. Gneiſenau verſchloß ſich dieſer politiſchen Rückſicht nicht; tatſächlich erlangte er das volle Lob des Königs. Aber auch die Unkenntnis über die Stellung und Abſichten der Haupt-Armee erſchwerten ihm die Ent-ſchlußfaſſung.

Merkwürdigerweiſe waren die öſterreichiſchen Feldherren und Politiker mit ſeiner Vorſicht vollkommen einverſtanden; ihnen lag ja nichts an entſcheidenden Schlägen. Deſto ungeduldiger hoffte der Zar auf Blüchers kräftiges Handeln. „Wenn die öſterreichiſche Politik nicht bald eine andere Richtung nimmt," verſicherte er dem Adjutanten Blüchers, der ihm den Sieg von Laon meldete, „ſo marſchire ich mit meinen Truppen ab und vereinige mich mit der Schleſiſchen Armee. Ich glaube, wir würden noch im böhmiſchen Kote ſtecken, hätte uns der Feldmarſchall Blücher durch den Übergang über die Elbe nicht aus demſelben herausgezogen; ich rechne darauf, daß er uns noch einmal mit ſich fortreißen werde."

Aber der Held, auf den er hoffte, lag krank danieder. Die Augen waren ſo entzündet, „daß er gewaltige Schmerzen hat und weder bei Tage noch bei Nacht einige Ruhe genießen kann". Noſtitz, der Tag und Nacht um den Feldmarſchall war, hat indes erklärt, Blüchers Augenleiden habe ihn zwar an der perſönlichen Einwirkung bei der Führung der Gefechte gehindert, er ſei jedoch imſtande geblieben, auf die zu faſſenden Entſchlüſſe in jedem Augenblick einzuwirken. Auch Müffling hat verſichert, Blücher habe ſich in gewohnter Art alle wichtigen Angelegenheiten vortragen laſſen, die Beſchlüſſe unter-zeichnet und ſo die Operationen bis zu Ende wirklich geleitet. Da-neben aber gab Noſtitz zu, daß, wenn damals die Armee den Feldmarſchall durch ſeine Krankheit „für jetzt ohne allen Einfluß auf das Armeekommando betrachtete", ſie darin „ſich eigentlich auch nicht irrte".

Blüchers Zuſtand war beſorgniserregend und für ihn beinah unerträglich. „Die im höchſten Grade entzündeten und dick ge-ſchwollenen Augen machten das Tragen einer Binde unerläßlich, denn jeder Lichtſtrahl verurſachte heftige Schmerzen," ſo berichtet Graf Noſtitz; „an das Zimmer gefeſſelt, bei ſchmaler Diät der gewohnten Bewegung beraubt und den Ärger im Herzen, ſich gerade in einem Augenblick untätig zu wiſſen, wo der letzte entſcheidende Schlag geſchehen mußte, dies Alles vereint hatte nicht nur im All-gemeinen ſeine Geſundheit erſchüttert, ſondern auch höchſt nachteilig auf ſeine Laune gewirkt und die Gemütsſtimmung hervorgebracht, welche bei ihm die stete Folge körperlicher Leiden war. Wenn man ihn in diesem Zustande beobachtete, wie er mit fortdauernd ängstlicher Besorgniß an den Tod dachte, mit Kleinmut jeden Schmerz ertrug, wie er seine Phantasie immer durch Auffindung neuer Krankheitssymptome quälte und, nur mit sich selbst beschäftigt, gleichgültig gegen Alles war, was außer ihm vorging, selbst gegen das Größte und Wichtigste — dann aber wieder, sobald er genesen, an Charakterstärke, Ertragung jeder Beschwerde und heldenmütiger Verachtung der größten Gefahren Alles übertraf, was um und neben ihm war, so mußte man über die Gewalt erstaunen, welche das physische Befinden über die geistigen Kräfte ausübte. Dieser Zustand moralischer Ermattung und gänzlicher Gleichgültigkeit gegen alle äußeren Verhältnisse war bereits eingetreten. Der Feldmarschall dachte nur daran, das Kommando der Armee niederzulegen und diese zu verlassen; jede Meldung, jeder Vortrag, gleichviel über welchen Gegenstand oder von welcher Person er kam, war ihm ekelhaft und zuwider."

Sobald er den Flügeladjutanten des Königs sah, sagte er: „Nun Schwerin, gut daß Sie kommen, setzen Sie sich her, schreiben Sie dem König, ich ginge nach Brüssel." Aber Gneisenau und Nostitz bekämpften den Entschluß, den Befehl niederzulegen und suchten dahin zu wirken, daß der eigentliche Krankheitszustand soviel wie möglich Geheimnis blieb. Die Entfernung des Feldmarschalls mußte die unangenehmsten Folgen für die Armee haben. „Er nur war eine Bürgschaft für die Einheit im Handeln von so verschiedenen Bestandteilen. ... Der älteste General nach ihm war Langeron, ihm hätte also bis zu anderweiter höherer Bestimmung das Kommando gebührt. Dieser Aufgabe war er aber weniger als irgend ein Anderer gewachsen und seine Hand viel zu schwach, um solche Zügel zu führen. Stete Ungewißheit im Befehlen und Widerwille im Gehorchen würden die unausbleibliche Folge hiervon gewesen sein und hätten den Gang der Operationen zu einer Zeit gelähmt, wo jeder Augenblick kostbar war, um das Ziel zu erreichen, welches durch die verhängnißvolle Krankheit des Feldmarschalls schon weiter von uns geschoben worden." Noch am 20. berichtete Graf Schwerin dem König: „Mit dem Befinden des Feldmarschalls geht es im Ganzen in die Besserung, doch leidet er noch immer an einer sehr heftigen Augen-Entzündung, so daß er selbige kaum zu öffnen vermag."

Daß Blücher indes in wichtigen Dingen trotz seines Zustandes seinen persönlichen Einfluß noch durchaus zur Geltung bringen konnte, geht aus dem Vorfall hervor, der sich in diesen Tagen mit York ereignet hatte.

Seit den Tagen von Etoges, nach denen Blücher ihn nur mit Mühe veranlaßt hatte, sein Kommando zu behalten, hatte sich in Yorks Herzen von neuem der höchste Mißmut aufgespeichert. Daß der Plan, auf Paris zu gehen, nicht durchgeführt war, hatte York nur der „Unentschlossenheit und beständigen Verzögerung" durch die Armeeleitung zugeschrieben. Den Mißerfolg von Craonne schob er auf die Furcht, die die Anwesenheit Napoleons hervorrief: „es entfärbten sich bei diesem Gedanken die Gesichter unsrer Feldherren, die in der Regel geisterbleich aussahen, wenn Napoleon ihnen gegenüberstand," so gibt Graf Brandenburg die in Yorks Umgebung geäußerten Urteile wieder. „Wo Napoleon in Person anstürmte, war seinen Gegnern gewöhnlich zu Mute, wie den Tieren, wenn sie die Nähe des Löwen oder einer Klapperschlange wittern oder von ihnen fixirt werden. . . . Man verlor die Lust, sich zu schlagen, und wie man sich früher ausgedrückt hatte, eine zweite Schlacht an der Katzbach zu liefern, trotz günstiger Gelegenheit. Wer sich schlug, waren die Russen, wer nicht kam, waren die Preußen. . . . Die Unentschlossenheit, Unsicherheit und Nachlässigkeit, welche in dieser ganzen Periode in dem Hauptquartier des Feldmarschalls herrschte, ist kaum zu beschreiben." Es wurde erzählt, Blücher habe sich's während der Schlacht bei Craonne in Laon bei wohlbesetzter Tafel und Champagner wohl sein lassen.

Die Zurücknahme des Verfolgungsbefehls am 10. brachte die Wut zum Sieden; York sah darin nur Gneisenaus Eifersucht auf seine Taten. Obenein führte der Mangel die Truppen zu Ausschreitungen, die Yorks höchsten Zorn erregten und dem Grimm gegen die Armeeleitung neue Nahrung gaben. Als man seinem Korps die Abgabe von 100 Reitern für den Verpflegungsdienst zumutete, hielt's ihn nicht länger: er machte Gegenvorstellungen und meldete sich krank, nahm von seiner Umgebung Abschied, stieg in seinen Wagen und fuhr von bannen.

Blücher erfuhr sogleich den Zusammenhang; außer einem begütigenden Dienstschreiben richtete er trotz heftiger Augenschmerzen persönlich einige herzliche Zeilen an den Ergrimmten: „Alter Waffengefährte, verlassen Sie die Armee nicht, da wir am Ziel sind; ich bin sehr krank und gehe selbst sobald der Kampf beendet." York besann sich; er antwortete: „Euer Exzellenz eigenhändiges Schreiben ist der Abdruck Ihres biederen Herzens, welches ich immer schätzte und schätzen werde. Diese Biederkeit muß Ihnen aber auch sagen, daß dem Mann, der seine Würde fühlt und vorwurfsfrei ist, eine Kränkung sehr wehe tun muß. — Ich bin auf

meinen Posten zurückgekehrt — Ich werde mich schlagen, so lange
man schlagen muß, dann aber mit Freuden Platz machen der Arroganz
und den System-Aufstellern. Von ganzem Herzen und mit aufrichtigster Teilnahme wünsche ich, daß Ihre Gesundheit recht bald
hergestellt werde. Yorck."

Schon das Dienstschreiben sowie das Zureden seiner Umgebung
und des Prinzen Wilhelm hatten Yorck zur Umkehr veranlaßt. Er
meldete, obgleich seine Gesundheit „durch Fatige und manche Verhältnisse" wirklich sehr gelitten habe, sei er beim Korps wieder eingetroffen; er versicherte, sich nicht persönlich, sondern nur in seinem
Korps gekränkt gefühlt zu haben. Er habe sich aber erlaubt, freimütig
seine Bemerkungen zu äußern, „die schon seit geraumer Zeit dazu beigetragen" hätten, seine Gesundheit zu untergraben.

Als Gneisenau später einmal gefragt wurde, ob Blüchers Krankheit die Ursache des zaghaften Verhaltens der Armee nach der Schlacht
von Laon gewesen sei, soll er gesagt haben, allein sei sie es nicht gewesen. Er soll dabei auf den Vorfall mit Yorck hingewiesen haben;
Yorck habe den Gerüchten geglaubt, die behaupteten, der Feldmarschall
sei nicht zurechnungsfähig und unterschreibe blindlings die ihm vor-
gelegten Entwürfe. Yorck habe gedroht, von Gneisenau lasse er sich
nicht kommandieren. Damit stimmt überein, daß auch Nostitz Yorcks
Abreise mit Blüchers Krankheit in Zusammenhang bringt; nur weil
er Blüchers eigenhändige Schriftzüge gesehen habe, sei er zurückgekehrt.

Zweifellos lag seinem Verhalten zugrunde der dämonische Groll
gegen Gneisenau, den er anklagte, seinen schon nach neuen Lorbeeren
ausgestreckten Arm mit überlegener Miene mißgünstig zurückgerissen
zu haben; wie ein ängstlicher Kartenspieler rechnend, habe Gneisenau
die Gunst der Siegesgöttin verkannt.

Der Vorgang zeigt, welche Macht das herrliche Gemüt Blüchers
selbst auf den verbitterten Sinn Yorcks auszuüben vermochte; ihr
Verhältnis nahm wieder die alten kameradschaftlichen Formen an.
Blücher bewahrte dadurch Yorck vor einem schweren militärischen
Fehltritt und erhielt ihn dem Heer, das, wie das ganze Volk, seit
der Tat von Tauroggen bewundernd zu diesem Helden aufschaute,
dessen eiserner Willensstärke die Schlesische Armee fast jeden Sieg
verdankte. Diese Tat ist Blücher um so höher anzurechnen, als er
genau wußte, welche böse Saat der widerwillige Unterführer bei
seinen Untergebenen ausstreute, und Mancher froh gewesen wäre,
des lästigen Widerspruchsgeistes auf diese Art ledig zu sein.

Übrigens war auch Gneisenau in den ersten Tagen nach der
Schlacht körperlich erschöpft, Graf Brandenburg nennt ihn krank;

Müffling sei „mit ihm brouillirt, also auch krank". Müffling hatte in Wahrheit schon während der Schlachttage das Bett gehütet, aber trotzdem treulich seine Arbeit getan. Daß indes sein Verhältnis zu Gneisenau sich immer weniger freundlich gestaltet hatte, zeigen dessen spätere Äußerungen und die Mitteilungen anderer Mitglieder des Hauptquartiers. Es wurde in der Folge so schlecht, daß Müffling in seinen Veröffentlichungen Gneisenaus Anteil an der Heerführung teils gänzlich mit Stillschweigen übergeht, teils herabsetzt. Solche Abspannung und solche Verstimmungen haben sicherlich auch ihr Teil daran, daß hier die sonst so frische, verantwortungsfreudige Führung in eine Untätigkeit verfiel, die, wie schon Müffling bemerkt, „mit ihrem sonstigen Benehmen in keine Übereinstimmung zu bringen war".

Nach Müffling sollte das Auseinanderziehen der Armee die Einleitung zur Ausführung eines neuen Operationsplans sein. Ein Teil der Armee sollte dabei am rechten Ufer der Oise nach Paris vorgehen. Gneisenau legte deshalb großen Wert auf den Besitz von Compiegne. Er wies Boyen an, „für die mehr westlich gerichteten Operationen neue Verbindungslinien und Gefechtsfelder auszusuchen". Nun behauptet Müffling, diesen Plan habe der Kronprinz von Schweden durchkreuzt. Sein Stehenbleiben bei Lüttich, seine politische Haltung und geheime Nachrichten über ihn hätten bei Blücher den alten Verdacht wieder rege gemacht, daß Bernadotte im Geheimen Beziehungen zu Napoleon unterhalte. Ohne Nachricht vom Großen Hauptquartier habe Blücher die größte Vorsicht und Bereitsein auf alle Fälle für notwendig gehalten; hierdurch sei der Stillstand bei Laon zu erklären. Er habe das Korps Weimar in den Niederlanden zurückgelassen, um Bernadotte zu beobachten, und deshalb die Bewegung längs der Oise aufgegeben.

Inzwischen aber war eine Nachricht eingegangen, die in sehr unangenehmer Weise den Blick wieder mehr nach Osten, auf die Reimser Straße lenkte. Die vom Rhein nachrückenden Teile der Korps Langeron und Kleist, etwa 10000 Mann unter General Graf Saint-Priest hatten am 12. Reims in Besitz genommen, waren am 13. von überlegenen französischen Kräften angegriffen worden, hatten schwere Verluste erlitten und sich dann auf Berry zurückgezogen. Da der Feind folgte und ihm auch Verstärkungen zugegangen waren, machte man sich auf einen nochmaligen Angriff gefaßt. Bülow wurde nach La Fère zurückgeholt, Sacken und Langeron wurden näher an Laon herangezogen. Laon selbst wurde in Verteidigungszustand gesetzt. „Laon halten, daselbst eine Defensivschlacht annehmen, sonst weiter jetzt fürs Erste nichts wagen," das war Gneisenaus ausgesprochenes

Losungswort in diesen Tagen. Er erwartete, daß Napoleon sich „noch eine geraume Zeit" mit der Blücherschen Armee beschäftigen werde, da die Haupt-Armee nichts tue. Er sah aber, daß die Armee diesen Zustand nicht lange ertragen könne: „Bleiben wir vereinigt, so hungern wir, teilen wir uns, so fällt die gut geführte feindliche Kavallerie über ein Korps her." Schwarzenberg gegenüber entschuldigte er das Stehenbleiben mit dem herrschenden Mangel, man halte aber den Feind bei Reims fest; ob denn die Haupt-Armee nicht gegen Paris vorrücke?

Glücklicherweise besserte sich in diesen Tagen die Gesundheit des Feldmarschalls, so daß sofort der Vormarsch eingeleitet werden konnte, als am 17. die bestimmte Nachricht einlief, Napoleon sei mit den Hauptkräften von Reims auf Epernay abmarschiert. Am 18. schlossen die Korps nach den Aisne-Übergängen von Pontavert, Berry und Neufchatel auf; die Franzosen zerstörten die Brücken, zogen sich aber nicht auf Reims, sondern westlich auf Fismes zurück. Infolgedessen wurde die Masse der Armee auf die bei Pontavert und Berry geschlagenen Brücken und die dortigen Furten angewiesen und ging nur mit dem linken Flügel, Winzingerode, auf Reims. Yorck und Kleist folgten dem Feind auf Fismes, wo sich die Marschälle Marmont und Mortier vereinigten. Bülow rückte von Laon auf der Straße gegen Soissons vor, Sacken und Langeron drehten sich ebenfalls in die südwestliche Richtung und gelangten bis Pontavert und Berry, wohin auch das Hauptquartier übersiedelte (Skizze S. 205).

Blücher legte den Marsch in einem geschlossenen Wagen zurück. „Der Zustand des Feldmarschalls hatte sich nicht verändert," berichtet Nostiz; „er fühlte sich jedoch so angegriffen, daß für den folgenden Tag an eine Fortsetzung der Reise nicht zu denken war."

Aus Reims wurde gemeldet, daß Napoleon am 17. mit 20- bis 25000 Mann auf Epernay abmarschiert sei, der Feind dort aber noch in „beträchtlicher Masse" stände, ja, es verlautete, Napoleon sei gegen die Blüchersche Armee umgekehrt. Das Hauptquartier schenkte diesen Nachrichten zwar keinen Glauben, sah sich aber doch zu vorsichtigem Verfahren veranlaßt. Gneisenau gestand Bohen, sein Vertrauen zu den Korpsführern sei so gering, daß er sich ängstige, einem abgezweigten Korps könne etwas begegnen. So wurde am 20. nur Sacken Aisne abwärts an Bülow, der vor Soissons stand, herangeschoben, wodurch die sehr starke Stellung der Marschälle bei Fismes westlich umfaßt wurde. Ehe etwas Ernstliches gegen Soissons und Compiegne geschehe, wollte man erst vergewissert sein, ob nicht etwa Napoleon noch hinter der Marne stehe.

Als Boyen Gneisenau zur stärkeren Verwendung von Kavallerie anregte, antwortete dieser, es wäre gewiß gut, ein zahlreiches Kavalleriekorps zu poussieren; wo aber solle man den Befehlshaber hernehmen? Wassiltschikow, der beste der russischen Reiterführer, sei jünger als Korff, der schlechteste von ihnen. Die preußischen Führer seien sämtlich jünger als die russischen; der Versuch mit Winzingerode sei übel ausgefallen. Es sei auch keine geringe Aufgabe, ein Kavalleriekorps von 10000 Pferden unternehmend und vorsichtig zugleich zu führen. Auf vorsichtige Führung der Armee legte Gneisenau nach wie vor besonderen Wert. „Durch einen kühnen Seitenmarsch [auf Paris] könnten wir jetzt entscheidend wirken," schrieb er an Boyen, „aber es ist mir doch bedenklich, jetzt, wo wir durch ein sicheres Spiel, obgleich etwas langsamer, Erfolge erzwingen können, gewagte Bewegungen zu machen."

Über die Verpflegung war Gneisenau jetzt außer Sorge. Der Landstrich am linken Vesle-Ufer sei ziemlich unberührt. Übrigens hält er Boyen vor, er sei bisher in dieser Richtung furchtbar verwöhnt gewesen: „Bei uns kommt es darauf an, bei der höchsten Unordnung dennoch nicht zu verzweifeln." Bei Bautzen habe man geglaubt, nicht zwei Tage leben zu können, und habe es zwölf Tage getan. „Da lernt man wohl leichtsinnig werden und die oft übertriebenen, manchmal grundlosen Klagen machen Einen hartfellig." Neulich hätten die Leute statt Rindfleisch Geflügel gefordert.

Am 21. kamen endlich Nachrichten von der Haupt-Armee, Schwarzenberg habe seine Korps an der Aube zusammengezogen, um Napoleons Stoß auf Arcis zu begegnen. Gneisenau neigte jetzt immer entschiedener zum Marsch auf Paris. Blücher teilte dem Großen Hauptquartier mit: „Gelingt es mir, Soissons und Compiegne zu nehmen, so würde ich dadurch eine sichre Basis zum Vorrücken gegen die niedere Marne und längs der Oise bekommen. Da die Stärke der vereinigten Armee, so wie sie sich hier an der Aisne befindet, aus 110000 Kombattanten besteht, so habe ich nicht nötig, der ganzen feindlichen Macht, wenn sie gegen mich vorrücken sollte, aus dem Wege zu gehen." Gern würde er den Herzog von Weimar an die Oise heranziehen, wenn nur der Kronprinz von Schweden von Lüttich vorzubringen wäre. „Eine Bewegung von dieser Seite auf Paris würde unstreitig von dem größten Effekt sein."

So folgte die Mitte der Blücherschen Armee am 21. den zunächst in westlicher Richtung weichenden Marschällen; Bülow schloß Soissons ein, Winzingerode blieb in Reims. Die preußische Kavallerie hatte mit ihrer reitenden Artillerie den Feind scharf gedrängt, der sich jetzt plötzlich nach Süden, auf Chateau Thierry wandte. Gneisenau erwartete, daß heute oder morgen eine Schlacht an der Aube bei der Haupt-Armee stattfinde: „Fällt sie auch nur zweifelhaft aus, so ist sie Napoleon verderblich. ... Wenn Schwarzenberg die Schlacht gewinnt, so steht unserm Marsch nach Paris nichts mehr entgegen. Verliert er sie, so kann er wenigstens, unsrer Bewegungen wegen, nicht weit verfolgt werden." Es wurde berichtet, daß man weiter westlich am 20. Kanonendonner aus der Gegend bei Arcis wahrgenommen habe (Skizze S. 176).

Am 22. ließ Blücher nur Yorks und Kleists Vortruppen auf Chateau Thierry folgen, sie selbst bei Dulchy halten; im übrigen blieb die Armee erwartungsvoll stehen. Alle Nachrichten ließen jetzt die Schwäche der französischen Truppen immer deutlicher erkennen: 30000 seien der Haupt-Armee gegenüber geblieben, 22000 bis höchstens 25000 Mann führe Napoleon mit sich; auch wurde von den Franzosen zugegeben, daß sie bei Laon geschlagen seien und viel verloren hätten. „Unter diesen Umständen", schreibt Gneisenau an Boyen, „scheint ein Seitenmarsch gegen Paris nicht von Gefahr zu sein, wenn er mit einem Teil der Armee unternommen wird, während der andere den Feinden vor uns gegenüber bleibt." Er drängt deshalb auf die Wegnahme von Soissons.

Da, am 22. abends, trat ein vollständiger Umschwung der Auffassung bei ihm ein.

Fère Champenoise-Paris.

23. bis 30. März.

Mit Mühe war der Feldmarschall von seiner Umgebung bestimmt worden, mit dem Hauptquartier am 21. März nach Fismes überzusiedeln, erzählt Nostitz. „Von Geschäften wollte er noch gar nichts hören und selbst die Mitteilung von den Begebenheiten auf den verschiedenen Kriegstheatern gewährte ihm wenig Interesse." Da kam die Meldung, die Marschälle hätten die Brücke bei Chateau Thierry hinter sich zerstört und seien nach Süden, auf Montmirail abmarschiert. Man schloß daraus, daß Napoleon einen großen Schlag gegen die Haupt-Armee mit vereinigter Kraft führen wolle. Ja, es schien beinahe, daß er diesen Schlag bereits geführt hatte und im Begriff stehe, ihn auszunutzen. Streifreiter Tettenborns hatten einen eigenhändigen Brief Napoleons an die Kaiserin Marie Luise aufgefangen, in dem der Kaiser einen Sieg meldete, den er am 20. bei

Arcis a. d. Aube erfochten habe. Am 21. habe sich die feindliche Armee in Schlachtordnung aufgestellt, um ihren Abmarsch auf Brienne zu decken; er wolle an die Marne nach Saint Dizier gehen, um die feindlichen Armeen von Paris abzuziehen und sich seinen festen Plätzen zu nähern. Das war wie ein Blitz in dunkler Nacht; mit einem Schlage lagen Napoleons Pläne offen da.

„Diese Nachricht", erzählt Graf Nostitz, „wirkte wie ein moralisches Zugpflaster auf Geist und Gemüt des Feldmarschalls ... Von diesem Augenblick an ward an Niederlegung des Kommandos nicht mehr gedacht, obgleich die Entzündung der Augen in ihrer ganzen Bösartigkeit noch fortdauerte." In dem Augenblick, als die Gefahr für die Haupt-Armee erkannt wurde, wenn Napoleon alle seine Kräfte gegen sie heranführte, wo kräftiges Handeln der Blücherschen Armee bringend wurde, fand auch der kranke Held seine alte Tatkraft wieder. Er schüttelte den Druck, den Krankheit auf seine Seele ausgeübt hatte, von sich ab. Seine Unterschrift, die in den vorangegangenen Tagen der eines Blinden gleicht, läßt jetzt keinen Unterschied gegen früher mehr erkennen. Der Umschwung in Blüchers Befinden geht aus einem Brief an seine Frau hervor, dessen Abfassungszeit nicht feststeht, da er nicht vollständig erhalten ist, der aber wahrscheinlich am 22. geschrieben ist. „Aus dem Vorstehenden ersiehst Du, daß ich gesund bin. Freilich habe ich viel ausgestanden, aber ich bin ohne Fieber und Tag und Nacht zu Pferde.*) ... Wir werden wohl nächstens wieder eine Schlacht liefern."

Gneisenaus Gedankengang war, als die Nachricht von der veränderten Marschrichtung der Marschälle einging, anfangs nur der: „Der Feind läßt uns also die Straße nach Paris offen. Nach der Regel, daß man das, was der Feind will, nicht tun müsse, dürfen wir also nicht nach Paris gehen. Die Streitkräfte des Feindes zerstören, wird nun die Hauptsache, wie dies überhaupt immer die Hauptsache ist, wenn nicht andere Gründe dagegen sprechen." Bald aber erkannte er die Größe der Gefahr. Nach den Angaben über den Feind heißt es in dem Befehl für den 23.: „Es scheint hiernach, als ob der französische Kaiser alle seine Kräfte vereinigen wolle, um durch eine entscheidende Schlacht gegen die große Armee den Krieg zu endigen und Paris bis dahin seinen eigenen Kräften, den Nationalgarden, überlassen hat. Dieser Entschluß erfordert die größten Anstrengungen der kombinirten Schlesischen und Nord-Armee**), um

---

*) Dies ist jedenfalls eine Übertreibung, um seine Frau über sein Kranksein zu beruhigen.

**) Bülow und Winzingerode wurden als Teile der Nord-Armee gerechnet.

der Großen Armee zu Hülfe zu eilen und den Feind in Flanke und Rücken anzugreifen, während selbige sich mit ihm in der Front schlägt.“

Während Bülow vor Soissons blieb, folgten York und Kleist den Marschällen über Chateau Thierry auf Montmirail und Blücher eilte mit den drei russischen Korps am 23. und 24. über Reims auf Chalons, namentlich für das letzte Korps, Sacken, eine ganz außerordentliche Leistung (s. Skizze S. 176).

Blücher konnte die Märsche doch schon im Wagen mit geöffneten Fenstern zurücklegen; um seine Augen zu schützen, setzte er einen grünen Damenhut auf.

Aus den weiter aufgefangenen Briefen ging wohl hervor, daß Napoleon bei Arcis seinen Zweck nicht erreicht hatte, aber noch übersah man nicht, welchen Eindruck die Schlacht von Arcis auf die Haupt-Armee gemacht habe. Den Korps wurde deshalb eingeschärft: „Alle Kräfte müssen angestrengt werden, um den Feind einzuholen.“ Winzingerode hatte sich sofort mit seiner Kavallerie aufgemacht und erreichte, vor den Spitzen der Haupt-Armee vorbeigehend, jenseits Vitry, halbwegs nach Saint Dizier die Nachhut Napoleons. Blücher erfuhr jetzt, daß die Haupt-Armee nach der Schlacht von Arcis (20. und 21.) langsam dem Kaiser gefolgt war und nun westlich von Vitry stehe; sie war also mit ihm in enger Berührung. „Der Feind ist im Rückzug, aber nicht auf Paris sondern auf Moskau“, hatten die Kosaken gemeldet.

In Blüchers Hauptquartier in Chalons wurde am 24. März eifrig erwogen, was in dieser eigentümlichen Lage zu tun sei. Wenn Napoleon aus den Grenzfestungen die Besatzungen an sich zog, die abgetrennten Heeresteile in den Niederlanden oder an der Saone schlug, die Verbündeten jeder Verbindung, jedes Nachschubs aus der Heimat beraubte und mit einem neugeschaffenen Heer in ebenbürtiger Stärke gegen die in Ratlosigkeit und Uneinigkeit schwankenden Verbündeten heranzog, so konnte sich wohl das Glück noch einmal auf seine Seite wenden. Schon nahm die Bevölkerung eine immer drohendere Haltung an; die Verpflegung der Truppen stieß täglich auf größere Schwierigkeiten. War nicht Napoleon 1812 durch einen Marsch auf die feindliche Hauptstadt zugrunde gegangen?

Nach Graf Nostitz' Zeugnis soll Blücher sich sofort sowohl Gneisenau als Müffling gegenüber bestimmt ausgesprochen haben, das einzig Richtige sei, sogleich mit allen Truppen auf Paris zu marschieren. Gneisenau hatte die Ansicht, die eine Hälfte des verbündeten Heeres solle Napoleon folgen, um ihn zu vernichten, die andere Paris unterwerfen. Das aber war ein Entschluß, der nur in Übereinstimmung mit dem Großen Hauptquartier gefaßt werden konnte.

Zunächst bot sich eine Aufgabe dar, die ebenfalls den Marsch in westlicher Richtung verlangte. Südwestlich von Chalons wurden die Truppen Marmonts und Mortiers gespürt; sie hatten sich durch die Haupt-Armee vom Kaiser abgeschnitten gesehen. Blücher entschloß sich, ihnen durch Vorgehen auf der Kleinen Pariser Straße den Weg zu verlegen. Nun kam auch die Kunde, daß der Zar den Gedanken aufgenommen habe, Napoleon nicht zu folgen, sondern auf Paris zu marschieren, und daß König Friedrich Wilhelm und Schwarzenberg zugestimmt hätten. Nur Winzingerode mit seiner Kavallerie sollte Napoleon folgen.

Gneisenau konnte mit Fug und Recht behaupten, daß er an dieser Wendung hervorragenden Anteil hätte, wenn er später schrieb: „Früher schon, am 27. Januar, hatte ich dem Kaiser Alexander den Rat geben lassen, falls er Lauheit im Vorrücken bemerke, mit seinen Russen und den preußischen Garden zu uns, der Schlesischen Armee zu kommen, um dann gemeinschaftlich auf Paris loszugehn. Einmal schon hatte er damit gedroht. Man schrie Zeter! Jetzt machte er abermals diesen Vorschlag und zwar für die ganze große Armee. Man wußte nichts Besseres anzugeben." In der Folge hat Gneisenau Stein das Verdienst zugesprochen, daß er es hauptsächlich gewesen wäre, durch dessen Einfluß der Gedanke, nach Paris zu gehen und dort den Frieden zu erobern, beim Zaren durchgedrungen sei. Und so erklärt sich auch ganz natürlich, wie Blücher schreiben konnte: „Nachdem ich den Napoleon bei Laon entscheidend geschlagen, bestand ich gegen die Meinung aller Umgebungen der Monarchen darauf, mit beiden Armeen grade auf Paris zu marschiren; alle meine Gegner behaupteten, Napoleon würde in unsern Rücken marschiren und sich mit seinen Festungen in Verbindung setzen und so gegen Mainz und Frankfurt marschiren. Ich bestand darauf, man solle Paris erobern und Napoleon machen lassen, was er wolle; es würde sich dann schon Alles finden, wenn wir die Hauptstadt erobert hätten. Der Kaiser Alexander trat auf meine Seite und wir marschirten auf die große Stadt zu." Wir haben das ausdrückliche Zeugnis Lord Stewarts: „in dem Gedanken nach Paris zu gehen, ist der Zar ganz besonders durch die Berichte und Ratschläge bestärkt worden, welche ihm vom Marschall Blücher und vom General Gneisenau aufgedrängt worden sind."

„Es ist unmöglich die Freude zu beschreiben, die dieser Entschluß im Hauptquartier des Feldmarschalls und bei der Armee hervorbrachte," erzählt Müffling, und Nostiß fügt hinzu: „Den Feldmarschall machte diese Übereinstimmung der Entschlüsse des großen Hauptquartiers mit denen, welche auch er für die zweckmäßigsten hielt, sehr glücklich, um so mehr als es das erste Mal während beider Feldzüge war, wo eine solche Harmonie stattgefunden." Schwarzenberg wurde aufgefordert, den Marschällen, die gewiß schleunigst zurückgehen würden, Kavallerie mit reitender Artillerie nachzusenden, damit York und Kleist aufmerksam würden und den Marschällen von hinten den Weg verlegen könnten.

„Den Feldmarschall hatte", so erzählt Nostiß, „die Unruhe und das Verlangen, vorwärts zu kommen, die Nacht nicht schlafen lassen; er war sehr früh völlig angezogen." Unter Begleitung einiger Kosaken der Stabswache fuhr er mit Nostiß aus Chalons die Straße nach Etoges in der Meinung, daß die Vorhutreiterei vorauf sei. Schon näherte man sich Bergères, als man links der Straße in der Ferne eine auf Vitry marschierende Kolonne entdeckte, die sich bald als eine feindliche herausstellte. Endlich traf der General Korff mit der Kavallerie ein. Blücher sprach sich sehr ungnädig gegen ihn aus und befahl ihm, den Feind sofort anzugreifen. Gern wäre er selbst zu Pferde gestiegen, seine Augen waren aber noch so empfindlich, daß er die schützende Binde nicht abzulegen vermochte. Gneisenau, der an der Spitze der russischen Korps geritten war, eilte herbei und übernahm die Leitung des Angriffs. Der Feldmarschall schickte auch noch die Kavallerie Sackens vor, befahl aber der Infanterie, den Marsch längs der Straße fortzusetzen, um dem Feind den Rückzug auf Etoges abzuschneiden. Allmählich wurden 4000 Reiter und 30 Geschütze beider Armeen herangeholt; der Zar und König Friedrich Wilhelm griffen dabei persönlich ein. Auf dem Rückzug in dem freien Gelände immer von neuem angefallen, wurde der über 4000 Mann starke Feind gegen Abend nördlich von Ferre Champenoise völlig zersprengt. Es waren zwei schwache Divisionen gewesen, die dem Kaiser eine Verpflegungs- und Munitionskolonne nachführen sollten.

Etwas weiter südlich hatte die Kavallerie der Haupt-Armee die beiden Marschälle Marmont und Mortier getroffen, ihnen große Verluste zugefügt und den größten Teil ihrer Artillerie abgenommen; es war aber nicht gelungen, sie am Rückzug zu hindern. York, auf den die Marschälle am folgenden Tag bei La Ferté Gaucher stießen, war so wenig von ihrem Zustand unterrichtet, daß er ihnen die Straße nach Provins freigab, so daß sie noch vor den Verbündeten in Paris anzukommen vermochten.

Blücher war während des Gefechts am 25. nach Etoges gefahren, wohin auch seine drei russischen Korps gelangten. „Als Gneisenau Abends 9 Uhr nach Etoges kam", so erzählt Brünned, „und dem Feldmarschall nun von verschiedenen Seiten über das stattgehabte, höchst interessante Gefecht Bericht erstattet wurde, konnte man ihm wohl ein inneres Grollen mit dem Schicksal anmerken, dem Gefecht seiner Augenkrankheit wegen nicht haben beiwohnen zu können; einen Unwillen gegen seine Adjutanten, die sich von ihm losgesagt hatten, um Augenzeugen von demselben zu sein, sprach er aber nicht aus."

Am 26. wurde der Marsch auf Montmirail fortgesetzt; Yorck nebst Kleist wurde nach La Ferté sous Jouarre gewiesen, Blücher stellte aber Schwarzenberg anheim, ob er nicht über Yorck anders verfügen wolle, falls er übersehe, daß die beiden preußischen Korps die Marschälle noch abzuschneiden vermöchten. Schwarzenberg machte hiervon Gebrauch; er wies den Kronprinzen von Württemberg an, Yorck bei der Verfolgung der Marschälle mit seiner zahlreichen Kavallerie zu unterstützen. In Blüchers Befehl an Yorck war versäumt worden, ihn hierauf vorzubereiten, und so war Yorck schon nach der Marne in Marsch, als Schwarzenbergs Verfolgungsbefehl eintraf.

König Friedrich Wilhelm hatte Blücher besonders angewiesen, seine Bewegungen auf Paris so einzurichten, daß sie mit denen der Haupt-Armee übereinstimmten, da es hierauf wesentlich ankomme. Daß Blücher hier Schwarzenberg gradezu die Verfügung über zwei seiner Korps antrug, ist ein schöner Beweis, wie selbstlos man in seinem Hauptquartier dachte, trotzdem hier die Gefahr vorlag, dauernd von einem Teil seiner Streitkräfte getrennt zu werden. Yorck zog es nach Paris; er eilte, für die Armee schnell einen Übergangspunkt über die Marne zu gewinnen. Das Blüchersche Hauptquartier durchzog heute die Gefechtsfelder des 14. Februar. „Alle darauf erlebten so kritischen Momente wurden ins Gedächtniß zurückgerufen." Man fand „die Kleidungsreste unsrer Gefallenen noch umhergestreut". Die Unglückstage hatten bewirkt, daß man jetzt nach sechs Wochen erst wieder an demselben Punkt angelangt war, diesmal in enger Verbindung mit der Haupt-Armee, und diese entschlossen, jeden Widerstand mit Dransetzen aller Kräfte zu brechen.

Am 27. ging's mit den russischen Korps nach La Ferté sous Jouarre. Gneisenau war von Montmirail aus zu einem Kriegsrat ins Große Hauptquartier befohlen worden und brachte nun Nachrichten über die Lage. Von Napoleon wußte man nur sehr Ungewisses; er sollte die Nacht zum 26. in Bar a. d. Aube zugebracht haben und im Begriff sein, auf Troyes zu marschieren; man vermutete danach, daß er auf Paris zueile. Die Streifkorps und Winzingerode erhielten

Befehl, sich seinen Bewegungen anzuhängen; das verbündete Heer
sollte den Vormarsch auf die Hauptstadt schleunig fortsetzen, um nach
deren Einnahme Napoleon auf dem südlichen Seine-Ufer entgegentreten zu können. Blüchers Vorhut hatte inzwischen den Übergangspunkt Trilport vom Feinde in Besitz genommen, zwei Brücken wurden
geschlagen; abends spät trafen York und Kleist dort ein und gingen
in aller Frühe des 28. über den Fluß.

An diesem Tage rückten die vorderen Korps York, Kleist und
Langeron unter Gefecht der Vorhut auf 20 Kilometer an Paris heran;
die anderen beiden russischen Korps blieben bei Meaux, wohin auch das
Hauptquartier kam. Blücher war entschlossen, am nächsten Tage Paris

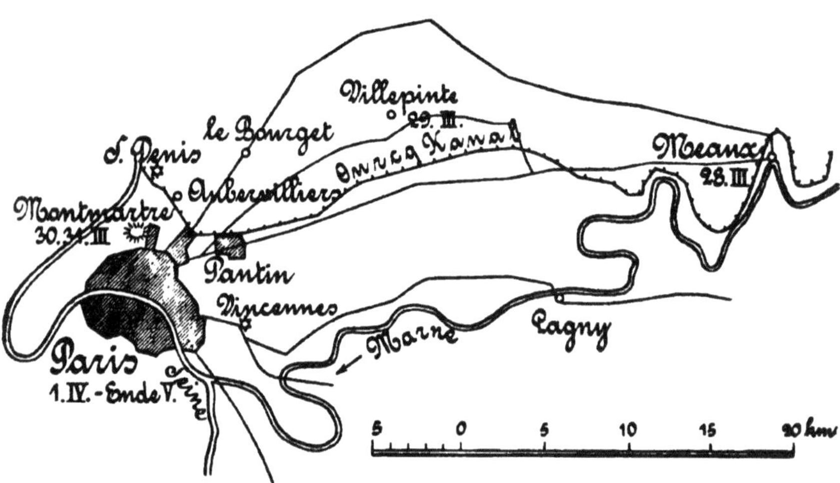

anzugreifen, falls es sich nicht ohne weiteres übergebe. Die Haupt-
Armee stand aber noch mit dem letzten Korps bis hinter Coulommiers
zurück, und da sie keine eigene Brücke zu bauen vermochte, mußte ihre
Spitze so lange warten, bis die Brücken von den Kolonnen und dem
Troß der Blücherschen Armee frei waren. So wurde Blücher aufgegeben, sich zunächst nur etwas rechts vorwärts an die Straße von
Soissons zu schieben, um der Haupt-Armee am 29. die Straße Meaux–
Paris freizumachen und dann am 30. gemeinsam angreifen zu können.
Von jeder Armee sollte ein Korps (Sacken und Wrede) bei Meaux
den Rücken des Heeres decken. Im allgemeinen rechneten die Verbündeten auf keinen starken Widerstand, doch mußten sie auf ihn vorbereitet sein. Marmont und Mortier glaubten sie noch nicht heran, aber
über die Stärke der Besatzung von Paris und die Stärke der National-

garbe waren sie im ungewissen; auf eine kräftige Entwicklung von Artillerie in der zum Teil recht vorteilhaften Stellung mußte man gefaßt sein.

Die alte Stadtmauer, deren zahlreiche Tore durch Pfahl-Halbmonde verteidigungsfähig gemacht waren, konnte nur geringen Widerstand leisten. Aber die der Ostfront vorgelagerten Höhen mit festgebauten Dörfern und ummauerten Parks begünstigten eine zähe Verteidigung; den Nordfuß dieser Höhen begrenzt der an der damaligen

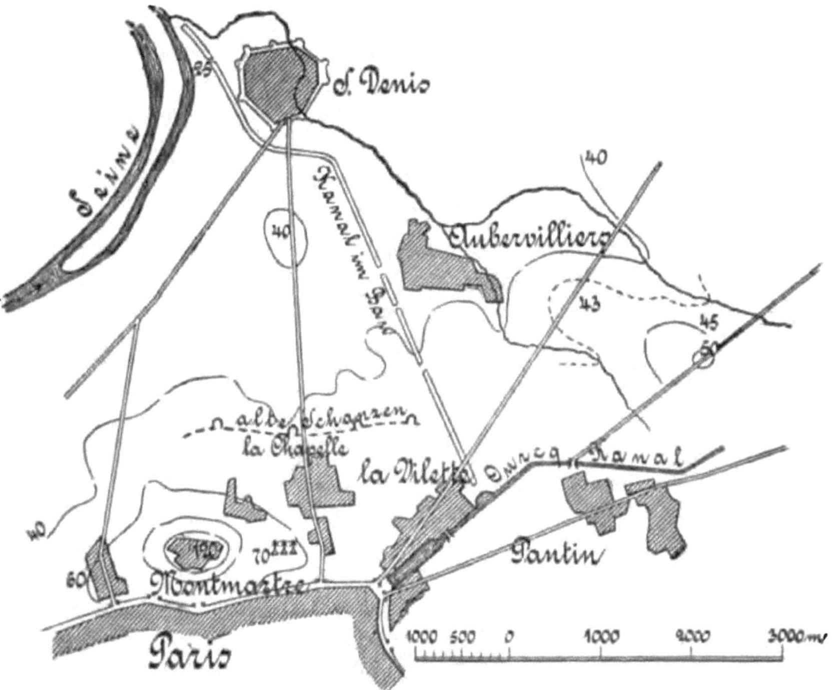

Nordostecke der Stadt endigende Ourcq-Kanal. Zwischen ihm und dem unteren Seine-Bogen bei Saint Denis dehnt sich flachwelliges Land, aus dem sich am Nordrand der Stadt steil der Montmartre etwa 70 Meter hoch erhebt. Die Straße von Soissons führt über Le Bourget, links an Aubervilliers vorbei grade in die Senke zwischen Montmartre und den Höhen südlich des Kanals.

Schon bei Tagesanbruch des 30. begann der Kampf bei der Haupt-Armee auf den südlichen Höhen; aber erst gegen 7 Uhr erhielt Blücher verspätet den Befehl zum Angriff; er sollte gleichzeitig mit der Haupt-Armee über Le Bourget und Saint Denis den Montmartre angreifen.

Langeron, der bei Le Bourget gelagert hatte und schon selbständig auf Aubervilliers vorgerückt war, erhielt den Auftrag, den Berg von Norden und Nordwesten anzugreifen; Yorck und Kleist sollten ihn von Osten fassen und von Paris abschneiden; diesen beiden Korps hatte das Winzingerodesche Korps unter Graf Woronzow als Reserve zu folgen. Zwischen 12 und 1 Uhr entwickelten sich die beiden preußischen Korps zwischen Aubervilliers und dem Ourcq-Kanal; in die bei ihnen entstehende Lücke ließ Blücher Woronzow einrücken. Hier, auf dem kleinen Höhenrücken östlich Aubervilliers, hielt er sich auch für seine Person auf.

„Der Feldmarschall empfand an diesem Tage", berichtet Nostitz, „wieder so heftige Augenschmerzen, daß er an der Leitung der Schlacht eigentlich gar keinen Anteil nehmen konnte. Bis dicht an die Infanteriereserve hatte er sich heranfahren lassen und empfing so alle Meldungen." „Der gelbe Wagen, in dem er träumend saß, war ein wichtiger Punkt, auf dem viele Blicke hafteten," heißt es in den Schwerinschen Aufzeichnungen. „Alle Befehle nämlich sollten den Umweg bis zum gelben Wagen machen und doch war es im Laufe der Affaire oft unmöglich, ihn so zur Stelle zu haben, daß dieser Augenblick nicht Alles in Stocken gebracht hätte. Dann hieß es gleich: Woher kommt der Befehl? Vom Feldmarschall unmöglich, der gelbe Wagen ist ja gar nicht abzureichen."

Langeron hatte sich inzwischen weiter rechts geschoben und seinen Rücken gegen das befestigte Saint Denis gesichert. Etwa um 3 Uhr kam der allgemeine Angriff in Gang. Nachdem die Artillerie in genügender Zahl entwickelt war, gelang es die feindliche niederzukämpfen und mit der eigenen dicht an den Feind vorzugehen. Der linke Flügel unter Prinz Wilhelm drang zuerst in die Vorstadt La Bilette ein. Blücher setzte sich nun zu Pferde und gab dem Rest der preußischen Korps den Befehl zum Angriff auf die Vorstadt La Chapelle am Nordostfuß des Montmartre. Da kam gegen 5 Uhr die Nachricht, daß Kaiser Alexander den Franzosen eine Waffenruhe zum Räumen der Stellung bewilligt habe. Die Preußen konnten noch angehalten werden, aber Langerons Russen führten den begonnenen Sturm auf den Berg durch.

Gegen 6 Uhr standen die Verbündeten auf den Paris beherrschenden Höhen; es war ein großer, unvergeßlicher Augenblick, als sie das Ziel so vieler Anstrengungen im Strahl der Abendsonne zu ihren Füßen liegen sahen, das Häusermeer, aus dem alles Unheil der letzten beiden Jahrzehnte hervorgegangen war. Man konnte jetzt hoffen, Ruhe und Frieden für Europa wiedergewonnen zu haben.

Blücher war dieser Anblick nicht vergönnt. „Die Anstrengungen des Tages hatten sein Augenleiden noch verschlimmert und die Schmerzen vermehrt." Er stieg zunächst in Vilette ab. Als aber die Verhandlungen zur Übergabe der Stadt sich hinzögerten, ließ er alle schweren Geschütze auf den Montmartre bringen und begab sich selbst dorthin. Man war auf die Wiederaufnahme des Kampfes am andern Tage gefaßt. In der auf der Spitze des Berges gelegenen Vorstadt nahm er in einem schon ausgeplünderten Hause Unterkunft für die Nacht. In seinen Schmerzen soll der alte ritterliche Held der Königin gedacht haben, der das Unglück des Vaterlandes das Herz gebrochen hatte, und gerufen haben: „Sie ist gerächt!"

Am folgenden Tage fand der feierliche Einzug statt. Blücher hatte die größte Lust, trotz seiner verbundenen Augen daran teilzunehmen; seine Umgebung redete es ihm aus. Aber so schwer ihm das Entsagen fiel, er genehmigte doch mit gütigen Worten das zaghaft vorgetragene Gesuch eines seiner Adjutanten, den weltgeschichtlichen Vorgang mitzumachen, den doch er hauptsächlich herbeigeführt hatte.

Rückblick.

Der am 1. Januar begonnene, unter geringen Opfern glänzend gelungene Rheinübergang leitete den neuen Waffengang für die Blüchersche Armee vielversprechend ein. Ihr war durch den Feldzugsplan eine noch unbedeutendere Rolle als im Herbstfeldzug 1813 zugewiesen. Der Feldmarschall aber war ebensowenig wie damals gewillt, eine Nebenfigur zu spielen. Früher hätte er gern den von den Engländern begünstigten Plan der Eroberung der Niederlande durchgeführt; jetzt aber erkannte er bald, daß der Friede nur durch ungesäumtes Vorgehen auf Paris zu erzwingen sei, und daß dies das enge Zusammenwirken mit der Haupt-Armee erfordere. Allzu kühn übernahm er nun für diese das Amt des Führpferdes im Rennen, ohne der Schwächung zu achten, die der eigenen Armee durch die Einschließung der lothringischen Festungen erwachsen war.

So stieß er vor der Front der Haupt-Armee mit unzureichenden Kräften bei Brienne mit Napoleon zusammen. Der Kaiser der Franzosen hatte trotz aller seiner Machtmittel diesmal nicht vermocht, mehr als 75000 Mann den über die Ostgrenze Eingedrungenen entgegenzustellen. Mit überlegenen Kräften griff er am 29. Januar von Norden her an. Blüchers geschickte Gefechtsführung und die Tapferkeit der Truppen wendeten eine Niederlage ab. Da die Haupt-

Armee nicht herangerückt war, wurde doch der Rückzug notwendig; erst in der starken Stellung von Trannes hielt Blücher, durch die Württemberger verstärkt, stand. Napoleon wagte nicht ihn anzugreifen, blieb aber gegenüber stehen, nachdem Marmont herangekommen war. Jetzt aber drängte der Zar zum Gegenstoß; Schwarzenberg mußte zwei Korps zur Verfügung stellen, so daß Blücher am 1. Februar mit etwas überlegenen Kräften zum Angriff übergehen konnte. In dem zähen Ringen um La Rothière am 1. Februar trug Blücher über seinen großen Gegner den Sieg davon. Das Eingreifen Wredes vollendete die erste vollständige Niederlage Napoleons auf französischem Boden.

Bei kräftigem Nachdrängen wäre es nun mit Napoleons Widerstand zu Ende gewesen, aber noch einmal wendete sich ihm das Glück zu: „wir gaben ihm Gelegenheit, im Monat Februar einen der schönsten Feldzüge, die die Geschichte kennt, gegen uns zu machen," gesteht Gneisenau. Wie einst bei Beginn seiner Laufbahn, bei Montenotte, Millesimo und Kairo, wirft der kühnste aller Feldherren seine Donnerkeile mitten in die losen, unbesorgt auf Paris zueilenden Kolonnen der Blücherschen Armee. Nachdem er Olsufiew zersprengt, Sacken und York hart mitgenommen hat, bietet sich am 14. Februar auch Blücher selbst seinen überwältigenden Schlägen; nur unerschütterlicher Mannesmut rettet die Helden von Etoges. „Vom 9. Februar an trafen uns Unfälle, zum Teil durch fremde, zum Teil durch eigene Schuld," bekannte Gneisenau später; „die Truppen haben solche mit hohem Mut bestanden und wir haben den eigenen daran gestählt."

Schon sieben Tage nach Etoges, am 21., steht die Blüchersche Armee der Schwarzenbergschen bei Mery an der Seine wieder kampfbereit zur Seite. Um aber nicht in deren rückgängige Bewegung hineingezogen zu werden, reißt Blücher sich schon nach drei Tagen wieder los und eilt von neuem zur Marne hin, um Paris, den empfindlichsten Punkt des Emporkömmlings, zu treffen. „Durch Kühnheit stellten wir die Sachen wieder her," so kennzeichnet Gneisenau richtig diese Tat, die um so höher steht, als „Viele, sehr Viele, schon den Mut verloren hatten." Wie groß das Wagnis war, trat erst in voller Schärfe hervor, als der Kaiser nun Blücher auf dem Fuß folgt und ihm mit namhafter Heeresmacht von rechts und links zu erdrücken droht. Selbst die Vereinigung mit den aus den Niederlanden herangekommenen Korps Bülow und Winzingerode bringt die Wage zunächst noch nicht ins Gleichgewicht. Ja, der erste Versuch, Napoleon abzuweisen, am 7. März bei Craonne, mißglückt vollkommen.

Erst am Felsen von Laon findet das Heer die Stütze, deren es trotz

Generalfeldmarschall Fürst Blücher von Wahlstatt.

Nach dem Gemälde von Fr. Gebauer, jedenfalls nach dem Feldzuge 1815.

Aus dem Corpus imaginum der Photographischen Gesellschaft in Berlin.

doppelter Überlegenheit bedarf, um sich am 9. und 10. März der wütenden Angriffe des um seinen bedrohten Thron Ringenden zu erwehren. Aber nach dem glücklichen Ausgang sind die leitenden Männer von der Riesenarbeit der letzten zehn Wochen so aufgerieben, daß sie zum erstenmal finden, jetzt könnten zunächst die andern einmal etwas leisten. Die nach Stärke und Tüchtigkeit eigentliche Haupt-Armee der Verbündeten tut nichts. Blüchers sonst so unbefangene Tatkraft ist durch sein Leiden gelähmt. So gerät Gneisenau unter den Einfluß von Ratgebern, die er später treffend gekennzeichnet hat: „Ich habe überhaupt bemerkt, daß die Fassung im Unglück und die Kühnheit in den Operationen zwei so äußerst seltene Dinge sind, daß es mich nicht mehr wundert, wenn die guten Generale fast so selten als ein Phönix sind. Alles predigt da Vorsicht, selbst Leute, denen es an Entschlossenheit im gewöhnlichen Leben sonst nicht mangelt. Hätte ich auf die Ratschläge dieser sogenannten einsichtsvollen Leute gehört, wahrlich! wir wären verloren gewesen; so aber taten wir einige kühne Fragen an das Glück und sie wurden günstig beantwortet.“

Aber trotz des Zauderns, den Erfolg von Laon auszunutzen, ist dieser nach Plothos Zeugnis „eine der wichtigsten und entscheidendsten Begebenheiten im ganzen Feldzuge“ gewesen; erst nach dem Eintreffen der Siegesnachricht entschloß man sich bei der Haupt-Armee, den Angriff der feindlichen Hauptmacht zu erwarten. Zum drittenmal sucht Blücher den Anschluß an Schwarzenberg; da geschieht das Unerwartete, Napoleon gibt den Weg auf Paris frei. Diesmal aber läßt sich Schwarzenberg zum gemeinsamen Marsch auf Paris bereitfinden, wie oft er auch Blüchers Drang dahin bespöttelt hatte. Die Erstürmung des Montmartre am 30. März bildet die glänzende Schlußtat in dem reichen Ruhmeskranz der Schlesischen Armee.

Zweifellos hatte Gneisenau auf die Führung der Blücherschen Armee im Feldzug 1814 wiederum entscheidenden Einfluß. Aber auch hier ist der Hergang nicht ganz, wie Schwarzenberg es darzustellen beliebte: „der gute Alte muß seinen Namen dazu hergeben“; oder wie Langeron behauptet hat: „er hatte wenig strategische Kenntnisse, auf einer Karte wußte er sich nicht zurecht zu finden, er war ganz unfähig, einen Feldzugsplan oder einen Befehl zu entwerfen; alle militärischen und politischen Einzelheiten überließ er drei Personen, die ihm beigegeben waren und die man ihm gegeben hatte, um ihn zu dirigiren; diese drei hatten sein ganzes Vertrauen und verdienten es in vieler Hinsicht“ (Gneisenau, Müffling und Golz sind gemeint). Schwarzenberg selbst hat mehrmals spöttisch hervorgehoben, welch leidenschaftlicher Drang nach Paris Blücher beseele. Umschließt das nicht die Zuerkennung höchster strategischer Einsicht? Was die Stimme des Volkes und Heeres als selbstverständlich forderte: nach Paris!, war unwillkürlich auch in Blüchers unbefangenem Gefühl das Ziel des Feldzuges, während Politiker und Strategen Bedenken und Schwierigkeiten davor auftürmten. Selbst Gneisenau war anfangs für den Umweg über die Niederlande.

Jedenfalls hat Gneisenau stets seinem Feldherrn eingehend Vortrag gehalten und nur im vollen Einverständnis mit ihm die Operationen geleitet. Auch ist wiederum aus einzelnen Zügen bekannt, daß Gneisenau gar nicht beanspruchte, die ausschließliche Herrschaft auf diesem Gebiet auszuüben. Mefflings Darlegungen haben zweifellos wiederholt Gneisenau stark beeinflußt, und in einem Fall, bei Mery vor der sogenannten zweiten Trennung, steht fest, daß Oberst v. Grolman geradezu die Rolle des Ratgebers an Gneisenaus Statt übernahm. Am deutlichsten ist Blüchers Einfluß auf die Heerführung zu erkennen an dem Nachlassen der Kriegsenergie, als der alte Held in Laon krank zusammenbricht. Langeron soll damals, wohl an Cid bendend, den Ausspruch getan haben: „Führen wir diesen entseelten Körper mit uns!"

Daß Blücher auf der Karte von Frankreich recht gut Bescheid wußte, geht aus vielen Stellen seiner Briefe hervor. Seine berühmte, an den Zaren gerichtete Denkschrift (S. 196) beweist, daß er sehr wohl das Zeug hatte, bei Feldzugsentwürfen mitzusprechen, wenn er auch die Schule eines Generalstabsoffiziers nicht durchgemacht hatte. Die Ausarbeitung von Befehlen wäre auch nicht die Sache des Oberkommandirenden gewesen.

Wo er aber ganz unersetzlich war, das war im Gefecht. Gleich die erste Schlacht auf französischem Boden zeigt ihn in der Gefechtsleitung seinem großen Gegner durchaus ebenbürtig. Ruhig beobachtet er von der Brienner Schloßterrasse die Entwicklung der Schlacht; erst als sein persönliches Eingreifen notwendig wird, steigt er zu Pferde und gibt durch das Einsetzen der Kavallerie dem Kampf die entscheidende Wendung. Abends im Schloß überfallen, bewahrt er jene bewunderungswürdige Kaltblütigkeit, die ihn und seine Umgebung den schwierigsten Lagen gewachsen macht. Am Tage von La Rothière stehen sich die beiden großen Gegner beinahe Mann gegen Mann gegenüber; beim Kampf um das Dorf, den beide persönlich leiten, erweist sich Blücher diesmal seinem Feind und Lehrmeister im haushälterischen Einsetzen der Kräfte sogar überlegen. Bei Craonne versucht er vergebens durch sein persönliches Eingreifen Winzingerodes Versäumnisse und Fehler wieder gut zu machen. Bei Laon fand der Feld-

marſchall am erſten Tage nur wenig Gelegenheit zu taktiſcher Betätigung und am zweiten ſchloß dies ſeine Geſundheit aus, die ihn
auch noch vor Paris behinderte. Aber er war ſich bewußt, daß ſchon
ſeine Gegenwart für die Truppen einen Kraftzuwachs bedeutete, und
ſo hielten ihn ſelbſt heftige Schmerzen nicht von der Kommandoführung ab.

Von den ungeheuren Anſtrengungen, die der Feldzug namentlich
ſeit den Januartagen auch für den Feldherrn und ſeinen Stab mit ſich
brachte, macht man ſich einen Begriff, wenn man von Gneiſenau hört,
daß er ſeit dem Rheinübergang zum erſtenmal wieder beim Einzug in
Paris ſeiner Frau einen mit Bleiſtift beſchriebenen Zettel ſandte. Die
täglichen Dienſtgeſchäfte nahmen den ſtärkſten Geiſt und den kräftigſten
Körper ſo mit, daß kein Raum blieb für die Beſchäftigung mit außerhalb
liegenden Dingen, mochten ſie ſonſt Herz und Gemüt noch ſo lebhaft
erfüllt haben. In einem Briefe an Freund Bonin, den er bittet zu
verzeihen, daß er ſo lange nicht geſchrieben habe, gibt Blücher Zeugnis
davon, daß auch über ihn der Zuſtand der Lethebetäubung gekommen
ſei: „Glück und Unfälle haben mich ſo zerſtreut, daß ich an meine
Lieblingsgeſchäfte nicht denken konnte.“ Trotzdem hat er während der
drei Feldzugsmonate zeitweiſe alle paar Tage an ſeine Frau geſchrieben. Zehn dieſer Briefe ſind erhalten geblieben; ihr gemütvoller,
zum Teil ſehnſüchtiger Ton gibt ein rührendes Zeugnis ſeines Gemüts-
lebens. Außerdem iſt aus dieſer Zeit eine Reihe von eigenhändigen
Schreiben an verſchiedene Freunde bekannt, unter andern an Rüchel,
L’Eſtocq, Bonin, Vincke, Hardenberg; mancher Brief mag verloren
gegangen ſein.

Groß waren Blüchers Verdienſte um den inneren Zuſammenhalt
ſeiner Armee. Im eigenen Stabe wußte er trotz aller Verſchiedenheit
der Charaktere meiſt vortreffliche Übereinſtimmung zu erhalten. An
ſeinem Tiſch ging es abends „oft ſehr heiter“ her. Das herrliche
Einvernehmen mit Gneiſenau wurde durch die ſchwerſten Unglücksfälle
nicht geſtört; in der Nacht nach dem Schreckenstage von Etoges ſah man
ſie einträchtiglich zuſammen die Begebenheiten beſprechen. Echt menſch-
lich verkehrte er mit den Herren ſeines Stabes; er erkundigte ſich
nach dem Ergehen ihrer Familien, ließ der ihm bekannten Gattin
etwas Schmeichelhaftes ſagen oder dem Vater als altem Kriegskameraden
einen Gruß beſtellen; faſt in allen Briefen an ſeine Frau berichtet er
über das Ergehen ſeiner Umgebung und richtet ſo deren Empfehlungen
aus. Doch konnte er gelegentlich auch recht deutlich werden.

So berichtet einer ſeiner Herren, daß einige von ihnen wiederholt
zu ſpät am Sammelplatz des Hauptquartiers erſchienen ſeien. „Als

wir einst wieder zu spät kamen, so hatte es den Alten verdrossen. Wir ritten ohne uns was Arges zu versehen, als er auf einmal still hielt und uns vom Pferde herunterkanzelte wegen der Verspätung. ‚Meine Herren, die Bequemlichkeit ist eine Schwester der Faulheit‘ usw. Nachdem er uns so seine Meinung gesagt, war er wieder ganz freundlich. Wie denn überhaupt in seiner Seele der gewaltigste Kriegszorn und die größte Gutmütigkeit beieinander wohnten.“

Blücher verstand es aber herrlich, über Mißgeschick, ja, über offenbare Fehler hinwegzusehen, jede tüchtige Leistung mit warmen Worten anzuerkennen und dadurch den Tatendrang der Unterführer und der Truppen zu begeistertem Wetteifer anzufachen. Selbst in den Zeiten des Unglücks wagte sich die leicht erklärliche Neigung, die Schuld sich gegenseitig zuzuschieben und an Bevorzugung der Preußen gegenüber den Russen durch das Oberkommando zu denken, nicht ans Tageslicht. Wußte man doch, daß der Heldensinn des Feldmarschalls absichtliches Schonen im Gefecht nicht als Bevorzugung, sondern als Kränkung für seine Landsleute angesehen hätte.

Recht verschieden gestalteten sich seine Beziehungen zu den Unterführern. York hatte durch sein Verhalten bei Montmirail dem Oberkommando von neuem viel Stoff zur Unzufriedenheit geliefert; trotzdem blieb Blüchers persönlicher Verkehr mit ihm ungetrübt. York „sprach von Blücher immer nur mit der höchsten Verehrung,“ versichert einer seiner Generalstabsoffiziere. Wie Blücher nach Laon den in blinder Wut bis zu grober Zuchtwidrigkeit gehenden Untergebenen zur Besinnung zu bringen verstand, ist das glänzendste Zeugnis seiner Kunst, die Menschen zu behandeln. Auch mit Bülow, der einst in Stargard neben Blücher nicht ausgehalten hatte, bahnte sich ein vortreffliches Einvernehmen an, ebenso zu dem leichter lenksamen Kleist, während das anfängliche Vertrauen auf Winzingerode schon bei Craonne eine arge Enttäuschung erfuhr. Das von Anfang an gute Verhältnis zu Sacken blieb auch 1814 persönlich und dienstlich sehr herzlich. Dazu kam es mit Langeron, der kein Wort deutsch sprach, nicht; und wenn auch der feingebildete Franzose von Blüchers Wesen abgestoßen wurde und auch wußte, wie lebhaft dieser und sein Chef seine Entfernung von seinem Posten gewünscht hatten, so ließ er dem Feldmarschall doch in vieler Hinsicht Gerechtigkeit widerfahren; ja, in seinem Tagebuch, das er bald nach dem Feldzuge seinem Oberfeldherrn übersandte, spricht er oft mit Begeisterung von ihm. Neben der übertreibend häßlichen Beurteilung der Sitten des „echten alten Husaren“ durch den selbstbewußten, sich verkannt fühlenden Franzosen bekommt dessen unumwundene Lobeserhebung doppeltes Gewicht.

„Blücher war," so sagt Langeron, „über siebzig Jahr alt; aber sein Geist und sein Körper hatten Nichts von ihrer Kraft verloren ... Sein Tätigkeitstrieb grenzte ans Wunderbare. Wenn während des Feldzuges, was allerdings selten geschah, einige Tage nicht marschirt wurde, ritt er auf die Jagd und blieb acht bis zehn Stunden hintereinander zu Pferde." Unerschrockener Soldat, glühender Patriot, freimütig, loyal, martialisches Gesicht, Haltung eines Grenadiers, wußte er seinen Truppen das vollste Vertrauen einzuflößen und sich die Liebe der Soldaten zu erwerben. Er wurde bald von den Russen ebenso angebetet wie von den Preußen."

Besonders innig gestaltete sich das Verhältnis zu den Kosaken, deren Reiterkunststücken der alte Husar gern zusah. Und jene Söhne der Steppe glaubten fest, daß der unermüdliche greise Reiter, der wie sie immer den Kantschu, seine Hetzpeitsche, über die Schulter gehängt trug und immer ein freundliches Wort für sie hatte, ihres Stammes sei, an den Ufern der Wolga geboren wäre. Als der Feldmarschall in Paris von den seinem Stabe zugeteilten Kosaken Abschied nahm, versicherten diese unter Tränen, daß sie auch in der Heimat für ihn beten würden.

Neben die Bemängelung der strategischen Begabung seines Oberfeldherrn stellt Langeron als Gegengewicht: „Auf dem Schlachtfelde zeigte er die Erfahrung und Sicherheit des alten Soldaten; sein Überblick war ausgezeichnet, seine heroische Tapferkeit riß die Truppen mit fort." Langeron rechnet, daß die Blüchersche Armee in den beiden Feldzügen 78 Gefechte, darunter 72 erfolgreiche, gehabt habe; sie habe 360 Kanonen erobert, dagegen nur 37 verloren; der Verlust an Toten, Verwundeten und Gefangenen sei im ganzen nahe an 100000 Mann gewesen. „Diese Armee hatte das Glück," so klingt sein Tagebuch aus, „mehr als die anderen Armeen beizutragen zum Enderfolg des Krieges und unsterblich zu machen ihren alten und tapferen Führer."

Das vom Dichter dem Feldmarschall in den Mund gelegte Wort: „Wo liegt Paris? ... Den Finger drauf, das nehmen wir! Wo steht der Feind? ... Den Finger drauf, den schlagen wir!" kennzeichnet somit durchaus Blüchers Feldherrnweisheit. Sein großer Gegner hat auf Elba ingrimmig von ihm bekannt: „Der alte Teufelskerl hat mich stets mit gleicher Wut angegriffen; kaum hatte ich ihn geschlagen, so stand er schon wieder kampfbereit vor mir." Blüchers kriegerisches Feuer barg alle taktische und strategische Weisheit in sich; mit ihm sollte er noch ein zweites Mal den Imperator vom Throne stoßen.

Paris—London—Berlin.

April 1814 bis März 1815.

Am Tage nach dem Einzuge konnte Blücher noch zu Pferde in einen Pariser Palast übersiedeln; nun aber wurde seine Krankheit so bedenklich, daß er die Führung der Armee abgeben mußte. General Barclay wurde zu seinem Vertreter bestimmt. Über Gneisenaus Verwendung behielt sich der König die Bestimmung vor. Die Abbankung Napoleons machte unterdes dem Kriege ein Ende. Blüchers gute Natur gewann bald die Oberhand; nach drei Wochen war er wieder reisefähig.

Schon lange hatte er ausgesprochen: „Sobald sie anfangen zu negoziiren, verlasse ich die Armee und gehe zur Ruhe ... Wenn wir nicht mehr schlagen, ist hier für mich Nichts mehr zu tun." Auch lastete immer mehr auf ihm die grausige Seite des Soldatenhandwerks. In seinen Reden hatte er öfter auf die Schrecken des Krieges hingewiesen. Als am Tage nach der Schlacht von La Rothière der Feldmarschall hinter den Monarchen neben dem jugendlichen Kronprinzen über das Gefechtsfeld ritt, äußerte er zu diesem, in einem ungerechten Kriege müsse jeder vergossene Tropfen Blut zum siedenden Öl auf dem Gewissen des Regenten werden. „Ich bin des Krieges überdrüssig," schrieb er bald darauf in dieser Stimmung an seine Frau. Diese beredete ihn aber, nicht voreilig den Abschied zu nehmen, wenn der Friede geschlossen würde. So bat Blücher nur um endgültige Enthebung vom Armeekommando, was der König schließlich bewilligte.

Der Feldmarschall setzte darauf eine letzte Bitte für die Armee an den König auf: „Wenn ich im Begriff bin, der mir von Ew. Königlichen Majestät Allergnädigst erteilten Erlaubniß zufolge, eine Armee zu verlassen, deren Tapferkeit und unerschütterlicher Mut es mir allein nur möglich gemacht, sie nach einer so großen Reihe fast immer siegreicher Schlachten und Gefechte von den Ufern der Oder bis in die

Mauern von Paris zu führen, eine Armee, welcher ich die glücklichsten und glänzendsten Augenblicke meines Lebens verdanke, so drängt sich am Ende meiner militärischen Laufbahn dem Herzen nur noch ein Wunsch auf, um ganz den Becher des Glücks gefüllt zu sehen, womit die Vorsehung so reichlich mein graues Haupt überschüttet. Dieser Wunsch, Ew. Majestät werden ihn gerecht und natürlich finden, kann kein anderer sein, als jetzt, in dem Augenblick des blutig errungenen Friedens, diejenigen meiner braven Kameraden belohnt zu sehen, welche sich an so vielen Tagen glorreicher Entscheidung die gerechtesten Ansprüche auf die Allerhöchste Gnade erwarben. Mein hohes Alter, meine von den Fatigen des Krieges zerrüttete Gesundheit läßt mich vielleicht nur noch kurze Zeit das Glück hoffen, mich der so herrlich erkämpften Gegenwart freuen zu können. Die Armee betrachte ich wie meine Familie, und es würde mir schmerzhaft sein, sie auf ewig verlassen zu müssen, ohne sie im Besitz des Erbteils zu sehen, welches ihr zu verschaffen für mich heilige Verpflichtung ist."

Grade jetzt aber kam eine Einladung des Prinzregenten von England, ihn in London zu besuchen, und der König verlangte, daß er dies in seiner Begleitung tue. Das zögerte den Pariser Aufenthalt bis Anfang Juni hin. Mit Ärger folgte Blücher den politischen Verhandlungen und sprach öffentlich die Befürchtung aus, daß durch die Federn verdorben werden würde, was die Schwerter erworben hätten. Trotz aller Vergnügungen, die Paris ihm bot, trotz aller Ehrungen und Anerkennungen, die ihm von allen Seiten zuteil wurden, brannten ihm die Sohlen, wie er sich ausdrückte; ein andermal schrieb er: „In Paris wie in ganz Frankreich gefällt es mir nicht; ich sehne mich nach deutschen Ländern; ... ich bin verdrießlich, daß ich hier so lange liegen muß." Er atmete auf, als er in den ersten Junitagen die Reise nach England antreten konnte.

Beim Verlassen des französischen Bodens erhob ihn der König in den Fürstenstand. „Sie haben den Kampf für das Vaterland glücklich und ruhmvoll geendet," heißt es in der Königlichen Urkunde, „aber die Dankbarkeit, welche Ihnen der Staat schuldig ist, dauert fort. Zum Beweise derselben ernenne Ich Sie hierdurch zum Fürsten Blücher von Wahlstatt." Seinen Nachkommen wurde der Grafentitel verliehen, ihm ein Besitz in liegenden Gütern in Aussicht gestellt. Gneisenau wurde in den Grafenstand erhoben.

Blücher war mit der Standeserhöhung gar nicht zufrieden, die auch wenig zu seiner Art paßte. „Wieder allen meinen Widerspruch hat man mich hier zum Fürsten kreirt. Ich habe mich geben müssen, weil man behauptet, es müsse dieses der Nation wegen geschehen. Die

Nation aber hat mir ihren Beifall als ‚Blücher‘ zugerufen. Wenn ich das hungrige Heer deutscher Fürsten vermehre, werde ich dadurch bei meinen Zeitgenossen gewinnen? Nein, gewiß nicht! Aber was soll ich machen? Sollte aber das Fürstentum nicht so beschaffen sein, daß ich dem Stande angemessen leben kann, sollte meine Frau nicht so gesetzt werden, daß sie als Fürstin figuriren kann, so werde ich in öffentlichen Blättern den Fürstentitel wieder ablegen.“ „Glaube mir,“ schrieb er an Bonin, „der Beifall meiner Freunde und die Zuneigung, so die Nation mir beweist, sind der größte und schönste Lohn, nach dem ich strebte.“

Bei all den maßlosen und anstrengenden Ehrungen, die ihm nun in England vom Regenten und vom englischen Volke zuteil wurden, besorgte er nicht nur, daß seine Gesundheit leiden könne: „wenn ich nicht toll werde, so ist es ein Wunder“; er nahm sich vor: „Ich muß über mich selbst wachen, daß ich nicht zum Narren werde.“

Als er Mitte Juli endlich in die Heimat zurückkehren konnte und ihn an der Grenze Westfalens Freund Vincke begrüßt hatte, schrieb dieser in sein Tagebuch: „Großer Jubel bei dem Empfang des alten Helden, der mir noch ganz der Alte.“ Er blieb der „Alte“ auch unter den Ehrenbezeugungen, mit denen er im Vaterlande überhäuft wurde und die am 7. August mit dem Einzug in Berlin ihren Höhepunkt erreichten.

Wie er früher immer wieder und auch jetzt von neuem die Verdienste Scharnhorsts um das Befreiungswerk hervorgehoben hatte und drängte, daß für dessen Kinder gesorgt werde, so betonte er bei jeder Gelegenheit, oft in treffenden Gleichnissen und launigen Worten, den Anteil Gneisenaus am Erfolge: „Wir Beide gehören einmal zuzusammen.“ Rührend gibt sich sein hingebendes Vertrauen auf Gneisenau, das Bedürfnis, seinen Rat zu hören, in verschiedenen Briefen aus dieser Zeit kund. Kaum aus England zurückgekehrt, bat er ihn bringend, nach Berlin zu kommen. „Ach, ich habe Ihnen so viel zu sagen. Ich bedarf so sehr Ihren Rat. Glauben Sie mir, die Kanaillerien dauern noch fort. Man fürchtet uns, aber lieben tut man uns nicht; mag auch nicht, daß man uns liebt. Die ganze Umgebung bis auf einige wenige taugt Nichts.“

Es bezog sich das auf den Widerstand, der in der Umgebung des Königs anscheinend den politischen Bestrebungen entgegengesetzt wurde. Blücher hielt mit seinen Wünschen in dieser Beziehung nicht zurück und erging sich gleich nach seiner Rückkehr nach Berlin in „kräftigen Reden“ an die National-Repräsentation, die ihn dort begrüßte. Das erhöhte die Begeisterung für ihn im ganzen Volke, um so mehr, als

von Österreich aus jede Regung in dieser Richtung aufs schärffte bekämpft wurde.

Auch als jetzt des Feldmarschalls Sohn Franz infolge seiner
Kopfverwundung gemütskrank zu werden begann, rief der besorgte
Vater nach Gneisenau: „Meine Hoffnung ist ganz auf Sie, mein
liebster Freund, gerichtet, daß Sie Franz wieder zu sich bringen."
Gneisenau suchte auf diesen zunächst mit einem Brief einzuwirken,
in dem er ihn ermahnte: „Ahmen Sie die stete Heiterkeit Ihres
Herrn Vaters nach, der mit dem Frohsinn eines Jünglings jede Gesellschaft aufheitert und den ich selbst mir oft als Muster vorhalte,
wenn Trübsinn mich beschleichen will." Die Krankheit nahm bald
so zu, daß Franz in eine Heilanstalt gebracht werden mußte.

Im Herbst wurden dem Fürsten die Güter übergeben, die ihm der
König als Gabe des preußischen Staates in Schlesien geschenkt hatte.
Er wünschte sehr, daß Gneisenau dort sein Nachbar werde. Auf dem
Hauptgut Kriblowitz, 20 Kilometer südwestlich von Breslau, brachte
er einige Wochen zu, kehrte aber Mitte Oktober nach Berlin zurück.
Anscheinend rechnete er auch noch auf weitere Ehrengaben; er machte
gelegentlich geltend, daß er „die einzige Ursache" gewesen sei, „daß
wir nach Paris marschirten." Auf Dankbarkeit dürfe man allerdings
nicht rechnen. Leider verletzte er durch solche Aussprüche den hierin
empfindlichen Gneisenau.

Recht unzufrieden war Blücher mit den Verhandlungen des Wiener
Kongreffes, der über die äußere Gestaltung der Staaten entscheiden
sollte. Er hatte beim König und beim Kaiser Alexander früher seine
Ansichten hierüber mehrfach zur Sprache gebracht. Nun sah er sich
von allem Einfluß ausgeschloffen. Seinen Unwillen erregte es besonders,
daß der bayerische Feldmarschall Fürst Wrede zu den Mitgliedern des
Kongreffes gehörte, und dann auch der Herzog von Wellington dazu
berufen wurde. Bei jeder Gelegenheit sprach er sich abfällig über die
schwächliche Vertretung des preußischen Staates aus. Als aber die
Zeitungen am 17. Februar die Ergebnisse des Kongreffes für Preußen
brachten, war er zornerfüllt. Er reichte sofort sein Abschiedsgesuch ein.
„Ehre und Freude macht es mir, an dem vollendeten Krieg Anteil zu
haben," schrieb er an Gneisenau, „die größte Zufriedenheit aber besteht
darin, an dem abgeschloffenen Frieden nicht Teil zu haben."

Die in Aussicht gestellte Abtretung des treuen Ostfrieslands und
der alten Stammlande Ansbach-Baireuth erregte ihn ganz besonders.
Bitter schrieb er an Rüchel über den „glorreichen Frieden und unsre
brillante Belohnung für die Aufopferungen und Anstrengungen, die
die Nation so bieder dargebracht" habe. „Sie können sich denken,

welche Sensation es hier gemacht, zumal, um das Gericht verdaulich zu machen, eine Sauce darüber gegossen, die keinem Menschen schmecken will. Denn wenn der Friede gut ist, sagen die Leute, muß er [dann] so herausgestrichen werden? Eine gute Sache spricht für sich selbst, und dann sollen [d. h. verlangt man noch obenein, daß] diejenigen, die darüber traurig sind, von ihren alten Brüdern getrennt zu werden, doch bedenken, welche Vorteile uns durch die neue Zuteilung erwachsen! Würden 30000 Polen und soviel Sachsen, die uns hassen, das leisten, was unsre alten, nie von uns getrennten Brüder so bereitwillig darbrachten? O, ihr Politiker, ihr seid schlechte Menschenkenner! Der gute Wiener Kongreß gleicht einem Jahrmarkt in einer kleinen Stadt, wo ein Jeder sein Vieh hintreibt, es zu verkaufen oder zu vertauschen. ‚Wir haben einen tüchtigen Bullen hingebracht und einen schäbigen Ochsen eingetauscht‘, sagen die Berliner. Ich für mein Teil habe gleich meinen Entschluß genommen und meinen Abschied gefordert, erwarte jeden Tag die Antwort und gehe dann für immer nach Schlesien, will Berlin und den Hof nicht wiedersehen. Es ist unerhört, wie man uns Militärs behandelt. Nach England hätte man mich nicht genommen, wenn der Regent nicht expreß darum geschrieben und nach Wien nahm der König den Polizeiminister mit. Der Herr v. Knesebeck ist die einzige Militärperson, die zu Allem zugezogen wird und dieser Mensch ist derjenige, der in Frankreich darauf bestand, daß wir nach dem Rhein zurückmarschiren und da Frieden schließen sollten, und wenn ich's nicht bei Kaiser Alexander durchsetzte, so sahen wir Paris nicht; die Einlage wird's beweisen."*) Daß General v. Knesebeck diesen Standpunkt wirklich vertreten hat, geht auch aus einem Briefe Gneisenaus hervor.

In Blüchers Abschiedsgesuch hieß es: „Da nunmehr der Friede völlig abgeschlossen ist, so hoffe und wünsche ich, daß E. K. Majestät keine fernere Fehde zu bestehen haben. Meine Jahre sind so angewachsen, daß ich mich zu einer Kampagne nicht mehr tauglich halte. So muß ich den schon lange gefaßten Entschluß, nur so lange zu dienen, als mein Bewußtsein mir sagt, daß ich alle meine Obliegenheiten erfüllen kann, ausführen. Bitte dieserhalb alleruntertänigst um meine Entlassung." Gneisenau riet bringend von diesem auffallenden Schritt ab, der dem Staatskanzler in der öffentlichen Meinung Schaden tun müsse, und Hardenberg sei des Feldmarschalls erster und aufrichtigster Freund; wenigstens solle er bis zu dessen Rückkehr warten. Blücher ließ sich aber nicht zurückhalten.

*) Leider unbekannt; wahrscheinlich der Brief an den Zaren aus Merz, 23. 2. 14 (I. S. 196.)

Der König war noch in Wien. Ehe er sich über das Gesuch entschied, trat das große Ereignis ein, das Blücher nicht unvorbereitet traf. Schon in Paris hatte er gesagt: „Napoleon hat hier noch Anhang. Wenn unsre Armeen wegmarschieren, traue ich den Franzosen noch nicht." Und bereits im Sommer urteilte er: „Ob uns in der Folge noch eine Fehde bevorsteht, weiß der Himmel; trauen will ich der Sache nicht. Man hat zu Paris die Umstände nicht benutzt. Frankreich wird schon wieder zu laut, man hätte selbigem die Flügel besser beschneiden sollen."

Als nun in der Nacht vom 8. zum 9. März Gneisenau an des Fürsten Bett trat und ihm mitteilte, daß Napoleon Elba verlassen habe und in Frankreich gelandet sei, rief er in heller Freude: „Dies ist das größte Glück, was Preußen begegnen konnte! Nun fängt der Krieg von Neuem an und die Armee wird alle in Wien begangenen Fehler wieder gutmachen!"

Der Feldzug 1815.

In Erwartung des Kampfes.

9. März bis 13. Juni.

Da die Erscheinung Napoleon Bonapartes in Frankreich wenigstens die Möglichkeit herbeiführen könnte, daß er noch einmal durch die vereinten Waffen der verbündeten Mächte bekämpft werden müßte, so mag Ich mich gern überzeugen, daß Ich in einem solchen Kampfe auf Sie wieder mit eben der Zuversicht rechnen darf, mit der Ich die Sache des Vaterlandes in dem letztverflossenen in Ihre Hände gelegt habe." Mit diesen Worten schlug der König seines Feldmarschalls Abschiedsgesuch ab und forderte ihn auf, „seine Kräfte noch einmal für den Zweck der allgemeinen Ruhe darzubringen." Blüchers Antwort ist nicht bekannt. Gegen andre äußerte er sich, er habe „kurz vor dem Entweichen des Thrannen" den Abschied in der festen Absicht gefordert, seine letzten paar Tage in Ruhe sich selbst zu leben, aber er „habe dem Verlangen des Monarchen und dem Wunsch der Nation folgen müssen."

Sein Adjutant Nostiß versichert, Blücher sei keinen Augenblick im Zweifel gewesen, daß er die preußische Armee führen werde: „Es begann für den Fürsten ein ganz neues Leben; er dachte an nichts, sprach von nichts, als von den großen Ereignissen, welche bald eintreten würden." Der in Wien weilende König wartete Blüchers Antwort auch nicht ab, sondern übertrug ihm schon am 17. März endgültig den Oberbefehl; er solle indes die Entwicklung der nächsten Ereignisse noch in Berlin abwarten. Der ihm zum Chef des Generalstabes der Armee bestimmte Gneisenau dagegen sollte sich sofort an den Rhein begeben, um die etwa schleunig dort zu treffenden Maßregeln zu leiten.

Nicht so zweifelsfrei und hochgestimmt wie sein Feldherr übernahm Gneisenau die ihm übertragene Rolle. Gneisenau befand sich ohne ein bestimmtes Amt in Berlin; er hatte mit dem Kriegsminister Boyen und dem Leiter der Generalstabsabteilung, General v. Grolman, die militärischen Maßregeln beraten, für den Fall, daß es zum Kriege mit Österreich und Frankreich kommen sollte. Man hatte damals an die Aufstellung zweier Heere gedacht, eins am Rhein, eins in Sachsen; Boyen hatte Blücher als Feldherrn für das eine, Gneisenau für das andere vorgeschlagen. Grolman hatte diese Vorschläge nach Wien gebracht. Unter den veränderten Verhältnissen konnte nur noch von der Aufstellung eines preußischen Heeres die Rede sein.

Die Stellung als Chef des Generalstabes der Armee umgab damals noch nicht der Glanz, der sie umstrahlt seit Moltkes Wirken in ihr. Ihre Bedeutung ist auch immer noch von der Persönlichkeit des Feldherrn abhängig. Der Ruhm selbständigen Feldherrntums wird dem Chef nur selten unbedingt zugesprochen werden. So war es natürlich, daß der seines Wertes sich bewußte, für äußere Ehren nicht unempfängliche Gneisenau sich nicht sogleich von dem Gedanken an eine unabhängige führende Stellung trennen konnte. Es war zu natürlich, daß der Ratgeber den heißen Wunsch hatte, auch einmal zur Tat zu gelangen. „Mein Leben gäbe ich für das Kommando eines Tages!" hatte Scharnhorst gerufen. Gneisenau, der Held von Kolberg, durfte ebensogut wie Yorck, Bülow, Kleist und Tauentzien hoffen, den Ruhm eines Schlachtensieges an seinen Namen zu knüpfen. Zudem war er durchaus nicht von seinen Fähigkeiten so überzeugt, daß er sich für unersetzlich gehalten hätte. Im Gegenteil, er nahm gern Rat an. „Ich bin nicht aufgeblasen genug, um zu glauben, daß ich der Hülfe genialer Männer entbehren könne; guter Rat ist mir stets willkommen. Ich ehre mich selbst in diesem Bekenntniß." Clausewitz und Boyen hatten zweifellos großen Einfluß auf ihn; auch Müffling hat gewiß recht, wenn er sich eines Einflusses bewußt war, selbst da, wo sein Vorschlag nicht die volle Billigung fand.

Wie klar Gneisenau in dieser Beziehung sah, geht aus dem Schreiben hervor, in dem er Boyen bat, ihm „einen Generalquartiermeister, seine bessere Hälfte" auszusuchen: „Sie wissen so gut wie ich, daß mir einige wesentliche Eigenschaften eines Chefs des Generalstabes abgehen; ich bin weder dem Gemüt, noch der wissenschaftlichen Bildung nach für diese Stelle hinlänglich ausgerüstet. In meiner Zusammenstellung mit dem Fürsten Blücher wirke ich nur hauptsächlich durch meinen Charakter auf ihn und auf die Begebenheiten durch eine entschlossene Ansicht des Kriegs, die durch einiges Studium der Geschichte und durch aufmerksame Erwägung der Begebenheiten in mir sich entwickelt hat. Meine bessere Hälfte aber geht in dem Verhältniß der

Generalquartiermeiſterſchaft unter, und namentlich in der Eigentümlichkeit der meinigen."

Daß ſich Gneiſenau in den eigentlichen Generalſtabsgeſchäften nicht gründlich durchgebildet fühlte, iſt durchaus nicht verwunderlich; er hatte weder Adjutanten- noch Generalſtabsſtellungen bekleidet, noch hatte er die Kriegsſchule beſucht. Boyen machte ihn gelegentlich auf unzweckmäßige Anordnungen aufmerkſam, die er in den von Müffling aufgeſetzten Marſch- und Gefechtsbefehlen durchgelaſſen hatte. Im Betrieb des Generalſtabshandwerks beim Oberkommando treten häufig bedenkliche Nachläſſigkeiten zutage. Und in der Auffaſſung des Krieges zeigt ſich Gneiſenau mehrfach der durchbringenden Klarheit ſeines Freundes Clauſewitz merklich unterlegen. So war die Wahl des Generalquartiermeiſters allerdings von großer Bedeutung.

Mit Müffling hatte Gneiſenau ſchon 1813 nicht immer gut geſtanden; im Feldzuge 1814 wurde das Verhältnis immer geſpannter. Müffling hatte auch keine Neigung, dieſe Stellung noch einmal zu übernehmen. Gneiſenau fühlte, daß er nicht Menſchenkenntnis genug habe, um ſich ſelbſt ſeinen erſten Gehülfen zu wählen. Boyen nahm nicht den Gneiſenau eng befreundeten, geiſtreichen Clauſewitz, ſondern Grolman, deſſen mannhafte Perſönlichkeit Gneiſenau ebenfalls ſehr hoch ſchätzte. Die Wahl hat ſich als ſehr glücklich erwieſen. Grolman war nicht nur militärwiſſenſchaftlich gründlich vorgebildet und unter den verſchiedenſten Kriegsverhältniſſen als Generalſtabs- und als Frontoffizier geſchult, ſondern auch ein Mann von hervorragender Charakterſtärke. Er hat ſpäter als kommandierender General des poſenſchen Armeekorps eine verdienſtvolle Tätigkeit entfaltet.

Auch dem „Gemüt" nach fand ſich Gneiſenau für ſeine Stellung nicht vollkommen geeignet. Ihm war aus ſeiner Stellung viel Ärger, Zwiſt und Haß erwachſen. Gegen Langeron hatte er ſchwere Anklagen gerichtet; über Winzingerode war er empört; mit Yorck und deſſen ganzem Stab war er in bittere Feindſchaft geraten; Kleiſt folgte ganz Yorcks Fahrwaſſer; mit Bülow ſcheint auch nicht alles glatt gegangen zu ſein. Mit einem der Stabschefs, Valentini, hatte Gneiſenau ſo heftige Auseinanderſetzungen, daß es bis zur Forderung gekommen war. Seine Leidenſchaftlichkeit führte ihn leicht zu übertriebenen Anklagen gegen die Unterführer; ihm fehlte der ſtets ausgleichende Sinn Scharnhorſts vollſtändig; anſtatt ein gutes Einvernehmen zu fördern, reizte er den Oberfeldherrn oft auf.

Auch mit dieſem ſelbſt war das Verhältnis grade jetzt getrübt. Blücher nannte Gneiſenau ſeinen „innigſt geliebten Freund" und hing in gradezu rührendem Vertrauen an ihm. Aber Blüchers unbefangene

Art, sich Verdienste zuzusprechen, die Gneisenau ganz oder doch teilweise in Anspruch nahm, erklärte Gneisenau für Undank und „erfüllte sein Herz mit Bitterkeit". Der Staatskanzler Hardenberg wußte das und suchte ihn zu begütigen. „Sie sind aufs Neue in einer nicht sehr angenehmen Lage," schrieb er ihm. „Was Sie Gutes wirken, damit wird ein Anderer sich brüsten. Aber wie sollte das anders gemacht werden? Der König entfernt sich nicht von dem Anciennitäts-Tableau, sonst müßten Sie die Armee kommandiren. Jetzt kommandiren Sie solche in der Tat, aber der alte Blücher giebt den Namen dazu her. Wenige nur werden dadurch irre werden. Und Sie, mein Freund, sind zu edel, haben zu viel warmen Patriotismus, um zu klagen oder um anders zu handeln, als es Ihre Gesinnungen und das Wohl der Sache fordern."

Inzwischen hatte Gneisenau den Versuch gemacht, doch noch ein Truppenkommando zu bekommen. Der König ging nicht darauf ein: „Ich verkenne die Schwierigkeiten Ihres jetzigen Standpunkts keineswegs, Ich weiß aber, daß ein Mann von Ihrem Wert und von Ihrer treuen Anhänglichkeit allen Verhältnissen gewachsen und gern bereit ist, dem Vaterlande ein Opfer zu bringen. Da ich im Vertrauen auf diese Eigenschaften Ihnen einen Wirkungskreis übertragen habe, mit dem das Wohl des Vaterlandes so eng verbunden ist, so bin Ich überzeugt, daß Ihnen auch in den Augen der Welt die Achtung zu Teil werden wird, die Sie verdienen und von der Ich auf Ihr Schreiben vom 27. v. M. gern Veranlassung nehme, Ihnen die erneute Versicherung zu geben."

Unterdes war Gneisenau schon beim Heere eingetroffen und hatte seinen Dienst angetreten. Ihm folgte der Feldmarschall am 10. April. „Mit ernsten Gedanken an Vergangenheit und Zukunft" überschritt er den Rhein, wie er, am Ufer des Stromes sitzend, seiner Frau berichtete. Das Geschick seines Sohnes Franz lastete schwer auf ihm; trotzdem freute er sich des blühenden Landes sowie des Jubels der Bevölkerung und der Truppen. „Noch sind keine Feindseligkeiten vorgefallen. Lange dürften sie wohl nicht mehr ausbleiben. In Frankreich ist der Bürgerkrieg begonnen. Sie werden sich wohl miteinander aufreiben und ich kann nicht glauben, daß wir viel zu tun bekommen. Indessen häuft sich eine große Masse von Menschen und die Länder werden wieder verheert und verzehrt werden."

Gneisenau hatte das Hauptquartier des Generals Grafen Kleist von Nollendorf, der die in den Rheinlanden stehenden Truppen befehligte, in Aachen vorgefunden und mit Wellington mündlich und schriftlich die weiteren Abmachungen getroffen. Der Herzog hatte

Gneisenau mit allem bekannt gemacht, was von den verbündeten Mächten in Wien im allgemeinen vereinbart war. Die vier Großmächte hatten sich gegenseitig verpflichtet, das französische Volk bei der Vertreibung des von ihnen geächteten Napoleon Bonaparte zu unterstützen; dazu sollten Rußland, Österreich und Preußen je 150000 Mann ins Feld stellen, England außer mit Truppen durch Geld aushelfen. Die Mittel- und Kleinstaaten wurden zum Beitritt aufgefordert. Die auf dem Rückmarsch in Schlesien angelangten Russen erhielten Befehl, umzukehren; Bayern und Österreicher standen zum Teil noch am Mittelrhein, zum Teil mußten sie aus der Heimat dahin zurückgeschickt werden. 15000 Engländer und Hannoveraner lagerten noch in den Niederlanden; die etwa ebenso starken Truppen dieses neuen Königreichs wurden unter dem Prinzen von Oranien aus den früheren französisch-holländischen Truppen gebildet. Über die ganze britisch-niederländische Armee hatte Wellington den Befehl übernommen. Gneisenau äußerte über sie: „Die Belgier sind unzuverlässig, die Holländer neu und unerfahren, die Braunschweiger ebenfalls, die britischen Bataillone zur Hälfte ebenfalls neu. Nur die britische Kavallerie ist gut und diejenigen Truppen, die jetzt erst einzeln aus Amerika zurückkommen." Der Rest des preußischen Feldheeres hatte mit drei schwachen Korps, etwa 30000 Mann, bei Koblenz, Aachen und Wesel, das sächsische Armeekorps bei Köln gestanden.

Ein Feldzugsplan war zunächst noch nicht beraten, da man die Entwicklung der Dinge in Frankreich abwarten wollte. Inzwischen war König Ludwig aus Paris geflohen, Napoleon hatte die Regierungsgewalt übernommen. Gneisenau hatte das Vorgehen von drei getrennten Armeen als vorderste Linie aus Belgien, vom Mittel- und vom Oberrhein her auf Paris mit einer Reserve-Armee hinter der Mitte angeraten. Wenn eine Armee geschlagen würde, so solle ihr die Reserve-Armee zur Hülfe kommen, während die beiden andern ihre Bewegungen fortsetzten. Die Trennung der Armeen durch eine Strecke von mehreren Märschen erklärte er für ganz besonders wünschenswert, damit Napoleon sein Spiel auf der innern Linie erschwert werde. Inzwischen hatte ihm der König befohlen, mit „Wellington diejenigen Verabredungen zu nehmen, welche den augenblicklichen Umständen angemessen sein werden, und in steter Übereinstimmung mit ihm zu handeln." Daneben wurde ihm größte Vorsicht zur Pflicht gemacht. Nun war aber Wellington zu der Überzeugung gekommen, daß es höchst wichtig sei, keine Zeit zum Angriff zu verlieren, und schlug vor, gegen den 1. Mai mit allen verfügbaren Kräften damit zu beginnen. Er rechnete darauf, daß dann 200000 Mann in drei Armeen

geteilt in Frankreich einrücken könnten, während ihnen 300000 Mann
in zweiter Linie folgten. Er wolle dazu nach Maubeuge—Avesnes rücken
(s. Skizze S. 152/3); links, bei Chimay—Rocroy, solle sich Blücher
mit den Preußen, dann, längs der Maas von Sedan bis Dun Schwarzenberg mit den Österreichern und Bayern anschließen. Von da aus
solle der Marsch auf Paris angetreten werden. Die anfängliche Front
war 150 Kilometer lang, der linke Flügel hatte erst die Argonnen und
dann die öde Champagne zu durchschreiten; aber dieser Plan war früher
ausführbar als der Gneisenausche und schloß für Napoleon das Operieren auf der inneren Linie aus.

Während Wellington diesen Plan den Monarchen in Wien vorlegte, hatte er zu Schritten gedrängt, die sich mit der Gneisenau emp-
fohlenen Vorsicht wenig vereinigen ließen. Mit den 40000 Mann,
die der Herzog im freien Felde südlich von Brüssel zur Verfügung
hatte, glaubte er die Residenzen der Könige von Frankreich und der
Niederlande, Gent und Brüssel, nicht mehr sichern zu können, und
fürchtete den schlechten Eindruck, den das Preisgeben dieser Orte auf
die öffentliche Meinung machen würde. Er hatte deshalb Gneisenau
gebeten, die preußisch-sächsische Armee längs der Maas mit der Spitze
bis Charleroi vorzuschieben. Aus politischen Gründen war Gneisenau
darauf eingegangen. Er verhehlte sich die Gefahren dieses Schrit-
tes nicht; die Armee konnte leicht von der Maas ab an das Meer
gedrängt werden. Er meinte aber, man könne ja wieder zurückgehen,
wenn der Feind mit entschiedener Überlegenheit anrücke. „Wir
dürfen hoffen," legte er dem König dar, „daß bei dem besonnenen,
abgemessenen Charakter der Kriegführung, den die Welt an dem Herzog kennt, er auf diese wichtigen Betrachtungen aufmerksam sein und
nicht das Schicksal des Kriegs durch eine gewagte Schlacht in Gefahr
stellen werde." Und an Wellington schrieb er: „Nur die wohl gekannten
und gewürdigten Gefühle der Loyalität Eurer Exzellenz lassen mich
vertrauensvoll einem Verlangen nachgeben und eine Bewegung machen,
die unter einem rein militärischen Gesichtspunkt nicht zu rechtfertigen
sein würde."

Am 11. April war die neue Aufstellung so genommen worden,
daß das Korps Zieten vorn bei Charleroi und norböstlich davon,
das Korps Borstell von Namur bis Huy und nördlich dieser Linie, das
sächsische Korps in der Umgegend von Lüttich untergebracht waren.
Als dann Wellington dargelegt hatte, daß er seinerseits, falls er gedrängt werde, nicht nach den Seehäfen, sondern mit den Preußen
gemeinsam auf Lüttich—Maastricht, nötigenfalls auf Jülich zurückweichen würde, hatte Gneisenau dem Herzog zugesagt, ihm im Fall

eines Angriffs mit allen verfügbaren Kräften beizustehen: „Wir sind fest entschlossen, das Los der Armee zu teilen, welche unter den Befehlen Eurer Exzellenz steht." Jetzt fühlte sich Wellington jedem Angriff gewachsen: „wir sind bereits zu stark, um an einen Rückzug zu denken oder selbst angegriffen zu werden," antwortete er.

So lagen die Verhältnisse, als der preußische Oberfeldherr in Lüttich, dem Hauptquartier seiner Armee, eintraf. Schon vorher, von Berlin aus, hatte er seine Truppen in einem Armeebefehl begrüßt. „Kameraden! Seine Majestät der König haben mir wieder den Oberbefehl über die Armee anzuvertrauen geruht. Mit gerührtem Dank weiß ich die mir dadurch zuteil gewordene Gnade zu erkennen. Ich freue mich Euch wiederzusehen, Euch wiederzufinden auf dem Felde der Ehre, zum neuen Kampfe bereit, zu neuen Hoffnungen berechtigt. Noch einmal soll es uns vergönnt sein, für die große Sache, für die allgemeine Ruhe zu kämpfen. Ich wünsche Euch Glück. Die Bahn des Ruhms ist Euch wieder eröffnet; die Gelegenheit ist da, den erlangten Waffenruhm durch neue Taten zu erhöhn. An Eure Spitze gestellt, bin ich des ehrenvollen Ausgangs, auch des glücklichen gewiß. Schenkt mir in dem neuen Kampfe das Vertrauen wieder, das Ihr im vorigen mir bewiesen habt und ich bin überzeugt, daß wir die Reihe glänzender Waffentaten glorreich verlängern werden."

Ganz besonders begrüßte Blücher sein Husaren-Regiment. „Das alte brave Regiment wiederzusehen," schrieb er an dessen Kommandeur, „und Sie mein lieber Arnim an der Spitze, macht mir viel Freude. Empfehlen Sie mich dem ganzen Korps Offiziere und grüßen Sie den ganzen Haufen herzlich von mir. Bald sehen wir uns mit unsern Gegnern in der Nähe und sie sollen erfahren, daß wir uns nicht verändert haben!"

Nach dem Eintreffen der Verstärkungen nahm die Armee jetzt die neue Kriegsgliederung an. Als Korpsführer waren Bülow, Borstell, Zieten und Thielmann ausersehen. Yorck und Tauenzien hatten Korps erhalten, die an der Elbe aufgestellt wurden. Jedes der 4 Korps setzte sich aus 4 Infanterie-Brigaden zusammen, denen meistens zwei Landwehr-Schwadronen und eine Batterie zugeteilt waren. Jede Infanterie-Brigade zählte bei den beiden ersten Korps Zieten und Borstell meist 6 Linien- und 3 Landwehr-Bataillone, beim Korps Bülow umgekehrt 3 Linien- und 6 Landwehr-Bataillone, beim Korps Thielmann war die Zusammensetzung ganz unregelmäßig; im ganzen zählte es schließlich 12 Linien- und 18 Landwehr-Bataillone. Nur ein Teil der Landwehr war schon im Feuer gewesen. Für die Reservekavallerie jedes Korps blieben fünf bis sieben Regimenter verfügbar, nur das

Korps Bülow hatte neun Regimenter; davon gehörten aber fünf der Landwehr an. Jeder Reservekavallerie waren eine oder zwei reitende Batterien zugeteilt. Als Reserveartillerie waren meist 40 Geschütze, beim Korps Thielmann nur 24 Geschütze zusammengestellt. Jedes Korps hatte eine Pionier-Kompagnie und je 3 bis 4 Munitions- und 3 bis 4 Verpflegungskolonnen.

Die Linientruppen bestanden meist aus alten, kriegsgewohnten Regimentern; zum Teil waren sie aus bergischen Truppen, aus der russisch-deutschen Legion und dem Lützowschen Freikorps gebildet und vielfach mit rheinischen Rekruten aufgefüllt. Überall aber waren an die Bataillone Freiwillige Jägerabteilungen angeschlossen, deren Leute sehr brauchbar und oft schon kriegserfahren waren. Von den Landwehren waren bei den Korps Zieten und Borstell die Infanterie Westfalen, die Kavallerie Kurmärker, bei Thielmann durchweg Kurmärker, bei Bülow Neumärker, Pommern und Schlesier. Die letzten Regimenter stießen erst Anfang Juni zur Armee. Bekleidung und Ausrüstung ließen manches zu wünschen übrig. Die ehemals bergischen Regimenter trugen ihre weißen Röcke weiter; ganz buntscheckig war das Regiment 25, dessen Stamm die schwarzen Jäger Lützows bildeten. Am kümmerlichsten stand es mit der Bekleidung bei der Landwehr. An Gewehren hatte manches Regiment drei verschiedene Sorten: preußische, französische und englische.

Die Linienkavallerie litt unter dem Umstande, daß jedes Regiment eine seiner vier Schwadronen zur Bildung neuer Regimenter abgeben und sich dann wieder auf vier Schwadronen setzen mußte. Es kam dabei vor, daß aus Husaren-Schwadronen ein Ulanen-Regiment gebildet wurde, dessen Leute natürlich die Lanze nicht zu handhaben verstanden.

Mitte Juni zählten die drei Korps Zieten, Pirch (Borstell) und Bülow etwa 33000 Mann mit 80 bis 88 Geschützen, das Korps Thielmann rund 25000 Mann mit 48 Geschützen. Zunächst aber fehlte noch sehr viel an diesen Stärken. Dazu kamen die 14000 Sachsen und das bei Trier in der Versammlung begriffene Deutsche Bundeskorps unter Kleist, etwa 20000 Mann.

„Wenn man die preußische Armee jetzt sieht," urteilte Clausewitz, „so kann man nicht von dem Erstaunen zurückkommen über ihre Veränderung seit 1794. Wenn ich an jene Lager denke, an die mich alle die Lager-Zeremonien wieder erinnern, die ich seit 21 Jahren nicht gesehen habe, so freue ich mich, jetzt bei der Armee realisirt zu sehen, was damals der Gegenstand meiner jugendlichen Pläne und Wünsche war. Welche Tüchtigkeit und welche Freudigkeit und Jugendlichkeit

ist in der jetzigen Armee und wie kümmerlich, verdrießlich und ab-
gelebt war die alte! Ich weiß nicht, wie weit wir in allen diesen Dingen
ohne Scharnhorst gekommen wären, aber man kann das Alles nicht
sehen, ohne unaufhörlich an ihn zu denken."

Einige Tage nach seiner Ankunft berichtete Blücher in die Heimat:
„Ich bin mit Freuden von den Truppen empfangen worden. Die
Armee ist mutvoll und im schönsten Stande, und ich glaube, daß wir
den Krieg, wenn er beginnt, bald beenden werden." Die Lage schilderte
er einem dänischen Vetter, die Heerstärke wohl absichtlich übertreibend:
„Ich stehe jetzt hier mit 150000 Preußen und erwarte den Befehl
die Franzosen abermals zu besiegen. Rechts mir zur Seite in Brüssel
steht mein Freund Wellington. Die Franzosen halten sich ruhig und ich
glaube nicht, daß Bonaparte einen Offensivkrieg so bald beginnen wird;
soll er also nicht regieren, so müssen wir ihn angreifen und da wünsche
ich, wenn es geschehen soll, die möglichste Eile. Bleiben die Monarchen
einig miteinander, so wird die Sache wohl gehn; aber schwer wird es
immer sein, einen Bourbon auf dem Thron zu erhalten, wenn er es
nicht selbst versteht, die Nation zu gewinnen. Am Klügsten wäre es
noch, Etwas von Frankreich abzuschneiden und dann könnten sie sich
eine republikanische Regierung bilden; ich glaube nicht, daß sie alsdann
ihren Nachbarn gefährlich wären. Aber wie Alles verkehrt geht, so
bin ich sicher, daß die heutige Politik auch nun aufs Neue fehlgreifen
wird."

Während Blücher und Wellington zum Vorwärtsgehen drängten,
traf der Befehl der Monarchen ein, den Beginn der Bewegungen bis
zum 1. Juni hinauszuschieben, da die Österreicher nicht früher bereit
seien. Jetzt aber trat ein Ereignis ein, das die Blüchersche Armee
gradezu unfähig zu einer Angriffsbewegung machte.

Einen besonderen Bestandteil der Armee bildeten die sächsischen
Truppen. Die Unsicherheit über das Geschick Sachsens hatte in ihnen
große Erregung hervorgerufen. Endlich entschied sich der Wiener Kongreß dafür, das Land zu erhalten, aber zur Hälfte Preußen zuzusprechen. Die aus dem nun preußisch werdenden Teil stammenden Soldaten sollten deshalb auch in den preußischen Dienst übertreten, die
aus den sächsisch bleibenden Leuten gebildeten Truppen dann
zu Wellington stoßen. Um die Neuordnung bei Beginn der Feindseligkeiten beendet zu haben, ordnete König Friedrich Wilhelm die vor-
läufige Teilung an; mit der Eidesentbindung durch König Friedrich
August sollte sie endgültig werden. Als Blücher die Ausführung für
den 2. Mai befahl, rotteten sich Mannschaften eines Teils der in
Lüttich liegenden Bataillone vor Blüchers Wohnung zusammen;

dem Versuch, sie zu entfernen, setzten sie bewaffneten Widerstand
entgegen. Die einschreitende Wache konnte sie nur mit Mühe von
schweren Tätlichkeiten gegen die Offiziere des Hauptquartiers abhalten und nicht verhindern, daß sie dem Feldmarschall die Fenster
einwarfen. Dieser war außer sich; er hatte nicht übel Lust, sich selbst
mit dem Säbel Gehorsam zu schaffen. Da sich die Aufregung der
großenteils betrunkenen Leute nicht legte, verließ Blücher Lüttich;
preußische Truppen wurden herangezogen. Die Sachsen räumten die
Stadt, was indes nur unter Zugeständnissen zu erreichen war.

In einem Augenblick, wo man den Angriff des Feindes erwartete,
erheischte dieses schwere Verbrechen gegen die Mannszucht blutige
Sühne. „Die Nachricht wird nach Berlin kommen," schrieb der Feldmarschall seiner Frau, „daß die Sachsen mich haben ermorden wollen;
aber kehre Dich an Nichts! Du weißt wohl, wie ich den Kopf so bald
nicht verliere. Es tut mir nur leid, daß ich morgen vier Menschen als
Rebellen todtschießen lasse. Die Sachsen müssen aber meinen Namen
mit Ehrfurcht zu nennen lernen. Ich habe mich diesen Menschen mit
Vertrauen übergeben und nicht einmal eine preußische Schildwache
behalten; sie stürmten mein Haus und wenn ich nicht entschlossen handelte und mich sicherstellte, so wurde ich mit meiner ganzen Umgebung
ein Opfer. Aber ich habe sie nun so im Zwange, daß sie sich nicht
rühren sollen. Die Schuld war, daß man dieses Volk hier nicht mit
Güte, aber [auch] nicht mit Strenge behandelt hatte." Von preußischen
Truppen umstellt, waren die meuterischen Bataillone entwaffnet worden. Als die Mannschaft sich nicht dazu herbeiließ, die Anstifter des
Aufruhrs zu nennen, wurde jeder zehnte Mann vorgerufen, um an ihm
die auf Meuterei stehende Strafe zu vollstrecken; aber jetzt gaben sie
sieben Leute als ihre Verführer an. Von diesen wurden vier vor der
Front erschossen, die Regimentsfahne wurde verbrannt, die Bataillone
wurden als unwürdig, am Kampfe teilzunehmen, nach Wesel zurückgeschickt.

Die leidenschaftliche Erregung Blüchers über diese Vorgänge riß
ihn zu einem Schreiben hin, das der Fürst am Tage der Strafvoll-
streckung an den König von Sachsen richtete. Er gab ihm darin die
Schuld, daß diese Rebellion ausgebrochen sei, „wo ganz Deutschland
gegen den allgemeinen Feind aufbricht. Die Verbrecher haben Bonaparte als ihren Beschützer ganz öffentlich proklamirt und mich, der
ich in meiner 55jährigen Dienstzeit in der glücklichen Lage gewesen
bin, nur das Blut meiner Feinde zu vergießen, genötigt, zum ersten
Male Hinrichtungen in meiner eigenen Armee vornehmen zu lassen."
Er meldete dabei dem König, daß er versuchen wolle, durch einen

Tagesbefehl die sächsischen Truppen zur Rückkehr auf den Weg der Ehre zu bewegen; es sei der letzte Versuch: „Wird meine Stimme nicht gehört, so werde ich, nicht ohne Schmerz aber mit der Ruhe eines guten Gewissens und erfüllter Pflicht, die Ordnung mit Gewalt herstellen und sollte ich genötigt sein, die ganze sächsische Armee niederschießen zu lassen." „Euer Königliche Majestät wissen," so schloß er, „daß ein Greis von 73 Jahren keine anderen irdischen Absichten mehr haben kann, als daß die Stimme der Wahrheit gehört werde und das Rechte geschehe."*)

Bei seiner scharfen Verurteilung des Königs übersah Blücher, daß doch auch die schwankende Politik Sachsen gegenüber, Fehler der Führer und die Voreiligkeit, mit der die schmerzhafte Zerschneidung einer tapfern Armee vorgenommen werden sollte, einen Teil der Schuld trugen.

Zunächst aber wurde er durch diese traurigen Vorkommnisse veranlaßt, auch in die Kommandoverhältnisse des preußischen Heeres in scharfer Weise einzugreifen. General v. Borstell, der Kommandierende General des nächsten preußischen Korps, war mit dem Einschreiten gegen die Sachsen beauftragt worden. Von sächsischen Offizieren mit Bitten bestürmt, vergaß er sich so weit, daß er sich weigerte, den Befehl zum Verbrennen der Fahne auszuführen. Borstell genoß des Königs Gnade in besonderem Maße, aber Blücher kannte in solchen Dingen keine Rücksicht. Er entsetzte Borstell sofort seines Kommandos, schickte ihn nach Haus und veranlaßte seine kriegsgerichtliche Aburteilung. General v. Pirch I trat an seine Stelle.

Die Absicht, die Teilung der Sachsen mit Gewalt durchzuführen, gab Blücher schließlich doch auf, als Anfang Mai ein Angriff Napoleons unmittelbar bevorzustehen schien. Sie wurden nun nach rückwärts verlegt und, als sich weitere Äußerungen von Unbotmäßigkeit zeigten, bis nach Westfalen zurückgeschickt. „An den Sachsen ist kein Haar gut," schrieb Blücher dem Staatskanzler. „Um nicht in die Notwendigkeit zu kommen, barbarisch mit ihnen umzugehen, habe ich sie alle getrennt und die Infanterie, die gewiß bei der ersten Gelegenheit überginge, über den Rhein geschickt, die Artillerie nach Jülich verlegt und die Kavallerie, die sich gut fügt, bei mir behalten. Wenn die Sache mit Sachsen in Wien abgemacht ist, wird sich Alles geben; aber so sagen sie: unser König hat noch nichts abgetreten und wir sind von unserm Eid nicht entbunden ... Denken Sie aber einmal, wie unglücklich ich sein konnte, wenn die sächsische Infanterie erfuhr, daß

*) Dieses Schreiben fand sich im Nachlasse des Staatskanzlers; an den König von Sachsen ist es wohl nicht gelangt.

der Herr General v. Borstell sie vertreten wollte. Ich wäre in den
Fall gekommen, sie alle niederschießen zu lassen; denn wenn 8000 Mann
den Gehorsam versagen, so ist es eine bedenkliche Sache. Die ganze
Schuld war, daß diese Menschen hier verzogen waren; man hatte sie
getätschelt und da sie nun geteilt werden sollten, glaubten sie, die Sache
rühre von mir her. Aber ich wurde mit ihnen fertig, bevor sie noch
erfuhren, daß General v. Borstell ihr Sachwalter sein wollte. Aber
ich war entschlossen die Sache durchzusetzen und des Königs Befehl
Gehorsam zu verschaffen und nötigenfalls den Herrn v. Borstell auch
todtschießen zu lassen. Nun sieht der Mensch sein Unrecht ein, aber es
ist zu spät." Einige Tage später fügte er hinzu: „Ich bin froh, daß
ich die Sachsen los bin. Weit lieber will ich sie bei den Franzosen als
bei mir wissen . . . ich wünsche nur, daß Wellington sie annimmt; aufgebracht ist er gegen sie aufs Höchste. Zu unsern Preußen müssen die
Sachsen nicht kommen; die Erbitterung unsrer Leute, da sie sich an
mir vergangen, ist zu groß und ich würde bei Anwendung meines
ganzen Ansehens doch vielleicht unangenehme Ereignisse nicht verhindern können. Die Sache mit Borstell ist gleichfalls unangenehm;
aber wenn ich nicht mein Ansehen bei der Armee verlieren wollte,
mußte ich so handeln." Er habe geglaubt, die Sachsen durch gute Behandlung gewinnen zu können, was ihm auch gelungen sein würde,
wenn sie nicht zur Widersetzlichkeit angefeuert worden wären. Nach
der endlich erfolgenden Eidesentbindung wurde die Absonderung der
preußischen Untertanen durchgeführt. So fielen 14000 Mann bei der
Entscheidung aus, nur ein Teil der Kavallerie konnte noch, im Felde
verwandt werden.

Die Sache erregte natürlich bei Freund und Feind gewaltiges
Aufsehen. Schon hieß es, Napoleon werde auf Namur vorstoßen,
um sich mit den Sachsen zu vereinigen. Blücher war nach einigen
Wochen bemüht, die Bedeutung des Vorgangs abzuschwächen und die
hochgehenden Wogen zu besänftigen, indem er nach Haus schrieb: „Ich
merke wohl, daß man die Sache mit den Sachsen nach Berlin übertrieben
geschildert hat; so toll war es nicht und nachdem ich einige todtschießen
ließ, war der ganze Aufruhr gedämpft und die Reue trat an die Stelle
der Wut." Erst der gemeinsame Waffengang der Preußen und Sachsen
gegen den dritten Napoleon hat das deutsche Blut von dem Gift ge-
reinigt, das dessen Oheim zu Anfang des Jahrhunderts in Germaniens
Adern geimpft hatte.

Am Tage nach der Lütticher Meuterei, am 3. Mai, begab sich
Blücher zu einer Besprechung mit Wellington nach Tienen, halbwegs
Brüssel. Nach den ihm in den letzten Tagen zugegangenen Nach-

richten mußte sich der Herzog auf einen Angriff Napoleons gefaßt machen. Am 30. hatte er für diesen Fall die Anordnungen für seine Armee erlassen und die Truppen etwas näher zusammengezogen. Da er die Hauptstadt Belgiens und Gent, den Aufenthaltsort des Königs von Frankreich, nicht preisgeben wollte, hatte er die Versammlung des Heeres südlich von Brüssel vorbereitet; er hatte jetzt 70000 Mann verfügbar. Der Herzog suchte sich nun der Mitwirkung der Preußen zu vergewissern.

Der „eiserne Herzog" war damals ein Mann von 46 Jahren. Seine Kriegslaufbahn hatte er vor 21 Jahren als junger Oberstleutnant eines Infanterie-Regiments hier in Flandern begonnen, damals als auch Blücher sich mit seinen Roten die ersten Lorbeeren errang. Seitdem hatte er acht Jahre hindurch in Indien mit Auszeichnung gefochten und war seit 1808 der Held des Halbinselkrieges geworden. Mit einem kleinen Heer hatte er den Widerstand der Spanier gegen die Napoleonische Unterjochung gestützt. Nie war er besiegt worden; selbst ein Massena hatte ihn nicht zu schlagen vermocht. Dem Ansturm der Franzosen hatte er meist zähe Verteidigung entgegengesetzt. Seine erste Angriffsschlacht lieferte er 1813 bei Vittoria, ohne den glänzenden Erfolg gründlich auszunutzen; nur langsam war er bis an die Garonne vorgedrungen, als die verbündeten Heere Paris erstürmten. Kaum gab es verschiedenere Männer, als der kalte, berechnende Engländer und der stürmische, offenherzige preußische Oberbefehlshaber es waren, aber Blücher suchte das in Paris und London angeknüpfte warme kameradschaftliche Verhältnis zu pflegen, worin ihm auch Wellington entgegenkam.

Über die Abmachungen von Tienen sind keine sicheren Nachrichten erhalten. Wellington äußerte sich über die Zusammenkunft sehr befriedigt; er sei mit Blücher vollkommen einig und habe von ihm das feste Versprechen erhalten, daß er ihn unterstützen werde. „Aber wir sind nicht zufrieden mit dem Entschluß, den Angriff hinauszuschieben." In jeder Hinsicht war es nützlich, daß die beiden Oberfeldherren sich sahen und verständigten; „sie trennten sich unter allen Zeichen der Freundschaft und des Vertrauens", berichtet ein Augenzeuge. Neben allen Gerüchten über die Abreise Napoleons zur Armee und über Truppenbewegungen an der Grenze hatte Wellington geheime Nachrichten, die ihm einen baldigen Angriff doch nicht wahrscheinlich machten.

Ein Feldzugsplan war auch jetzt nicht besprochen worden. „In der Lage, in die wir jetzt versetzt sind," schrieb Wellington einige Tage später, „wo wir uns weder im Kriege noch im Frieden befinden und nicht berechtigt sind, auch nur eine Streife gegen den Feind zu schicken,

um uns durch den Augenschein von seiner Aufstellung Kenntniß zu verschaffen oder ihn an irgend einem Punkte seiner Front anzugreifen —
in dieser Lage ist es schwer, wenn nicht unmöglich, eine Operation zu
ersinnen, denn es fehlen alle Unterlagen, auf die eine Berechnung gegründet werden könnte. Alles, was wir tun können ist, unsre Truppen
so verteilen, daß wenn der Feind uns plötzlich angreift, wir uns leicht
zu versammeln vermögen, ohne daß irgend ein Teil vom Ganzen abgeschnitten werden kann."

Aber am 5. Mai schon kamen von der Grenze bestimmtere Nachrichten von feindlichen Truppenbewegungen; nun gab auch Blücher
Befehle zum engern Zusammenschließen seiner jetzt auf 78000 Mann
angewachsenen Armee. Das Korps Zieten hatte sich um Fleurus,
nordöstlich von Charleroi, das Borstellsche Korps bei Namur aufzustellen; das Korps Thielmann näherte sich der Maas von Trier,
das Korps Bülow von Köln her. Bald aber kam die Meldung, daß
vor der preußischen Front Straßen abgegraben und die Wälder ver-
hauen würden. „Es scheint, als wollte der Feind sich bei Maubeuge
in der Defensive aufstellen," meldete Blücher am 8. an den
König.

Da teilte am 10. Mai morgens der Herzog von Wellington mit,
nach einer Nachricht aus Gent habe Bonaparte seine Abreise aus
Paris auf den 9. festgesetzt gehabt, er solle sich gestern bereits in Condé
befunden haben, seine Hauptkräfte ständen bei Maubeuge, ein Teil
bei Valenciennes; der Herzog glaube gewiß, daß er unverzüglich einen
Angriff nach Belgien hinein unternehmen werde. „Hiernach würde
es nur wünschenswert," berichtete Blücher dem König, „alle Kräfte
gegen den Feind führen zu können und der Bewachung der sächsischen
Infanterie überhoben zu werden." Die Sachsen wurden zurückgeschickt;
das Korps Zieten wurde bei Fleurus versammelt, das Korps Pirch
in einen Bezirk nördlich von Namur und Huy gelegt, das
Korps Thielmann in die Gegend von Cinay südöstlich von Namur,
das Korps Bülow in die Gegend von Lüttich herangezogen. Das
Hauptquartier ging am 14. nach Namur vor. „Ich war hierdurch in
den Stand gesetzt," berichtete Blücher, „wenn Bonaparte mir durch
einleitende Bewegungen bis zum 14. oder 15. Zeit gab, mit 70- bis
80000 Mann in einer Schlacht gegen ihn auftreten zu können." Falls
der Feind links durch die Eifel vorgehe, wolle er Wellington zu
bestimmen suchen, mit den Preußen gemeinsam in Frankreich einzu-
rücken; wenn er dies nicht wolle, müsse man den Angriff auf dem westlichen Maas-Ufer erwarten oder dem gegen den Rhein vorgehenden
Feind in die Flanke stoßen. Bald aber kamen „viele Anzeichen, daß

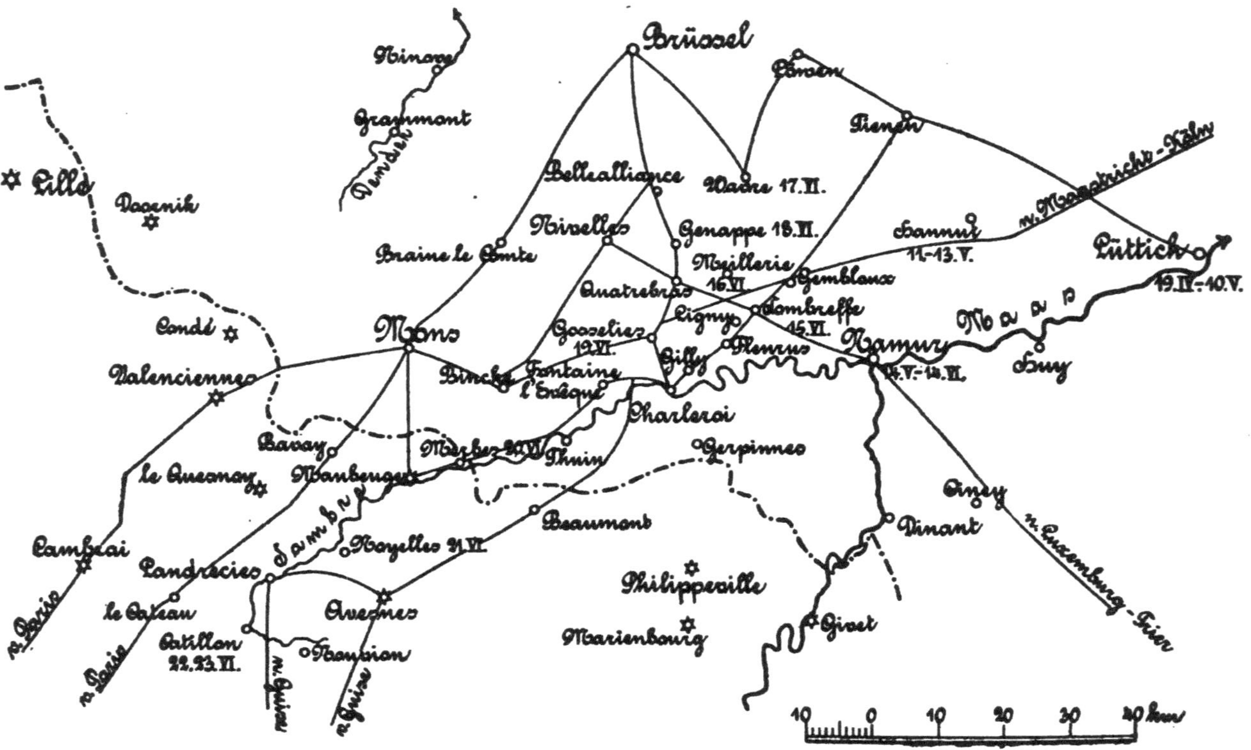
Brüssel
Hinove
Grammont
Dendre
Lille
Daoenik
Bellealliance
Waore 17.II.
Loven
Tienen
n. Maastricht—Köln
Nivelles
Genappe 18.II.
Maillerie 16.VI.
Gemblouc
Namur 11—13.V.
Lüttich
Braine le Comte
Quatrebras
Sombreffe 15.VI.
19.II.—10.V.
M a a s
Mons
Goosselies 19.VI.
Ligny
Fleurus
Namur
Huy
Condé
Binche
Fontaine l'Evêque
Gilly
14.V.—18.VI.
Valenciennes
Charleroi
Bavay
Maubeuge
Marbes 20.VI.
Thuin
Gerpinnes
Anzy
Dinant
S a m b r e
Beaumont
n. Luxemburg—Trier
le Quesnoy
Cambrai
Boyelles 21.VI.
Philippeville
Landrecies
n. Paris
le Cateau
Avesnes
Marienbourg
Givet
n. Paris
Catillon 22.23.II.
Hampion
n. Guise
n. Guise
10   0   10   20   30   40 km

Bonaparte geglaubt hat, wir würden ihn angreifen und daß es nicht seine Absicht ist, die Grenze zu überschreiten." Das Korps Zieten wurde deshalb wieder bis vorwärts Charleroi auseinander gezogen.

Nun lagen drei Korps, Zieten, Pirch und Bülow, hintereinander in einer Ausdehnung von 100 Kilometern; das vierte, Thielmann, links neben der Mitte, bedurfte eines Tages, um nach Namur heranzurücken; Bülow hatte dahin zwei volle Märsche. Selbst wenn man die Ausgabe der Befehle und die Versammlung der Korps in sich in diese Zeit einrechnet, so gebrauchte die Armee doch jedenfalls zwei Tage, um sich in der Gegend von Namur zu vereinigen. Die Vorposten der Korps Zieten und Thielmann standen unmittelbar an der französischen Grenze. Dicht gegenüber, bei Maubeuge, noch nicht 40 Kilometer von Charleroi, sollte bereits eine feindliche Armee von über 100000 Mann versammelt sein. Weder zum Angriff noch zur Verteidigung war die Armee passend aufgestellt.

Gneisenau war sich über die Gefährdung der vorderen Korps durchaus klar; er wollte ursprünglich das Korps Bülow „einen Marsch östlich von Gemblour", also etwa in die Höhe des Korps Pirch vorziehen, da es sich dann zur Schlacht mit den andern vereinigen könne. Für das Korps Thielmann wählte er die Gegend von Cinay, „um einer etwaigen Detachirung des Feindes von Givet nach Lüttich zu begegnen." Diese Begründung und das weitere Zurücklassen des Bülowschen Korps zeigen, wie wenig damals selbst ein so bevorzugter Geist sich mit der Kriegsweise Napoleons vertraut gemacht hatte. Man kann hieran ermessen, was wir der geistigen Arbeit eines Clausewitz verdanken. Nur die Rücksicht auf die Verpflegung macht die Aufstellung erklärlich. Die Zufuhrlinie der Maas spielte damals beim Fehlen guter Verbindungen über Land eine große Rolle.

Blücher, der einstmals schon die Truppenverpflegung auf eigene Rechnung betrieben hatte, widmete den Verpflegungsverhältnissen persönlich seine volle Aufmerksamkeit. Sein Intendant Ribbentrop hat erzählt, wie der Feldmarschall selbst das Aufnehmen einer Anleihe anregte, als die Geldzahlungen längere Zeit stockten. „Als ich noch keinen Namen hatte," soll der Fürst gesagt haben, „habe ich genug Schulden auf meinen Namen gemacht und jetzt sollte sich Niemand finden, der auf meinen Namen borgt?" Die Bergische Kaufmannschaft gab dann auch sofort eine Million Mark. Auch aus England suchte er sich Geld zu verschaffen; als der Finanzminister sich unzufrieden darüber äußerte, schrieb Blücher an Hardenberg: „Glaubt der Mann, daß es genug ist, wenn er Millionen anweist, wovon nicht tausend Taler einkommen?" Dem König der Niederlande drohte er damit, er werde ins preußische Rheinland zurückgehen, wenn seine Regierung nicht besser für den Unterhalt der Truppen sorge, die sein Land schützten. Indes machte die Verpflegung auch weiterhin große Schwierigkeiten, die nur durch das Auseinanderlegen aufs Land überwunden werden konnten; hätte man die Truppen im Lager zusammengezogen, so wären größere Fuhrparks, als vorhanden waren, erforderlich gewesen, um die Lebensbedürfnisse heranzuschaffen.

Noch ungünstiger als die Aufstellung der preußischen Armee war die der Armee Wellingtons. Sie nahm, rechts an Zieten anschließend, eine Breite von 80 Kilometern ein; hinter den beiden in einem 40 Kilometer breiten Streifen längs der Grenze liegenden Korps befanden sich die Reserven noch einen Marsch rückwärts, etwa hinter der Mitte bei Brüssel. In die Gegend von Quatrebras, die als Mitte des ganzen verbündeten Heeres gelten kann, hatten die entferntesten Truppen drei starke Märsche. Trotzdem beunruhigte sich niemand über die weitläufige Aufstellung. „Noch ist hier nichts Feindliches vorgefallen," schrieb Blücher am 17. seiner Frau; „aber wir stehen nahe aneinander und es kann alle Tage losgehen. Ich hoffe aber es soll diesmal nicht so gefährlich werden."

An diesem Tage teilte Schwarzenberg ihm seine Absichten mit; er wollte das Herankommen der Russen abwarten und dann erst nach der Mitte des Juni in breiter Front mit dem linken Flügel vom Oberrhein her nach Frankreich hinein vorgehen. In einer am 28. April in Wien aufgesetzten Instruktion hieß es: „Der mit Macht angegriffene Teil zieht sich langsam zurück, ohne sich auf etwas Entscheidendes einzulassen, während alle Übrigen zu seiner Unterstützung Demonstrationen vorwärts machen."

Wie das Blüchersche Hauptquartier über die Führung der Armeen dachte, geht aus der Antwort auf den Schwarzenbergschen Entwurf hervor. Als Ausgangspunkte für das gleichzeitige Vorgehen auf Paris werden darin Auxerre—Troyes für die österreichische, Chalons für die russische, Laon—Ham für die preußisch-britische Armee vorgeschlagen (s. Skizze S. 152/3), ein Bogen von beinahe 300 Kilometern Länge, der mit einem Halbmesser von 100 bis 150 Kilometern um Paris gezogen ist. Die jenen Punkten zunächst stehenden Armeen sollten zwar sogleich die französischen Grenzfestungsreihen durchschneiden, aber, um nicht vereinzelt zu handeln, sich durch Belagerung einiger Festungen und durch Befestigung wichtiger Plätze eine sichere Grundlage zu verschaffen suchen, die vorgeschlagenen Punkte sollten dann alle Armeen gleichzeitig erreichen.

Ganz anders äußerte sich Wellington über Schwarzenbergs Plan.

„Wie stark wir auch im Vergleich zu dem Feinde werden sollen," so entwickelte er, „dürfen wir uns doch nicht weiter ausdehnen, als es die unbedingte Notwendigkeit mit Bezug auf die leichtere Ernährung der Truppen erfordert. Einer Ausdehnung vom Kanal bis zu den Alpen kann ich durchaus nicht beistimmen." Er erklärt dies für „verhängnißvoll". Blücher und er könnten nicht eher vorgehen, als bis die Bewegungen der anderen Armeen Teile der gegenüberstehenden Macht abgezogen hätten; der linke Flügel müsse mit dem Überschreiten des Rheins zwischen Basel und Straßburg anfangen. Auch Wellington drängte damals zum Beginnen der Bewegungen, ohne die Russen abzuwarten. „Die Erfahrung eines jeden Tages überzeugt mich von Neuem, daß wir keinen Augenblick verlieren sollten, über den wir noch zu verfügen haben."

Blücher trieb ebenfalls vorwärts; die Verzögerung bis zum 16. Juni sei ihm „sehr unangenehm"; er habe seine Truppen mit der größten Eile herangezogen. „Das Vergebliche dieser Anstrengung und die Schwierigkeit noch fast einen Monat in diesen Gegenden zu leben, müssen bei mir den Wunsch erwecken, daß die Operationen doch, wie es früher bestimmt war, mit den ersten Tagen des Juni ihren Anfang nehmen möchten. Die Zeit die wir verlieren, gewinnt der Feind; er begründet seine Macht im Innern des Landes."

Blücher machte nun auch beim Herzog von Wellington die Verpflegungsschwierigkeiten geltend und suchte ihn zum frühzeitigern Vorgehen zu gewinnen. Der preußische Bevollmächtigte bei Wellington, General Müffling, der mit dieser Aufgabe betraut war, erreichte aber nichts. Als er dem Herzog versicherte, „daß wenn er glaube, der Krieg könne mit Vorteil hier angefangen werden, der Fürst Blücher gewiß nicht dagegen sein würde," meinte er bemerkt zu haben, „daß der Herr Herzog sich nicht leicht zur Eröffnung des Krieges ohne besondere Zustimmung und auf Antrieb der hohen Mächte oder ohne besondere Befehle aus England entschließen dürfte." Müffling glaubte, der Herzog scheue die Verantwortung vor dem Parlament; aus des Herzogs Antworten aber geht hervor, daß seine abweichende Auffassung über die Kriegführung der Grund war. Er wollte nur vorgehen, wenn die österreichische Armee bei Langres angekommen sei, also von Paris nicht ferner stehe als die Preußen und Briten; ziehe Napoleon indes bedeutende Kräfte von der Nordgrenze nach dem Oberrhein oder der Vendee, dann sei er bereit, schon früher anzutreten, wenn die Zeit nur einigermaßen mit der Ankunft der übrigen Armeen zusammentreffe.

Für diesen Fall schlug nun Müffling in Blüchers Namen vor,

daß beide Armeen vereinigt die Grenze in der Gegend von Maubeuge überschreiten möchten, „um schlagen zu können, wenn der Feind eine Schlacht annehme;" außerdem bot er Truppen zu einer Belagerung an, wenn England nur die schwere Artillerie dazu gebe. „Diese Äußerungen schienen dem Herzog viel Vergnügen zu machen; er äußerte, es habe gar keine Schwierigkeit, daß wir vereint zwischen Maubeuge und Valenciennes eindrängen, und es erschiene ihm dies sehr zweckmäßig." Auch erklärte sich der Herzog unbedingt für Blüchers Anschauung, daß man Paris zum Objekt zu nehmen, anzugreifen, wo es die Umstände erlaubten und rasch zu operieren hätte; daneben dürfe die Wegnahme einiger Grenzfestungen nicht versäumt werden. Er wollte den Feldzug mit der Belagerung der nächsten französischen Festungen an der Maas und Sambre, Givet und Maubeuge beginnen; das sei ebenso nötig wie wichtig.

Auch bei Hardenberg drängte Blücher. „Um Gottes willen, ich bin mit der Armee völlig schlagfertig, laß man uns doch nicht länger still liegen! Der Krieg muß einmal sein, also so früh wie möglich begonnen, zudem uns hier der Mangel an Verpflegung drückt und der niederländische König der ungefälligste, heimlichste und intriganteste Mensch ist. Wenn ich es nicht um den braven Wellington tue, so laß ich Belgien gleich offen, da mit den Niederländern gleich noch Holland büßen muß und ich ihnen zur Last werde. Morgen gehe ich nach Brüssel um mit Wellington zu sprechen und dem Monarchen da reinen Wein einzuschenken ... Übrigens, mein Verehrter, seien Sie versichert, daß die Franzosen wieder nach alter Art ausgehauen werden; in unsern Truppen herrscht eine Wut, die zur Kühnheit übergeht."

Am 28. Mai machte Blücher seinen Besuch in Brüssel. „Der Herzog von Braunschweig", so berichtet ein Augenzeuge, „führte selbst sein in bester Verfassung sich befindendes Kontingent en parade vorbei und empfing vom Feldmarschall eine ebenso herzlich ausgesprochene als wahrhaft verdiente Anerkennung des ehrenwerten Beispiels, welches er dadurch allen deutschen Fürsten gegeben." Am folgenden Tage ließ Wellington die britische Reservekavallerie, 18 Regimenter, mit zugehöriger reitender Artillerie in der Gegend von Ninove, westlich Brüssel, dem Feldmarschall vorführen. „Es war ein herrlicher Anblick diese auf den schönsten Pferden berittene und mit vortrefflichem Material ausgerüstete Truppe zu sehen," erzählt Nostitz. „Das Revuefeld war eine große Ebene an der Tender, und das herrlichste Wetter begünstigte das wahrhaft prachtvolle und imposante Schauspiel," berichtet der damalige Oberstleutnant v. Reiche. „Nach der Revue war große Tafel bei Lord Uxbridge ... Wellington brachte mehrere Toaste aus ohne weiteren Beisatz als: the King, les Alliés und andere, dann auch die Gesundheit Blüchers. Diese wurde mit unbeschreiblichem Jubel aufgenommen und das ‚hap hap hurra‘ sowie das Trommeln mit den Gläsern auf dem Tisch wollte kein Ende nehmen. Als bald darauf Blücher, sich zu Wellington wendend, das Glas in die Hand nahm, um auf den Toast zu antworten, war Alles gespannt und richtete den Blick auf Blücher. Der Fluß der Rede stand ihm zu Gebote; doch der französischen Sprache, in welcher er anfing, wenig mächtig, ging er bald zur deutschen über und sprach nun mit einem Feuer, einer Kraft und einer Beredsamkeit, daß Alles von Begeisterung hingerissen wurde. Der lauteste Enthusiasmus brach aus und wollte nicht enden.“

Blücher war von diesen Tagen sehr befriedigt. „Man hat mich sehr gut aufgenommen,“ schrieb er seiner Frau, „und Wellington hat mir 6000 Mann der schönsten Kavallerie gezeigt.“ Sie sei beinahe zu schön, um gebraucht zu werden, äußerte er gegen den Staatskanzler. Er hoffe den König bereitwilliger gemacht zu haben, für die Verpflegung der Preußen aufzukommen; Wellington sei die Gefälligkeit selbst und ein sehr bestimmter Mann; „wir werden eine gute Ehe miteinander führen“. Aber es war auch ihm nicht gelungen, den Herzog zum selbständigen früheren Losbrechen zu bewegen. Ehe die österreichische Armee in Frankreich eingedrungen sei, wolle er sich auf nichts einlassen. „Der Marschall Blücher“, schrieb Wellington einige Tage später an Schwarzenberg, „ist fertig und sehr ungeduldig anzufangen; aber ich habe ihm heute sagen lassen, daß wir meines Erachtens nichts tun könnten, bis wir sicher den Tag wüßten, an dem Sie beginnen werden.“

Blücher wandte sich deshalb nochmals an Hardenberg. „Nun bitte ich Sie, mein Verehrter, bewirken Sie es, daß wir bald zur Operation kommen. Unser Zaudern kann den größten Nachteil haben. Ist es wahr, was alle unsre Nachrichten sagen, daß in der Vendee große Unruhen entstanden und daß die französischen Truppen auf Wagen dahin gebracht werden, um den Aufruhr zu dämpfen, so ist es unverzeihlich, wenn wir diese gutgesinnten Menschen unterjochen lassen. Dagegen wenn wir über die Grenze gehen, sie mehr Luft kriegen und es immer mehr zu ihrer Verstärkung wirkt. Ich bin bei Wellington gewesen; er ist ganz mit mir einverstanden und wenn der Befehl zum Vorrücken ausbleibt, die Unruhen in Frankreich zunehmen, so mache ich es wie in Schlesien und schlage los; Wellington accompagnirt mich sicher ... Gut soll und wird es gehen, denn die große Macht, die sich die Sicherheitskommissare von Bonaparte träumen, ist ein Hirngespenst; es fehlt ihm an Allem und besonders hat er das Zutrauen in sich selbst und seinen Anhang verloren ... Meine Armee ist im schönsten Zustande und in einer Stimmung wie man sie nur wünschen kann."

Auch aus Blüchers Umgebung wissen wir, wie ungeduldig er war. „Umgeben von seinen alten erprobten Waffengefährten, an der Spitze einer Armee, deren Mut und Tatkraft er im Laufe der beiden kaum beendigten Feldzüge so vielfach zu bewundern Gelegenheit gehabt, fühlte er sich mit einem Bundesgenossen wie Wellington und im innigen Verbande einer so ausgezeichneten Armee als die englische war, stark genug, auch ohne fremde Hülfe den Kampf zu beginnen und denselben auch ohne die Mitwirkung der verbündeten Heere siegreich zu beenden. Er bedauerte daher die Fesseln, welche man seinem augenblicklichen Handeln angelegt." „Ich hoffe nicht, daß dieser Krieg lange dauern wird," schrieb er nach Haus; „wenn er nur erst angefangen wäre!"

Als Bewegungen bei den französischen Truppen von der Grenze ins Innere des Landes zurückgemeldet wurden, stieg Blüchers Ungeduld; er hoffte durch den englischen Bevollmächtigten in seinem Stabe den Herzog zum Vorgehen mit ihm zu bewegen. „Unser Entwurf ist zwischen Sambre und Schelde einzubringen und uns der Plätze Maubeuge und Avesnes zu bemeistern," schrieb Gneisenau, „während der Herzog von Wellington sogleich Cambrai angreift." Zuerst sollten die in dritter Linie liegenden Plätze angegriffen werden, um die vorderen Festungsreihen von Frankreich abzuschneiden. Ob der Herzog hierauf eingehen werde, stehe dahin. An seine Frau schrieb Blücher in diesen Tagen, er glaube, daß der Stillstand nicht mehr lange dauern werde: „in Zeit von höchstens zehn Tagen wird die Büchse wohl losgehen und wir nach Frankreich hineingehen. Bonaparte greift uns nicht an; davor könnten wir hier noch ein Jahr stehen; seine Angelegenheiten stehen so brillant nicht . . . Ich stehe hier mit 130000 Mann Preußen,*) die im schönsten Stande sind und womit ich mich getraue, Tunis, Tripolis und Algier zu erobern, wenn es nur nicht so weit wäre und man übers Wasser müßte! . . . Meinen ersten Brief schreibe ich aus Frankreich." Aber der vorsichtige Herzog ließ sich auf nichts ein.

Der Feldmarschall suchte nun durch Einwirkung auf den König zum Ziel zu gelangen: „Die lange Verzögerung des Anfangs der Feindseligkeiten halte ich für höchst nachteilig. Der Feind verstärkt sich von jetzt an verhältnismäßig weit mehr als wir, und Bonaparte gewinnt wieder Zeit, seine Macht im Innern Frankreichs fest zu gründen. Der Fürst Wrede [rechter Flügel der österreichisch-bayerischen Armee] ist mit mir hierin ganz einverstanden und da hier durch die nicht

*) Müffling berechnet die Verpflegungsstärke der Armee sogar auf 162 000 Köpfe; es ist jedenfalls das Bundeskorps bei Trier dabei eingerechnet.

guten Anstalten der niederländischen Behörden die Verpflegung mit jedem Tage schlechter und die Last für das Land drückender wird, so muß ich Eure Majestät alleruntertänigst ersuchen, den Anfang der Feindseligkeiten möglichst zu beschleunigen."

An den Vetter in Altona äußerte sich Blücher in dieser Zeit ausführlicher über die ganze Lage. „Nun bin ich hier," schrieb er, „und habe 140000 Mann gute und völlig schlagfertige Menschen um mich; nur schade, daß sie eine Stunde müßig sind! Der Krieg soll einmal sein, also ihn sobald wie möglich anfangen, ist das Klügste. Gut wird die Sache gehn, darüber bin ich sicher; aber es wird wieder Menschen kosten. Vor einiger Zeit war ich bei meinem Nachbar Wellington in Brüssel; auch dieser ist mit mir einverstanden, daß wir keinen Tag verlieren müssen. Wir schreiben Beide alle Tage, man soll uns die Fehde beginnen lassen; aber bevor die drei großen Herrn wieder beieinander sind und die russische Armee in die Linie eingerückt ist, wird es wohl nicht vor sich gehen; doch dieses ist Beides nicht fern. Bonaparten mag denn doch närrisch zu Mute sein. Die Donquixote-Reise seines Herrn Schwagers Murat [nach der Niederlage von Tolentino, 25. Mai, flüchtete er nach Frankreich, Napoleon wies ihn aber zurück], das Abscheiden aus dieser Welt von seinem Knappen Berthier [1. Juni in Bamberg durch Selbstmord], die Ankunft der ganzen korsischen Familie, die Frankreich doch nun ernähren soll, dies Alles mag doch wohl vorm Schlafengehen ihn beunruhigen. Wie, wenn er Berthier folgte!? Dadurch könnte der Krieg vermieden werden und er wäre in Ruhe, wenn in einer Welt Ruhe vor ihm stattfindet. Ich bin hier viel von Franzosen umgeben, die alle für Ludwig den 18ten sterben wollen, aber sich doch nicht exponiren. Gott, die Nation ist doch tief gesunken!" An lange Dauer des Krieges glaube er nicht.

Auch Gneisenau war für schleunige Eröffnung des Feldzuges; aber er wolle nur „ohne Übereilung" in die Grenzlande einrücken, in denen er keinen starken Widerstand erwartete, um aus ihnen die Truppen zu verpflegen und zu besolden, während die Reserven die festen Plätze belagern. Bonaparte könne diesen Zustand nicht ertragen; er müsse zum Angriff übergehen, den jede Armee aber nur auf einem ihr günstigen Boden annehmen dürfe. So wünschenswert schnelle Entscheidung sei, so dürfe man doch das Schicksal des Krieges nicht in Frage stellen; es sei besser, ihn eine Zeitlang altsystematisch zu führen. Bonaparte habe jetzt 200000 Mann Feldtruppen; diese müsse man langsam einzuschnüren suchen, gleichsam durch Laufgräben, Zickzacks und Parallelen; der allgemeine Sturm dürfe erst dann geschehen, wenn er einen Ausfall gewagt und zurückgetrieben sei. Wenn diese Anschauungen nicht in zwei verschiedenen Briefen wiederkehrten, würde man sie für untergeschoben halten.

In der ersten Juniwoche wurden die Spionmeldungen vom Abrücken feindlicher Truppen ins Innere widerrufen; es wurde bekannt, daß ein neues Korps von der Mosel an die Maas herangezogen werde. Dann wieder kamen Nachrichten, daß die Hauptstraßen an der Grenze durch Befestigungen gesperrt würden. Am 6. wußte man aus verschiedenen angeblich sehr guten Quellen, daß Napoleon heute zur Armee nach Laon abreise; er werde vom 7. bis 10. einen Scheinangriff auf Charleroi machen, um sich dann auf Mons zu werfen. Nebenher ging an einem Tage die Kunde, daß die Garde von Paris in die aufständische Vendee abgerückt sei, am andern Tage wurde sie an der Grenze erwartet. Dann sollte sie zum Teil nach Straßburg, zum Teil gegen Belgien abgerückt sein. Ausgewanderte französische Offiziere trugen allerlei Vermutungen über Napoleons Verhalten vor. Einmal wurden die feindlichen Grenzposten zurückgezogen, dann befanden sie sich wieder in ihren alten Aufstellungen. Die Generale an der Grenze glaubten heute dies, morgen das Entgegengesetzte. An einem und demselben Tage wußte man aus Paris, Napoleon habe die Absicht, sich nach der Ostgrenze zu begeben und er werde nach der Nordgrenze abreisen, oder auch, er wage die Hauptstadt nicht zu verlassen. Bei beiden Armeen war am 9. vor der Front der Preußen Kanonendonner zu hören, der als Begrüßung des Kaisers durch seine Truppen aufgefaßt wurde; ob dies aber bei Marienburg nahe der Maas oder bei Maubeuge an der Sambre gewesen sei, blieb ungewiß. Wellington vermutete, Napoleon begebe sich längs der Grenze vor seine Front nach Lille. Am 11. meldete Müffling aus Brüssel, der Herzog habe sichere Nachricht, daß Napoleon am 7. noch in Paris gewesen sei; der Herzog sehe einem etwaigen Angriff mit größter Ruhe entgegen, da er mit seinen Anstalten, ebenso wie die Preußen, fertig sei. Müffling glaube indes nicht an ein Vorgehen Napoleons.

Im Blücherschen Hauptquartier herrschte bei all diesen wechselnden Angaben und Vermutungen die Anschauung vor, daß Napoleon den Angriff der Verbündeten abwarten werde. „Der Feind wird uns indessen nicht angreifen, sondern selbst bis an die Aisne, Somme und Marne zurückweichen, um dort seine Kräfte zu konzentriren," schrieb Gneisenau am 9., und noch am 12.: „Die Gefahr des Angriffs ist fast verschwunden." Daß man aber doch auch darauf gefaßt war, beweist der am 12. an den König erstattete Bericht. Die Aufstellung des Feindes habe sich im wesentlichen nicht verändert, „nur treffen alle Nachrichten darin überein, daß alle bei Paris versammelt gewesenen Truppen nach Laon aufgebrochen sind, wo auch der Marschall Soult [der Kriegsminister] am 7. d. Mts. angekommen ist. Die Macht, die Bonaparte gegen die vereinigte preußisch-englische Armee in Bewegung setzen kann, scheint 110- bis 120000 Mann zu sein." Wieder drängte Blücher vorwärts; der Gegner werde seine Feldarmee noch durch Nationalgarden verstärken, Bonaparte gewinne täglich eine festere Stellung im Lande. „Das zögernde System von unsrer Seite verschafft ihm erst die Heere, die wir dann mit vielem Blut bekämpfen müssen." Nun kam auch noch die Mitteilung Schwarzenbergs, daß die Feindseligkeiten erst am 27. Juni eröffnet werden sollten.

Auch die am 13. im Hauptquartier eingehenden Nachrichten über den Feind berichten nichts Beunruhigendes. Die Versammlung des Korps Vandamme bei Philippeville wurde widerrufen; er befinde sich noch rückwärts bei Rocroi; zwischen Maas und Sambre ständen einige 60000 Mann gegenüber, davon seien aber nur weniger als die Hälfte Linientruppen.

So glaubte man an das, was im Vorteil Napoleons zu liegen schien. Durch die Verteidigung gewann er Zeit; „man kann nie berechnen, wieviel Zeit eine unentschlossene Heerführung verliert", mochte sein Gedanke sein. Die Verbündeten mußten eine große Zahl von Festungen einschließen sowie eine Menge von Straßen sichern und sich dadurch schwächen; je weiter nach Frankreich hinein, um so mehr war auf die Teilnahme des Volkes am Kriege zu rechnen. Es schien sehr natürlich, daß Napoleon die Kriegführung von 1814 wiederholen werde.

Der Feldmarschall verlebte, wie Nostitz versichert, unterdes in Namür angenehme Wochen; er bewohnte ein sehr bequem eingerichtetes, freundlich gelegenes Haus. „Die Gesundheit des Fürsten ließ Nichts zu wünschen übrig; er machte sich täglich viel Bewegung zu Pferde, sobald die Geschäfte des Dienstes beendigt waren, und sah jeden Mittag große Gesellschaft bei sich. Der benachbarte Adel und die ersten Personen der Stadt wurden öfters eingeladen. Da er stets sehr früh aufstand, legte er sich gewöhnlich schon um 10 Uhr des Abends zu Bett." Zwischendurch hielt der Feldmarschall Truppenbesichtigungen ab.

Da zogen plötzlich am 14. Juni drohende Wolken herauf, die sich in einem kurzen, aber schrecklichen Gewittersturm entluden.

Versammlung zur Schlacht.

14. und 15. Juni.

Am 14. Juni vormittags lief im Hauptquartier von der Grenze die Meldung des Generals v. Zieten ein, nach allen Nachrichten habe man Bonaparte mit seinen Garden am 13. abends in Maubeuge erwartet, wo das Korps Reille schon eingetroffen sei. Ein übergegangener französischer Tambourmajor gebe an, vier feindliche Bataillone seien am 13. mittags in Merbes, 15 Kilometer unterhalb Maubeuge an der Sambre, eingerückt; auch der nächste Flußübergang dicht unterhalb Merbes sei stark besetzt. Der Tambourmajor glaube, daß ein Angriff für den 14. oder 15. bevorstehe. Zieten wußte aus anderer Quelle, daß zwei von der Mosel heranrückende Divisionen des Korps Gerard ihren Marsch über die Maas nach Nordwesten fortgesetzt hätten. Er meldete, daß seine Brigaden bereit seien, sich jeden Augenblick zusammenzuziehen. Bald folgten weitere auf die Versammlung der feindlichen Kräfte an der Grenze sich beziehende Nachrichten. Aus Brüssel schrieb General Müffling, daß nach den dort in der Nacht eingegangenen Meldungen sich die ganze feindliche Armee bis zum 14. bei Maubeuge versammle.

Trotz aller Widersprüche und trotz aller bisherigen irreleitenden Erfahrungen überwog bei Blücher und Gneisenau die Ansicht, daß diesmal ernstlich mit dem Angriff Napoleons zu rechnen sei. Mittags ging an die hinteren Korps die Anweisung, sich enger zusammenzuziehen und auf alle Fälle bereit zu sein; dem entferntesten, Bülow, wurde der Marsch nach Hannüt, nordöstlich von Namür, in Aussicht gestellt. Nachmittags und abends wurden noch allerlei sich oft widersprechende Einzelheiten gemeldet. Die bei Maubeuge zusammengezogenen Truppen seien dort nur besichtigt worden und nach allen Richtungen wieder auseinander gegangen. Nicht Napoleon, sondern Jerome sei in Maubeuge angekommen. Napoleons Küche sei gestern in Avesnes gewesen, er selbst noch nicht. Er sei indes in der Nacht zum 12. aus Paris abgereist. Die Vorposten vor der britisch-niederländischen Armee seien großenteils verschwunden, die Garnison von Lille sei ausgerückt. Alle Truppen sammelten sich bei Maubeuge und Beaumont; nach anderen Angaben seien sie von da auf Philippeville weitergegangen. Bis Beaumont schätze man 70000, bis Philippeville 100000 Mann. General v. Zietens Beobachter hatten Wachtfeuer gesehen, wonach ein Korps von ziemlicher Bedeutung dicht nördlich von Beaumont, ein anderes 7 Kilometer östlich von Maubeuge gelagert habe.

Aus Brüssel kehrte Oberst v. Pfuel zurück, der mit dem Herzog von Wellington besprochen hatte, wie und wann die beiden Armeen nach den neuesten Weisungen der Monarchen Ende Juni den Vormarsch antreten sollten. Auch Wellington war über die Versammlung des Feindes bei Maubeuge genau unterrichtet; er hielt im Vertrauen auf seine guten geheimen Beziehungen in Paris die Gerüchte über Napoleons Anwesenheit für falsch. „Ich denke, wir sind jetzt hier zu stark für ihn," hatte er am 13. geschrieben, und jetzt ließ er Blücher sagen, er sei zur Unterstützung sofort bereit, glaube aber nicht, daß die preußische Armee angegriffen werden würde.

Blücher hatte sich bereits zur Ruhe begeben, als spät in der Nacht zwei Überläufer eintrafen, die mit größter Bestimmtheit aussagten, Napoleon sei am 13. bei der Armee eingetroffen und habe den Angriff für den 15. befohlen. Gneisenau schenkte diesen Angaben Glauben; anscheinend waren die Überläufer gut unterrichtete französische Offiziere. Gneisenau wollte diese Nachricht dem Feldmarschall melden, unterließ es aber, als er erfuhr, daß dieser schon schlafe. Er nahm es auf sich, sofort die Anordnungen zur Versammlung der Armee zu treffen, die er jedenfalls schon eingehend mit dem Feldmarschall besprochen hatte. Das Korps Pirch sollte sich 14 Kilometer westlich von Namür bereitstellen, das Korps Thielmann wurde nach Namür auf das nördliche Maas-Ufer herangerufen; den General v. Bülow forderte Gneisenau auf, am 15. in enge Unterkunft um Hannüt, 30 Kilometer nordöstlich von Namür, zu rücken. Zieten hatte bereits für den Fall eines überlegenen Angriffs den Befehl zum Zurückweichen auf Fleurus, 20 Kilometer westlich von Namür, wo schon seit Wochen eine Stellung erkundet war, in der man eine Schlacht annehmen wollte. An das Bundeskorps Kleist bei Trier ging der Befehl, in der Richtung auf Namür anzutreten.

Am 15. gegen 9 Uhr morgens ging vom General v. Zieten die Meldung ein, daß er auf seinem rechten Flügel seit ½5 Uhr mehrere Kanonenschüsse, um 5 Uhr auch Kleingewehrfeuer höre; er wisse aber noch nicht, was dort vor sich gehe. Zieten erhielt nun die Befehle für die anderen Korps und die Anweisung, den Gegner genau zu beobachten, auch die Gegend westlich von Charleroi zu überwachen. Etwa um 11 Uhr kam ein Bericht Zietens, daß der Feind längs der Sambre auf beiden Ufern vordringe und die preußischen Vorposten schon bis 7 Kilometer von Charleroi zurückgedrängt habe. Südlich von Charleroi hätten die Franzosen die Grenze noch nicht überschritten. Napoleon sei mit seinen sämtlichen Garden zugegen; der Feind zeige besonders viel Kavallerie. Die beiden vorgeschobenen Brigaden würden

ſich bis hinter Charleroi in die Linie Goſſelies—Gilly zurückbegeben
müſſen. Dem Herzog von Wellington habe er gleichfalls gemeldet und
ihn erſucht, ſich nunmehr bei Nivelles zu verſammeln, wie er durch
Müffling in Ausſicht geſtellt habe. Blücher entſchloß ſich nun, die
Armee morgen bei Sombreffe zu vereinigen und ſchon heute das
Hauptquartier dorthin zu verlegen. Zieten wurde angewieſen, heute
womöglich nicht weiter als bis Fleurus zurückzugehen. Sodann wurde
Bülow aufgefordert, ſobald ſein Korps bei Hannût die nötige Ruhe ge-
noſſen habe, ſpäteſtens aber am 16. früh mit Tagesanbruch aufzubrechen und nach Gemblour, 7 Kilometer von Sombreffe, heranzukommen. An Wellington wurden in der Mittagsſtunde die bisherigen
Vorgänge und die Abſicht des Feldmarſchalls mitgeteilt, bei Sombreffe
die Schlacht anzunehmen; der Herzog werde um ſchleunigſte Angabe
erſucht, was er beſchloſſen habe.

Blücher nahm ſich noch die Zeit, um nach Haus Kunde von den
kommenden Ereigniſſen zu geben. „In dieſem Augenblick,“ ſchrieb
er ſeiner Frau, „erhalte ich die Meldung, daß Bonaparte meine
ganzen Vorpoſten angegriffen. Ich breche ſogleich auf und rücke meinem
Gegner entgegen. Mit Freuden will ich die Schlacht annehmen und
von dem Ausgang Dir gleich ſchreiben.“ Sie ſolle dies in Berlin
bekanntmachen und es jedenfalls die Königlichen Prinzeſſinnen wiſſen
laſſen. An die Prinzeſſin Wilhelm wolle er ſelbſt noch zwei Worte
ſchreiben.

Nachmittags ritt der Feldmarſchall mit ſeinem Stabe nach Sombreffe. Unterwegs kam ihm ein Trupp von ſechs franzöſiſchen Offizieren
entgegen, an ihrer Spitze ein Diviſionsgeneral, der im letzten Augenblick Napoleons Fahnen verlaſſen hatte und bat, ſich zu ſeinem König
nach Gent begeben zu dürfen. Der Feldmarſchall geſtattete dies, gab
ihm aber ſeine Verachtung unzweideutig zu erkennen. Aus des Generals
Mitteilungen ging hervor, daß ſeine Diviſion geſtern Abend 20 Kilometer ſüdöſtlich von Charleroi geſtanden habe, das von Metz
gekommene Korps Gerard, zu dem ſeine Diviſion gehöre, ſei über
Philippeville im Vormarſch. Weitere Einzelheiten könne er nicht an-
geben, da bei ſeinem Fortreiten der Befehl zum Überſchreiten der
Grenze noch nicht eingetroffen ſei. Die Armee Napoleons ſei 120000
Mann ſtark. Jetzt kam auch eine Meldung Zietens von $\frac{1}{2}$2 Uhr nachmittags aus der Gegend von Gilly, 3 Kilometer diesſeits Charleroi,
die erkennen ließ, daß der Feind Charleroi ſchon erreicht habe. Der
Gegner ſei von Weſten und von Süden gegen Charleroi vorgedrungen;
was ſich ihm gegenüber befinde, ſei ſeinem Korps bedeutend überlegen.
Er werde deshalb, wenn der Feind ſtark dränge, mit ſeinen beiden

vorderen Brigaden den Rückmarsch auf Fleurus fortsetzen, wo sich die andere Hälfte des Korps aufstelle. Nun wurde nochmals ein Offizier an das Korps Bülow geschickt und die bestimmte Erwartung ausgesprochen, daß es am folgenden Vormittag um 10 Uhr in Gemblour sein werde.

Je mehr Blücher sich Sombreffe näherte, je deutlicher konnte man links vorwärts bei der Brigade Pirch das Feuern hören, das näher zu kommen schien. Um 5 Uhr war auch Geschützfeuer weiter rechts aus der Gegend von Gosselies vernehmbar, wo die Brigade Steinmetz stand; bald war auch in dieser Richtung Gewehrfeuer zu unterscheiden. Der Feldmarschall ritt von Sombreffe noch auf die Höhe nordöstlich von Fleurus vor, von wo er das Gelände weithin übersehen konnte. Er begrüßte eine dort bereitgestellte Brigade des Korps Zieten; die Truppen erwiderten seine Anrede mit freudigem Hurra.

Die Gegend war ihm nicht unbekannt; hier hatte vor 22 Jahren General v. Knobelsdorff mit seinem Korps auf dem Marsch von Flandern nach Luxemburg gelagert, in einem der großen Dörfer hatte Blücher mit seinen Husaren gelegen.

Jetzt erscholl auch Kanonendonner von noch weiter rechts, aus der Gegend von Frasnes und Quatrebras, wo sich die Straßen von Charleroi nach Brüssel und von Sombreffe nach Nivelles kreuzen. Das Feuer dort ging merklich nach Norden zurück. Der Feind brang also auch auf der Straße nach Brüssel vor und bedrohte so die Verbindung zwischen beiden Armeen. Wenn Wellington aber seine Armee rechtzeitig dorthin vorgehen ließ, so mußte es schon morgen zur Entscheidungsschlacht kommen.

Im Posthaus zu Sombreffe, wo Blücher die Nacht zubrachte, ging nun aber ein Brief des Generals v. Müffling von heute Morgen ein, der zeigte, daß des Herzogs Hauptquartier damals noch ganz und gar nicht auf solche Dinge vorbereitet war; Müffling meinte noch harmlos: „Da wir gestern nicht angegriffen worden sind, so scheint es, daß der Feind uns täuschen will und seine Front maskirt, um die Bewegungen, die er vor hat, besser zu verbergen." In Gent behaupte man, die königliche Partei hätte in der Vendee Erfolge errungen; Napoleon habe die junge Garde dorthin geschickt, und es sei zu fürchten, daß die Vendee niedergeworfen werde, ehe die Verbündeten den Feldzug eröffneten. „So kann es sein," heißt es weiter, „daß Napoleon hier unsre Aufmerksamkeit erregen will, um Zeit zu gewinnen, vielleicht um eine Stellung zu nehmen, die seiner jetzigen Lage angemessen ist, nämlich im Centro, in der Gegend von St. Menehould mit der Hauptarmee, um auf uns, auf die Österreicher oder Russen fallen zu können."

In Brüssel lebte also heute früh alles noch im tiefsten Frieden. Doch versicherte Müffling, die Korps der britisch-niederländischen Armee könnten in „ganz kurzer Zeit" zusammengezogen werden und die Reserven sich von Brüssel in allen Richtungen bewegen. Auch betonte er, daß der Herzog bereit sei, mit den Preußen vereint zum Gegenangriff zu schreiten. Es war zu hoffen, daß mittlerweile Zietens Meldung den wahren Zustand der Dinge enthüllt habe, und die Versammlung der Armee bei Nivelles oder besser bei Quatrebras eingeleitet sei.

Am späten Abend kam der Chef des Stabes des Generals v. Zieten, Oberstleutnant v. Reiche, ins Hauptquartier und meldete das Eintreffen des Armeekorps in der Gegend von Fleurus, machte aber darauf aufmerksam, daß der Feind ihm dicht gegenüberstehe und das Gelände für das Korps dort recht ungünstig sei. Die Korps Pirch und Thielmann hatten Befehl, in aller Frühe des 16. heranzurücken, sobaß es nötig schien, daß Zieten sich zunächst noch bei Fleurus halte. Wenn dann mittags oder spätestens nachmittags das Korps Bülow eintraf, so konnte man außer Sorge sein; die Preußen allein waren dann der Zahl nach den Kräften Napoleons mindestens gewachsen.

Von den Vorgängen bei der Armee Wellingtons hatte man noch immer keine Kenntnis, rechnete aber mit Sicherheit auf deren Herankommen. „Morgen wird es sich entscheiden," meldete Blücher dem König, „ob der Feind sich gegen mich oder gegen den Herzog Wellington wenden wird. Auf jeden Fall ist morgen der entscheidende Tag." Der Ernst der Lage macht sich schon in diesem Schreiben geltend. Es zeige sich jetzt deutlich, wird darin ausgeführt, wie falsch es sei, die Österreicher und die Russen den großen Bogen über Basel und über Luxemburg machen zu lassen. Das habe es Bonaparte ermöglicht, alle seine Kräfte gegen die Niederlande zu vereinigen. Gneisenau äußerte sich gleichzeitig gegen Knesebeck noch weniger zuversichtlich: „Es möge uns nun hier ein Unfall begegnen oder wir einen Sieg erfechten, so ist die Beschleunigung der Operationen Ihrerseits von der höchsten Wichtigkeit auf das Schicksal des Krieges." Vor allem aber drängte er in Brüssel darauf, daß Müffling ihm die Absichten des Herzogs sofort mitteile; falls der Feind nicht die rechte Flanke umgehe, wolle Blücher die Schlacht bei Sombreffe annehmen.

Jetzt aber, gegen Mitternacht, traf die unerwartete Meldung Bülows ein, daß er noch bei Lüttich stehe und erst morgen früh den Marsch nach Hannût antreten werde; sein Korps war mit der Masse

über 60 Kilometer vom Schlachtfeld entfernt. Bülow hatte die Aufforderung zum Marsch auf Hannüt heute erst so spät erhalten, daß
er, ohne Kenntnis von der allgemeinen Lage, es bei dem Heranziehen
der entfernteren Teile des Korps hatte bewenden lassen. Trotzdem
blieben Blücher und Gneisenau bei dem Entschluß, morgen die Schlacht
anzunehmen, rechneten sie doch darauf, daß Wellington zur Stelle
sein würde; mit ihm vereint brauchten sie Napoleon nicht zu scheuen.
Auch hielten sie es nicht für ausgeschlossen, daß auch Bülow noch zur
Entscheidung herankommen werde. Zieten wurde schließlich gestattet,
in der Morgenfrühe hinter den Lignebach zurückzugehen.

Ligny.

16. Juni.

Bei Tagesanbruch des 16. Juni stieg Blücher zu Pferde. Zunächst wurde Major v. Brünneck mit einer Reiterabteilung nach Quatrebras entsendet, um die Verbindung mit der Nachbar-Armee aufzunehmen. Dann ritt der Feldmarschall nach der Windmühlenhöhe
zwischen Ligny und Brye.

Der Höhenrücken, auf dem das Mühlengehöft steht, ist zwar
beinahe ringsum von langgestreckten großen Dörfern umgeben, man
hat aber doch von dort nach Süden und Osten einen guten Überblick
über das flachwellige Gelände, da die Dörfer in den Bachniederungen
liegen, die die Höhen umziehen. Im Westen bilden Brye und Saint
Amand eine fast ununterbrochene Kette von Gehöften, die durch Gärten
und Gebüsch miteinander verbunden sind; der sie durchfließende Bach
ist unbedeutend. Dagegen ist der den Ostfuß des Rückens begleitende
Lignebach, namentlich unterhalb des Dorfes Ligny, durch seine sumpfigen Wiesen ein bedeutendes Hindernis. Die Dörfer sind vielfach von
Mauern und starken Hecken eingefaßt; steinerne Gehöfte, oft in mehreren Reihen hintereinander, steigern die Verteidigungsfähigkeit.

So gleicht das Gelände zwischen den Dörfern einer Halbinsel,
die sich von Sombreffe aus zwischen der Straße Namür—Fleurus—
Charleroi und der 4 bis 5 Kilometer nordwestlich davon in ungefähr
gleicher Richtung ziehenden Römerstraße etwa 4 Kilometer weit vor-
reckt. Sie verjüngt sich von einer Breite von 3 Kilometern im Norden
zu etwa 1200 Metern an der Spitze bei Saint Amand. Von dem Rücken
selbst, auf dem die Mühle steht, ziehen mehrere flache Gründe zum
Lignebach hinunter, so daß hier die gedeckte Aufstellung und Bewegung

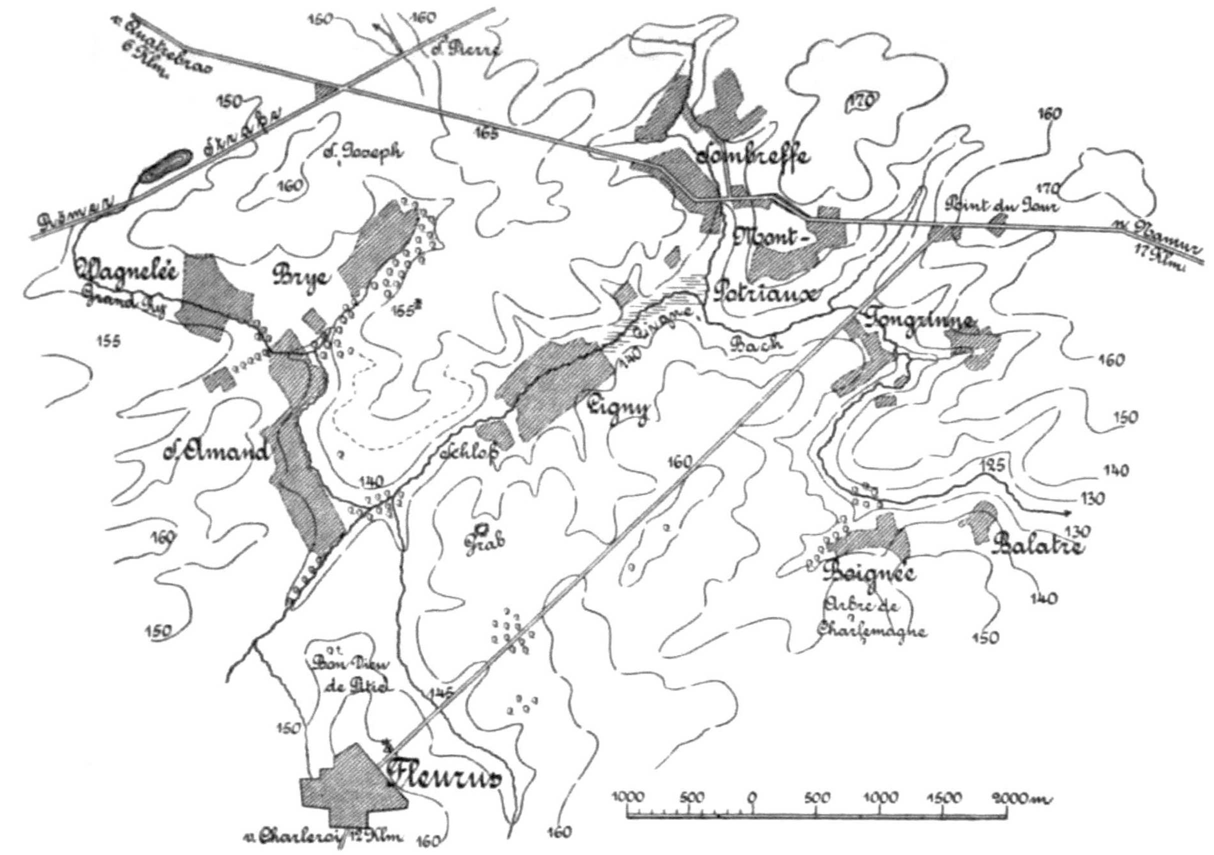
n. Quatrebras 6 Klm.
St. Pierre
Sombreffe
Point du Jour
n. Namur 17 Klm.
St. Joseph
Mont-
Potriaux
Wagnelée
Grand Ry
Brye
Tongrinne
St. Amand
Ligny
Schloß
Bach
Grab
Balatre
Baignée
Arbre de Charlemaghe
Bon Dieu de Pitié
Fleurus
n. Charleroi 12 Klm.
1000　500　0　500　1000　1500　2000m

großer Truppenkörper möglich ist. An dies Gelände, das Hauptkampf-
feld des 16., schließt sich die eigentliche Stellung von Sombreffe
längs des unteren Lignebaches an, quer über die Straße Fleurus—
Namür hinüber. Der Lignebach und Reihen von Gehöften auf beiden
Bachufern sowie die günstigen Höhenformen gaben diesem Teil große
Stärke. Zugleich war von dort das Vorgelände bis Ligny hin wirksam mit Artilleriefeuer zu bestreichen. Auf den Feldern stand großenteils hohes Korn.

Als Blücher bei der Windmühle eintraf, war das Korps Zieten
im Begriff sich in dem vorderen Teil der Stellung einzurichten. Einige
Bataillone besetzten die Dörfer Saint Amand, Ligny und Brye; die
Masse der Artillerie fand eine günstige Stellung auf der unteren
Höhen-Stufe, die sich vom oberen Teil von Saint Amand im Bogen
nach Ligny zieht. Die Masse der Infanterie stellte sich brigadeweise
hinter Saint Amand und zwischen Brye und Ligny auf, hier auch
eine Reserve an Artillerie. Überall wußte der Feldmarschall den
Kampfesmut der Truppen durch kurze Ansprachen zu beleben.

Noch war in der Vorpostenlinie alles ruhig; fast schien es, als
ob der Feind nach der Brüsseler Straße hinüberziehe. Die Reservekavallerie Zietens hielt mit einer Batterie südlich Ligny an dem sogenannten Grab, einem hervortretenden Erbhügel. Sie meldete gegen
10 Uhr, daß eine starke Infanteriekolonne mit Kavallerie im Anmarsch
von Charleroi auf Fleurus sei, zog nun durch Ligny ab und
stellte sich nördlich des Dorfes bereit. Der Feind folgte zunächst
nicht über Fleurus hinaus. Endlich zwischen 10 und 11 Uhr
rückte das Korps Pirch durch Sombreffe als Reserve hinter dem Korps
Zieten ein, von Blücher mit anfeuernden Worten begrüßt. Das Korps
Thielmann kam erst in der Zeit zwischen 1/2 12 und 1/2 1 Uhr an; ihm
wurde die Stellung östlich von Sombreffe beiderseits der Straße
nach Namür zugewiesen. Thielmann gegenüber, auf den Höhen östlich
von Ligny, marschierten starke feindliche Kavalleriemassen auf.

Inzwischen war im Hauptquartier endlich eine Mitteilung des
Generals v. Müffling aus Brüssel von gestern Abend eingegangen,
die lautete: „Soeben trifft hier die Nachricht ein, daß General v. Zieten
angegriffen ist. Der Herzog Wellington hat beschlossen, daß Alles sich
auf dem Rendezvous sammelt und der Prinz von Oranien soll ihm
berichten, ob Kolonnen auf Nivelles gerichtet sind, denn entweder der
Feind geht längs der Sambre, um sich mit Kolonnen zu vereinigen,
welche von der Gegend von Givet kommen, oder er greift bei Fleurus
an und dann ist es wahrscheinlich, daß er auch bei Nivelles angreift.
— Sobald der Mond aufgeht, setzt sich die Reserve in Marsch, und wenn

der Feind nicht bei Nivelles zugleich angreift, so wird der Herzog morgen mit seiner ganzen Macht in der Gegend von Nivelles sein um Euer Durchlaucht zu unterstützen oder, im Fall der Feind Höchstdieselben bereits angegriffen hätte, nach einer zu nehmenden Abrede grade in seine Flanke oder in seinen Rücken zu gehen. — Ich glaube, Euer Durchlaucht werden mit dieser Erklärung und Tätigkeit des Herzogs zufrieden sein. Ich hoffe, daß wir am 17. Victoria schießen können."

Bülow wurde jetzt aufgefordert, von Hannût auf der Römerstraße weiterzumarschieren, zunächst bis auf die Höhen 4 Kilometer nördlich von Sombreffe. Bald nach 10 Uhr ging dann eine Meldung des Majors v. Brünneck ein, die er gegen 7 Uhr aus Quatrebras abgesandt hatte; er habe den Prinzen von Oranien mit 7 Bataillonen dort gefunden, der Feind stehe bei Frasnes gegenüber und verhalte sich bis auf vereinzelte Kanonen- und Gewehrschüsse ruhig. „Der Prinz von Oranien glaubt, daß in Zeit von 3 Stunden die ganze belgische und der größte Teil der englischen Armee bei Nivelles konzentrirt sein kann. — 17 englische Bataillone sind von Brüssel aus zur Unterstützung des Punktes von Quatrebras in Marsch gesetzt worden."

Gegen 11 Uhr kam Major v. Brünneck selbst zurück und meldete, Wellington sei bei Quatrebras eingetroffen; man habe sich dort noch mit feindlichen Schützen herumgeschossen. Wegen des hohen Getreides und des mit vielen Büschen bedeckten Geländes sei die Stärke des Feindes und die Ausdehnung seines linken Flügels nicht zu erkennen gewesen; mehr als 3 Bataillone, 2 Reiter-Regimenter und einige Geschütze habe er bis dahin nicht gezeigt.

Gegen Mittag kam ein Schreiben des Herzogs von Wellington, das er um 10½ Uhr in der Gegend von Quatrebras abgesandt hatte. Eine Division des Prinzen von Oranien stehe dort, der Rest seines Korps bei Nivelles, wo um Mittag die englische Kavallerie eintreffen werde; das andere Korps der Armee werde dann in Braine le Comte, 14 Kilometer westlich Nivelles, sein, seine eigene Reserve in Genappe, 4 Kilometer nördlich Quatrebras. Vor seinem rechten Flügel sei nichts vom Feinde erschienen. Er bitte um Nachrichten von Blücher, um danach über seine weiteren Bewegungen für den heutigen Tag entscheiden zu können.

Jetzt traf ein französischer Oberst ein, der angab, er habe sich nur gezwungen Napoleon angeschlossen und die Gelegenheit eines Erkundungsrittes benutzt, um zur Partei seines Königs überzutreten. Napoleon sei soeben gegenüber bei der Vorhut eingetroffen; Marschall Grouchy habe grade den Angriffsbefehl erhalten, als er aus dessen Stabe fortgeritten sei. Der Oberst wurde zum Herzog von Wellington hinübergeschickt; bald aber traf dieser selbst auf der Windmühlenhöhe ein.

Blücher begrüßte den Herzog in herzlicher Weise. Der merkwürdige Gegensatz zwischen diesen auf Zusammenwirken angewiesenen
beiden Männern kam schon äußerlich schlagend zum Ausdruck. Die
schlanke, hochgewachsene Erscheinung des vornehmen Engländers mit
dem trockenen, bartfreien Gesicht und den undurchdringlichen, eisernen
Zügen flößte wohl ehrfurchtsvolle Bewunderung vor dem Eroberer
der spanischen Halbinsel ein, aber der kalte, berechnende Grundzug
seines Wesens trat in seiner Haltung und in seinem Sprechen scharf
hervor. Wie er den Hut mit dem rotweißen Federbusch lüftet, gewahrt
man über der mächtigen Nase eine hohe und breite Stirn, sinnender
Ernst gibt dem ganzen Antlitz das Gepräge. An seinem knapp anliegenden, unscheinbaren Rock deutet nichts auf seine hohe Stellung.
Der Reitstock erinnert daran, daß der Feldherr Friedenszeiten am
liebsten mit Reitsport hinbrachte. Die Satteltasche mit Schreibgerät
und der schmale Mantelsack lassen die Unabhängigkeit ahnen, in der
sich der Befehlshaber und Feldsoldat von den Stützen und Fesseln
eines schreibenden Hauptquartiers hält.

Wohl mochte man streiten, ob Blüchers Hünengestalt die achtunggebietende Hoheit seines britischen Mitfeldherrn erreiche; aber welches
Herz wäre nicht durch einen Blick aus dem offenen Antlitz des Deutschen gewonnen gewesen! Wohl wiesen die gealterten Züge um Augen
und Mundwinkel Spuren von listiger Verschlagenheit, von leicht aufflammendem Ingrimm und tiefer Verachtung für das Schlechte auf,
aber alles überstrahlte der Ausdruck herzlicher Freundlichkeit, selbstverständlicher Kühnheit, unwandelbarer Treue; aus den Augen loderte
noch das Feuer einer Begeisterung, die ihre Kraft aus dem Himmel
holt und sich das Höchste zum Ziel setzt. Unter der Schirmmütze quillt
noch das volle weiße Haar; der offene Überrock läßt auf weißer Weste
das breite Orangeband des Schwarzen Adlerordens sehen. Die Rechte
hält mundgerecht die kurze Tabakspfeife, die bestimmt scheint, die
Seelenkräfte des gewaltigen Mannes durch beruhigende Beschäftigung
so lange im Gleichgewicht zu halten, bis der Augenblick gekommen ist,
wo die Faust den Säbel zu blutiger Arbeit aus der Scheide reißt.

Wellington unterrichtete sich genau über die Aufstellung der Preußen und beobachtete die Bewegung der feindlichen Abteilungen, die
sich in der Ferne zeigten.

Dort, am Nordausgang von Fleurus (3 Kilometer), glaubt man
Napoleon mit seinem Stabe zu erkennen. Gneisenau weist darauf hin,
wie wirksam der Flankenstoß des britischen Heeres werden müsse;

sinnend blickt der Herzog auf seine Karte; er nickt mit dem Kopfe und gibt mit wenigen Worten das Versprechen, die Seinen heranzuführen. Von Blücher eine Strecke weit geleitet, sprengt der Herzog nach Quatrebras zurück, um die nötigen Befehle zu erteilen.

Glühend heiß beschien die Sonne das weite Gefilde; noch immer zögerte der Feind mit dem Angriff.

Da, gegen 2 Uhr, zeigten Staubwolken an, daß der Feind sich in Bewegung setze; jenseits Fleurus erschienen weitere Kolonnen. Bald entwickelten sich starke Kräfte gegen den Hauptteil von Saint Amand und griffen es von Südwesten her an. Die wenigen preußischen Bataillone wurden bald herausgedrängt; alle Versuche, das Dorf durch die Brigade Steinmetz wiederzuerobern, scheiterten unter großen Verlusten. Aber der Feind vermochte auch nicht weiter vorzudringen.

Inzwischen hatte sich ein anderes feindliches Korps gegen Ligny entwickelt; hier hatte sich die Besatzung besser auf hartnäckige Verteidigung eingerichtet und wies drei Anstürme der feindlichen Infanterie ab. Nun aber nahm eine lange Geschützlinie das Dorf unter Feuer und bald stand es an verschiedenen Stellen in Flammen. Jetzt ging auch die feindliche Infanterie von neuem vor; es gelang ihr, in den Ort einzudringen. Allmählich mußte die ganze Brigade Henkel eingesetzt werden, um das weitläufige Dorf zu halten. Bald aber reichten auch diese Kräfte nicht aus; auf bringende Bitte um Unterstützung befahl Blücher der Brigade Jagow, in das Dorfgefecht einzugreifen.

Gleichzeitig war aber auch bei Saint Amand Hülfe dringend nötig geworden. Der Feldmarschall schickte die Brigade Pirch, die letzte des Korps Zieten, dort in den Kampf, um das Dorf wiederzunehmen, während die Brigade Steinmetz zurückgenommen wurde. General Pirch erkannte aber bald, daß zunächst der bisher unbesetzte obere Teil des Orts, in den die Franzosen inzwischen eingerückt waren, gestürmt werden müsse, da er in die Stellung weiter vorsprang.

Zu derselben Zeit wurden die rechts rückwärts, nördlich von Brye, gestaffelt herausgeschobene Brigade Tippelskirch des Korps Pirch und die verstärkte Reservekavallerie dieses Korps, 9 Bataillone, 34 Eskadrons, unter General v. Jürgaß, zum Flankenstoß gegen den feindlichen linken Flügel angesetzt. Ehe diese Bewegung aber wirksam wurde, war die in den oberen Dorfteil eingedrungene Brigade Pirch wieder herausgeworfen. Blücher ritt an die sich ordnenden Truppen heran und begeisterte sie zu neuen Taten.

Zwei Kavallerie-Regimenter warfen die vordringenden feindlichen Schützen zurück, und nun wurde der Ansturm wiederholt. Der Feldmarschall setzte sich selbst an die Spitze eines Bataillons; der Feind vermochte nicht zu widerstehen und räumte diesen Dorfteil. Jetzt griff auch die Brigade Tippelskirch ein. Im hohen Korn überraschend von feindlichen Schützen angefallen, wich sie vorübergehend zurück, aber die preußische Kavallerie verhinderte den Feind, diesen Erfolg auszubeuten. Weiter vorzubringen, gelang indes nicht. Die zahlreiche preußische Reiterei verhielt sich untätig. Ihre Aufmerksamkeit wurde jetzt durch starke feindliche Kolonnen in Anspruch genommen, die sich in der Ferne von Westen her auf die preußische rechte Flanke zu vorbewegten. Anstatt der erwarteten Unterstützung durch Wellington drohte von dort ein vernichtender Stoß der Franzosen. Eine weitere Brigade des Korps Pirch mußte zum Schutz der rechten Flanke verwendet werden.

Mittlerweile hatte der Feind sich auch gegen das Korps Thielmann entwickelt und dessen Vortruppen über den unteren Lignebach zurückgedrängt. In Ligny hatte der Kampf eine günstige Wendung genommen; der Gegner war wieder bis über den Bach zurückgeworfen, das am Südende liegende Schloß wiedererobert worden. Aber bei Saint Amand brachte der Feind frische Truppen ins Feuer, und wieder mußten Teile des Korps Pirch dort eingesetzt werden, um das Gleichgewicht herzustellen. Nun aber schien sich hier ein Umschwung zugunsten der Preußen zu vollziehen. Ein Teil der feindlichen Batterien schwieg und wurde zurückgezogen. Blücher ließ daraufhin eine Anzahl frischer Bataillone vorrücken und führte sie selbst durch den Nordteil von Saint Amand vor. General v. Zieten wurde mit dem Ausbeuten des Erfolges beauftragt. Die Truppen drangen auch über das Dorf hinaus und nahmen dessen einzeln nach Westen vorgeschobenen Teil in Besitz. Und obenein begab sich hier ein wahres Wunder: die von Westen heranziehenden, drohenden feindlichen Massen waren großenteils wieder umgekehrt und verschwanden in der Richtung auf Quatrebras. Der Kampf dort, von dem man von Zeit zu Zeit vernahm, band zwar Wellington in unbegreiflicher Weise, aber er zog wenigstens einen Teil der feindlichen Kräfte ab.

Grade jetzt legte sich die Gewalt des Schlachtlärms etwas. In dem brennenden Ligny wogte zwar das Gefecht noch hin und her und auch beim Korps Thielmann wurde mit wechselndem Erfolg gekämpft. Einen Versuch, dort mit der Kavallerie vorzubrechen, hatte der Feind abgewiesen und dabei eine Batterie genommen; aber eine Brigade dieses Korps hatte Blücher in die Gegend westlich von Sombreffe heranziehen können. Dies war außer der Kavallerie aber auch die letzte Reserve, über die er verfügte. Vom Herzog von Wellington kamen zwar zeitweise sehr günstige Nachrichten über den Stand seines

Gefechts, dann aber schien es, daß er sich nur mit Mühe behaupten könne. Keinesfalls war auf Hülfe von ihm noch zu rechnen. Auch war klar geworden, daß vom Bülowschen Korps nichts, nicht einmal Kavallerie vor Mitternacht eintreffen würde.

Der Himmel hatte sich mit schwerem Gewölk bezogen; es begann zu dunkeln. Die Glut des Mittags ging in drückende Schwüle über. Allgemeine Abspannung folgte den Anstrengungen des heißen Tages. Blücher stand abgesessen an der Windmühle. Das Zunehmen der Dunkelheit ließ in seinem Stabe „eine Art von Hoffnung" entstehen, daß der Feind nun nichts mehr unternehmen und es möglich sein werde, die Stellung für heute zu behaupten. Gneisenau und Grolman, die an verschiedenen Stellen in die Schlacht eingegriffen hatten, meldeten dem Feldmarschall ihre Eindrücke. Sie „glaubten die Sache für uns entschieden".

Als die Feuersbrünste in Ligny immer mehr um sich griffen, meinte Blücher, an solchem schönen Tage könne wohl auch einmal etwas draufgehen. Während aber das Wetter immer drohender heraufzog und einige Regengüsse niedergingen, verlängerte und verdichtete sich die mächtige Geschützlinie auf den Höhen südlich und östlich von Ligny. Plötzlich eröffnete sie ein überwältigendes Feuer auf das Dorf und die diesseitigen Batterien. Die umfassende Wirkung reichte tief bis in die preußische Aufstellung hinein; eine Kanonenkugel zerschmetterte dem neben Blücher stehenden englischen Obersten Harbinge die grade zeigend erhobene Hand. Unter dem Schutz dieses Feuers warfen sich jetzt neue Infanteriemassen auf Ligny; auch die Preußen setzten einige frische Bataillone ein. Wieder beginnt zu Blüchers Füßen ein verzweifeltes Ringen um den in einen Glutofen verwandelten Ort. Fürchterlich ist das, was sich in seinem Innern abspielt. Von Kugeln durchlöcherte Häuser stürzen zusammen und begraben die Kämpfenden unter ihren Trümmern; Schwerverwundete kommen in den Flammen hülflos um. Über Barrikaden und Haufen von Sterbenden brechen sich die Stürmenden den Weg. Ihre Wut kennt keine Grenzen mehr, alles wird erbarmungslos niedergestochen. Über diesen Bildern des Schreckens verdunkelt sich der Himmel, das blendende Licht zuckender Blitze überbietet die aus Häusern und Scheunen emporschießenden Feuergarben, krachender Donner mischt sich in den unaufhörlich rollenden, betäubenden Schall aus unzähligen Feuerschlünden. Die Hölle läßt sich kaum grausiger darstellen.

Da bricht der Feind aus dem unteren Teil des Dorfes ins Freie vor, Infanterie, bald auch Kavallerie. Blücher steigt sofort zu Pferde; die Abspannung schwindet aus seinen Zügen, feurig wie ein Jüngling

Fürst Blücher von Wahlstatt.

Gemalt 1816 von F. C. Gröger, gestochen unter Mandels Leitung
von Heinrich Wegener 1861.

sprengt er auf seinem englischen Schimmel zu den Reitermassen, die
nördlich von Ligny bereitstehen. Ihren Angriff begleitet der Feldmar=
schall. Ein Hohlweg im dichten Getreide verlangsamt den Stoß; vor
den feuernden Vierecken stutzen die Pferde. Ein wirrer Knäuel ent=
steht, die Artillerie stellt das Feuer ein; man hört nur noch das
Hurrageschrei der von allen Seiten herbeieilenden Reiterscharen. Ein
kundiger Beobachter behauptet, die preußischen Regimenter seien im
Galopp weit vorgeholt worden und daher außer Atem und im Dunkeln
stark gelockert angekommen, der Feind dagegen sei geschlossen in kurzem
Trabe vorgegangen. Auch durch die Größe seiner Pferde sei er den
leichten preußischen Reitern überlegen gewesen. Jedenfalls gelang
es nicht, den eingebrochenen Feind zurückzutreiben.

Die Ulanen, denen sich Blücher angeschlossen hatte, werden ge=
worfen. Da trifft seinen Schimmel ein Schuß; während sich der Feld=
marschall dem Getümmel entziehen will, bricht das Pferd plötzlich
zusammen, Roß und Reiter fallen schwer auf die rechte Seite; Blücher,
vom Sturze betäubt, vermag sich nicht zu erheben; sein rechtes Bein
ist unter das Pferd geraten. Major Graf Nostitz stellt sich vor den
Fürsten; glücklicherweise brausen die feindlichen Küraffiere vorbei. Aber
es ist nicht möglich, den Fürsten freizumachen. Erst als die Preußen
den Feind wieder zurückwerfen, bemerkt Major v. dem Bussche vom
Elbkavallerie-Regiment des Feldmarschalls verzweifelte Lage; mit
Hülfe einiger Reiter wird er daraus befreit; Unteroffizier Schneider
des 6. Ulanen-Regiments gibt sein Pferd, der Fürst wird hinaufge=
hoben, und glücklich erreicht er die Infanterie, die jeden Angriff des
Feindes standhaft abgeschlagen hatte. Alle feindlichen Anstürme ver=
mochten die Preußen nicht über die Linie Brye—Sombreffe hinaus=
zudrängen. Auch der Feind war bis zum äußersten erschöpft. Jetzt,
wo die Nacht alles einhüllte, verlor selbst eines Napoleons gewaltiger
Einfluß auf die Gemüter seiner Garden die Macht, sie zu übermensch=
lichem Tun fortzureißen.

Wavre.

17. Juni.

Während der Feldmarschall nach seinen vergeblichen Anstren=
gungen, den entscheidenden Schlag Napoleons zurückzuweisen, sich dem
Gewühl des Kampfes entzog, hatten Gneisenau und Grolman, Major
Scharnhorst und andere Offiziere des Generalstabes alles aufgeboten,
um mit den noch kampffähigen Truppen einen Damm gegen die Ver=

folgung zu bilden. Der Kampf dauerte noch bis nach Mitternacht fort, bei Sombreffe, bei Brye und auf den Höhen dazwischen. Die Masse des Heeres aber flutete zwischen den Dörfern durch nach Norden; an Halten war nicht zu denken, es kam nur noch darauf an, dem Strom

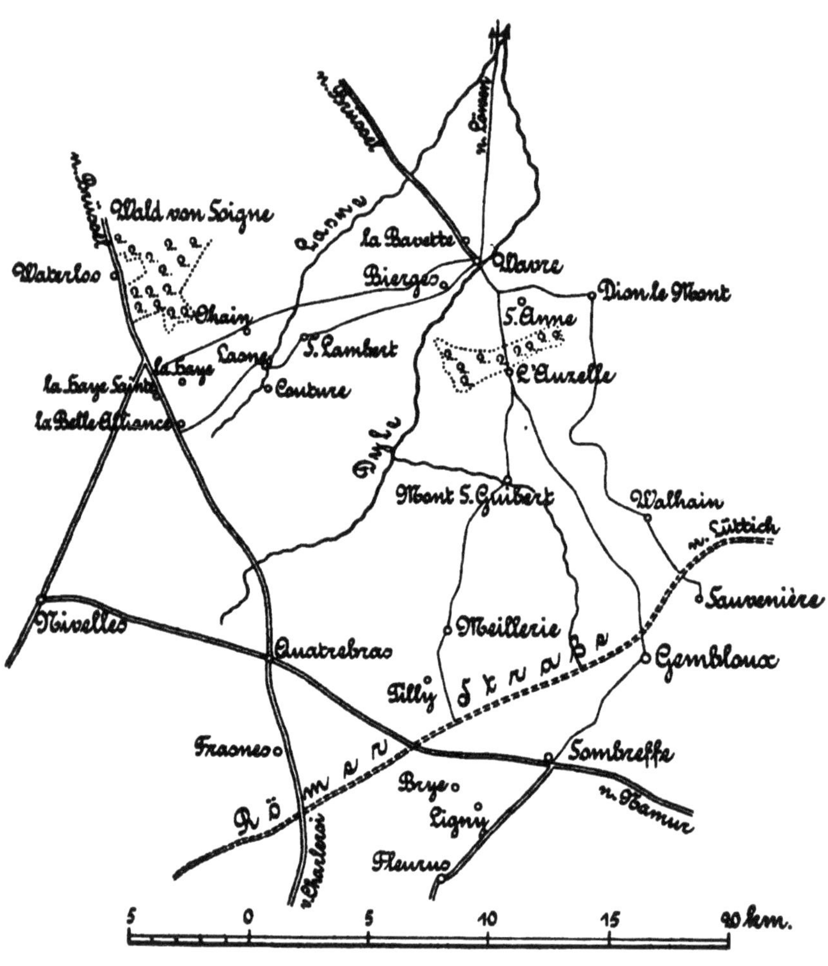

eine Richtung anzuweisen. Gneisenau, getreu dem Versprechen, daß die Preußen die Geschicke der verbündeten Armee teilen würden, gab das Dorf Tilly, 4 Kilometer von Brye, 6 Kilometer östlich von Quatrebras, als Sammelpunkt an. Dem Korps Thielmann wurde freigestellt, wenn ihm der Weg nach Tilly verlegt sei, zunächst die Richtung auf Gembloux einzuschlagen. Ein Offizier wurde auf die

Römerstraße geschickt, um das Abfluten auf ihr nach Nordosten zu
verhindern. Der Rückzug der Masse richtete sich dadurch grade nach
Norden und nahm die auf Wavre führenden Wege; nur Versprengte
schlugen die Straße auf Lüttich ein.

Auch Blücher und Nostitz gelangten in die Richtung auf Wavre;
in einem Dorfe etwa 7 Kilometer vom Schlachtfeld stieg der Feldmarschall, der es vor Schmerzen zu Pferde nicht mehr aushalten konnte,
in einem Bauernhause ab. Mit dem Strom der zurückgehenden Truppen kam auch Gneisenau hierher; um ihn sammelte sich eine Anzahl höherer Führer, die sich Befehle erbaten. Sie alle fanden sich
nun beim Feldmarschall ein. Diesem war die ganze rechte Seite,
namentlich Bein und Schulter, stark gequetscht; er war aber ungebrochenen Mutes. „Wir haben Schläge gekriegt und müssen die
Scharte wieder auswetzen,“ soll er zu Gneisenau gesagt haben, der
sich gleichfalls beim Fallen mit seinem erschossenen Pferde verletzt
hatte. Der Feldmarschall ließ die Offiziere aus einem Stalleimer mit
Warmbier bewirten und beratschlagte mit Gneisenau die weiteren
Maßregeln.

Die Absicht, hier, in gleicher Höhe mit dem Korps Bülow, zwischen
diesem und Quatrebras, die Armee zu sammeln, erwies sich bald
als untunlich. Ein Teil der Truppen hatte schon den Marsch weiter
fortgesetzt; erst vor dem Walde von l'Auzelle, südlich Wavre, gelang es,
die vorderen Teile anzuhalten und zu ordnen. Blücher stimmte deshalb dem Vorschlage zu, bis an die Dyle bei Wavre zurückzugehen.
Dorthin ließen sich die beiden getrennten Teile, in die die Armee
zerfallen war, leicht zusammenziehen; dort war ein schützender Abschnitt, hinter dem man das Heer ordnen konnte; dort befand es sich an
einem Kreuzungspunkt von Straßen, auf denen übereinstimmendes
Handeln mit dem Herzog in verschiedenen Richtungen möglich war.
Ein Offizier wurde an Wellington abgeschickt, um diesen Beschluß
mitzuteilen und zu fragen, ob der Herzog noch entschlossen sei, gemeinsam mit den Preußen Napoleon von neuem anzugreifen.

Blücher ritt nun nach Wavre vorauf, die Truppen jubelten ihm
doppelt erfreut zu, da sich schon das Gerücht verbreitet hatte, er sei
schwerverwundet und gefangengenommen. Er bewies ihnen, daß
sein Fall ihm nicht schwer geschadet hatte, und daß seine Kampfes-
lust ungebrochen war. Auch die Truppen zeigten das lebhafte Verlangen, das gestrige Mißgeschick wieder gutzumachen; glaubten sie
doch Napoleon mit 120000 Mann gegenüber gehabt zu haben, also
nur von großer Übermacht erdrückt zu sein. Blücher tat alles, um diese
Vorstellungen zu verbreiten und zu beleben.

Gegen 6 Uhr früh traf er in Wavre ein; jetzt verlangte der greise Held nach dem mehrstündigem Ritt mit zerschlagenen Gliedern und nach den geistigen und körperlichen Anstrengungen der letzten 24 Stunden doch sehr nach Ruhe. Zunächst forderten Zweifel beim ersten einrückenden Korps nähere Anordnungen, weitere Frager aber wies er an Gneisenau. Er blieb zwar den ganzen Tag über auf einem Ruhebett liegen, aber bald schrieb er mehrere Briefe, so an seine Frau: „Napoleon hat mich gestern Nachmittag um 3 Uhr mit 120000 Mann Linientruppen angegriffen. Das Gefecht dauerte bis in die Nacht. Beide Armeen haben viele Menschen verloren. Ich habe mich heute näher an den Lord Wellington gezogen und in einigen Tagen wird es wahrscheinlich wieder zur Schlacht kommen. Alles ist voll Mut, und wenn Napoleon noch einige solche Schlachten liefert, so ist er mit seiner Armee fertig. Vorgestern ist ein Divisionsgeneral ... mit seinem ganzen Stabe zu mir übergegangen und gestern wieder ein Oberst und mehrere Offiziere. Ich bin in der Affaire damit weg= gekommen, daß sie mir einen schönen englischen Schimmel erschossen haben. Gneisenau hat dasselbe Schicksal gehabt. Wir sind beide von dem Fallen mit den Pferden etwas mitgenommen." Den Berlinern ließ er sagen, daß sie nächstens mehr erfahren sollten, „denn schlagen werden wir uns nun öfter, bis wir wieder in Paris sind. Meine Truppen haben wie Löwen gefochten; aber wir waren zu schwach, denn zwei von meinen Korps [er rechnet hier außer Bülow wohl auch Kleist] waren nicht bei mir; nun habe ich alles an mich gezogen."

„Sein körperlicher Zustand war leidend," erzählt Graf Nostitz, „aber sein Geist frei und heiter." Er sprach sich „sehr bestimmt dahin aus daß, sein Befinden möge sein welches es wolle, er sich eher auf dem Pferde anbinden lassen, als der Führung der Armee entsagen werde. Der Durst, blutige Rache zu nehmen, hatte sich seines ganzen Willens und Denkens bemeistert." Dies Gefühl steigerte sich in ihm noch mehr, als er die großen Verluste erfuhr; man schätzte sie auf 12000 Mann; ungefähr 20 Geschütze waren verloren gegangen; aber gefangen hatte der Feind eigentlich nur die Verwundeten, die nicht hatten fortgeschafft werden können. „Der Geist der Armee ist noch derselbe," konnte Blücher stolz schreiben.

Auch der von Grolman an den König aufgesetzte Bericht atmet Zuversicht. So unangenehm der Unglücksfall sei, so könne er doch von keinen bedeutenden Folgen sein, „da ich mich bis morgen Vormittag mit allen vier Korps hier vereinigt haben werde und der Herzog Welling- ton mit seiner ebenfalls vereinigten Macht mir so nahe steht, daß keine geteilte Schlacht mehr vorfallen kann." Die Verhältnisse ständen nicht nachteilig; Bonaparte habe durch diesen Sieg wenig gewonnen. Gneisenau fügt in einem Schreiben an den Generaladjutanten hinzu, daß der Feind gestern nur eine halbe Meile weit verfolgt habe, lasse auf seine Erschöpfung schließen; heute seien bis gegen Mittag beim Gegner wenig oder gar keine Bewegungen bemerkt. Nachmittags meldete die Nachhut, daß der Feind hinter Tilly fort auf Genappe, also an die Brüsseler Straße rücke. Im Laufe des Nachmittags und Abends langten dann auch die beiden Korps Bülow und Thielmann bei Wavre an; nur deren Nachhut-Brigaden waren noch zurück.

Bezeichnend für Gneisenaus Auffassung der Lage am 17. mittags ist der Gedanke, den er Knesebeck gegenüber ausspricht, was der Feind unternehmen möchte, wenn die beiden verbündeten Armeen zum Ausweichen nach Norden gezwungen werden sollten. Gneisenau meint, Napoleon werde nicht zwischen den belgischen und holländischen Festungen bleiben, sondern vielleicht über Lüttich den Rhein hinaufgehen, um die Russen anzugreifen. Wie weit das preußische Hauptquartier sich auf diese Möglichkeit einrichtete, ergibt der an das norddeutsche Bundeskorps geschickte Befehl, in Eilmärschen in die Gegend von Aachen zu rücken, um Köln zu verteidigen, wenn der Feind gegen den Niederrhein vorstoße, ein Fall, den Gneisenau allerdings als nicht wahrscheinlich bezeichnete. Auch der Gouverneur der Rheinlande wurde für alle Fälle mit Anweisung versehn.

Die Schwierigkeiten der Befehlsübermittlung vor hundert Jahren erkennt man recht an dem Umstande, daß der Offizier, der diesen Befehl an den auf dem Marsch von Trier nach Luxemburg begriffenen, etwa 200 Kilometer entfernten Kleist überbrachte, über Köln, Bonn, Trier ritt und das Korps am 20. nachmittags bei Arlon traf. Er legte die 450 Kilometer betragende Strecke also in 3 Tagen zurück; gleichzeitig gelangten bereits Gerüchte von der Niederlage Napoleons in diese Gegend.

Inzwischen war gegen Mittag eine Anfrage von Wellington gekommen, ob die Preußen heute wieder vorrücken könnten, dann wolle er eine Schlacht bei Quatrebras annehmen; andernfalls werde er dies weiter rückwärts, vor dem Walde von Soigne (s. Skizze S. 290) tun, wenn ihn dort wenigstens ein preußisches Korps unterstütze. Da Gneisenau und Grolman nicht zur Hand waren, gab Blücher sofort selbst die Antwort: „Morgen komme ich mit dem frischen Korps und mit den anderen.“

Gneisenau hat sich damals geäußert, die Unterstützung Wellingtons müsse davon abhängen, ob es gelänge, den Schießbedarf der Korps Zieten und Pirch zu ergänzen; dann wolle er das Korps Bülow und die noch vollzähligen Bataillone der anderen Korps schicken. Die übrigen Truppen sollten nur „figuriren“. Nachmittags trafen denn auch glücklich die Munitionskolonnen ein. Damit waren alle Korps wieder kampffähig.

Den Tag über hatte der Feldmarschall wenig Ruhe gehabt. „Von allen Truppen gingen Rapporte ein und Befehle wurden für die neue Bestimmung ausgeteilt. Dies machte vielfältige Besprechungen mit den Generalen Gneisenau und Grolman und einer Menge Anderer nötig“; Blüchers Geist sei in steter Beschäftigung geblieben, versichert Graf Nostiz.

Den Truppen hatte der Feldmarschall deutlich sein Urteil über ihr Verhalten in der Schlacht ausgesprochen. Wohl sei sie vornehmlich durch das Ausbleiben der erwarteten Unterstützung verloren gegangen; das Fußvolk habe sich unvergleichlich tapfer geschlagen, auch die Artillerie, doch empfehle er ihr mehr Entschlossenheit im Herangehen an den Feind. Einem Teil der Kavallerie könne er nicht danken, er fordere mehr Kühnheit und Ausdauer. „Der Feldmarschall selbst setzte sich an ihre Spitze, sie versprach ihm zu folgen, hielt aber nicht Wort,“ berichtet Gneisenau. „Ich werde“, so schloß der Armeebefehl, „Euch wieder vorwärts gegen den Feind führen; wir werden ihn schlagen, denn wir müssen.“ Auch ein scharfer Tagesbefehl gegen Nachzügler wurde erlassen. Erst spät erfuhr man, daß ein angeblich schwacher Teil des Feindes dem Korps Thielmann auf Gembloux gefolgt sei, und erst zwischen 11 und 12 Uhr nachts traf durch den General v. Müffling die Versicherung Wellingtons ein, daß er die Schlacht in der Stellung südlich von Waterloo, linker Flügel bei La Haye, 2 Kilometer östlich der Charleroi—Brüsseler Straße, annehmen werde.

Gneisenau war empört darüber, daß Wellington sich bei Quatrebras, wie er meinte, von schwachen Kräften habe hinhalten lassen und die Verbündeten im Stich gelassen habe, um die Preußen die Kastanien für England aus dem Feuer holen zu lassen. Er scheint darauf hingewiesen zu haben, in welche gefährliche Lage man komme, wenn sich alle Korps zugleich dem rechten Flügel Napoleons näherten; wenn Wellington dann zurückweiche oder sich wieder von einer Minderzahl beschäftigen lasse, werde sich der Kaiser nochmals mit seiner Hauptmacht auf die Preußen stürzen; dann sei der Feldzug verloren. Er setzte deshalb durch, daß zunächst nur ein Korps nach Saint Lambert, 5 Kilometer vom linken Flügel Wellingtons, vorzugehen habe. Dort solle es sich verdeckt bereitstellen, wenn der Feind noch nicht mit dem Herzog stark im Gefecht sei, sonst aber sich mit der größten Lebhaftigkeit in die rechte Flanke des Feindes werfen. Ein zweites Korps sollte folgen, die beiden andern Korps sich zum Abmarsch bereithalten. Müffling mußte dem Herzog mitteilen, früher als mit Tagesanbruch könnten die erschöpften Truppen nicht aufbrechen. Man legte aber sichtlich keinen Wert auf ein sehr frühes Eintreffen; das Korps, das den weitesten Anmarsch hatte, das Korps Bülow, erhielt die Spitze; wohl kam dazu, daß diesem die Ehre der Schlacht vor allem zugewendet werden sollte. Durch diese Anordnung blieben die Korps für alle Fälle in der Hand. Sollte Wellington nicht standhalten und der Rückzug nötig werden, so stand dazu die Straße nach Löwen zur Verfügung.

An die Korps gingen die Befehle um Mitternacht ab. Bülow sollte seine Seitendeckung 10 Kilometer südlich von Wavre stehen lassen; würde sie gedrängt, so sollte sie sich auf Wavre zurückziehen. An Bülow sollte sich Pirch anhängen. Zieten und Thielmann wurden angewiesen, frühzeitig abzukochen, um folgen zu können, „wenn es nötig" sei. Gneisenau hielt des Feldmarschalls Versprechen, mit der ganzen Armee zu kommen, für übereilt. Es wird von lebhaften Erörterungen berichtet, die in der Nacht zwischen Blücher, Gneisenau und Grolman stattgefunden haben sollen, und es ist höchst wahrscheinlich und natürlich, daß hier tatsächlich zwischen dem Feldmarschall und seinem Stabschef eine Meinungsverschiedenheit bestanden hat, die die Nacht über in der Schwebe blieb.

***

Bellealliance.

18. Juni.

In den ersten Stunden des 18. Juni begann der Troß der südöstlich von Wavre liegenden Korps durch die Straßen des Städtchens zu rasseln, um nach Löwen zurückzufahren. Als das Korps Bülow sich bei Tagesanbruch in Marsch setzte, wurde es schon in der Stadt durch Fuhrwerk aufgehalten und in seinem Zusammenhang gelockert. Obenein brach in der Hauptstraße Feuer aus, wodurch eine neue Marschstockung entstand. Die Vorhut Bülows gelangte so erst um 9 Uhr nach dem 10 Kilometer von Wavre entfernten Saint Lambert.

Der Feldmarschall hatte die Nacht, bezeugt Nostitz, „obgleich mit vielen Unterbrechungen, doch gut geschlafen; die Schmerzen hatten nicht abgenommen." „Er klagte sehr über sie," berichtet Doktor Bieske, aber als dieser die gequetschten Glieder einreiben wollte, wies er ihn ab: ihm sei es gleich, ob er balsamiert oder unbalsamiert in die Ewigleit fahre; „geht es heute aber gut, so wollen wir uns bald alle in Paris waschen und baden."

Inzwischen war der Major Graf Gröben, der gestern den Feind bei Tilly beobachtet hatte, im Hauptquartier eingetroffen und berichtete über seine Eindrücke. Er glaubte, daß nur 12- bis 15000 Franzosen dem Korps Thielmann auf Gemblour gefolgt seien, alles andere habe sich gegen Wellington gewandt.

Mit dem Feingefühl des echten Feldherrn trieb es Blücher, dem Nachbar von neuem die Gewißheit zu geben, daß er fest auf die Erfüllung des ihm gemachten Versprechens rechnen könne. Um 9½ Uhr ließ er durch einen Adjutanten an den General Müffling schreiben, indem er selbst den Wortlaut angab: „Euer Hochwohlgeboren ersuche ich, namens meiner dem Herzog Wellington zu sagen, daß, so krank ich auch bin, ich mich dennoch an die Spitze meiner Truppen stellen werde, um den rechten Flügel des Feindes sogleich anzugreifen, als Napoleon etwas gegen den Herzog unternimmt. Sollte der heutige Tag aber ohne einen feindlichen Angriff hingehen, so ist es meine Meinung, daß wir morgen vereint die französische Armee angreifen. — Ich trage Euer Hochwohlgeboren auf, dies als Resultat meiner innigen Überzeugung dem Herzog mitzuteilen und ihm vorzustellen, daß ich diesen Vorschlag für den besten und zweckmäßigsten in unsrer gegenwärtigen Stellung halte." Als der Adjutant dies Schreiben dem Chef des Generalstabes zur Einsicht vorlegte, ließ Gneisenau hinzufügen, er bitte Müffling, „genau zu erforschen, ob der Herzog wirklich den festen Vorsatz habe, sich in seiner Stellung zu schlagen, oder ob es vielleicht bloße Demonstrationen seien, welche für unsre Armee nur höchst nachteilig sein können." Gneisenaus Mißtrauen wäre besiegt gewesen, wenn man im Westen Kanonendonner gehört hätte, aber zunächst blieb alles still.

In größter Spannung machte Blücher sich mit seinem Stabe um 11 Uhr auf den Weg. Mit dem Besteigen des Pferdes war aber auch gleich aller Schmerz vergessen, berichtet Bieske. Noch strömte Regen vom Himmel, Blücher aber begrüßte ihn als seinen Alliierten von der Katzbach. Es war doch wertvoll, daß er aufhörte, und daß man nun das Rollen eines gewaltigen Kanonendonners vernahm, der den Beginn des Entscheidungskampfes ankündigte. Sogleich wurde der Befehl zum Antreten auch für das Korps Zieten ausgefertigt; ihm wurde ein Weg angewiesen, der über Ohain (s. Skizze S. 290) unmittelbar an den linken Flügel Wellingtons führte. Auch Thielmann mußte sich marschfertig machen.

Die Nacht vom 17. auf den 18. Juni war für die Truppen in den

Feldlagern fürchterlich gewesen. Nach der großen Hitze des Tages gingen fortgesetzt wahre Wolkenbrüche nieder. Wer sich am Abend in einer Ackerfurche niedergelegt hatte, wachte am andern Morgen in einem Wasserbach wieder auf. Die Kleidung war durchnäßt, und als sie trocknete, war sie und die Waffen mit einer dicken Lehmkruste überzogen. Die obere Schicht des fetten Bodens hatte sich in zähen Schlamm verwandelt, der in großen Klumpen an den Stiefeln und Pferdehufen haftete und sich, mit Kraut und Kornhalmen vermengt, als schwerer Brei um die Räder der Fahrzeuge schlang. Keine feste Straße bot sich dem Marsch der Truppen. Tiefe Furchen schnitten die Geschütze und die Kugelwagen in die aufgeweichten Landwege; die kleinsten Steigungen bereiteten den Zugtieren die größten Schwierigkeiten, da der glitscherige Boden ihnen keinen Halt gewährte. Wohl griffen die Leute hülfreich zu, aber auch ihre Kraft erlahmte bei dem Marsch, der mehr ein schwankendes Gleiten als ein Vorschreiten war.

Blücher eilte, mit seinem Stabe an den Kolonnen vorbeizukommen. „Wir kamen nach einem starken Regen durch ein hohes Kornfeld, wo der Fürst bald ganz durchnäßt war; aber er achtete nichts und sehnte sich nur nach dem Augenblick, wo er seine Truppen zur Schlacht vorführen könnte.“

Da traf eine Mitteilung Müfflings ein:

„1. Fall. Der Feind greift den rechten Flügel vom Herzog von Wellington an. — Dann kann ihn die preußische Armee über Ohain verstärken.

2. Fall. Der Feind greift das Zentrum und den linken Flügel an. — Dann würde eine Offensive der preußischen Armee auf dem Höhenzuge fort am wirksamsten sein und das schwer zu passierende Tal bei la Haye rechts liegen bleiben.

3. Fall. Der Feind wendet sich gegen Saint Lambert. — Dann würde der Herzog mit dem Zentrum gegen Genappe vorrücken und den Feind in der linken Flanke und dem Rücken angreifen.“

Aber es fehlte jede Andeutung, welcher Fall denn vorliege.

Gegen Mittag langte Blücher östlich von Saint Lambert beim General v. Bülow an, der dort seine beiden vorderen Brigaden verdeckt aufgestellt hatte. Ein Husaren-Regiment war vorgeschoben, ein Vortrupp hielt das Dorf Lasne im vorliegenden Tale besetzt. Der jenseitige Talrand war mit Wald bestanden und dadurch die Aussicht auf das Schlachtfeld benommen, von dem unausgesetzt der Gefechtslärm herüberschallte. Oberst v. Pfuel wurde zur Erkundung vorgeschickt. Jetzt ging eine neue Mitteilung Müfflings ein; er riet für den Fall, daß Bülow über Lasne vorgehe, ein anderes Korps nördlich davon über

Ohain zu schicken, „um nach Umständen einen sehr bedrohten Ort der Stellung zu unterstützen;" ein drittes Korps möge weiter südlich vorgehen, um die linke Flanke und den Rücken Bülows zu decken, das vierte würde bei Coutüre, 3 Kilometer südwestlich Saint Lambert, als Reserve aufzustellen sein. — Wie die Schlacht stand, blieb dadurch immer noch ungewiß; man mußte immer noch darauf gefaßt sein, daß Napoleon sich wenigstens mit Teilen auf Saint Lambert wendete; aber es wurde doch klar, daß Wellington auf unmittelbare Unterstützung und das Eingreifen der ganzen preußischen Armee rechnete. Deshalb wurde nun auch dem Korps Thielmann der Befehl zum Antreten geschickt, und zwar, wie Müffling vorschlug, in der Richtung auf Coutüre. Mit dem Befehl an Zieten war man bereits den Wünschen Wellingtons zuvorgekommen; sein Korps mußte jetzt schon in vollem Marsch auf Ohain sein.

Bald darauf kam eine Meldung über das, was Pfuel jenseits des Waldes durchs Fernrohr beobachtet hatte: „Der Feind steht links auf der Höhe von Plancenoit und die Engländer auf der Höhe vorwärts von Mont Saint Jean, Frischermont scheint unbesetzt. Feindliche Kavallerie und Artillerie ist vorgerückt." Das Gelände bis in die Gegend von Plancenoit war danach frei vom Feinde; Napoleon hatte sich gegen Wellingtons Front entwickelt und ahnte offenbar die Nähe der Preußen nicht. Blücher befahl deshalb die Fortsetzung des Marsches.

Jetzt bereitete das Gelände ernstere Schwierigkeiten. „Es ging eine steile Anhöhe hinab in das Tal des Lasne=Baches und unmittelbar wie man denselben passirt hatte, einen ebenso steilen Berg wieder hinauf; dabei war der Weg schmal und in schlechtem Zustand. Dies Defilee hielt uns also ganz außerordentlich lange auf und besonders hatte man die unglaublichste Mühe, die Artillerie auf die jenseitige Höhe zu bringen," so erzählt ein Offizier aus Blüchers Stabe. Aber jedermann fühlte die Notwendigkeit zur Eile; die Leute leisteten ihr Äußerstes, und wenn die Kräfte zu erlahmen drohten, so spornte sie Blüchers: „Vorwärts, Kinder!" zu neuen Anstrengungen an. „Es heißt wohl, es geht nicht, aber es muß gehen. Ich habe es ja meinem Bruder Wellington versprochen. Ihr wollt doch nicht, daß ich wortbrüchig werden soll?" Solche Worte aus dem Munde des greisen Feldherrn, der selbst seiner Schmerzen nicht achtete, überwanden alles. Gern gestattete er den Leuten kleine Vertraulichkeiten, wie sie der preußische Soldat auch dem „alten Fritz" gegenüber sich herausgenommen hatte; da klopfte ihm wohl ein Landwehrmann aufs Knie und rief: „Viel Glück heute, Vater Blücher!"

Der Feldmarschall eilte zu den vorgeschobenen Abteilungen vorauf und ging mit ihnen bis an den jenseitigen Waldrand vor. Eine feindliche Streifpartei wurde von den preußischen Plänklern vertrieben. Blücher galoppierte auf die vorliegende Höhe, um einen Ausblick aufs Schlachtfeld zu gewinnen; da, über die nahe vorliegenden Gehölze hinweg, aus denen der Turm des Schlößchens Frischermont hervorragte, sah er den Teil des Schlachtfeldes, „wo der französische rechte Flügel den englischen linken bei La Haye Sainte nicht nur mit größter Heftigkeit angriff, sondern, eine Pointe machend, ihn von diesem Punkte abzudrängen, gleichsam gegen sein Zentrum hin aufzurollen trachtete, wahrscheinlich um jede Vereinigung und selbst jede Kommunikation zwischen beiden Armeen unmöglich zu machen." So schildert Fürst Taxis den Eindruck, den er in Blüchers Gefolge hier gewann. Man war offenbar unbemerkt in den Rücken des rechten französischen Flügels gelangt.

Von der Höhe über Frischermont öffnet sich der Blick auf das Schlachtfeld, jene große Mulde, deren Nordrand der Schauplatz der erbittertsten Kämpfe, der verzweifeltsten Anstrengungen der Franzosen, der zähesten Abwehr der Truppen des eisernen Herzogs war. Gleich rechts, 1½ Kilometer weit, liegen an Frischermont anschließend in der Tiefe der Mulde die Gehöfte von La Haye; dort ringt der äußerste rechte Flügel der Franzosen mit den Nassauern. Darüber hinweg, 1 Kilometer weiter, an den Hecken, die sich zur Brüsseler Straße hinziehen, erstreckt sich die 4 Kilometer lange Schlachtlinie der Hannoveraner, Engländer, Braunschweiger und Niederländer. Vor der Mitte der Stellung, wo die Brüsseler Straße die britische Schlachtlinie kreuzt, ziehen sich den Hang hinunter Baumgärten, aus denen das Gehöft La Haye Sainte hervorsieht. Es ist der Wellenbrecher, an dem bisher alle Angriffe der Franzosen gescheitert sind. Weiter links verschwindet in der Ferne die britische Stellung dem Auge hinter einer Bodenanschwellung.

Wie eine lange Wolkenwand liegt es über und zwischen den beiden Heeren, so daß es doch schwer ist, sich eine klare Vorstellung von der Lage zu machen; an den unaufhörlich zuckenden Blitzen der endlosen Geschützreihen lassen sich ungefähr die beiderseitigen Stellungen erraten. An der Brüsseler Straße ragt wie eine Warte hinter der Mitte der französischen Schlachtlinie das Gehöft Bellealliance empor; von dorther sprengen einzelne Reiter nach allen Richtungen des Schlachtfeldes und kehren dorthin zurück: hier steht der Schlachtenkaiser und leitet mit seinem Adlerblick die Hunderttausende, die gewillt sind, für ihn zu siegen oder zu sterben.

Der Rücken, der vom Standpunkt Blüchers nach Südwesten zur

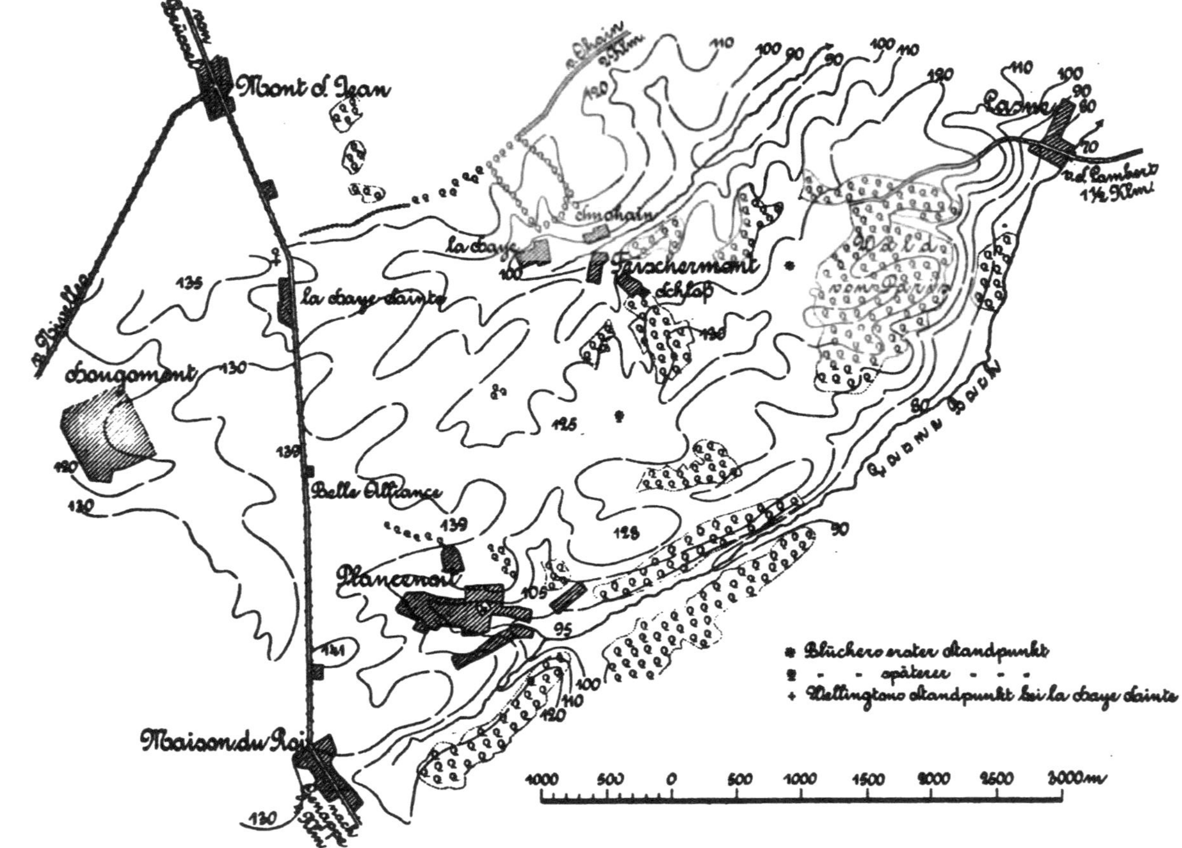
Mont d. Jean
Rossomme
Hougomont
Belle Alliance
Plancenoit
Maison du Roi
la baye
la baye sainte
Frischermont
Schloß
Smohain
a. Chain
Wald d von Paris
n. Lasne
n.d. Lambert 1½ Klm.
Blüchers erster Standpunkt
— — — späterer — — —
Wellingtons Standpunkt bei la baye sainte
1000 500 0 500 1000 1500 2000 2500 3000m

Brüsseler Straße hinzieht, bleibt, gleichlaufend mit der Stellung Wellingtons, 2½ Kilometer von ihr entfernt; in der Verlängerung des Rückens an der Straße südlich von Bellealliance halten Truppenmassen, anscheinend die französischen Reserven, wohl des Kaisers Garde, mit der er den letzten Stoß zu führen pflegt. In dieser Richtung beschließt Blücher den Angriff zu führen.

Das Artilleriefeuer steigert sich in dieser Zeit zu unbeschreiblicher Heftigkeit; die britischen Truppen scheinen davor zurückzuweichen. Dann bewegen sich französische Reitermassen westlich von La Haye Sainte gegen die Mitte der britischen Aufstellung vor; die englischen Batterien schweigen: sie sind überritten. Nun hört man das Knattern der Infanteriesalven, und schon kehren die Reiter flüchtend zurück. Aber bald gehen sie von neuem vor. Offenbar ist das Eingreifen der Preußen im höchsten Grade bringlich. Ehe indes die Marschkolonne herankommt, verstreicht trotz allen Treibens und Drängens viel Zeit. Die Kolonne zieht sich auf dem schlechten Wege gewaltig in die Länge; erst um 3 Uhr gelangt die Spitze der Infanterie an den westlichen Waldrand. Peinliche Stunden vergingen für Blücher und seinen Stab. Endlich, um 4½ Uhr, waren die beiden vordersten Brigaden Bülows dicht aufgeschlossen zu beiden Seiten des Weges im Walde verdeckt aufmarschiert; die Reserveartillerie hatte sich auf dem Wege bereitgestellt, die Reservekavallerie zunächst hinter dem Walde. Die beiden andern Infanterie-Brigaden des Korps waren noch weit zurück.

Der Feldmarschall hatte die Schlachtlinien und namentlich die britische Artillerie „mit der größten Aufmerksamkeit" beobachtet. Er glaubte jetzt zu bemerken, daß eine englische Batterie das Feuer einstelle und sich zum Abfahren anschicke. Er durfte das Eingreifen in den Kampf keinen Augenblick länger verschieben: er befahl den Angriff.

Zunächst trat rechts die Brigade Losthin aus dem Walde; auf ihrem rechten Flügel nahmen zwei Bataillone in Frischermont Anschluß an die Nassauer. Links neben Losthin entwickelte Hiller seine Brigade, und noch weiter links führte Prinz Wilhelm die Reservekavallerie vor; zwei Bataillone deckten die linke Flanke in dem Walde, der dort längs des Bachtals zur Brüsseler Straße zieht. So ging es auf dem langgestreckten Höhenrücken entlang, der auf Plancenoit zuläuft.

Während sich die Preußen hier vorbewegten, war der zweite große Reiterangriff auf die Mitte Wellingtons abgewiesen worden. Aber nun sammelte sich eine noch größere Reitermasse westlich von der großen Straße. Wie eine gewaltige Woge spülten die unzähligen Geschwader durch die Mulde bis auf die Höhe hinauf, wieder über die Batterien fort bis zwischen das Fußvolk; aber wie am Felsen zerschellt, fließen die Wellen wieder ins Tal zurück.

Die vor der Front der Preußen befindlichen grünen Husaren hatten inzwischen auch hier den Kampf eröffnet. Der Feldmarschall schloß sich ihnen persönlich an. Eine kleine entgegenkommende feindliche Reiterabteilung wurde geworfen, dann aber nötigten stärkere Reitermassen zur schleunigen Umkehr bis hinter die Infanterie. Nostitz hielt dem Fürsten vor, wie leicht sich der Vorfall von vorgestern hätte wiederholen können; da lachte Blücher: das sei so seine Husarennatur.

Nun stellten sich auch feindliche Schützen dem Vormarsch entgegen, wurden aber von den preußischen Schützen zurückgetrieben; erst bei Plancenoit und auf dem Höhenrücken nördlich davon traten starke feindliche Kräfte gegen die beiden Brigaden auf. „Wenn wir nur das verfluchte Dorf hätten,“ ruft der Feldmarschall. „Ich bin bereit es zu nehmen,“ versichert Hiller, der Brigadekommandeur. „Was meinen Sie, Gneisenau, sollen wir ihn loslassen?“ fragt Blücher. „Ich glaube, daß der Moment gekommen ist,“ erwidert dieser. „Ja aber,“ wendet nun Blücher ein, „seht Ihr nicht, was der Kerl da hereinschiebt?“ und deutet auf einige französische Bataillone, die sich Plancenoit nähern. „Ich muß früher hinein sein,“ ruft Hiller, „und bitte dann um Verstärkung.“ Mit: „Nun, in Gottes Namen!“ gibt Blücher die Erlaubnis zum weiteren Vorgehen.

In den sich nun um Plancenoit und die anliegenden Höhen entspinnenden Kampf griff allmählich auch die folgende Brigade Hake ein; besonders auf dem rechten Flügel schwankte der Erfolg. Teile der Reservekavallerie wurden dorthin herangezogen, da die letzte Infanterie-Brigade immer noch fehlte und das Korps Pirch noch weit zurück war. Blücher schickte zum Korps Zieten, dessen Spitze sich endlich der Gegend von Ohain näherte, um es hierher heranzuholen.

Aber drüben bei La Haye Sainte scheinen die Verbündeten bereits zu unterliegen: neben dem heißumstrittenen Gehöft fährt eine französische Batterie auf; es muß also den tapferen Verteidigern entrissen sein, und daran vorbei wälzt sich die Masse der Angreifer die Höhe hinan. Blücher läßt Hiller auffordern, seine letzten Kräfte an die Eroberung von Plancenoit zu setzen; die letzten Truppen Bülows, Brigade Ryssel, die sich dem Gefechtsfelde nähern, werden dorthin nachgeschickt, Pirch wird zur Eile angetrieben. Grade jetzt kommt von Wavre die Meldung Thielmanns, er sei von überlegenem Feind angegriffen und bitte um Unterstützung. Blücher ruft: „nicht einen Pferdeschwanz kann er kriegen,“ und läßt ihm sagen, er müsse den Feind durch zähen Widerstand an sich fesseln; wenn sein Korps auch völlig vernichtet werbe, der Sieg über Napoleon werde das wieder ausgleichen. In Plancenoit ist das Regiment 15 und schlesische Landwehr inzwischen bis ins Innere des Dorfs vorgedrungen; frische Massen der Kaisergarde werfen sie wieder heraus. Aber unterstützt von der Brigade Ryssel (Elfer und pommersche Landwehr), wird der Angriff wiederholt.

Endlich machte sich auch das Eingreifen des Korps Zieten bemerkbar. Als es Blüchers Befehl erhalten hatte, seinen Marsch südlich des Baches von La Haye zu nehmen, um Bülow zu unterstützen, hatte gleichzeitig General v. Müffling es für dringend notwendig erklärt, daß Zieten sich Wellingtons linkem Flügel unmittelbar anschließe. Zieten war diesem Rufe gefolgt. Drüben über Smohain fahren jetzt, etwa um 7 Uhr, die Batterien seiner Vorhut auf und nehmen den Feind bei La Haye unter Feuer, der grade zum Angriff übergeht, während gleichzeitig neue feindliche Massen aller Waffen über La Haye Sainte zum Sturm vorgeführt werden. Wieder steht die Entscheidung der Schlacht auf des Messers Schneide: wie ein Keil dringt die Kaisergarde immer tiefer in Wellingtons Mitte ein; sie war tatsächlich durchbrochen, aber der Herzog hatte es verstanden, sich immer noch neue Reserven zu schaffen. Von beiden Seiten wirft er frische Truppen auf die eingedrungenen Franzosen, und das Eingreifen Zietens erlaubt ihm, seinen äußersten linken Flügel jetzt in der Mitte zu verwenden. Sein fabelhaftes taktisches Geschick wendet die Gefahr ab: der französische Angriff stockt. Jetzt bringt auch die preußische Infanterie Zietens, die Regimenter 12 und 24, in die Gehöfte von La Haye ein, der feindliche rechte Flügel weicht; die Reservekavallerie Röder bricht vor, um die Scharte von Ligny wieder auszuwetzen. Jetzt ist kein Halten mehr: die Rückwärtsbewegung der Franzosen geht in Flucht über und teilt sich nun auch der französischen Mitte mit. Da mit einem Male ertönen auf der ganzen britischen Linie die Flügelhörner und Trompeten, die Trommler schlagen den Sturmmarsch, die Musiken fallen ein — die stark gelichteten Truppen setzen sich mit unaufhörlichem Hurra in Bewegung. Die Schlacht ist gewonnen!

Acht fürchterliche Stunden hindurch hatte die Mauer der heldenhaften Bataillone Wellingtons dem fast ununterbrochenen Sturme standgehalten. Die Kriegsgeschichte von Jahrtausenden weist kaum ein zweites Beispiel solch wilden Andringens auf. Trotz geschicktester Anordnung war des eisernen Herzogs Bauwerk bis in seine Grundfesten erschüttert; wiederholt wankte es unter den Stößen des lebendigen Sturmbocks, den Marschall Ney mit unvergleichlichem Heldenmut immer von neuem in Bewegung setzte. Erschöpft von solch übermäßiger Anspannung des Körpers und des Gemüts wich jetzt die Masse der Stürmenden zurück; die Trümmer des am Riff zerschellten Fahrzeugs fluteten, von der Woge des Gegenstroms getragen, ohnmächtig ins Tal hinab. Die „Große Armee" Napoleon Bonapartes war gewesen; ihre Taten in drei Weltteilen gehörten der Geschichte an. Frankreichs Heldenzeit ging zu Ende.

Rechter Flügel und Mitte des französischen Heeres strömten an die Straße nach Charleroi zurück, um dem allgemeinen Verderben zu entgehen. Dort am Höhenrande bei Bellealliance staut sich die Masse; die noch einigermaßen kampffähigen Teile ermannen sich zu neuem Widerstande. Um ihn zu brechen, verdoppeln nun auch die Preußen Bülows ihre Anstrengungen. Ihr rechter Flügel drängt auch auf dem Höhenrücken vor, und die preußischen Batterien richten ihr Feuer von rückwärts in die Massen, auf die von Norden her die Engländer anstürmen. Der linke preußische Flügel aber ringt immer noch um den Besitz von Plancenoit. Erst verstärkt durch die Brigade Tippelskirch des Korps Pirch, zweites Regiment, Lützower und westfälische Landwehr, gelingt es Hiller nach 9 Uhr, das heißumstrittene Dorf dem Feind zu entreißen. Die hinteren Teile des Korps Pirch kommen nicht mehr zum Eingreifen.

Nun stießen die Preußen über Plancenoit hinaus und südlich daran vorbei längs des Bachtals bis zur großen Straße durch, die von Flüchtigen bedeckt war. Zahlreiche Gefangene fielen hier in ihre Hände; auch die jenseits der Straße zurückgehenden Kolonnen des linken französischen Flügels wurden noch gefaßt und zerstreut. Bei Bellealliance und südlich davon trafen die Preußen mit Truppen der verbündeten Armee zusammen, die hier von Wellington im Dunkelwerden angehalten wurden; nur ein Teil seiner Kavallerie ging noch bis Genappe vor. Blücher dachte anders. „Der Feldmarschall", heißt es in dem von Gneisenau verfaßten Armeebericht, „versammelte jetzt die höheren Offiziere und befahl, daß der letzte Hauch von Mensch und Pferd aufgeboten werden sollte." An General v. Pirch ging der Befehl, mit seinem Korps noch in der Nacht aufzubrechen, um dem Feinde, der Thielmann bei Wavre bedrängte, den Rückzug zu verlegen.

Bei Bellealliance, schon in der Dunkelheit, trafen die beiden Feldherren aufeinander. „Sie begrüßten sich wechselseitig als Sieger und umarmten sich." Es war ein weltgeschichtlicher Augenblick, und die ihn erlebten, waren sich dessen bewußt: aus vielen tausend Kehlen stieg der Lobgesang gen Himmel: „Herr Gott, dich loben wir." Noch aber hielt Blücher sein Tagewerk nicht für getan; er kündete dem Herzog seinen Entschluß an, den Feind die Nacht hindurch zu verfolgen; der englische Feldherr aber erklärte, daß er zunächst seine Truppen sammeln und ruhen lassen wolle und ritt nach Waterloo, am folgenden Morgen nach Brüssel zurück, um die Siegesnachricht nach London zu schicken.

Wirklich ließ es sich der 72jährige Feldmarschall trotz seines leidenden Zustandes nicht nehmen, die Verfolgung persönlich weiterzuführen. „Wir ritten an der äußersten Tete der Truppen ohne Aufenthalt bis an die Ferme Caillou," berichtet Taxis. „Zwar versuchte eine schwache Abteilung polnischer Lanziers Widerstand zu leisten, wurde aber bald zum Rückzug genötigt. Bei dieser Gelegenheit wurde noch des Fürsten Pferd blessirt." „Die Spitze der Armee", heißt es in Gneisenaus Bericht, „beschleunigte ihre Schritte. Rastlos verfolgt, geriet das französische Heer bald in völlige Auflösung. Die Chaussee sah wie ein großer Schiffbruch aus. Sie war mit unzähligen Geschützen, Pulverwagen, Fahrzeugen, Gewehren und Trümmern aller Art wie besät." Erst gegen Mitternacht wurde das 6 Kilometer entfernte Genappe erreicht. Dort „hatte sich der Feind mit Kanonen, umgeworfenen Munitionswagen und Fahrzeugen verbarrikadirt;" berichtet Gneisenau weiter, „als wir uns näherten, hörten wir plötzlich ein Lärmen und Fahren im Orte und erhielten zugleich vom Eingange her ein starkes Gewehrfeuer; einige Kanonenschüsse, ein Hurra und die Stadt war unser." Die Annäherung der Engländer und Preußen hatte hier Napoleon selbst aufgescheucht; Wagen und Gepäck mit allerlei Kostbarkeiten fielen den Preußen in die Hände. Der Feldmarschall machte nun mit der Masse der erschöpften Truppen halt; es waren Teile von allen drei Korps, wie sie der Zufall herangeführt und die Tatkraft der Führer zu fast übermenschlichen Anstrengungen angespornt hatte.

Aber Gneisenaus Geist, auf dem so vieles gelastet, war noch erfüllt vom Feuer kriegerischen Dranges. Leidenschaftlich hatte er nach der Katzbachschlacht und nach Leipzig schwere Schuld auf die Generale geworfen, die in der Verfolgung seine Forderungen nicht erfüllt hatten; heiß brannte seit Laon in seiner Seele die Begierde, dem höhnenden York und aller Welt zu zeigen, was eine Verfolgung sei. Diesmal sollte Napoleon nicht glücken, was ihm nach den Niederlagen 1812 in Rußland, 1813 in Deutschland und was ihm auch noch 1814 nach La Rothière gelungen war; diesmal sollte seine Niederlage auch seine Vernichtung sein.

Gneisenau und General v. Röder machten sich mit dem Füsilier-Bataillon des 15. Regiments unter Major v. Keller, je einem Zuge des 2. Regiments und des 2. Schlesischen Landwehr-Regiments sowie den 2. Dragonern und den 3. Ulanen von neuem auf. „Die armen ermüdeten Leute hatten schon, an der Straße liegend, ausgespannt," erzählt Gneisenau, „als ich sie bat, mir noch zu folgen, was sie auch sogleich willig taten, und so marschirten wir fort bis zur letzten Erschöpfung." Ihnen folgte Prinz Wilhelm mit der Reservekavallerie des Korps Bülow. „Aus mehr als neun Biwaks wurden diejenigen, die sich einige Ruhe hatten gönnen wollen und keine so schnelle Verfolgung erwartet hatten, vertrieben," sagt der Armeebericht; „in einigen Dörfern suchten sie zu widerstehen, doch sowie sie die Trommeln und Flügelhörner hörten, flohen sie oder warfen sich in die Häuser, wo sie niedergemacht oder gefangen wurden. Der Mond schien hell und begünstigte ungemein die Verfolgung. Der ganze Marsch war ein stetes Aufstöbern des Feindes in den Dörfern und Getreidefeldern." „Es war die reine Klapperjagd," sagt Gneisenau einmal. So ging es über Quatrebras hinaus. Aber auch Gneisenaus Häuflein schmolz stark zusammen; einen erlahmenden Trommler ließ er zu Pferde steigen und weiter seine Schlägel rühren. Bei Tagesanbruch versiegten die Kräfte der Letzten, die mit ihm ausgehalten hatten; 18 Kilometer von Belle-alliance, in der Höhe des Schlachtfeldes von Ligny, machte er endlich halt. Die Scharte des 16. war ausgewetzt. Gneisenau jubelte: „Es war die herrlichste Nacht meines Lebens."

Mit Recht hat man gesagt: Napoleon hatte den Preußen manches gelehrt — hier lehrten die Preußen dem Schlachtenkaiser, was eine nächtliche Verfolgung bedeutet. Blücher aber konnte mit Recht seiner Frau schreiben: „Was ich versprochen, habe ich gehalten! Den 16. wurde ich gezwungen der Gewalt zu weichen — den 18. habe ich in Verbindung mit meinem Freunde Wellington Napoleon den Garaus gemacht."

Nach Paris.

19. Juni bis 3. Juli.

Am 19. Juni schon frühmorgens unterschrieb der Feldmarschall die von Grolman aufgesetzten kurzen Schlachtberichte an den König und an den Gouverneur von Berlin, denen Blücher eigenhändige Briefe an den Generaladjutanten und an seine Frau beifügte. „Die schönste Schlacht ist geschlagen, der herrlichste Sieg ist erfochten" jubelte er. An der Handschrift erkennt man noch die Nachwirkung der gewaltigen körperlichen Anstrengungen und Gemütsbewegungen auf den greisen Helden; er konnte es aber nicht lassen, seiner siegesfrohen Stimmung und seiner Überzeugung Ausdruck zu geben, daß „die Bonapartistische Geschichte nun wohl so ziemlich zu Ende sei". Es konnte ihn wohl mit Stolz erfüllen, den gewaltigsten Feldherrn seit Alexander und Cäsar zu Boden geworfen, Europa von dieser Gottesgeißel befreit zu haben. „Wo er hingekommen, weiß kein Mensch. Seine Armee ist völlig in Deroute, seine Artillerie ist in unsern Händen. Seine Orden, die er selbst getragen, sind mir soeben gebracht; sie sind in einem seiner Wagen genommen," schrieb er seiner Frau. Dem Prinzregenten schickte er einen Offizier zur mündlichen Berichterstattung und sorgte auch dafür, daß seine Siegesnachricht sofort den Londonern bekanntgemacht würde. Sinnreich nannte er die Schlacht nach dem Punkt, wo Napoleon vom Geschick ereilt wurde und sich die beiden verbündeten Feldherren die Hand gereicht hatten. Den Namen Waterloo hat er immer als Beleibigung empfunden.

Grolman brachte unterdes die Anordnungen für die Ausnutzung des Sieges zu Papier. Das Bundeskorps Kleist erhielt Anweisung, auf Sedan und Mezières vorzurücken; es sollte diese Festungen zu überrumpeln suchen; die Besatzung von Luxemburg sollte dasselbe mit Diedenhofen versuchen. „Der erste Schreck kann bei den Franzosen viel bewirken.... Jetzt muß man kühn sein und sich nicht an Theorie und Bücher halten.... Der Feind ist ganz zersprengt, fast seine ganze Artillerie ist in unsern Händen; die Franzosen haben uns keine Armee mehr entgegenzustellen," hieß es in den Befehlen.

In Blüchers Hause lag der schwerverwundete General Duhesme; Blücher schickte ihm seinen Leibarzt. Mit dem gefangenen General Lobau unterhielt sich der Feldmarschall längere Zeit sehr freundlich. Auch die eigenen Verluste waren groß; von den etwa 40000 Preußen, die an der Schlacht teilgenommen hatten, waren 7000 Mann tot und verwundet; im Verhältnis zu ihrer Stärke war der Verlust beider verbündeten Armeen etwa gleich schwer. „Sowohl meine Armee als die von Wellington haben viel verloren," schrieb Blücher in die Heimat, „indessen fielen die Braven für der Menschheit größte Sache."

Nachdem die beiden auf dem Schlachtfeld lagernden Korps Befehl zum Vormarsch auf der großen Straße erhalten hatten, folgte auch das Hauptquartier dem General v. Gneisenau nach Gosselies. Jetzt machten sich dem Feldmarschall die Folgen des Sturzes und der gewaltigen Anstrengungen erst ganz fühlbar; er war so „kreuzlahm", wie er sich ausdrückte, daß er einige Tage im Wagen fahren mußte. Aber seine glückliche Stimmung überwog alles; als er durch Quatrebras fuhr, ließ er am Lager der 8. Husaren, die sein Schwager Colomb kommandierte, anhalten, setzte sich den erbeuteten Hut Napoleons auf und fragte scherzend: „Wie gefall ich Ihm denn so?"

Auch durch Gosselies noch, 25 Kilometer vom Schlachtfeld, war die französische Armee in vollständiger Auflösung gezogen. Gneisenau empfing den Feldmarschall mit dem Vorschlag, die Verfolgung ungesäumt mit der ganzen Armee fortzusetzen. Blücher brannte vor Begierde, in Paris diesmal für alle erlittene Unbill gründlich Rache zu nehmen. Obgleich mehrere höhere Befehlshaber bringend dafür eintraten, zunächst Menschen und Pferde sich erholen zu lassen und die Ordnung in den Truppen wiederherzustellen, stimmte der Feldmarschall seinem Generalstabschef lebhaft zu. Auch mit den geschwächten und ungenügend ausgerüsteten Truppen konnte man erwarten, jeden Widerstand zu überwinden. Schon um 10 Uhr vormittags gingen die Befehle an die Korps Zieten, Pirch und Bülow, nebeneinander an die Sambre bei Charleroi und westlich davon vorzugehen. Pirch versuchte aber zunächst seine bisherige Aufgabe zu erfüllen, die von Wavre sich zurückziehende Heeresabteilung Grouchy abzuschneiden, und gelangte dadurch am 20. nur bis Namür, ohne aber seinen Zweck zu erreichen. Thielmann, der am 18. vor Grouchy bis Löwen zurückgewichen war, kam am 20. erst wieder in Pirchs Höhe nach Gemblour. So konnte der Marsch nach Frankreich hinein am 20. nur von Zieten und Bülow fortgesetzt werden; Thielmann und Pirch folgten dann als hintere Staffeln. Die britische Armee richtete ihren Marsch weiter westlich auf Mons (s. Skizze S. 266).

Am 20. morgens ließ Blücher seiner Frau schreiben: „Nun glaube ich wohl nicht sobald und vielleicht gar nicht mehr zu großen Gefechten zu kommen; unser Sieg ist der vollkommenste, der je erfochten ist ... Heute rücke ich mit der Armee in Frankreich ein. Die Folgen dieses Sieges sind nicht zu berechnen und nach meinem Urteil muß Napoleon sein Untergang daraus hervorgehn und die französische Nation wird und muß ihn verachten. Dann, hoffe ich, geht der Friede hervor und mit Gottes Hülfe bin ich vor dem Winter wieder bei Dir." Von seinem Fall habe er sich ziemlich erholt. Er zittre aber noch so sehr, fügte er selbst hinzu, daß er nicht viel schreiben könne, er habe auch keine Zeit dazu.

Die vordersten preußischen Truppen erreichten heute die Festung Maubeuge; auch das Hauptquartier traf an der Sambre ein.

Ein von Gneisenau aufgesetzter Armeebefehl gab den Truppen die Anerkennung ihres Feldherrn zu erkennen. Er spricht von der Zuversicht der Truppen auf den Herrn der Heerscharen, von ihrem Vertrauen zu den Führern, von der Tapferkeit der Briten, von der Rache an dem übermütigen Abenteurer und an seiner meineidigen Armee; wenige Tage der Anstrengung würden diese völlig vernichten. „Alle großen Feldherrn haben von jeher gemeint, man könne mit einer geschlagenen Armee nicht gleich darauf wieder eine Schlacht liefern.

Ihr habt den Ungrund dieser Meinung dargetan und gezeigt, daß tapfre, geprüfte Krieger wohl können überwunden, daß aber ihr Mut nicht könne gebeugt werden. — Empfangt meinen Dank, Ihr unüberwindlichen Soldaten, Ihr meine hochachtbaren Waffengefährten! Ihr habt Euch einen großen Namen gemacht: So lange es Geschichte giebt, wird sie Eurer gedenken. Auf Euch, Ihr unerschütterlichen Säulen der preußischen Monarchie ruht mit Sicherheit das Glück Eures Königs und seines Hauses. Nie wird Preußen untergehen, wenn Eure Söhne und Enkel Euch gleichen."

Am 21. und 22. wurde der Marsch in zwei Kolonnen längs der Sambre fortgesetzt. Drei kleine Festungen lagen auf dem Wege, Maubeuge, Avesnes und Landrecies. Sie konnten von den Truppen wohl umgangen, durften aber nicht unbeachtet im Rücken liegen gelassen werden.

Voll Stolz über das von der Armee Geleistete berichtete Blücher eigenhändig dem Staatskanzler: „Sind Sie nun zufrieden? In acht Tagen habe ich zwei Schlachten geliefert, fünf große Gefechte*) bestanden und drei Festungen eingeschlossen." Dann legte er ihm ans Herz, für die Witwen der Gefallenen zu sorgen, und fuhr fort: „Nur dem treuen Beistand von Gneisenau und meinem eisernen Willen verdanke ich den schönen Ausgang; denn das Lamentiren und die Vorstellung, doch ja den Truppen Erholung zu gönnen, haben mich beinahe rasend gemacht, und wenn ich den Menschen auch begreiflich machte, daß ich die Festungen erst hinter mir haben müßte, um sie einzuschließen, bevor ich an Ruhe denken könnte, so hilft das bei Menschen, die nur ihr Bischen Ich betrachten, Nichts. Nun werde ich für die Truppen sorgen und übermorgen mich mit Wellington besprechen. Nach dieser Unterredung und einigen Tage Ruhe für die Truppen, geht die Reise vorwärts."

Von Napoleon meint er, „ich denke, es geht mit ihm zu Ende; zu meiner größten Freude sehe ich, daß die Bewohner des Landes uns gut empfangen; von seinem Landsturm hat er sich Nichts zu versprechen." Dann klagt er, daß er in dieser Zeit sehr gelitten habe und seine Kräfte anfingen abzunehmen. „Sobald es hier zu Ende geht, reise ich ab, sonst gehe ich brauf." Auch an Stein schrieb er und trug ihm auf, dem Kaiser Alexander zu sagen: „Hätte ich mehr Kosacken und leichte Kavallerie bei mir gehabt, so sollte von den Franzosen wenig übrig geblieben sein." „Bleibe ich nur gesund," versicherte er dem General v. Dobschütz, dem Gouverneur der Rheinlande, „so denke ich den Krieg bald

---

*) Zwei am 15. bei Charleroi, zwei bei Wavre am 18. und 19., eins am 20. bei Namür.

zu beendigen, wenn die Österreicher und Russen nur auch was tun!"
Zum Glück besserte sich seine Gesundheit, wie er seiner Frau mitteilen
konnte; „ich glaube die guten Ereignisse sind die Medizin. Gestern
ließ ich die Festung Avesnes beschießen; ein Pulvermagazin flog in
der Festung auf und nun ergab sich der Kommandant. Heute noch lasse
ich Landrecies und Maubeuge gleichfalls beschießen. Indessen halten
die Festungen meine Operationen nicht auf. Man sagt, Napoleon
wolle die Trümmer seines Heeres bei Laon sammeln. Es soll mir
wenig Kummer machen! Bringen die Pariser den Tyrannen nicht
um, bis ich nach Paris komme, so bringe ich die Pariser um! Es
ist einmal ein eidbrüchiges Volk!"

Avesnes wurde zu einem Stützpunkt der Armee gemacht. Das Korps
Pirch erhielt den Auftrag, hier zurückzubleiben, die Belagerung von
Maubeuge und Landrecies vorzubereiten, sowie Philippeville und
Givet zu umschließen. Es trat mit dem Norddeutschen Bundeskorps
zusammen unter den Befehl des Prinzen August von Preußen, der
bestimmt wurde, die Belagerungen im Norden zu leiten.

Man mußte sich nun doch allmählich auf stärkeren Widerstand
gefaßt machen. Es war zu befürchten, daß die Langsamkeit der anderen Armeen dem Feinde erlauben würde, seine am Rhein stehenden
Kräfte mit der Armeeabteilung Grouchys und den bei Laon von Soult
wieder gesammelten Kräften zu vereinigen, wie ein Gerücht schon verkündete. Es wurde deshalb nötig, das Korps Thielmann aufschließen
zu lassen und sich mit Wellington über die weiteren Kriegshand-
lungen zu vereinbaren. Durch den König suchte man das Vorgehen der
Russen und Österreicher zu beschleunigen und wendete sich außerdem
an Fürst Wrede mit dem Ersuchen, auch ohne jene abzuwarten in
schnellem Vorschreiten den Anschluß an die Preußen und Briten zu
gewinnen. Wrede war mit den Bayern, 60000 Mann, im Vorgehen
durch die linksrheinische Pfalz begriffen; 1814 hatte er wiederholt
Neigung zu selbständigem und kräftigem Auftreten gezeigt. Man hoffte,
ihn auch jetzt mit fortzureißen.

Die Erfolge des 18., so wurde ihm mitgeteilt, erschienen mit jedem
Tage größer und entscheidender; „der Feind hat von seiner ganzen
Artillerie kaum 20 Stück gerettet. Die Trümmer seiner beinahe gänzlich aufgelösten Armee fliehen ohne mir einen Widerstand entgegenzusetzen und Nichts hat mich gehindert, die so gefürchteten Vormauern
von drei Festungen zu passiren . . . Der Krieg ist beendigt, das große
Ziel unsrer Anstrengungen erreicht, wenn Euer Liebden mit Ihrer
braven Armee rasch vorrücken, ohne die entferntere des Fürsten Schwarzenberg abzuwarten. Mit Euer Liebden vereint, sind wir auch ohne

andere Hülfe stark genug, die Reste der Armee zu vernichten, welche
der Schatten des ehemaligen Ruhmes Bonapartes nur noch kärglich
zusammenhält."

Der am 23. den beiden vorderen Korps gewährte Ruhetag er-

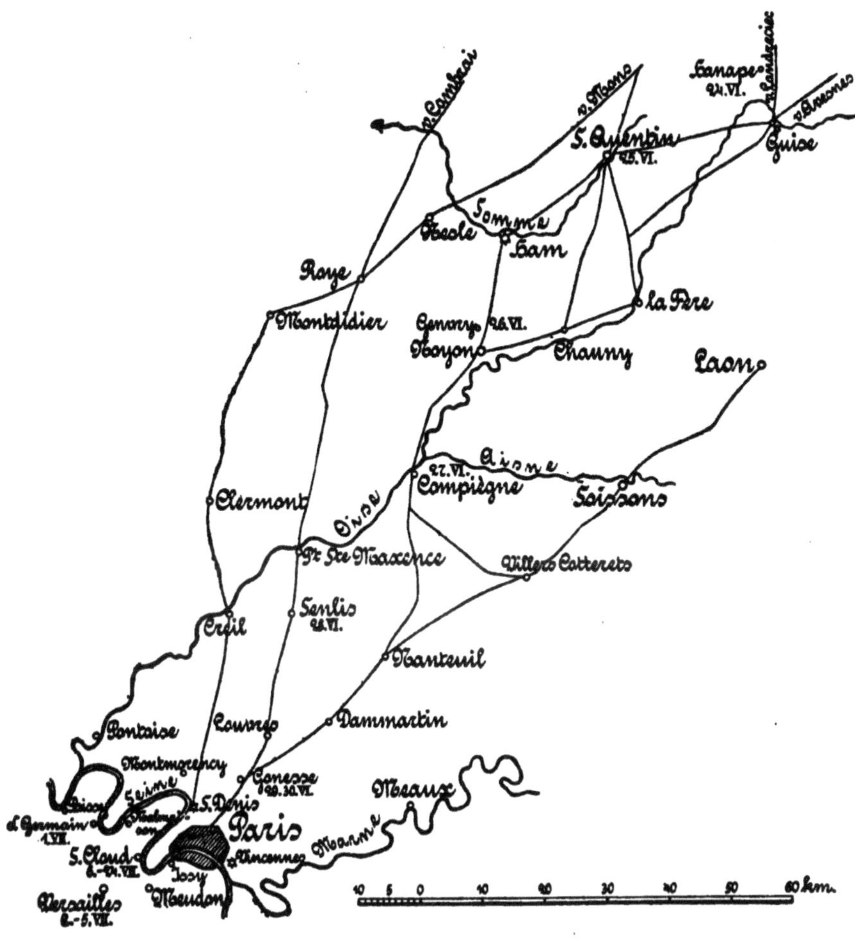

möglichte es dem Korps Thielmann und der Wellingtonschen Armee,
näher heranzukommen.

Bei der Besprechung mit Wellington wurde ihm vorgeschlagen, vereint an dem bei Laon und Soissons sich sammelnden Feind vorbei auf
Paris weiter zu marschieren. Man kannte vom vorigen Jahr her die
Stärke von Laon und das ungünstige Gelände bei Soissons. Auch erwartete man, in der vom Krieg nicht berührten Gegend westlich der

Dise größere Willigkeit der Bevölkerung und leichteren Unterhalt zu finden; dies mußte das schnelle Vorschreiten begünstigen, und dadurch hoffte man, die Pariser Bevölkerung in Schrecken zu setzen und von Napoleon abtrünnig zu machen. Wellington ging darauf ein, ohne sich aber dazu zu verpflichten, mit den Preußen immer in gleicher Höhe zu bleiben; seine Engländer müßten gut verpflegt werden und ihre Zelte mitführen, sonst wären sie nicht in Ordnung zu halten. Er blieb deshalb auch am 24. noch stehen, nahm dabei aber Cambrai ein, das er dem König Ludwig übergab.

Die drei preußischen Korps dagegen gingen am 24., 25. und 26. auf zwei oder drei Straßen in teilweis außerordentlich starken Märschen auf dem westlichen Oise-Ufer weiter. „Heute", schrieb Blücher am 24., „hat sich das feste Schloß Guise ergeben. Bonaparte ist durch das Corps legislatif abgesetzt, und der General Morand hat mich gebeten, die Feindseligkeiten einzustellen. Sie begreifen wohl, daß ich dieses von der Hand gewiesen habe und zur Antwort gegeben, Bonaparte todt oder seine Auslieferung an mich und zugleich die Übergabe aller Festungen an der Maas und Sambre, wären die einzigen Conditionen, worunter ich die Feindseligkeiten einstellte; mein Marsch ginge ohne Aufenthalt grade nach Paris, und wenn die Pariser Napoleon nicht auslieferten oder tödteten, so würden sie meine Rache als Eidbrüchige erfahren; sie möchten an Moskau denken. Noch heute breche ich gegen Paris auf." Schon hieß es, Napoleon habe sich erboten, als einfacher General die Verteidigung der Hauptstadt zu leiten; es galt den Parisern klar zu machen, welche Folgen das haben würde. Über die Behandlung von Waffenstillstandsgesuchen wurde mit Wellington eine Vereinbarung getroffen. Ein von Gneisenau aufgesetztes Schreiben hatte dem Herzog dargelegt, auf solche hinterlistigen, von Verrat und Furcht zugleich erzeugten Anträge dürfe man nicht hören. Man müsse den Marsch auf Paris ohne Aufenthalt fortsetzen und „jenem bundbrüchigen und eitlen Volke beweisen, daß wir es hinlänglich kennen und demgemäß verachten. Und könnte die gegebene Nachricht nicht eine Vorspiegelung sein, um Zeit zu gewinnen? Oder eine Absicht der Jakobiner, um das Volk unter die Waffen zu bringen? Daher keine Zögerung, kein Nachlassen! Paris selbst muß uns als Unterpfand gegeben werden." Wellington ließ sofort versichern, daß auch er keinen Unterhändler annehmen und mit Blücher dahin marschieren werde, wohin er wolle.

In einem von Grolman entworfenen Bericht an den König werden die Bedingungen, an die Blücher einen Waffenstillstand geknüpft hatte, noch verschärft angegeben; auch die Festungen an der Mosel und Saar und die Provinzen bis zur Marne werde er verlangen. „Ich hoffe," heißt es weiter, „daß ich Euer Majestät Willen gemäß handle, und bitte nur alluntertänigst, die Diplomaten dahin anzuweisen, daß sie nicht wieder das verlieren, was der Soldat mit seinem Blute errungen hat. Dieser Augenblick ist der einzige und letzte, um Deutschland gegen Frankreich zu sichern; Euer Majestät werden als Gründer von Deutschlands Sicherheit verehrt werden und auch wir werden die Früchte unsrer Anstrengungen genießen, wenn wir nicht mehr nötig haben, mit immer gezücktem Schwerte dazustehen." Auch an Knesebeck ging ein entsprechendes Schreiben, um in diesem Sinne im Schwarzenbergschen Hauptquartier zu wirken.

Am 26. schrieb Blücher seiner Frau: „Noch zehn Meilen von Paris,*) die ich auch bald zurücklegen werde! Schon haben die Pariser und die provisorische Regierung Deputirte geschickt und bitten um Einstellung der Feindseligkeiten; ich habe sie nicht angenommen. Bonaparte ist abgesetzt und will nach Amerika gehen. Ich habe Nostiz heute nach Laon geschickt und von den Deputirten Bonaparte seinen Tod oder seine Auslieferung, die Übergabe aller Festungen an der Sambre und der Maas verlangt; dieses wäre die Condition, unter welcher ich mit ihnen unterhandeln wollte. Dem unerachtet marschire ich noch heute grade auf Paris. Ich werde das Eisen schmieden, derweil es warm ist, denn ich will vor dem Herbst zu Hause sein." Nostiz hatte die Weisung erhalten, außer den vorstehenden Forderungen noch die Übergabe von Paris, Laon, Soissons und La Fere und der Festungen an der Mosel, außerdem aber die Auslieferung sämtlicher den verschiedenen Völkern geraubten, in Paris befindlichen Kunstwerke zu fordern. An Hardenberg schrieb Blücher: „Bis man mir von da [dem Hauptquartier der Monarchen] Zaum und Gebiß anlegt, hoffe ich mit den Hauptsachen fertig zu sein. Das Eisen ist warm, ich werde schmieden . . . Ich habe noch Manches zu berichtigen; Sie können und werden dazu beitragen, daß ich es tun kann."

Es kam nun darauf an, an der unteren Oise vom Feinde nicht aufgehalten zu werden; wenn er den Preußen an den Übergängen von Compiegne und Pont Sainte Maxence zuvorkam, so wurde dies sehr hinderlich, da das Brückengerät der preußischen Armee zum Überbrücken der Oise nicht ausreichte. Alle Eile wäre dann vergeblich gewesen. Doch glücklich erreichte am 27. das Korps Zieten in schnellem Marsch Compiegne vor dem Feinde, der sich von Soissons dorthin im Marsch befand. Zieten hatte Befehl, gleich über Compiegne hinaus gegen die Straße Soissons—Paris vorzustoßen, um den Feind

---

*) Es waren dreizehn

von Paris abzuschneiden. Das Korps Thielmann wurde bei Compiegne zur Unterstützung bereitgestellt. Bülow hatte hinter ihnen durch auf der großen Straße den Marsch über Senlis fortzusetzen.

Sowohl bei Zieten als bei Bülow kam es zu glänzenden Gefechten mit dem Feinde, der nach der Marne abgedrängt wurde; in Villers Cotterets wurden ihm 14 Geschütze abgenommen. Jetzt war den Verbündeten der Marsch auf die Hauptstadt nicht mehr streitig zu machen. Trotz der in diesen Tagen herrschenden großen Hitze hatte unter diesen Seitenmärschen und Gefechten die Vorwärtsbewegung auf Paris nicht gelitten. Allerdings waren viele Leute zurückgeblieben; aus ihnen wurde in Compiegne ein Besatzungs-Bataillon gebildet.

So sehr es ihm in dem herrlichen Compiegne gefiel, drängte Blücher doch vorwärts nach Paris; schon beschäftigte ihn lebhaft die Frage, was dort geschehen solle. „In drei Tagen muß ich in Paris sein," schrieb er seiner Frau. „Es ist möglich und höchst wahrscheinlich, daß Bonaparte mir und Lord Wellington ausgeliefert wird. Ich werde wohl nicht klüger handeln können, als ihn todtschießen zu lassen. Es geschieht der Menschheit dadurch ein Dienst. In Paris hat ihn Alles verlassen und er wird gehaßt und verachtet. Ich denke, die Sache ist ganz in Kürze hier zu Ende und dann eile ich nach Hause." Der französische Minister des Auswärtigen hatte tatsächlich wegen der Auslieferung Bonapartes Unterhandlungen angeknüpft. Gneisenau schrieb dieserhalb an Müffling: „Bonaparte ist durch die Erklärung der verbündeten Mächte in Acht erklärt. Der Herzog von Wellington möchte (aus parlamentarischen Rücksichten) vielleicht Bedenken tragen, den Ausspruch der Mächte zu vollziehen. Euer Hochwohlgeboren wollen demnach die Unterhandlungen über diesen Gegenstand dahin richten, daß Bonaparte uns ausgeliefert werde, um ihn vom Leben zum Tode zu bringen. So will es die ewige Gerechtigkeit, so bestimmt es die Deklaration vom 13. März, so wird das Blut unsrer am 16. und 18. getöteten und verstümmelten Soldaten gerächt." Aber Wellington wollte hierzu nicht seine Hand bieten; ein solcher Akt sei völkerrechtswidrig und der verbündeten Feldherren unwürdig.

Nun lenkten doch auch Blücher und Gneisenau ein; dieser antwortete durch Müffling: „Der Feldmarschall trägt mir noch auf, daß Euer Hochwohlgeboren dem Herrn Herzog von Wellington erklären: daß es der Wille des Herrn Feldmarschalls gewesen sei, Bonaparte auf demselben Fleck hinrichten zu lassen, wo der Herzog von Enghien erschossen worden, daß er aber aus Nachgiebigkeit gegen des Herzogs Wünsche die Hinrichtung unterlassen werde, daß aber der Herzog die Verantwortlichkeit der Unterlassung übernehmen müsse."

Gneisenau fügte persönlich hinzu, er wolle sich der Großmut nicht widersetzen, „aus Achtung gegen den Herzog und — aus Schwäche."

Schwer kann man sich heute in die Gefühle der Menschen, der Völker versetzen, die soeben Napoleons Joch getragen hatten. Wie namenloses Elend und Herzeleid hatte diese Gottesgeißel im letzten Jahrzehnt in Europa angerichtet! Welche Masse von Menschenleben hatte er zur Erreichung seiner ehrgeizigen Pläne gefordert, welche Ströme von Blut waren vergossen, um ihn unschädlich zu machen! Unter welcher Last von Gewalttat, Erpressung und Schmach hatte namentlich Preußen gelitten! „Wir sind durch ihn verarmt. Unser Adel wird nie mehr sich aufrichten können!" rief Gneisenau. „Und müssen wir uns nicht als die Werkzeuge der Vorsehung betrachten, die uns einen solchen Sieg verliehen hat, damit wir die ewige Gerechtigkeit üben? Verlangt nicht schon der Tod des Herzogs von Enghien eine solche Rache? Werden wir uns nicht die Vorwürfe der Völker Preußens, Rußlands, Spaniens, Portugals zuziehen, wenn wir die Ausübung der Gerechtigkeit unterlassen?" Gneisenau empfand besonders lebhaft die Gefühle, die die Herzen der Geknechteten, der Verarmten und der Hinterbliebenen erfüllten. Ihn, den Gemütvollen, hatte der „Bösewicht" in ein Leben voll Unruhe, Kampf und Hader gestoßen. In seiner leidenschaftlichen Seele hatte der Urheber alles Unglücks die Gestalt des leibhaftigen Satans angenommen. Heißer noch, als nach Leipzig schwelgte er im Wonnegefühl, Rache an dem Feinde der Menschheit nehmen zu können.

Ob Blüchers verwandte Natur sich so rückhaltlos dem Haß hingab, scheint mir zweifelhaft. Es wird aus seiner Umgebung erzählt, daß er, als man ihm den Hut Napoleons brachte, äußerte: „Hätten sie mir den Napoleon selbst gebracht, so könnte ich ihn nicht anders als mit der größten Hochachtung aufnehmen; obgleich er mich oft den besoffenen Husaren geheißen, so ist er doch ein ganz tüchtiger Mann." Bei der Begegnung in Finkenstein 1807 hatte des Kaisers schmeichelhafte Freundlichkeit es ihm doch angetan und namentlich rechnete er ihm die achtungsvolle Behandlung seines gefangenen Sohnes in Dresden hoch an.

Persönlich war er auch der Vollziehung von Todesurteilen sehr abgeneigt; das Bestätigen des Urteils über die Rädelsführer der meuternden Sachsen kostete ihm große Gemütsbewegung und Überwindung, und grade vor wenigen Tagen hatte er sich geweigert, die Todesstrafe an einem Husaren vollziehen zu lassen, der sich schwer an einem Vorgesetzten vergriffen hatte. Aber es unterliegt wohl keinem Zweifel, daß er zeitweise ernstlich die Absicht hatte, die Hinrichtung des geächteten Napoleon auf sein Gewissen zu nehmen. Wellingtons kühlere Auffassung und sachlicher Einspruch beruhigte die erregten Wellen; es lag doch auch gar kein Grund vor, den Monarchen vorzugreifen.

Hatten bisher die Nachrichten aus Paris wahrscheinlich gemacht, daß die königliche Partei dort siegen und man Napoleon preisgeben werde, so zeigte sich bald, wie wenig den dortigen Gewalthabern zu trauen sei. Sobald die ersten Truppen der Napoleonischen Armee die Hauptstadt erreichten, ging ein völliger Umschwung der Gesinnung vor sich. Die jetzt bei Blücher eintreffenden Abgesandten führten eine ganz andere Sprache: Paris sei uneinnehmbar und werde von 100 000 Mann verteidigt, die vom besten Geiste beseelt seien; nie werde es den Preußen gelingen, Meister der Stadt zu werden. Das Oberkommando aber war „mehr als je entschlossen, keine Art von Waffenruhe eintreten zu lassen, wenn nicht die Hauptstadt als Unterpfand überliefert würde, da man der ganzen Gesellschaft nicht recht trauen konnte". Blücher erfuhr bei den Unterhandlungen, daß Napoleon sich in Malmaison, westlich von Paris, aufhalte, wo er nur eine Wache von 400 Mann bei sich habe. Er gab deshalb Befehl, ihn dort aufzuheben. Sein Schwager, Major v. Colomb, wurde damit beauftragt; der fand aber die nächsten Seinebrücken zerstört, und so gewann Napoleon Zeit, sich der Gefahr zu entziehen.

Am 29. trafen Bülow und Zieten vor der Nordfront von Paris ein, Thielmann hinter ihnen; das Hauptquartier kam nach Gonesse, 8 Kilometer nordöstlich von Saint Denis. Die Armee Wellingtons war zwei Märsche zurückgeblieben. Die Russen waren noch in der Pfalz, die Österreicher im Elsaß und in der Schweiz; die Bayern, als die vordersten, hatten Nancy, 300 Kilometer von Paris, erreicht.

Blücher und Gneisenau waren nicht gewillt, die Zeit bis zum Eintreffen der Monarchen ungenutzt verstreichen zu lassen. Auch Wellington, der den Feldmarschall in Gonesse aufsuchte, zeigte sich bereitwillig, hütete sich aber, seine geheimen Pläne zu enthüllen. Als sich nun die Verschanzungen auf der Nordseite der Stadt als sehr stark und ausreichend besetzt erwiesen, entschloß sich Blücher, mit der preußischen Armee Paris westlich umgehend, die Südseite anzugreifen, wo die kaum begonnenen Befestigungen keinen großen Widerstand erwarten ließen. „Ich stehe hier vor Paris," berichtete Blücher seiner Frau. „Wellington hat bei mir gegessen und wir haben Abrede miteinander genommen, um die ganze Geschichte zu beendigen. Deinen Bruder hatte ich die vergangene Nacht abgesandt, um Bonaparte, der in Malmaison war, aufzuheben; die Brücke war abgebrannt, sonst wäre der Coup gelungen. Indessen hat Colomb doch eine schöne Expedition gemacht und die Brücke von Saint Germain genommen, die der Feind im Begriff war zu vernichten." Morgen werde die Armee über diese Brücke auf Paris losgehen.

In letzter Stunde riet Wellington noch von diesem Entschluß ab; die Bewegung werde nicht zu verheimlichen sein und auf starken Widerstand stoßen; auch würden dadurch die rückwärtigen Verbindungen beider Armeen sich unangenehm kreuzen. Er erbot sich, hinter der preußischen Armee vorbei und dann bei Poissy unterhalb der Oise-Mündung über die Seine zu gehen, um seinerseits den Angriff auf die Südseite zu übernehmen. Aber die kühne preußische Bewegung war bereits im Gang; auch war Blücher nicht gesonnen, die vier Tage zu verlieren, die der weite Umgehungsmarsch den langsamen Engländern mindestens gekostet haben würde, so gern er den Truppen Erholung gegönnt und die auf dem Marsch Zurückgebliebenen nachgezogen hätte.

Unterdessen wurden von französischer Seite die Versuche fortgesetzt, einen Waffenstillstand zu erreichen. Der Kriegsminister, Marschall Davout, schrieb an Blücher und Wellington: Napoleon habe abgedankt, ein Kriegsgrund liege also nicht mehr vor; mit dem österreichischen General Frimont sei eine Waffenruhe bereits vereinbart, der preußische und der britische Heerführer würden doch keine anderen Weisungen haben als ihre österreichischen Kollegen. Wellington lehnte höflich ab, aber Blücher ließ in deutscher Sprache und deutscher Deutlichkeit antworten: Die Abdankung Napoleons zugunsten seines Sohnes beseitige die Kriegsursache keineswegs; wenn ein österreichischer General die Feindseligkeiten einstelle, so sei das kein Grund, dasselbe zu tun. Davout möge nicht wie einst Hamburg, so jetzt Paris ins Verderben stürzen; in Paris eingerückt, werde man die rechtlichen Leute schon gegen Plünderung durch den Pöbel zu schützen wissen. „Wir verfolgen unsern Sieg und Gott hat uns Mittel und Willen dazu gegeben."

Da behauptet wurde, auch Fürst Wrede sei einen Waffenstillstand eingegangen, forderte Blücher sofort den General Knesebeck auf, öffentlich Einspruch zu erheben gegen einen Verrat, der bloß bezwecke, daß die Franzosen Zeit gewinnen, noch ihre letzten Kräfte gegen Wellington und ihn zu wenden. Das Betragen der Franzosen sei so zweideutig und verräterisch, daß es nicht möglich sei, mit ihnen eher als nach dem Besitz von Paris zu unterhandeln. Bonaparte sei noch in der Nähe, habe nur zugunsten seines Sohnes abgedankt; alles sei nur eine Farce, um die Österreicher zu gewinnen, die mit der jetzigen Regierung schon in geheimer Unterhandlung ständen. Blücher hoffe Paris zu haben, ehe der Feind Verstärkungen heranziehen könne, und

so den Schaden vermeiden, der durch diesen verräterischen Waffenstillstand hätte angerichtet werden sollen.

Die Kühnheit der Umgehungsbewegung überraschte die Franzosen vollständig. Ohne wesentliche Störung ging am 30. Juni,
1. und 2. Juli der sehr geschickt angelegte, aber sehr anstrengende
Marsch auf der Südseite von Paris vonstatten. Jedoch wurden
am 1. die unvorsichtig vorgeschobenen 3. und 5. Husaren unter
Oberstleutnant v. Sohr bei Versailles von überlegenen feindlichen
Kräften überraschend angegriffen und ihnen der Rückzug verlegt;
die Brigade wurde gänzlich zersprengt. Blücher soll den Offizier,
der ihm diese Niederlage seines alten Regiments meldete, angefahren
haben: „Herr, wenn das wahr ist, so wollte ich, daß auch Sie der
Teufel geholt hätte." Wieder drangen verschiedene Truppenführer,
unter ihnen sogar Prinz Wilhelm, auf den Feldmarschall ein, nun
nichts mehr zu wagen; er aber blieb fest. Am 2. Juli wurden die
Franzosen in die südwestlichen Vorstädte von Paris zurückgeworfen;
Blücher siedelte von Saint Germain nach Versailles über.

Jetzt legte sich auch Wellington ins Mittel, um Blücher vom Angriff auf Paris abzuhalten; er halte ihn für ein „sehr gefahrvolles
Unternehmen"; Blücher möge doch auf den angebotenen Waffenstillstand eingehen und auf den „eitlen Triumph" eines Einzuges verzichten. Gneisenau antwortete, der Feldmarschall habe sich bereits
zur Ruhe begeben, er könne seine Befehle erst morgen einholen.
Nun aber wurde die Frage durch einen Sieg desselben Korps
entschieden, das vor 18 Tagen den Waffengang eröffnet hatte. Am
3. Juli beim Hellwerden griff der Feind das Korps Zieten bei Issy heftig
an. Blücher begab sich auf die Paris beherrschenden Höhen von Meu-
don, um das Gefecht zu beobachten. Man hatte von dort einen wunder-
baren Blick auf das ganze prachtvolle Talbecken. Wieder, wie vor
einem Jahr von dem gegenüberliegenden Montmartre aus, war Blücher
gewillt, seine Drohungen wahr zu machen, wenn Paris Widerstand
leistete. Er hatte sich dazu von Wellington eine englische Raketenbatterie
geben lassen, von deren Wirkung er sich großen Einfluß auf die Bevölkerung versprach.

Inzwischen hatten die Preußen den Angriff zurückgewiesen und
drangen nun bis an die Torschläge von Paris vor. Die Drohungen
Blüchers taten jetzt ihre Wirkung: auf einen Sturm mit seinen Schrecken
wollte es niemand ankommen lassen. Um 7 Uhr stellte die französische
Artillerie ihr Feuer ein. Bald meldete sich beim General v. Zieten
ein französischer Unterhändler, der den Waffenstillstand unter Übergabe von Paris anbot. Blücher war über diese „angenehme Nachricht"

sehr erfreut. Er gab sie sofort an Wellington weiter und forderte ihn auf, nach Saint Cloud zu kommen, um an den Verhandlungen teilzunehmen.

Nachdem der Feldmarschall die Lagerplätze des Korps Zieten besucht hatte, begab er sich gleichfalls nach Saint Cloud. Er benutzte die Zeit des Wartens, um seiner Frau zu schreiben und in der Heimat das große Ereignis zu verkünden: „Hier sitze ich in diesem Augenblick und erwarte die französischen Generale und die fünf Deputirten der französischen Kammer, um die Kapitulation von Paris abzuschließen. . . . In meinem letzten Brief sagte ich, daß Du den nächsten aus Paris erhalten solltest; Du siehst, daß ich Wort halte. Aber ich habe gestern und heute wieder gegen 3000 Mann verloren; ich hoffe zu Gott, es sollen die letzten in diesem Kriege sein! Ich habe das Morden zum Überdruß satt!"

Die Verhandlungen dauerten mehrere Stunden lang und verliefen sehr stürmisch. Die Übergabe von Paris innerhalb von drei Tagen und der Abmarsch der französischen Armee hinter die Loire wurden bald zugestanden, aber wegen des Einrückens der verbündeten Truppen kam es zu heftigen Auseinandersetzungen. Die Franzosen schilderten anschaulich die Gefahren, die die Truppen inmitten der aufgeregten Bevölkerung laufen würden. Blücher aber erklärte es als Ehrensache für seine Armee, sich der Auszeichnung zu erfreuen, die der französischen in Berlin, Wien und Moskau zuteil geworden sei; er übernehme jede Verantwortung für deren Folgen. In der Fortsetzung seines Briefes konnte er jubelnd seiner Frau schreiben: „Paris ist mein! Das französische Militär marschirt hinter die Loire und die Stadt wird mir übergeben. Der unbeschreiblichen Bravur und beispiellosen Ausdauer [der Truppen] nebst meinem eisernen Willen verdanke ich Alles. An Vorstellungen und Lamentiren über die Entkräftung der Leute hat es nicht gefehlt; aber ich war taub und wußte aus Erfahrung, daß man die Früchte seines Sieges nur durch unausgesetztes Verfolgen recht benutzen muß. Ich kann Dir heute nicht mehr schreiben; ich bin zu sehr beschäftigt und zu matt. Mach' diesen Brief gleich in Berlin bekannt. Gott sei Dank, das Blutvergießen wird aufhören!" Ähnlichen Worten an Knesebeck fügte er hinzu: „Nun, mein Freund, mein Tagewerk ist vollendet!"

Wohl suchten in der Folge die Gegner der Ansprüche, die für Deutschlands Sicherstellung die preußischen Führer erhoben, deren Taten herabzusetzen. Genau genommen sei ihnen alles mißglückt, ließ des Zaren französischer Ratgeber, Pozzo di Borgo, sich vernehmen; bei Charleroi hätten sie sich blindlings überraschen lassen, bei Ligny seien sie geschlagen, bei Namür hätten sie die Franzosen entschlüpfen lassen, bei Compiegne ebenfalls, bei Saint Denis und bei Versailles wären sie in jedes nur denkbare Mißgeschick gerannt: „Das Verdienst der Armee ist groß, aber die Leitung schlechter als ihr Ruf."

Demgegenüber konnte Gneisenau den Gang des Feldzuges von noch nicht drei Wochen mit den stolzen Worten bezeichnen: „Schwierige Lage ohne unsre Schuld, Rettung daraus durch Kühnheit, ein glänzender Erfolg, ein Verfolgen einer Treibjagd ähnlich, ein abscheuliches System durch einen Schlag zermalmt, die feindliche Hauptstadt zu unsern Füßen."

In Frankreich.

Juli—Oktober.

„Es soll keiner meiner Preußen heimkehren, ohne sagen zu können, daß ihn die Pariser gut bewirtet haben," hatte der Feldmarschall den französischen Unterhändlern zu Saint Cloud zugerufen. Trotz Wellingtons Gegenvorstellungen setzte Blücher den Einzug durch, und zwar sollten die Truppen, die am meisten gekämpft hatten, die Freuden von Paris auch am längsten genießen. Schließlich versuchte Wellington wenigstens die Einlagerung der preußischen Truppen bei den Pariser Bürgern zu hintertreiben; die Häuser seien darauf nicht eingerichtet, die Soldaten würden sich mit ihren Wirten nicht verständigen können, die Pariser seien das verwöhnteste und reizbarste Volk der Welt. Es werde zu fortwährenden Händeln kommen und dies zu gewaltsamem Einschreiten führen; Blücher möge doch wenigstens die Soldaten aus Magazinen auf Kosten der französischen Regierung verpflegen lassen. Aber Müffling erhielt Anweisung, dem Herzog vorzutragen, dem preußischen Soldaten sei es nicht um Essen und Geld, ihm sei es um die Ehre zu tun, die ihm im vorigen Jahr vorenthalten sei. Beim preußischen Soldaten brauche man nicht wie beim englischen die Berührung mit anderen Ständen zu fürchten, er bilde keinen abgesonderten Stand und werde sich mit den Pariser Bürgern schon zu benehmen wissen. Auch solle der Aufenthalt nicht lange dauern; „auf diese Weise werde die Armee befriedigt und Paris habe nur einen kleinen freundlichen Besuch."

Am 7. Juli rückte das Korps Zieten in Paris ein. Ein Armeebefehl ordnete an: „Sämmtliche Franzosen sind mit Ernst und Kälte zu behandeln, aber jede mutwillige Beleidigung von unsrer Seite

Blücher als Gutsherr.

Nach dem Stiche von Robert Reyher.

soll strenge bestraft werden." Der Einmarsch geschah kriegsmäßig, die Truppen lagerten auf den großen Plätzen und besetzten die wichtigsten Gebäude; dann wurde das Korps mit Verpflegung untergebracht. Am 8. bezog das Korps Thielmann auf einen Tag, am folgenden das Korps Bülow auf drei Tage Unterkunft in der Stadt. Die beiden Korps belegten dann die Gegend südlich und südwestlich von Paris. Das Korps Zieten blieb bis zur Ablösung durch die Garde am 22. Juli in der Hauptstadt.

Um sich dem gehaßten und anstrengenden höfischen und diplomatischen Getriebe zu entziehen, hatte der Feldmarschall sein Hauptquartier nicht nach Paris gelegt. Doch schrieb er seiner Frau am 9. Juli aus der Hauptstadt selbst: „Ich bin hier in Paris, habe aber nur ein Absteigequartier hier genommen; sonst wohne ich in Saint Cloud im schönsten Schloß, wo ich auch bleiben werde, wenn die großen Herrn nach Paris kommen. Gesund bin ich ziemlich, aber verdrießlich im höchsten Grade, denn ich werde gemartert; die Franzosen sind zum Abscheuen niederträchtig. Ludwig der 18te ist nun wieder in Paris; ich bin aber sicher, wenn wir weggehen, daß sie ihn in 3 Tagen wieder wegjagen. Sobald der König kommt, arbeite ich an meiner Rückkehr, denn ich habe es vollkommen satt." „Dieses Volk", sagt er in einem andern Brief aus diesen Tagen von den Parisern, „und der Charakter der ganzen Nation ist so gesunken, daß sie keine Rücksicht mehr verdienen."

Die Zeit bis zum Eintreffen der Monarchen suchten Blücher und Gneisenau auch in anderen Richtungen möglichst auszunutzen und längst gehegte Wünsche durchzusetzen. Blücher legte der Stadt Paris eine Kriegszahlung von 100 Millionen Franken und die Verpflichtung auf, die Armee neu auszurüsten, auch mit Pferden, und ihr den Betrag des zweimonatlichen Soldes, als sogenanntes Douceur, auszuzahlen. Den Offizieren sollten besondere Ausrüstungsgelder gewährt werden. General-Intendant Ribbentrop ging sogleich an die Beitreibung der Summen und Gegenstände. Auch übertrug ihm Blücher die Rückforderung aller von Napoleon als Beute nach Paris geschleppten Kunstschätze, was der Feldmarschall auf Gneisenaus Betreiben ebenfalls als Ehrensache erklärt hatte.

In den Übergabebedingungen war nichts Besonderes über das dicht bei Paris liegende feste Schloß Vincennes festgesetzt worden; es enthielt eine Menge Kriegsgerät, auf das die Verbündeten Anspruch erhoben. Aber der seinem alten Herrn anhängende Kommandant weigerte sich, die Tore zu öffnen. Blücher befahl, den Widerstand mit Gewalt zu brechen, und beauftragte damit den General v. Zieten. Da dieser aber

glaubte, mit seinen Zwölfpfündern nichts ausrichten zu können, ver-
zögerte sich der Angriff. Blücher drängte: „Die Sache muß beendet
werden, denn seit unserm Einrücken in Paris ist Nichts geschehen.
Paris hat alle Kräfte und Tätigkeit gelähmt und ich erkenne meine
Armee nicht wieder." Da aber die versprochenen englischen schweren
Geschütze nicht eintrafen, verblieb es zunächst bei der Einschließung.

Schon 1814 hatte Gneisenau gefordert, daß das Pariser Bauwerk in die Luft fliege, das von Napoleon bestimmt war, die Niederlage von Jena zu verewigen. Jetzt meldete er dem König, der Feldmarschall habe es für seine Pflicht gehalten, die Sprengung der Jenabrücke zu befehlen. Der inzwischen von den Engländern nach Paris
zurückgeführte Ludwig XVIII. legte durch Talleyrand beim preußischen
Gesandten Verwahrung dagegen ein und veranlaßte auch Wellington zu
einer persönlichen Gegenvorstellung; selbst General v. Bülow mahnte ab.
Der Feldmarschall ließ sich durch nichts davon abbringen: die Ehre der
Armee fordere die Durchsetzung des gegebenen Befehls. Blücher konnte
sich nicht versagen, dem preußischen Gesandten zu antworten, die Sprengung sei beschlossen; er könne ihm nicht verhehlen, „daß es mir recht
lieb sein würde, wenn Herr Talleyrand sich vorher darauf setzen würde,
welches ich E. H. bitte, ihn wissen zu lassen." Leider schlug durch falsche
Minenanbringung das Sprengen fehl, und darüber kamen die Monarchen in Paris an. Damit hörte die Selbstherrlichkeit der Feldherren auf, und der König verbot die Sprengung; die preußischen Heiß-
sporne mußten sich mit dem Umtaufen in Invalidenbrücke begnügen.

Am Tage nach seiner Ankunft sprach der König der Armee seinen
Dank für ihre Waffentaten aus, durch die es gelungen sei, in 19 Tagen
einen Feldzug zu beendigen und die Hoffnung auf den dauernden
Frieden der Welt zu gründen. „Nie ist Tapferkeit und Beharrlichkeit
durch glänzendere Erfolge gekrönt worden!" Aber er machte doch
auch bemerklich, daß er über die auf den Verbindungsstraßen der Armee
herrschende Unordnung recht ungehalten sei. Blücher sandte besondere
Truppenkörper ab, um die Ordnung herzustellen. Für Blücher ließ der
König ein Eisernes Kreuz mit golbenen Strahlen anfertigen, und
Gneisenau wurde zum General der Infanterie ernannt, nachdem er
schon für Bellealliance den Schwarzen Adlerorden, der mit Napoleons
Wagen erbeutet war, erhalten hatte.

Einige Tage nach den Monarchen trafen auch die Staatsmänner
ein. Blücher benutzte die erste Gelegenheit, bei einem Festmahl den
„frommen Wunsch" auszusprechen, daß „die Diplomaten nicht zum
zweiten Male verderben möchten, was die Armee mit ihrem Blute
siegreich erkämpft hätte." Um die Friedensbedingungen zu verhan-

beln, wurde nun ein Rat eingesetzt, dem neben den höchsten Staatsbeamten der verbündeten Mächte auch die Feldherren Schwarzenberg,
Wellington und Wrede angehörten; von preußischer Seite traten Hardenberg, Humboldt, Knesebeck und an Blüchers Statt Gneisenau ein.
Von dieser Versammlung erwartete das deutsche Volk die Sicherstellung
Deutschlands. Blüchers Vorschlag, eine republikanische Regierung einzusetzen, war schon durch Englands Vorgehen hintertrieben; von Frankreich ein tüchtiges Stück Land abzuschneiden, um den Störenfried zu
schwächen, blieb das nächste Ziel der Patrioten. Aber Gneisenau erkannte bald, daß dies nicht zu erreichen sein werde.

Merkwürdigerweise war mit der Übernahme der Regierung durch
König Ludwig der Kriegszustand keineswegs beendet. Die Kommandanten der im Machtbereich der Verbündeten liegenden, aber noch
nicht eroberten Festungen erklärten sich zwar meist für die Bourbonen, verweigerten aber mit geheimer Zustimmung des Königs den
Verbündeten den Eintritt. Die Belagerungen nahmen deshalb ihren
Fortgang. Den Prinzen August, der die Grenzfestungen an der Sambre
belagerte, trieb Blücher zur Eile an, „sonst kommen uns die Diplomaten dazwischen". Der Prinz erhielt, offenbar mit Genehmigung
des Königs, die Anweisung, sich um keinen Befehl zu kümmern, der
nicht vom Feldmarschall ausgehe. Als Maubeuge am 12. Juli gefallen
war, kam Landrecies an die Reihe. Ebenso wichtig war der Besitz von
La Fère, Laon und Soissons, die auf den Verbindungslinien des preußischen Heeres lagen. Mit König Friedrich Wilhelms Zustimmung
befahl Blücher dem General v. Zieten, jene Orte in Besitz zu nehmen:
„ich kann bei meiner Aufstellung zwischen der Seine und Loire durchaus auf meiner Kommunikation keine festen Plätze dulden, die in
fremder Gewalt sind, am wenigsten in französischer, wo Niemand ist,
der sich nicht schon eines Verrats schuldig gemacht hätte." Am 21. Juli
rückte ein Teil des Korps Zieten nach La Fère ab und bereitete die Belagerung vor.

Auch in der Angelegenheit der Neuausrüstung der Armee war
Blücher zu durchgreifenden Maßregeln geschritten. Die Präfekten,
die sich weigerten, seinen Lieferungs-Ausschreibungen nachzukommen,
ließ er verhaften. Solches Vorgehen führte natürlich zu lebhaften
Klagen der französischen Regierung, die Talleyrand und Fouché mit
größter Gewandtheit vertraten; im Rat der verbündeten Staatsmänner
fanden sie sehr geneigtes Ohr. Eine gemeinsame Regelung der
Kriegsentschädigungen war ja erforderlich. Blücher war indes nicht
gesonnen, sich das Heft ohne weiteres aus der Hand winden zu lassen.
An Grolman hatte er hierbei einen Berater, der noch hartnäckiger fast

als Gneisenau an dem einmal für Recht Erkannten festhielt. „Das, was wir gefordert haben," erklärte Blücher einem der Kommandierenden Generale, „muß des Beispiels wegen eingetrieben werden; nur von unsrer Entschlossenheit hängt es ab, ob wir in Frankreich etwas bekommen; überlassen wir es den Diplomaten, so ziehen wir wieder ab wie voriges Jahr." Der König hatte zwar seine Maßregeln für ganz zweckmäßig erkannt, aber Hardenberg vermochte sie in den Ministerberatungen nicht aufrechtzuerhalten. Bei einer Unterredung zwischen dem Feldmarschall und dem Staatskanzler, bei der Gneisenau zugegen war, stellte Hardenberg in Aussicht, daß auf Beschluß des Rates in der Belagerung der Festungen eingehalten, die Kriegskostenforderung Blüchers fallen gelassen und auch die Festnahme der Präfekten rückgängig gemacht werden müsse. Blücher scheint gleich mit dem Niederlegen des Kommandos gedroht zu haben. Vielleicht war es bei dieser Gelegenheit, daß Blücher zu Hardenberg sagte: „wenn Ihr Herren von der Feder doch nur einmal in ein etwas scharfes Feuer kämet, damit Ihr wüßtet, was es heißt, Eure Fehler wieder gutzumachen!"

Voll Groll verließ er am 25. Juli Saint Cloud und begab sich in den Bereich des Korps Bülow nach Rambouillet, wo er 40 Kilometer weiter von Paris und so den täglichen ihn erregenden Einflüssen des diplomatischen Feldzugs mehr entzogen war. Dort erhielt Blücher am 26. gleichzeitig drei königliche Befehle, die seine Anordnungen in jenen drei Richtungen aufhoben oder doch abänderten, da man über diese Dinge mit der französischen Regierung in diplomatischen Verhandlungen stehe. Blücher reichte auf der Stelle sein Rücktrittsgesuch ein, seine Gesundheit sei zu angegriffen, und mit der Leitung der Geschäfte durch den Staatskanzler befinde er sich in zu großem Gegensatz. Grolman war in gleicher Weise empört wie Blücher, versicherte aber dem Kriegsminister, daß er dem Feldmarschall weder zu- noch abgeraten habe; der Entschluß komme aus ihm selbst. Grolman bat unter diesen Verhältnissen um eine andere Verwendung, „er wolle nicht gern an Gallenfieber sterben." Gneisenau war von Blüchers Vorgehen sehr unangenehm berührt; es bringe auch ihn in Verlegenheit, schrieb er dem Staatskanzler, denn er könne nur unter Blücher Generalstabschef sein; „und bin ich dies nicht mehr, so hört meine Wirksamkeit auf."

An Hardenberg hatte Blücher gleichzeitig eigenhändig geschrieben: „Meinem Versprechen gemäß unterlasse ich nicht zu benachrichtigen, daß nach Empfang der drei Kabinets-Orders — wodurch ich gänzlich kompromittirt bin, da der König, mein Herr, mein Verfahren zuvörderst mündlich und schriftlich gebilligt hat und nun ganz das Gegenteil

befiehlt und ich zum Vorwurf des Haſſes der ganzen franzöſiſchen
Nation hingeſtellt werde — mich bewogen befunden, den Monarchen
zu bitten, mich vom Kommando der Armee zu entbinden und zu erlauben, daß ich ins Inland zurückkehren darf. Mein Verfahren zu
rechtfertigen, iſt jetzt nicht die Zeit; ich werde aber mein Betragen dem
Könige, der Armee, der ganzen Nation und dem deutſchen Vaterlande
zur Entſcheidung öffentlich vorlegen. Hier kann und mag ich, nicht
länger bleiben. Man glaubt, daß ich nicht mitzuſprechen habe, und
ich glaube, daß es für mich Pflicht iſt mitzuſprechen; denn kein
Anderer als ich wird die Armee vertreten. So iſt auch meine Überzeugung ganz von der jetzt herrſchenden politiſchen verſchieden. Mein
Herz und meine Vernunft ſagen nur, daß ich jetzt ausſcheiden muß."

In einem Brief an Gneiſenau läßt ſich der Feldmarſchall noch
freier aus: „Ich bin nun gänzlich gelähmt und die Armee in der
größten Ungelegenheit. Alle unſre uns [in der Heimat] angewieſenen
Gelder haben wir wohlbedächtig nicht eingezogen, damit das Geld
im Lande bleibe und unſre Staatspapiere dadurch gehoben würden;
hier erhalten wir nun keine Gelder und können alſo der Armee nicht
einmal den Sold bezahlen, viel weniger die Douceure, die dem Heer
verſprochen worden. — Die Bekleidung der Armee ſoll nach höchſtem
Befehl vor ſich gehen; die ſich öffentlich den Requiſitionen wider-
ſetzenden Präfekten, welche behaupten, es müſſe ein Befehl von Ludwig den 18ten an ſie dieſerhalb ergehen, habe ich arretiren laſſen; der
König befiehlt ihre Loslaſſung. Dies iſt für alle andern Behörden
ein Signal und Niemand liefert uns Materialien. — Der Herr
Staatskanzler ſagte mit Beſtimmtheit, bei den Verhandlungen könnte
die Armee nicht mitſprechen. Ich bin in Anſehung der Armee ſeiner
Meinung, aber nicht in Anſehung meiner. Ich muß doch mit dem
Fürſten Schwarzenberg, Wellington und Wrede gleiches Recht haben
und bin ganz nicht gemeint, mich der Despotie der Diplomaten ſo grade
zu unterwerfen. Um nun den Herrn Diplomaten das Feld zu räumen,
habe ich das Kommando der Armee niedergelegt, habe auch den Kriegs-
miniſter gebeten, für meinen Wunſch zu wirken. Lange darf ich nicht
hierbleiben, ſonſt gehen Dinge vor, die dem Allgemeinen ſchaden und
unſern Gegnern nur Schadenfreude gewähren. Ich will mich mit
meinem älteſten Freund nicht überwerfen, welches ich nicht wohl ver-
vermeiden kann, wenn es ſo fortgeht. Ich bin durch meine reine Abſicht, dem Staat nützlich zu werden und der Armee die gebührende Belohnung zu verſchaffen, zum Vorwurf des Haſſes der ganzen franzöſiſchen Nation gemacht und andere wollen ſich nun auf mein Konto
liebes Kind machen. Wie wenig ich um die Gunſt der Franzoſen geize,

ist bekannt; aber die Art, wie man gegen mich verfährt, ist beleibigend. Es geht mir nahe, dem Könige mißfällig zu werden, der mir aufs Neue einen ausgezeichneten Beweis seiner Zufriedenheit gegeben, aber da ich mich überzeuge, hier nicht mehr nützlich werden zu können, so habe ich das, was — wie Euer Exzellenz wissen — schon lange mein Vorsatz war, getan."

Mit dem Gnadenbeweis des Königs ist jedenfalls die Zusendung des Eisernen Kreuzes mit goldenen Strahlen gemeint, die in diesen Tagen erfolgte. „Ich weiß," schrieb der König dabei, „daß keine goldenen Strahlen den Glanz Ihrer Verdienste erhöhen können; es ist mir aber ein freudiges Geschäft, die volle Anerkennung derselben auch durch eine äußere entsprechende Auszeichnung zu beurkunden." Mußte schon dies den Grimm des alten Helden besänftigen, so entwaffnete ihn vollends die Art, in der der König seines Feldmarschalls Abschiedsgesuch zurückwies; war der König doch selbst von dem Verlauf der Verhandlungen sehr unbefriedigt. „Wenn Ich Ihnen zu glauben gerne geneigt bin, daß der Gang der politischen Verhandlungen Ihren persönlichen Ansichten nicht genugsam entspricht, so darf Ich aber von der Ergebenheit und Vaterlandsliebe, welche Ihr Leben ruhmvoll bezeichnen, erwarten, daß Sie Mir und dem Staat auch da Ihre Dienste erhalten werden, wo das alleinige Verfolgen Meines Staats-Interesses Schwierigkeiten in dem vielfach kombinirten Interesse der übrigen Staaten findet. Die Unterdrückung jedes blos persönlichen Gefühls darf Ich unter solchen Umständen von dem treuen und erprobten Feldherrn als ein Opfer fordern, das er dem Wohl des Ganzen willig bringen soll und Ich weiß, daß Ich dasselbe von Ihnen sicherlich nicht vergebens begehre."

Hardenberg wies des Feldmarschalls Beschwerden im einzelnen zurück. „Der Inhalt Ihres Schreibens vom 26ten ist mir nach unsrer Unterredung ganz unerwartet gewesen, mein verehrtester Freund. Erlauben Sie mir, Ihnen freimütig zu sagen, daß Sie die Dinge ganz irrig beurteilen. Wie Sie durch die empfangenen Kabinets-Ordres compromitirt und dem Hasse der ganzen französischen Nation dargestellt werden, sehe ich auf keine Weise ein. Die Verfügungen, welche diese Kabinets-Ordres enthalten, ergehen gleichlautend an alle Kommandirenden Generale der verbündeten Armeen, sie beruhen auf einer Abrede unter den Alliirten und enthalten gar keinen Tadel Ihrer Maßregeln, sondern nur die Grundsätze, nach welchen für die Folge übereinstimmend verfahren werden soll. Diese konnten wir allein nicht festsetzen. Bei einer Allianz ist es unvermeidlich, daß man gemeinschaftlich handle. Wer wehrt Ihnen denn mitzusprechen, mein verehrter Freund? Sie könnten so gut als Fürst Schwarzenberg und Wellington unsern täglichen Conferenzen beiwohnen, wenn Sie es für gut fänden. Daß Sie Gneisenau statt Ihrer dazu bestimmten, ist ja nur Ihr eigener Wille. Die Armee, der Staat, leiden durch die Anordnung der Form, welche in den ergangenen Maaßregeln liegt, gar nicht. Ihre Zwecke werden auf einem andern Wege erreicht werden. Es kann also in keinem Falle von einer Rechtfertigung Ihres Verfahrens vor dem König, der Armee und der ganzen Nation die Rede sein. Setzen Sie Ihren großen Verdiensten und Ihrem Patriotismus die Krone auf, dadurch, daß Sie ausharren bis ans Ende. Dann würden Sie gerechten Tadel der Mit- und Nachwelt auf sich ziehen, wenn Sie Ihre wichtige Stelle jetzt verlassen wollten. Die Armee wird keinen Mangel leiden. Ich werde heute noch mit Ribbentrop deshalb Abrede nehmen. Sie sind natürlich der erste Vertreter derselben, aber gewiß nicht der einzige. Wir alle haben die heilige Pflicht auf uns, für ein so braves Heer zu sprechen, dem wir so viel verdanken. — Sehen Sie in dieser Sprache die des Herzens und Ihres wahren, aufrichtigen Freundes."

Auch Gneisenau redete zum guten. Des Feldmarschalls Gegenwart sei noch sehr nötig, einmal weil man Frankreich noch keineswegs als beruhigt ansehen könne, und dann, weil doch wenigstens einige Diplomaten vor des Feldmarschalls Stimme Achtung haben müßten. „Der Widerspruch, den wir in den diplomatischen Verhandlungen erfahren haben, hat eine tiefere Quelle als die Kontributionen und das unbedeutende La Fere. Wie dies alles sich noch entwickeln wird, ist mir nicht klar, und ich glaube nur sagen zu können, daß daraus neue Weltbegebenheiten entstehen mögen, ebenso wichtig als diejenige, die soeben durch die Eroberung von Paris beendigt worden."

Zweifellos war Blücher zu weit gegangen. Das empfand man auch schon damals in seiner Umgebung. Des schroffen Grolmans Einfluß war hier nicht günstig. Uneinigkeit stärkte die Stellung der Preußen nicht. Aber es ist bezeichnend, daß Hardenberg sich jetzt doch veranlaßt fühlte, Stein herbeizurufen, um dessen Einfluß auf den Zaren auszunutzen. Blücher ließ nicht nach, zu scharfem Einschreiten zu drängen. Dazu gab zunächst ein Brief des Kommandanten von Laon, den man aufgefangen hatte, Veranlassung. Sein Inhalt beweise, so wurde dem Könige berichtet, wie wenig es den Franzosen Ernst damit sei, die Festungen ihrem Versprechen gemäß den Verbündeten einzuräumen. Mit La Fere und Vincennes sei man noch keinen Schritt vorwärts. Dort aber liege das Material, wovon es abhänge, ob Frankreich in den nächsten Jahren wieder Krieg anfangen könne oder nicht, und „diejenigen, die dies Material den Franzosen überlassen wollen, machen sich offenbar eines Verrats an der guten Sache schuldig."

Am 3. August war der Geburtstag Friedrich Wilhelms III. Blücher wurde dazu nach Paris befohlen. Hier erhielt er näheren Einblick in die Verhältnisse, und der König mußte den ergrimmten Helden ganz umzustimmen. Vor seiner Rückreise nach Rambouillet schrieb Blücher befriedigt seiner Frau: „nun endlich hat der König und der österreichische Kaiser anerkannt, daß ich recht habe und sind auf meine Seite getreten. ... Für die Armee habe ich Alles bewirkt; sie wird ganz neu eingekleidet und erhält zwei Monate Traktament [als] Douceur und der Subalternoffizier noch 50 Taler Gratifikation. Auf die 100 Millionen Franken bestehe ich noch und ich hoffe, daß wir sie erhalten werden. Um mich aber nicht mit allen auswärtigen und unsern eigenen Ministern zu brouilliren, gehe ich ganz aus Paris weg und nehme mein Standquartier in Caën ..." An die Mitteilung von neuen Ordensverleihungen knüpft er die wehmütige Betrachtung: „aber was helfen mir alle Orden! Hätten wir einen guten, für uns vorteilhaften Frieden, der wäre mir lieber. Ich bin indessen nicht Schuld, wenn wir die Fehde nun nicht vorteilhaft für uns beendigen."

Eine Aussprache Blüchers mit dem Staatskanzler beseitigte auch die zwischen beiden entstandene Spannung. Blücher selbst schreibt darüber später: „Mit meinem ältesten und besten Freund Hardenberg war es auf dem Point, daß wir uns brouillirten; aber es glich sich Alles wieder aus, und was ich für die Armee festgestellt, wurde vom König bewilligt. ... Wie es mit der Kontribution wird, muß sich zeigen. Das Unglück ist, daß alle großen Herrn sich nicht einig sind und jeder sein Interesse befriedigen will. Österreich hält fest mit uns. Der Kaiser Franz ist der schätzbarste Mann, den man sich denken kann. Rußland und England sind uns in Allem zuwider. Neid und Politik bieten sich die Hand. Den Deutschen Fürsten gehen die Augen auf und sie schließen sich an uns an. ... Du wirst Dich wundern, wenn ich Dir sage, daß ich nur zwei Nächte in Paris geschlafen und, wenngleich die großen Herren verlangten, daß ich dableiben sollte, so riß ich mich doch los, und wenn Ludwig der 18te mich auch zur Tafel einlud, so bin ich doch nicht hingegangen und habe bei keinem Franzosen eine Suppe genossen."

Des Feldmarschalls Befriedigung über das in Paris Erreichte erhielt einen argen Stoß, als er erfuhr, daß zur Auszahlung des Soldes die Gelder aus Preußen herangeschafft werden sollten. Der Ministerrat der Großmächte hatte nämlich beschlossen, daß die französischen Behörden die Steuern auch in den besetzten Provinzen wieder

selbst erheben sollten; dagegen habe Frankreich für die laufenden Armeebedürfnisse 50 Millionen Franken zu zahlen. Nun waren die französischen Kassen augenblicklich aber ganz leer. Die Armeen mußten
deshalb auf die Zukunft vertröstet werden. Früher schon hatte Blücher
darauf Wert gelegt, daß die Armee ihre Verpflegung nicht bezahlen
brauche, die habe sie sich mit ihrem Blute erkämpft. Ganz ohne Geld
konnte aber die Armee nicht leben, und da die französische Regierung
augenblicklich nicht zu zahlen vermochte, hatte der Staatskanzler angeordnet, das nötige Geld durch eine Anleihe in Preußen aufzubringen.

Blücher war außer sich hierüber: „Man negoziirte fünf Millionen
bei unsern Banken in Berlin. Ich protestirte dagegen und versicherte,
daß ich so wenig wie die Armee einen Heller preußisches Geld annehmen würde. Wir wollten hier in Frankreich mit keinem andern
Gelde als französischem bezahlt sein; bis dieses einginge, wollten wir
warten, auf keine Weise aber unser Vaterland noch mehr drücken.
So ist die Sache geblieben und ich habe nun für die Armee, was ich
verlangte.“

Die in dieser Sache dem König eingereichte, von Grolman entworfene Vorstellung lautet: „Euer Majestät erlauben, daß ich meine
Meinung und Bitte und die des Heeres offen und unverholen vortragen darf. Bei unserm Vordringen in Frankreich beseelte uns der
Wunsch, Nichts für uns zu erwerben als Ehre, dagegen aber dem bedrängten Vaterlande aufzuhelfen und Euer Majestät in die Lage zu
versetzen, die Wunden zu heilen, die ein langes Unglück und feindlicher
Übermut dem Vaterlande und jeder einzelnen Familie geschlagen haben.
Aus diesen Gründen forderte ich die Kontribution von 100 Millionen
Franken in Paris und nur von dieser Summe wünschte ich einen Teil
für die Armee zu verwenden und trug Euer Majestät eine zweimonatliche Soldzahlung für das Heer vor, die auch allergnädigst bewilligt
wurde. Da aber die veränderten Umstände dies unmöglich machen,
so wird die ganze Armee nicht allein freudig auf diese zweimonatliche
Soldzahlung Verzicht leisten, sondern wir bitten Euer Majestät untertänigst, nur so viel Geld uns verabfolgen zu lassen, als wir für die
Verwundeten und die unumgängliche Notwendigkeit bedürfen. Wir
wollen lieber uns aufs Äußerste einschränken, als das mühsam zusammengebrachte Einkommen unsres Landes nach Frankreich ziehen,
so dieses verruchte Land bereichern und das wiederaufkeimende Leben
unsres Vaterlandes vernichten.“ „Daß die Armee vom Höchsten bis
zum Niedrigsten hierin einstimmte,“ sagt Reiche, „und Blüchers Gesinnung auch die unsrige war, bedarf keiner Versicherung.“ An den
Finanzminister gingen gleichzeitig die wuchtigen Worte: „Die Armee

ift kein Söldnerheer, was um jeden Preis abgelohnt werden muß, sondern sie ift mit der Nation eins, und wenn es nötig ift, Opfer zu bringen, so ift sie von jeher entschlossen gewesen es zu tun, wenn nur dadurch dem Vaterlande Nutzen erwachsen kann."

Die Eindrücke, die Blücher in Paris über die Stellung Preußens zu den übrigen Großmächten gewonnen hatte, veranlaßten ihn, mit Grolman die Lage der Armee eingehend zu besprechen. Gneisenau zog er zu Rate, als die Einstellung der Arbeiten an den Rhein-Festungen für die Erntezeit beantragt wurde. Dieser riet bringend, auf der Hut zu sein; Köln müsse jedenfalls erst in verteidigungsfähigen Zustand versetzt werden. Dem Könige legte der Feldmarschall die ungünftige Lage der Armee in einem längeren Bericht dar.

Der preußischen Armee war durch einen Beschluß vom 3. Auguft der ganze Landftrich weftlich der Linie Paris—Orleans zwischen Seine und Loire zugewiesen. Das Korps Bülow nahm die Mitte ein, die Perche, mit dem Stabsort Chartres; das Korps Thielmann schloß sich ihm südweftlich an in der Maine und in Anjou bis zur Loire bei Tours und Angers, Stabsort Le Mans. Nördlich von Bülow in der Normandie breitete sich das Korps Zieten aus; Teile von ihm standen noch vor Vincennes, Laon und La Fere. Das Korps Tauentzien war noch im Anmarsch; es rückte bis Mitte September in die Bretagne ein. Das Korps Pirch und das Norddeutsche Bundeskorps belagerten unter Prinz Auguft noch die Maas- und Ardennen-Festungen. Die rheinischen Landwehren rückten zur Sicherung der Verbindungsftraßen in die Gegend von Saint Quentin. Die preußischen Garden hielten gemeinsam mit Truppen der anderen Mächte Paris und seine Umgebung besetzt. Wellingtons Armee bekam das Land auf dem rechten Seine- und rechten Oise-Ufer bis zur französischen Nordgrenze. Der Nordoften Frankreichs fiel der russischen, der Südoften bis zum Mittelmeer der österreichischen Armee zu.

Blüchers Bericht machte darauf aufmerksam, daß die Stellung der preußischen Armee militärisch sehr ungünftig sei, da sie, zwischen Seine und Loire ins Atlantische Meer vorgeschoben, mit der Heimat keinen unmittelbaren Zusammenhang habe. Diese nachteilige Lage müsse dadurch gebessert werden, daß Laon, La Fere und die Plätze an der Maas und in den Ardennen den Preußen eingeräumt würden. Dann könne der Heeresteil des Prinzen Auguft als Reserve dienen und entweder in den ftarken Stellungen von Laon und La Fere die Haupt-Armee aufnehmen oder ihr an die Seine entgegenrücken. Anbernfalls komme die Armee in eine üble Lage, wenn sie vom Meer und von der Seine an bis nach den Niederlanden sich durch schwieriges

Gelände zurückziehen müßte, durch ein Land, deſſen Einwohner feindlich
geſinnt ſeien und von verräteriſchen Feſtungskommandanten mit Waffen
verſehen werden würden, während die Armee auf Umwegen und durch
unwegſame Gegenden den feſten Plätzen im Rücken ausweichen müſſe.
Der Feldmarſchall habe nun angeordnet, daß in jedem Korpsbezirk ein
gegen Handſtreiche geſicherter Stützpunkt hergerichtet werde; an der
Seine werde er einen Hauptſtützpunkt ſchaffen und an mehreren Punkten
Brückenköpfe anlegen. Gleich nach der Ernte ſollten die Magazine auf
einen monatlichen Verpflegungsbedarf gefüllt werden. Die Einwohner

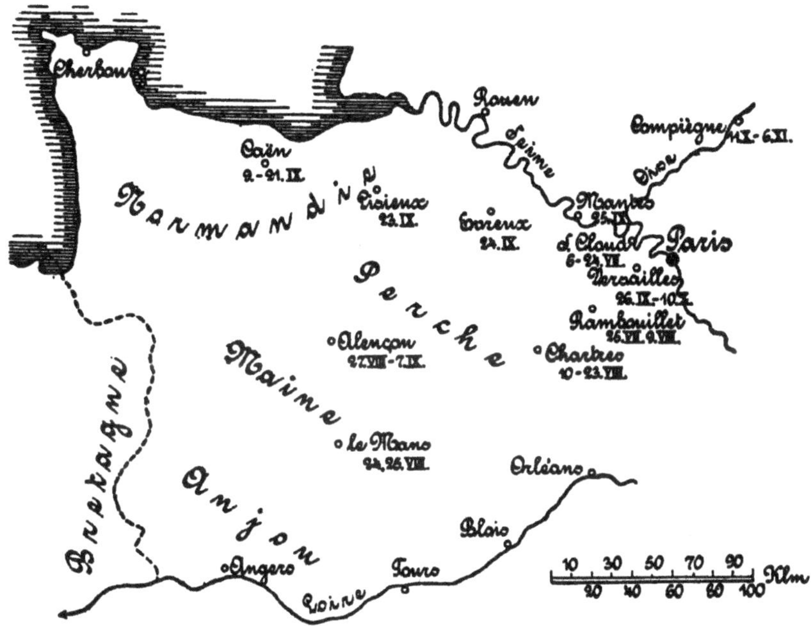

laſſe er entwaffnen, die alten Soldaten unter Polizeiaufſicht ſtellen.
Habe dann die Haupt=Armee eine Stärke von 150000 Mann, ſei er
im Beſitz der verlangten Feſtungen, wiſſe er einen Rückhalt von
50= bis 60000 Mann bei Laon, ſo könne er jedem Ereignis begegnen.
Würden jene Feſtungen aber nicht übergeben, ſo ſage er ſich von aller
Verantwortlichkeit los, „und mögen diejenigen dann die Schuld tragen,
die eine Armee, die ſo glänzende Siege erfochten, durch Vernach=
läſſigung und Schwäche in eine ſo nachteilige Lage verſetzt haben.“

Weiter bringt er die Angelegenheit von Vincennes zur Sprache.
„Das Schloß von Vincennes iſt ſeit unſerm vorjährigen Aufenthalt
in Frankreich das Hauptzeughaus von Frankreich geweſen; ſeine Ein=

schließung fiel bei dem Einrücken in Paris der Armee des Herzogs Wellington zu, da ich aber bald erfuhr, daß dort nichts geschehen sei, ließ ich diesen Ort einschließen, um ihn anzugreifen; die Saumseligkeit des Herzogs Wellington, der mir seine 18pfünder dazu versprach aber nicht schickte, verzögerte die Unternehmung bis zu Euer Majestät Ankunft, wo der Angriff dann auf höheren Befehl aufgeschoben werden mußte. So stehen die Sachen noch bis jetzt, und der Herzog Wellington, der jetzt mehr den Bourbonschen als englischen General spielt, hat durch ein unglückliches Übereinkommen den Franzosen alles zugesichert, was sich vor dem 4. Juli in diesem Orte befand, und man will auch diesen Ort selbst ganz in französischen Händen lassen. Da nach den mir zugekommenen Nachrichten sich einige Unruhen in Paris zeigen, so ist dieser Punkt von Vincennes um so wichtiger; er stößt an den unruhigsten Theil von Paris, die Vorstadt St. Antoine, und die Franzosen im Besitz dieses Punktes zu lassen, heißt nichts mehr, als ihnen die Mittel geben, ernsthafte Unruhen in Paris anzufangen, und die Sicherheit Euer Majestät und der anderen hohen Verbündeten auf eine unverantwortliche Weise aufs Spiel setzen. Überhaupt muß ich Euer Majestät beschwören, entweder mehr Kraft gegen die schändliche Stadt zu zeigen, und sie in Furcht und Zaum zu halten, oder diesen Ort zu verlassen, und in einer ehrlichen deutschen Stadt diese Welthändel zu entscheiden und zu Ende zu bringen. Alle Maßregeln, die bis jetzt genommen sind, haben uns rückwärts geführt, und ich sehe mit Schmerz, daß man nicht allein das Wohl des Staats, sondern auch Euer Majestät und der Prinzen Leben und Sicherheit auf eine unverantwortliche Weise aufs Spiel setzt."

Diesen letzten Punkt behandelte Blücher auch in einem Privatbrief, den er in diesen Tagen an Gneisenau richtete. „Wenn die großen Herren", heißt es darin, „Paris nicht verlassen, so erleben wir noch wunderbare Dinge; denn die Franzosen haben es schon inne, daß man sich fürchtet, und wenn es wahr ist, daß in Paris der Befehl gegeben, wie sich die Truppen auseinander repliiren sollen, wenn Unruhen entstehen, und sich solange verteidigen sollen, bis die Bagage aus der Stadt ist, so werden sie in Paris bald dreist werden."

Die Übergabe von Landrecies am 21. Juli, von Marienburg am 29. Juli und von Philippville am 10. August gestattete, sich nun gegen die weiter östlich gelegenen Grenzplätze zu wenden. Der Mangel an schwerem Geschütz wurde noch größer, als jetzt Wellington die von ihm überlassenen Geschütze nicht gegen Festungen verwendet wissen wollte, deren Kommandanten sich für die Bourbonen erklärt hatten. Prinz August aber erhielt von Blücher die Weisung, „Alles in Tätig-

leit zu ſetzen, um auf dem bisherigen Wege weiter zu kommen; die
Schlechtigkeit unſrer Alliirten ſoll uns das nicht entreißen, was uns
gebührt; wir müſſen nun noch mehr Kraft und eigene Mittel entwickeln.
Unſre Beharrlichkeit hat uns viel gebracht; es muß auch ganz durchgeführt werden. Eure Königliche Hoheit erwerben ſich jeden Tag mehr
Ruhm und Verdienſt um den Staat, und ich kann hier nur ſitzen und
ſchreiben und mich ärgern." Zum Ärger lag wieder beſonderer Anlaß
in der Bekleidungsangelegenheit vor.

Unumwunden erkannte der Feldmarſchall an, daß es notwendig
geweſen war, die Mannszucht wiederherzuſtellen. Nun aber verlangte
er auch mit eiſerner Tatkraft, daß die Truppe erhielt, was ihr zukam.
„Ich ärgere mich zu Schanden," ſchrieb er perſönlich an Gneiſenau,
„denn mit der Einkleidung der Truppen komme ich nicht vom Fleck.
Ich habe nun den Kommandirenden Generalen befohlen, die Präfekten abzuſetzen, feſtzunehmen und nach einer unſrer Feſtungen ab-
zuführen, wenn ſie der Requiſition nicht genügen. Ich muß den König
zwingen, daß er mich entweder unterſtützt und mein Verfahren gut-
heißt oder mir ſchließlich befiehlt, von meinem Verlangen abzuſtehen;
dann kann ich mich mit letzterem legitimiren." Dem König wurde dann
gemeldet, daß zwei Präfekten feſtgeſetzt ſeien; aller Widerſtand aber
gehe allein von der Regierung aus. Ruſſen, Engländer und Bayern
hätten Kleidung erhalten: „indeß wir nach der Inſtruktion der
franzöſiſchen Miniſter nur für Schuhflicken und den Hufbeſchlag etwas
Unterſtützung erhalten. — Euer Majeſtät haben mich in der letzten
Unterredung perſönlich verantwortlich gemacht, für die Bekleidung
der Armee zu ſorgen, ebenſo iſt in allen Bekanntmachungen des Staatskanzlers die Bekleidung durchaus ausbedungen; ich ſehe aber klar,
daß ohne Zwangsmittel Nichts ausgerichtet werden kann; ich muß
daher E. M. alleruntertänigſt bitten, meine Maßregeln, die ich ſchon
längſt E. M. zur Genehmigung vorgelegt habe, zu unterſtützen, da ich
ſonſt durchaus unfähig ſein würde, das Kommando E. M. Truppen
länger zu führen."

Nun ging wirklich der Staatskanzler dem franzöſiſchen Finanz-
miniſter zu Leibe, der ſich erſt fügte, als jener damit drohte, in den be-
ſetzten Landesteilen die Vorräte an Bekleidungsſtoffen mit Beſchlag
zu belegen und die Verwaltung des Landes ſelbſt in die Hand zu
nehmen. Blücher machte perſönlich darauf aufmerkſam, daß man jene
Dinge nicht finden und kein Geld erhalten werde; „es iſt kein ander
Mittel, als die Revenüen einzuziehen und durch Entrepreneure aus
unſerm Lande unſre Bedürfniſe kommen zu laſſen; dann bleibt das
Geld bei uns und unſre Fabriken haben Abſatz . . ." „Mein liebſter

Freund," schreibt er an Gneisenau, „wir hatten das Eisen warm; hätte man uns schmieden lassen, so wäre der Vorwurf unsres Strebens erreicht. Aber man hielt uns für zu unverständig solche wichtige Gegenstände zu bearbeiten — nun ist es zu spät." Endlich Anfang September konnte Blücher Gneisenau mitteilen: „Indessen hatten sich die Herrn Präfekten doch allgemein eines Bessern besonnen und wurden sämmtlich willfährig, und nun habe ich sie auf freien Fuß gesetzt." „Ich glaube, es wird gut sein," meinte er, „wenn wir hier zur Bekleidung unsrer Leute nur das Nötige anschaffen und so viel Geld wie möglich mitnehmen. Wir kriegen in unserm Lande Alles besser und das Geld kommt auf den rechten Fleck. Gleiche Bewandtnis hat es mit den Pferden; unsre alten sind in dem Zustande, daß sie uns zu Hause bringen; dann sind sie noch gut für unsre Bauern. Ich setze aber voraus, daß wir einen guten Preis [dafür] bekommen. — Und wie wäre es, wenn wir unsre unberittenen Kavalleristen so sachte zu Fuß vorangehen ließen; haben wir nicht Krieg zu besorgen, so braucht ja die Kavallerie nicht gleich wieder beritten und komplett zu sein."

Acht Tage später schreibt er: „Ich bin nun mit allem Ernst darauf bedacht, daß unsre Leute erst Hosen und Mäntel kriegen; das Übrige können wir in unserm Lande anschaffen, so haben unsre Fabriken Absatz und das Geld bleibt bei uns. Auch ist es meine Meinung, nur die nötigen Pferde hier zu kaufen, unsre Anspannung ist so beschaffen, daß sie uns nach Hause bringt. Dann geben wir die schlechten Pferde an unsre Bauern und kaufen uns für das mitgebrachte Geld Pferde. Ist uns der Friede sicher, so braucht nicht Alles gleich beritten und bespannt zu sein; wir müssen menagiren. Friedrich II. machte es nach dem Siebenjährigen Kriege auch so." Er freute sich besonders, den beiden bei Versailles zersprengten Husaren-Regimentern wieder gute Pferde beschafft zu haben.

So bestand ein fortgesetzter Meinungsaustausch zwischen Blücher und Gneisenau. Dieser hielt auch den Feldmarschall über die politischen Vorgänge auf dem laufenden. Er teilte ihm mit, daß Napoleon nach Sankt Helena gebracht und Sir Hudson Lowe, ihr Kriegsgefährte von 1813/14, dort Gouverneur werden würde. Gneisenau unterrichtete den Feldmarschall von den Reibungen im Hause Bourbon und in der französischen Regierung; er riet ihm, die Königliche Partei in den besetzten Provinzen, namentlich bei der Entwaffnung, zu schonen. Er berichtet über die politischen Beziehungen der Großmächte zueinander und von dem Gerücht, daß Rußland ein Bündnis mit Frankreich geschlossen habe und seine Armee abmarschieren lassen wolle. „Wenn der König und Hardenberg an dem Bündniß zweifeln," antwortete ihm Blücher am 27. August, „so ist wohl die Ursache, daß sie ein solches nicht wünschen; aber dadurch verliert es doch auch an Wahrscheinlichkeit nicht. Marschiren die Russen zurück, so ist wohl nichts Eiligeres für uns zu tun, als daß wir gleichfalls zwei Korps zurückgehen lassen. Ich glaube mit vier Korps werden wir hier doch fertig. Die Russen stehen in Schlesien und in Polen; gefährlicher könnten sie für uns nicht placirt sein. Die Polen und Sachsen sind Kanaillen. Wir müssen eine Armee da in Bereitschaft haben gegen die Polen und Sachsen. Rufen wir, wenn es not ist, unsre Völker auf, so werden sie sich gegen diese Horden verteidigen. Aber zu allem Diesem gehören rasche und ferme Entschließungen."

Ganz empört aber war Blücher über Gneisenaus Mitteilung, daß gegen die Armee arge Verleumbungen umliefen, sie sei in offener Widersetzlichkeit gegen den König. „Daß man mich des Ungehorsams beschuldigt," erwidert er, „glaube ich wohl; aber diese Verläumbung rührt wohl von unsern sauberen Herren her, die es nicht begreifen können, daß ich es mir beikommen lasse, ihrer Meinung entgegen zu sein. Indessen rate ich den Menschen, mich in Ruhe zu lassen, sonst stelle ich sie an den Pranger. Ich entferne mich so weit wie möglich von Paris, um jede Brouillerie zu vermeiden, und da wir hier nichts Vorteilhaftes mehr bewirken können, so wünsche ich unsern baldigen Abmarsch."

Der Abmarsch der Russen wurde bereits auf Mitte September festgesetzt; vorher hielt Kaiser Alexander eine große Heerschau bei Vertus ab, zu der auch Blücher eingeladen war. Er entschuldigte sich mit seiner Gesundheit; seine Äußerungen gegen Gneisenau lassen aber vermuten, daß er auch keine Neigung hatte, dabei in die Gegend zu kommen, die ihm vor anderthalb Jahren so verhängnisvoll geworden war. „Die Russen marschiren also ab!" schrieb er; „Nun eine gute Reise! Wenn sie bei uns in Schlesien nur erst durch wären! Die Frömmigkeit des großen Mannes [Alexander] ist ein böses Zeichen; durch Bigotterie wird man zu Allem verleitet, zumal wenn Weiber [Frau v. Krüdener] sich mit dem Apostel-Handwerk abgeben. Ich leide wieder an den Augen; ich habe mich mit den Truppen beschäftigt und der verdammte Staub hat mir so geschadet. Zur Revüe nach der angenehmen Gegend zu reisen, hielt ich nicht für ratsam." Er hätte aber gern von Gneisenau gehört, wie es dabei hergegangen wäre.

Am 10. August hatte sich der Feldmarschall nach Chartres zum Korps Bülow begeben; von dem vierzehntägigen Aufenthalt dort erzählt Nostitz: „Mehrere Truppenbesichtigungen und die Sehenswürdigkeiten, welche die Stadt und die Umgegend darbieten, gewährten dem Fürsten täglich Beschäftigung und Zerstreuung, und da der Gesundheitszustand desselben nichts zu wünschen übrig ließ, so konnte der Aufenthalt in Chartres nur angenehme Eindrücke zurücklassen." Er hebt hervor, daß hier durch den Umgang mit Bülow der unangenehme Eindruck, den sein Ausbleiben bei Ligny auf Blücher gemacht habe, völlig aus dessen Herzen verwischt worden sei.

Ende August begab sich der Feldmarschall auf einige Tage zum Korps Thielmann nach Le Mans, dann auf 14 Tage nach Alençon wo er das nach der Bretagne durchmarschierende Korps Tauentzien sah. Er habe es genau besichtigt und in gutem Zustand gefunden, schreibt er an Gneisenau. Sobann siedelte er auf weitere 14 Tage nach Caën in der Normandie zum Korps Zieten über.

Eine Reibung mit dem englischen Feldmarschall drohte in dieser Zeit ernste Formen anzunehmen. Auf dem Schlachtfeld von Bellealliance waren von den Preußen 122 erbeutete Kanonen zusammengefahren worden; da erschien ein englischer Offizier, forderte im Namen des Herzogs von Wellington deren Herausgabe und ließ den ganzen Park nach Brüssel schaffen. Auf den Einspruch Blüchers mißbilligte der Herzog zwar dies Verfahren. Als nun aber ein englischer und ein preußischer Offizier mit der gemeinsamen Regelung beauftragt wurden, bestritt der Engländer rundweg den Anteil der Preußen an dem siegreichen Ausgang der Schlacht; auf preußischer Seite wurde dies natürlich als absichtliche Beleidigung empfunden. Der Herzog tadelte denn auch das Auftreten seines Beauftragten, forderte aber die Teilung aller während der Schlacht und bei der Verfolgung eroberten Geschütze. Blücher, der schon gewillt war, „Alles zur allgemeinen Beurteilung zu bringen", dann würden Wellingtons eigene Landsleute ihn tadeln, entschloß sich, auf die Teilung einzugehen, „weil es nicht angenehm ist, Differenzen über die Verhältnisse zu haben, welche sich auf die Schlacht vom 18. Juni beziehen und weil es mir überhaupt passender scheint, unter den jetzigen Umständen die Sache im Großen zu nehmen." Er wollte dies dem Herzog persönlich schreiben. Damit war die Angelegenheit erledigt. Noch einmal wurde so die schon beginnende Spannung zwischen den beiden Feldherren durch Blüchers Entgegenkommen ausgeglichen. Aber schon in dieser Zeit fügte Blücher doch der Mitteilung an Bonin: „Mit Wellington bin ich innig Freund," hinzu: „ob wir es bleiben, wird die Zeit lehren."

Ende August schrieb er seiner Frau: „Meine Gesundheit ist noch so erträglich, aber mein Mißmut nimmt mit jeder Stunde zu; ich fürchte, daß ich 25000 Mann aufgeopfert habe, ohne daß es uns irgend einen Nutzen bringt." Namentlich was ihm Gneisenau über

die Stellung der engliſchen Staatsmänner zu den geforderten Ab-
tretungen an der franzöſiſchen Oſtgrenze mitteilte, erfüllte ihn mit
Bitterkeit, beſonders gegen Wellington. Anfangs hoffte er noch auf
einen Umſchwung. „Wenn es wahr iſt, daß der Miniſter Graf Münſter
[Erblandmarſchall von Hannover] nach England gereiſt iſt, ſo können
die Herrn Engländer von London wohl eine andere Weiſung erhalten
haben. Wellington hat ſich immer nicht gut betragen, denn wenn wir
ihm am 18. [Bellealliance] ſo beiſtanden, wie er uns am 16. [Ligny],
würde er den Namen Erretter Frankreichs nicht von Fouché erhalten haben.“

Doch bald zeigte ſich der engliſche Widerſtand gegen die deutſchen
Gebietsforderungen in voller Schärfe. „Das Ultimatum von England iſt gekommen,“ ſchrieb Gneiſenau an Blücher, „und iſt unſrer
Sache keineswegs günſtig. Der Zuſtand von Deutſchland und Frankreich ſoll nach dem des Jahres 1790 hergeſtellt werden mit Aus-
nahme von Landau, was an Deutſchland wieder kommen ſoll. Eine
Anzahl von Feſtungen ſoll von den Alliirten beſetzt werden und Frankreich 1200 Millionen bezahlen, wovon aber die 50 Millionen laufende
Einkünfte, ferner die für unſre Bekleidung bewilligte Summe ſollen
abgerechnet werden und von dem Reſt die neuen Feſtungen zu bauen
ſind.“ Gneiſenau drängte Hardenberg zu kräftigem Auftreten; Frankreich ſei zerſpalten, Englands Heeresmacht ſei unbedeutend und allein
werde Rußland nicht gegen Preußen auftreten.

Blücher ſoll damals, wie Noſtitz behauptet, noch entſchiedener
auf die Gewalt der Waffen gepocht haben; die in Frankreich ver-
ſammelte preußiſche Armee ſei ſo ſtark und ſo kriegeriſch geſtimmt,
daß ſie freudig den Kampf mit jeder Macht aufnehmen werde, die den
gerechten Anſpruch an die Früchte des ruhmvollen Krieges ſchmälern
wolle. Es gäbe in Frankreich ſehr paſſende Schlachtfelder, auf denen
die Sache ausgemacht werden könne; durch den Krieg im fremden
Lande ſchone man obenein das eigene. Aus den aufbewahrten Schreiben
geht dies aber nicht hervor. Wohl ſchalt er auf den „Krämergeiſt“ der
Engländer, der die Preußen nicht zum vollen Genuß der franzöſiſchen
Zahlungen kommen laſſe. Auch die langen Zahlungsfriſten fand er
töricht; der Beſitz der Feſtungen an der Maas, Moſel und Saar ſei
daher ſehr wichtig, während ſieben Jahren könne ſich immer ein Grund
finden, ſie nicht herauszugeben. Aber zweifellos wirkte er beſänf-
tigend auf Gneiſenau, wenn er ihm ſchrieb: „Ja wohl hätte der Frieden
beſſer für uns und ganz Deutſchland ausfallen ſollen; doch aber iſt
er nicht ſo ſchlimm, wenn alles Feſtgeſetzte zur Erfüllung geht. Aber
ſieben Jahre! Das iſt ſchwer zu glauben, das wäre Wunder über
Wunder, wenn alle Regenten und Kabinette ihre Syſteme ſo unver-

ändert erhalten sollten!" Auch in die Heimat schrieb er in ähnlichem Sinne: „Der Friede ist zustande, aber leider nicht so, wie er hätte sein sollen, wie ich es eingeleitet. Aber durch Hardenberg seine zuletzt bewiesene Standhaftigkeit ist er doch noch besser zustande gekommen, als es den Anschein hatte. Wir hatten gleichsam gegen Alle zu fechten."

Gneisenau machte ihm in dieser Zeit Mitteilungen aus einem geheimen Polizeibericht, wonach wie im übrigen Frankreich, so auch in der Bretagne und Normandie geheime Verbindungen beständen, die Gewaltmaßregeln gegen die fremden Truppen planten; er riet, die Korps mehr in sich zusammenzuziehen. Blücher hielt das zunächst für unnötig. Die schnelle Übermittlung von Befehlen und Meldungen war durch den militärischen Betrieb der optischen Telegraphenlinien gesichert. Dem Feldmarschall war eine ganze Reihe von Klagen der Bevölkerung über die Truppen zugesandt worden; Gneisenau meinte, daß wirkliche Bedrückungen und harte Behandlung die Franzosen gegen die Preußen sehr aufgeregt hätten. Blücher ließ dies sehr kühl; er ordnete Untersuchungen an und meinte: „es ist nicht zu läugnen, daß unsre Truppen anmaßend und hart sind, und ich wünsche sehr, daß sie bald nach Hause kommen, um nicht mehr zu verwildern; aber was die französischen Berichte sagen, ist lächerlich, und unglaublich, daß man sich solche Lügen ungestraft vorlegen läßt." Seine besondere Verwunderung sprach er über eine Klage aus, die Stein eingesandt hatte; sie enthalte keine einzige Tatsache oder nähere Angabe und sei grade aus einer Gegend, wo das beste Einvernehmen herrsche; Stein möge doch eine Reise durch das von den Preußen besetzte Gebiet machen, so werde er bald das Lächerliche und Übertriebene der Klagen finden. Stein, der damals vier Wochen in Paris war, hatte dem Kaiser Alexander versprochen, Blücher und Grolman vorzuhalten, daß die Ausschreitungen aus Rachsucht zu tadeln seien. Er scheint aber Blücher nicht gesehen zu haben.

In einem eigenhändigen Briefe an Gneisenau spricht sich Blücher näher über das Verhältnis zu den Franzosen in Caën aus. „Dieser Ort, wo ich nun stehe, ist schön und die Menschen sind gut und freundlich gegen uns; ich glaube auch, daß sie mit uns zufrieden sind. Aber im Allgemeinen ist das nicht der Fall mit ihrer Regierung. Es giebt hier von allen Sorten Militär die Menge. Der hier kommandirende General ist der Düc d'Aumont; dieser geht gewiß mit uns, wenn wir hier abreisen, und ich würde es ihm auch raten. Vertrauen haben die Menschen zu ihrer Regierung hier garnicht. ... In Cherbourg stehen auch noch Linientruppen; ich habe Cherbourg durch General Katzler einschließen lassen."

Sehr bezeichnend ist ein Auftritt, den der Feldmarschall mit dem Herzog von Aumont hatte. Marschall Grouchy, der noch unter der Anklage des Landesverrats stand, hielt sich in der Gegend von Caën auf. Die bourbonischen Behörden wagten aber nicht, ihn inmitten der napoleonisch gesinnten Bevölkerung festnehmen zu lassen, und Aumont bat Blücher darum. Der aber platzte los: „Glauben Sie, Herr Herzog, daß ich der Henkersknecht Ihres Königs sein will?" und verhöhnte ihn wegen seiner Ängstlichkeit; erst wenn Grouchy Unruhen anstifte, werde er einschreiten.

Seit einiger Zeit hatten sich bei Blücher wieder Unterleibsbeschwerden eingestellt, die seine Stimmung nicht verbesserten. Der Aufenthalt in der schön gelegenen und schön gebauten Hauptstadt der Normandie mit ihrem herrlichen Seeklima war für Blücher sehr wohltätig; seine Gemütsstimmung war ruhiger, seine Gesundheit besser geworden. Sehr schätzte er die Gaben des Meeres an Fischen und Austern, die er seit Hamburg nicht so hatte genießen können. Doch drückt er in seinen Briefen an seine Frau und verschiedene Freunde in immer neuen Wendungen seine Sehnsucht nach der Heimreise aus: Er wünscht, daß „das Spiel nun bald ausgespielt" sein möge, „damit ich doch einige Tage meines mühsamen Lebens in Ruhe hinbringen könnte!" schreibt er dem ihm sehr nahestehenden Logenbruder aus der münsterschen Zeit, Professor Sprickmann. „Aber für den Solbaten ist nur Ruhe im Grabe!"

Endlich am 17. September kam im Ministerrat der Großmächte der Entwurf eines Friedensschlusses zustande. Die Festungsbelagerungen wurden nun eingestellt. Es waren von preußischen Truppen noch Rocroy, Givet, Sedan, Charleville-Mezières, Montmedy und Longwy, im ganzen elf Festungen erobert und beinahe 500 Geschütze und große Kriegsvorräte erbeutet worden. Blüchers rücksichtsloses Vorwärtstreiben war auch hier zum Ausbruck gekommen.

Nun schob sich Ende des Monats September auch die preußische Armee mehr nach der Seine zusammen. Die weitläufige Verteilung über ein sehr durchschnittenes Land war in der Lage, in der jeden Augenblick ein Bürgerkrieg ausbrechen konnte, nicht angenehm; man bereitete sich zum Abmarsch vor und hoffte gleichzeitig auf die Pariser Regierung einen Druck auszuüben. Deshalb verlegte der Feldmarschall sein Hauptquartier ebenfalls mehr in die Nähe der Hauptstadt, diesmal nach Versailles. Die verbündeten Monarchen, die sich in diesen Tagen zu den Grundsätzen der sogenannten Heiligen Allianz bekannten, hatten Paris bereits verlassen, dem äußeren Schein nach im besten Einvernehmen.

Auf die Truppenschau der Russen folgte noch die der Österreicher bei Dijon. König Friedrich Wilhelm kehrte noch einmal nach Paris zurück, um einen Teil seiner Korps zu sehen, die in den ersten Oktobertagen die Seine überschritten. „Gestern", schreibt Blücher am 4. Oktober seiner Frau, „haben wir mit einem unsrer Korps Revue gehabt. Nach Beendigung haben wir Vornehmen alle beim König gegessen und er hat ein großes Avancement bekannt gemacht. Der Friede ist so gut wie geschlossen, aber doch noch nicht öffentlich bekannt. Sehr erbaulich wird er wohl nicht sein und wahrscheinlich von kurzer Dauer. Aber das muß mir nun gleichviel sein: ich werde nicht mehr mit kriegen, denn ich habe es satt, da wir so weniger Vorteile von unsrer Anstrengung uns zu erfreuen haben. ... So lange noch die Armee zusammen ist, muß ich dabei bleiben; sobald der Rückmarsch angetreten wird, reise ich ab und bin vielleicht Ende dieses Monats in Berlin. ... Wenngleich der Prinz-Regent von England verlangt, daß ich nach England kommen soll, so kann ich doch nicht; ich fühle es, daß ich Ruhe bedarf und wenn ich nur erst zurück bin, soll mich Keiner im Soldatenrock mehr sehen." Einige Tage später schreibt der Feldmarschall: „Diesen Augenblick komme ich vom König; er reist noch heute nach Berlin ... Der König hat bewegt von mir Abschied genommen."

Über Geldzahlungen an die höheren Truppenführer waren schon früher lebhafte Auseinandersetzungen gewesen. Ribbentrop legte nun dem Feldmarschall einen Vorschlag vor, wonach eine halbe Million Taler verteilt werden sollte. Grolman aber widersetzte sich: „Ich habe dem Fürsten sehr bestimmt meine Mißbilligung erklärt und ihm versichert, daß, wenn er mich dem Könige eingebe, würde ich bestimmt dem Könige erklären, daß ich und gewiß sehr viele Offiziere dies mißbilligten und daß ich mir die Gratifikation verbäte. Der Fürst behauptet, daß diese Sache mit Gneisenau überlegt sei und daß dieser es gebilligt und somit angegeben habe." Er bittet Boyen, es zu hintertreiben. Auch Blücher war die Sache peinlich: „Der König hat mir wieder sehr ansehnliche Summen zugedacht; ich habe aber erklärt, daß ich keine Auszeichnung vor meinen Kameraden annehmen könnte; ich sowenig wie die Armee wollten auf Kosten unsres Vaterlandes belohnt sein. Kommen aus Frankreich große Kontributionssummen ein, nun so ist das etwas Anderes; aber preußisches Geld nehmen wir nicht an; die Nation hat genug getan. Ich fürchte, daß es mit der französischen Kontribution mager abläuft. Hätte man mir den Willen gelassen, so brachten wir 25 Millionen Taler nach Hause, die Armee hatte zwei Monate Gehalt als Douceur und die ganze Armee wurde neu gekleidet; aber so ist Alles verdorben und die Franzosen kommen abermals gut weg." Der König überwies ihm dann drei kleine Dörfer inmitten seiner schlesischen Güter und außerdem 50000 Taler. Der Fürstin wurde eine Wittwenpension von jährlich 6000 Talern zugesichert.

In dem vorläufigen Friedensvertrag war festgesetzt worden, daß bis zur völligen Beruhigung Frankreichs und der Erfüllung aller Friedensbedingungen eine Besatzungs-Armee von 150000 Mann unter Wellington im nördlichen Frankreich zurückbleiben sollte; darunter sollten sich 30000 Preußen befinden. Von Wellington behauptete man, daß er seine deutschen und niederländischen Truppen schlecht behandelt habe. „Was hier bleiben muß von uns," hatte Blücher schon früher an Gneisenau geschrieben, „das trifft kein glückliches Loos, noch dazu wenn ein fremder General kommandiren soll. Wider das letzte würde ich denn doch einwenden und vorstellen. Die Erfahrung lehrt es uns, wie die stolzen Insulaner mit den Fremden umgehen." Zieten, der die Preußen kommandierte, wußte sich in der Folge aber mit Wellington sehr gut zu stellen. Die Besetzung dauerte bis Ende November 1818.

Vorläufig aber wurde die Räumung des französischen Gebiets von dem Fortgang der Friedensverhandlungen abhängig gemacht. Blücher wurde daher nach der Abreise des Königs an den Fürsten Hardenberg, d. h. an die Beschlüsse des Ministerrats der vereinten Großstaaten, gewiesen. Zunächst rückte die Armee in die Gegend nördlich und nordöstlich von Paris, Blücher nahm sein Hauptquartier in Compiegne, wo er mehr Ruhe zu finden hoffte als in unmittelbarer Nähe der Hauptstadt. Eifrig nahm er hier die Jagd auf, der er auch sonst, namentlich in Rambouillet, hatte obliegen können.

Aber er drängte doch sehr darauf, daß der Rückmarsch angetreten werde, ehe Wetter und Wege schlecht würden. So schüttete er dem Prinzregenten sein Herz aus, er würde seiner Einladung, nach London zu kommen, gern folgen, „aber die Herrn Diplomaten haben dem allgemeinen Wunsch entgegen, die Sache so wie in Wien in die Länge gezogen, daß der Winter herankommt, bevor Alles abgemacht wird. Allergnädigster Herr, es ist zu bedauern, daß die Übereinstimmung unter den Ministern niemals stattfindet, die unter den Waffengefährten in diesen letzten Kriegen so segensvoll bestanden hat. So bald ich die verschiedenen Ansichten der Diplomaten entdeckte, verließ ich Paris, um nicht Zeuge zu sein, wie die Franzosen, die sich an Gott und Menschheit gleich stark versündigt, durch einen Teil der Verbündeten öffentlich in Schutz genommen wurden, und wenn ich gleich 26000 brave Preußen aufgeopfert hatte, so wurde darauf doch keine Rücksicht genommen und Alles, was ich zum besten des Allgemeinen verfügt, wurde über den

Haufen geworfen, weil es nach der Meinung der Schriftgelehrten nicht
methodice eingeleitet sei. Herr Talleyrand und Fouché fanden mehr
Gehör und haben denn auch diesmal die französische Nation vor der ge=
rechten und wohlverdienten Züchtigung bewahrt. E. K. Hoheit können
mir glauben, Ludwig der 18te wird nie glücklich, nie ruhig regieren;
sein Volk ist für alles Gute gleichsam erstorben, alle Ehre, alle Treue
ist ihnen fremd, und wenn sie mal gut werden sollen, müssen sie noch
mehr gedehmütigt werden; sie sehen den jetzt geschlossenen Frieden für
eine Waffenruhe an und schmeicheln sich mit der Hoffnung, Deutsch=
land wieder zu plündern und zu verheeren . . . Der König mein Herr
ist abgereist, er hat mir 170000 Mann übergeben, die ich nicht ver=
lassen darf. Erlebe ich noch den Sommer, so soll mich Nichts abhalten
nach England zu reisen."

Auch seiner Frau gegenüber zeigte er sich ungeduldig. „Ich
wünschte nur, daß in Paris Alles fertig wäre und ich abmarschiren
könnte; aber es kommt noch immer etwas, was die Sache aufhält.
. . . Ich bin über meine Lage hier im höchsten Grade ärgerlich und
gehe auch gar nicht mehr nach Paris — das Volk ist mir zuwider."

Endlich am 28. Oktober teilte Hardenberg mit, der Rückkehr
der Armee in die Heimat stehe nichts mehr entgegen. Sofort wurden
die Befehle zum Abmarsch erlassen; Anfang November sollte alles
aufbrechen. Am letzten Oktober entließ der Feldmarschall die Truppen
mit folgendem Armeebefehl: „Ich kann das Heer, das jetzt auf dem
Rückmarsche begriffen ist, nicht verlassen, ohne euch, brave Soldaten,
mein Lebewohl und meinen Dank zu sagen. Als Seine Majestät der
König mir den Oberbefehl des Heeres aufs Neue anvertraute, folgte
ich diesem ehrenvollen Rufe mit Vertrauen auf eure so oft geprüfte
Tapferkeit. Ihr habt dieses bewährt, Soldaten, und das Zutrauen
gerechtfertigt, das der König, das Vaterland, Europa in euch setzten.
Eingedenk eurer hohen Bestimmung, habt ihr den alten errungenen
Ruhm zu rechtfertigen gewußt und einen so schweren Kampf in so
wenig Tagen beendigt. Ihr seid der Namen: Preußen, Deutsche wert.
Nehmt meinen Dank, Kameraden, für den Muth, für die Ausdauer,
für die Tapferkeit, die ihr bewiesen, und womit ihr die so herrlichen
und großen Erfolge in so kurzer Zeit erkämpft habt. Der Dank eurer
Mitbürger wird euch bei der Rückkehr empfangen, und, indem ihr die
verdiente Ruhe genießet, wird euch das Vaterland zu neuen Thaten
bereit finden, sobald es eures Armes bedarf!"

Nun ging Blücher doch noch auf einige Tage nach Paris, um
mit Hardenberg die letzten Verabredungen zu treffen. Er hatte dort
aber das Unglück, als er zu einem von den Engländern veranstalteten

Rennen hinausritt, mit seinem Pferde im Galopp in den Strick zu geraten, der den Platz absperren sollte, hinzuschlagen und sich die rechte Schulter auszufallen. Die Untätigkeit, die er sich nun auferlegen mußte, wirkte sehr ungünstig auf seine Gesundheit und seine Stimmung. Am 2. November verließ er Paris und gelangte am 13. nach Namür.

Während des Rückmarsches entstanden noch verschiedene Weiterungen dadurch, daß Blücher sich verpflichtet fühlte, über die Ausführung der Friedensbedingungen durch Frankreich zu wachen; der Feldmarschall ließ sogar den Abmarsch einstellen. Hardenberg aber wies den Eingriff in seine Befugnisse sehr entschieden zurück; ihm habe der König die politische Beurteilung der Lage anvertraut. Alles, was Blücher noch auszustellen habe, werde von ihm und Wellington noch geregelt werden. Blücher antwortete, der König werde „Alles seit seinem Abgang Vorgefallene und drei- bis viermal Geänderte beurteilen und seine ferneren Befehle, die mir nur allein als Richtschnur dienen können, danach zustellen". Er machte dann seinem Unmut in einem Bericht an den König Luft. Die Zeit, seit der König abgereist sei, gehöre zu den unangenehmsten seines Lebens; „von unentschlossenen und schwankenden Diplomaten abhängig, habe ich recht gefühlt, wie traurig und nachteilig es ist, von Premierministern abzuhängen und wie zerstörend für die Armee es sein würde, wenn dieser Einfluß fortdauerte und E. K. Majestät nicht die unmittelbare Leitung der Armee beibehalten. Überhaupt ist es wohl die höchste Zeit, daß diese sonderbare Versammlung, die bis jetzt unter dem Namen der bevollmächtigten Minister der verbündeten Höfe Europa beherrschte, aufhört und daß die Männer, die zwar nur Untertanen, doch unter diesem Titel ihre eigenen Monarchen beherrschten und Gesetze gaben, wieder in ihre vorigen Schranken zurücktreten, um so mehr, da ihr elendes Machwerk sie in der Meinung der ganzen Welt zurückgesetzt hat und Preußen und Deutschland trotz seiner Anstrengungen immer wieder als das Betrogene vor der ganzen Welt dasteht und Englands Einfluß auf Deutschland sich ganz fest begründet."

Es sollte erst nach einer fünfzigjährigen Friedens- und Leidenszeit Preußen gelingen, den Einfluß des Auslands auf das betrogene Deutschland für immer siegreich abzuschütteln.

Heimkehr und Lebensende.
1816—1819.

Von Namür setzte der Feldmarschall die Heimreise über Aachen fort. Sein leidender Zustand ging immer mehr in eine starke körperliche und geistige Abspannung über. Wieder wie 1807 und 1814 trat ein gelindes Fieber ein und ein schwerer Druck legte sich auf sein Gemüt. Der Aufenthalt in Aachen verlängerte sich dadurch auf 14 Tage. Dann hielt er sich noch bis über Neujahr in Frankfurt auf und kehrte in kurzen Tagereisen, überall mit lodernder Begeisterung begrüßt, am 21. Januar 1816 nach Berlin zurück. Er konnte sich beim König erst nach einigen Tagen melden und auch die ihm zu Ehren veranstaltete Parade nur vom Fenster aus ansehen.

Bald aber, Ende März schon, drängte es ihn nach Schlesien auf sein geliebtes Krieblowitz, wohin er auch in den folgenden Jahren regelmäßig im April oder Mai übersiedelte. Im Juni-Juli reiste er dann alljährlich, gewöhnlich von seinen Adjutanten begleitet, zur Kur nach Karlsbad, 1816 auf acht Wochen, in den drei folgenden Jahren auf drei bis vier Wochen. Dort lebte er sehr flott, spielte, besuchte Gesellschaften und Bälle und neckte sich mit alten Bekannten und Freunden. Hier traf er Lord Stewart, den Kriegsgefährten von 1813, Fürst Schwarzenberg, Gneisenau u. a. Nach der Badezeit kehrte er dann nach Krieblowitz zurück, wo sich auch die Fürstin und viel Besuch von Kindern, Enkeln und Freunden einfand.

Die Landwirtschaft machte ihm große Freude. „Wenn ich in vorigen Jahren mein Geld verzehrte und verspielte, so verbaue, -grabe und -rode ich es nun," kommt in einem der ausführlichen Berichte vor, die er über seine gutsherrliche Tätigkeit dem alten pommerschen Freund und Nachbar Bonin abstattete. „Ich mache hier Nichts zum Vergnügen oder fürs Auge, sondern Alles, was Nutzen bringt," heißt

Blücher in seinen letzten Lebensjahren.

Nach dem Leben auf Stein gezeichnet vom Architekten Krug.

es ein anderes Mal. Aber er tat doch auch allerlei zur Verſchönerung von Haus und Hof und hatte daran ſeine große Freude. Er pries die gute Luft, er meinte von ſeinen Fenſtern „gleichſam ins Paradies" zu ſehen; „Wieſen, Wälder und Getreide lachten mich an." Den Beginn der Jagdzeit konnte er kaum erwarten. Selbſt Hetzjagden mit Windhunden ritt er noch, in ſeinem letzten Lebensjahr. Zu einer beabſichtigten Reiſe zum Fürſten Schwarzenberg nach Böhmen zur Saujagd kam es nicht mehr.

1816 ſchloß er an den Gebrauch des Karlsbader Brunnens eine Nachkur in Dobberan an. Große Freude gewährten ihm dort zwei Beſuche in ſeiner nahen Vaterſtadt Roſtock und ein zehntägiger Aufenthalt in Hamburg, wo man den Gaſt in der Unglückszeit vor zehn Jahren als den Befreier vom franzöſiſchen Joch beſonders begeiſtert feierte.

Ten Winter verlebte der Feldmarſchall regelmäßig in Berlin. Bei der Rückkehr vom Lande ſchrieb er wohl ſeinem Gutsverwalter: „Es gefällt mir auf dem Steinpflaſter gar nicht," aber bald war er mitten im Strudel der Geſelligkeit. Wer zur Eſſenszeit aus dem Tiergarten durch das herrliche Siegestor auf den Pariſer Platz kam, ſah wohl „unzählige Equipagen vor dem erſten Hauſe rechts, einem ſtattlichen, mit einer Rampe verſehenen Palais auffahren," und erfuhr dann: „unſer alter Fürſt Blücher gaſtirt!"

Ohne Reden ging es dabei nicht ab. „Der alte jugendliche Held ſtand auf, heiter und gutmütig, doch faſt liſtig ſchaute er in dem langen Kreis umher, ſtrich, wie er zu tun pflegte, ſeinen langen, ſchönen Bart und ſprach klare, herzliche Worte"; ſo ſchilbert Biſchof Eylert ihn bei ſolcher Gelegenheit. Eine Dame, die zum erſtenmal bei ihm zu Tiſch war, ſetzte „ſeine Beredſamkeit in Erſtaunen. Beim Ausbringen der Geſundheiten ſtand der alte Held auf und hielt zu jedem neuen Toaſt eine Rede, wanderte um den Tiſch um mit jedem Einzelnen Worte des Scherzes und Ernſtes zu wechſeln und war äußerſt liebenswürdig."

Über die Einrichtung ſeines Hauſes ſchrieb er ſeiner Frau, der Fürſtin: „Du weißt, ich bin in Anſehung meiner Perſon von wenig Umſtänden; aber die Wohnzimmer und worin Du Menſchen ſiehſt, müſſen elegant ſein." Er hatte dazu in Frankreich eine Menge prächtiger Gegenſtände erworben. „Ich habe es mir zum Geſetz gemacht," hatte er damals geſchrieben, „Nichts zu nehmen und das Geld, was ich erſpart, habe ich in Paris verausgabt," ſo komme er „arm wie Hiob" aus Frankreich.

Wie 1813 und 14, ſo hatte er auch während des ganzen Feld=

zugs 1815 nicht gespielt. Erst während seines letzten Pariser Auf=
enthalts scheint er wieder am Spieltisch tätig gewesen zu sein. Dann
auf der Rückreise hatte er sich seiner alten Leidenschaft wieder hin=
gegeben, und nun verstrich kaum ein Tag ohne Spiel, selten ging er
vor Mitternacht zu Bette.

Ein militärisches Kommando führte er nicht mehr; er stand
„von der Armee". Nur gelegentlich wohnte er Truppenbesichtigungen
bei, so in Breslau von Krieblowitz aus. Im Juli 1816 forderte er
eine Anzahl hoher Kavallerie=Generale auf zu einem Gutachten über
die Gründe, weshalb die Reiterei in den letzten Feldzügen so wenig
geleistet habe. Die infolgedessen eingereichten Denkschriften stimmten
darin überein, daß der Waffe die ausreichende Stärke sowohl in der
Gesamtheit, als in der Kopfstärke der Schwadronen und Regimenter,
sowie die Gliederung, Vorschriften, Erziehung und Übung für die
Massenverwendung fehlten; sie forderten eine einheitliche obere Lei=
tung und die Abschaffung der Landwehr=Reiterei.

Der Feldmarschall überreichte die Gutachten dem Könige; in
seinem Begleitschreiben führte er aus: „Eure Majestät werden es
einem Manne, der 60 Jahre bei einer Waffe gedient, die in der Armee
hochgeachtet und vom Feinde gefürchtet war, nicht ungnädig nehmen,
wenn er tiefen Schmerz bei dem Gedanken empfindet, daß diese selbe
Waffe in den letzten Kriegen der allgemeinen Erwartung nicht ent=
sprach, Das nicht geleistet hat, wodurch sie in früheren Feldzügen
ihren Mut und ihre Tatkraft verherrlichte. Ebenso feurig, wie in
den Jahren meines Jünglingsalters liegt mir heute noch das Wohl
der Armee am Herzen." Deshalb überreiche er die Denkschriften; be=
sonders lobt er die Vorstellsche. „Unser Hauptaugenmerk sei und bleibe
gerichtet," heißt es darin, „für die Detailausbildung auf das breiste
und feste Reiten des Mannes und die gute Abrichtung des Pferdes
ohne Künstelei und die möglichste Zuverlässigkeit in der Führung der
Waffen; für das Ganze auf Ausbildung eines egalen, den Kräften
aller Pferde angemessen starken, ruhigen Tempos, auch einfache Evo=
lutionen, stets den Krieg vor Augen und im Sinne. Geschlossene At=
tacken, wenig Karriere und viel Ralliiren." Vorstell forderte für das
Kriegs=Regiment 6 Eskadrons zu mindestens 150 Pferden. Unver=
mutet schneller Anfall und rastloses Verfolgen unterstützt durch rei=
tende Artillerie seien die Elemente des Wirkens der Kavallerie.

Blücher befürwortete nun die Ernennung von zwei oder drei In=
spekteuren, die nur den Ausarbeitungs= und Kriegsübungszustand der
Regimenter zu überwachen hätten; im übrigen sollten diese in die ge=
mischten Truppenverbände eingeteilt bleiben. Übrigens müsse man

nie vergessen, daß sich die Fechtweise der Infanterie verändert habe:
„Es wäre daher ebenso töricht zu verlangen, daß die Kavallerie
Alles über den Haufen reiten soll, als es ungereimt ist zu glauben,
daß sie nichts Entscheidendes mehr zu leisten vermöge. Einem Seydlitz
würde es zwar nicht gelingen, Schlachten, wie sie jetzt geliefert werden,
auf dieselbe Art wie die des Siebenjährigen Krieges zu entscheiden;
aber sein Geist würde ihm neue Wege vorzeichnen und neue Mittel
an die Hand geben, auf das Schicksal derselben einzuwirken und große
Resultate hervorzubringen. Dies kann auch jetzt der Fall sein, wenn
die Kavallerie, zweckmäßig organisirt und ausgebildet, den Händen
einsichtsvoller und von der Natur zu diesen Posten bestimmter Führer
anvertraut wird ... Ausdauernder Mut und Beharrlichkeit verbürgt
in der Regel der Infanterie den Sieg; soll die Kavallerie aber Großes
verrichten, so muß eine gewisse Begeisterung, die aus Selbstvertrauen
entspringt, die Masse beseelen und Genialität ihre Schritte leiten.
Sehr sparsam sind der Kavallerie die günstigen Augenblicke an Schlacht=
tagen zugemessen, und ihr rasches Benutzen kann nur der Geist lehren,
welcher Menschen zu Führern dieser Waffe stempelt." Dies kavalle-
ristische Testament Blüchers hat auch heute noch volle Berechtigung
und verdient die größte Beachtung.

Sein altes Regiment blieb ihm stets ans Herz gewachsen. Dem
Kommandeur ließ er gelegentlich sagen, er habe General Graf
Tauentzien zur Rede gestellt, daß er das Regiment in Berlin nicht
gut behandelt habe; General Borstell habe dagegen öffentlich und
auch ihm versichert, das Regiment sei das schönste und proprefte von
der ganzen Kavallerie, ritte am besten und wäre ganz vorzüglich
schön im Anzuge. Noch zuletzt bat er sich einen Adjutanten aus dem
Regiment beim König aus, den Rittmeister v. Rudorff, Sohn seines
alten Regimentskameraden.

Sein herzliches Verhältnis zu Gneisenau erhielt sich ungetrübt; bei
jeder Gelegenheit hob er dessen Verdienste hervor. Auch Gneisenau
blieb seinem verehrten Feldherrn in treuer Anhänglichkeit ergeben.

Gern gedachte er der Einzelheiten seiner ruhmgekrönten, kriegerischen Laufbahn. Es ist wohl natürlich, daß in der Erinnerung des
alten Helden der Glanz seiner Taten nicht abnahm; aber er vergaß nie
den Anteil seines Generalstabs, der Unterführer und der Truppen.
Gern erzählte er, wie er den Entschluß zur Schlacht an der Katzbach
gefaßt habe. Eine große Genugtuung war es ihm, das Denkmal bei
Bellwitzhof am vierten Jahrestag der Schlacht in Gegenwart von Gneisenau und Yorck enthüllen zu sehen. In großen Zügen, mit schwungvollen Worten kennzeichnete er die Bedeutung seines ersten ·Sieges.

Besonders Engländern gegenüber gebrauchte er gern die Wendung: „Als ich die Schlacht bei Bellealliance gewann", und wurde böse, wenn jemand von „Waterloo" sprach.

Mit besonderem Eifer stellte sich der Feldmarschall an die Spitze der Bestrebungen, die vom Kriege hervorgerufenen Leiden zu lindern. In Deutschland und besonders auch in England fand er warme Unterstützung; dort hatte er mit dem bekannten Menschenfreund Wilberforce Beziehungen angeknüpft. In Berlin hatte er an der ihm sehr gewogenen, eblen Prinzessin Wilhelm, der Schwägerin des Königs, eine treue Helferin.

Der Durchführung der allgemeinen Dienstpflicht redete er eifrig das Wort; die bedingungslose Heranziehung der Mennoniten, die er im Staatsrat befürwortete, setzte er aber trotz seiner geschickt angebrachten biblischen Begründung nicht durch. Der König hatte bei der Bildung des Staatsrats im Jahre 1817 auch den Feldmarschall berufen. Wir erfahren von einer Betätigung des Fürsten in konservativem Sinne; er sprach für die Aufrechterhaltung der gutsherrlichen Gerichtsbarkeit. Auch zollte er einer Denkschrift für die Ausbildung der Volksvertretung auf ständischer Grundlage seinen Beifall. Eine Absonderung der Stände war ihm sonst verhaßt; mit Wort und Tat schritt er dagegen ein. Seine nach dem Maßstab jener Zeit durchaus liberalen Anschauungen zur Geltung zu bringen, hatte er auch dadurch Gelegenheit, daß er sich mit seinen Bauern über die ihnen obliegenden Dienstleistungen auseinandersetzte. Von Steinschem Geiste durchdrungen, hatte er einst in Stargard die Einführung der Städteordnung mit flammenden Worten begrüßt. Den Engländern sagte er 1814, er fühle sich wohl bei einem Volke, das durch seine Verfassung so groß dastehe. Als bei Beendigung des Krieges von 1815 sich die Gedanken von neuem der inner-politischen Ausgestaltung Preußens zuwendeten, forderte ihn Freund Bonin in feierlichen Worten auf, jetzt für eine „gute und feste Konstitution" zu sorgen, „denn Du allein hast die Macht und die Kraft es durchzusetzen, daß dabei der wahre Zweck, die Nation dauerhaft glücklich zu machen, erreicht würde. Dies fehlt Dir noch, ein Verdienst und einen unsterblichen Ruhm zu erlangen, den vor Dir kein Sterblicher gehabt hat." Er war „sehr unzufrieden" damit, daß der König die wiederholt feierlich zugesagte Gewährung einer Verfassung immer wieder hinausschob.

Gneisenau gegenüber nannte er die Erfüllung dieser Verheißung „diesen Hauptschritt" und fragte: „Warum muß Baiern und andere Regenten uns zuvorkommen? Ist Keiner vorhanden, der uns eine [Konstitution] anfertigt, nun so schreibe man die baierische ab!" Ja,

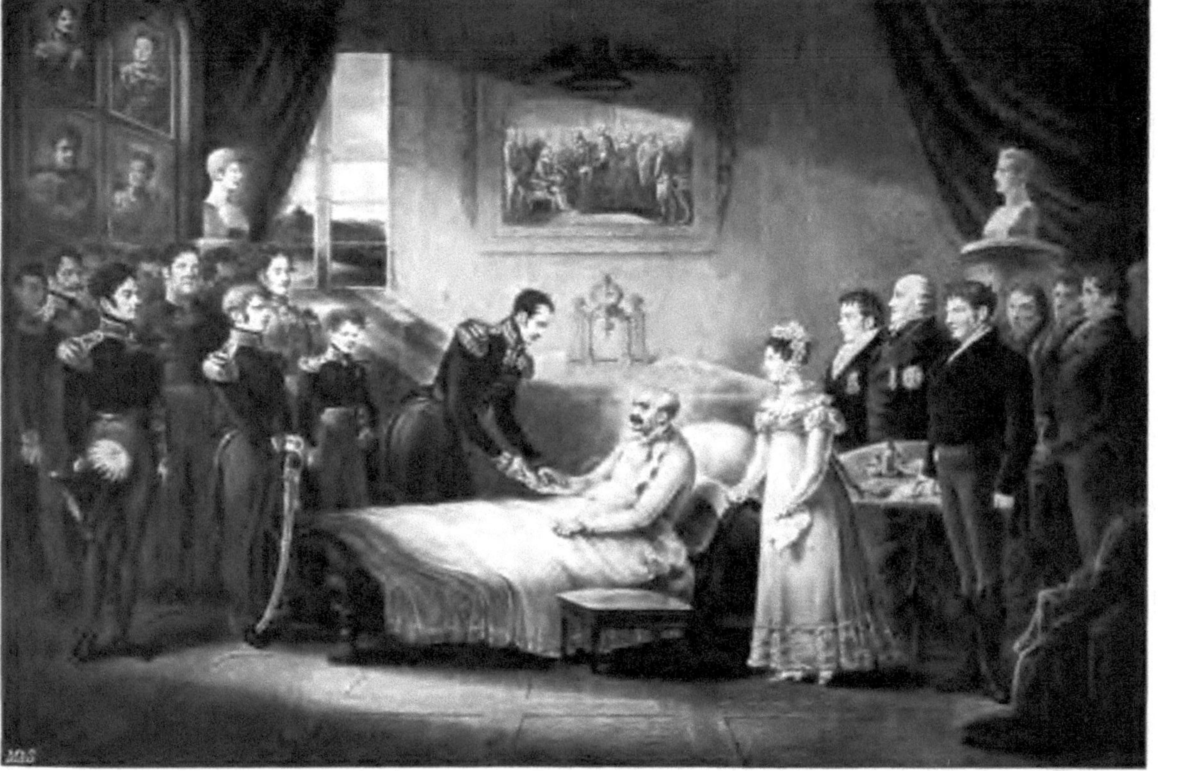

König Friedrich Wilhelm III. an Blüchers Krankenbett zu Krieblowitz, 6. September 1819.

Zusammengestellt und in Kupfer gestochen von den Gebrüdern Henschel.

1. Prinz Karl. 2. Oberst Graf Nostitz u. 3. Rittm. v. Rudorff, die beiden Adjutanten des Fürsten. 4. Die Fürstin. 5. Doktor Bieske. 6. Graf Blücher-Altona.
Die 4 Bilder an der Wand links stellen die beiden Söhne und die beiden Enkel Blüchers dar.

er nahm eine Gelegenheit wahr, dem König persönlich die Entlassung Hardenbergs anzuraten.

Als der König ihn in seiner letzten Krankheit besuchte, glaubte seine Umgebung am Feldmarschall eine Verstimmung gegen den König zu bemerken, die davon herrühre, daß dieser seine politischen Mahnungen von der Hand gewiesen hatte.

Über Blüchers äußere Erscheinung und sein Wesen sagt ein Zeitgenosse: „Als er alt wurde, bog sich seine breite Schulter, sein Gang hatte etwas Schwerfälliges, seine Physiognomie bekam mehr Ernst und der Mund zog sich herab; aber die Grundzüge seines edlen Angesichts blieben dieselben; er war in seinem Herzen und dessen Stimmung jung geblieben. Er bewegte sich in seinem Elemente besonders, wenn er zu Pferde saß, und gern sah man den schönen, kräftigen Greis von altem Schrot und Korn." Ein gewitzter Diplomat, der 1818 in Karlsbad mit ihm verkehrte, hebt hervor: „Er hat ein höchst kluges Gesicht und über einem fürchterlich dicken weißen Schnurrbart sehr lebhafte und sehr angenehme Augen."

Seine leidenschaftliche Art blieb ihm bis ins Alter. Als man für einen Teil seiner Güter seine Jagdbefugnisse anzweifelte, schleuderte er dem Staatskanzler die Worte hin: „Ich erkläre Ihnen hierdurch feierlich, daß wenn ich als Fürst nicht die Gerechtsame eines Edelmanns genießen soll, ich der ganzen Donation förmlich entsage." Hardenberg möge verfügen, daß die Regierung die Güter zurücknehme. Seine Durchlaucht wisse daß ihm an dem Fürstentitel nichts liege, ihm genüge sein alt adliger Name; ob der König ihm auf eine andere Art eine Belohnung zuwenden wolle, stelle er diesem anheim. Dies unterschrieb er zornig und selbstbewußt: „G. von Blücher, Feldmarschall, burg- und schloßgesessener Edelmann in Pommern und Mecklenburg."

Großen Einfluß übte die Fürstin auf ihn in ihrer ruhigen, milden Weise. Sie näherte sich damals den Fünfzigern, war aber „eine noch recht schöne, sehr würdige Frau, edlen, hohen Wesens."

Der Kummer seiner alten Tage war für Blücher der traurige Zustand seines Sohnes Franz, dessen Gehirnleiden immer ernstere Formen annahm. Während des ganzen Feldzuges 1815 drückte diese Sorge schwer auf den Vater; in seiner letzten Krankheit betrachtete er viel mit Wehmut das Bild seines Ältesten, der nach dem Tode der Mutter ganz jung an des Vaters Seite die ersten glänzenden und die folgenden schrecklichen Zeiten mit ihm durchgemacht hatte.

Mit besonderer Liebe hing Blücher an den beiden Enkelsöhnen, die jetzt in die Kavallerie eintraten. Noch kurz vor seinem Tode hatte er die Freude, daß auch der jüngere zum Leutnant befördert wurde.

Der sechste Jahrestag der Katzbachschlacht fand den Bezwinger des großen Korsen auf seinem letzten Krankenlager. Blücher ging dem Tode mit der „Seelenruhe eines wahrhaft großen Mannes" entgegen, bezeugt General v. Witzleben, der ihn acht Tage vor dem Ende besuchte. Der König, der zu den großen Truppenübungen nach Schlesien gekommen war, fand seinen Feldmarschall schon in hoffnungslosem Zustand; am 12. September 1819, in seinem siebenundsiebzigsten Lebensjahre, entschlief er sanft.

Schlußwort.

Um ein allzu lautes Lob seiner Taten abzuwehren, hat Blücher einst das schöne Wort gesprochen: „Was ists, was Ihr rühmt? Es war meine Verwegenheit, Gneisenaus Besonnenheit und des großen Gottes Barmherzigkeit." Nach dem Zeugnis eines seiner Abjutanten war dies der Ausdruck seiner aufrichtigen Gesinnung. Aber natürlich können drei Schlagworte der gigantischen Arbeit nicht gerecht werden, deren Betrachtung dies Buch gewidmet ist. Blüchers Verdienste um die Befreiung des Vaterlandes kann man nur richtig würdigen, wenn man sich seinen ganzen Entwicklungsgang vor Augen hält.

Verwegenheit war gewiß ein hervortretender Zug in Blüchers Wesen. Audacem fortuna juvat war sein Wahlspruch. Kriegerischer Sinn herrschte in seiner Sippe; durchs Schwert emporgekommen, suchte sie im Kriegsdienst Ehre und Besitz zu erhalten. Ungebundenes Aufwachsen ließ in dem kräftigen Knaben die Triebe der Ahnen sich frühzeitig entfalten. Die Nahrung, die sein lebhafter Geist in Umgebung und Schule fand, war zu knapp, um die Neigungen des Bluts zu unterdrücken, aber kräftig genug, um die guten Anlagen seines Kopfes günstig zu entwickeln. Der kritische Müffling nennt seinen Verstand noch im Alter scharf und durchbringend.

Die natürliche Unbefangenheit des Kindes wuchs aus zu einer ungewöhnlichen Furchtlosigkeit des Charakters, die keine Scheu vor Menschen kannte und sich nur vor Gottes Allmacht beugte. Früh lernte er mit eigenen Augen in die Welt sehen. Standesvorurteile blieben ihm fremd, dagegen erwarb er sich ein sicheres Gefühl für das Empfinden des Volkes. Mitten im wilden Kriegsleben gab ihn ein gütiges Geschick in die Hand eines Mannes, in dem germanisches Reckentum und christliche Selbstbeherrschung zu einem unvergleichlichen Vorbilde verschmolzen waren. Die unbekümmerte Heldenhaftigkeit und das kindliche Gottvertrauen des alten Belling fanden bei seinem jungen

Gefangenen den richtigen Nährboden und haben sich auf ihm wie vom Vater auf den Sohn weitervererbt. Das unbefangene Christentum jener verwilderten Zeit ließ in den Sitten des herrschenden Standes noch manches Feld ungejätet, aber zwischen dem Unkraut von Übermut und Zügellosigkeit ging doch allerlei edler Samen auf: treue Hingebung in der Freundschaft, warmherziges Mitempfinden bei Not und Unglück, verständnisvolles Eingehen auf Freud und Leid auch der Tieferstehenden waren die Früchte des Lebens im Regiment. Auch Blüchers in gesunden Tagen überquellender Frohsinn, den er sich bis ins hohe Alter bewahrte, schlug in dieser sorgenlosen Leutnantszeit Wurzeln.

Im trotzigen Aufbäumen gegen vermeintlich unverdiente Zurücksetzung und im Vertrauen auf die eigene Kraft hängte der Dreißigjährige das Schwert an den Nagel. Über jungem Liebesglück und emsiger Tätigkeit im neuen Beruf verschmerzte er anfangs den Zorn des Königs über diesen Schritt. Aber je länger, je tiefer empfand er den Stachel des demütigenden Abschieds. Sein rastloser Sinn, sein glühender Ehrgeiz ließen ihm bald die Tätigkeit des Landwirts schal erscheinen, reizten ihn, seine Hand nach kriegerischem Lorbeer zu recken. So begann er ein hartnäckiges Bestürmen der zähen Kabinettsgewalt des alten Königtums. Endlich lachte die neue Sonne auch ihm. Mit einem Federstrich sind die verlorenen vierzehn Jahre wieder eingebracht. Für Blücher war diese Zeit nicht verloren; er hatte sich Kenntnisse in der Zivilverwaltung erworben, die ihm später, namentlich als Generalgouverneur in Münster, später in Pommern, vielfach zugute kamen.

Als Schwadronchef und als Regimentskommandeur hatte er reiche Gelegenheit, sich in der Kunst der Menschenbehandlung zu üben, in der er es zur Meisterschaft gebracht hat. Die Kriegszeit in den Niederlanden und am Rhein führte ihn mit vielen bedeutenden Persönlichkeiten zusammen. In Münster entspann sich dann seine Freundschaft mit Stein; ihre gegenseitige Wertschätzung hat auf die Entwicklung der Begebenheiten im Frieden und im Kriege großen Einfluß geübt, ebenso das freundschaftliche Verhältnis zu Scharnhorst, das sich in den Unglückstagen zwischen Auerstedt und Lübeck anknüpfte. Zu diesen beiden großen Männern trat in der Kolberger Zeit Gneisenau in Blüchers Vertrauen. In diesen Edelsten des deutschen Volkes schwoll unter dem Drucke der Fremdherrschaft immer leidenschaftlicher die Liebe zum Vaterlande. Blücher vermied wie sie den Anschluß an den Tugendbund, aber Napoleon erkannte doch schon damals in ihm einen seiner gefährlichsten Gegner.

Totenmaske Blüchers.

Nach dem Gipsabguß im Körner-Museum in Dresden.

Es ist merkwürdig, mit welcher zweifellosen Sicherheit sich Blücher berufen fühlte, den „Tyrannen" zu stürzen. Er sah nicht wie Goethe die Bürgschaft für Napoleons Unbezwingbarkeit in der Größe seines Geistes, er sah mit Stein in der Verderbtheit seines Tuns die Notwendigkeit seines Untergangs. Von den Ahnen überkommen, steckte ihm tief im Blut das Bewußtsein eines angeborenen Rechts auf Freiheit. Fremdes Wesen in Deutschland herrschen zu sehen, empörte ihn leidenschaftlich; der Gedanke, auch Fesseln tragen zu müssen, machte ihn rasend. Ihm war der Befreiungskampf ein heiliger Kampf um die hehrsten Menschenrechte. Er schöpfte in der Religion die Zuversicht auf einen glücklichen Ausgang.

„Der Fürst war sehr religiös," sagt Doktor Bieske in seinen Aufzeichnungen. „Er versicherte, nie in eine Schlacht zu gehen, ohne vorher zu beten und zu bitten: ‚Die Vorsehung möge ihn leiten und vor Mißgriffen hüten,' und nach jeder Schlacht, wenn sie auch nicht nach Wunsch beendet wurde, dennoch Gott zu danken. Er führte stets ein Gebetbuch bei sich und betete jeden Morgen und Abend. Er glaubte fest an die Fortdauer der Seele und Vergeltung nach diesem Leben und sagte oft, ‚wenn mir Jemand diese Überzeugung nimmt, dann würde mir mein Sterbestündchen sehr schwer werden und ich könnte ihm nur mit Grauen entgegensehen.' Auch glaubte er fest an eine Bestimmung, und sich und jeden Andern bis zum Ziele seines Lebens von einem höheren Wesen beschützt. Er versicherte: ‚in der größten Gefahr habe er nie die Idee gehabt, todtgeschossen zu werden' und meinte: ‚er hätte sonst gewiß bei einer solchen Ahnung so gut wie mancher Andere den Kopf verloren.'"

Er ging so weit, an das Eingreifen einer Geisterwelt zu glauben. Namentlich in kranken Tagen hatte er Erscheinungen, die ihm bevorstehende Ereignisse ankündigten.

Seinem religiösen Empfinden ist nahe verwandt sein Verhältnis zum Freimaurertum. Arbeit an sich selbst, um den Menschen dem ewigen Vorbild näher zu bringen, war ihm Gewissenssache. Standesvorurteile fanden hier keinen Platz. Hier empfing sein für Freundschaft empfängliches Herz erwünschte Nahrung. Rührend war das Wiedersehen mit den münsterschen Brüdern: „Hoch und Niedrig fand den alten treuen Meister und liebevollen Bruder wieder."

Die Festigkeit seiner Freundschaft erwies sich seinen alten Waffengefährten gegenüber namentlich in der Treue, die er dem General v. Rüchel bewahrte; ihm, dem es nicht vergönnt war, das Andenken an das Mißgeschick von Jena durch neue Taten auszulöschen, gab er fortlaufend Kunde vom Gange des Krieges.

Besonders hell beleuchtet sein Verhalten gegen den General v. Borstell Blüchers Seelengröße. Er hatte ihn vor ein Kriegsgericht gebracht, weil der General sich geweigert hatte, die Fahne eines meuternden Bataillons verbrennen zu lassen. Nach glücklich beendetem Kriege aber bat Blücher nicht allein den König, Borstell zu begnadigen, sondern suchte ihn auch persönlich auf und bot ihm die Hand zur Aussöhnung.

Im Feldzug 1814 wurde Blücher gemeldet, ein benachbartes Haus werde von russischen Soldaten geplündert. Er eilte persönlich hin und packte einen vermeintlichen Plünderer derb beim Kragen; bald aber stellte sich heraus, daß dies ein preußischer Offizier gewesen war, den er in seinem Mantel nicht als solchen erkannt hatte. Blücher erklärte sich sofort bereit, dem Herrn Genugtuung zu geben; schließlich aber wurde der unangenehme Vorgang dadurch ausgeglichen, daß Blücher den in seiner Ehre Gekränkten öffentlich umarmte.

Den Pommern blieb er Zeit seines Lebens besonders gewogen; er wollte gern dort einen Besitz haben, um „bei dieser braven Nation zu sterben". Bei jeder Gelegenheit ließ er die „braven Neustettiner" oder die „guten Rummelsburger" oder Stargarber grüßen. Gern half er, wo er Freunden und Bekannten oder deren Söhnen helfen konnte. Aber er verlangte, daß sie dann auch etwas leisteten. Selbst bei nahen Verwandten fügte er wohl der Empfehlung hinzu: „aber wenn er sonst nichts nutz ist, so soll die Vetterschaft nichts gelten."

Seine Herzlichkeit gegen seine Umgebung blieb sich immer gleich. Gelegenheit zu Neckereien griff er gern auf. „Den Personen, denen Blücher einmal sein volles Vertrauen geschenkt hatte," sagt Brünneck, „entzog er es nicht mehr." Jedoch schonte er seine Umgebung nicht, wenn ihm etwas mißfiel, blieb aber auch bei kleinen Verfehlungen nachsichtig und gütig. „Seine Autorität als Vorgesetzter wußte er selbst einem Manne wie York gegenüber aufrecht zu erhalten, der sonst jedermann durch seine Tatkraft und Charakterstärke imponirte."

Ganz besonderer Art war Blüchers Verhältnis zu König Friedrich Wilhelm. Blüchers enschlossenes, zum Wagen geneigtes Wesen hatte für des Königs Zaubern und Mißtrauen natürlich kein Verständnis. Oft suchte er ihn in flammenden Vorstellungen mit fortzureißen. Aber er war klug genug, seinem Unmut stets nur gegen die Umgebung des Königs die Zügel schießen zu lassen; da kargte er nicht mit seinen Liebesnamen. „Wohl eiferte und tobte er bisweilen gegen einen oder den andern Staatsmann," so versichert Brünneck, „aber an keinem Orte und zu keiner Zeit habe ich unwillige Äußerungen über seinen

König vernommen. Immer betrachtete er dessen Person für heilig und unverletzlich.“

Besonders groß zeigt sich Blücher bei seiner Kommandoenthebung 1811. Wenn ihm auch gelegentlich ein drohendes Wort entschlüpfte, so vermochte doch selbst der ihm feindlich gesinnte Kalckreuth ihn keiner anstößigen Äußerung über den König zu zeihen; er ertrug diese Demütigung mit heldenmütiger Ergebung. In seinen vertrauten Briefen findet man nie ein bitteres Wort über den König, aber auch nie ein anerkennendes. Brünneck schreibt Ende Juli 1815: „Die Verhältnisse des Feldmarschalls zum Könige sind aufs Neue, wie sie es beinahe immer gewesen sind, sehr gespannt, so daß er den König um Erlaubniß gebeten hat, die Armee verlassen zu dürfen.“

Daß der König für Blüchers Wesen ebensowenig Verständnis hatte, ist nur zu begreiflich. Boyens Urteil, Blücher habe eigentlich niemals in besonderer Gunst beim Könige gestanden, verdient deshalb Beachtung, wenn es auch aus einer Zeit stammt, in der Boyen sich mit dem Könige gründlich überworfen hatte. Daß der König, wie Boyen bemerkt, an Blücher manche ungebundene Sitte und die vielen Geldforderungen getadelt habe, daß ihm das ewige Drängen zum Kriege und das häufige eigenmächtige Vorgehen des Generals lästig und störend waren, ist zweifellos. Bischof Eylert versichert zwar auf Grund seiner Beobachtungen nach der großen Kriegszeit, es habe zwischen beiden ein gutes Verhältnis bestanden: „Er [der König] ging gern mit ihm um.“ Aber er sagt auch an anderer Stelle, Blücher habe den in sich gekehrten, nachdenkenden König nicht begriffen. Die Reibungen, die auf militärischem Gebiet und auf dem der äußeren Politik entstanden, wußte der König durch sachlich ruhige Zurechtweisungen oder auch durch Gunstbezeigungen zu beseitigen. Wenn es auf dem Gebiet der inneren Politik zu keinem ernsten Zusammenstoß kam, so war dies einerseits dem geschickten Ausweichen des Königs, andererseits Blüchers Vorsicht zu verdanken, mit der er der Versuchung, hier eine führende Rolle zu übernehmen, widerstand.

Blücher huldigte, wie Brünneck sich ausdrückt, „dem Geiste seiner Zeit und war ihm aufrichtig ergeben“; das heißt, er redete der Beteiligung des Volks an der Regierung eifrig das Wort. Er forderte sogar liberal denkende Männer zur freien Entwicklung ihrer Gedanken auf. Aber so sehr er das Verhalten der Fürsten brandmarkte, die dem Befreiungswerk abgeneigt waren, so lag ihm doch jede wesentliche Verminderung des landesherrlichen Ansehens fern. So grade und derb er sein konnte, so hielt er doch streng auf gute Umgangsformen und stieß in guter Gesellschaft selbst nie an; ja, er war grabezu ein gewiegter Hofmann, der mit der Königin tanzte und Prinzessinnen Artigkeiten zu sagen und zu schreiben mußte. „Seine Galanterie gegen Damen war fein und er wußte sich dann ganz besonders ansprechend auszudrücken. . . . Wie bekannt, erwies sich Blücher in Gesellschaft gegen das weibliche Geschlecht stets artig und aufmerksam." So lauten die Urteile seiner täglichen Umgebung.

Seine Unterhaltungsgabe war glänzend. „Er war stets froh und lustig, offen und witzig, wenn er unter seinen Kameraden und in Gesellschaft war." (Eylert.) „Der Fürst hatte eine sehr rauhe Außenseite und verriet sehr wenig Bildung; lernte man ihn aber näher kennen, so fand man in ihm nicht nur einen sehr gefühlvollen Mann, sondern auch einen solchen, der es verstand, selbst in der Gesellschaft der gebildetsten Personen eine höchst gediegene Unterhaltung zu führen." (Bieske.) Das auffallendste Zeugnis seiner hohen geistigen Begabung sind seine Reden.

„Die Klarheit seines Verstandes, die Grabheit seiner Ideen bewies sich ebenso sehr in seinem schnellen und sicheren Urteil als in den wohlfließenden, gedrängten und kräftigen Reden," rühmt jemand, der ihn oft hatte sprechen hören; „wenn er sprach, war er ausgezeichnet. Ohne Vorbereitung reihte sein schnell tätiger Geist das Material, worauf es ankam, mit, man kann sagen, rhetorischer Strenge in natürlich folgenden Sätzen zu einem schönen Ganzen. Der Ton seiner Stimme wanderte durch alle Modulationen, ohne die auch der geistreichste Vortrag sein Ende herbeizuwünschen zwingt. Sein Wort kam aus dem Herzen und brang in die Tiefe des Herzens." — „Blücher war ein geborener Volksredner," bezeugt Boyen; „wenige Menschen besaßen die Gabe so wie er, aus dem Stegreife zu sprechen, den Gang der Rede den Vorstellungen seiner Zuhörer anzupassen." An den gemeinen Mann wendete er sich auch in volkstümlicher Sprache, in Plattdeutsch oder auch in der Berliner Mundart; er sprach dann „im kräftigsten Feldmarschallsstil". Im Kreise gebildeter Männer wußte er „mit Geist und Kraft und sogar schön zu sprechen". „Man muß ihn selbst gehört haben, um sich eine richtige Vorstellung davon machen zu können, da er selbst den größten Rednern zur Seite gestellt werden konnte, die freilich an Gelehrsamkeit reicher sind, aber niemals so hinreißen und enthusiasmiren konnten, als es bei ihm der Fall war."

Blücher war sich der Macht seines Wortes bewußt. So sehr ihm aber auch Begabung und Übung zu Hülfe kamen, so haben wir doch auch Belege, daß er sich auf öffentliche Reden sorgsam vorbereitete, daß er sie ausarbeitete, ja, daß er sie sich vorher vorsprach. Der Eindruck seiner Rede wurde durch sein lebhaftes Minenspiel gehoben. Soult versicherte, er verstehe Blücher auch ohne Dolmetscher vollkommen, indem dessen Augen schon bezeichneten, was er meine.

„Seine Persönlichkeit umfloß etwas Eigenes; es ging von ihm etwas aus, das anzog und festhielt; man konnte den Blick nicht von ihm wenden; man fühlte es, daß er ein heroischer, ungewöhnlicher Mensch war. Seine heitere Ruhe mitten in der Beweglichkeit hatte etwas Gebietendes: man machte Platz, wenn er kam, man war stille, wenn er redete," bekennt Bischof Eylert. „Er fand sich leicht in jedes Verhältniß und trat stets sowohl mit Festigkeit als auch mit größem Takt auf," so kennzeichnet Müffling Blüchers Benehmen; „seine unerschöpfliche Heiterkeit und seine anspruchslose gutmütige Haltung erwarb ihm überall Freunde." Auf alle Welt machte „seine herrliche äußere Erscheinung, sein Ehrfurcht und Liebe zugleich gebietendes Wesen" tiefen Eindruck.

Bischof Eylert erzählt: „Er liebte die dampfende Pfeife, die Flasche, die Karten, die Würfel und das schöne Geschlecht." Daß er in seiner Jugend kein Tugendheld war, hat Blücher offen ausgesprochen, und er blieb lange jugendlich. Vielfach aber sind in dieser Beziehung weit übertriebene Vorstellungen über ihn umgelaufen, denen sein Adjutant Brünneck entgegentrat: „Wenn Blücher sich bei Tische seiner guten Laune überließ, überboten dessen öffentliche Äußerungen allerdings bisweilen noch Doktor Luthers kräftige Tischreden an Derbheit und Ungezwungenheit; zu rohen Handlungen, wie man sich dieses mitunter vorgestellt hat, neigte sich seine Natur niemals hin. Hohes Spiel gewährte bekanntlich Blücher bei der Neigung zu Wagnissen die meiste Befriedigung. Es war ihm dieses für das alltägliche Leben ein Zerstreuungs- und Reizmittel, an das sich seine Natur von Jugend an gewöhnt hatte. Im Kriege bedurfte er aber eines solchen nicht, dessen Wechselfälle regten ihn dann genugsam an und beschäftigten seine Einbildungskraft dermaßen, daß die Neigung zum Spiel dadurch in den Hintergrund gedrängt wurde und erst wieder im Frieden hervortrat. Es entbehrt das Gerücht, Blücher habe im Laufe der Feldzüge mit den zu seinem Stabe gehörenden Personen tagtäglich gespielt, jeden Grundes. Beim Genuß des Weins habe ich ihn niemals ein gewisses Maß überschreiten sehen. Blücher liebte überhaupt nicht die Schwelgereien; wie seine Zeitgenossen in Einfachheit erzogen, war denn auch an seiner Tafel kein unnötiger Luxus wahrzunehmen; er zog gute, deutsche Hausmannskost den in französischer Weise zubereiteten Speisen vor, und in Frankreich ließ er seinen Gästen nur gewöhnliche Tischweine vorsetzen."

Als Metternich in Saint Cloud bei Blücher zu Tisch war, konnte

er nichts Böseres hiervon berichten als: „Er bewohnt dies schöne Schloß
en général de hussards. Er und seine Adjutanten rauchen da, wo wir
den Hof in seinem größten Glanze gesehen haben." Daß im Theater
des Schlosses eine Handwerksstube eingerichtet war und im Schloßteich
Soldaten angelten, wird man Blücher auch weiter nicht als Verbrechen
anrechnen.

Höfisches Wesen und unnahbare Hoheit hatten in Blüchers Umgebung keinen Nährboden. Er blieb als Feldmarschall und Fürst
derselbe natürliche, anspruchslose, liebenswürdige Mensch, der er immer
gewesen war. Daher erwarb er sich auch die unbegrenzte Volkstüm-
lichkeit in allen Gesellschaftsklassen. In Deutschland und in England
war er die populärste Persönlichkeit des Zeitalters. Prinzen und Prinzessinnen zeichneten ihn mit Briefen und Geschenken in der schmeichel-
haftesten Weise aus. Wo er erschien, feierte man seine Taten. Das
vertrauensvolle „Vater Blücher" seiner Soldaten kennzeichnet das
innige Verhältnis zum gemeinen Mann.

Seine Gewalt über die Gemüter war eine besondere Kraft, die
von ihm ausging. Mit wenigen Worten rief er die wunderbarsten
Wirkungen hervor.

Während des Feldzuges 1814 in der ausgesogenen ärmlichen Champagne begrüßte Blücher die hungernden und entmutigten Mannschaften einmal „in seiner gewöhnlichen Manier" mit „Guten Morgen
Leute, wie gehts euch?" „Ja, sehr schlecht," war die Antwort; „es
ist nachgerade nicht mehr auszuhalten;" worauf er erwiderte: „Na,
habt nur Geduld, es wird bald besser werden! — Hat nicht Einer
von euch einen Schnaps?" Man reichte ihm eine Flasche und eine
Brotrinde. Der Fürst sagte: „Prost!" trank, aß und ritt weiter,
worauf einer zum andern sagte: „Et hat dem Ollen recht geschmeckt,
he möt doch ooch Nischt hebben," und ein allgemeines Hurra verkündete die sogleich umgeänderte frohe Stimmung.

„In der Schlacht bei Ligny kam ein Landwehr-Bataillon etwas
in Unordnung zurück; da sie den Fürsten sahen, riefen sie ‚Hurrah'!
Der Fürst erwiderte hierauf: ‚Ach leckt mich — schlagt euch lieber!'
worauf das Bataillon kehrt machte und mit einem Hurrah in Ligny
hineinstürmte."

Wie er neben aller Derbheit doch auch das Gefühl der Leute zart
und geschickt zu behandeln verstand, dafür gibt ein Vorfall bei Wartenburg Zeugnis. Als Blücher an der Brücke die vorüberziehenden
Mannschaften anfeuerte und sagte, „wer nicht siegt, muß in der Elbe
ersaufen, denn ich lasse hinter uns die Brücken abbrennen," nahm ein
Teil der Leute das übel; das Abbrennen sei nicht nötig, sie würden

ihre Schuldigkeit tun, ob die Brücke stehe oder brenne. Blücher aber rief ihnen nach: „Laßt's man gut sein, Kinder — nehmt's nicht krumm — war nicht so gemeint — kennen einander schon!"

Im Gefecht bei Löwenberg wurde ein Landwehr-Bataillon zurückgeschickt, um frische Patronen zu empfangen. Blücher, im Glauben, das Zurückgehen sei ohne Befehl geschehen, redete das Bataillon sehr unfreundlich an. Ein Generalstabsoffizier, der dies hörte, meldete ihm, daß das Bataillon seine Schuldigkeit redlich getan habe und auf Befehl zurückgehe. „Ich war etwas lebendig dabei," erzählt jener Offizier, „und sagte dem General Blücher, er könne zufrieden sein, wenn sich seine Grenadier-Bataillone so schlügen, wie dies Landwehr-Bataillon, das zum ersten Male im Feuer sei. General Blücher sagte mir darauf, so viel ich mich erinnere: ‚Na! na! seid nur nicht gleich so hitzig. Wenn Ihr mir dieses sagt, so will ich das gleich wieder gutmachen.' Er sagte dem Bataillon hierauf etwas Freundliches und gab seine Zufriedenheit zu erkennen."

„Was war es," fragt Marwitz, „was den Soldaten so mächtig an ihn kettete? — Die Kühnheit, die aus seinen Augen leuchtete, sein heldenmäßiges Wesen, seine grauen Haare, seine Stimme, wenn er im Vorbeireiten einige Scherzreden von sich gab, — die Gewißheit, daß er in dem Augenblick da sein würde, wenn es Not täte, und daß er in den schlimmsten Lagen nie verzage, das Glück immer benutze." In seiner Gegenwart wagte niemand ein kleinmütiges Wort zu sprechen; jede laue Stimmung schlug schon bei seinem Anblick in Tatendurst um; die Erlahmenden wurden von ihm zu neuer Kühnheit angespornt. Als einst vor Gneisenau des Feldmarschalls Sturz bei Ligny, die Gefahr seiner Gefangennahme besprochen wurde und jemand zu Gneisenau sagte, „Na, dann hätten wir Sie ja gehabt," rief dieser mit warmer Überzeugung: „Glauben Sie denn, daß einer von uns den Alten im Heere hätte ersetzen können? Sein Vorwärts! blitzt in seinen Augen und ist in die Herzen unsrer Soldaten eingegraben."

Blüchers Befähigung für den Feldherrnberuf ist indes allein aus dem Einfluß, den seine Persönlichkeit ausübte, nicht zu erklären; einen mindestens ebenso großen Anteil daran hat seine soldatische Vorbildung.

*   *   *

Schon der „hurtige und kecke" Junker war in eine gute Soldatenschule geraten. Im schwedischen Heere waren die Überlieferungen aus der Zeit Gustav Adolfs noch lebendig, und frisch war noch die Erinnerung an Karls des Zwölften kühne Züge. Blücher war durchaus vertraut damit, um was es sich bei Pultawa gehandelt hatte. Vor allem hat er damals anscheinend einen hervorragenden Unterricht im Husarendienst genossen, der dann unter der persönlichen Leitung Meister Bellings vertieft und erweitert wurde. Die fünf Feldzüge in Pommern, Mecklenburg, Sachsen und Böhmen kann man wohl als eine kriegerische Hochschule ansehen, wie sie sich einem jungen Offizier so leicht nicht lehrreicher bietet. Die harte Aufzucht hat Blücher fürs Leben das Gepräge der Rastlosigkeit und Zähigkeit gegeben. Stolz konnte er sagen, den Reiterdienst habe er bei den Husaren aus dem Grunde gelernt. Es gibt kein Lebensalter, in dem ein vorbildlicher Lehrmeister gründlicher und nachhaltiger auf den Jünger einwirkt als in der Zeit, in der der Jüngling zum Manne ausreift. Und die Lehrgegenstände beschränkten sich nicht auf Reiten und Fechten, auf Erkundungsdienst und Kundschaftergebrauch, auf Verstecklegen und nächtlichen Überfall. In der Kunst, den Feind ins Feuer des Fußvolks zu locken, durch verstellte Flucht ihn in Unordnung zu bringen, den Übermächtigen in Engen anzufallen und was sich sonst Husarenlist auszudenken vermag, erschöpfte sich Bellings Kriegsweise nicht.

Jeder Feldzug Bellings kam einer Vorlesung über Strategie gleich. Da galt's zu ergründen, welche Absichten der Feind haben könne, sich klarmachen, wie man mit den geringen Kräften den Auftrag, Berlin zu decken, anfasse, kurzum, einen ganzen Feldzugsplan zurechtlegen. Da gab's jedes Frühjahr ein scharfes Beobachten an der Grenze, ein Erfassen des richtigen Augenblicks zur Versammlung am rechten Ort; nun hieß es, sich auf eine unvorsichtige Vorhut werfen, dann gegen Flanke und Rücken vorstoßen, durch kühnen Angriff die eigene Schwäche verbergen, die Absicht zähen Widerstandes in starker Stellung vortäuschen, übermächtigem Schlage sich geschickt entziehen, schließlich sein Heil in Flankenstellungen und vom Ziel abziehenden Rückzügen suchen, bis dann eintreffende Verstärkungen erlaubten, zum Angriff überzugehen, den Rücken des Feindes zu bedrohen, ihn von allen Verbindungen abzuschneiden. Manch Meisterstück gelang, noch mehr schlugen fehl, aber desto tätiger galt es zu sein; die dreifache Überzahl mußte durch dreifache Anstrengung ausgeglichen, die täglich wachsende Kriegstüchtigkeit des Feindes durch neue Listen überboten werden. Ähnlich schwere Aufgaben brachte der Stellungskrieg in Sachsen: so lange als möglich getrennt bleiben, sich in der Trennung nicht fassen lassen und zur Schlacht heran sein. Und Blücher ist nicht wie ein Packpferd mitgezogen, — er wurde früh zu selbständigen Aufträgen verwandt und stand dem Feldherrn des Schwedenkrieges persönlich nahe.

Erst dreißig Jahre danach bot sich Blücher die Möglichkeit, es seinem Meister nachzutun. Aber sein Vorbild war nicht verblaßt, es schwebte ihm beständig vor Augen. Auch ihm wurde Gelegenheit, nicht nur seine glänzende Beherrschung des eigentlichen Husarendienstes darzutun, er konnte sich auch im Zusammenwirken mit anderen Waffen in beinahe zahllosen Gefechten unsterbliche Lorbeeren erringen. Der Rahmen seiner Wirksamkeit war ihm allerdings viel enger gezogen als Belling den Schweden gegenüber, aber hie und da reichten doch auch seine Entschlüsse aus dem taktischen ins strategische Gebiet hinüber; so sein Herandrängen zur ersten Schlacht bei Kaiserslautern, sein selbständiges Durchstoßen von Weidental auf Neustadt, seine Teilnahme am Gefecht bei Kaiserslautern eigentlich gegen den Befehl Hohenlohes. Auch die sich hier anschließende Verfolgung ist ein Vorspiel von der nach der Katzbachschlacht und nach Bellealliance. Es ist hervorgehoben, wie wichtig es war, daß Blücher schon in Münster seine Auffassung vom Kriege der militärischen Welt mit den Worten zurief: „Für Preußens Truppen ist es am angemessensten, den Feind anzugreifen," und: „es wäre zu wünschen, es hätten Manche weniger kalkulirt und mehr geschlagen."

Er hatte damals der herrschenden Schule noch so weit nachgegeben, daß auch er eine Schlacht nur für gerechtfertigt erklärte, wenn man sie mit geringem eigenen Verlust gewinne, und er hat, wie Doktor Bieske angibt, in der letzten Zeit, besonders in kranken Tagen, sich oft selbst die Frage vorgelegt, ob dieser oder jener Zweck nicht auch mit geringeren Opfern zu erreichen gewesen wäre. Er war sich der Verantwortung für die ihm anvertrauten Menschenleben durchaus bewußt. Er stumpfte gegen die Schrecken des Krieges nicht ab, sondern beklagte und verabscheute sie immer mehr, namentlich trauerte er über die großen Verluste, als die politischen Erfolge den militärischen so wenig entsprachen. Aber weit entfernt war er stets von der uns schon gänzlich unverständlichen Anschauung, die der Feldmarschall Kalckreuth noch nach den Befreiungskriegen verfocht, wenn er ausrief: „Sonst bestand der Ruhm des Feldherrn darin, mit den geringsten Opfern die größten Resultate zu erkaufen; jetzt scheint es Grundsatz geworden zu sein, mit den größten Opfern die kleinsten Resultate zu erkaufen". Das zusammengeschmolzene Korps York nannte Kalckreuth nur noch das „selige Yorck'sche Korps".

Auch Blüchers Äußerungen über die Heeresbewegungen 1806 lassen seine gesunden Anschauungen erkennen. Er warnt vor Entsendungen: „Für jetzt wird es immer entscheidend sein, wenn wir mit vereinigter Kraft dem Volk auf den Hals gehen und es derb schlagen." Mehrmals bringt er auf seine Vereinigung mit Rüchel: „Der erste

Schlag muß derbe sein. Sie müssen ihn also auch mit Kraft beginnen." Den Entschluß, über den Thüringer Wald vorzugehen, um mitten in den noch weit auseinander angenommenen Feind hineinzustoßen, erkennt er als gewagt, rechnet aber bei guter Ausführung auf großen Erfolg. Und in der Tat lag in diesem Plan, in dessen Verfolg man auf Napoleons linken Flügel gestoßen wäre, bei kräftigem Zugreifen mit zusammengehaltener Kraft, also „bei guter Ausführung", die meiste Aussicht auf den Sieg. Der Überschätzung des preußischen Heeres und der Kavallerie im besondern hat er sich wie die andern schuldig gemacht und hat das mit ihnen schwer büßen müssen.

Beim Zug auf Lübeck vermag man den Einfluß von Blücher und Scharnhorst nicht zu trennen. Scharnhorst erkannte damals Blüchers Feldherrneigenschaften und wußte später den begeistert verehrten Helden an die richtige Stelle zu bringen. Als es sich 1807 um den Entsatz von Kolberg handelte, treffen wir zum erstenmal auf Blüchers und Gneisenaus unabhängig voneinander ausgesprochene Gedanken; hier müssen wir unbedingt Gneisenaus durchdringendem Blick die Palme zuerkennen. — An dem Ausbau von Kolberg ist dann Blücher tätig beteiligt gewesen.

Mit merkwürdiger Schärfe beurteilt Blücher Napoleons Verhalten 1809. Sein Ausspruch, Napoleon hätte, ehe er nach Wien ging, erst den Erzherzog Karl gründlich schlagen müssen, zeugt von durchaus richtiger Auffassung des Wesens des Krieges, ebenso seine wiederholt geäußerte Meinung von der schwierigen Lage des französischen Heeres an der Donau und vor dem Waffenstillstand von Znaim. Dagegen ist sein Vorschlag, ihn selbst über die Elbe nach Hessen oder Westfalen marschieren zu lassen, in solcher Lage uns heute durchaus unverständlich. Das paßte in die Gedankenwelt der preußischen Feldherren, die 1805 an die obere Donau marschieren wollten, als Napoleon in Mähren stand. So finden wir auf dem Gebiet der Heerführung bei Blücher neben für seine Zeit überraschend gesunden Gedanken noch Anschauungen, mit denen die Napoleonische Kriegsweise aufräumte. Aber die ersten Geistesgrößen auf diesem Gebiet zeigten sich vielfach noch viel tiefer in der Vorstellungswelt der alten Strategie befangen. Selbst Scharnhorst und Gneisenau fielen in sie zurück, und erst Clausewitz hat in langjähriger Geistesarbeit die Schlacken des Alten von dem Gold der Wahrheit geschieden. Man muß es als ein Zeichen merkwürdiger Geistesfrische und Unbefangenheit ansehen, daß der alte Feldmarschall sich seinen Ratgebern durch sein überzeugtes und unerschütterliches Eingehen auf ihre Gedanken nicht nur ausnahmslos gewachsen, bisweilen sich ihnen sogar überlegen zeigte. Einzig steht er da in seiner Verantwortungsfreudigkeit. Niemals kam ihm der Gedanke, er könne durch das Fehlschlagen einer Unternehmung seinen Ruhm einbüßen.

Bei der Fülle der Erfahrung und des Ruhms in der niederen Truppenführung, wie sie Blücher besaß, ist es nicht zu verwundern, daß er die Leitung des Gefechts als sein eigenstes Gebiet betrachtete. Wenn er dabei auch häufig nach Gneisenaus' Meinung fragte und seine Entschlüsse von ihm beeinflussen ließ, so sind doch auch viele Züge der Unabhängigkeit von seiner Umgebung bekannt. Marwitz erzählt von seinem Eintreffen mit seiner Brigade bei Ligny: „Auf meine Frage: wohin? sagte Grolman, beim General Jürgaß sei Kavallerie wohl am nötigsten. Gneisenau meinte, das wäre zu weit, man könne sie nicht wieder abreichen; da unterbrach ihn der Fürst mit dem Befehle an einen Adjutanten, mich dahin zu bringen, bei dem Dorf, wo er vor einer halben Stunde die Infanterie angeführt habe."

Der Feldmarschall blieb dem Gefecht möglichst so nahe, daß er schnell durch Befehle eingreifen konnte. Persönlich griff er in den Kampf nur ein, wenn es ihm nötig schien, dadurch eine günstige Wendung herbeizuführen. Sein Blick für die Erfordernisse des Gefechts wird von allen Seiten angestaunt. Infolge seines Temperaments war er in der Schlacht leicht zu lebhaft, zu unruhig: „Wenn die Truppen ihre Befehle hatten," so erzählt Müffling, „konnte er die Ausführung kaum erwarten und alle Bewegungen schienen ihm zu langsam."

Dagegen erzählte man in seiner Umgebung auch prachtvolle Beispiele von seiner Ruhe in gefahrvoller Lage. Am Tage von Brienne setzte sich Blücher im Schloß noch zu Tisch, als das Gefecht schon lebhaft im Gange war; während des Essens schlugen Kanonenkugeln in das obere Stockwerk, so daß grade über dem Speisesaal durch einstürzendes Mauerwerk ein furchtbares Gepolter entstand. Blücher verspottete einen Herrn, der ein besorgtes Gesicht machte, indem er fragte, ob das Schloß ihm gehöre, aß und trank, als wäre es eine Tafelmusik. Nach beendetem Mahl trat er auf den Schloßhof, der dem feindlichen Feuer ausgesetzt war, machte in aller Gemütsruhe alle Vorbereitungen ab, die man wohl vor einem langen Jagdritt vornimmt, und stieg dann zu Pferde, um zu den Truppen zu reiten. Als das Hauptquartier am Abend im Schloß überraschend von feindlichen Plänklern beschossen wurde, ritt er in ganz ruhigem Schritt den Schloßberg hinunter und drohte jedem, der drängen würde, wie er sich kräftig ausdrückte, in die Fresse zu hauen.

„Sehr unwillig konnte der Feldmarschall werden," sagt Brün-

neck, „wenn irgend welche Bedenken über den Erfolg von ihm bereits
beschlossener Unternehmungen oder wohl gar in Gefechten unnütze
Besorgnisse über den guten Ausgang geäußert wurden ... die Personen, die dergleichen Besorgnisse und Bedenken geäußert hatten, verloren für immer sein Vertrauen."

Bei der Selbsttätigkeit des Feldmarschalls hielt sich Gneisenau
nicht verbunden, während der Schlacht immer bei dessen Person zu
bleiben, er eilte dahin, wo ihm ein Eingreifen notwendig schien.
So kam es, daß manchmal nur wenige Adjutanten um den Feldmarschall waren. Die Einheitlichkeit der Schlachtleitung litt darunter
oft mehr, als gut war.

In den Fragen der Heeresleitung dagegen war Blücher gewöhnt,
sich dem Einfluß seines Generalstabschefs hinzugeben. „Zu den Vorträgen," sagt Brünneck, „welche bei Blücher in der Regel täglich von
dem Chef des Generalstabes und den Generalquartiermeistern gehalten
wurden, zog Blücher nur den ersten Adjutanten hinzu, doch war er zu
jeder Zeit auch für die anderen Adjutanten und für die jüngeren Ge-
neralstabs-Offiziere zugänglich, wenn ihm diese Erlasse und Aus-
fertigungen zur Unterschrift vorzulegen oder besondere Vorträge zu
machen hatten. Als seinen eigentlichen Ratgeber betrachtete Blücher
aber seinen Chef des Generalstabes, Gneisenau. Sein Verhältnis
zu Gneisenau war ein vertrauliches, es war ein Verhältnis einzig in
seiner Art, wie es so leicht nicht wieder zwischen einem kommandierenden
General und seinem Chef des Generalstabes bestehen wird. Beide
fühlten sich durch ihren Unternehmungsgeist, durch gleiche Neigung zu
ritterlichen Wagnissen zu einander hingezogen."

„Den Offizieren seiner Umgebung schenkte er", führt Müffling
näher aus, „sein Zutrauen nur, wenn er sie für unternehmend hielt,
dann aber, und wenn sie dies Zutrauen einmal hatten, war es unbedingt. Er ließ sich ihre Entwürfe zu Märschen, Stellungen und
Schlachten vorlegen, faßte Alles schnell auf, und hatte er sie gebilligt und die Disposition unterschrieben, so nahm er keinen fremden
Rat an und keine geäußerten Besorgnisse machten den geringsten
Eindruck auf ihn. Er führte eine fremde Idee, welche er gut geheißen
hatte, ganz wie seine eigene aus."

Neben Blücher und Gneisenau spricht Brünneck auch Müffling
ein großes Verdienst zu: „Ein Jeder der Genannten hat nach seiner
Stellung, seiner Bildung und seinen Geisteskräften zu den Erfolgen
beigetragen. Blücher durch seinen unerschütterlichen Willen und un-
beugsamen Heldenmut, Gneisenau durch Energie des Charakters, Unternehmungsgeist und Ideenreichthum, Müffling durch Besonnenheit,

gründliche Bildung und ausdauernde Geschäfts-Tüchtigkeit. Von Gneisenau gingen in der Regel die Gedanken, mithin auch die Beschlüsse
aus, Blücher hieß sie gut und interessirte sich auf das Lebhafteste für
deren Ausführung, Müffling führte sie aber mittels seiner Geschäfts-
und Kriegserfahrung in's Leben ein." Blüchers Wort von „Gneisenaus Besonnenheit" ist deshalb nicht buchstäblich zu nehmen; es
ist mehr seine Geistesarbeit gemeint; wie er denn ja auch Gneisenau
in launiger Weise als seinen „Kopf" bezeichnet hat.

Es ist das aber durchaus nicht so zu verstehen, als ob Blücher
sich immer blindlings und willenlos Gneisenaus Einsicht gefügt hätte.
„Der Fürst nahm sehr gern den Rat seiner höheren Umgebung an,
bestand aber auch bei Gelegenheit wieder mit der größten Hartnäckigkeit auf Ausführung seines Planes," versichert Doktor Bieske. Da
Gneisenau an Kühnheit Blücher kaum nachstand, so herrschte gewöhnlich zwischen ihnen vollständige Gleichheit der Anschauung. Wenn
Gneisenau aber Blüchers Vorwärtsstürmen mehrmals hemmte, so ist
das in der Regel mehr schädlich als nützlich gewesen. Als Blücher
1813 in der Lausitz die stark erschütterte Bober-Armee bei Görlitz
angreifen wollte, riet Gneisenau zum Manövrieren, um den Feind
von der Elbe abzudrängen. Dies mißglückte; der Feind stellte sich nun
so nah bei Dresden auf, daß man ihn nicht mehr anzugreifen wagte.
Ob die stark erschütterte Bober-Armee hinter der Neiße den unmittelbaren Angriff angenommen haben würde, ist fraglich; aber das Hineingehen in die Lausitzer Berge erwies sich als eine ganz verfehlte
Unternehmung.

Als Blücher am 12. Februar 1814 Napoleon jenseits von Etoges
vor sich im Marsch gegen Sacken und Yorck wußte, wollte er ihnen
durch Vorgehen helfen. Gneisenau zögerte das hinaus, um mehr
Kavallerie abzuwarten. So behielt Napoleon Zeit, Sacken und Yorck
vor sich her zu treiben und dann Blücher vorzunehmen. Wenn am
12. Russen und Preußen von allen Seiten auf Napoleon eingestürmt
wären, hätten sie ihm mindestens das Geschäft wesentlich erschwert,
ihn vielleicht in einer vernichtenden Falle gehabt.

Daß sich Gneisenau am zweiten Tage von Laon, wo er tatsächlich
die Armee führte, durch Vorsicht arg vergriffen hat, ist zweifellos;
ein scharfer Gegenstoß konnte Napoleons Verderben sein, mindestens
wäre ihm ein neuer Zug gegen die Haupt-Armee unmöglich geworden.
Auch für seine Untätigkeit in den folgenden Tagen hat er als
Soldat keine ausreichenden Gründe beibringen können; ob Blücher
die aus der Vorsicht und aus der Politik entspringenden Gründe zum
Stehenbleiben hätte gelten lassen, wenn er gesund gewesen wäre, wer

will das sagen? Aber man kann dreist glauben, daß schon allein seine Gegenwart in voller Frische und Unternehmungslust die auf Gneisenau einwirkenden hemmenden Einflüsse verscheucht haben würde.

Fern sei es, hiermit Gneisenau auf Blüchers Kosten herabsetzen zu wollen. Wenn man stets des Gegners Tun durchschaute, wäre es leicht, Feldherr zu sein. Man sollte sich abgewöhnen, in solchen Fällen, wo sich eine Maßregel als nicht glücklich erwies, da sie von dem nicht vorauszusehenden Benehmen des Feindes durchkreuzt wurde, von einem Fehler anstatt von einem Fehlgriff zu reden. Welcher Feldherr wäre frei davon zu sprechen! Moltke sagt, es komme nur darauf an, weniger Fehler als der Gegner zu machen. Gneisenaus Verdienste stehen zu hoch, als daß diese Feststellungen seinen Ruhm schmälern könnten; ein Feldherr ohne Fehlgriffe wäre eine Märchengestalt. Man kann als gewiß annehmen, daß Fälle gewesen sind, in denen es ein Glück war, daß Gneisenau Blüchers Angriffslust dämpfte. Der Fall aber, daß Gneisenau Blücher treiben mußte, ist nie vorgekommen.

Wenn man früher Gneisenaus Unentbehrlichkeit damit schlagend nachzuweisen gemeint hat, daß man Blücher für vollständig unfähig erklärte, einen Feldzugsplan aufzustellen, so stehen wir heute doch etwas anders zu dieser Frage. Allerdings, bei Feldzugsplänen, wie sie Langenau und Knesebeck ausklügelten, schüttelte er den Kopf: das sei ihm zu hoch. Daß es aber aufs Schlagen des Feindes ankomme, wußte er besser als jene. Moltke hat Feldzugspläne, die über den ersten Zusammenstoß mit dem Feinde hinausgehen, als unsinnig verworfen, und Napoleon hat in ähnlichem Sinne gesagt, er habe überhaupt niemals einen Feldzugsplan gehabt. Der Tadel von damals wird in dieser Beleuchtung für Blücher zum Lob.

Wie sich Blücher und Gneisenau ergänzten, wird ganz besonders bei der Betrachtung des Feldzugs 1815 klar. Gneisenau hatte sich von Wellington weiter vordrängen lassen, als er es selbst für militärisch richtig hielt. Auch hat die Geschichte erwiesen, daß es falsch war, so weit vorn, in der Stellung bei Ligny die Schlacht anzunehmen. Der listige und gewandte Tiger hatte die lange auf der Lauer liegenden Löwen doch überrascht. Sie hielten aber trotzdem vorn stand, da sie sich sowohl über die Kampfbereitschaft des Nachbarn täuschten, als auch beide ihre eigene Unfertigkeit nicht klar erkannten. Was ihnen aber einen Strich durch ihre Rechnung machte, war die bei Napoleon durchaus ungewohnte Teilung seiner Kräfte in zwei Gruppen. Wellington konnte an Ney nicht vorbei, er konnte sein Versprechen nicht erfüllen. Das sahen Blücher und Gneisenau damals nicht ein, da sie die ganze Macht Napoleons vor sich zu haben glaubten. Sie erkannten nicht, daß ihre Vereinigung auch Neys und Napoleons Vereinigung bedingte und ihre Aussichten darum nicht besser gestanden haben würden, so lange sie nicht alle Kräfte beisammen hatten.

Man kann auch nicht sagen, daß die Schlachtstellung von Ligny örtlich günstig gewählt und besetzt war; der Vergleich mit Wellingtons Aufstellung am 18. fällt sehr zuungunsten der Preußen aus. Vor allem war sie von der Angriffsartillerie zu sehr zu umfassen, und im Ortsgefecht, auf das sie zugeschnitten war, zeigten sich die Franzosen immer noch überlegen; der Angriffsflügel erwies sich, da die Briten ausfielen, als viel zu schwach. Hätte dort Erlon nach Napoleons Willen zugegriffen, es hätte sich beinahe naturgetreu die Bedrängnis auf den Kreckwitzer Höhen bei Bautzen wiederholt.

Hätten Blücher und Gneisenau Wellingtons Unfertigkeit gekannt, sie würden sich sicher entschlossen haben, das Kampffeld soweit zurück zu legen, daß man erst am folgenden Tage, wo Bülows und Wellingtons Mitwirkung sicher war, die Entscheidungsschlacht schlug. Auch Wellington hatte anfangs seine Rechnung erst auf den 17. gestellt.

Alles wäre gut gegangen, hätten die Preußen bis in die Dunkelheit hinein standgehalten; aber der Gegenstoß gegen den Durchbruch durch Ligny versagte, namentlich wohl durch das Ungeschick der Kavallerie, aber auch aus Mangel an Reserven. Wellington zeigte sich zwei Tage später in der Kunst des Haushaltens als größerer Meister. Es war schließlich nur ein Geringes, was die Wage auf Napoleons Seite senkte; man kann sich sogar nicht des Eindrucks erwehren, daß bei etwas mehr Zuversicht der Ausgang in der Schwebe gehalten werden konnte. Aber statt 75000 Mann glaubte man 120000 gegen sich zu haben, und Blücher fiel aus.

Gneisenaus Entschluß, auf Tilly zurückzugehen, ist gewiß des höchsten Lobes wert; aber starken Einfluß übte darauf die Richtung des französischen Stoßes, es war taktisch die natürliche Rückzugsrichtung. Unwillkürlich fanden sich Blücher und Gneisenau hier wieder zusammen. Möglich war aber auch der Rückzug längs der Römerstraße, gradeswegs zu Bülow und nach den preußischen Verbindungen zu. Er hätte das Zusammenwirken mit Wellington am 18. ausgeschlossen und Bellealliance wäre nicht geschlagen worden. Einmal bei Tilly angelangt, blieb den Straßen nach fürs Zurückgehen kaum noch eine andere Wahl, als die Richtung auf Wavre beizubehalten; es handelte sich nur darum, ob man überhaupt noch weiter, und dann, wie weit man zurückgehen sollte. Marwitz' Angabe, daß Blücher nicht weiter zurück wollte, ist wohl glaubhaft. Es war ein Glück, daß er sich seinem Generalstab fügte. In einer Schlacht bei Tilly—Quatrebras würde

Grouchy mit seinen 33000 Mann nicht gefehlt haben, und ein überraschender Angriffsstoß Blüchers, wie er die Entscheidung bei Bellealliance gab, war unter diesen Verhältnissen nicht denkbar.

Aber nun in Wavre kommt des Feldmarschalls großer Charakter, seine selbständige Feldherrngröße zur vollen Geltung. Er will mit der ganzen Armee zu Wellington heran. Der mißtrauische Gneisenau hatte dazu keine Neigung. Außer aus seinen Worten ist das aus den Befehlen für die Korps ersichtlich; nicht die nächst bereiten gehen zuerst, sie ziehen sich eins nach dem andern durcheinander durch. Hätte Napoleon nicht im Gefühl der Sicherheit vor den Preußen erst so spät angegriffen, Wellington hätte seinen Ansturm unmöglich bestanden.

Im Schluß des gewaltigen Dramas zeigen sich Blücher und Gneisenau wieder völlig eines Sinnes, ja, einer sucht den andern in der Verfolgung zu überbieten.

Die glänzenden Erfolge der preußischen Heerführung 1815 haben Verbündete und Gegner bald lebhaft zu verkleinern gesucht. Wellington meinte auch ohne die Preußen gesiegt zu haben. Ohne Blüchers Versprechen, zu kommen, hätte er überhaupt die Schlacht nicht angenommen, aber auch erst durch sein heldenhaftes Standhalten hat er es Blücher ermöglicht, den Todesstreich zu führen. Blücher hat später Carnot gegenüber von Bellealliance bescheiden bekannt: „Sprechen wir nicht zu ruhmredig darüber, wir sind vielleicht glücklicher als geschickt gewesen." Aber heute nach fast hundert Jahren darf man die vielumstrittene Frage als endgültig beantwortet ansehen: Schild und Schwert, Wellington und Blücher, haben gemeinsam den Korsen bezwungen. Daß es überhaupt möglich war, am zweiten Tage nach einer Niederlage das Heer zu einem Siege zu führen, ist sichtlich des Feldmarschalls und seines großen Ratgebers gemeinschaftliches und unsterbliches Verdienst.

So dürfen wir, wie das sowohl Blücher als auch Gneisenau selbst bekräftigt hat, beide Männer als einer dem andern unentbehrlich betrachten. Sie haben das große Ziel gemeinsam erreicht; jeder allein würde nicht dahin gelangt sein. Es ist wahr, was sie groß machte, war in dem hier näher erörterten Sinne: Blüchers Verwegenheit und Gneisenaus Besonnenheit — aber auch „des großen Gottes Barmherzigkeit".

*   *   *

Blüchers frommer Sinn pries in dem Befreiungswerk die großen Taten Gottes. Er hatte in dem schmählichen Zusammenbruch ein Strafgericht des Himmels über die verderbte Menschheit gesehen. Und

Koloffalbüfte Blüchers am Grabdenkmal zu Krieblowitz.
Nach Rauch von Berges in Marmor gearbeitet.

Eiserne Denkmünze der Bürger Berlins für den Fürsten Blücher.
Nach dem Entwurfe von Schinkel. (Vorderseite.)

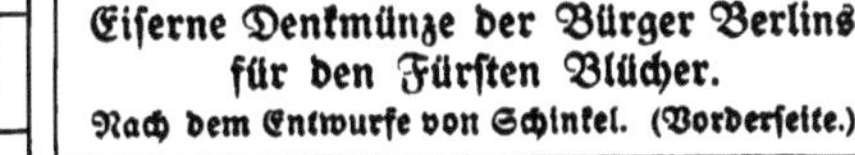

Grabdenkmal des Fürsten Blücher von Wahlstatt zu Krieblowitz in Schlesien.
Nach einer Zeichnung von Burger, gestochen von Unzelmann.

das war es in der Tat. Wohl waren Jena und Auerstedt unmittelbar durch unglückliche Politik und verblendetes Vertrauen auf ein veraltetes, unzureichendes Kriegswerkzeug herbeigeführt. Aber wer wollte noch verkennen, daß das zusammenbrechende Staatswesen morsch, sein Mark in den oberen Schichten faul, entsittlicht, entdeutscht war. In so stürmischer Zeit Zepter und Schwert Friedrichs des Großen zu führen, dazu war sein Neffe nicht der Mann; die überkommene Regierungsform legte die Kräfte lahm, deren er zur Lenkung des Staatsschiffs bedurfte. Erst die Not des Schiffbruchs zwang zum Neubau.

Blücher war an der Wiederberufung Steins stark beteiligt. Auch bei der Neuschaffung des Heeres fand ihn Scharnhorst anspornend auf seiner Seite. Der ganze Schwung seiner Persönlichkeit entwickelte sich aber in dem leidenschaftlichen Drängen zum Wiedergewinnen der Unabhängigkeit, zum Widerstand bis zum äußersten. Man muß zweifeln, ob die Zeit von 1809 und 1811 schon reif dafür gewesen sein würde. Erst das sich immer mehr steigernde Elend der Franzosenzeit, die empörenden Gewalttaten des Tyrannen öffneten in allen Teilen der großenteils in französischer Frivolität versunkenen, dem Weltbürgertum ergebenen führenden Gesellschaft das Gefühl für die Schmach der Gegenwart und die Gefahren der Zukunft. Große Geister blieben auch damals noch gleichgültig oder gar spottend abseits stehen. Aber um Blüchers Heldensinn und Siegeszuversicht scharte sich ein Kreis edler Männer, der mit ihm an das einstige Erwachen der Germania glaubte.

Während sich Stein durch allzu große Schroffheit im preußischen Staatsdienst unmöglich machte, ist Blücher, obgleich scheinbar ebenfalls dem Machtgebot Napoleons weichend, den vielfachen Versuchungen zum Übertritt in fremde Dienste glücklich entgangen und hat es durch kluge Mäßigung dem König gegenüber verstanden, seine Kraft dem Vaterlande unmittelbar zu erhalten.

Schon mußten Preußens Söhne für den Unterdrücker in den Tod gehen. Blücher gab Preußens Ehre verloren. Da brach Bonapartes gewaltiger Bogen bei dem Versuch, Rußland tödlich zu treffen. Gottes Barmherzigkeit bot der Borussia noch einmal die Hand zur Erhebung. Und Preußen erhob sich. Die Volksseele wurde von ungeahntem Sturmeswehen erfaßt. Nicht nur die Jugend, auch alte, im Irrtum des alten Staats ergraute Führer überkam ein wunderbares Feuer der Erleuchtung. In dem blutigen, verzweifelten Ringen erwuchs ein neues Heldengeschlecht, das Blücher als seinem Heros zujubelte.

Nur mit tief bewegter Seele vermag man die Äußerungen der Hingabe ans Vaterland in allen Volksschichten, das Bangen, Hoffen und Jubeln um den Sieg, die rührende Klage um die Opfer des heiligen Kampfes, die Begeisterung für den alten Führer zu lesen. In ihm verkörperte sich das Empfinden des deutschen Volkes; seine Heldenerscheinung, sein urdeutsches, siegstrahlendes Wesen, das Feuer seines furchtlosen Worts entsprachen der Siegfriedsgestalt, von der seine Dichter träumten und seine Skalden sangen. Er erwies sich als der Recke, der den welschen Drachen zu erlegen vermochte.

Es war für Deutschland verhängnisvoll, daß sich damals kein Staatsmann fand, der die berechtigten Ansprüche des deutschen Volkes wirksam zu vertreten verstand. Blücher war mit der ganzen Leidenschaftlichkeit seines Gemüts auf der Seite derer, die Elsaß-Lothringen zurückforderten. Er ist sogar dafür eingetreten, Frankreich eine republikanische Regierung zu geben, dann werde man Ruhe vor ihm haben. Aber er fühlte sich diplomatischen Kämpfen nicht gewachsen, ihm fehlten die Sprachkenntnisse dazu; das Wesen der Diplomaten war ihm zu sehr verhaßt, als daß er sachlich mit ihnen zu ringen vermochte. So schlagfertig und redegewandt er war, so fühlte er sich zu politischem Auftreten doch nicht berufen. Vielleicht hätte er seinen Mann gestanden, wenn der König ihn herangezogen hätte. Ohne ernsthaft die Wucht der Waffen in die Wagschale zu werfen, hätte aber auch er nicht erreicht, was Stein, Hardenberg und Gneisenau nicht durchzusetzen vermochten; dazu waren die Lebensinteressen der anderen Großstaaten dem Erstarken Deutschlands zu sehr entgegen. Um einem neuen Kampf freudig entgegenzusteuern, dazu hätte es der Frische und Tatkraft eines Bismarck bedurft. Auch in der inneren Politik trat der alternde Held aus der Rolle des Zuschauers nur gelegentlich heraus.

Als aber Napoleon noch einmal die Bühne betrat, war er gleich bereit, sich von neuem an die Spitze des Heeres zu stellen. Und wieder mutet uns der Ausgang des Kampfes wie ein gewaltiges Gottesgericht an, das dem Guten den Sieg über das Böse verleiht.

Wie war doch dieser Germane so ganz anders geartet als sein großer Gegner! Hier der treue, menschlich natürliche, Gott vertrauende Mann, der auch im höchsten Glück einfach und bescheiden bleibt und seine größte Befriedigung in der Freiheit und in dem Glück seines Vaterlandes sieht — dort der innerlich alles Heilige verspottende, als Halbgott auftretende Despot, der ohne Bedenken Alles seinem Ehrgeiz opfert. Bonapartes glänzende Feldherrnlaufbahn wird stets die Bewunderung der soldatischen Welt im höchsten Maße auf sich ziehen. Blücher kann als Feldherr neben ihm nur als Stern zweiter Größe gelten; Gneisenaus Genie aber ergänzt ihn zu einem Sternbild, ähnlich dem, das uns in Kaiser Wilhelm und Moltke erstrahlt.

Feldmarschall Müffling hat in einer Gedächtnisrede schön und treffend gesagt: „Blücher ist ein Feldherr gewesen, der das Prinzip, die Kriegskunst auf Berechnung zu gründen, umgestürzt hat, indem er statt der Berechnungen dem unberechenbaren Elemente kühnsten Mutes und ausdauernder Tapferkeit folgte, die nicht fragt: Wie stark ist der Feind? sondern: Wo steht er? Durch diesen Sinn, in dem er alle zu entzünden wußte, hat er gesiegt." Aber dem „Marschall Vorwärts" ist nicht nur sein Feldherrnruhm gesichert — er hat auch als Mensch auf ewig einen geheiligten Platz im Herzen seines Volkes, in dessen Wesen er so tief wurzelte.

Goethe hat ihn „bewußt und groß" genannt und damit ausgedrückt, daß er seine Größe nicht nur in der gewaltigen Tat seines Arms erblickte. Blücher hat aus dem Zusammenbruch Preußens durch alle Prüfungen und Enttäuschungen hindurch sich den leidenschaftlichen Willen bewahrt, an dem Sturz der Fremdherrschaft mitzuwirken; und ihm war es nicht um Preußen allein, ihm war es um Deutschland zu tun. Er sprach das herrliche Wort, daß „durch Preußen dem ganzen deutschen Vaterlande aufgeholfen werden müsse", daß „der König und Preußen ihre Existenz und Macht nur gemeinschaftlich mit dem deutschen Vaterland gut aufrecht erhalten" könnten.

So ist Blücher uns Deutschen ein teurer Bürge dafür, daß unsre Hoffnung auf den Sieg des Guten in unsrer Seele nie erlischt. Er war sicher der Wahrheit des Fichteschen Worts:

„Wen das Ewige begeistert, der kann nicht unterliegen."

Anhang.

Quellenwürdigung.

Wegen der Lebensbeschreibungen von Varnhagen, Scherr, Wigger und Blasendorff beziehe ich mich auf das im Anhang zum ersten Band Gesagte. Dr. Bieskes Aufzeichnungen sind für diesen Lebensabschnitt besonders wertvoll. Auch Reiches Memoiren bringen wichtige Einzelheiten aus den Feldzügen; Marwitz und Eisenhart kommen hauptsächlich durch ihre allgemeine Charakteristik des Helden noch in Betracht. Hierfür sind auch Bischof Eylerts Erinnerungen wertvoll, wenn sie auch im einzelnen durchaus nicht zuverlässig sind. Boyens Denkwürdigkeiten gewinnen namentlich durch eine Anzahl von Urkunden an Bedeutung.

Besonders wichtig aber sind die Angaben einer Reihe von Offizieren aus Blüchers nächster Umgebung. An erster Stelle steht das Tagebuch des Grafen Nostitz, der seit Bautzen ununterbrochen bis zu Blüchers Tode um ihn war. Es liegt ihm zweifellos größtenteils ein wirkliches Tagebuch zugrunde, das später ergänzt, überarbeitet und mit Betrachtungen durchflochten ist; diese stammen zum Teil anscheinend aus dem Ende der dreißiger Jahre, als der General sich den Sechzigen näherte; seine geistige Frische war noch so groß, daß er bis in sein hohes Alter in wichtigen Stellungen verwendet wurde. Die Unzuverlässigkeit aller Erinnerungen tritt aber auch hier hervor; es kommt vor, daß Nostitz später Angaben seines Tagebuchs in besonderen Erklärungen selbst rund abgestritten hat. Jedoch verdienen die Erzählungen des treuen Adjutanten große Beachtung.

Ein wertvolles Gegenstück hierzu bilden die hinterlassenen Papiere Brünnecks, der 1811 und 1813 bis 1816 ebenfalls Blüchers Adjutant war;*) er hat dann eine glänzende Laufbahn gemacht, die er 1851 als Kommandierender General abschloß. Nur seine eingehende Charakteristik Blüchers ist bisher veröffentlicht (M.W.Bl. 1870); von seinen zahlreichen ungedruckten Aufsätzen über die Kriegsereignisse bringt der über den Beginn des Frühjahrsfeldzuges 1813 und über die Schlacht von Groß-Görschen eine ganze Reihe bisher unbekannter An-

---

*) Ein anderer Brünneck war 1808 bis 1810 in Blüchers Stabe; er hat ebenfalls wertvolle Erinnerungen hinterlassen, in die mir der Herr Landrat v. Brünneck in Hannover gütigst Einblick gewährte.

gaben, die zweifellos gleich nach den Ereignissen niedergelegt sind; seine Feldzugsbriefe geben manche Blücher betreffende Einzelheit wieder.*) Viele Beiträge zu Blüchers Wesen und manchen Einblick in das Getriebe des Stabes bringen die Erinnerungen des Professors v. Raumer, der nach dem Waffenstillstand als Landwehroffizier dem Hauptquartier zugeteilt wurde und bis nach der Schlacht von Laon darin verblieb; sie sind etwa 1850 ohne schriftstellerische Ansprüche zusammengestellt, erweisen sich aber noch als verhältnismäßig recht zuverlässig.

Dagegen war das Gedächtnis des Generals v. Hüser, der in den Feldzügen anfangs Scharnhorsts, dann Gneisenaus Adjutant war, bei der Abfassung seiner Denkwürdigkeiten schon merklich getrübt, so daß diese wenig Brauchbares enthalten, zumal er durch Verwundungen und Krankheit einen großen Teil des Krieges versäumte.

Von Leipzig bis zum ersten Einzug in Paris war der Flügeladjutant Oberstleutnant Graf Schwerin als Berichterstatter für den König dem Blücherschen Stabe zugeteilt. Seine Berichte im Kriegsarchiv, namentlich aber seine Briefe und gleichzeitigen Aufzeichnungen, die in den Erinnerungen seiner Frau wiedergegeben sind, lieferten mir viele bisher unbekannte Züge und Ergänzungen. Auch die Erinnerungen des Generals v. Röder, der 1813/14 in Yorcks Stabe, 1815 Generalstabsoffizier im Korps Thielmann war, brachten mir manches Verwertbare; sie sind allerdings erst im Alter, aber mit gewissenhaftem Mißtrauen gegen das Gedächtnis niedergeschrieben.**)

Für die Tage von Laon sind die lebhaften Schilderungen des damals 22jährigen Adjutanten Yorcks, Grafen Brandenburg, des späteren Kommandierenden Generals und Ministerpräsidenten, von großem Wert, wenn sie auch durchaus in den Yorckschen Auffassungen befangen und erst einige Jahre nach dem Feldzug niedergeschrieben sind.

Für den Feldzug 1815 tritt das Tagebuch des damals von Bayern als Nachrichtenoffizier in Blüchers Stab geschickten Oberstleutnants, späteren Generals Fürsten Taxis hinzu; es ist im Jahr nachher von dem sehr begabten jungen Offizier, der die Vorgänge im Blücherschen Hauptquartier mit aufmerksamem Auge verfolgte, nach seinen Tagebuchnotizen verfaßt und durchweg zuverlässig. Einige Blü-

---

*) Die Überlassung dieser wichtigen Quelle verdanke ich der Güte des Herrn Obersten v. Brünneck in Wiesbaden.

**) Schwerin fiel bei Bellealliance als Brigadekommandeur; die herrlichen Erinnerungen seiner Frau geben einen tiefen Einblick in die Zeit von 1805 bis 1815. Röder starb als General-Adjutant Friedrich Wilhelms IV.; seine Angaben sind vielfach von Droysen (Yorck) benutzt. In die beiden Bücher erhielt ich durch die Freundlichkeit der beiden Familien Einblick.

cher betreffende Angaben fand ich in den mir gütigst zur Verfügung
gestellten Briefen und dem noch nach 1848 vervollständigten Tagebuch
des Generals v. Luck, der 1813/14 Begleiter des Kronprinzen war.

Von Blüchers Unterführern hat nur Graf Langeron ausführliche
Aufzeichnungen hinterlassen; sie sind noch im Jahr 1814 nach ausführlichen Tagebüchern abgefaßt; einige Zusätze stammen aus späterer
Zeit. Obgleich ihr Verfasser anfangs mit seinem Feldherrn in keinen
guten Beziehungen stand, werden sie Blüchers Bedeutung doch in vieler
Beziehung vollkommen gerecht und enthalten eine Reihe sehr bezeich-
nender Züge von Blüchers Wesen.

Sehr wertvoll sind die Werke Müfflings, der 1813 und 14 Generalquartiermeister bei Blücher, 1815 Bevollmächtigter bei Wellington war; doch muß man das sehr gespannte Verhältnis beachten, in
dem Müffling seit 1814 zu Gneisenau stand. Das erst im hohen Alter
verfaßte „Aus meinem Leben" ist im höchsten Grade unzuverlässig.

Die reichste Fundgrube bieten die von Pertz-Delbrück heraus-
gegebenen Briefe Gneisenaus, namentlich aber die Briefe Blüchers selbst an seine Frau, an Bonin, Hardenberg, Knesebeck, Rüchel,
Gneisenau usw., die von Colomb, Pertz, Wigger und Blasendorff
sowie in der „Historischen Zeitschrift" und den „Forschungen zur Brandenburgischen und Preußischen Geschichte" veröffentlicht sind; ihre Ver-
wertung zur Einschätzung meines Helden als Feldherr ist bisher nur
in geringem Umfange erfolgt.

Als kriegsgeschichtliche Unterlage habe ich hauptsächlich die
neuen, hervorragenden Werke über die Befreiungskriege von Holleben,
Osten, Friederich, Janson, Lettow und Voß sowie das bedeutende Werk des italienischen Generals Pollio über 1815 benutzt.

Quellennachweis und Anmerkungen.

Abkürzungen für mehrmals angezogene Quellen.

Bieste	= Feldmarschall Fürst Blücher von Wahlstatt von Dr. Bieste, Berlin 1862.
Blasendorff	= Gebhard Lebrecht v. Blücher von Professor Blasendorff, Berlin 1887.
Bodelschwingh	= Leben Bindes von E. v. Bodelschwingh, Berlin 1858.
Boyen	= Erinnerungen des Generals v. Boyen, herausgegeben von Nippold, Leipzig 1889/90.
Brandenburg	= Geschichte der Schlacht von Laon von General Graf Brandenburg, Handschrift im Kriegs-Archiv des Großen Generalstabes.
Brünneck	= Aufzeichnungen des Generals v. Brünneck, in Familienbesitz.
Clausewitz	= Hinterlassene Werke des Generals v. Clausewitz, Band VII, Berlin 1835.
Clausewitz 1815	= Desgleichen Band VIII.
Delbrück	= Leben Gneisenaus von Professor Delbrück, Berlin 1882.
Droysen	= York von Professor Droysen, Berlin 1897.
Eberhardt	= Aus Preußens schwerer Zeit von Oberst v. Eberhardt, Berlin 1907.
Eisenhart	= Nachlaß des Generals v. Eisenhart, Zeitschrift für Kunst usw. des Krieges, Berlin 1848.
Eylert	= Aus dem Leben Friedrich Wilhelms III. von Bischof Eylert, Band III, Magdeburg 1846.
Förster	= Feldmarschall Fürst Blücher von Wahlstatt von Dr. Förster, Leipzig 1821.
Forschungen	= Forschungen zur Brandenburgischen und Preußischen Geschichte VIII „10 Briefe Blüchers" und XIII 2 „12 Blücherbriefe".
Friederich	= Herbstfeldzug 1813 von Oberstleutnant Friederich, Berlin 1903—6.
Freytag	= Aufklärung und Armeeführung bei der Schlesischen Armee 1813 von Major Frh. v. Freytag-Loringhoven, Berlin 1900.
Goltz	= Nachlaß des Generals Graf H. v. d. Goltz in Familienbesitz.
G. St. A.	= Geheimes Staats-Archiv.
Hist. Zeitschr.	= Sybels Historische Zeitschrift 1885 „50 Blücherbriefe".
Holleben	= Frühjahrsfeldzug 1813 von General v. Holleben, Berlin 1904.
Hüser	= Denkwürdigkeiten aus dem Leben des Generals v. Hüser, Berlin 1877.
Janson	= Feldzug 1814 in Frankreich von General v. Janson, Berlin 1908/5.
Janson F. W.	= König Friedrich Wilhelm III. in der Schlacht, von demselben, Berlin 1907.
K. A.	= Kriegs-Archiv des Großen Generalstabes.
K. Z.	= Kölnische Zeitung 1876 und 1878 „Blücher in Briefen", herausgegeben von General v. Colomb, auch als Buch erschienen.
Langeron	= Memoiren Langerons, Paris 1902.
Lehmann Sch.	= Scharnhorst von Professor Max Lehmann, Berlin 1886/7.
Lehmann St.	= Stein von demselben, Berlin 1902/5.
Lettow	= Napoleons Untergang I von General v. Lettow-Vorbeck, Berlin 1904.
Luck	= Leben des Generals v. Luck, Manuskript und Briefe in Familienbesitz.

Marwitz = Aus dem Nachlasse des Generals v. der Marwitz, Berlin 1852.

Meinede = Boyen von Dr. Meinede, Stuttgart 1896 u. f.

Müffling 1813 = Die Campagne 1813 bis zum Waffenstillstand von C. v. M., Breslau 1813.

Müffling 1813/14 = Die Feldzüge der Schlesischen Armee von C. v. M., Berlin 1824.

„ 1813/14 Betr. = Betrachtungen über 1813 und 14 von C. v. M., Berlin 1825.

Müffling 1815 = Die Campagne 1815 von C. v. M., Berlin 1817.

Müffling Leben = Aus meinem Leben von General v. Müffling, Berlin 1851.

M. W. Bl. = Militär-Wochenblatt.

Nostitz = Tagebuch des Generals Grafen Nostitz, Kriegsgeschichtliche Einzelschriften Heft 5 u. 6, Berlin 1884.

Onden = Österreich und Preußen im Befreiungskriege von Professor Onden, Berlin 1876.

Osten = Befreiungskrieg 1813 von Oberstlt. Frhr. v. d. Osten-Sacken, Berlin 1904/6.

Pertz = Leben Gneisenaus von Professor Pertz, Band IV von Professor Delbrück, Berlin 1864 u. f.

Pick = Aus der Zeit der Not von Albert Pick, Berlin 1906.

Pollio = Waterloo von General Pollio, Rom 1906.

Raumer = Erinnerungen aus den Jahren 1813/14 von Professor v. Raumer, Stuttgart 1850.

Reiche = Memoiren des Generals v. Reiche, Leipzig 1857.

Röder = Erinnerungen des Generals Karl v. Röder, Manuskriptdruck 1861.

Scherr = Blücher, seine Zeit und sein Leben von Johannes Scherr (1862), 4. Auflage, Leipzig 1887.

Schöning = Geschichte des 5. Husaren-Regiments von C. W. v. Schöning, Berlin 1843.

Schwarz = Clausewitz von Karl Schwartz, Berlin 1878.

Schwerin = Sophie Schwerin, Lebensbild der Gräfin Wilhelm Schwerin, Manuskriptdruck.

Sothen = Eloges von Major v. Sothen, Beiheft 5 zum M. W. Bl. 1894.

Steward = Depeschen Stewards an Castlereagh, Brittisches Museum.

Treitschke = Deutsche Geschichte im 19. Jahrhundert von H. v. Treitschke, Leipzig 1879/89.

Varnhagen = Fürst Blücher von Wahlstadt von Varnhagen v. Ense, Berlin 1826.

Vierteljahrshefte = Studien nach Clausewitz von Oberstlt. Frh. v. Freytag-Loringhoven in Vierteljahrsheften für Truppenführung und Heereskunde 1907.

Voß = Napoleons Untergang II von General v. Voß, Berlin 1907.

Wigger = Geschichte der Familie v. Blücher von Archivrat Dr. Wigger, Band II, Schwerin 1878.

Wolzogen = Memoiren des Generals v. Wolzogen, Leipzig 1851.

York = Napoleon als Feldherr von Oberst Graf York, 2. Aufl., Berlin 1887.

Zeblitz = Pantheon des Preußischen Heeres von Frh. v. Zeblitz, Berlin 1885.

Breslau 1812/13.

Aussicht auf Wiederverwendung: König an Blücher 11. 11. 11 K. 3.; Boyen an Blücher 9. 2. 12 R. A.; Blücher an Gneisenau 25. 2. 12 Pertz II 256. Gesellschaft und Leben in Breslau: Lehmann Sch. II 453 f.; Meinecke I 250 f.; Arndt „Erinnerungen" 122, Boyen II 189; Clausewitz an seine Frau 26. 4. 12 Schwartz I 516; Bieste 8. Feldzug 1812: Clausewitz „Der russische Feldzug von 1812", Berlin 1835; Scharnhorst an Yorck im August 1812 Lehmann Sch. II 463; Onden; Blücher an den König 17. 11. 12 und Antwort 28. 11. 12 Wigger 396. Die Erhebung: Blücher an Scharnhorst 5. 1. 13 Blasendorff 178; Boyen II 317 f.; Onden I 171; Lehmann Sch. II 504; Wigger 398. Blücher erhält das Schlesische Korps: Boyen II 108 u. III 19 Anm.; Bieste 8; Barnhagen 151; Lehmann Sch. II 572; Wigger 399 f.; Pertz II 580.

Der Feldzug 1813. Rüstung und Aufbruch.

Allgemeines: Holleben, Osten, Lehmann Sch., Onden. Freiwillige: Gneisenau an Eichhorn 19. 3. 13 Pertz II 525. Blüchers Ungeduld: Wigger 400. Tagesbefehl 18. 3. 13 R. A. Gneisenau an Dörnberg 22. 3. 13 Pertz II 529 und an Eichhorn 19. 3. 13 ebenda 526. Hauptquartier: Hardenberg an Goltz 5. 3. 13 Goltz; Clausewitz an seine Frau 9. 4. 13 Schwartz II 74; Gneisenau an Eichhorn 16. 3. 13 Pertz III 95; Lehmann Sch. II 598 f. Truppen: Holleben 428; Lehmann Sch. II 601 f.; Gneisenau an Hardenberg 24. 8. 13 Pertz II 536 f.

Der Aufmarsch westlich der Elbe.

Einmarsch in Sachsen: Holleben 244, 319; die drei Erlasse R. 3.; Pertz II 548, 545; Gneisenau an Hardenberg 18. 4. 13 Pertz II 569; Blücher an seine Frau 31. 3. 13 R. 3. Vereinbarungen über die Heeresbewegungen: Scharnhorst an Clausewitz 21. 3. 13 Schwartz II 18; Kutusow an Wittgenstein 20., 29. 3. u. 6. 4. 13 Holleben 301 f.; Wittgenstein an Blücher 26. 3. 13 Pertz II 696. Stimmung der Truppen: Clausewitz 1. u. 4. 4. 13 Schwartz II 71 u. 78; Lehmann Sch. II 585; Raumer 8; Gneisenau an Hardenberg 5. 4. 13 Pertz II 554. Das Zögern an der Mulde: Scharnhorst an Blücher 1. 4. 13 Pertz II 699; Clausewitz an seine Frau 1. u. 9. 4. 13 Schwartz II 71 u. 74; Scharnhorst an Knesebeck 2. 4. 13 Osten II 98; Scharnhorst an Woltonsky 5. 4. 13 Holleben 311 f. und 322; Scharnhorst an d'Auvray 8. 4. 13 Osten II 166; Gneisenau an Hardenberg 5. 4. 13 Pertz II 554; Holleben 313; Onden I 319; Gneisenau an Eichhorn 11. 4. 13 Pertz II 560; Scharnhorst an Stein zw. 10. u. 15. 4. 13 Lehmann Sch. II 591; Hardenberg an Gneisenau 10. 4. 13 Pertz II 556. Der Brief Scharnhorsts, den Osten II 165 bringt, ist offenbar nicht vom 6. April, sondern eine spätere, rückschauende Betrachtung. Scharnhorst an Winzingerode 13. 4. 13 Holleben 325; derf. an Röber 14. 4. 13 ebenda Anl. 21; derf. an Knesebeck 15. u. 18. 4. 13. ebenda 326 u. 375; derf. an Boyen 17. u. 20. 4. 13 Boyen III 295 bis 298; Blücher an Wittgenstein o. D. Holleben 464; Gneisenau an Hardenberg 18. 4. 13 Pertz II 569; Blücher an seine Frau 12. 4. 13 R. 3.; hier schrieb er noch „ich bin noch gesund"; am 15. war er in der Altenburger Freimaurerloge; am 22. schreibt er, ein Fieber habe ihn am Schreiben verhindert. Lud an seine Schwester 9. 4. 13, Lud. Zusammenstöße mit dem Feinde: Blücher an Boyen 4. 13 Boyen III Beil. 20; Osten II 171 f. Wittgenstein Oberbefehlshaber: Knesebeck an Scharnhorst 28. 4. 13 Janson F. W. 129; Blücher an den König 29. 4. 13 ebenda; Lehmann Sch. II 610 Anm. Vor dem

Kampf: Clausewitz an seine Frau 22. u. 25. 4. u. 1. 5. 18 Schwartz 76 f.; Scharnhorst an Woltonsky 20. 4. 18 Holleben 876; derf. an Boyen 20. 4. 18 Boyen III 297; derselbe an seine Tochter 19. u. 25. 4. 18 Lehmann Sch. II 605 u. 610; Gneisenau an Hardenberg 25. 4. 18 Pertz II 579; Blücher an seine Frau 29. 4. 18 R. Z.; Boyen III 35; Clausewitz 282.

Groß-Görschen.

Einzelheiten über Blücher und Scharnhorst: Brünnel behauptet, Blücher habe aus eigener Entschließung den Angriff befohlen; Scharnhorst habe gleich anfangs Bedenken geäußert, daß man sich in Ortsgefechte verwickle; Blücher habe persönlich einem Bataillon das Feuern verboten. Höser 112; Müffling 1813; Scharnhorst an seine Tochter 2. 5. 18 Lehmann Sch. II 618; Reiche I 272; Ingenieur-Geograph Rauch bei Pertz III 678, nach ihm ritt Blücher einen Schimmel; Blasendorff 189/90; Wolzogen 172, er war Adjutant des Kaisers und wird Ohrenzeuge gewesen sein; Prinz August von Preußen M. W. Bl. 1888 Beih. II 87; Odeleben bei Scherr III 108; Golz an seine Frau 14. 6. 18: Der Rückzug „war gegen die noch am Abend der Schlacht genommene Abrede", Golz; Gneisenau an seine Frau 6. 5. 18 Pertz II 594. Eindruck der Schlacht: Osten II 461; Lehmann Sch. II 614; Gneisenau an seine Frau 6. 5. 18 Pertz II 594; derf. an Hardenberg 11. 5. 18 ebenda II 610; Blücher an seine Frau 4. u. 15. 5. 18 R. Z. Über die Tapferkeit der Preußen: Englischer Augenzeuge nach Binders Londoner Archiv-Auszug R. D. 87; Nesselrode bei Osten II 487; Fain ebenda; Clausewitz an seine Frau 8. 5. 18 Schwartz II 80; Boyen III 39, 40.

Der Rückzug über die Elbe.

Blüchers Anrede: Rauch bei Pertz III 678; er gibt irrtümlich den 3. Mai an, sagt aber, daß es auf der Straße von Borna nach Rolditz gewesen sei; Boyen III 43 gibt den Vorgang ähnlich wieder. Zustand der Truppen: Gneisenau an Hardenberg 6. 5. 18 Pertz II 597. Übergang bei Meißen: Scharnhorst an den König 7. 5. 18 Janson F. W. 151; Osten II 507. Rückzugsrichtung: Wittgenstein an Bülow 7. 5. 18 Osten III 876; Knesebeck an Scharnhorst 16. 5. 18 Janson F. W. 161; Brünnel; Stein an Thielmann bei Lehmann St. III 292 nennt Torgau den Pivot, um den sich die Existenz Preußens drehe. Blücher an den König 9. 5. 12 Janson F. W. 155. Aufgeben des rechten Elbufers: Gneisenau an Wittgenstein 9. u. 11. 5. 18 Pertz II 603 u. 610; derselbe an seine Frau 18. 5. 18 ebenda 612; Ratzmer an den König 10. 5. 18 Janson F. W. 155. Blüchers Befinden: Ratzmer an den König 10. 5. 18 Pertz II 675 Anm. 98; Blücher an seine Frau 15. 5. 18 R. Z. Marsch auf Bautzen: Gneisenau an seine Frau 18. 5. 18 Pertz II 612; derf. an Hardenberg 11. 5. 18 ebenda II 610; derf. an den König 12. 5. 18 ebenda III 679. Entschluß zur Schlacht: Gneisenau an seine Frau 18. 5. 18 Pertz II 612; derf. an Hardenberg 14. 5. 18 ebenda 613; Hippel bei Schwartz II 18; Hardenberg an Gneisenau Pertz II 614; Blücher an seine Frau 15. 5. 18 R. Z.

Bautzen.

Erwartung der Schlacht: Clausewitz an seine Frau 18. 5. 18 Schwartz II 82. Kumschütz: Gneisenau wohnte in einer Dachstube; Clausewitz schlief in einer Scheune (Hippel 82, Schwartz II 82). Die Stellung: Gneisenau an Münster 29. 5. 18 Pertz II 637; Clausewitz 287; Osten III 97. Stärken: Osten III 104, 122, 522 f. Schlachtverlauf: Blücherscher Bericht Pertz II 620 f.; Janson F. W. 168 f.; Gneisenau an Hardenberg 21. 5. 18 Pertz II 622; Clausewitz 287 f.; Müffling 1813; Bericht eines Blücherschen

Adjutanten bei Pertz II 728; Gneisenau ebenda 644; Gneisenau an Münster 29. 5. 13 Pertz II 637; Janson F. W. 168 f.; Reiche I 288. Urteile: Bericht Stewarts, Foreign Office 1818 Nr. 87; Clausewitz an seine Frau 28. 5. 18 Schwartz II 84; Gneisenau an Hardenberg 22. u. 28. 5. 18 Pertz II 680 u. 682; Schön in seinem Tagebuch bei Lehmann „Stein, Scharnhorst und Schön" 25, Leipzig 1877; Armeebefehl 28. 5. 18 Janson F. W. 167.

Haynau.

Verfolgung: Odeleben bei Often III 199 Anm.; Gneisenau an Hardenberg 22. 5. 18 Pertz III 629; derf. an denf. 28. 5. 18 Pertz III 630 f., wo das Datum des Marsches falsch angegeben ist; Janson F. W. 169. Gefecht bei Haynau: Gneisenau an Hardenberg 27. 5. 18 Pertz III 633; derf. an Münster 29. 5. 18 ebenda 637. Stimmung in der Armee: Brief bei Eberhardt (27. 5. 18), Clausewitz an seine Frau 31. 5. 18 Schwartz I 85; Gneisenau an seine Frau 31. 5. 18 Pertz III 642; A. v. Thiele an seine Frau 27. 5 u. 6. 6. 18 bei Dieft „Aus der Zeit von 1806 bis 15" 245, Berlin 1905. Weiterer Rückzug: Gneisenau an Münster 29. 5. 13 Pertz III 635; Blücher an Barclay 1. 6. 18 Pertz III 648; derf. an den König 1. 6. 18 ebenda 650; Often III 310 f. u. 341; Hardenberg an Gneisenau 2. 6. 18 Pertz III 651; Gneisenau an den König o. D. ebenda 652; derf. an Hardenberg o. D. ebenda 653; Often III 348; Gneisenau an den König 4. 6. 18 Pertz III 659; derf. an Hardenberg 4. 6. 18 ebenda 654; Clausewitz an seine Frau 4. 6. 18 Schwartz II 87; Gneisenau an seine Frau 7. 6. 18. Pertz III 666; Gneisenaus Denkschrift über den Waffenstillstand ebenda 666 f.; Often III 539.

Der Waffenstillstand.

Blüchers Wunde und Stimmung: Stein an seine Frau 18. 6. 18, Hist. Zeitschrift 889; Blücher an Bonin 24. 6. 18 ebenda; Blücher an Hippel o. D. Wigger 415. Gneisenaus Tätigkeit: Pertz II 666 f., III 18 f. u. Delbrück I 298. Gegenseitiges Verhältnis: Pertz III 87; Blücher an Gneisenau 29. 6. 18 ebenda 30. Scharnhorsts Tod: Blücher an Gneisenau 29. 6. 18 Pertz III 80, an Hippel o. D. ebenda 88, an Gneisenau 24. 7. 18 ebenda 69. Reden auf ihn: Wigger 484, Blasendorf 304. Einfluß auf den Zaren: Lehmann St. III 302. Gneisenau Chef bei Blücher: Pertz III 78, Gneisenau an den König 29. 7 u. 8. 8. 18 ebenda 74 u. 81; derf. an Kehler 8. 8. 18. ebenda 88. Blücher an Gneisenau 24. 7. 18 Pertz III 68. Stärke der Heere: Friederich I 46, 58. Marschbereitschaft: Goltz 27. 7. u. 6. 8. 18. Ungeduld im Heere: A. v. Thiele bei Dieft: „1806—15" 247 f. Berlin 1905. Blücher über Napoleon: Onden II 465. 14.

Die Schlesische Armee.

Feldzugsplan: Pertz III 162 f.; Friederich I 98, 235; Müffling 1813/14 I 1 f. Innere Verhältnisse: Brief bei Eberhardt (16. 6. 18). Taktische Anweisungen: Janson F. W. 179. Langeron und Saden: Blücher an den König 10. 9. 13 Pertz III 801 f. Goltz: „Die Grafen und Freiherrn v. der Goltz" Straßburg 1885, 196 f. und Goltz Briefe. Müffling: Pertz III 148 f., 859; Raumer 122; Müffling Leben 58; Lehmann Sch. II 600; Gneisenau an Valentini 6. 9. 18, Pertz IV 189. Beziehungen zu Knesebeck: Lehmann Sch. II 584; Pertz III 152; Knesebeck an Gneisenau 11. u. 12. 9. 18, Pertz III 328 u. 330, 359 u. Anm. 47. Rühle: Lehmann Sch. II 599; Pertz III 150; Gerlach: Raumer 120; Lehmann Sch. II 600. Scharn-

Horst: Raumer 120. Rauch: Pertz III 93; Müffling Leben 88. Theyl: Müffling wie
vor. Übrige Umgebung: Blücher an Hardenberg 16. 8. 13, Forschungen XIII 166;
Raumer 13, 118; Pertz III 151; Pick 369 f. Stimmung: Raumer 116 f. Tisch:
Pertz II 540, III 92, 152, 310. Geschäftsführung: Pertz III 148; Müffling Leben
39, 32, 53; Goltz Briefe; Bieste 17. Gneisenaus Wagemut: Müffling Leben 34.

Vorgehen bis zum Bober und erster Rückschlag.

Ins neutrale Gebiet: Blücher an Hardenberg 16. 8. 13, Forschungen 166;
Befehle vom 18. 8. 13 und Disposition f. d. 14. Pertz III 165 f. Pertz gibt die Befehle
zum Teil so wieder, als ob sich Gneisenau die Befehlsgewalt angemaßt habe. Gneisenaus
Brief an Blücher v. 16. (ebenda 169 f.) zeigt, daß die Befehle erst Blücher vorgelegt
wurden, ehe sie an die Korps gingen. Gneisenaus Unterschrift unter den Entwürfen hat
Pertz irregeführt. — Der Vorwurf, dadurch daß Blücher nicht mit Gneisenau nach Jauer
vorgeeilt sei, wären die Verzögerungen in der Befehlsausgabe hervorgerufen, ist nur insoweit
begründet, als das Hauptquartier in Würben etwas weit zurücklag; z. B. nach Striegau
hätte es wohl gelegt werden können, aber zur Avantgarde gehörte es nicht. Befehl vom
17. früh 7 Uhr Pertz III 171; Zurechtweisung an Sacken ebenda 172. Daß Gneisenau
selbst Patrouille ritt, ist wohl kaum zu rechtfertigen. Löwenberg: Stosch bei Pertz III
177; Freytag 88; Langeron 283; Blücher an seine Frau v. D. R. Z. VII: Blücher an
Eisenhart v. D., Pertz III 178; derf. an Gaudi 20. 8. 13 morgens ebenda 180. Blücher
an den König 20. 8. 13 Friederich I 259; Gneisenau an Sacken 21. 8. 13 ebenda 260;
Pertz III 186. Goldberg: Langeron 242. Entschluß zur Schlacht: Bieste 9 f.;
Friederich 285 f.; Gneisenau an Clausewitz 28. 8. 13 Pertz III 223; Blücher an seine
Frau 25. 8. 13 R. Z. IX; Befehl 25. 8. 13 Friederich I 290. Die von Bieste wieder-
gegebene, „aus des Feldmarschalls Munde oft gehörte“ Erzählung, wonach Blücher den
Entschluß zur Schlacht angesichts des vorteilhaften Gefechtsfeldes gefaßt hätte, ist in den
Einzelheiten nicht mit den Tatsachen zu vereinigen. Daß Blücher seinen Chef zur
Schlacht gedrängt hat, ehe dieser sich dazu entschließen mochte, muß als richtig gelten. Daß aber
bei beiden die Umkehr Napoleons ausschlaggebend wirkte, geht aus einen Briefe Blüchers
an Bonin vom 27. 8. 13 (Blasendorff 208) hervor, wo es heißt: „Nun kriegte ich Kunde,
daß der Kaiser nach Sachsen zurückgegangen und den Marschall Marmont mit seinem Korps
mit sich genommen. Ich faßte nun den Entschluß, die Offensive zu ergreifen; der Feind
hatte denselben Entschluß und hatte bereits die Katzbach passiert. Bei Brechelshof trafen wir
aufeinander; ich griff an;“ usw. Auftritt mit Yorck; Droysen III 48; Valentini an
Gneisenau 5. 9. 13 Pertz IV 186, Antwort vom 6. ebenda 188; Gneisenau an Frau v.
Clausewitz 7. 9. (statt 10) 13 Pertz III 229; Mitteilung Brands ebenda 200; Langeron
247; Brünneck 5.

Die Schlacht an der Katzbach.

Gneisenau an Clausewitz 28. 8. 13 Pertz III 226; derselbe an Frau v. Clausewitz
7. 10. 13 ebenda 229; Boyen III 598; Bieste 9; Wigger 418, 423; Blücher an den
König 26. u. 28. 8. 13 Pertz III 215, 230, an Sacken 30. 8. 13 Friederich I 315;
Gneisenau an seine Frau 26. 8. 13 Pertz III 218, an Münster 219, an Gibsone 220;
Sacken an Blücher 27. 8. 13 Pertz III 235. Gneisenau der in Jauer gestanden hatte,
war die Erinnerung an den Sieg über die Mongolen geläufig; angeblich sprach er vor
der Schlacht mit Blücher davon (Bieste 9). Die Schreiberin des am Schluß mitgeteilten
Briefes an Gneisenau ist die Frau von Clausewitz geborene Gräfin Brühl (f. Schwartz).

Verfolgung und zweiter Rückschlag.

Blüchers Anteil an der Verfolgung: an seine Frau 26. 8. 18 K. Z. X; an Bonin 27. 8. 18 Blasendorff 208; an Knesebeck 1. 10. 18 Wigger 438. Hemmnisse: Gneisenau an Clausewitz 28. 8. 18 Pertz III 225; ebenda 216; Friederich I 811, 818 f.; Freytag 70, 86, 92; Blücher an Dorck 31. 8. 18 Friederich I 835. Landsturm: Blücher an Gaudi 28. 8. 13 u. später Pertz III 289. Ergebnisse: Gneisenau 29. 8. 18 Pertz III 242; Blücher an seine Frau 1. 9. 18, K. Z. XI; Langeron 255. Weitermarsch auf Görlitz: Blücher an Schwarzenberg und Bennigsen 2. 9. 18 Janson F. W. 211; an seine Frau 4. 9. 18, K. Z. XII. Rückzug nach Lauban: Freytag 121; Müffling 1818/14 I 44; Blücher an Knesebeck 5. 9. 18 Wigger 426; an seine Frau 6. 9. 18 K. Z. XIII, wo fälschlich Löbau statt Lauban.

Vor der Elbe.

Blücher an den König 10. 9. 13 Pertz III 303; Langeron erhielt eine Zurechtweisung, ebenso Saint Priest; Langeron seinerseits klagt (274) über Unsicherheit und Unordnung in den Armeebefehlen. Gneisenau an Boyen, zweifellos vom 10. 9. 13, Boyen III 593; Blücher an seine Frau 10. 9. 18 K. Z. XIV; Friederich I 255, II 59; Blücher an den König Pertz III 314 f.; Knesebeck an Gneisenau 8. 9. 18 Wigger 428; Blücher an Knesebeck 11. 9. 18 Pertz III 319; Denkschrift an den König 11. 9. 18, ebenda 315; Knesebeck an Gneisenau 13. 9. 18 Friederich II 77; Janson F. W. 214; Blücher an seine Frau 15. u. 20. 9. 18 K. Z. XV, XVI. Blücher an den König 21. u. 25. 9. 18 Pertz III 851 und 878; Rühle an Knesebeck 21. 9. 18 Pertz III 854; Blücher an Bonin 22. 9. 18, Blasendorf 217; Röder 148; Müffling an Knesebeck 20. u. 21. 9. 18 Pertz III 846 u. 859; Gneisenau an Hardenberg 26. 9. 18 ebenda 889; Oppen an Knesebeck 21. 9. 18 ebenda 847. Über die Zurücksetzung seines Sohnes: Blücher an Knesebeck 5. u. 26. 9. 18 Wigger 426 und 432; an seine Frau 20. 9. 18 K. Z. XVI.

Wartenburg.

Der Entschluß: Clausewitz an seine Frau 20. 9. 18 Schwartz II 102; Gneisenau an Clausewitz 26. 9. 18 Pertz III 884; Blücher an Knesebeck 1. 10. 18 Wigger 433; Boyen an Gneisenau 27. 9. 18 Boyen III 650; Gneisenau an Boyen 25., 26. 9. u. 1. 10. 18 ebenda 647, 651 u. 652; Bernadotte an Blücher 1. 10. 18 Friederich II 279. Das Gefecht: Boyen III 181; Blasendorf 220; Höfer 131. Blücher an Bonin 4. 10. 18 Blasendorff 222; an seine Frau 8. 10. 18 K. Z. XVII; statt Elster schreibt er Elsterwerden; Vierteljahrshefte 1907 II 271. Rede: Wigger 484.

Blücher und Bernadotte.

Gneisenau an Boyen 1. u. 8. 10. 18, 6 Uhr morgens, Boyen III 652, 658; derselbe an Knesebeck 25. 9. u. 7. 10. 18 Pertz III 874 u. 481; Friederich II 104, 280, 804, 809; eine hervorragende Charakteristik Bernadottes bringt Friederich I 849. Erste Zusammenkunft: Müffling, Leben 84 f., dessen Glaubhaftigkeit hier nicht anzuzweifeln ist; er nennt Puch als Ort der Zusammenkunft, das dicht bei Mühlbeck, dem vom Kronprinzen vorgeschlagenen Ort, liegt. Von der Mulde zur Saale: Gneisenau an Boyen 8. 10. 13 morgens u. 8. 10. 18 Boyen III 656 u. 657; Blücher an den König 9. 10. 18 Pertz III 488; ders. an Bernadotte 5. 10. 18, Antwort 6. 10. 18 Friederich II 805, 809; Bericht Rühles, ebenda 819; Bernadotte an Blücher 8./9. 10. 18 ebenda 821.

Daß Rühle, wie er behauptet hat, den Vorschlag zum Marsch an die Saale gemacht habe, ist unwahrscheinlich; im Bericht an den König heißt es, der Kronprinz habe ihn gemacht, und Gneisenau schreibt an Boyen 13. 10. 18: (dem Kronprinzen) „erklärten wir, daß wir nur auf seine Einladung an die Saale gekommen wären"; Boyen III 650. Gneisenau an seine Frau 12. 10. 18 Pertz III 447. **Gefahr in Düben, Hasenhetze:** Langeron 298; Gneisenau an Fr. v. Clausewitz 24. 10. 18 u. Stoschs Erzählung Pertz III 439. **Halle:** Bernadotte an Blücher 11. u. 13. 10. 13 Friederich II 841 u. 854; Gneisenau an Boyen 13. 10. 18, Boyen III 659 f.; Aufzeichnung aus Blüchers Hauptquartier 14. 10. 18 Scherr III 241; Blücher an Bernadotte 13. 10. 18 Friederich II 856; Gneisenau an Boyen 1. 10. 18 Boyen III 652; ders. an seine Frau 12. 10. 18 Pertz III 447; Hüser 186.

Möckern.

Einladung zum Angriff: Gneisenau an Boyen 13. 10. 18 Nachschrift, Boyen III 661. **Die Schlacht:** Friederich III 14, 22, 81, 101, 113, 132, 357; Langeron 310; Steward an Castlereagh Nr. 115; Stosch über Gneisenau Pertz III 451 f. u. 478; Bleste 11; Raumer 44 f.; Gneisenau an seine Frau 18. 10. 18 früh 5 Uhr, Pertz III 460; ders. an Fr. v. Clausewitz Pertz III 459.

Leipzig.

Blücher und Bernadotte: Boyen III 190. **Durchbruch nach Torgau:** Friederich III 187. **Der 18.:** Scherr III 268 f.; Gneisenau bei Pertz III 468 u. an seine Frau 19. u. 21. 10. 18 ebenda 473 u. 482; Müffling 1813/14 I 96; Hudson Lowe Pertz III 469; Raumer 48. Janson F. W. 227 u. 306 nimmt das Verdienst, zuerst auf die Verfolgung hingewirkt zu haben, für König Friedrich Wilhelm in Anspruch. **Der 19.:** Langeron 340; Friederich III 225 u. Raumer 50. Müffling 1813/14 I 100; Gneisenau an Frau v. Clausewitz Pertz III 474; Hudson Lowe bei Pertz III 476; Stosch ebenda 478; Boyen III 208; Blücher an seine Frau 20. 10. 18 R. Z. XIX; ders. an Bonin 20. 10. 18 Blasendorff 238.

Die Verfolgung.

Über Saale und Unstrut: Blücher an Bonin 20. 10. 18 Blasendorf 237; an seine Frau 20. u. 21 (nicht 25.!) 10. 18 R. Z. XIX u. XX; Raumer 53; Blasendorf 240; Blücher an den Zaren 23. 10. 18 Pertz III 485. **Eisenach:** Gneisenau an Siegling 26. 10. 18 Pertz III 497; Langeron 352. Über die Erschöpfung der Leute siehe Tagebuch des Leib-Grenadier-Bataillons, Friederich III 265; Gneisenau an Hardenberg 28. 10. 18 Pertz III 500; an Münster 3. 11. 18 ebenda 518, an Gröben 11. 11. 18 ebenda 556; Langeron (353) versichert, in Eisenach habe Bacchus mit den Herren des Hauptquartiers so stark mitgefeiert, daß sie „nicht mehr im Stande gewesen seien, irgend einen Befehl zu geben"; vgl. dazu Stoschs Angaben, Pertz III 503; wenn Langeron obendrein behauptet, infolgedessen sei sein Korps einen Tag still liegen geblieben, so widerspricht das den Tatsachen; es stand am 26. bei Großbehringen, am 27. bei Eisenach, am 28. bei Marksuhl. **Über Fulda nach Gießen:** Gneisenau an seine Frau 11. 11. 18 Pertz III 548; Mitteilung aus Blüchers Hauptquartier ebenda 503; Bleste 11; Blücher an den König 8. 11. 18 ebenda 516; an Schwarzenberg 31. 10. 18 R. A.; an seine Frau 8. 11. 18 R. Z. XXII, an Bonin 4. 11. 18 Blasendorff 242; an Warsing 20. 11. 18 R. Z. 78; Schwerin 491: Gneisenau an Münster 8. 11. 18 Pertz III 518;

an Hardenberg ebenda 507. **Übern Rhein!:** Blücher an seine Frau 30. 10. u. 8. 11. 18
R. 3. XXI u. XXII; Gneisenau an den König 31. 10. 18, Pertz III 509; Blücher an
Bonin 4. 11. 18, Blasendorf 242; Gneisenau an Stewart, Pertz III 511; Blücher an
den König 8. 11. 18 ebenda 516; Müffling an Knesebeck 8. 11. 18 Janson I 11 f.;
Blücher an seine Frau 11. 11. 18 R. 3. XXIII.

Rückblick.

Clausewitz „Der Feldzug 1813"; Blücher an Bonin 24. 6. 18 Hist. Zeitschr.;
Clausewitz „Vom Kriege" IV Kap. 18. Die Meinung, Blücher sei „zu weitgehenden strategischen Kombinationen völlig unfähig gewesen" (Friederich I 227), läßt sich nach den mitgeteilten
Briefen nicht mehr aufrechterhalten. Gneisenau an Frau v. Clausewitz 7. 7. 18 Pertz III
230; an Clausewitz 26. 9. 18 Freytag 128. Blücher über Bernadotte: Faksimile im
Museum am Napoleonstein bei Leipzig. Stewart an Castlereagh 17. 10. 18 Depesche
110; Lowe an Gneisenau 14. 12. 18 Pertz III 577; Gneisenau an Prinzeß Radziwill,
ebenda 479; Gneisenau an Gröben 11. 11. 18 ebenda 555; Gneisenau an Rüchel 5. 1. 14
ebenda IV 147.

Vor Mainz.

Blücher an seine Frau 11., 19., 28. 11., 5. u. 12. 12. 18 R. 3. XXIII—XXVIII;
Gneisenau an Müffling 10. 11. 18 Pertz III 588; Goltz an seine Frau 17. 11. 18; Blücher
an Bonin 29. 11. u. 17. 12. 18 Blasendorf 244; Hist. Zeitschr. 878; Varnhagen 806;
Schwerin 494; Blücher an Warsing 20. 11. 18 R. 3. 78; Henkel 240; Blasendorf 247;
Gneisenau an Münster und an Dörnberg 4. 12. 18 Pertz III 567 u. 569; Knesebeck an
Gneisenau 22. 1. 14 Droysen III 197; Varnhagen 800; Pertz III 547; Lehmann (St.)
III 340; Stein an Blücher 19. 12. 18 Pertz III 607; Blücher an einen Verwandten
29. 12. 18 Pick 289.

Der Feldzug 1814. Der Feldzugsplan.

Gneisenau an Clausewitz 16. 11. 18 Pertz III 558; Operationsplan des Zaren
ebenda 589; Gneisenau an Müffling 10. 11. 18 ebenda 538; Clausewitz an Gneisenau
1. 11. 18 ebenda 519; Gneisenau an den König 20. 11. 18 ebenda 550; Radetzky an
Gneisenau 27. 12. 18 ebenda 606; Blücher an seine Frau 11. 11. u. 28. 12. 18 R. 3.
XXIII; an Stein 27. 12. 18 Pertz III 606; an Rüchel 14. 1. 14 R. 3. 78; Hardenbergs
Tagebuch 16. 12. 18 Treitschke I 528.

Der Rheinübergang.

Allgemeines: Janson I 19; Pertz III 547, wo fälschlich 18.—25. November
statt Dezember als Zeit des Rheinübergangs der Hauptarmee angegeben ist. **Eisgang:**
Blücher an Bonin 17. 12. 18 Hist. Zeitschr. 878. **Entschluß zum Aufbruch:** Blücher
an seine Frau 28. 12. 18 R. 3. XXIX; an Schwarzenberg 28. 12. 18 Janson I 40;
Schwarzenberg an Blücher 25. 12. 18 ebenda 38; Blücher an Yorck 26. 12. 18 Blasendorf 248; an Rüchel 14. 1. 14 R. 3. 78; Janson I 41, 43; Müffling 1813/14 II 14.
Der Übergang: Blücher an L'Estocq 1. 1. 14 Zedlitz I 142; Raumer 71; Gneisenau
an Gruner 1. 1. 14 Pertz IV 142; Blücher an seine Frau 8. 1. 14 R. 3. XXX, wo
der Tag falsch und statt „frühe" ist wahrscheinlich zu lesen „feierliche"; an Rüchel 14. 1. 14
R. 3. 78; an Bonin 18. 1. 14 Hist. Zeitschr. 400.

Zur Haupt-Armee an die Aube.

Stärken: Janson I 16; Blücher an seine Frau 5. 12. 13, K. J. XXVII; Perk III 616; Blücher an Schwarzenberg 28. 12. 13 Janson I 54. Auf Metz: Schwarzenberg an Blücher 25. u. 27. 12. 13 ebenda 38/9; Blücher an Wittgenstein ebenda 40; an Schwarzenberg 29. 12. 13 u. Antwort 2. 1. 14 ebenda 54; an Hardenberg 3. 1. 14 G. St. A.; Disposition 26. 12. 13, Janson I 41; Gneisenau an Clausewitz 4. 1. 14 Perk IV 148; an Rüchel 5. 1. 14 ebenda 147; Dispositionen 4. 1. 14 Janson I 55 u. 56; Blücher an seine Frau 7. 1. 14 K. J. XXXI; Müffling an Knesebeck 9. 1. 14 Janson I 109; Schwerin 502 f.; Gneisenau an Boyen 13. 1. 14 Perk IV 158; an Knesebeck 15. 1. 14 ebenda 135; Blücher an Bonin 18. 1. 14 Hst. Zettschr. 400 u. an Rüchel 14. 1. 14 K. J. 78. Nach Nancy: Blücher an Rüchel 14. 1. 14 K. J. 78; an seine Frau 13. 1. 14 K. J. XXXII; Gneisenau an Stein 9. 1. 14 Perk IV 148; Blücher an Hardenberg 15. 1. 14 Perk IV 162, vgl. auch Stewart an Castlereagh 22. 1. 14. Über die Rede in Nancy: Müffling 1813/14 II 19, Müffling Leben, Perk, K. J.; Blücher lernte sie auswendig, hielt sie nachher aber ganz anders. Schwerin 503; Blücher an seine Frau 18. 1. 14 K. J. XXXIII. Über die Unternehmungen gegen die Moselfestungen: Janson, Beiheft zum Milit. Wochenbl. 1903. Nach Brienne: Schwarzenberg an Blücher 21. 1. 14 Janson I 129; Knesebeck an Gneisenau 22. u. 24. 1. 14 Perk IV 166, Antwort 26./27. 1. 14 Janson I 339; Müffling an Knesebeck 26. 1. 14 ebenda 340; Stein an Gneisenau 24. 1. 14 Perk IV 1 66, Antwort 27. 1. 14 ebenda 167; Blücher an Schwarzenberg 28. 1. 14, Bernhardi „Toll" IV 268, Janson I 147; Blücher an Bincke 28. 1. 14, Bodelschwingh 582, wo eine Nachbildung dieses Briefes; Blücher an seine Frau 28. 1. 14, K. J. XXXIV; Schwarzenberg an seine Frau 29. 1. 14 Janson I 16y; Radetzky an Gneisenau 25. 1. 14 ebenda 343; Hake an Hardenberg 28. 1. 14 ebenda 342 (das Datum 23. ist jedenfalls verdruckt); Schwarzenberg an Metternich 29. 1. 14 Janson F. W. 246.

Brienne.

Blücher an seine Frau 28. 1. 14 K. J. XXXIV; an Schwarzenberg 28. 1. 14 Janson I 155 u. 170; Gneisenau an Latour 29. 1. 14 ebenda 347 u. 348; Janson I 172; Müffling 1813/14 Betr. 103; Müffling 1813/14 II 23, 25, 26; Bieste 18; Scherr III 325; Raumer 74; Schwerin 505; Gneisenau an Clausewitz 28. 4. 14 Perk IV 239; an Stein 6. 2. 14 ebenda 180; Knesebeck an York 30. 1. 14 Janson 350; Blücher an Wittgenstein 30. 1. 14 ebenda 177; Müffling (1813/14 II 28) sagt, die Infanterie sei erst um 8 Uhr nachts abmarschiert; Janson I 349. Mangel: Müffling 1813/14 II 31 und Wrede an Schwarzenberg 31. 1. 14 Janson I 352.

La Rothière.

Der „Besuch": Gneisenau an Stein 4. 2. 14 Perk IV 180. Kaiser Franz, Metternich und Schwarzenberg: Perk-Delbrück IV 87; Janson im Milit. Wochenbl. 1904 Nr. 82; Kaiser Franz an Schwarzenberg 29. 1. 14 Janson F. W. 246. Toll: Janson I 354; Müffling Leben 108; Perk IV 42; Gneisenau an Stein 2. 2. 14 ebenda 172. Nach der Schlacht: Blücher an seine Frau u. an Bonin 2. 2. 14, K. J. XXXV u. Blasendorff 259; Prinz Wilhelms Tagebuch, Janson F. W. 252; Schwerin 507; Stewart an Castlereagh 2. 2. 14; Gneisenau an Stein 2. 2. 15 Perk IV 171; an Clausewitz 28. 4. 14 Perk IV 239.

Erste Trennung: Von der Aube an die Marne.

Plan: Janson I 218; Müffling 1813/14 II 41; Gneisenau an Clausewitz 28. 4. 14 Pertz IV 239. Blücher an seine Frau R. Z. XXXVI, angeblich 10. 2. 14, wahrscheinlich aber vom 8., denn er erwartete Franz am 9. mit dem Korps Kleist. Gneisenau (an Stein 6. 2. 14 Pertz IV 178) gibt nur eine Kanone und 82 Wagen als Beute an; am 8. hatte Yorck 5 Geschütze und 8 Pulverwagen erbeutet (Janson I 289). Lärm in Etoges: Nostitz I 87 f.; Gneisenau an Clausewitz 28. 4. 14 Pertz IV 240; Graf Schwerin an den König 10. 2. 14 ebenda 691; Befehl 6. 2. 14 Janson I 244; Blücher an Sacken 9. 2. 14 ebenda 863; Wittgenstein an Blücher 7. 2. 14 ebenda 252. Abzweigung von Kleist: Blücher an Schwarzenberg 5. 2. 14 Janson I 861; Schwarzenberg und der Zar an Blücher 6. 2. 14 ebenda 857; Disposition für den 10. ebenda 862. Vereinigung bei Bertus: Müffling 1813/14 II 51 sagt, die Nachricht, daß Napoleon heranmarschiere, sei schon in der Nacht eingegangen; da man Kleist am 10. morgens noch abmarschieren ließ und der Befehl an Yorck erst um 9 Uhr morgens abging, ist anzunehmen, daß die Nachrichten erst in den Morgenstunden eingingen. Gneisenau an Stein 13. 3. 14 Pertz IV 204 u. an Clausewitz 28. 4. 14 ebenda 240. Ritt nach Ferre Champenoise: Nostitz I 91, Müffling Leben 122. Warten bei Bertus: Blücher an Schwarzenberg 11. u. 12. 2. 14 Janson I 280; Müffling 1813/14 II 54 f., Leben 125; Gneisenau an Clausewitz 28. 4. 14 Pertz IV 241; an Hardenberg 17. 2. 14 ebenda 183; Sothen 180; Janson I 277.

Etoges.

Günstige Beurteilung der Lage: Blücher an Schwarzenberg 13. 2. 14 Janson I 288; an seine Frau 13. 2. 14 R. Z. XXXVII; Nostitz I 94, 105. Gefecht: Prinz Augusts Bericht, Einzelschr. II 60; Sothen 180; Nostitz I 96 f.; Raumer 77 f., 120; Schwerin 514; Lowe an Stewart 15. 2. 14 Brittisches Museum; Müffling Leben 134. In Chalons: Nostitz I 106; Droysen III 811; Blücher an den König u. an Hardenberg 16. 2. 14 Pertz IV 182; Gneisenau an Hardenberg 17. 2. 14 ebenda 183; an Clausewitz 28. 4. 14 ebenda 242; Schwerin 517; Janson I 866. Urteile: Prinz Wilhelms Tagebuch Janson F. W. 261; Gneisenau an Gibsone 16. 3. 15 Pertz IV 328; Hardenberg an Gneisenau 1. 3. 14 ebenda 202; Antwort 10. 3. 14 ebenda 204; Clausewitz 1814, 428; Schwerin 508; Schwarzenberg an seine Frau 12. 2. 14 Scherr III 838.

Nochmals zur Haupt-Armee an der Seine.

Entschluß zur Vereinigung mit der Haupt-Armee: Blücher an Hardenberg 16. 2. 14 Pertz IV 183; Gneisenau an Hardenberg 17. 2. 14 ebenda 184; Blücher an Schwarzenberg 17. 2. 14 Janson I 289. Stärke: Einzelschr. XII 709. Mery: Nostitz I 107; Bericht Marschalls 24. 2. 14 Wiener K. A. Verwundung: Nostitz I 108/9; Blücher an seine Frau 10. 3. 14 R. Z. XXXVIII. Mangel: Raumer 92 f.; Nostitz I 115 f.; Brandenburg. Grolmans Plan: Nostitz I 110; Röder 223. Blüchers Brief an die Monarchen: Bieste 17, 18; Janson I 815 u. 869, wo der Nachweis erbracht ist, daß der Brief am 23. geschrieben sein muß.

Zweite Trennung von der Haupt-Armee und Vereinigung mit den Verstärkungen an der Aisne.

Übergang über die Aube: Clausewitz 1814, 488; Marmonts Memoiren in Einzelschr. XII 711. An die Marne: Gneisenau an Hardenberg 10. 3. 14 Pertz IV 205, an Clausewitz 28. 4. 14 ebenda 247; Janson: Blüchers Zurückberufung im Milit.

Wochenbl. 1905 Nr. 15 u. 16; Droysen III 325; Nostitz I 114 f.; Schwerin an seine Frau 27. 2. 14 Schwerin 518; ähnlich an den König 28. 2. 14 K. A. Napoleon kommt!: Müffling 1813/14 II 88; Blücher an Schwarzenberg 2. 3. 14 Janson I 84. An der Aisne: Der Fall von Soissons 3. 3. 14 und die voraufgehenden Operationen des Schlesischen Heeres, Kriegsgeschichtl. Einzelschr., Heft 12. Der Seltwagen: Schwerin 520. Verhalten gegen die Marschälle: Müffling 1813/14 II 85 f.; Clausewitz 1814, 487. Entschluß zur Schlacht: Blücher an Bülow 2. 3. 14 Janson II 86; Boyen an Gneisenau 3. 3. 14 Pertz IV 195; Gneisenau an Gibsone 4. 6. 15 ebenda. Müffling 1813/14 II 89 Anm. Zustand der Truppen: Schwerin an den König 16. 3. 14 K. A.; Bülow an seine Frau 5. 3. 14 Meinecke I 368 Anm.; Müffling Leben 147; Brandenburg. Grasteufel: Röder 230.

Craonne.

Gelände: Boyen an Gneisenau 3. u. 5. 3. 14 Pertz IV 196 u. 198; Antwort 5. 3. 14 ebenda 201. Hoffnungen: Gneisenau an Eichhorn 20. 4. 14 Pertz IV 285; an Clausewitz 28. 4. 14 ebenda 244; an Hardenberg 10. 3. 14 ebenda 204; Müffling Leben 154. Nacht zum 7.: Nostitz I 119. Clausewitz 1814, 489 stellt den Hergang mehr so dar, als habe man die Russen bei Craonne nur gelassen, um den Abmarsch nach Laon zu decken.

Laon.
Erster Tag.

Stärkeangaben: Schwerin an den König 10. 3. 14 K. A.; Gneisenau an Hardenberg 12. 3. 14 Pertz IV 206. Stimmung: Blücher an Tschernischew 8. 2. 14 Janson II 174; Tagebuch Colombs, Berlin 1854, 181. An der Abtei: Raumer 87, 88 Müffling Leben 162; Blücher an seine Frau 10. 3. 14 K. B. XXXVIII; Nostitz I 121. Befehl zum Nachtangriff: Schwerin an den König 10. 3. 14 K. A. Das Nachtgefecht bei Laon, Heft 12 der Kriegsgeschichtl. Einzelschr. des Großen Generalstabes; Brandenburg; Röder 234; Blücher an York 9. 3. 14 Droysen III 356; an Weimar 9. 3. 14 Janson II 187; an seine Frau 10. 3. 14 K. B. XXXIX; an Bonin 10. 3. 14 Blasendorff 279; Gneisenau an Hardenberg 10. 3. 14 Pertz IV 205; an Clausewitz 28. 4. 14 ebenda 246.

Zweiter Tag.

Absichten: Gneisenau an Hardenberg 10. 3. 14 Pertz IV 208 f. Janson II 188. Befehl an York zur Umkehr: Gneisenau an Hardenberg 12. 3. 14 Pertz IV 206; Nostitz I 122; Müffling 1813/14 II 118; Brandenburg; Janson II 193: Blüchers Anwesenheit auf dem Gefechtsfeld: Müffling (1813/14 II 112) sagt, der Feldmarschall sei am 10. verhindert gewesen, das Zimmer zu verlassen; Müffling war aber selbst krank (Janson II 188); Graf Brandenburg fand das Hauptquartier bei der Abtei, Blücher selbst aber nicht (K. A.); auch Nostitz (I 128) sagt, Blücher sei an das Zimmer gefesselt gewesen; daß Blücher am 10. vormittags noch auf dem Gefechtsfeld, dann aber im Zimmer war, wie Brünneck versichert, der sich anscheinend auf genaue gleichzeitige Aufzeichnungen stützt, ist deshalb nicht ausgeschlossen, auch Raumer (87) gibt an, Blücher habe noch am 10. mit Bülow bei der Abtei gesessen. Blücher schrieb noch am 10. morgens zwei längere Briefe an seine Frau und Bonin, in denen von seinem Leiden keine Rede ist; noch eine Unterschrift vom 10. nachmittags „ist von seiner gewöhnlichen nicht zu unterscheiden" (Janson II 192 Anm.); erst später lassen seine Unterschriften das Versagen seiner Augen erkennen; auch Gneisenau erwähnt am 10. morgens in seinem Schreiben an Hardenberg nichts von Blüchers Erkrankung, obgleich er eine Bestellung von ihm ausrichtet. Graf Schwerin berichtet am 10. u. 11. an den König, sagt aber nichts von einer Erkrankung des Feldmarschalls; erst im Bericht vom 12. erwähnt er, daß Blücher „seit einigen Tagen" sehr leidend sei. Daß man Blüchers Erkrankung möglichst geheim hielt, wäre nur natürlich gewesen; Langeron sagt (482): „Es war einige Tage vor der Einnahme von Paris, daß der Marschall Blücher krank wurde". Unterschriften: Janson II 188, 192, 194 und weitere gültige private Angaben. Ausgang der Schlacht: Gneisenau an Hardenberg 12. 3. 14 Pertz IV 206; Schwerin an den König 11. 3. 14 K. A.; Müffling 1813/14 II 113; Müffling an Knesebeck 12. 3. 14 Janson II 199. Einfluß von Blüchers Kranksein: Nostitz I 121 f.; Brünneck; Stosch bei Pertz IV 692.

Stillstand und Schwanken.

11. März: Müfflings Pro-Memoria 11. 3. 14 Pertz IV 692; Graf Brandenburg an Yorck 11. 3. 14 Janson I 198; Boyen an Gneisenau 6. 3. 14 ebenda 199. 12. März: Schwerin an den König 12. 3. 15 K. A.; Armeebefehl 13. 3. 14 Janson II 205; Rundschreiben 14. 3. 14 ebenda 200; Müffling an Knesebeck 12. 3. 14 ebenda 199; Gneisenau an Hardenberg 12. 3. 14 Pertz IV 207. Politische Rücksicht, Ungewißheit der Lage: Gneisenau an Thiele bei Meinecke I 371 Anm.; Schwerin an den König 20. 3. 15 K. A. Worte des Zaren: Brünneck. Blüchers Krankheit: Schwerin an den König 12. u. 20. 3. 14 K. A.; Nostitz I 128 f. und Milit. Wochenbl. 1844 S. 44; Röder 284; Müffling Leben 172; Schwerin 525 f. Yorcks Abreise: Brandenburg; Droysen II 367 f.; dienstlicher Briefwechsel zwischen Yorck u. Blücher 12. u. 13. 3. 14 Golz; persönlicher Briefwechsel bei Blasendorf 282 u. Nostitz I 127; Röder 285; Raumer 90; Janson II 198; Kriegsgesch. Einzelschrift XIII 10; Nostitz I 124/5. Gneisenau und Müffling: Brandenburg, Janson II 188; Gneisenau an Clausewitz 28. 4. 14 Pertz IV 246; Müffling 1813/14 II 116; Operation längs der Oise und Bernadotte: Müffling 1813/14 II 116; Gneisenau an Boyen 15. u. 16. 3. 14 Pertz IV 211; Einzelschr. XIII 20. Erwartung eines Angriffs: Gneisenau an Boyen 14., 15., 16. 3. 14 Pertz IV 209 f; K. A. IV C. 18 VII 108; Schwerin an den König 16. 3. 14 K. A.; Blücher an Schwarzenberg 16. 3. 14 Janson II 208. Vorrücken nach Fismes: Gneisenau an Boyen 10., 11., 20., 21. u. 22. 3. 14 Pertz IV 215, 218 u. 220; an Eichhorn 20. 4. 14 ebenda 235; Röder 245; Blücher an Winzingerode 30. 3. 14 Janson II 282; an Schwarzenberg 21. 3. 14 ebenda 285.

Ferre Champenoise–Paris.

Allgemeines: Neben Janson noch Anteil des Schlesischen Heeres an der Schlacht von Paris, Kriegsgeschichtl. Einzelschrift XIII. Krankheits-Umschwung: Nostitz I 129 f.; Mitteilung des Generals v. Janson über Blüchers Unterschriften in dieser Zeit; Blücher an seine Frau v. D. R. 3. XXXIX, wo der 21. als wahrscheinlicher Abfassungstag hingestellt wird, da darin Colombs und Sohn Franzens Absendung zu einem Zug über die Marne erwähnt wird; dieser Übergang fand aber erst am 23. statt (Janson II 293). Nach Chalons: Gneisenau an Boyen 22. 3. 14 Nachschr., Pertz IV 222; Befehl für den 23., Janson II 290; Müffling 1813/14 II 124; Blücher an Yorck 23. 3. 14 Janson II 292. Nach Paris!: Nostitz I 131; Gneisenau an Boyen 27. 3. 14 Pertz IV 226. Müffling (1813/14 II 126) stellt es so dar, als ob der Entschluß, die Marschälle abzuschneiden, erst nach dem Eintreffen des Befehls zum Marsch auf Paris entstanden sei; Nostitz (I 131) gibt an, Brünneck habe die Nachricht aus dem Großen Hauptquartier gebracht, daß der Marsch auf

Paris beschlossen sei; das steht nicht im Einklang mit dem Brief Gneisenaus an Boyen 24. 3. 14 Pertz IV 227; da auch Müffling sagt, ein Adjutant des Zaren habe die Nachricht gebracht, halte auch ich an Jansons Darstellung (II 312) fest. Gneisenau an Clausewitz 28. 4. 14 Pertz IV 239, womit Gneisenau an Stein und Schwarzenberg 27. u. 28 1. 14 (Janson I 155) zu vergleichen ist. Gneisenau an Arndt o. D., Pertz IV 276; Blücher an Bonin 20. 4. 14 Blasendorff 291; Lord Stewart bei Scherr III 316. Ferre Champenoise: Blücher an Schwarzenberg 25. 3. 15 Janson II 251; Nostitz 131; Stoschs Angabe (Pertz IV 227) „Blücher war krank und fuhr erst nach" muß den genauen Schilderungen des Grafen Nostitz gegenüber als irrig gelten. Müffling 1813/14 II 128; Brünned. Marsch auf Paris: König an Blücher 24. 3. 14 Janson II 312; Nostitz I 133; Gneisenau an seine Frau 24. 4. 14 Pertz IV 239. Schlacht am Montmartre: Nostitz I 184 f.; Schwerin 526; Müffling 1813/14 II 138, 144; Blasendorff 287; Brünned.

Rückblick.

Gneisenau an Gibsone 19. 11. 14 Pertz IV 290; an Eichhorn 20. 4. 14 ebenda 235; Plotho „Der Krieg in Deutschland und Frankreich 1813/14 Berlin 1817 III 309; Plotho machte den Feldzug 1814 in der Umgebung des Königs mit. Schwarzenberg an seine Frau 29. I. 14. Ähnlich absprechend wie Langeron, vielleicht auf ihm fußend, äußert sich der Verfasser der Beihefte zum Milit. Wochenbl. Nov./Dez. 1843, gesteht aber, daß Blücher oft mit großartigem Instinkt das Ganze überschaute und die entscheidenden Momente scharf und richtig erkannte;" wie man gleich daneben sagen kann, daß Blücher „doch mit seinen Gedanken stets auf das Nächste gerichtet und daher weiteren militärischen Dispositionen und Kombinationen bis zum Unglaublichen fremd" gewesen sei, ist mir unerfindlich. Leider ist auch Oberstl. Friederich diesem Urteil gefolgt, macht sich allerdings nicht die naive Meinung zu eigen, bei der Wahl Blüchers zum Oberbefehlshaber sei man einem „gewissen wenn man will, blinden Vertrauen zu dem alten Kriegsmanne" gefolgt. Blind war doch Scharnhorst eigentlich nicht. Mißstimmung der Russen: Röder 229. Anstrengungen: Gneisenau an seine Frau 31. 3. 14 Pertz IV 228, 287: Blücher an Bonin 30. 4. 14. Verhältnis zu Sacken, York und Langeron: Röder 124; Nostitz I 111; Pick 317; Langeron 485. Napoleons Ausspruch 9. 5. 14 Pierron Méthodes.

Paris—London—Berlin.

Krankheit: Bieste. Kriegsüberdruß: Blücher an Binte 28. 1. 14 Blasendorff 254; an seine Frau 28. 1. 14 u. 18. 2. 14 R. 3.; ähnlich an Bonin 13. 1. 14 Hist. Zeitschr.; an den Kronprinzen gerichtete Worte, Blasendorff 259; Gesuch an den König, R. 3.; ob dieses abgegangen ist, scheint mir zweifelhaft. Aufenthalt in Paris: Langeron 482; Blücher an seine Frau 6., 23. 5. u. 3. 6. 14 R. 3.; an Bonin 30. 4. 14 Blasendorff 292. Fürst: Blücher an Frau v. Bonin 28. 7. 14 Blasendorff 302; an Blücher-Altona 30. 6. 14 Forschungen 228; an Gneisenau 20. 7. 14 Pertz IV 275. London: Blücher an seine Frau 8. 6. 14 R. 3.; an Bonin 30. 4. 14 Blasendorff 291. Scharnhorsts Kinder: Blücher an Gneisenau Herbst 1814, Pertz IV 281. Gneisenaus Anteil: Blasendorff 298, 304. Verhältnis zu Gneisenau: Blücher an Gneisenau 20. 7. 14, u. Herbst 1814, Pertz IV 273 u. 281. Wie richtig es war, der Umgebung des Königs in dieser Beziehung zu mißtrauen, dafür sind die Angaben Pozzo di Borgos über ein im Herbst 1815 geführtes Gespräch mit Knesebeck ein schlagender Beleg (Ed. Bonnal: Les Royalistes contre l'Armée, Paris 1906, I 348). Gneisenau an Franz Blücher 5. 9. 14 Pertz IV 284. National-Repräsentation: Wolzogen an Gneisenau 31. 7. 14 Pick 309. Über die „Interimistische National- oder Landes-Repräsentation" siehe Alfred Stern: Abhandlungen und Aktenstücke zur Geschichte der preußischen Reformzeit 1807—1815, Leipzig 1885, 129 f. Ihr Präsident, Kammerherr Graf Hardenberg, war 1814 in Blüchers Hauptquartier angestellt. Unzufriedenheit Blücher an?, 22. 9. 14 Pertz IV 284; an Blücher-Altona 30. 6. 11, 1. 7. u. 10. 8. 14 Forschungen 229 f.; an Gneisenau 17. 2. 15 Pertz IV 321; an Rüchel 27. 2. 15, Blasendorff 310. Über Knesebecks Rat f. auch Gneisenau an Clausewitz 28. 4. 14 Pertz IV 245. Abschiedsgesuch: Blücher an den König Blasendorff 309; Gneisenau an Blücher 17. 2. 15 Pertz IV 321. Mißtrauen gegen die Zustände in Frankreich: Blücher an Bonin 30. 4. 14 Blasendorff 292; an Bülow —?— ebenda 305. Hoffnung: Nostitz II 2.

Der Feldzug 1815. In Erwartung des Kampfes.

Oberbefehl: Der König an Blücher 15. 3. 15 Blasendorff 312; Blücher an Blücher-Altona 26. 4. 15 Forschungen; Nostitz II 3; Colomb R. 3.; Droysen III 480. Gneisenau: Delbrück II 136 f.; Gneisenau an Valentini 6. 9. 18 Pertz IV 189; Müffling Leben; Gneisenau an Boyen 22. 3. 15 Pertz IV 477 (des leichteren Verständnisses wegen etwas umgestellt); Boyen an Gneisenau 20. 3. 15 ebenda 216 u. Antwort 218; Hardenberg verbessert eine französische Denkschrift Gneisenaus Pertz IV 471; Müffling an Boyen 8. 4. 15 Pflugk-Harttung: Wellington, Berlin 1908, 549. Grolman: Meinecke I 392; Gneisenau an Boyen 8. 4. 14 Pertz IV 280; Bülow: Boyen an Gneisenau 18. 5. 15 Pertz IV . .; Gneisenau an Hardenberg 30. 6. 15 Pertz IV 547; Hardenberg an Gneisenau 1. 4. 15 ebenda 488; König an Gneisenau 10. 4. 15 ebenda 495. An den Rhein: Blücher an seine Frau 16. 4. 15 R. 3. 48. Gneisenau und Wellington: König an Gneisenau 28. 3. 15 Lettow 141; Gneisenau an Knesebeck 8. 6. 15 Lettow 191; Denkschrift Gneisenaus 3. 4. 15 Pertz IV 346; Gneisenau an den König 8. 4. 15 Pertz IV 488; Gneisenau an Wellington 6. u. 18. 4. 15 Lettow 144 u. 147; Wellington an Gneisenau 15. 4. 15 ebenda 150. Armee: Lettow 162 f.; Clausewitz an seine Frau 20. 5. 15 Schwartz II 141. Begrüßung des Regiments: Schöning 488. Blüchers Eindrücke: an seine Frau 24. 4. 15 R. 3. 49; an Blücher-Altona 26. 4. 15 Forschungen 233. Die Lütticher Meuterei: Blücher an seine Frau 5. 5. u. 8. 6. 15 R. 3. 50 u. 52; Zahl der Erschossenen nach Reiche II 141; Blücher gibt 4, Gneisenau (Pertz IV 505) 7 an; Blücher an den König von Sachsen 6. 5. 15 G. St. A. R 92 Hardenberg C 18; an Hardenberg 27. 5. u. 2. 6. 15 ebenda. Zusammenkunft von Tienen: Wellington an Stewart 8. 5. 15 Lettow 185; derselbe an ? 3. 5. 15 Pollio 53; Gesandter v. Brockhausen an den König 5. 5. 15 Lettow 172; Wellington an Oranien 11. 5. 15 Lettow 179. Engere Versammlung: Blücher an den König 12. 5. 15 Lettow 176, 177; Gneisenau an Boyen 8. u. 18. 5. 15 Lettow 179 u. Pertz IV 508; Clausewitz 1815 § 16. Verpflegung: Förster „Neuere Preußische Geschichte" Gespräch mit Ribbentrop; Blücher an Hardenberg 2. 6. 15 G. St. A.; Nostitz II 14; Lettow 182 f.; Reiche II 133, 148. Feldzugspläne: Lettow 156, 185 f.; Taxis 8; Blücher an Schwarzenberg 20. 5. 15, Lettow 187; Wellington an Stewart 8. 5. 15 ebenda 185; Müffling an Blücher 27. 5. 15 Lettow 510 f.; Blücher an Hardenberg 27. 5. 15 G. St. A. Zweite Zusammenkunft mit Wellington: Instr. 27. 5. 15 Lettow 188; Nostitz II 15; Reiche II 150; Blücher an seine Frau 3. 6. 15 R. 3. 52; an Hardenberg 2. 6. 15 G. St. A. Ungeduld: Wellington an Schwarzenberg 2. 6. 15, Lettow 189; Blücher an Hardenberg 2. 6. 15 G. St. A.; Nostitz II 16; Taxis 6; Blücher an Schwenke 27. 5. 15 R. A. VI 88; Hardinge an Wellington 2. u. 3. 6. 15, Lettow 189 u. 513; Gneisenau an Boyen 2. 6. 15 ebenda 581; Blücher an seine Frau 3. 6. 15 R. 3. 52; an den König 4. 6. 15 Lettow 191; an Blücher-

Altona 9. 6. 15 Forschungen 284. Gneisenaus Ansicht über die Operationen: an Knesebeck 8. 6. 15 und an Ungenannt o. D., Lettow 189, 190. Widersprechende Nachrichten: Lettow 513 f. Anschauungen und Leben im Hauptquartier: Lettow 192, 195; Clausewitz 1815 § 7; Nostitz II 15; Schöning 489.

Versammlung zur Schlacht.

14. Juni: Meldungen, Lettow 517; Hardinge an Wellington, Müffling an Gneisenau, Gneisenau an Gruner, Blücher an Bülow, alle vom 14. 6. 15 Lettow 195 u. 196; Nostitz II 19; Voß 227. 15. Juni: Lettow 252 f., 271 f., Blücher an seine Frau 15. 6. 15 mittags 1 Uhr. Begegnung mit General Bourmont, Taxis 11. Müffling an Blücher 15. 6. 15 Lettow 519.

Ligny.

Einzelheiten: Taxis 12 f., Reiche 183 f., Bieste 29, Gröben bei Scherr III 479 und bei Wigger 516; Lehmann Hist. Zeitschr. 1877; Pflugk-Harttung Hist. Jahrbuch 1902. Siegeshoffnung: Blücher an den König 17. 6. 15 Lettow 524. Blüchers Sturz: Nostitz II 28 u. 96; Aufzeichnungen Busches, Familien-Archiv Ippenburg; Milit. Wochenbl. 1869 Nr. 95; Arnim „Bruchstücke", Kopenhagen 1824, im September 1815 von einem Ordonnanzoffizier Lützows niedergeschrieben; Brünneck.

Wavre.

Die Nacht zum 17.: Nostitz II 34, Bieste 30, Taxis 20, Marwitz II 118, Hentel 857, Scherr III 482, Lettow 344, 360; Conrady „Aus stürmischer Zeit" Berlin 1907, 414. Der 17.: Blücher an Gneisenau 17. 6. 15, Lettow 363 ; an seine Frau 17. 6. 15 K. Z. 54; Nostitz II 35—39; Gröbens Meldungen, Lettow 529; Gneisenau an Knesebeck 17. 6. 15, Lettow 518; Befehl an Kleist, Voß 228; Taxis 24 f.; Wucherer bei Lettow 360; Müffling 1815, 20 f.; Wigger 519. Wenn Gneisenau von möglichen Bewegungen Napoleons gegen die rechte Flanke der Russen spricht, so ist natürlich gemeint, daß zuvor Wellington und Blücher abgetan oder zurückgewichen seien; bei anderer Auffassung (Lettow 373 und Pollio 284) bleibt Gneisenaus Auseinandersetzung unverständlich. Clausewitz an seine Frau 8. 7. 15 Schwartz II 150. Hardinges Äußerung bei Stanhope: „Man erzählte mir, vergangene Nacht sei große Diskussion gewesen, Blücher und Grolman hätten dafür gestimmt, in Verbindung mit Wellington zu bleiben, Gneisenau dagegen Zweifel geäußert, ob es nicht besser sei, nach Lüttich zur Sicherung der Verbindungen zu gehen". Lettow 398 Anm., setzt hinzu: „Daß ein Gegensatz in den Ansichten Blüchers und Gneisenaus über die dem Herzog zu leistende Hülfe vorhanden gewesen ist, möchte ich wohl glauben". Houssaye läßt geradezu Blücher „mit triumphierender Miene" sagen: „Gneisenau hat nachgegeben, wir werden zu dem Herzog stoßen." — Nostitz II 38.

Belleaalliance.

Blüchers Befinden: Nostitz II 40 u. Bieste 30. Wetter: Scherr 489, 494. Wegeschwierigkeiten: Nostitz; Taxis; Bülows Bericht, Lettow 429; Gneisenau an Hardenberg 22. 6. 15 Pertz IV 581 Wigger 521. Überblick über das Schlachtfeld: Taxis, Nostitz, Reiche. Befehl zum Angriff: Nostitz II 39; Hillers Erinnerungen, Pertz IV 702. Zietens Entschluß: Reiche II 212, Lettow 483. Gehöft Belleaalliance: Armeebericht 20. 6. 15, Reiche II 434. Halt der Engländer: Wellingtons

Bericht, Reiche 438; Pfuel 27. 8. 15 Pertz IV 625. Verfolgungsbefehl: Der „letzte Hauch" kommt schon in einem eigenhändigen Brief Blüchers an Knesebeck 26. 9. 13 (Wigger 432) vor; in einem anderen Brief an Knesebeck 1. 10. 18 (Wigger 438) gebraucht er die Wendung: „ich befahl, daß von Menschen und Pferden die letzte Kraft angewendet werden sollte." Bieste (80) gibt für den Befehl des Feldmarschalls einen ganz ähnlichen Wortlaut wie Gneisenau an. Taxis (86) sagt: Der Feldmarschall befahl, die Verfolgung sollte die ganze Nacht fortgesetzt werden." Gneisenaus weitere Verfolgung: In dem Bericht Blüchers 10. 7. 15 heißt es: „ich übertrug ihm [Gneisenau] die Verfolgung"; Gneisenau an Boyen 22. 6. 15, Pertz IV 529; an seine Frau 20. 6. 15 ebenda 527; an Frau v. Clausewitz 24. 6. 15 Pertz IV 537. Schluß: Blücher an seine Frau, Schlachtfeld La Bellealliance, K. Z. 55.

Nach Paris.

19. Juni: Conrady III 312; Voß 2; Nostitz II 44 f.; Bieste 29 f.; Forschungen VIII 236; Gneisenau an Boyen 4. 7. 15 Pertz IV 562. 20. Juni: Blücher an seine Frau K. Z. 56; Armeebefehl Pertz IV 528 (das Datum Genappe den 19. ist nicht genau zu nehmen; der gedruckte Befehl trägt das Datum 20. 6. 15). 21. bis 23.: Blücher an Hardenberg 22. 6. 15. Pertz IV 533; f. Gneisenau an Hardenberg 22. 6. 15 ebenda 531; Blücher an Stein 22. 6. 15 Wigger 507; an Dobschütz 23. 6. 15 Kgl. Haus-A. Blücher an seine Frau 23. 6. 15 K. Z. 57; an den König 22. 6. 15 Voß 28; Blücher an Wrede fälschlich vom 19. datiert, dem Inhalt nach ist das Schreiben vom 21. 6. 15 K. Z. aus K. A.; Aufsatz Gneisenaus, Pertz IV 699; Taxis 45. 24. bis 26.: Blücher an Blücher-Altona 24. 6. 15 Forschungen VIII 236; Blücher an Wellington Voß 64; Blücher an den König ebenda; Blücher an seine Frau 26. 6. 15 K. Z. 58; an Hardenberg 26. 6. 15. Auslieferung Napoleons: Blücher an seine Frau 27. 6. 15 K. Z. 59; Gneisenau an Müffling, Voß 67; Bieste 7, 28; Nostitz II 50. Übergabe von Paris: Taxis 51; Blücher an seine Frau 30. 6. 15 K. Z. 60; an Knesebeck 1. 7. 15 K. Z. nach K. A.; Reiche II 264; Gneisenau an Boyen 4. 7. 15 Pertz IV 562; Voß 120; Nostitz II 64 f.; Gneisenau an Müffling 2. 7. 15 Pertz IV 555; an Wellington 2. 7. 15 abends Voß 121. „Angenehme Nachricht" schreibt Blücher an Zieten; Nostitz (II 65) meint, Blücher hätte lieber noch ein ordentliches Strafgericht über Paris gehalten. Blücher an seine Frau 3. u. 4. 7. 15 K. Z. 61 a u. b; an Knesebeck Blasendorff 340; Pozzo 4. 7. 15 bei Bonnal: Les Royalistes I 144; Gneisenau an Gräfin Voß 2. 8. 15 Pertz IV.

In Frankreich.

Saint Cloud: Blücher an seine Frau 9. 7. 15, K. Z. 62; an ? 10. 7. 15 ebenda. Vincennes: Conrady II 339. Jenabrücke: Pertz IV 578; Scherr III 521. Ministerrat: Nostitz II 70; Gneisenau an Clausewitz 23. 7. 15 Pertz IV 588. Belagerungen: Blücher an Prinz August u. Grolman an Boyen 17. 7. 15 Conrady II 840 f.; Blücher an Zieten 20. 7. 15 Reiche II 303. Kriegskosten: an Thielmann 21. 7. 15 Conrady II 842; Gneisenau an Blücher 29. 7. 15 Pertz IV 595; Wigger 546. Abschiedsgesuch: König an Blücher 25. 7. 15 Reiche II 305; Grolman an Boyen 26. 7. 15 Conrady II 845; Gneisenau an Hardenberg 27. 7. 15 Pertz IV 594, f. auch Clausewitz an seine Frau 30. 7. 15 Schwartz II 170; Blücher an Hardenberg 26. 7. 15 Conrady II 844, an Gneisenau 28. 7. 15 Pertz IV 594; König an Blücher 26. 7. 15 K. Z.; Gneisenau an Blücher 29. 7. 15 Pertz IV 595; König an Blücher 27. 7. 15 K. A. III 45; Hardenberg an Blücher 28. 7. 15 K. Z. aus K. A.; Brünneck an seinen Bruder 26. 7. 15;

Nostitz II 77; Clausewitz an Gneisenau 29. 7. 15 Pertz IV 597; Hardenberg an Stein 26. 7. 15 Lehmann St. III 457. Laon: Blücher an den König 1. 8. 15 Conrady II 347. Ausgleich: Blücher an seine Frau 4. 8. 15 R. 3. 63; Nostitz II 76, wo sich dieser eine führende Rolle bei der Aussöhnung zuschreibt; Blücher an Bonin 17. 9. 15 Blasendorff 358. Geld: Blücher an den König 26. 7. 15 Conrady II 343; an Bonin 17. 9. 15 Blasendorff 353; an den König 12. 8. 15 Conrady II 351; Reiche II 311; Blücher an Bülow 12. 8. 15; Wigger 552. Festungsarbeiten: Gneisenau an Blücher 10. 8. 15 Pertz IV 602. Militärische Lage: Blücher an den König 8. 8. 15 R. 3. nach R. A.; Blücher an Gneisenau 10. 8. 15 Pertz IV 604. Festungen: Blücher an Prinz August, 12. u. 20. 8. 15 Conrady II 350 u. Boß 217. Kleidung: Blücher an den König 8. u. 22. 8. 15 R. 3. u. Conrady II 352; an Gneisenau 10. 8. 15 Pertz IV 604; Gneisenau an Blücher 25. 8. 15, Pertz IV 611; Antwort 27. 8. 15, ebenda 612; Blücher an Gneisenau 5. u. 12. 9. 15 Pertz IV 619 u. 630. Politik: Gneisenau an Blücher 10., 23. u. 25. 8. 15 Pertz IV 608, 609 u. 611; Antwort 27. 8. 15 ebenda 613. Truppenschau bei Bertus: Nostitz II 87; Blücher an Gneisenau 12. 9. 15 Pertz IV 630. Chartres: Nostitz II 84. Nach Röber 848 wurde der Feldmarschall schon Mitte August in Le Mans erwartet; die Ankunft verzögerte sich, da er nach Paris gemußt habe, um den Bath-Orden zu erhalten. Alençon: Bieste 32; Nostitz II 85; Blücher an Gneisenau 5. 9. 15 Pertz IV 619. Beute: Blücher an Gneisenau 5. u. 10. 9. 15 Pertz IV 619 u. 627. Englands Politik: Blücher an Bonin 17. 9. 15 Blasendorff 353; an seine Frau 30. 8. 15 R. 3. 64; an Gneisenau 5. u. 12. 9. 15 Pertz IV 619f. u. 629, ähnlich Gneisenau an Arndt 17. 8. 15; Gneisenau an Blücher 7. 9. 15 Conrady II 355; an Hardenberg 5. 9. 15 Pertz IV 616; Nostitz II 88; Blücher an Heinen 23. 9. 15 Treitschke I 781. Beschwerden: Reiche II 316; Lehmann St. III 461; Stein war von Mitte August bis 10. September in Paris. Caen: Blücher an Gneisenau 12. 9. 15 Pertz IV 630; Nostitz II 86; Bieste 32; Blücher an seine Frau 30. 8. 15 R. 3. 64. Sehnsucht nach Haus: Blücher an Sprickmann 11. 8. u. 6. 9. 15 Förster: Loge zu Münster, Berlin 1902; an Bonin 17. 9. 15 Blasendorff 358. Eroberte Festungen: Boß 194—244. Beginn des Rückmarsches: Conrady II 360; Blücher an seine Frau 4. u. 7. 10. 15 R. 3. 65. u. 66. Dotationen: Grolman an Boyen 5. 8. 15 Conrady II 348; Blücher an seine Frau 4. u. 7. 10. 15 R. 3. 65 u. 66. Compiegne: Nostitz II 89 f.: Brünneck an seinen Vater 22. 10. 15; Blücher an den Prinz-Regenten 15. 10. 15 Archiv Hannover; an seine Frau 28. 10. 15 R. 3. 67; Conrady II 365; Armeebefehl 31. 10. 15 R. 3. Sturz: Nostitz II 89, der sich in der Zeit irrt; Bieste 82. Reibung mit Hardenberg: Hardenberg an Blücher 17. 11. 15 u. Antwort 20. 11. 15 Nostitz II 91 f.; Blücher an den König 20. 11. 15 R. 3. (R. A.).

Heimkehr und Lebensende.

Krankheit: Brünneck an seinen Vater 10. 12. 15; Bieste 32; Eisenhart III 188. Wirtschaft und Jagd: Blücher an Bonin 17. 7. u. 15. 8. 17 Histor. Zeitschr. u. Blasendorff 381; an seine Frau 5. 5. u. 2. 6. 19 R. 3. 71 u. 72; an Blücher-Altona 29. 7. 19 Forschungen VIII 287. Berlin: Blücher an Inspektor Schwenke R. 3. 78; Eylert 243; Gräfin Bernstorff, Berlin 1896, 217, 225; Blücher an seine Frau 4. 8. 15, 23. 10. 15. u. 29. 5. 16 R. 3. 63, 67 u. 69. Spiel: Bieste 37, Marwitz, Scherr III 527. Über die Kavallerie: Kähler „Die Preußische Reiterei 1806—1876", Berlin 1879, 7 f. Regiment: Blücher an Kutscher 9. 11. 18 Berghaus „Blücher als Mitglied der Pommerschen Ritterschaft", Anklam 1868, 49. Gneisenau: Blücher an ? 10. 7. 15 R. 3.; Pertz IV 338 f.; Blasendorff 298, 304; Gneisenau an Blücher 2. 11. 16 R. A.

III 45. **Erinnerungen:** Brünneck; Bieske 10. **Ratzbachdenkmal:** Entwurf der Rede von seiner Hand in K. 3. hinter Brief 70. **Wohltätigkeit:** Blücher an Hardenberg 26. 8. 14 K. 3.; an Bonin 18. 8. 14 Hift. Zeitschr. 406; Wigger 571; Blücher an ? 10. 7. 15 Nachschr., K. 3. **Politische Gesinnung:** Eylert 247; Blücher an Bonin 17. 7. 17 Forschungen; Wigger 574 f.; Bonin an Blücher, Blasendorff 355; Fürstin Blücher an W. v. Colomb 19. 11. 19 im Familienbesitz; Blücher an Gneisenau 10. 7. 18.; Bieske 88. **Äußere Erscheinung:** Eylert 246; Gentz, Wigger 568. **Leidenschaftlichkeit:** Blücher an Hardenberg Wigger 578. **Die Fürstin:** Gräfin Bernstorff 218.

Schlußwort.

Allgemeines: Brünneck, Rostitz, Bieske, Raumer, Eylert. **Wahlspruch:** Band I 350; Schwerin an seine Frau 27. 2. 14 Schwerin 518; an den König 28. 2. 14 K. A.; Eylert 252. **Verstand:** Müffling 1813/14 VI. **Religion:** Bieske 15. **Geisterwelt:** Rostitz; Bieske 80, 84; Brünneck (Ligny); Blücher an seine Frau 16. 4. 15 K. 3. 48. **Freundschaft:** Rostitz; Pertz II 681; Blücher an Wachtmeister Lauing 4. 9. 15 Schöning 529; an Dobschütz ?? 1815 K. 3. **Verhältnis zum König:** Band I 259, 342 f., 373; Boyen; Brünneck an seinen Bruder 26. 7. 15; Janson F. W. 9. u. 129. **Fürstlichkeiten:** Briefe des Kronprinzen, der Prinzessinnen Wilhelm, Radziwill, Charlotte in K. 3., des Prinz-Regenten in K. A. u. Archiv Hannover; Luck an seine Schwester 9. 4. 18, Luck Briefe. **Gegen Damen:** Bieske 11, Brünneck VIII. **Redegabe:** Aus der 1819 in der Loge zu Münster gehaltenen Gedächtnisrede des Kriegskommissars Loest; Boyen III 44; Hüser 162 f.; Bieske 12; Eisenhart II 44 u. 163; Raumer 126; Reiche II 151; Eylert 243 f. **Allgemeiner Eindruck:** Müffling 1813/15 VI; Schwerin 570. **Einfluß auf die Soldaten:** Bieske 16; Scherr II 221; Röder 118; Marwitz I 264; Raumer 124. **Über Kalckreuth:** Schwerin 151. **Über 1806:** Graf Schlieffen „Jena" in den Vierteljahrsheften 1906 IV. **Kolberg:** Band I 380. **Verantwortungsfreudigkeit:** Brünneck; Müffling 1813/14 VII. **Verfügung über Marwitz bei Ligny:** Marwitz II 115. **Unruhe im Gefecht:** Müffling 1813/14 VIII. **Ruhe in der Gefahr:** Bieske 18, 19; Müffling Leben. **Heeresleitung:** Müffling 1813/14 VII; Bieske 18. **Äußerung gegen Carnot:** Mémoires de Carnot II 584. **Müfflings Gedächtnisrede:** Eylert III 273. **Blüchers Deutschtum:** Blücher an ? 25. 1. 12 Wigger 897.

Namen- und Sachliste.

Namen, die schon im Band I vorkommen, sind durch (I) kenntlich gemacht.